中国县域法治国情调查报告丛书

Survey Report Series on the Development of Rule of Law at the County Level in China

中国县域法治国情调查报告

江苏高邮卷

JIANGSU GAOYOU SECTION

夏锦文◎主编

法律出版社
LAW PRESS · CHINA

《中国县域法治国情调查报告丛书》
编辑委员会

中国县域法治国情调查报告

江苏高邮卷

主　　编　夏锦文

副 主 编　徐　健　钱玉林　张　清

撰写人员　钱玉林　张　清　陈玉山　曲升霞　罗飞云

　　　　　李云波　包振宇　孙志朝　夏　敏

目　录

总　　序

中国特色社会主义法治发展,是基于中国法治国情条件而展开的一场深刻的法治变革运动,有其特殊的历史运动轨迹,具有独特的路径选择。习近平同志强调:“走什么样的法治道路、建设什么样的法治体系,是由一个国家的基本国情决定的。”“全面推进依法治国,必须从我国实际出发,同推进国家治理体系和治理能力现代化相适应,既不能罔顾国情、超越阶段,也不能因循守旧、墨守成规。”[①]在当代中国,全面推进依法治国,加快建设法治中国,固然要吸收借鉴人类法治文明的有益经验和成果,但更重要的是要从中国的实际情况出发,深深扎根于本国社会的土壤之中,自觉立足社会主义初级阶段的基本国情条件,努力构建具有鲜明特色的中国法治现代化模式,绝不能脱离本国的实际状况,绝不能无视本国的法治国情特点而盲目照抄照搬,从而科学把握中国法治发展的运动方向,坚定地走出一条符合本国国情条件的中国特色社会主义法治道路。

一般来说,国情是指一个国家的政治、经济、文化、社会、历史传统、自然地理条件等方面的基本情况和特点。法治国情是一个内涵丰富的概念,主要是指该国国情状况在法治生活领域中的具体反映和表现。如果说一个国家的国情状况与特点,对于这个国家的政治、经济、社会、文化生活领域产生着重要影响,那么,同样地,一个国家的法治国情条件,在很大程度上决定着这个国家的法治发展进程及其取向。“各国国情不同,每个国家的政治制度都是独特的。”因而“世界上不存在完全相同的政治制度,也不存在适用于一切国家的政治制度模式”。[②] 在当代中国,坚持走中国特色社会主义法治道路有着深厚的国情基础。从政治方面来看,法治国情的政治关系集中地表现为工人阶级领导的、以工农联盟为基础的社会主义国家的国体和人民代表大会制度的政体,为中国特色社会主义法治发展道路提供了坚实的政治基础和根本准则,这就决定了中国特色社会主义法治发展在国家政治生活和国家政权体制中的基本地位;中国共产党的领导是中国特色社会主义的根本政治保证,必须始终坚持党对法治建设与发展的领导;依

① 习近平:《加快建设社会主义法治国家》,载《求是》2015 年第 1 期。
② 习近平:《在庆祝全国人民代表大会成立 60 周年大会上的讲话》,人民出版社 2014 年版,第 16 页。

法服务党和国家的工作大局,则是中国特色社会主义法治的政治使命。从经济方面来看,法治国情的经济要素主要在于把握国家经济制度性质及其类型。在当代中国,1978 年开始的改革开放,致力于建立社会主义市场经济体制。经过 30 多年广泛而深刻的社会经济革命,一个具有社会主义特点的能够充分发挥市场经济作用的经济体制已经形成。在社会主义市场经济条件下,公正与效率的关系,构成了社会价值系统中的一对矛盾。从社会方面来看,当代中国仍然处于社会主义初级阶段,法治领域的基本矛盾表现为人民群众日益增长的法治需求与法治机构和法治队伍的法治能力相对不足之间的矛盾。进入新世纪、新阶段,当代中国社会发展呈现出一系列阶段性特征,这必然对法治发展进程产生重要影响,进而对法治建设与发展提出相应的要求。因此,在新的形势下,深化法治改革,推动法治发展,就必须从社会主义初级阶段这个最大的实际出发。这是我们考察中国法治国情社会要素时需要悉心加以关注的。从文化方面来看,研究中国法治国情的文化要素,应当着力探求法律文化传统对当代中国法治发展进程的内在影响。把握中国法治国情,推动中国法治发展,必须高度关注本国的法律文化传统问题。

把握中国法治国情条件基本特点的一个重要的方面,就是要清醒地认识到不同区域法治发展的差异性及其历史影响。中国的法治发展进程,受到中国社会的、经济的、政治的、文化的、历史的和地理环境的诸方面条件或因素的深刻影响,因而有其独特的历史特点。特别是在中国这样一个幅员辽阔的东方大国,东中西部各个区域之间的经济社会发展水平与状况存在明显的差异性,必然影响或制约着各个区域法治发展的进展状况与实际效果。因此,在全面推进依法治国、加快建设法治中国的时代条件下,正确认识和处理好国家法治发展与区域法治发展之间的关系,就显得尤为重要。区域法治发展是国家法治发展进程在一定区域内的具体的历史的展开。这里所说的区域,主要是指主权国家范围内的以特定行政区划为基本构成单元的特定地域空间。在当代中国,这涉及诸如省域、市域(设区的市)和县域的不同层级的行政辖区。当然,那些由相邻地域所组成的跨越不同层级的行政区划的空间地域,亦属于区域概念内涵的构成要素。例如,西部地区、中部地区、长江三角洲地区、京津冀地区、东北地区、珠江三角洲地区等。因此,基于特定区域范围的法治发展现象,无疑有丰富多彩的历史时空的个别化特性。

应当看到,这种以不同层级行政区划为基础的地区单元,具有丰厚的法学意蕴,恰恰是法学意义上的“区域”概念的主体内涵或基本规定之一。行政区域或政区的设置,是国家治理的基础。国家统治者为了有效地实施对国家疆域的治理，都要按照一定的理念与原则，综合考量经济的、政治的、社会的、民族的、文化的、风俗的、人口的、历史的乃至地理的等诸方面因素和条件，确立一定的行政管辖层级体系，并且把整个国家疆域划分为若干个不同的行政区域或政区。“行政区划是一个国家权力再分配的主要形式之一，也是一个国家统治集团及政治、经济、军事、民族、习俗等各种要素在地域空间上的客观反映。”①在中国，政区体制经历了一个历史沿革过程。但是，无论政区体制如何变动与繁复多样，都无法摆脱一定的地理区域因素及其空间状况的深刻影响。以特定范围的地域空间为基础的政区体制，体现着一种独特的社会关系——纵向的行政等级关系，凝结着中央与地方之间有机互动的独特的国家治理价值取向。所以，基于特定政区的地域空间单元，构成了法学视野下区域研究的基本对象之一。在推进法治中国建设的时代进程中，省域、市域、县域不同行政辖区层级的法治发展主体、客体、样态、功能、推进方式与路径选择等，既有共同的要求，又有不同的特点，需要运用区域法治发展的概念工具加以深入分析，从而揭示和把握不同政区层级的区域法治发展的运动规律。

县域法治发展，不仅在区域法治而且在国家法治发展进程中具有独特的战略地位。“依法治国的根基在基层。”②在当代中国国家政权体系中，县级政权构成了国家政权结构的基本单元和基础，县级政治或县政是整个国家政治运作的基础枢纽。诚如习近平同志所指出的：“在我们党的组织结构和国家政权结构中，县一级处在承上启下的关键环节，是发展经济、保障民生、维护稳定、促进国家长治久安的重要基础。古人讲，郡县治，天下安。我国县的建制始于春秋时期，因秦代推进郡县制而得到巩固和发展。2000 多年来，县一直是我国国家结构的基本单元，稳定存在至今。”③作为一个完整型态的县域社会治理，涉及中央与地方、国家与社会、城市与乡村等一系列重大的国家治理关系。我国 5000 多年的文明史和 2000 多年的县治史，以其恢宏的画卷，展示出独特的国家治理的智慧与魅力，是一座弥足珍贵的宝库，亟须人们大力开掘，深入探讨。在实现国家治理现代化的进程中，推进县域治理改革，完善县域治理功能，已经成为摆在我们面前的一项重大议程。由此，推进法治中国建设，推动区域法治发展，必须紧紧抓住县域法治发展这个重心不放，把县域法治建设作为区域法治建设的主

① 浦善新：《中国行政区划改革研究》，商务印书馆 2006 年版，第 1 页。
② 中共中央文献研究室编：《习近平关于全面依法治国论述摘编》，人民出版社 2015 年版，第 116 页。
③ 习近平：《做焦裕禄式的县委书记》，中央文献出版社 2015 年版，第 2 页。

战场，积极推动全面依法治国在县域基层的具体实践，[①]为法治中国进程中的区域法治发展注入源头活水，坚定地走中国特色社会主义法治道路。

正因如此，我们深深感到，深入系统地开展县域法治国情调查，反映县域法治的状况，记录县域法治的进程，展现县域法治的进步，确乎具有重大的理论价值与实践意义。2014 年 7 月，在《法治江苏建设纲要》颁布实施十周年之际，在江苏省依法治省领导小组办公室的大力支持和悉心指导下，江苏高校区域法治发展协同创新中心和南京师范大学江苏法治发展研究院决定组织开展县域法治国情调查工作，首批选定昆山市、宜兴市、南京市江宁区、丹阳市、如皋市、高邮市、淮安市淮安区、东台市、沭阳县、沛县 10 个县（市、区）作为有关高校、科研院所的县域法治国情调查基地，并在此基础上逐步扩大范围，持续不断地扎实开展县域法治国情调查。通过对特定县（市、区）法治状况的全面调查，力求全面、客观、准确地掌握具有代表性的特定县（市、区）的法治发展状况，系统地记录县域法治建设的发展进程，以期为法治江苏建设提供第一手的基础性资料，进而为江苏省委、省政府全面推进依法治省、加快建设法治江苏提供重要的决策参考。

县域法治国情调查是一个庞大的系统工程。这项调查内容涉及县域基本状况、地方政权与地方组织、执法与司法、基层自治、公民权益保障、重要法治事件与典型法治案件、专题性法治问题等诸多方面，时间跨度长，调查内容多，调查难度大，工作任务重。江苏省委政法委主要领导同志对县域法治国情调查工作十分重视，提出重要的指导意见。近两年，参与县域法治国情调查的南京师范大学法学院、东南大学法学院、苏州大学王健法学院、扬州大学法学院和江苏省社会科学院法学研究所，在江苏省依法治省领导小组办公室的指导协调下，在当地党委、政府和党委政法委以及有关方面的大力支持下，始终坚持以党的十八大和十八届三中、四中、五中全会精神为指导，深入贯彻习近平总书记全面依法治国思想，悉心把握中国特色社会主义县域法治发展规律，高度重视，周密部署，精心组织，协作配合，牢固树立质量第一的理念，确保调查数据的系统完整、客观真实，县域法治国情调查工作取得了重要进展。《中国县域法治国情调查报告丛书》集中汇聚了这次较大规模的县域法治国情调查的主要成果，具有存史咨政的有益作用，亦是法治决策的重要依据。

县域法治国情调查工作，得到了我国法学界的关心支持。江苏高校区域法治发展协同创新中心专家咨询委员会各位专家对组织开展县域法治国情调查提

---

① 李树忠：《依法治国语境下的县域法治》，载《中国政法大学学报》2013 年第 6 期；尹洪阳、杨玉圣：《县域法治论纲》，载《中国政法大学学报》2013 年第 6 期。

出了富有见地的意见建议。在“县域法治国情调查成果交流论证会”上,与会专家学者对这次县域法治国情调查报告书稿进行了认真的评议,在充分肯定开展县域法治国情调查工作的重要意义和已经取得的阶段性成果的基础上,对进一步提高调查报告质量,深化县域法治国情调查工作,提出了建设性的意见和建议。法律出版社对“中国县域法治国情调查报告丛书”的出版印行,给予了热情关顾和有力支持。在此,我们谨一并致以诚挚的谢忱!

县域法治国情调查,是一项很有意义的法治事业,在某种程度上也是一项开创性的工作。由于我们经验不足,能力有限,加之调查工作难度确实很大,因此调查报告肯定存在不足之处,敬祈法学与法律界同人和广大读者批评指正。

我们深知,随着全面依法治国进程的历史性展开,县域法治发展的重要地位愈益充分地展现出来,遂而县域法治国情调查必将成为推进法治中国建设的基础性议程。让我们协同合作,脚踏实地,持之以恒,有计划地持续深入开展县域法治国情调查工作,为夯实全面依法治国的根基作出不懈的努力。

江苏高校区域法治发展协同创新中心
南京师范大学江苏法治发展研究院
2016 年 1 月

第一章　基本概况

第一节　县制区划

一、行政区划

截至2014年12月，高邮市下辖2个街道、10个镇、1个乡(见表1-1)。政府驻海潮东路28号。

表1-1　行政区划表——市、县、乡镇

2个街道办事处，10个镇，1个回族乡	
街道	高邮街道、高邮经济开发区(马棚街道)
镇	龙虬镇、车逻镇、卸甲镇、汤庄镇、三垛镇、甘垛镇、界首镇、周山镇、临泽镇、送桥镇
乡	菱塘回族乡

其居民委员会与村民委员会如表1-2所示：

表1-2　行政区划表——村(居)民委员会

52个居民委员会，175个村民委员会		
街道办事处乡镇(驻地)	村(居)民委员会	
高邮街道办事处(甘雨路8号)	10	村：凤凰、新华、新民、湖滨、黄渡、十里、渠南、勤王、管伙、浩芝
	15	居：西塔、奎楼、大淖、北海、御码、康华、南海、月塘、琵琶、高谢、水部楼、新联、武安、宝塔、南苑
马棚街道办事处(凌波路30号)	15	村：塔院、东湖、钱厦、阳沟、花王、杨桥、腰圩、昌农、灯塔、文游台、清水潭、北太平、奥林、双庙、佛塔
	4	居：金塘、高沙园、东墩、九园
龙虬镇(龙虬路88号)	11	村：张轩、龙腾、一沟、兴南、东角、强民、兴北、白马、大树、龙潭、龙虬庄
	2	居：龙虬、张轩
车逻镇(朝阳大道180号)	7	村：上庄、闸河、砖场、特平、太丰、车逻、保丰
	1	居：朝阳

续表

街道办事处 乡镇(驻地)	村(居)民委员会	
卸甲镇 (飞达大道北侧)	17	村:卸甲、郭楼、一平、潘阳、伯勤、大庵、龙奔、三新、花阳、金家、三河、周邶墩、张余、陈堡、恒丰、金港、金沟
	4	居:卸甲、伯勤、龙奔、八桥
汤庄镇 (汤庄大道北侧)	17	村:潘季、南屏、双屏、沙堰、长林、汤庄、联谊、缪阳、友谊、京汉、富南、汉留、曾钰、跃进、甸垛、四异、友好
	4	居:金堰、海陵、汉留、阳澄
三垛镇 (少游路西侧)	21	村:茆吴、春生、东楼、林阳、二沟、俞胡、南丰、剑鸣、保安、武宁、少游、大卢、柳南、三百六、港河、柘垛、司徒、米仓、兴联、官垛、耿庭
	6	居:前进、东风、光明、二沟、武宁、司徒
甘垛镇 (华尔路中部)	16	村:河口、北韩、沙贯、横铁、振兴、新庄、甘泉、荷花、渔海、姚家、和平、横泾、官林、三河、带程、三郎庙
	3	居:甘垛、平胜、横泾
界首镇 (甓湖路138号)	8	村:六安、大昌、应龙、龙翔、永安、子婴、界首、老人桥
	1	居:甓湖
周山镇 (中奎路36号)	8	村:龙华、志光、狄奔、万福、吴堡、龙胜、长宁、双河
	1	居:杨庙
临泽镇 (临兴路50号)	22	村:韩夏、合心、蒋颜、朱堆、洋汊、法青、川东、小葛、董潭、西河、西安、瓦港、东荡、薛北、陈甸、周巷、钱镜、双马、营东、营南、营西、营北
	6	居:临泽、泰山、川青、周巷、营南、果林
送桥镇 (送驾路118号)	17	村:黄圩、常集、官路、李古、送驾桥、淮堤、张公渡、盘塘、郭集、糟坊、邵庄、毛港、孙巷、南茶、庙家、肖祠、神居山
	3	居:送桥、德华、天山
菱塘回族乡 (兴菱路1号)	6	村:清真、菱塘、龚家、骑龙、高庙、王姚
	2	居:文昌、曙光

二、县制沿革

高邮市历史悠久,代表江淮地区东部史前文化的龙虬庄遗址表明,早在7000多年前,高邮便有先民在这块土地上繁衍、生息、劳作,开创文明。

周时属古扬州。

春秋时属吴越。

战国时属楚。

秦时属扬州九江郡。公元前223年，秦王嬴政在境内筑高台，置邮亭，故名高邮，别称秦邮。

汉时属扬州广陵国。汉武帝元狩五年(118年)，始设高邮县，后改为平阿县(汉成帝封舅王谭为平阿侯)。

东汉属扬州广陵郡，为平阿县。

三国时属扬州(初属魏，后属吴)广陵郡，县废。

西晋时，太康元年(280年)复立高邮县，属徐州临淮郡。

南北朝时，先后属南朝宋、齐、梁、陈的南兖州广陵郡。曾分临泽(属海陵郡)、竹塘、三归三县，置广业郡(不久改为嘉禾郡、神农郡)领竹塘、三归两县。

隋时，郡废。隋文帝开皇三年(583年)并竹塘、三归、临泽三县入高邮县，隶属扬州江都郡。

唐时属淮南道扬州广陵郡，为高邮县。天宝元年(742年)，析置千秋县(天长县)。

五代时，为高邮县，均属扬州。

宋太祖开宝四年(971年)，置高邮军，同设高邮县，属淮南东路。

南宋时，宋高宗建炎三年(1129年)，高邮县升置承州，辖高邮、兴化二县，属淮南东路扬州府。

元世祖至元十四年(1277年)置高邮路，辖高邮、兴化二县。至元二十年(1283年)，置高邮府，辖高邮、兴化、宝应三县，属江北淮东道。元末为散府，直隶淮东宣慰司。

明太祖洪武元年(1368年)废高邮府改置高邮州，辖兴化、宝应二县，属江南省扬州府。乾隆年间，高邮为散州，兴化、宝应二县改属扬州。

中华民国元年(1912年)，废高邮州，置高邮县，属淮扬道，隶江苏省。

1942年7月，高邮县抗日民主政府先后隶属苏中一专区、苏皖二专区。

1948年4月，高邮县人民政府隶属苏北行政区扬州专区。

1949年1月19日，高邮县人民政府隶属苏北行政区扬州专置。

1950年1月，高邮县属苏北行政区泰州专区。

1953年1月，高邮县属江苏省扬州专置。

1983年3月，扬州地区行政公置撤销，改建扬州市，高邮县隶属扬州市。

1991年2月9日，经国务院批准，撤销高邮县，设立高邮市(县级市)，原行政区域不变，暂仍由扬州市管理，实行计划单列。

1993年6月16日，高邮市委决定撤销区级机构设置。

1996年9月10日，高邮市人民政府发文通知撤销一沟乡、汤庄乡、沙堰乡，以其原辖区域设立龙虬镇、汤庄镇、沙堰镇。

1996年，高邮市辖17镇16乡。

1999年12月，江苏省政府批准乡镇合并，撤销湖滨乡、武安乡并入高邮镇，撤销张轩乡并入龙虬镇，撤销甸垛镇并入汉留镇，撤销沙堰镇并入汤庄镇，撤销伯勤乡、龙奔乡并入卸甲镇，撤销二沟乡、武宁乡并入三垛镇，撤销甘垛乡设立甘垛镇，撤销川青镇并入临泽镇，撤销营南乡并入周巷镇,撤销甘垛乡、平胜乡合并设立甘垛镇,撤销东墩乡(现为经济开发区),撤销马棚乡设立马棚镇,撤销司徒乡设立司徒镇。调整后,高邮市辖19镇1乡。

2000年3月14~31日,高邮行政村总数由638个撤并为284个,村民小组总数由5544个撤并为2879个。

2000年5月20日,高邮市委、市政府召开全市乡镇区划调整工作会议,经江苏省人民政府和扬州市人民政府批准,由33个乡镇调整为20个乡镇。

2000年8月26日,高邮市人民政府研究决定,高邮市经济技术开发区管理委员会更名为高邮经济开发区管理委员会,为市政府派出机构。

2003年,高邮市辖19个镇、1个乡,52个居委会、282个村委会。

2004年年末,高邮市辖19个镇、1个乡、1个省级经济开发区,52个社区、282个行政村,2769个村民小组、453个居民小组。

2008年年末,高邮市辖19个镇、1个乡、1个省级经济开发区,51个社区、281个行政村,2876个村民小组、453个居民小组。

2014年年末,高邮市辖2个街道、10个镇、1个乡和3个区(经济开发区行政区划单位),191个行政村。

第二节 自 然 环 境

一、自然地理

1. 地理位置

高邮市位于沿江经济带的长江北岸,北纬32°38′~33°05′,东经119°13′~119°50′。地处长江三角洲的江苏省中部、里下河西缘。东邻兴化市,南连江都区、邗江区、仪征市,西接天长市(安徽省)、金湖县,北界宝应县。市区西南经扬州市达南京市165千米,东南经无锡市、苏州市抵上海市331千米,北距北京市980千米。

2. 区域面积

全境南至北50.04千米,东至西57.6千米。总面积1963平方千米,其中陆地面积1175平方千米、水域面积788平方千米,分别占总面积的59.9%、40.1%。城市面积扩大到40余平方千米,建成区土地面积25.38平方千米。

3. 地形和地貌

地势西南略高,东北偏低,多为水乡平原。高邮湖西南部属仪六低山丘陵尾端,多数海拔15~20米,最高处神居山(火山熔岩)海拔49.5米;京杭大运河高邮段以东里下河浅洼平原由古泻湖淤积而成,河渠成网,良田万顷,一般海拔0.85~4.8米,最低处海拔0.75米。

4. 水文

高邮市水面之多,居扬州市之首。美丽富饶的高邮湖有55.3%的水域面积在高邮市境内。邵伯湖北部水域和渌洋湖东北一角水域亦属高邮市。境内主要灌排、交通河流有19条,即京杭大运河高邮段、澄潼河、龙须沟、人字河、张叶沟、小泾沟、三阳河、第三沟、南澄子河、南关大沟、北澄子河、东平河、横泾河、六安河、新六安河、二里大沟、子婴河、天菱河、向阳河。径流总量1.5亿立方米。水网密度2.83千米/平方千米。

5. 气候

高邮属亚热带温润气候区，常年主导风为东南风，平均风速3.6米/秒；年平均气温15℃；年平均降雨1030毫米，年平均气压1016毫巴，年平均相对湿度67%，无霜期为217天。具有气候温和、雨量充沛、四季分明、日光充足、无霜期长特点。

二、自然资源

1. 土地资源

高邮土地肥沃，物产丰富，素有“鱼米之乡”之称。2013年，耕地面积7.68万公顷，人均耕地0.094公顷。京杭大运河高邮段以东16个镇以种植水稻、小麦、棉花、油菜为主，高邮湖以西4个乡镇以种植水稻、小麦、油菜为主，其中菱塘回族乡、天山镇分别兼种湖桑、茶叶。

2. 水资源

高邮市为水乡平原。高邮湖为江苏第三大湖、中国第六大淡水湖，依傍着宽阔的京杭大运河，众多湖滩分布东西，数百条河流交错有致，为扬州市水面最多的县份。

高邮湖为江苏省第三大湖，属平原浅水型淡水湖泊，淮河入江水道穿湖而过。水域总面积780平方千米（水位在8.5米以上），其中在高邮境内水域面积431.50平方千米。高邮湖自然风光秀丽，有天赋的自然美，有许多令人神往的传说。宋代，甓社湖曾现珠光（河蚌珠光），并为在甓社湖居室临窗夜读的著名学者孙觉亲眼所见，被其好友沈括记载于《梦溪笔谈》，故后人称高邮湖为珠湖。《高邮州志》记载，夏秋之际，雨过天晴，湖面上会出现鳞次栉比的高楼大厦、连绵的大山，活脱脱一个天上的世界，这就是高邮湖上有名的“海市蜃楼”奇观。西湖夕照，渔舟唱晚，珠湖雪浪，邗沟烟柳，美不胜收。

3. 植物资源

截至2014年，高邮市存植物479种，其中木本植物203种、草本植物220种、水生植物56种。野生植物资源主要有柳树、刺槐树、榆树、杨树等59科、108属、177种，豨莶草、青蒿等60科、140属、200种。绿化造林树种有61科、132属、274种。其中，乔木161种，灌木99种，藤本植物14种；落叶树种162种，常绿树种112种；阔叶树种216种，针叶树种58种。

4. 动物资源

淡水渔业资源丰富，高邮湖、京杭大运河高邮段以东成网的河渠、东北部成片的荡滩，为发展淡水养殖提供了条件，同时也适宜于高邮鸭、扬州鹅的生长。水产资源有银、鲤、青、草、白、鳝鱼和蟹、虾等63种；野生动物资源有野鸡、野鸭、秧鸡、野兔、黄鼠狼等，鸟类约有120种，其中国家一级保护鸟类有东方白鹳、大鸨、丹顶鹤等。

5. 矿产资源

矿产资源主要有石油、天然气和品质好、储量大的矿泉水，已开发储量近千万吨的大中型油田有金沙油田和马头庄油田。

三、交通情况

1. 铁路

已开工建设的连淮扬镇铁路横贯市区，高邮境内设有高邮高铁站及站前广场和高邮界首站两个站,未来宁扬城际铁路将延伸至高邮高铁站。

高邮距宁启铁路的扬州站需半小时,扬州站拥有发至北京、广州、上海、重庆、青岛多条黄金铁路线。

2. 航空

高邮机场是由江苏省高邮市与中化合资建设的一座2B级通用机场,位于高邮市高邮湖西新区。总投资3.2亿元,高邮通用航空机场规划建设用地300亩。满足Y12E等B类小型固定翼机型运行需求,飞行区等级为2B,长度为800米的跑道及配套设施。机场建成后可同时起降10架小型飞机,还将提供飞行员培训、空中旅游观光、私人飞机维护保养等多种服务。

高邮机场规划以"一次规划、分期实施、滚动发展"为原则,规划预留通航产业基地、FBO基地、航空小镇、通航商业休闲中心、飞机驾照培训、城市及景区空中观光等建设用地,建设周期为18个月。

扬州泰州机场距高邮城区20分钟。高邮距南京禄口国际机场1.5小时、距上海浦东国际机场2.5小时、距离盐城南洋国际机场2小时。

3. 公路

京沪高速公路、宁盐高速公路、高邮湖特大桥、沿湖大道、安大公路、老淮江公路、新淮江公路、运河大桥、运河二桥、漫水公路、新S333省道等是通过公路出入高邮的主要干道。

辖区内拥有国道京沪高速公路一条,里程约44.2公里;省级公路四条,分别有江苏S332省道、江苏S333省道、江苏S233省道、江苏S237省道,里程约140公里,其中一级公路约73公里;县级公路十六条,里程约350公里,其中二级公路228公里,三级公路87公里,四级公路35公里;乡道约870公里;村道约700公里。

客运站有高邮汽车客运站,以及菱塘、送桥、界首、临泽、周山、周巷、司徒、三垛、甘垛、汤庄、八桥、龙虬、卸甲、车逻14个乡镇客运站。

4. 水运

大运河贯穿南北,高邮湖连接苏皖。高邮市附近的扬州港为国家一类对外开放口岸,拥有万吨级货船码头和多功能码头12座,扬州港与中远太平洋集团成功合作,联入了世界海运网络。高邮运河港口码头为扬州港分港区,有500~2000吨级泊位20个,年吞吐量为800万吨。

第三节 人口、家庭与婚姻

一、总户数、总人口、城镇与农村人口

表 1－3 全市总户数和总人口数

	总户数(户)	总人口(人)			总人口：非农业人口(人)
		合计	男	女	
合计	259,934	818,180	408,000	410,180	327,918
开发区(含马棚街道)	19,043	67,656	33,425	34,231	67,656
城南新区	4799	15,958	7836	8122	14,325
高邮街道	54,463	148,535	72,653	75,882	150,168
车逻镇	9626	32,344	16,145	16,199	4169
龙虬镇	9764	34,046	17,063	16,983	871
卸甲镇	24,572	79,288	39,795	39,493	12,850
汤庄镇	20,080	61,408	30,782	30,626	10,882
三垛镇	24,089	75,805	38,039	37,766	16,585
甘垛镇	19,078	59,766	30,679	29,087	9044
临泽镇	28,405	91,110	45,806	45,304	18,838
周山镇	7982	27,086	13,689	13,397	5958
界首镇	10,537	33,013	16,374	16,639	4211
菱塘回族乡	6926	23,386	11,646	11,740	—
送桥镇	20,570	68,779	34,068	34,711	12,361

资料来源：2013 年高邮统计年鉴。

二、农/非农人口、人口密度

表1－4　全市农/非农人口、人口密度

项目	数量
一、总户数(户)	259,934
二、总人口(人)	818,180
1. 非农业人口(人)	327,918
2. 农业人口(人)	490,262
三、人口密度(人/平方公里)	417

资料来源:2013年高邮统计年鉴。

三、人口结构、人口变动

表1－5　全市人口结构、人口变动

	出生人口(人)			出生率(‰)	死亡人口(人)			死亡率(‰)	自然增长人口(人)			自然增长率(‰)
	合计	男	女		合计	男	女		合计	男	女	
合计	5906	3011	2895	7.22	6132	3284	2848	7.50	－226	－273	47	－0.28
开发区	576	278	298	8.56	466	241	225	6.93	110	37	73	1.63
城南新区	158	80	78	10.37	123	57	66	8.07	35	23	12	2.30
高邮镇	1103	555	548	7.38	845	459	386	5.65	258	96	162	1.73
车逻镇	192	106	86	5.94	275	136	139	8.51	－83	－30	－53	－2.57
龙虬镇	298	150	148	8.77	214	117	97	6.30	84	33	51	2.47
卸甲镇	528	255	273	6.66	748	402	346	9.43	－220	－147	－73	－2.77
汤庄镇	403	212	191	6.56	491	259	232	7.99	－88	－47	－41	－1.43
三垛镇	378	196	182	4.99	608	362	246	8.02	－230	－166	－64	－3.03
甘垛镇	472	250	222	7.89	431	239	192	7.21	41	11	30	0.69
临泽镇	576	288	288	6.32	660	350	310	7.24	－84	－62	－22	－0.92
周山镇	149	78	71	5.51	202	100	102	7.47	－53	－22	－31	－1.96
界首镇	260	133	127	7.88	264	138	126	8.00	－4	－5	1	－0.12
菱塘回族乡	200	111	89	8.55	218	103	115	9.32	－18	8	－26	－0.77
送桥镇	613	319	294	8.93	587	321	266	8.56	26	－2	28	0.38

资料来源:2013年高邮统计年鉴。

四、婚姻状况

1. 婚姻家庭状况概述

截至2014年年末，全市人口婚姻状况为：已婚577,760人，占总人口的70.6%；丧偶24,122人，占总人口的2.9%；离婚6201人，占总人口的0.75%；达法定婚龄未婚的有87,070人，占总人口的10.6%，其中22周岁以上未婚的男性46,386人，20周岁以上未婚的女性40,684人。

2. 1986～2014年高邮市(县)结婚情况

表1－6　1986～2014年高邮市(县)结婚情况

年份	结婚登记总数(对)	其中				复婚数(对)
		初婚数(人)	再婚			
			总数(人)	男性(人)	女性(人)	
1986	7795	—	—	—	—	—
1987	4346	—	—	—	—	—
1988	5207	—	—	—	—	—
1989	7108	—	—	—	—	—
1990	7201	—	—	—	—	—
1991	7864	—	—	—	—	—
1992	8061	15,896	226	74	152	11
1993	7470	14,795	145	51	94	9
1994	6979	13,830	128	46	82	5
1995	7200	14,290	110	46	64	5
1996	7492	14,791	193	87	106	28
1997	7150	14,252	48	19	29	4
1998	7202	13,998	406	272	134	124
1999	7362	14,692	32	14	18	3
2000	7293	14,562	24	7	17	6
2001	6018	11,685	351	189	162	21
2002	5863	11,312	414	191	223	28
2003	5215	10,072	358	161	197	10
2004	4871	9244	498	251	247	20
2005	4856	8754	958	441	517	53

续表

年份	结婚登记总数（对）	其中				复婚数（对）
		初婚数（人）	再婚			
			总数（人）	男性（人）	女性（人）	
2006	4636	8260	1012	492	520	52
2007	4770	8311	1229	598	631	65
2008	5243	9204	1282	615	667	79
2009	6171	10,875	1467	714	753	85
2010	7231	12,896	1566	737	829	120
2011	8496	15,189	1803	854	949	140
2012	8091	14,385	1797	875	922	153
2013	8887	15,813	1961	952	1009	221
2014	7684	13,403	1965	926	1039	202

3.1986～2014年高邮市(县)离婚情况

表1-7 1986～2014年高邮市(县)离婚情况

年份	民政部门办理离婚登记(对)	人民法院调解和判决离婚(对)
1986	40	—
1987	38	—
1988	42	—
1989	60	—
1990	75	250
1991	70	202
1992	68	215
1993	84	198
1994	79	226
1995	81	204
1996	79	259
1997	71	281
1998	239	299
1999	123	313
2000	174	269

续表

年份	民政部门办理离婚登记(对)	人民法院调解和判决离婚(对)
2001	299	253
2002	239	299
2003	243	313
2004	378	303
2005	493	322
2006	570	270
2007	614	342
2008	687	409
2009	668	375
2010	760	443
2011	911	432
2012	947	419
2013	1095	462
2014	1133	419

4. 2006～2014 年高邮市民政局婚姻登记处结婚/离婚情况分年龄段统计

表 1－8　2006～2014 年高邮市民政局婚姻登记处结婚/离婚情况分年龄段统计

高邮市民政局婚姻登记处结婚登记分年龄段统计																	
年份	性别	合计	20～24 岁		25～29 岁		30～34 岁		35～39 岁		40～49 岁		50～59 岁		60 岁以上	
		人数(人)	人数(人)	比例(%)	人数(人)	比例(%)	人数(人)	比例(%)	人数(人)	比例(%)	人数(人)	比例(%)	人数(人)	比例(%)	人数(人)	比例(%)
2006	男	4638	1586	34.20	1872	40.36	349	7.52	324	6.99	341	7.35	125	2.70	41	0.88
	女	4638	2549	54.96	1116	24.06	265	5.71	298	6.43	282	6.08	115	2.48	13	0.28
2007	男	4638	1586	34.20	1872	40.36	349	7.52	324	6.99	341	7.35	125	2.70	41	0.88
	女	4638	2549	54.96	1116	24.06	265	5.71	298	6.43	282	6.08	115	2.48	13	0.28
2008	男	5244	1770	33.75	1691	32.25	460	8.77	423	8.07	628	11.98	198	3.78	74	1.41
	女	5244	2680	51.11	1095	20.88	317	6.05	385	7.34	555	10.58	189	3.60	23	0.44
2009	男	6171	2049	33.20	1672	27.09	480	7.78	493	7.99	1109	17.97	290	4.70	78	1.26
	女	6171	2976	48.23	1050	17.02	352	5.70	477	7.73	1043	16.90	228	3.69	45	0.73
2010	男	7231	2313	31.99	1647	22.78	435	6.02	498	6.89	1763	24.38	440	6.08	135	1.87
	女	7231	3154	43.62	1076	14.88	350	4.84	503	6.96	1725	23.86	347	4.80	76	1.05
2011	男	8496	2786	32.79	2173	25.58	468	5.51	495	5.83	1910	22.48	451	5.31	213	2.51
	女	8496	3745	44.08	1521	17.90	368	4.33	528	6.21	1814	21.35	382	4.50	138	1.62

续表

年份	性别	合计	20～24岁		25～29岁		30～34岁		35～39岁		40～49岁		50～59岁		60岁以上	
		人数（人）	人数（人）	比例（%）	人数（人）	比例（%）	人数（人）	比例（%）	人数（人）	比例（%）	人数（人）	比例（%）	人数（人）	比例（%）	人数（人）	比例（%）
2012	男	8091	2602	32.16	2250	27.81	495	6.12	358	4.42	1701	21.02	469	5.80	216	2.67
	女	8091	3413	42.18	1704	21.06	403	4.98	383	4.73	1662	20.54	393	4.86	133	1.64
2013	男	8887	2496	28.09	2284	25.70	449	5.05	421	4.74	2188	24.62	728	8.19	321	3.61
	女	8887	3234	36.39	1812	20.39	403	4.53	387	4.35	2204	24.80	631	7.10	216	2.43
2014	男	7684	2039	26.54	2408	31.34	371	4.83	348	4.53	1500	19.52	707	9.20	311	4.05
	女	7684	2741	35.67	1961	25.52	307	4.00	330	4.29	1517	19.74	636	8.28	192	2.50
合计（对）	—	61,080	23,134	37.87	15,160	25.50	3443	5.83	3637	6.16	11,283	17.03	3285	5.01	1140	2.00

高邮市民政局婚姻登记处离婚登记分年龄段统计

年份	性别	合计	20～24岁		25～29岁		30～34岁		35～39岁		40～49岁		50～59岁		60岁以上	
		人数（人）	人数（人）	比例（%）	人数（人）	比例（%）	人数（人）	比例（%）	人数（人）	比例（%）	人数（人）	比例（%）	人数（人）	比例（%）	人数（人）	比例（%）
2006	男	570	16	2.81	139	24.39	174	30.53	133	23.33	89	15.61	14	2.46	5	0.88
	女	570	50	8.77	159	27.89	159	27.89	123	21.58	67	11.75	9	1.58	3	0.53
2007	男	614	12	1.95	117	19.06	169	27.52	165	26.87	121	19.71	22	3.58	8	1.30
	女	614	49	7.98	148	24.10	171	27.85	144	23.45	80	13.03	21	3.42	1	0.16
2008	男	687	15	2.18	120	17.47	188	27.37	181	26.35	155	22.56	19	2.77	9	1.31
	女	687	49	7.13	159	23.14	194	28.24	157	22.85	107	15.57	17	2.47	4	0.58
2009	男	668	17	2.54	110	16.47	199	29.79	159	23.80	160	23.95	19	2.84	4	0.60
	女	668	55	8.23	160	23.95	174	26.05	136	20.36	132	19.76	10	1.50	1	0.15
2010	男	760	23	3.03	135	17.76	229	30.13	178	23.42	163	21.45	21	2.76	11	1.45
	女	760	69	9.08	172	22.63	204	26.84	161	21.18	138	18.16	12	1.58	4	0.53
2011	男	911	24	2.63	164	18.00	251	27.55	209	22.94	213	23.38	37	4.06	13	1.43
	女	911	76	8.34	201	22.06	234	25.69	169	18.55	204	22.39	16	1.76	11	1.21
2012	男	947	39	4.12	184	19.43	235	24.82	202	21.33	240	25.34	39	4.12	8	0.84
	女	947	101	10.67	211	22.28	210	22.18	176	18.59	221	23.34	23	2.43	5	0.53
2013	男	1095	38	3.47	193	17.63	228	20.82	253	23.11	322	29.41	47	4.29	14	1.28
	女	1095	92	8.40	239	21.83	229	20.91	229	20.91	267	24.38	32	2.92	7	0.64
2014	男	1133	37	3.27	209	18.45	218	19.24	262	23.12	340	30.01	47	4.15	20	1.77
	女	1133	83	7.33	259	22.86	226	19.95	246	21.71	277	24.45	30	2.65	12	1.06
合计（对）	—	7385	423	5.66	1540	21.08	1846	25.74	1642	22.41	1648	21.35	218	2.85	70	0.90

第四节　经济社会发展状况

一、GDP、财政收入及 1949 ~ 2014 年的变化情况(见表 1 - 9)

1. 恢复、发展、改造阶段(1949 ~ 1957 年)

新中国成立以前,高邮产业结构极不合理,落后的农业占主要份额,工业基础薄弱。新中国成立后经过三年恢复,1952 年全市地区生产总值0.56亿元,比 1949 年增加 0.27 亿元,增长0.93 倍;1952 年全市工业总产值 2022 万元,比 1949 年增加 852 万元,增长 0.73 倍。在农村,全面进行土地改革,农民生产积极性空前高涨,战争中抛荒的农田得以复耕,农业生产得到恢复。三年时间,粮食产量从 1949 年的 14.85 万吨增加到 1952 年的 23.34 万吨,增长0.57 倍。1953 年,高邮进入国民经济第一个五年计划,开始进行大规模的社会经济建设,大力发展农业生产,尽可能地利用与发挥原有工业的潜在力量,对农业、私营工商业、交通运输业、手工业进行了社会主义改造,国民经济有了一定发展。1957 年,全市地区生产总值0.67亿元,“一五”期间,全市地区生产总值年均增长 3.7%。其中第一产业 3.0%、第二产业3.7%、第三产业 6.6%;工业总产值 2354 万元,年均增长 3.1%;粮食产量 23.58 万吨。在生产发展的基础上,城乡居民生活得到了初步改善。见表 1 - 9 - 1。

2. “大跃进”、调整阶段(1958 ~ 1965 年)

在第一个五年计划顺利完成的好形势下,“左”的指导思想开始萌芽,用主观愿望代替实事求是的科学态度。1958 年开始的“大跃进”和人民公社化,使高指标、瞎指挥、浮夸风泛滥起来,加上严重的自然灾害,国家经济遇到严重挫折,粮食连续三年减产,经济建设和人民生活都遇到特大困难。“二五”期间,全市地区生产总值年均增长 -4.2%,工业总产值年均增长 -3.6%,粮食产量年均增长 -9.9%。

从 1961 年起,中共中央、国务院决定对国民经济实行“调整、巩固、充实、提高”的方针,以纠正错误、恢复经济,并把 1963 年到 1965 年作为国民经济继续调整的三年。在这期间,全市大力压缩基本建设规模,加强农业和日用消费品生产,市场供应逐步恢复正常,商品日趋丰富,使遭受到破坏的经济得到恢复和发展。调整三年,全市地区生产总值年平均增长 17.2%。其中第一产业 17.9%,第二产业 21.6%,第三产业 4.0%。工业产值年平增长 22.1%。农业产值年均增长 19.8%。见表 1 - 9 - 2。

3. “文化大革命”曲折发展阶段(1966 ~ 1978 年)

当经济刚刚得到全面恢复和发展之时,1966 年开始又陷入长达十年的“文化大革命”。当时“左”的思想泛滥,除政治、社会领域遭到极其严重的破坏外,经济建设领域的许多方面重蹈和放大了“大跃进”的错误,将经济推向崩溃的边缘。这一时期,由于广大人民群众对林彪、“四人帮”倒行逆施的抵制和反对,经济在遭受严重摧残下艰苦曲折地发展。全市地区生产总值从 1965 年的 0.87 亿元增加到 1976 年的 1.88 亿元,年均增长 7.3%,其中第一产业 6.3%、第二产业 10.3%、第三产业 6.0%。工业总产值由 1965 年的 0.36 亿元,增加到 1976 年的 1.2 亿元,粮食产量由 1965 年的 25.58 万吨,增加到 1976 年的 44.91 万吨。1978 年比 1976 年全市地区生产总值递增 8.3%。

1978年党中央召开十一届三中全会,及时、果断地把全面工作重心转移到现代化建设上来,从而实现了新中国成立以来党的历史上具有深远意义的伟大转折,高邮市经济建设开始进入新的历史时期。

4. 改革开放30年快速发展的进程(1979~2008年)

在改革开放前,由于"左"的思想影响,严重阻碍了生产力的发展,投资规模不大,经济建设步伐缓慢,生产能力低,全市综合经济实力十分薄弱,人民生活长期处于较低水平。改革开放30年来,随着经济体制改革的逐步深入,束缚经济发展的各种因素被破除,宏观经济环境不断改善,社会经济发生了翻天覆地的变化。2008年,全市地区生产总值182.45亿元,较1978年增加180.24亿元,增长了80.6倍,年均增长15.8%;全市第一产业33.3亿元、第二产业93.37亿元、第三产业55.78亿元,分别是1978年的25.9倍、131.9倍、262.6倍;三次产业比重由1978年的58.3∶32.1∶9.6调整为2008年的18.2∶51.2∶30.6;全社会固定资产投资从1978年的231万元,增加到2008年的120.58亿元,年均增长33.7%;2008年财政收入22.14亿元,是1978年的119.4倍,年均增长17.3%,高于GDP年均增长1.5个百分点,所占GDP的比重也由1978年8.6%提高到2008年的12.1%。

5. 近六年的平稳发展历程(2009~2014年)

自2009~2014年,高邮市GDP、财政收入继续平稳发展。地区生产总值逐年提升:2009年213.24亿元,2010年253.96亿元,2011年302.50亿元,2012年336.00亿元,2013年381.50亿元,2014年425.00亿元,年平均增长35.29亿元。财政收入也增势平稳,2009年26.74亿元,2010年35.06亿元,2011年46.00亿元,2012年50.99亿元,2013年57.89亿元,2014年61.29亿元,年平均增幅5.75亿元(见表1-10)。

表1-9 1949~2005年的GDP、财政收入变化情况

表1-9-1 (1949~1958年)

指标	单位	1949年	1950年	1951年	1952年	1953年	1954年	1955年	1956年	1957年	1958年
地区生产总值	亿元	0.29	0.36	0.45	0.56	0.58	0.60	0.62	0.64	0.67	0.64
第一产业	亿元	0.18	0.23	0.30	0.38	0.39	0.40	0.41	0.43	0.44	0.42
第二产业	亿元	0.06	0.07	0.08	0.10	0.10	0.11	0.11	0.12	0.12	0.12
工业	亿元	0.05	0.06	0.07	0.09	0.09	0.10	0.10	0.10	0.11	0.11
第三产业	亿元	0.05	0.06	0.07	0.08	0.08	0.09	0.09	0.10	0.11	0.10
人均地区生产总值	元	56	69	85	103	105	106	105	105	110	102

续表

指标	单位	1949年	1950年	1951年	1952年	1953年	1954年	1955年	1956年	1957年	1958年
地区生产总值总值指数	—	—	—	—	—	—	—	—	—	—	—
第一产业	—	—	—	—	—	—	—	—	—	—	—
第二产业	—	—	—	—	—	—	—	—	—	—	—
工业	—	—	—	—	—	—	—	—	—	—	—
第三产业	—	—	—	—	—	—	—	—	—	—	—
人均地区生产总值指数	—	—	—	—	—	—	—	—	—	—	—
全社会固定资产投资	万元	4.00	62.00	108.00	160.00	191.00	254.00	117.00	153.00	807.00	357.00
房地产开发	万元	—	—	—	—	—	—	—	—	—	—
财政收入	万元	310.00	496.00	499.00	697.00	859.00	775.00	672.00	752.00	698.00	1079.00
一般预算收入	万元	—	—	—	—	—	—	—	—	—	—
财政支出	万元	27.00	44.00	87.00	99.00	133.00	147.00	193.00	286.00	284.00	494.00
一般预算支出	万元	—	—	—	—	—	—	—	—	—	—

表1-9-2　(1959～1968年)

指标	单位	1959年	1960年	1961年	1962年	1963年	1964年	1965年	1966年	1967年	1968年
地区生产总值	亿元	0.61	0.59	0.56	0.54	0.64	0.75	0.87	0.93	0.99	1.05
第一产业	亿元	0.41	0.39	0.38	0.36	0.44	0.51	0.59	0.64	0.68	0.73
第二产业	亿元	0.11	0.11	0.10	0.10	0.12	0.15	0.18	0.19	0.19	0.20
工业	亿元	0.10	0.10	0.09	0.09	0.11	0.13	0.16	0.17	0.17	0.18
第三产业	亿元	0.09	0.09	0.08	0.08	0.09	0.09	0.09	0.10	0.12	0.13
人均地区生产总值	元	98	102	97	94	113	133	149	154	157	161
地区生产总值总值指数	—	—	—	—	—	—	—	—	—	—	—
第一产业	—	—	—	—	—	—	—	—	—	—	—

续表

指标	单位	1959 年	1960 年	1961 年	1962 年	1963 年	1964 年	1965 年	1966 年	1967 年	1968 年
第二产业	—	—	—	—	—	—	—	—	—	—	—
工业	—	—	—	—	—	—	—	—	—	—	—
第三产业	—	—	—	—	—	—	—	—	—	—	—
人均地区生产总值指数	—	—	—	—	—	—	—	—	—	—	—
全社会固定资产投资	万元	598.00	368.00	262.00	112.00	161.00	153.00	79.00	43.00	129.00	45.00
房地产开发	万元	—	—	—	—	—	—	—	—	—	—
财政收入	万元	973.00	968.00	741.00	429.00	584.00	638.00	611.00	712.00	667.00	721.00
一般预算收入	万元	—	—	—	—	—	—	—	—	—	—
财政支出	万元	582.00	814.00	564.00	406.00	585.00	417.00	473.00	538.00	437.00	446.00
一般预算支出	万元	—	—	—	—	—	—	—	—	—	—

表 1－9－3 （1969～1978 年）

指标	单位	1969 年	1970 年	1971 年	1972 年	1973 年	1974 年	1975 年	1976 年	1977 年	1978 年
地区生产总值	亿元	1.12	1.19	1.28	1.38	1.48	1.60	1.73	1.88	2.04	2.207
第一产业	亿元	0.77	0.83	0.88	0.93	1.00	1.06	1.12	1.16	1.22	1.2869
第二产业	亿元	0.20	0.21	0.24	0.28	0.33	0.39	0.45	0.53	0.61	0.7077
工业	亿元	0.18	0.19	0.22	0.26	0.30	0.35	0.41	0.48	0.57	0.6321
第三产业	亿元	0.14	0.15	0.15	0.15	0.15	0.15	0.16	0.17	0.19	0.2124
人均地区生产总值	元	166	168	179	188	199	212	226	243	261	281
地区生产总值总值指数	—	—	—	—	—	—	—	—	—	—	—
第一产业	—	—	—	—	—	—	—	—	—	—	100
第二产业	—	—	—	—	—	—	—	—	—	—	100
工业	—	—	—	—	—	—	—	—	—	—	100
第三产业	—	—	—	—	—	—	—	—	—	—	100

续表

指标	单位	1969 年	1970 年	1971 年	1972 年	1973 年	1974 年	1975 年	1976 年	1977 年	1978 年
人均地区生产总值指数	—	—	—	—	—	—	—	—	—	—	100
全社会固定资产投资	万元	352.00	271.00	103.00	115.00	195.00	120.00	136.00	150.00	94.00	231
房地产开发	万元	—	—	—	—	—	—	—	—	—	—
财政收入	万元	783.00	1050.00	777.00	905.00	1352.00	1334.00	1444.00	1433.00	1549.00	1855
一般预算收入	万元	—	—	—	—	—	—	—	—	—	1855
财政支出	万元	558.00	622.00	605.00	697.00	738.00	774.00	881.00	962.00	1074.00	1432
一般预算支出	万元	—	—	—	—	—	—	—	—	—	1432

表 1－9－4 （1979～1988 年）

指标	单位	1979 年	1980 年	1981 年	1982 年	1983 年	1984 年	1985 年	1986 年	1987 年	1988 年
地区生产总值	亿元	2.4714	2.8547	3.4121	3.9901	4.4762	6.1562	6.7248	8.1493	9.5701	10.392
第一产业	亿元	1.443	1.6741	2.0439	2.5508	2.6598	3.666	3.5113	4.156	4.5244	4.9045
第二产业	亿元	0.7791	0.8934	0.9285	1.0013	1.1206	1.6007	2.2407	2.7216	3.3354	3.6444
工业	亿元	0.6918	0.7892	0.742	0.8007	0.8299	1.1534	1.7125	2.0564	2.6137	3.0402
第三产业	亿元	0.2493	0.2872	0.4397	0.438	0.6958	0.8895	0.9728	1.2717	1.7103	1.8431
人均地区生产总值	元	313	360	428	499	558	765	835	1011	1182	1275
地区生产总值总值指数	—	104	113	132.2	148.1	165.1	219.6	230.8	266.1	295.8	279.3
第一产业	—	99.2	104.2	123.8	145	145.6	190.4	165.5	180.5	177.3	156.4
第二产业	—	109	124.9	130.1	141.8	160.3	227	307.2	365.5	432.5	438.9
工业	—	109	123.9	117	128.3	134.9	186.2	265.1	311.9	381.5	411.8
第三产业	—	115.9	126	190.5	188	298.3	372.3	371.8	453.9	558.5	491.9
人均地区生产总值指数	—	103.3	111.8	130.3	145.3	161.3	214.2	224.9	259.1	286.7	269

续表

指标	单位	1979 年	1980 年	1981 年	1982 年	1983 年	1984 年	1985 年	1986 年	1987 年	1988 年
全社会固定资产投资	万元	506	945	727	1461	1137	1596	3523	4874	6354	7239
房地产开发	万元	—	—	—	—	—	—	—	—	—	—
财政收入	万元	2024	1964	1926	2308	2472	2632	3398	3782	4300	4987
一般预算收入	万元	2024	1964	1926	2308	2472	2632	3394	3782	4300	4987
财政支出	万元	1539	1618	1698	1782	2288	2256	2471	3635	3786	4518
一般预算支出	万元	1539	1618	1698	1782	2288	2256	2471	3635	3786	4518

表 1-9-5 （1989～1998 年）

指标	单位	1989 年	1990 年	1991 年	1992 年	1993 年	1994 年	1995 年	1996 年	1997 年	1998 年
地区生产总值	亿元	10.8566	12.3857	11.1898	15.016	20.7931	28.8479	35.0563	42.8834	47.53	52.08
第一产业	亿元	4.643	5.8761	3.711	5.2281	7.303	9.3725	10.9446	13.4797	14.7	15.51
第二产业	亿元	4.1576	4.2873	4.7976	6.2902	8.8044	13.008	15.7578	18.112	19.48	21.02
工业	亿元	3.4924	3.6722	4.2482	5.7727	8.1136	12.0236	14.3753	16.0559	17.27	18.02
第三产业	亿元	2.056	2.2223	2.6812	3.4977	4.6857	6.4674	8.3539	11.2917	13.35	15.55
人均地区生产总值	元	1322	1497	1346	1804	2499	3469	4218	5156	5703	6253
地区生产总值总值指数	—	280	293	258.1	333.6	394.8	451.5	508	585.8	653.8	721.8
第一产业	—	141.7	165.4	104.4	141.9	165.4	151.8	173.4	205.2	237.2	251
第二产业	—	470.3	464	501.1	634	767.7	1018.7	1144.7	1258.1	1366.3	1541.2
工业	—	445.6	445.9	498.1	656.2	809	1074.2	1196.4	1291.1	1407.3	1583.2
第三产业	—	484	496.6	573.9	714.4	829	947.7	1047.9	1300	1466.4	1636.5
人均地区生产总值指数	—	267.5	277.9	243.7	314.6	372.3	426.1	479.6	552.7	616.8	688.9

续表

指标	单位	1989 年	1990 年	1991 年	1992 年	1993 年	1994 年	1995 年	1996 年	1997 年	1998 年
全社会固定资产投资	万元	3380	5708	6187	12,469	36,844	44,569	37,305	81,784	89,044	106,759
房地产开发	万元	—	1028	450	965	3693	3803	3544	4826	5781	8087
财政收入	万元	4410	5018	3885	6071	8985	11,671	15,186	17,527	20,689	21,722
一般预算收入	万元	4400	5018	3885	6071	8985	5464	7865	9119	10,593	10,908
财政支出	万元	5573	6262	9059	7847	9334	11,096	13,711	16,368	19,621	21,596

表 1-9-6 (1999～2005 年)

指标	单位	1999 年	2000 年	2001 年	2002 年	2003 年	2004 年	2005 年
地区生产总值	亿元	54.2	54.47	57.25	63.76	73.44	88.84	104.8
第一产业	亿元	16.11	16.22	17.1	18.32	18.85	23.28	24.95
第二产业	亿元	21.53	20.88	20.53	23.34	29.59	37.54	46.7
工业	亿元	18.34	17.18	17.32	19.5	24.88	31.26	38.95
第三产业	亿元	16.56	17.37	19.62	22.1	25	28.02	33.15
人均地区生产总值	元	6512	6532	6896	7667	8842	10741	12671
地区生产总值总值指数	—	776.7	776.7	817.9	907.9	1025.9	1169.5	1355.5
第一产业	—	269.8	272	287.8	310.8	320.7	344.4	364.4
第二产业	—	1676.8	1623.1	1670.2	1895.7	2316.5	2756.6	3398.9
工业	—	1724.1	1660.3	1688.5	1901.3	2344.3	2822.5	3468.9
第三产业	—	1729.8	1821.5	1958.1	2175.4	2432.1	2760.4	3168.9
人均地区生产总值指数	—	741.3	740.6	782	866.5	980	1122.1	1301.6
全社会固定资产投资	万元	114,252	129,569	145,800	175,120	234,380	328,390	464,054
房地产开发	万元	9005	9567	9600	20,348	40,824	70,080	71,930
财政收入	万元	22,691	23,862	33,889	42,543	55,558	72,323	100,308
一般预算收入	万元	11,593	12,596	19,223	21,097	25,754	27,258	34,818
财政支出	万元	24,329	25,363	29,774	37,091	52,437	64,990	94,903
一般预算支出	万元	24,105	25,106	29,189	35,201	44,328	49,889	65,616

表1－10 近十年经济社会发展重要指标(2006～2014年)

近十年经济社会发展重要指标(2006～2014年)(A)									
									单位:亿元
指标	2014年	2013年	2012年	2011年	2010年	2009年	2008年	2007年	2006年
一、地区生产总值	425.00	381.50	336.00	302.50	253.96	213.24	182.45	149.51	123.72
第一产业	67.01	62.79	55.96	50.47	43.95	40.60	33.30	28.17	26.20
农林牧渔业	102.96	—	—	98.34	97.61	94.57	93.37	74.78	58.42
第二产业	187.1	173.31	156.05	145.63	127.54	106.25	78.87	62.89	49.12
工业	—	141.24	126.29	119.13	105.50	87.75	14.50	11.89	9.30
建筑业	—	32.07	29.76	26.50	22.04	18.50	55.78	46.56	39.10
第三产业	166.6	145.40	123.99	106.40	82.47	66.39	8.81	7.47	6.35
交通运输、仓储和邮政业	—	20.25	18.30	15.40	11.64	8.12	8.81	7.47	6.35
信息传输、计算机服务和软件业	—	7.04	6.79	5.67	4.33	3.45	3.55	2.97	2.51
批发和零售业	—	16.30	14.38	12.67	10.37	8.96	—	—	—
住宿和餐饮业	—	9.01	8.14	7.02	5.96	5.11	—	—	—
金融业	—	11.51	9.63	8.28	5.24	4.28	2.56	2.14	1.75
房地产业	—	22.06	14.67	13.41	10.91	9.16	5.71	5.01	4.39
租赁和商务服务业	—	5.45	4.43	3.53	2.78	1.97	—	—	—
科学研究、技术服务和地质勘查业	—	2.17	1.84	1.62	1.24	0.95	—	—	—
水利、环境和公共设施管理业	—	1.90	1.66	1.46	1.12	0.80	—	—	—

续表

指标	2014 年	2013 年	2012 年	2011 年	2010 年	2009 年	2008 年	2007 年	2006 年
居民服务和其他服务业	—	7.19	6.31	5.03	3.96	2.93	—	—	—
教育	—	15.80	14.29	12.57	9.63	7.25	—	—	—
卫生、社会保障和社会福利业	—	6.11	5.40	4.75	3.64	2.92	—	—	—
文化、体育和娱乐业	—	2.38	1.91	1.51	1.19	0.86	—	—	—
公共管理和社会组织	—	18.21	16.23	13.48	10.46	9.63	—	—	—

近十年经济社会发展重要指标(2006～2014 年)(B)

单位:万元

指标	2014 年	2013 年	2012 年	2011 年	2010 年	2009 年	2008 年	2007 年	2006 年
二、农业总产值(可比价)	—	106,3111	964,021	—	733,496	—	574,626	275,956	263,721
农业总产值(当年价)	—	1,139,550	1,029,598	—	780,775	—	638,524	540,811	502,379
粮食(万吨)	88.59	87.51	86.04	85.55	79.97	79.29	76.91	75.94	73.02
棉花(万吨)	0.13	0.33	0.35	0.31	0.39	0.33	0.46	0.44	0.61
油料(万吨)	2.27	2.29	2.28	1.78	2.17	2.09	2.08	1.66	2.91
生猪出栏量(万头)	31.40	31.14	31.01	30.67	29.57	29.06	25.18	32.42	42.26
生猪存栏量(万头)	—	21.85	20.92	20.85	19.01	18.82	17.64	18.63	22.13
家禽出栏量(万只)	1143	1163.38	1199.32	1045.74	1014.84	980.52	947.83	1001.34	971.66

续表

指标	2014 年	2013 年	2012 年	2011 年	2010 年	2009 年	2008 年	2007 年	2006 年
鸡(万只)	—	410.74	415.14	361.98	350.32	346	349.6	443.59	528.87
鸭(万只)	—	330.27	350.34	307.72	298.6	284	272.4	260.73	177.53
鹅(万只)	—	407.6	415.76	376.04	365.92	350.52	325.83	297.02	265.26
家禽存栏量(万只)	—	406.54	408.98	401.12	381.16	366.9	345.8	311.6	354.11
羊出栏量(万只)	—	4.98	5.13	5.69	5.55	5.5	4.36	5.84	6.15
羊存栏量(万只)	—	2.31	2.12	2.11	1.83	1.82	1.94	1.82	2.37

近十年经济社会发展重要指标(2006~2014 年)(C)

单位:亿元

指标	2014 年	2013 年	2012 年	2011 年	2010 年	2009 年	2008 年	2007 年	2006 年
三、全部工业总产值	1928.8	1682.3	1444	1320.6	1010	773	587.06	—	—
四、全部国有及 2000 万元以上非国有工业企业(个)	—	470	489	479	630	575	514	—	—
工业总产值	1020.4	863.51	722.50	—	603.36	—	345.10	—	—
产品销售收入	995.5	846.15	704.61	—	587.92	—	328.68	—	—
利税总额	109.6	87.55	67.05	—	56.25	—	19.57	—	—
五、社会消费品零售总额	—	124.30	110.57	96.7	82.03	67.47	57.40	47.26	40.29
六、财政收入	61.29	57.89	50.99	46.00	35.06	26.74	22.14	17.43	13.01
财政支出	46.64	59.62	53.69	46.67	33.17	26.58	21.10	15.74	12.25

续表

指标	2014年	2013年	2012年	2011年	2010年	2009年	2008年	2007年	2006年
七、银行存款余额(本、外币)	395.83	343.50	297.13	257.13	228.86	195.12	153.16	121.83	106.10
居民储蓄存款余额	269.47	234.38	203.63	172.43	151.81	133.49	112.29	89.64	82.45
银行贷款余额(本、外币)	—	206.39	168.30	142.96	122.82	89.25	60.59	49.28	39.32
八、固定资产投资完成额	—	278.75	237.79	196.37	172.70	136.09	120.58	85.16	59.26
九、城镇居民人均可支配收入(元)	26,632	24,299	22,588	20,078	33,532	27,936	24,504	20,717	17,287
农民人均可支配收入(元)	18,024	12,926	—	10,449	17,073	15,029	13,359	11,428	9750
十、年末户籍总人口(万人)	81.81	81.82	81.74	82.06	82.08	82.01	82.40	82.72	82.73
年末常住人口(万人)	—	73.99	73.90	74.00	74.47	75.00	75.12	75.23	75.34

二、经济结构、主要产业、农业生产状况

1.经济结构

2014年,高邮市实现地区生产总值425亿元,增长11%。其中,第一产业67.01亿元,增长3.6%;第二产业187.1亿元,增长12.1%;第三产业166.6亿元,增长12.2%。人均地区生产总值56,890元(按美元汇率折算达9297美元)。产业结构不断优化,三大产业比例由上年的16.5:45.4:38.1调整为15.9:44.5:39.6。公共财政预算收入占GDP比重为7%,比上年提高0.3个百分点。

2.主要产业

(1)第一产业

2014年,农林牧渔业总产值102.96亿元,增长14.2%,其中农业总产值45.6亿元,增长8.6%,林业总产值1.8亿元,增长5.9%,牧业总产值20.2亿元,增长5.2%,渔业农业总产值47.6亿元,增长6.0%。新增高效设施农渔业面积4.5万亩,建成千亩农业园区22个,八

桥农业园被评为省级现代农业产业园。新增适度经营面积4.8万亩,农村经济合作组织突破千家,新注册家庭农场107家,2个家庭农场被评为省级示范。高邮湖大闸蟹行业协会与乐视合作电商销售。董氏特水建成扬州首家农字号院士工作站。新创农产品“三品”41个。拖拉机、粮食烘干机等大型农机推广量翻番。新农村建设稳步推进,强化全域治理,建成畜禽粪便处理中心、大中型沼气工程7处。秸秆机械化还田118万亩。建成省“水美乡镇”1个、“水美村庄”4个,创扬州市“优美乡村”3个。

高邮已有4件农产品被列为国家地理标志产品商标,分别是高邮鸭、高邮咸鸭蛋、界首茶干、高邮湖大闸蟹。

(2)第二产业

2014年,全市规模以上工业总产值1020.4亿元,增长16.2%。规模以上工业企业522家,产销超10亿元以上企业达9家,超亿元以上企业达220家,全年新增规模以上企业34家。实现销售收入995.5亿元,增长15.5%,实现利税总额109.6亿元,同比增长23.4%,其中利润69.53亿元,增长31.4%。规模以上工业产销率97.8%。实现工业用电量22.56亿千瓦时,增长13%。实施扬州市重点工业技改项目20个,技改投入105亿元,增长20%。机械装备、电线电缆、纺织服装、照明灯具四大基本产业规上企业开票销售240亿元,增长18%。全市开票销售超亿元企业达64家,纳税超亿元企业1家。秦邮特钢开票销售超70亿元,华翔公司纳税1.2亿元,均创工业企业新高。

2014年,全市建筑业总产值800.04亿元,增长23.01%;房屋建筑施工面积5199.8万平方米,增长10.6%;竣工产值510.9亿元,增长20%;竣工面积2477.9万平方米,增长16.4%。成功晋升一级总包资质企业3家,新开辟外埠市场6个。城市商务大厦获国优工程。瑞沃公司继弘盛、兴厦之后跻身江苏省建筑业百强。

截至2013年年末,高邮市已获省建筑之乡称号①,有超百亿元企业1家、超50亿元企业1家、总承包特级企业1家、一级企业8家、二级企业23家、三级企业41家,专业承包企业178家,劳务分包企业34家。

(3)第三产业

2014年,全市社会消费品零售总额139.8亿元,增长12.5%。全市贸易业限上企业113家,全年实现营业收入61亿元,新增贸易业限上企业19家。获批扬州市级服务业集聚区2个。获批扬州市文化产业示范基地4家。波司登世贸广场建成开业。清水潭创成扬州市级旅游度假区,高邮湖芦苇荡湿地公园获批省三星级乡村旅游示范点,盂城驿获批3A级旅游景区。澳洋顺昌金属材料物流、诚信电子商务物流园、九龙湾城市综合体、万丰广场等重大项目顺利实施。

3. 农业生产状况

2014年,高邮市粮食产量实现“十一连增”,被评为全国粮食生产先进县。高邮市现已建成千亩农业园区22个,新增扬州市级现代农业产业园4个,八桥现代农业园被评为省级现代农业产业园。2014年,高邮全市粮食种植面积11.71万公顷,增长0.9%;棉花种植面积0.10万公顷,下降60%;油料种植面积0.80万公顷,与上年持平;水产养殖面积3.07万

① 2014年12月16日高邮被授予“中国建筑之乡”称号。

公顷,水产品产量19.71万吨,分别增长0.7%、-0.6%;生猪出栏量31.40万头,增长1%,家禽出栏量1143万只,下降1.8%;新增造林面积628.73公顷,林木覆盖率23.4%(不含高邮湖)。2014年主要农产品生产情况(见表1-11)。

表1-11 2014年高邮市主要农产品生产情况

作物名称	播种面积		总产量		每公顷单产	
	数量(万公顷)	比上年(±%)	数量(万吨)	比上年(±%)	数量(吨)	比上年(±%)
粮食作物	11.71	0.9	88.59	1.2	7.56	0.1
麦子	5.53	-0.2	34.31	1.4	6.21	1.8
大麦	0.07	—	0.33	-2.9	5.14	0.2
小麦	5.46	-0.2	33.97	1.4	6.22	1.6
水稻	5.52	2.0	51.55	1.7	9.33	-0.2
籼稻	0.44	-18.5	3.35	-17.7	7.63	1.2
粳稻	5.00	2.7	47.54	2.0	9.51	-0.6
油菜籽	0.80	—	2.27	0.4	2.84	0.4
棉花	0.10	-60.0	0.13	-61.8	1.29	-5.8
蔬菜	1.11	1.8	47.99	12.0	43.27	10.0

三、收入状况

1.工资水平、人均收入

2014年城镇居民人均可支配收入26,632元,人均生活消费支出18,024元,分别增长9.6%、7.2%;百户家庭电话(固定、移动电话)、电脑拥有量分别达366部、98台;城镇居民恩格尔系数为30.9%。农村居民人均可支配收入14,335元,人均生活消费支出10,898元,分别增长10.9%、10.5%;百户家庭电话、电脑拥有量分别达308部、29台;农民恩格尔系数为31.5%。2014年居民消费价格指数102.0,上涨2个百分点,涨幅比上年回落0.2个百分点。城镇居民人均住房建筑面积38.54平方米,农村居民人均钢筋、砖混结构住房面积42.42平方米。

2. 1978年以后收入状况发展变化(1978～2013年)(见表1－12)

表1－12　1978年以后收入状况发展变化

表1－12－1　(1978～1989年)

指标	单位	1978	1979	1980	1981	1982	1983	1984	1985	1986	1987	1988	1989
职工平均工资	元	432	455	502	581	610	622	837	821	1016	1065	1399	1578
城镇居民人均可支配收入	元	—	—	—	—	—	—	—	—	—	—	—	—
城镇居民人均消费支出	元	—	—	—	—	—	—	—	—	—	—	—	—
农村居民人均纯收入	元	101	122	124	153	205	384	422	468	527	597	701	762

表1－12－2　(1990～2001年)

指标	单位	1990	1991	1992	1993	1994	1995	1996	1997	1998	1999	2000	2001
职工平均工资	元	1757	1894	2358	2820	3805	4872	5285	5798	6401	6794	7333	7828
城镇居民人均可支配收入	元	—	—	—	—	—	—	—	—	—	—	—	—
城镇居民人均消费支出	元	—	—	—	—	—	—	—	—	—	—	—	—
农村居民人均纯收入	元	844	709	937	1141	1794	2356	2845	3104	3192	3240	3312	3512
农村居民人均消费支出	元	754	804	870	857	1698	2187	2318	3102	2377	2332	2336	2284

表1－12－3　(2002～2013年)

指标	单位	2002	2003	2004	2005	2006	2007	2008	2009	2010	2011	2012	2013
职工平均工资	元	8742	10,199	11,814	14,211	17,287	20,717	24,504	27,936	33,532	20,078	22,588	24,299
城镇居民人均可支配收入	元	—	—	—	—	—	—	13,359	15,029	17,073	10,449	—	12,926
城镇居民人均消费支出	元	—	—	—	—	—	—	9684	—	—	—	—	—
农村居民人均纯收入	元	3728	3953	4429	4928	5482	6180	6941	—	—	—	—	—
农村居民人均消费支出	元	2463	2665	3254	3956	4116	4750	5256	—	—	—	—	—

四、城镇化发展

1. 城镇化概况、近几年城镇化情况、城镇化率

“十一五”期间,城镇人口从27.23万人增加到36.33万人,其中城市人口从13.84万人增加到20.99万人,小城镇镇区人口由13.39万人增加到15.34万人,共吸引0.63万户农民进镇安家落户,城镇化率从37%上升到44.3%。城镇建成区面积从42.13平方公里增加到54.56平方公里,其中城市建成区面积从16.8平方公里增加到23平方公里,小城镇建成区面积由23.33平方公里增加到31.56平方公里。全市农民进镇建住宅83.2万平方米,在农村建住宅38.03万平方米,使全市集镇人均居住面积达到34.25平方米,农村人均居住面积达到30.08平方米,城镇人均绿地面积达到22.2平方米。5年间,全社会城镇建设总投入191.69亿元,其中城市建设投入161.7亿元,小城镇建设投入29.99亿元,小城镇年投资从5.5亿元增加到6.8亿元。其中三垛镇、临泽镇、界首镇、菱塘回族乡四个中心集镇人口从3.88万人增加到5.32万人,集镇建成区面积从8.15平方公里增加到10.09平方公里,新增农民进镇4114户。

2. 城镇化进程主要方式

在规划布局上统筹发展,打造全新理念。高邮市形成了以中心市区为核心,省市中心镇为重点,市级重点镇为补充,村镇为基础的较为完善的城镇体系规划布局。

在设施建设上统筹发展,营造全新空间。高邮市把城镇基础设施建设与产业发展、社会事业发展紧密结合起来,重点培育发展有利农民就业、适合农民创业的产业,切实提高城镇的教育、医疗、文化、体育等基本公共服务水平。高邮市切实加强小城镇基础设施建设,2012~2014年,每年每个小城镇新增硬化路面1万平方米(或硬化率达90%),新增绿化面积2万平方米(或人均新增3平方米),充分利用小城镇内的河道、空地,加快绿地、景点、休闲场所的建设。高邮市还大力推进镇村垃圾集中处理,加快乡镇区域供水和小城镇污水处理设施建设,加快交通网络、交通标志、消防设施、停车场建设,加快小城镇文化、娱乐、健身场所等公共设施的建设。高邮市构筑城乡一体的公共服务网络,促进城市基础设施向农村延伸、城市的公共服务向小城镇覆盖、城市的现代文明向小城镇辐射,进一步增强城镇的集聚吸纳能力和辐射带动能力。

在公共服务上统筹发展,构造全新环境。高邮市以建设洁净、有序、生态、文化、特色集镇为载体,不断优化和提升公共服务设施的建设品位,结合居住示范区创建,在镇村道路、污水处理、管线设置、垃圾处理和服务中心等方面配优配齐,完善统一,形成城乡联动、多元建设的互动机制,打造了一批布局合理、设施配套、有利生产、方便生活、特色鲜明的新型集镇,同时,高邮市还在强化个性、彰显特色上做文章。概括为以下四点:一是找准城镇定位,在城镇功能上不求多、不贪全,实事求是又高瞻远瞩地确定好自己的发展目标和方向;二是抓住得天独厚的好山、好水、好林、好环境和历史文化遗产传统做文章,因地制宜地创造自己的文化氛围和形象特色;三是在营造绿色、清洁、清新的生态环境上给予充分的重视,杜绝引进污染严重的产业和落后工业项目,不搞遗憾工程;四是量体裁衣,不盲目照搬一些与小城镇自身体量、尺度、风格不相称的东西,促进小城镇协调发展。

在城镇经济上统筹发展,创造全新业态。高邮市立足本地区资源条件、环境优势、人文特色等,继续调整农业结构,大力发展小城镇第二、三产业,鼓励外出务工人员、外籍家乡人

士返乡就业、回乡就业。培育小城镇土地市场，开发小城镇土地潜在价值，增加地方财政收益。高邮市加快推进"四集中""双置换"，积极推进工业向园区集中、人口向城镇集中、居住向社区集中、土地向适度规模经营集中，推进土地承包经营权置换城镇社保、宅基地和住房置换城镇住房，鼓励在城镇有稳定就业和住所、自愿放弃宅基地使用权和土地承包经营权的农民，有序转变为城镇居民，真正融入城镇。

五、财政金融、企业登记情况

1. 财政金融

2014 年全市财政总收入为 61.29 亿元，增长 5.9%；公共财政预算收入 29.3 亿元，增长 15.2%（见表 1－13）。2014 年税收收入 24.04 亿元，增长 15.1%，占公共财政预算收入的比重达 82%。公共财政预算支出 46.64 亿元，增长 13.4%。

表 1－13　2014 年公共财政预算收入分项情况

指标	绝对数（万元）	比上年增长（±%）
公共财政预算收入	293,158	15.2
国税部门完成	58,070	12.5
增值税（含改征增值税）	43,888	12.8
企业所得税	14,182	11.7
地税部门完成	190,157	15.9
地方工商税	166,416	16.5
所得税	15,912	10.7
教育费附加	7829	15.5
财政及其他部门完成	44,931	15.9

全市金融机构 2014 年年末各项存款余额 395.83 亿元，比年初增加 52.33 亿元，增长 15.2%（见表 1－14）。其中，居民储蓄存款 269.47 亿元，比年初增加 35.08 亿元，增长 15.0%；各项贷款余额 241.78 亿元，比年初增加 35.39 亿元，增长 17.1%。引进光大银行、射阳农商行，开办常农商村镇银行。

表 1－14　2014 年金融机构本、外币存贷款情况

指标名称	绝对数（亿元）	比年初增加（亿元）	比上年增长（±%）
年末各项存款余额	395.83	52.33	15.2
企事业单位存款	122.29	15.59	14.6
居民储蓄存款	269.47	35.08	15.0
年末各项贷款余额	241.78	35.39	17.1
短期贷款	121.15	5.61	4.9
中长期贷款	111.79	27.75	33.0
票据融资	8.82	2.03	30.0

2. 企业登记情况

截至2014年年底，高邮市累计有私营企业1.05万家。仅2014年，新增注册资本(金)在100万元以上的私营企业就达757家，其中注册资本(金)在1000万元以上的私营企业247家；新增私营有限责任公司1147家，其中一人独资公司604家(含15家分公司)。在2014年新增的私营企业中，第一产业221家、第二产业1762家、第三产业899家，占比分别为7.7%、61.1%、31.2%。

截至2014年年底，累计有个体工商户2.8万家。2014年新增个体工商户5331家，增长11.2%；被注销的个体工商户1092家。2014年新增个体工商户注册资金5.85亿元、从业人员1.04万人，分别增长24.9%、12.4%；2014年个体工商户累计注册资金23.08亿元、从业人员5.29万人，分别增长27.8%、18.4%。

此外，2014年新登记独资或合资企业7家，注册资本(金)0.14亿美元，分别下降14.3%、88.5%。其中，新增注册外商独资企业2家，注册资本(金)760万美元；新增香港客商投资企业1家，注册资本(金)108万美元；新增外商合资企业2家，注册资本(金)66.29万美元。注销外商投资企业1家和我国台湾、香港地区客商投资企业6家。

六、社会结构

2014年年末，全市户籍总户数25.84万户，户籍总人口81.81万人，比上年年末减少0.01万人。出生人口6341人，出生率7.75‰；死亡人口6174人，死亡率7.55‰；人口自然增长率0.2‰，比上年增加0.48个千分点。年末常住人口73.91万人，比上年减少0.08万人。城市化水平进一步提高，年末城市化水平达49.8%，比上年提高2个百分点。

2014年，新增农村劳动力转移9153人，城镇登记失业率2%。新增社保“五险”参保2.1万人，城乡居民养老保险覆盖率99.5%。城镇职工、城镇居民、新农合医保政策范围内报销比例分别达80%、70%、75%以上。2014年募集慈善资金1016万元、支出780万元。社会福利中心正式投运。升级改造敬老院10家，创省“三星级”1家。建成残疾人康复中心，发放残疾人救助资金1386万元。筹集建设保障性安居房2887套，住房公积金扩面5777人，发放贷款1.82亿元。

七、教育情况

高邮市教育局全面贯彻落实国家和省、市中长期教育改革和发展规划纲要，围绕《高邮市“十二五”教育事业发展规划(2011～2015)》，坚定不移地实施“科教兴市”和“人才强市”战略，全面推进素质教育，教育优先发展地位日益强化，教育投入大幅增长，教育改革不断深入，办学条件明显改善，教学质量显著提高，师资素质不断提升，各类教育继续保持快速协调发展态势。

学前教育。2014年投资2628万元推进幼儿园建设工程，2014年新建幼儿园1所，改扩建幼儿园4所。组织开展江苏省优质幼儿园创建活动，2014年新创成省优质幼儿园1所，完成幼儿园省示范园转评申报4所。有4所幼儿园获批省级幼儿园课程游戏化共建项目，6所获批扬州市级课程游戏化共建项目。截至2014年年底，全市共有省优质幼儿园37所，省优质园占比为78%，在省优质园接受教育的幼儿占比85%以上。全市学前三年幼儿入园率98.5%。

义务教育。继续推进全国义务教育发展基本均衡县创建工作，于2014年4月上旬通过教育部评估验收。市政协、市人大常委会先后组织现场考察义务教育段学校9所,并专题听取和审议市政府关于义务教育优质均衡发展工作的情况汇报。推进实施义务教育学校现代化建设工程,新创成省义务教育现代化学校17所(9所小学、8所初中),累计创成27所,占全市义务教育段学校总数的42.9%。2014年获批省级项目3项,即卸甲初中的薄弱初中质量提升项目、秦邮实验小学的特色文化建设项目、荷花塘特校的特殊教育建设项目,累计争取省立项资金110万元。

高中教育。坚持内涵发展,加大星级高中特色培育和质量提升力度,对全市高中学校实施"蹲点式"调研4轮,有力推进拔尖生培养、临界生管理与艺体生培育工作。截至2014年年底,全市累计有省三星级高中4所、省四星级高中2所。高邮中学省级"物理课程基地"建设项目稳步推进。继续执行热点高中新生统招指标定向分配制度,将高邮中学统招计划的70%按报考人数比例定向分配到各初中学校,择优录取。2014年全市共有4954人参加高考,达本科分数线2140人,上线率为43.2%。高邮中学有考生1人达清华大学飞行员班录取线。全市大专以上录取率92.7%。

职成教育。借助创建平台提高职业教育和社会教育发展水平。高邮中等专业学校被确定为"省高水平现代化职业学校"立项学校;周山镇社区教育中心创成省级乡镇社区教育中心。2014年创成省级标准化居民学校8所、省级品牌专业2个、省级高水平示范性实训基地3个;新增国家级子课题1项、省级课题11项,入选省"十佳课题"1项;自编社区教育读本20种。2014年完成农村实用技术和劳动力培训8万多人次;培训从业人员27万多人次,占全市从业人员的55.1%。

2014年,全市成型幼儿园48所(另有办园点10个),其中省优质幼儿园37所;在园幼儿1.34万人,幼儿学前三年毛入学率98.5%;幼儿教育职工1805人,其中专任教师826人,专任教师中大专以上学历者占95.6%。小学40所(含九年一贯制学校1所,另有教学点5个),其中省实验小学25所,在校生2.86万人;小学适龄儿童入学率100%、巩固率100%;小学教职工2450人,其中专任教师1910人,专任教师中大专及以上学历者占93.3%。初中25所(含民办初中2所),其中省示范初中21所,在校生1.79万人;初中入学率100%、巩固率为100%,初中毕业生升学率99.53%;初中教职工2162人,其中专任教师1730人,专任教师中本科及以上学历者占95.3%。高中6所,其中省三星级以上高中5所,在校生1.26万人;高中教职工1343人,其中专任教师1178人,专任教师中研究生学历者占9.9%。职业学校2所,在校生6453人;职中教职工285人,其中专任教师242人,专任教师中研究生学历者占11.2%,职业中学"双师型"教师占72%。特殊教育学校1所,在校生84人,教职工21人。

第五节 法制沿革过程

一、清末至新中国成立前

1. 地方政府沿革

高邮地方政府机构,由汉至清各遵当时定制。1912年,县设民政署。1913年改为县公署。1917 年改为县政府。日军侵占高邮后，高邮出现国民党高邮县政府、共产党高邮县政府和汪伪县政府三足鼎立局面。1946～1949 年，高邮境内存在国共两党分别领导的高邮县政府。1949 年后，高邮县县级政府先后称为县政府、县人民政府、县人民委员会、县革命委员会、县人民政府。在政府代议机构方面，清宣统三年九月（1911 年 9 月）辛亥革命时，高邮县成立临时自治会，宣布光复。1912 年年初，县设临时议会，9 月又成立临时参议会。1944～1945 年，在共产党领导的高邮县抗日民主根据地设立县参政会。参政会先后召开两届参政会议。1946 年 12 月，国民党高邮县党部在高邮设立临时参议会，次年 1 月至 1948 年 10 月，高邮设参议会。

2. 司法机构沿革

清末，行政长官称为知州，知州行使司法权。宣统三年十一月（1911 年 11 月），辛亥革命爆发后，高邮州改为高邮县，知州改称民政长。应高邮拥护辛亥革命的代表人物之请，镇江都督林述庆派执行官孙昭率镇军 20 人来高邮，组成司法机关，实行司法独立。1912 年 1 月 1 日，孙中山在南京就任临时大总统，高邮州正式改称高邮县，启用“高邮县印”。1 月 15 日，扬州军政分府徐宝山派旅长马玉仁率军来邮，逐去镇军，取消司法独立。7 月高邮的司法机关称为高邮地方审判厅。审判厅内设高邮地方检察厅。1913 年 1 月，高邮民政署改称高邮县公署，设县知事兼理司法事务，使用“高邮县知事印”。1914 年，司法机关改称审检所，设帮审员帮助知事处理司法事务。1916 年，司法机关改称高邮地方审判厅。7 月使用“高邮县印”。1927 年 6 月，高邮县公署更名为高邮县政府，取消高邮地方审判厅名称。县政府设民治科办理刑、民案件，使用“高邮县政府印”。1928 年，民治科更名为高邮地方审判厅。1929 年，恢复民治科。1931 年 9 月 18 日至 1934 年 8 月，高邮仍设地方审判厅，隶属于江苏镇江地方法院江都分院。1934 年 1 月，高邮县政府增设“江苏兼理司法高邮县政府书记室”。1939 年 10 月 2 日，日军侵占高邮，在高邮成立伪“维持会”。1942 年 7 月，中共高邮县委在四区小葛庄召开高邮县抗日民主政府成立大会。县政府设军事科、公安科。公安科处理司法事宜。1944 年 7 月，伪高邮县政府设司法科处理司法事务。1935 年 12 月 25 日，共产党领导的人民军队攻克高邮城。高邮县抗日民主政府改称高邮县政府，内设司法科，属苏中第一行政区法院管辖。1946 年，共产党领导的高邮县政府设审讯科、司法科，属苏皖边区第二行政区法院管辖。同年 10 月 7 日，国民党占领高邮。10 月 10 日，国民党高邮县政府及“还乡团”进入高邮城乡，其县政府设司法处。1937 年 1 月 1 日，国民党高邮县政府正式成立高邮县司法处。6 月，启用“江苏高邮司法处印”。同年 11 月 16 日，县政府成立江苏高邮地方法院，使用“江苏高邮地方法院印”。法院内设检察处，使用“江苏高邮地方法院检察官印”。1948 年 8 月 20 日，国民党高邮地方法院迁至镇江，其首席检察官邱能留守高邮并代理高邮地方法院院长。

3. 公安机关沿革

1943 年 4 月，中国共产党领导的高邮县抗日民主政府，根据苏中区公安局组织条例，决定撤销县政府保安科，成立高邮县公安局。

1945 年 12 月 19 日，新四军解放了被日军和伪军盘踞的高邮城，高邮县抗日民主政府公安局局长丁彤云率领公安人员进城办公，更名为高邮县公安局。

1946 年内战爆发，同年 10 月 6 日黄百韬部队新编 25 师占领高邮城，高邮县公安局随中共高邮县委撤退到农村打游击。

二、1949～1965 年

1. 地方人大沿革

第一届人民代表大会第一次会议通过了拥护宪法草案、批准县人民政府上半年工作报告、秋季工作方案和关于地方自筹经费四项决议。大会认为县人民政府在上半年的工作中深入开展了过渡时期总路线总任务的宣传教育,超额完成了粮食统购飞推销公债的任务,工人中的增产节约、劳动竞赛运动和农村互助合作运动都有了进一步的发展,赢得了夏粮丰收,干部作风有明显好转。大会批评县人民政府对艰苦奋斗作风强调不够;粮食统销工作没有抓好,造成了抢购套购的混乱现象。

第一届人民代表大会第二次会议要求全县人民继续遵循过渡时期总任务所指引的道路,重视农业生产,开展农业互助合作运动,做好粮食征购销等工作。大会收到代表提案 215 件。

第二届人民代表大会第一次会议指出今后的工作任务是:全面、深入、持久地开展增产节约运动,认真贯彻执行勤俭建国、勤俭办企业、勤俭办一切事业的方针;动员全县人民努力完成和超额完成 1957 年的工农业生产计划,加强和做好对私改造工作,做好财政经济、文教卫生等工作,在发展生产的基础上逐步改善人民生活。

第二届人民代表大会第二次会议要求,在全县人民中继续深入开展政治战线和思想战线上的社会主义革命,把两条道路的斗争进行到底,进一步开展增产节约运动,保证完成和超额完成 1957 年的各项任务。

第三届人民代表大会第一次会议要求,全县人民认真执行鼓足干劲、力争上游、多快好省地建设社会主义的总路线,为争取实现粮食亩产 800 斤而努力;要求以夏收夏栽为中心,抓紧夏季预分、整社,大力发展地方工业和副业生产;要求各部门的工作都应在服务于生产的前提下去进行。

第四届人民代表大会第一次会议要求,全县人民继续高举总路线、"大跃进"、人民公社三面红旗,集中力量,加强农业,争取农业生产获得比较好的收成;要求进一步巩固人民公社,贯彻执行中央关于人民公社和农村的各项经济政策,切实安排好社员生活。

第五届人民代表大会第一次会议要求,全县人民继续高举总路线、"大跃进"、人民公社三面红旗,认真贯彻执行党的各项方针政策,开展社会主义教育运动,努力争取农副业生产全面丰收,保证完成和超额完成国家计划。

2. 党组织沿革

1949 年及 20 世纪 50 年代初,各级党组织结合土地改革、抗美援朝和镇压反革命等运动,进行了组织整顿和思想整顿。

从 1953 年起,注重加强党支部建设,积极慎重地发展新党员。1954 年 5 月开始,健全党员登记制度,实行对党员的全面管理。在农业合作化时期,重点对党员进行"学会当家,巩固胜利"的思想教育。按照中央的部署,从 1956 年起,加强了党对知识分子的工作,吸收了一批符合条件的优秀知识分子加入党组织。

1958 年在"大跃进"和人民公社化运动中,部分党员卷入"五风"运动,给社会主义建设和人民生活造成危害。1961 年至 1962 年,对基层党员干部进行整风,狠反"五风",使广大党员和各级干部提高了政策水平，转变了思想作风，并结合退赔兑现，进行了组织整顿和组织处理工作。

3. 政协沿革

第一届政协第一次会议选举产生了县第一届政协领导机构，洪坚为主席，束鸿、吴襄哉、张道仁、戴子瑜为副主席，选出常委 21 人。

第一届政协第二次会议有 16 位委员在大会上发言，交流学习《全国农业发展纲要》的体会。

第二届政协第一次会议选举产生了县第二届政协领导机构，曹祝三为主席，孙普、吴襄哉、张道仁、戴子瑜为副主席，选出常委 23 人。

第三届政协第一次会议选举产生了第三届政协领导机构，夏雨为主席，潘震球、吴襄哉、张道仁、戴子瑜为副主席，选出常委 23 人。会议还通过了《会议决议》。与会者列席了高邮县第五届人民代表大会第一次会议。

4. 地方政府沿革

1949 年 10 月，中华人民共和国成立，高邮县设县政府。1950 年 8 月 7 日，高邮县政府改名为高邮县人民政府。

1955 年 6 月，经高邮县第一届人民代表大会第二次会议决议，县人民政府更名为县人民委员会。

5. 司法机关沿革

(1) 县级审判机关

1949 年 1 月 19 日，高邮城解放，国民党江苏高邮地方法院留守人员南逃。中共高邮县委、县政府入城办公。5 月起属苏北扬州行政区专员公署领导。县政府设司法科，属扬州行政区人民法院管辖。同年 8 月 1 日，成立高邮县人民法院。至 1955 年以前，历任县长兼任法院院长。1950 年 1 月以前属扬州行政区人民法院管辖。1950 年 1 月以后属泰州行政区人民法院管辖。1953 年 1 月以后属扬州地区人民法院管辖。1955 年 6 月 19 日至 22 日，高邮县第一届人民代表大会第二次会议召开，会议选举产生高邮县人民法院院长。至此，院长由任命制改为选举制，县长不再任院长。

(2) 人民法庭

1949 年 11 月，根据《苏北区人民法庭条例》，高邮县建立固定的人民法庭，下设三个分庭。第一分庭设于临泽区，第二分庭设于马棚区，第三分庭设于车逻、八桥区。其主要任务是：运用司法程序，惩治危害人民与国家利益、阴谋暴乱、破坏社会治安的恶霸、土匪、特务、反革命分子及违抗土地改革法令之罪犯，以巩固人民民主专政，保障土地改革政策法令的实施。此时的人民法庭没有固定的组织形式、人员，主要是配合政治运动，审理反革命案件及其他刑事案件。1954 年，为配合选举工作的开展，成立第二人民法庭，与县人民法院相区别，第二人民法庭由县选举委员会和人民法院双重领导，利用巡回审判方式，审理了 2 区 19 乡 23 件选举案件，保障选举工作的开展。同年为配合粮食征购销运动，成立了 8 个临时人民法庭，共审结破坏征购销运动案件 53 件。征购销运动结束后，8 个临时法庭全部解散。

巡回法庭。8 个临时法庭撤销后，为便于群众诉讼，在全县建立 3 个巡回人民法庭。第一巡回法庭庭址在界首镇，管辖区域有周山、临泽、官垛、马棚。第二巡回法庭庭址在三垛镇,管辖区域有三垛、横泾、汉留、八桥。第三巡回法庭庭址在闵桥镇(现金湖县),管辖区域有闵桥、南湖、车逻、菱塘。巡回法庭虽有固定地址,但无固定办公用房,只是通过定期去庭所在地接待来信来访和巡回审理案件,此时的巡回法庭专门受理辖区内的民事案件和一般刑事案件。四是基层人民法庭。1956 年,经批准,在临泽、三垛两区设立基层人民法庭,因缺少人员,未建成。1958 年,上述两人民法庭撤销,代之以巡回法庭。1963 年 6 月 2 日,重建三垛人民法庭,新建界首人民法庭和汉留人民法庭,其中汉留人民法庭因缺少人员未设立。

(3)审判组织

县审判反革命案件委员会的设立与撤销。1951 年 2 月 6 日,中共高邮县委召开会议,研究镇反工作,并决定成立高邮县审判反革命案件委员会。审判反革命案件委员会对外称裁判委员会,专门负责对镇反运动期间反革命案件的审判,共审理反革命案件 1719 件。1954 年 10 月 3 日,江苏省人民政府通知:我省镇压反革命工作已转入经常化,且《中华人民共和国宪法》已公布,各级政府审判反革命案件委员会已无存在之必要,应予撤销。

法院审判委员会的设立。新中国成立前的司法机关无审判委员会。新中国成立初期,由历任县长兼院长,也未设审判委员会。自从院长由委任制改为选举制以后,司法机关才逐步建立审判委员会。

6. 公安机关沿革

1949 年 1 月 19 日,高邮城第二次解放,高邮县公安局局长汪良率领公安人员进城办公。同年 4 月 8 日,依照高邮县人民政府秘字第 571 号令,组建高邮县人民政府公安局,并任命工作人员。

1955 年 9 月,高邮县人民政府公安局更名为高邮县公安局。

三、“文化大革命”期间

1. 党组织沿革

1966 年,“文化大革命”爆发,年底,县委及基层党组织均陷于瘫痪状态。1968 年 8 月,成立县革命委员会,包揽了党务、行政、司法等各项工作。1969 年,着手整党建党,恢复各级党组织。同年 12 月,县革委会中设立党的核心领导小组。1971 年 6 月,重建中共高邮县委。在“以阶级斗争为纲整党建党”中,一些“造反派”被作为“新鲜血液”吸收进各级党组织,造成了组织不纯。“文化大革命”中,党的组织生活极不正常,多年形成的党内生活制度受到严重破坏。

2. 地方政府沿革

1966 年“文化大革命”开始后,县人民委员会受冲击而瘫痪。

1967 年 3 月 3 日,人民解放军奉命介入地方“文化大革命”,县人民武装部建立生产办公室,负责全县的工农业生产工作,刘少卿任主任。1967 年 4 月 8 日,经江苏省军事管制委员会批准,成立高邮县军事管制委员会,兰挺任主任,刘少卿、丁启春、熊振环任副主任。

1968 年 8 月 24 日,经中国人民解放军党委会批准,成立高邮县革命委员会。

3. 司法机关沿革

(1)县级审判机关

1967 年 1 月,“三结合”的政法委员会,接管公、检、法机关,人民法院停止办公。同年 4 月 8 日,高邮县军事管制委员会成立,下设公检法军管小组,行使公安、检察、审判职能。

1968年4月22日，公检法军管小组改称公检法军事管制委员会。1973年3月，恢复高邮县人民法院。

(2)人民法庭

“文化大革命”开始以后，人民法庭停止受理案件。1973年，县人民法院恢复办公，三垛人民法庭也恢复受理案件，并新建菱塘人民法庭、临泽人民法庭。

4. 公安机关沿革

1968年4月22日，高邮县公安局实行军事管制，成立“中国人民解放军高邮县公检法军事管制委员会”。

1973年9月恢复高邮县公安局。

四、1978～2014年沿革情况

1. 地方人大沿革

第六届人民代表大会第一次会议要求全面贯彻执行“狠抓调整、稳步前进”的方针，努力搞好经济建设和其他各项工作；保证安定团结，巩固和发展大好形势；切实加强政权建设。

第六届人民代表大会第二次会议要求经济建设要继续抓好调整，提高经济效益，保持一定速度；要加强精神文明建设；统筹安排好生产建设和人民生活；切实加强政权建设，保证集中统一，发扬社会主义民主，改进工作作风，振奋革命精神，努力把政府工作搞好。

第六届人民代表大会第三次会议指出，1983年的工作任务是，进一步贯彻中共十二大和全国人大五届五次会议精神，集中主要精力抓紧抓好改革和经济建设这两件大事，努力开创各项工作的新局面，力争工农业生产稳定增长，经济效益全面提高，城乡经济进一步繁荣，群众生活继续有所改善。

第七届人民代表大会第一次会议要求，今后三年要坚决实行经济改革，积极发展农村商品经济，推进工业生产；疏通流通渠道，搞活城乡经济；加强智力投资，发展科技、教育、文化等事业；抓紧抓好计划生育，严格控制人口增长；加强精神文明建设，促使社会风气进一步好转；量力而行，逐步解决群众生活中的实际问题；对社会治安实行综合治理，继续严厉打击严重刑事犯罪活动。

第七届人民代表大会第二次会议要求，认真贯彻中共十二届三中全会和全国人大六届三次会议精神，坚定不移地执行“改革、开放、调整、搞活”的方针，在不断提高经济效益的前提下，使工农业生产保持一定的发展速度，人民生活好于往年。

2. 党组织沿革

“文化大革命”结束后，对“文化大革命”期间由县直接查处的350个党纪案件，进行复查，撤销处分的8件，改变原处分的5件，维持原处分的329件，未结案的8件。

对在“文化大革命”初期被打成“走资派”“三反分子”“现行反革命”的11名党员、干部全部平反，恢复名誉。对在“文化大革命”期间受行政处分，以及在1957年反“右”派斗争中受纪律处分的人，也分别作了改正。对由基层党组织直接处理的案件也以区为单位进行了复查。通过复查、平反，调动了各方面的积极因素，促进了社会的安定团结。

1982年，在打击经济领域的犯罪活动中，全县共查处有严重经济问题的党员干部38人。

从1983年以来，纪律检查工作的重点是纠正党内不正之风，清除党内腐败现象。对党员在分房建房中的不正之风进行了查处，并制订了建房、分房、管房制度。还负责清理归还挪用和拖欠公款等项工作。

3. 政协沿革

第三届常委扩大会议于1980年4月20日至23日召开,确定恢复县政协的活动。

第四届政协第一次会议通过了大会决议。钱增时致闭幕辞。会议收到委员提案176件。与会者列席了高邮县第六届人民代表大会第一次会议。

第四届政协第二次会议增选葛玉明、张道仁为副主席,并增选了4名常委。收到委员提案203件。

第四届政协第三次会议收到委员提案128件。政协委员列席了高邮县第六届人民代表大会第三次会议。

四届政协共召开过常务委员会议18次。

第五届政协第一次会议选举了第五届政协领导机构,任金富为主席,刘宜媚、戴子瑜、许钜材、张道仁、王履凤为副主席,选出常委37人。会议通过了《会议决议》。会议收到委员提案121件。与会者列席了高邮县第七届人民代表大会第一次会议。

第五届政协第二次会议出席委员163人,列席会议18人。中共高邮县委书记周治安在会议开幕时讲了话,刘宜炤作县政协五届常委会《工作报告》,戴子瑜作了《县政协五届一次会议提案办理情况和县政协五届二次会议提案审查工作的报告》,王履凤作了《关于落实统战政策情况的报告》。会议作出了相关的决议,并通过了《会议决议》。

4. 政府沿革

1981年1月,经县第六届人民代表大会第一次会议选举,恢复高邮县人民政府。

5. 审判机关沿革

1991年2月,高邮撤县建市,高邮县人民法院更名为高邮市人民法院,成立至今。

6. 检察机关沿革(见表1-15)

1978~2015年检察院恢复发展情况。

表1-15 1978~2015年检察院恢复发展情况

年份	检察院恢复发展情况
1978年8月2日	刑事检察科、法纪检察科、经济检察科、办公室
1981年4月	刑事检察科、法纪检察科、经济检察科、办公室、**监所检察科**
1982年6月	**刑事检察一科、刑事检察二科、法纪检察科、经济检察科、办公室、监所检察科、控告申诉检察科**
1986年	刑事检察一科、刑事检察二科、经济检察科、法纪检察科、监所检察科、办公室、控告申诉检察室
1987年7月	刑事检察一科、刑事检察二科、经济检察科、法纪检察科、监所检察科、办公室、控告申诉检察室、**经济案件办公室**
1988年7月	刑事检察一科、刑事检察二科、经济检察科、法纪检察科、监所检察科、办公室、控告申诉检察室、经济案件办公室、**经济罪案举报站(举报中心)**

续表

年份	检察院恢复发展情况
1990 年 3 月	刑事检察一科、刑事检察二科、经济检察科、法纪检察科、监所检察科、办公室、控告申诉检察室、经济案件办公室、经济罪案举报站(举报中心)、**政工科**
1992 年 11 月	刑事检察一科、刑事检察二科、经济检察科、法纪检察科、监所检察科、办公室、控告申诉检察室、经济案件办公室、经济罪案举报站(举报中心)、政工科、**民事行政检察科**
1994 年 12 月	刑事检察一科、刑事检察二科、经济检察科、法纪检察科、监所检察科、办公室、控告申诉检察室、经济案件办公室、经济罪案举报站(举报中心)、政工科、民事行政检察科、**刑事赔偿办公室**
1995 年 7 月	刑事检察一科、刑事检察二科、法纪检察科、监所检察科、办公室、控告申诉检察室、经济案件办公室、经济罪案举报站(举报中心)、政工科、民事行政检察科、刑事赔偿办公室、**反贪污贿赂局**
1997 年 3 月	**审查批捕科、审查起诉科**、法纪检察科、监所检察科、办公室、控告申诉检察室、经济案件办公室、经济罪案举报站(举报中心)、政工科、民事行政检察科、刑事赔偿办公室、反贪污贿赂局、**法警队**
1998 年 4 月	审查批捕科、审查起诉科、法纪检察科、监所检察科、办公室、控告申诉检察室、经济案件办公室、经济罪案举报站(举报中心)、政工科、民事行政检察科、刑事赔偿办公室、反贪污贿赂局、法警队。**反贪污贿赂局内设综合科、侦查一科、侦查二科**
1999 年 1 月	审查批捕科、审查起诉科、法纪检察科、监所检察科、办公室、控告申诉检察室、经济案件办公室、经济罪案举报站(举报中心)、民事行政检察科、刑事赔偿办公室、反贪污贿赂局、法警队、**政工科改建为政治处**
1999 年 6 月	审查批捕科、审查起诉科、法纪检察科、监所检察科、办公室、控告申诉检察室、经济案件办公室、经济罪案举报站(举报中心)、政工科、民事行政检察科、刑事赔偿办公室、反贪污贿赂局、法警队、**增设检察技术科**
1999 年 10 月	审查批捕科、审查起诉科、法纪检察科、监所检察科、办公室、控告申诉检察室、经济案件办公室、经济罪案举报站(举报中心)、政工科、民事行政检察科、刑事赔偿办公室、反贪污贿赂局、法警队、**增设检察技术科、成立法律政策研究室**
2002 年 7 月	**实施机构改革,内设办公室(与法律政策研究室合署办公)、政治处、侦查监督科、公诉科、反贪污贿赂局、渎职侵权检察科、监所检察科、民事行政检察科、控告申诉检察科(与举报中心、刑事赔偿办公室三块牌子、一个机构)、检察技术科、法律政策研究室、法警队等 12 个职能部门。另按有关规定,设立纪检组(监察室)和机关党组织**
2004 年 5 月	办公室(与法律政策研究室合署办公)、政治处、侦查监督科、公诉科、反贪污贿赂局、渎职侵权检察科、监所检察科、民事行政检察科、控告申诉检察科(与举报中心、刑事赔偿办公室三块牌子、一个机构)、检察技术科、法律政策研究室、法警队、**设立人民监督员办公室**

续表

年份	检察院恢复发展情况
2005 年 11 月	办公室(与法律政策研究室合署办公)、政治处、侦查监督科、公诉科、反贪污贿赂局、**反渎职侵权局**、监所检察科、民事行政检察科、控告申诉检察科(与举报中心、刑事赔偿办公室三块牌子、一个机构)、检察技术科、法律政策研究室、法警队、设立人民监督员办公室。**“渎职侵权检察科”更名为“反渎职侵权局”,副科级建制,内设侦查科和综合科**
2008 年 8 月	办公室(与法律政策研究室合署办公)、政治处、侦查监督科、公诉科、反贪污贿赂局、反渎职侵权局、监所检察科、民事行政检察科、控告申诉检察科(与举报中心、刑事赔偿办公室三块牌子、一个机构)、检察技术科、法律政策研究室、法警队、设立人民监督员办公室。**撤销原反贪污贿赂局下设综合科,新增设“职务犯罪预防科”**
2009 年 1 月	办公室(与法律政策研究室合署办公)、政治处、侦查监督科、公诉科、反贪污贿赂局、反渎职侵权局、监所检察科、民事行政检察科、控告申诉检察科(与举报中心、刑事赔偿办公室三块牌子、一个机构)、检察技术科、法律政策研究室、法警队、设立人民监督员办公室、**增设“案件监督管理科”**
2014 年 7 月	办公室(与法律政策研究室合署办公)、政治处、侦查监督科、公诉科、反贪污贿赂局、反渎职侵权局、监所检察科、民事行政检察科、控告申诉检察科(与举报中心、刑事赔偿办公室三块牌子、一个机构)、检察技术科、法律政策研究室、法警队、设立人民监督员办公室、案件监督管理科、**增设“未成年人检察科”**
2015 年 3 月	办公室(与法律政策研究室合署办公)、政治处、侦查监督科、公诉科、反贪污贿赂局、反渎职侵权局、**刑事执行检察科**、民事行政检察科、控告申诉检察科(与举报中心、刑事赔偿办公室三块牌子、一个机构)、检察技术科、法律政策研究室、法警队、设立人民监督员办公室、案件监督管理科、**普通刑事犯罪预防科。将“监所检察科”更名为“刑事执行检察科”“未成年人检察科”更名为“普通刑事犯罪预防科”**
2015 年 5 月	办公室(与法律政策研究室合署办公)、政治处、侦查监督科、公诉科、反贪污贿赂局、**职务犯罪侦查指挥中心办公室**、刑事执行检察科、民事行政检察科、控告申诉检察科(与举报中心、刑事赔偿办公室三块牌子、一个机构)、检察技术科、法律政策研究室、法警队、人民监督员办公室、案件监督管理科、普通刑事犯罪预防科。**“反渎职侵权局综合科”更名为“职务犯罪侦查指挥中心办公室”**

注:加粗内容为每年变更情况。

7. 公安

1991 年 4 月,高邮撤县建市,高邮县公安局更名为高邮市公安局。

第六节 地 域 文 化

一、一般描述

高邮有着 7000 多年文明史和 2238 年建城史及 5500 年稻作史、2133 年建县史,是江苏省历史文化名城。史称“江左名区”“广陵首邑”,为帝尧故里、尧文化的发祥地,是江淮文明、邮文化的重要区域。早在 7000 年前,高邮的先民们就在这里刀耕火种,繁衍生息。代表江淮地区东部史前龙虬文化的龙虬庄遗址,表明 7000 多年前境内便有人类的璀璨文明。

高邮被文化部授予“中国民间文化艺术之乡”称号，被中国文联民间文艺家协会授予“中国民歌之乡”称号。通过文化部复查，继续保持全国文化先进县荣誉称号。此外，高邮人徐平羽还当选中华人民共和国文化部副部长。

高邮文化现有世界遗产1处，文物保护单位96处，其中全国重点文物保护单位6处（盂城驿、龙虬庄遗址、高邮当铺、高邮明清运河故道、镇国寺塔、平津堰），江苏省文物保护单位7处，市级文物保护单位83处。各级非物质文化遗产名录59项，其中国家级非物质文化遗产名录1项，江苏省非物质文化遗产名录4项，扬州市非物质文化遗产名录12项，高邮市非物质文化遗产名录42项。

2014年6月22日中国大运河申遗成功，使高邮成为世界遗产城市，高邮是大运河沿线一座具有悠久历史和丰富文化遗存的城市，在大运河沿线58处遗产点中，高邮有3处。2015年7月，高邮菱塘清真寺也被列入中国海上丝绸之路申报世界遗产的遗产点。

二、民俗特点

高邮民间风俗质朴、淳厚。风俗活动内容丰富，形式多样。高邮的经济习俗和衣食住行等生活方式，具有鲜明的地方特色与水乡色彩，具有较强的实用性。旧时的人生仪礼有过于繁缛的倾向，今逐步简化。人们普遍重视家庭血缘关系。民间岁时节令有10余个，其中主要的为春节、端午节、中秋节；新兴节庆亦有10个。

1.经济习俗

千百年来，各业生产重经验传承。尤其是农民多凭经验、依农历节气从事农副业生产。20世纪40年代以前，农民耕地有业产、典田、佃田三种。其中，业产为自有产业，分祖传和自置两种。典田是由于手头拮据，把业产出典，取得典价，让出一定年份耕种权的田，有取赎和免赎两类。前者典价为卖价的半数左右，言明典期，到期需备原价取赎，不赎则延；后者典价较低，为卖价的二三成，到期免赎还田。佃田即租田，多租自地主、寺院、学堂等，农民耕种，秋后交租。在土地私有的生产关系下，土地买卖多由中人说合成交，现兑部分价款，取得田产所有权和耕种权，欠价次年麦场交清。50年代，典佃土地之俗不存。1956年至70年代，土地国有，社队集体耕种。80年代农民以户承包集体土地。

高邮大部分地区处于里下河洼地。20世纪50年代以前耕地多为一年一熟的“老沤田”，部分为一年两熟的“高田”。60年代以后，经大规模的土壤改良、农田水利基本建设，耕地全部成为高产、稳产农田，随之耕作制度、作物品种都发生了变化，耕作制度全部为双、三熟制。过去农民为防发水多种“三十子”（栽后30天收割）“四十子”“吓一跳”等早熟低产籼稻，现在已被杂交稻等高产品种代替。由于人均占有土地量较少，农民种植尚精耕细作，以提高产出率。七八十年代开发荡滩，大挖精养鱼池，水里养鱼，垛上栽种、放养畜禽。水乡生产的飞跃发展对农业生产习俗有很大影响。

1925年以前，高邮知州（知县）每年都在立春时，在东门外举行隆重的开犁仪式，亲自为耕牛披红挂绿，并象征性地扶犁开耕，名为“迎芒神，劝春耕”。耕田、平田主要使用牛、犁、耙，清明时分，农家将种子选好浸入缸中，插上杨柳枝，以示“九尽杨花开，农活一齐来”。落谷前，农家要举行落谷仪式，把装有稻芽种、鱼、肉、香、烛、糕、酒、黄元、鞭炮的尺盘，摆在秧池埂上，祭祀天、地、田诸神，希望“秧好半年禾，恩赐大丰收”。落谷后，为防鸟雀啄食稻种，在秧池插上身穿蓑衣、头戴斗篷、手执草帚的稻草人。池埂上，还插着系上红布条的槲榷（水车部件),希望不旱不淹,象征风调雨顺。

传统的农田灌溉方式,除自流灌溉者外,使用水车、风车提水,动力方式有人力、风力(风车)、畜力(牛)。“芒种刀下死,老少一齐亡”,在火速割麦耕翻后,各农户立即请来强劳力车水灌田。车水者多为亲朋近邻换工,有的给工钱。车水者头扎青巾,腰束带子,腿缠黑布,脚蹬木屐(内嵌铜钱数枚,踩车时互相撞击发出响声),手扶横木,脚踏车拐,俨然如英雄好汉一般。车水者分两班,每班5~9人,以“跑筹子”(连在车轴上并受其带动的两只丝线梭子,一只放线,另一只绕线,丝线六七十米长,绕完一只即为一班时间,今半小时左右)方式计时换班。车水者中一人敲锣,一人击鼓,边敲打边唱起锣鼓调。歌词内容多样,有的即兴编唱,有的为情歌,有的则为民间传说故事。下午疲惫之时,为鼓舞斗志,歌手们唱起“封神榜”“朱仙镇”,大摆“八卦阵”“龙门阵”,大唱神化了的古代战争和英雄人物的歌曲。此时户主则在车口燃起香烛,以显示神力,造成庄严肃穆、紧张战斗的气氛。车水是强体力劳动,户主日以六餐三回酒(早饭、腰顿子、中饭、小接顿子、晚茶、晚饭,其中中饭、晚茶、晚饭要配以酒菜)招待车水者。车水过程中,各车口还展开竞赛,看谁车得快,唱得响。张轩乡有句歇后语“桑树头(地名)的锣鼓各打各”即是描写此种场景。合作化以后,此风不存。二十世纪六七十年代以来,农业机械化程度提高,抽水机、电力抽水站已取代传统灌溉工具。

“肥是农家宝,庄稼少不了”,农民种田多施绿肥、粪肥或以罱河泥制作的草塘泥,20世纪50年代始施化肥,80年代化肥施用量越来越多。

过去,每年栽秧第一天,农户都要先拜土地神,然后才下田栽秧,称为“开秧门”。栽秧由男子挑把、女子栽插。栽秧时节,秧田中秧歌阵阵,栽秧手们唱起各种曲调和内容的秧歌,形式有独唱、对唱、领唱与唱和等。秧歌曲调有十余种。栽完秧,立即开展田间管理。旧时农户有的要举行“青苗会”。20世纪50年代以前没有农药时,除虫靠手工。遇有蝗灾,无法扑灭,则请香火,举行蝗螨会、蝗王会,祭祀蝗螨菩萨,祈求蝗虫远走高飞,消灾降福。50年代,始动员农民使用灯光诱虫。现在,农作物遇有虫害,一般施以各种农药。

收割前,农民先祭拜土地,然后开镰,俗称“开刀门”。20世纪60年代以前,脱粒靠人工在竹床或石磙上掼打、打连枷、牛拖磙子,现在主要用脱粒机或拖拉机打场。场头工具主要有扬锨、摊扒、箬帚、笆斗、箩筐、划子等。

贮粮食一般用窝茓垒成粮囤子。农家在除夕时,都要在粮囤上贴上一个大“福”字,有的贴“万福康宁”。村民们还用装有石灰的竹篓在屋内和门前打上许多石灰印。有的还打成“丰收”等吉祥字样和图案,以象征农业丰收。此俗称“打稻囤子”,又叫“打元宝墩子”。如果次年年景不好,人们常说“三十晚上打稻囤子——拣空子蹈”。

农民收早稻,有种协作形式叫“伙场头”。农户三四家合在一起劳作,打晒庄稼,各户收打1~2日,轮番进行,互不计劳多寡,直至早稻收清。农业合作化后,是俗不兴。旧时春夏农忙,农民互有伴工习俗,工时互计互偿。20世纪50年代,伴工逐渐发展形成互助组。农业合作化时期,劳动力由社安排,各社间相互支援;六七十年代,社队间援工协作多为无偿劳动,形成“平调”;80年代以户联产承包后家户间伴工又兴。过去高邮有“请会”之举。有些劳少农户,每于农忙尾声,约请多人帮助从事,一气呵成。伙食招待丰,劳动报酬免。是俗现今又兴,尤其建房普遍。旧时沤田地区,多栽一熟早稻。栽插、收割时农活集中,经“带头”接洽,向雇外地劳力,时长成习。夏栽雇营南、界首、宝应县境一带妇女,秋收雇宝应县的芦村、汜水、淮安县的一些男工。工酬栽以日、收以亩计。水田地区早稻栽插后，男女劳力到一沟、东墩、界首等高田地带受雇。劳力清晨集中桥头、道口，听主选雇，面议日酬。工期三日，算为“一事”，农活未完可再续。旧时种地较多的农户夏耨，用“打工”方式雇人从事。事前约工头数人，商定报酬和时间，临事由工头敲打锣鼓号召大家参工。号召及至邻村，集工多达百余人。晨、午由工头催工到田，自餐劳动一日，工毕得酬。

植桑养蚕是高邮农民的传统副业。历史上农民栽乔桑，养土蚕。清末，湖桑传入高邮。旧时养蚕在卧种之日要“升香以祷天驷(房星)”，还要杀鸡摆酒祭祀蚕神，忌修田埂、除草。此俗今不行。

农家多饲养猪、牛、羊、兔和鸡、鸭、鹅。尤以猪、鸡为多。户户皆养。猪为圈养，以积肥垩田。禽多散养放牧。有的人家在家禽身上抹上某种颜色以为记号。临泽一带和菱塘回民习养山羊。为养好畜禽，旧时农民常在家举行“酬神会”，如牛栏会、猪栏会。今多以科学方法饲养。高邮麻鸭、双黄鸭蛋全国闻名。菱塘猪、菱塘鸡是优良的地方品种。

20世纪40年代以前，渔民们按居住地和捕鱼工具分成许多帮，帮有帮头，组织本帮生产，对外交涉。渔业生产“一年四季在于冬”。在捕鱼旺季到来之前，每年阴历九月十七日，渔民要做“七公会”(又叫七公大王会、大王会)。请来香火，唱起香火戏，用两只公猪头、一只公鸡、一条鲢鱼飨神，升香燃烛，祭祀七公大王。做会时，年满16岁的女性禁止上船，孕妇、未满月的产妇和月经在身女子不允许进入会场。渔民生产多按户进行。多船联合作业时，捕捞产品集中出售，按船折款。1953~1956年，组成渔业合作社。1963~1980年，渔民上岸定居。渔船行驶动力有风力、人力(摇橹、撑篙、划桨、拉纤)、机器动力。有“一橹抵三桨，一桨抵三篙”“有风架起篷来淌，无风架起橹来摇”的说法。现在多为柴油机挂桨船。

狩猎品种主要有野雉(亦称野鸡)、野鸭、野兔、黄鼠狼等，狩猎工具主要为猎枪、夹子、气枪等。狩猎季节主要为秋冬季。

妇女闲来无事总喜捻线、糊骨子、纳鞋底、织毛线衣。过去妇女纺线用纺车、鞋绳锤(以牛腿骨制成)、捻线砣。衣服大多自家手工缝制。鞋为布质，鞋底是由碎布和“骨子”垒叠而成，再用麻线纳成。现在衣服和鞋多买制成品或到服装店制作。传统印染多上集市，在染缸里染，颜色单调。二十世纪七八十年代成品衣料不再褪色，传统印染业消亡。

高邮纺织业有草编、竹编、苇编、柳编等。稻草可打草鞋、搓草绳、打草包；麦秸可编草帽、草帘、草笼和其他许多小工艺品；芦苇可制成芦席、窝篚、芦菲、望箔；柳枝可编成筐、篮、盘、桌、椅、橱、箱等；蒲可编蒲包、蒲席；竹可编篮、筐、篓、帚、沙发、椅子、彩盘、花盆套、箱子等。现在，编织品已成为外贸产品。

传统民房多为穿逗式木构架建筑。屋顶为硬山两面坡式样。屋顶中有脊。脊端微翘。传统民居讲究青砖灰(小)瓦白(石灰)墙。富户大门多饰以砖雕。过去农村多为草房，一般无院落。现在住房质量有很大的提高，农民们说“50年代土墼墙、破草房，60年代斗子墙、水泥梁，70年代砖瓦房、带走廊，80年代扁砖墙、盖楼房”。民间造房要请风水先生择地，开工须择吉日，一般多在农闲时的双日。奠基时放鞭炮，请瓦木匠吃开工酒。民间最重视中梁的安放。上中梁要选吉日良辰。前一日竖柱称为暖梁。亲友送米糕、馒、鞭、烛、喜幛等，女婿要送猪头、公鸡、鲤鱼(俗称“三牲”“六只眼”)。户主晚上请亲友、瓦木匠吃暖梁酒。上梁时，在堂屋内放几张堂桌，上放香、三牲、糕、馒、喜幛。桌下放斗、秤(量财宝)、镜(照妖)、青布手巾(避邪),中梁上贴“福”“吉星高照”等吉语,一般梁的尺寸与屋高不离六(谐音同“禄”)、八(谐音近“发”)。此外木匠打桌子尺寸不离九(谐音同“酒”),打床尺寸不离半(谐音同“伴”)。中梁横在地上,前面放着一盆万年青,一盆吉祥草。半夜子时,一家人沐手烧香,磕头敬神。为驱邪图吉,木工唱道:“天无忌,地无忌,姜太公在此百无禁忌。”接着用银酒壶装酒浇中梁,边浇边唱着吉祥歌。浇完酒,骑在二梁上的两个木工用绳徐徐向上牵中梁。中梁的榫头早已做好,木匠稍敲两下,中梁就安放完毕。木槌敲过就挂在梁的两端,不再取下。再在梁上挂喜幛,两端插上金花(以彩纸制成)。在牵梁、装梁、插金花的过程中,木工一直唱着各种吉祥歌。接下来木匠将裹着银器首饰的红绿绸包子由梁上系下,一直伸到主人衣兜里,叫作“接宝”。这时挂在梁上一直垂至地面的长鞭响起,在鞭炮声中,梁上两个木工将整篮的糕、馒、寿桃向下撒,围观者“噢”的一声,哄而抢之,抢到者以为荣幸,建房工地上一片喜气洋洋。在房屋竣工、进宅烤锅时,户主再次设宴招待亲友和瓦木工。

渔民以船为家。造船时,上船头板(俗称“上船头”“上龙口”)时最为热闹。亲友送“三牲”和鞭炮、红烛、糕馒之类以祝贺。木匠在上船头板时,板下垫着铸有“顺治”“太平”年号的铜钱,说着各种吉祥话。新船下水,船头系两根“喜红”(红布带子),船上搭起彩门,放鞭祝贺。大船每过一两年要伏滩,抹油整修,再次下水亦挂“喜红”、放鞭,以示庆贺。

2. 商贸习俗

《(雍正)高邮州志·风俗》载:“邮人不事末(末即工商业)作。其工与商尽他郡县人,土著者无有也。”清末、民国时期,自然经济逐渐解体,商业贸易有所发展。20 世纪 50 ~ 80 年代,国营、集体商业建立并发展起来,成为主要商贸流通渠道。自 80 年代起,一度受到压抑的个体商业有了较快恢复和发展,旧时“无商不奸”的观念已被“无商不活”的观念所取代。

商贸场所分为三类,一为沿街设店,二为商贩走乡串户,三为定期的集市、庙会。商店中的商品价格一般明码标出,个体商贩有明码标价,也有面议、讨价还价。旧时商贸行业者有“行话”,俗称“哨语”“暗语”“术语”等。说行话是为了讨论某些事如商品价格等而不让在场的顾客知道。商贸各业均有招幌:(1)实物招幌。街头小吃、橱窗陈列、卖菜、卖花圈的等均属此类。(2)模型招幌。商店橱窗中常陈列放大的夸张的实物模型,以期引起顾客注意。(3)象征性招幌。如旧时澡堂子、妓女院挂红灯笼,酒店悬葫芦。(4)动作招幌。街头杂技、耍猴、捏面人、卖刀火药和大力丸的等以动作吸引观众顾客。(5)音响招幌。高邮一些走乡串户的小商贩等常用。修伞、箍桶、补锅以吆喝声招徕生意,郎中摇串玲,算命瞎子敲混天球(一种小铜片),卖麦芽糖和货郎担子摇拨浪鼓,收旧货的吹笛子,磨刀、剪子的晃铁板串子,卖元宵、水饺的敲木铎,卖梨膏糖的敲渔鼓或打竹铎。(6)文字招幌。这是最主要的招幌形式,直接标明“××商店”“××旅店”。旧时商店,除××字号的主牌而外,另有一种站牌,竖在柜台尾端,每牌以四字为限。如酒店站牌多书“太白遗风”,烟店多书“云蒸霞蔚”,药店多书“道地药材”,瓷器店多书“景德名瓷”,杂货店多书“山珍海味”等。还有一种挂在店铺门口左右两边的牌子,大多以售出商品为题。例如,南货店是“彩香纸箔,南北杂货”,布店是“绫罗绸缎,各色布匹”,炒货店是“五香瓜子,良乡糖栗”等。

3. 生活方式

饮食居民以吃大米为主,辅以面食和豆制品。面食品种有面条、烧饼、油条、馒头、包子等。豆制品有豆腐、豆腐干、豆浆、粉丝、百页、素鸡、腐竹、腐皮等。不嗜辛辣,咸甜适中,口味较淡。餐制为一日三餐,一干二稀,即早晚食粥,中午吃米饭,现在晚餐逐步改为吃米饭。

高邮烹饪属淮扬菜系。基本特点是浓而不腻,烂而不糊,原汤原汁,原汁原味。高邮菜中以河鲜类菜最为鲜美可口。高邮菜的主要烹调方法有烧、烤、炖、焖、煮、煎、炒、溜、炸、烩、炝、熏等。

高邮烹饪中较著名者有秦邮十大名菜、十大名点和高邮全鸭宴。十大名菜是:璧合珠联(高邮双黄蛋)、珠湖雪浪(雪花豆腐)、地久天长(砂锅合烧家、野鸭)、金宝大发(香酥麻鸭)、霞蔚风仙(钗烧野鸭煽)、雏凤迎春(香卤桃花鹞)、金裹银装(金丝鱼片)、玉珠藏丹(夹心鱼圆)、文游玉带(芙蓉瓜鱼)、三阳开泰(高邮羊肉汤)。十大名点是:蟹黄大包、虾肉菜包、干菜糖包、五丁大包、千层油糕、莲茸烧卖、翡翠烧卖、水晶烧卖、糖油花卷、银丝花卷。

高邮菜中很少有北方人爱吃的生冷凉拌菜。大葱、蒜头一般不生吃。新鲜蔬菜四季不断,青菜为消费量最大的蔬菜。每年春季,大多数人家在清明前腌制鸭蛋,腌雪里蕻,晒梅咸菜,腌麻菜。夏秋腌菜瓜、黄瓜,用臭卤腌苋菜秸。每年初冬,大多数人家都要腌制萝卜干、大菜(大棵青菜)、大头菜、还腌制咸鱼、咸肉,灌香肠,风鸡风鱼。平时家中常备有炒米、焦屑、饼干等随时可吃。腊月,家家户户到碓房舂米粉,以备过年时做元宵、年糕。过年时,各户还蒸馒头、包子。随着人民生活好转,菜肴中肉、禽、蛋比重逐渐加大。

清末民国时期,高邮有吸食鸦片者。20 世纪 40 年代县城设有烟馆 50 多家,大馆 10 个灯头,小馆 4 个灯头,昼夜营业。中华人民共和国成立初期,鸦片被禁绝。

清代百姓吸旱烟。民国初年,卷烟传入高邮。20 世纪 60 年代,无人再吸旱烟。吸烟者多为男子,女子很少。过节闲暇、生辰喜庆、朋友相聚,必以菜肴佐酒,无空口喝白酒的习惯。高邮消费酒类主要有白酒、啤酒、果汁酒三种。烟酒在许多场合能使朋友间更融洽,陌生人之间不拘束。

高邮著名土特食品有董糖、双黄鸭蛋、松花蛋、香醋、三垛方酥、界首茶干、临泽水晶月饼、临泽羊肉、菱塘盐水鹅等。高邮双黄鸭蛋久负盛名,只有优良蛋鸭品种高邮麻鸭能够生出。双黄鸭蛋大如鹅蛋,煮熟切开两只蛋黄紧紧连在一起,蛋白似碧玉,蛋黄如玛瑙,其色鲜艳,其味鲜美,是蛋中珍品,令人啧啧称奇。此蛋出口十多个国家和地区。高邮咸鸭蛋和松花蛋也很出名。董糖是高邮又一特产,由明代永乐进士董磷精心制出,距今已有 500 多年历史,采用宫廷秘方,以芝麻屑、白糖、精面粉、大麦芽为主要原料。现在的董糖生产增加了桂花董糖、玫瑰董糖、桃仁董糖等新品种。每块董糖有 48 层软片组成,厚薄均匀,口味纯正,营养丰富。1985 年全省同类产品评比中,秦邮董糖名列第一。

高邮街头风味小吃品种繁多,四时不同,风味各异,令人称羡。主要品种有豆腐脑、阳春面、馄饨、水饺、汤圆、蟹黄包子、麻花、油条、插酥烧饼、馓子、麻团、油端子、荸荠串、油炸豆腐干、锅贴子、炕山芋、春卷、凉粉等。

农历二月,荠菜刚出,未开花时,人们喜挖来作为饺子、元宵馅,味极鲜美。农历二三月,可掐食枸杞的嫩芽作凉拌菜,名为枸杞头,据说食之可去涩。菜花黄时,在河坎、湖滩上打莒蒿苔子,可炒食。端午前后,人们采粽箬包粽子。

吃饭讲究吃相。狼吞虎咽、"啧啧"出声要受到指责。用餐时,谈话都尽量避免争执或使感官不愉快的话题(如"脏话")。首席由长者、尊者坐用。席间(包括其他社交场合)咳嗽、打喷嚏、擤鼻涕都得离席,或者扭头,尽量小声。

清代服饰主要为长袍、短褂、铍衣、马褂、旗袍以及背心、坎肩、短袄、裙钗、单褂裤、棉夹袄,渔民穿竹裙(笋衣)。二十世纪二三十年代出现了学生服、西服、中山服、衬衫、卫生衫、汗衫,服装向短装发展,男子较少穿长衫,女子上衣趋短及胯。50年代及其后,男子盛行中山装、列宁装、学生装和青年装。女子中装,改大袄为对襟,多穿春秋服、列宁装、青年装等。80年代以后,服装样式繁多,流行男装有西装、运动服、击剑衫、夹克衫、猎装、滑雪衫、风衣等。女装更是五彩缤纷,夹克、连衣裙、网球裙、旗袍,各类毛针织衣衫、太太服等。男女青年的裤子亦有多式:直筒裤、喇叭裤、牛仔裤、健美裤、西裤等。

现在,职工上班穿工作服。特殊行业和岗位的服装易于识别,如警察、税务人员着制服,医生穿白大褂。小孩吃饭加围脖(枷口子)。雨天除打伞,亦有穿雨衣(旧时为蓑衣、雨篷等),骑自行车者穿雨披。一般人在家穿着较随便,外出则穿戴整洁。探亲访友、岁时节庆时穿着一般较为讲究。

服装质料,旧时富人多着绸缎、毛、裘,市民以棉布为主,农民自织土布、麻布。20世纪60年代以来,服装质料逐渐增多,有棉、毛、麻、丝、羽绒、尼龙、腈纶、氨纶、丙纶等。

服装色调过去比较单调,随着印染技术的提高,颜色逐渐丰富。旧时服装以蓝、青、白、黑等为主。“文化大革命”期间,服色单调,青年多穿草绿色军装,群众多穿蓝色中式短褂、中山装、春秋服。过去,平民百姓生活困苦,棉被胎板结往往是弹松再用;衣服常常是“新三年、旧三年,缝缝补补又三年”,“新老大,旧老二,缝缝补补给老三,钉钉挂挂破老四”。有的衣服甚至能穿两三代人。20世纪80年代后,人们服饰丰富多彩,色调华美,衣服不再打补丁,只要不入时则不再穿。

晚清至民国期间,男女老少大都穿自制布质“圆口鞋”和鞋帮合拢的“兔脸鞋”,夏日穿木屐、拖鞋,冬天穿棉鞋、蒲鞋、毛窝子,农民劳动穿草鞋,有时直接光脚。雨天穿钉鞋高脚板。女子因缠脚而穿圆口或尖口的小脚鞋。民国期间,皮鞋和胶鞋只有富户及公职人员穿。20世纪50~70年代,胶鞋、塑料鞋、皮鞋逐渐普遍。80年代后,鞋子新式样新质料增多,女子多穿中、高、坡跟鞋。

清末民初,男子多戴瓜皮帽。20世纪20年代以后,男子戴礼帽、罗宋帽(锅腔帽)、鸭舌帽、八角帽以及针织毛线帽。50年代后,男子多戴军帽、鸭舌帽、罗宋帽。农民劳动多戴草帽、斗笠。女子一般不戴帽,农村妇女多扎头巾,老年妇女有的戴绒线帽。儿童戴的有八路军帽、飞行帽、水兵帽、半盆帽、兔披帽等。现在男女戴各式帽子。

清代男子留长辫。民国初年,男子齐颈剪辫留“二道毛”。20世纪30年代时兴理短发,发式有飞机头(又称菲律宾头,其两翼造型有波浪式和相互掺拢的对等式)、两面隆起的“高庄头”、中间无缝向后梳的“短马厚”、平顶等。50年代以后有分头、一边倒、飞机头、短马厚、烫发。老头有留和尚头的(光头)。到80年代,青年男子头发趋长,少数人烫发、染发。

旧时女孩梳辫子,形式有“叭叭角”、独辫、双辫等。辫子一般由三股编成(亦有讲究者分为五股),前额有箍。辫梢扎上彩线彩绸或野花。及笄盘鬏。民国年间城中青少年女子爱剪童花头。20世纪50年代以后,女子发式主要是辫子、二道毛,农村妇女亦盘鬏。80年代,青少年女子发式有辫子、烫发、长发散披、双束分披、单束斜披等;中年妇女多烫发;老年妇女为“二道毛”,农村偶见盘鬏者。

在装饰方面,因性别、年龄不同而有所差别。女性及年轻人较注重装饰,尤以姑娘最注重仪态,力求优雅。有少数女子描眉,抹口红,涂胭脂。旧时女子缠足,民国时废止。以前有少数人镶金牙,现已少见。过去小孩戴手脚镯、锁片、索锁、项圈。女孩“三朝日”以菜籽粒揉耳垂穿眼,满月戴环,左右各一。较娇宠的:男孩戴单耳环(左耳),穿鼻拘(防止养不大)。妇女戴手镯,髮中插一根簪子。首饰多为银、玉质,富家有金质首饰。农村妇女还喜欢头上戴鲜花,扎红带,系花头巾,有的在腰间扎绣花围裙。20 世纪 80 年代,女子又佩首饰,种类有戒指、项链、耳环、胸针、发夹等。女子的帽子和手套除御寒作用外,还是衣饰的重要组成部分。

居住。城镇民居沿街巷而砌,农村民居皆南向。民居中为堂屋,侧为卧室,还附有厢屋(厨房、杂屋)。堂屋放桌椅,吃饭、会客、全家人活动多在堂屋。居住在卧室,烧饭在厨房。旧时民家重视堂屋北侧布置,在此设神台(一般由三张老爷柜组成),神台东侧供灶君,西供祖宗牌位,正中供家神。家神有的为中堂,上书“天、地、君(国)、亲、师”或朱子家训,或为神像,还有的家神为用黄绫包着的小木牌,上书“当今皇帝万岁万万岁”,置于一个神龛之内,神台上有香火烛台。“文化大革命”“破四旧”,此俗禁绝,墙上贴领袖像、标语、宣传画。现在多贴山水画、人物画等,亦有人家陈设如旧。

三、文化团体和机构

1. 市文化馆

高邮市文化馆是国家文化部命名的国家一级文化馆,馆内设有报告厅、舞蹈房、排练厅、戏曲活动室、音乐教室、美术教室、健身房、棋牌室、高邮民歌(里下河民歌)传习所、多功能厅、展览厅等。馆内常年实行免费对外开放,每天开放时间不少于 8 小时,年接待群众近万人次。文化馆坚持用高质量、高档次文化来满足群众的新期盼、新要求,提升高邮市群众文化品位。

2. 市图书馆

2012 年,高邮市图书馆书刊流通 11.5 万册次,采购图书 5022 册。推进数字图书馆建设,完善高邮市图书馆网站,加强数字资源建设;推进图书馆分馆建设,建立康华社区分馆。全年免费开展各类讲座、培训、影视展播等活动数次。开展各类读书活动,组织参与高邮市第六届读书节活动,开展百部好书宣传、策划“优秀读者”评选、与市机关工委联合开展免费为机关工作人员办理图书证等活动;围绕“世界读书日”“文化强国——图书馆的使命”和“推进公共图书馆服务规范化”图书馆宣传周活动主题,举办图片展览、讲座、经典电影展播、“你选书,我埋单”等活动;开展 2012 年度“红领巾”读书征文活动,全市 3000 余名中小学生参加活动,提交征文稿件 300 余篇,其中 22 名同学在省、市评奖活动中获奖。荣获 2012 年度江苏省“红领巾读书征文”组织奖、扬州市“红读”优秀组织奖。业务研究方面,职工撰写论文 10 余篇,共获省、市级奖项 10 次。

3. 市博物馆

高邮市博物馆于 1999 年 6 月挂牌成立,馆址为明清古建筑群(文游台),是江苏省级文物保护单位,内部基本陈列有:高邮上下五千年历史陈列,中国古代邮驿史陈列,龙虬庄文物精品陈列,王念孙、王引之生平事迹陈列等。专题陈列有:汪曾祺生平事迹陈列,高邮名人陈列及 1931 年高邮水灾纪实陈列等。馆内拥有藏品 2194 件,其中有 4 件二级文物,21 件三级文物,涵盖了陶瓷器、青铜器、玉器、骨角器、金银器、竹木器、书画等众多种类。其中新石器时代的龙虬庄遗址出土文物、汉代天山汉墓为代表的出土文物、宋代铁钱等为特色藏品。

4. 农家书屋

2014年高邮市建立了130个农家书屋数字化阅读示范点，为农家书屋配送125台电脑和5个直播星，为每个数字农家书屋安装了摄像头和数字资源，农民除了可在书屋里看书外，还可以通过网上的免费数字资源查阅资料，相关部门也可通过网络视频对农家书屋进行管理，为全市90家农家书屋更新图书21,960册，更新音像制品900套，为40家农家书屋购买扫描枪和图书录入软件，为今后农家书屋全面建成数字化打下基础。通过图书招标采购，为农家书屋更新了31.5万元的图书。此外，高邮市郭集镇邵庄村农家书屋管理员柏之艳获“2012年全国优秀农家书屋管理员”荣誉称号，高邮经济开发区灯塔村农家书屋管理员杨超获“2012年江苏省优秀农家书屋管理员”称号。高邮市农家书屋活动内容丰富，形式多样，注重实用性，《人民日报》《新华日报》等多家媒体对高邮市一平村、龙祥村农家书屋的先进事迹和特色活动进行了采访和报道。

第七节　民族与宗教信仰

一、民族分布

截至2014年，高邮市共有34个民族，即汉族、回族、苗族、土家族、布依族、壮族、彝族、满族、蒙古族、侗族、白族、黎族、拉祜族、傣族、仡佬族、瑶族、傈僳族、藏族、朝鲜族、佤族、羌族、哈尼族、畲族、水族、仫佬族、土族、景颇族、布朗族、赫哲族、纳西族、基诺族、京族、普米族、珞巴族。少数民族人口9409人，其中回族人口占85%。

菱塘回族乡是1988年5月12日，经江苏省人民政府批准建立江苏省唯一的少数民族乡。位于江苏省高邮市高邮湖西新区，高邮湖西畔，西与安徽天长市毗邻，南倚神居山，三面环湖，一侧临山。总面积53.9平方公里，人口2.3万人，其中回民7000多人，现辖6个村和2个社区，区域划分为工业集中区、城镇建设区、民族旅游区、高效种养区四大功能区。

菱塘回族乡拥有全国、全省、扬州以及高邮的诸多荣誉，在全国1200多个民族乡中经济总量位居第四，2015年实现地区生产总值29.8亿元，财政收入2亿元、公共财政预算收入8500万元，农民人均纯收入2.6万元。菱塘清真寺列入中国海上丝绸之路申报世界遗产的遗产点。菱塘回族乡先后被命名或表彰为：全国美丽乡、全国重点镇、国家级生态乡镇、国家卫生镇、中华诗词之乡、中国可持续发展百强乡镇、中国最具发展潜力百强乡镇、中国绿色小康百佳乡镇、中国最具魅力穆斯林城镇、江苏清真美食之乡、江苏省特色景观名乡、扬州市社会治安安全乡（镇）等。2005年、2009年和2014年先后3次被国务院授予全国民族团结进步模范集体光荣称号。2009年年初，在高邮市率先被命名为全面小康乡，高邮市委、高邮市人民政府专门作出了全市乡镇学菱塘、全面达小康的决定。在第三批学习实践科学发展观活动中，该乡被列为时任省委罗志军书记的联系点。

二、宗教信仰情况

高邮五教俱全，有佛教、道教、伊斯兰教、基督教和天主教。信教群众近万人，宗教教职人员近千名，依据国务院《宗教活动场所管理条例》《宗教事务条例》和国家宗教局《宗教活动场所登记办法》《宗教活动场所设立审批和登记办法》有关规定，批准登记的宗教活动场所有46处，其中佛教27处、伊斯兰教3处、基督教13处、道教2处和天主教1处。

1. 佛教

佛教在高邮有1000多年历史，早在唐朝前就建寺庙。唐代的镇国寺西塔、宋代的净土寺东塔、明代的奎星楼如今还依显风韵。历史上有著名的八大寺，明清之际指高邮城附近的天王寺、光孝寺、净土寺、悟空寺、九耀寺、光福寺、护国寺和华严寺；清中叶以后则专指高邮城和城郊的天王寺、承天寺、放生寺、善因寺、乾明寺、永清寺、镇国寺和净土寺，历史上寺庙有405座。

1986年年底经统计有僧人87人，尼姑139人，共226人，有信教群众5000人。1988年2月11日送桥乡黄圩村蒋庄组乔金朝（男）19岁，去南京栖霞寺做和尚。1984年6月送桥乡万庄村夏集组朱友山（男）18岁，去南京栖霞寺做小和尚。1987年7月郭集乡德华村前进组乐永良（男）16岁，考取上海玉佛寺佛学院学习。1985年11月22日甘垛乡甘北村陈永义（男）22岁，先在高邮镇极乐庵做小和尚，后送至扬州大明寺做小和尚，1987年7月考取上海玉佛寺佛学院学习。1986年9月平胜乡宋庄村宋树章（男）年20岁考取南京栖霞寺佛学分院学习。2001年极乐庵派两名小和尚到大明寺参加学习，共参加省佛协组织受戒，5批35人次。2005年年底经统计有僧人220人，尼姑18人，共238人，有信教群众174,030人。

2. 道教

道教是我国土生土长的宗教，具有浓郁的中国传统，是旧中国文化的综合体。我国早在宋代时就有道观，距今已有1000多年的历史。最盛行时，高邮市有道士400余人，由于历史的演变已趋于自然消亡，到1947年时仅有4名道士，中华人民共和国成立后至三中全会前，没有发现一个道士。道教在高邮最盛行的时候有宫观27座，其中三茅宫13座，道观7座、斗坛7座，抗战前大部分被拆除，中华人民共和国成立初期只有南三茅宫、北三茅宫和南斗坛三座，“文化大革命”期间被改做它用。

道士主要以散居正一派道士为主，市道教成立筹备组织时只有10人，组建之前的全市道教活动，无人管，真假混合在一起，鱼目混珠，到处乱窜做道场，影响极坏。成立市道教协会筹备组以后，首先，对全市的道教人员进行普遍的调查登记，摸清道教徒的基本情况，经过高邮宗教协会认真调查和初步统计，全市从事道教活动的人数有894人。其次，根据省道教协会——鉴别散居正一派道士的四条标准，对参加道教活动的道士进行鉴别认定，高邮市于1994年对合格道士进行为期两年的考核，到1999年8月，发放了“道场活动许可证”，全市计发300多人，占总人数的40%，使符合四条标准的正式道士身份合法化。为了对全市道教人员在法律法规和道教业务知识有一个深刻的了解，2000年分5个考点11个考场，对报名的450名道教人员进行全面考核，试题分政策法规、道教基础知识和科仪焰口3个部分，共有382名考生参加考试，合格率占84%；2002年应未能参加考试的道教人员请求，又分设3个考点，对部分道教人员进行补考，共有43人参加考试，合格率占85%。2003年按照省道协“用三年的时间对全省散居正一派道士进行全面考核认定”的要求，高邮宗教协会派员参加省道协在苏州举办的教职人员考核认定培训班，并将省道协的考试内容汇总编印成册，发给参考人员复习备考，并作专题辅导。此次，有307人参加省道协统一考试，在省统考时取得了可喜的成绩，95%的考生被省道协确定为合格，并领取省道协颁发的证书。

3. 伊斯兰教

唐初,阿拉伯、波斯商人来扬州传教后,将伊斯兰教传入高邮。据《高邮州志》记载,高邮城清真寺为清同治三年重建。菱塘乡为回族聚居地区。

高邮县伊斯兰教第一次代表会议于1985年元月10日在菱塘乡新景清真寺召开。出席会议的代表80余人,其中有省"三八"红旗手陆海英、菱塘乡勤劳致富的杨福贤、杨德喜。会议期间扬州市及高邮县党政有关部门领导同志看望了代表并讲了话。这是高邮县伊斯兰教历史上第一次盛会,也是江苏省首次县级伊斯兰教界会议。会议通过了高邮县伊斯兰教协会章程,选举了第一届委员会,宣告了高邮县伊斯兰教协会正式成立,也产生了高邮县伊斯兰教协会组织名单:

主任:杨席;

副主任:薛中理、杨延荣;

秘书长:薛中理(兼);

副秘书长:杨延照、杨晓琴;

委员:郑自惠、杨永龙、薛永安、马宏才、杨玉珍、马志高、杨德喜、崔元林。

高邮市伊斯兰教第二次代表会议于1996年4月4日在菱塘回族乡菱塘镇清真寺会议室召开,出席会议的代表59人,高邮市民族宗教事务局领导到会祝贺,市政府谈铁人副市长到会做了重要讲话,选举了第二届委员会委员17名,其中:

名誉会长:达人;

主任:杨福坤;

副主任:薛中理、薛永安、杨同兴、杨福贵;

秘书长:薛中理(兼);

副秘书长:杨延照、杨晓琴、杨兵。

高邮市伊斯兰教第三次代表会议于2000年5月17日在菱塘回族乡菱塘镇清真寺会议室召开。出席会议的代表58人,选举了第三届委员会委员23名,其中:

会长:杨福坤;

副会长:薛中理、薛永安、杨同兴、杨春龙;

秘书长:杨兵;

副秘书长:杨延照、杨晓琴;

常委:杨秀芹。

高邮市伊斯兰教第四次代表会议于2006年11月25日在菱塘回族乡菱塘镇清真寺会议室召开。出席会议的代表64人,选举了第四届委员会委员27名,其中:

名誉会长:达人、杨田英、薛永安;

会长:杨福坤;

副会长:杨伯朝、薛中理、杨春龙、杨兵;

秘书长:杨兵(兼);

副秘书长:杨晓琴、沙善国;

常委:杨秀芹、李梅英、黄翠萍、薛元中。

4. 天主教

在清咸丰二年(1852 年)至 1953 年的一个世纪间,有 7 名外籍神甫以及若干华人神甫在高邮传教,从事宗教活动。咸丰二年孟神甫在周巷一带传教。同治九年(1870 年)有一神甫在塔沟头、聂沟口、居家河一带传教。与此同时,县城亦有神甫在传教。至光绪三十一年(1905 年),全县城乡共有天主教徒 700 余名。20 世纪 30 年代,为高邮天主教最旺盛的时期,其时有教徒近千人,大部分分布在农村。40 年代,教徒减少。1937 年(1947 年),国民党县政府第一科统计,高邮有天主教神甫 2 人(美籍、法籍各 1 人),教徒 161 人,其中男 94 人,女 67 人。50 年代初,高邮有天主教徒 210 人。1952 年夏,成立高邮县三自革新委员会,宋谱任主任委员,郑国祥为副主任委员。1953 年 5 月,法籍神甫苏云望被驱逐出境。1982 年,县城有天主教徒 11 人。1984 年 12 月,县政协委员姜公望和原政协委员、修女李忠任扬州市天主教爱国会委员。50 ~ 80 年代,天主教徒未有发展。1985 年,全县有天主教徒 200 余人,主要分布在马棚乡杨沟村、周山乡居河村和聂沟村及果园。2006 年 8 月 18 日召开高邮市天主教第一次代表会议,参加会议代表 30 名。会议选举第一届委员会委员 9 人。

5. 基督教

新教至迟于清光绪年间传入高邮,基督教在 19 世纪随着帝国主义势力的入侵而传入中国。光绪十六年英籍牧师麦嘉悌在高邮设堂传教。先后在高邮传教的外籍牧师 3 人(英籍 2 人,美籍 1 人)。1921 年,高邮县城有新教教徒 70 多人,三垛有 20 多人,一沟有 10 余人。二十世纪三四十年代,高邮有华人牧师 3 人(尚经梦、李法余、高金余)、传道员 8 人。1937 年,高邮有华人牧师 1 人,教徒 153 人,其中男 82 人,女 71 人。1949 ~ 1958 年,高邮有牧师董保罗、李爱恩、颜奉吾 3 人。1958 年,董保罗被错划为右派,其妻牧师李爱恩被下放。1983 年江都真武乡新教教徒戴宝坤到高邮八桥乡居庄、浪波等地发展信徒。1984 年,高邮籍新教教徒李正道到卸甲村传教,一个上海新教教徒在沙堰乡芦邓村传教。次年,邗江县新教教徒王金甫到天山乡、郭集乡传教。1985 年,以上几处合计有新教信徒 536 名。

1997 年至今,有 1 名神学学生从圣经专科学校毕业,3 名义工传道接受一年制圣经专科学校一年制培训,1 名圣经专科学校函授结业。有长老 2 名,按立义工传道 8 名,派立义工传道 2 名,未按立义工传道 26 名。1986 年经统计信仰基督教教徒 1500 人,2006 年统计 2546 人,私设点活动人数 447 人。

第二章　地方政权体系与社会组织

第一节　中国共产党地方组织

一、概述

1929年，中国共产党高邮县委员会成立，1930年停止活动。次年，王为雄来高邮恢复党组织，1933年党组织遭受破坏。1939年，建立中国共产党高邮县工作委员会。1941年后，随着新四军来高邮开辟抗日根据地，中国共产党高邮县地方组织不断发展壮大，并在极其艰苦的斗争条件下领导高邮人民取得了抗日战争和解放战争的胜利。1949年以后，中国共产党高邮县地方党组织领导高邮人民进行社会主义革命和建设，党的组织迅速扩大，从1949年的4801人发展到1985年的25,914人，党员队伍的素质也有所提高。

二、组织机构

1. 县级党组织

1927年下半年，高邮一些在外地加入中国共产党的学生和工人，接受党组织的派遣，回到高邮发展党员，开展活动，灌云、泰兴以及湖南等地的一些共产党员也先后来到高邮，传播共产主义，宣传共产党的政策主张。1928年下半年，建立临泽党支部（支部负责人为郑洪）和三垛党支部（支部负责人为姚建忠）。次年春，成立中共高邮县委，县委以下先后建立4个区委和27个党支部。1930年2月，县委常委夏风山暴露了身份，转移到上海。不久，县委书记郑洪和县委其他成员先后脱离革命，党的组织处于瘫痪状态。1931年5月，中共江苏省委又派上海大夏大学学生、共产党员王为雄（徐平羽）以组织员身份来到高邮，进行地下工作。不久，建立菱塘桥党支部（支部书记先后为钱薇阁、华士林）。1932年年初至次年4月，建立高邮城党支部（支部书记为夏普天）。1932年准备成立高邮县委，因同省委失去联系而未获批准。后来因党内出现叛徒，到1933年，高邮地区中共党的组织被国民党当局破坏。

1939年9月下旬至次年6月，中共苏北临时特委派党员来到高邮，秘密建立中共高邮县工作委员会。此后，马奔庄、临泽、高邮县中学、界首乡师等地先后建立党的支部。1940年8月至次年10月，建立中共临泽工作委员会。1941年下半年，新四军开辟高邮抗日根据地以后，党的组织有了进一步发展。当年10月，建立中共高宝工作委员会。1942年1月重建中共高邮县工作委员会。7月，成立中共高邮县委。在中共高邮县委的领导下，高邮人民取得了抗日战争、解放战争的胜利，并在20世纪50年代开始了社会主义革命和建设。1966年年底，由于“文化大革命”的影响，中共高邮县委陷入瘫痪状态。1969年12月至1971年6月，成立中共高邮县革命委员会核心领导小组。1971年5月底恢复中共高邮县委。

中国共产党高邮县县级组织机构名称及隶属关系情况见表2－1，中国共产党高邮县县级组织机构主要领导人任职情况见表 2-2，中国共产党高邮县县级组织机构领导成员任职情况见表 2-3。

表 2-1　中国共产党高邮县县级组织机构名称及隶属关系情况

组织名称	时间	隶属
中共高邮县委员会	1929 年春～1930 年 4 月	先后隶属中共扬州特委、扬州县委、江苏省委
中共高邮县工作委员会	1939 年 9 月～1940 年 6 月	先后隶属中共苏北临时特委、苏北特委
中共高宝工作委员会	1941 年 10 月～1942 年 3 月	中共苏中区委
中共高邮县工作委员会	1942 年 1 月～7 月	先后隶属中共江高中心县委、苏中一地委
中共高邮县委员会	1942 年 7 月～1966 年年底	先后隶属中共苏中一地委、华中二地委、扬州地委、华中二地委、泰州地委、扬州地委
中共高邮县革命委员会核心领导小组	1969 年 12 月～1971 年 6 月	中共扬州地区革命委员会核心领导小组
中共高邮县委员会	1971 年 5 月～1983 年 3 月	中共扬州地委
中共高邮县委员会	1983 年 3 月～1985 年	中共扬州市委

表 2-2　中国共产党高邮县县级组织机构主要领导人任职情况

职务	姓名	籍贯	任职时间	备注
县委书记	郑洪	宝应	1929 春～1930 年 4 月	—
县委负责人	王为雄	高邮	1932 年 4 月～1933 年 7 月	未经批准
县工委书记 高宝工委书记	陈干	南京	1939 年 9 月～1940 年 6 月 1941 年 10 月～1941 年 11 月	—
县工委书记	杨浩庐	四川宜宾	1942 年 1 月～1942 年 6 月	—
县委书记	赵秀英（女）	上海	1942 年 7 月～1942 年 10 月	—
县委临时负责人	刘烈人	四川安岳	1942 年 11 月～1943 年 2 月	—
县委书记	张英	广西灵川	1943 年 2 月～1945 年 3 月	—
县委书记	刘克刚	辽宁	1945 年 3 月～1945 年 9 月	—
县委书记	曾涛	泰兴	1945 年 9 月～1945 年 10 月	—

续表

职务	姓名	籍贯	任职时间	备注
县委书记	李健	铜山	1945 年 10 月～1947 年 10 月	—
县委代理书记	金求真	宝应	1947 年 11 月～1948 年 2 月	—
县委书记	杜文白	江都	1948 年 2 月～1950 年 11 月	—
县委书记	冯坚	泰州	1950 年 11 月～1951 年 7 月	—
县委代理书记 县委书记	夏雨	宝应	1951 年 7 月～1953 年 1 月 1953 年 1 月～1954 年 8 月	—
县委书记 县委第一书记	洪坚	江都	1954 年 9 月～1956 年 4 月 1956 年 5 月～1957 年 12 月	—
县委第一书记	夏雨	宝应	1957 年 12 月～1959 年 2 月	—
县委第一书记	肖九成	泰兴	1959 年 2 月～1959 年 10 月	未到职
县委代理第一书记	夏雨	宝应	1959 年 3 月～1959 年 10 月	—
县委第一书记			1959 年 10 月～1960 年 1 月	
县委第一书记	任文彬	泰县	1960 年 1 月～1960 年 9 月	—
县委第一书记	曹祝三	阜宁	1960 年 9 月～1963 年 3 月	—
县委书记	夏雨	宝应	1963 年 4 月～1965 年 7 月	—
县委书记	潘震球	灌云	1965 年 11 月～ “文化大革命”初期	—
县革命委员会党的核心小组组长 县委书记	刘少卿 周亦华	靖江 淮阴	1969 年 12 月～1971 年 1 月 1971 年 5 月～1972 年 10 月	军队“支左”干部
县委书记	薛先洛	靖江	1972 年 10 月～1977 年 9 月	—
县委书记	查长银	兴化	1978 年 1 月～1984 年 3 月	—
县委书记	周治安	高邮	1984 年 3 月～1984 年 8 月	—

表 2－3　中国共产党高邮县县级组织机构领导成员任职情况

职务	姓名	籍贯	任职时间	备注
县委常委	夏风山	宝应	1929 年 9 月～1930 年 2 月	—
县委常委	郑友山	宝应	1929 年 9 月～1930 年 2 月	—
县工委委员	赵常濂	南京	1939 年 9 月～1939 年 10 月	—
县工委委员	杨平(女)	扬州	1939 年 9 月～1940 年 6 月	—
县工委委员	吕镇中	沭阳	1939 年 12 月～1940 年 6 月	—

续表

职务	姓名	籍贯	任职时间	备注
高宝工委委员	夏雨	宝应	1941 年 10 月～1942 年 3 月	—
高宝工委委员	曾萍	南京	1941 年 10 月～1941 年 12 月	—
高宝工委委员	李平	高邮	1941 年 10 月～1942 年 3 月	—
县工委委员	马义生	浙江东阳	1942 年 1 月～1942 年 6 月	—
县工委委员	林宁	泰州	1942 年 1 月～1942 年 6 月	—
县委委员	江涛	江都	1942 年 7 月～1942 年 10 月	—
县委委员	马义生	浙江东阳	1942 年 7 月～1943 年 2 月	—
县委委员	杨浩庐	四川宜宾	1942 年 12 月～1943 年 6 月	—
县委委员	吴泳湘	湖南湘阳	1943 年 3 月～1944 年 3 月	—
县委委员	李逖	广西	1943 年 7 月～1944 年 4 月	—
县委委员	李华楷	江西泰和	1943 年 3 月～1944 年 1 月	—
县委委员	姚家扔	苏州	1944 年 1 月～1944 年 10 月	
县委委员 县委委员	廖昌金 何庆(女)	江西上犹 浙江诸暨	1944 年 3 月～1945 年 1 月 1945 年 1 月～1946 年 9 月	1935 年 12 月任县委副书记
县委委员	浦清	吴县	1944 年 4 月～1945 年 4 月	—
县委委员	张波	江西铅山	1945 年 1 月～1945 年 8 月	—
县委委员	王秉华	江都	1945 年 5 月～1945 年 11 月	—
县委委员	黄烽	福建福安	1944 年 10 月～1945 年 8 月	—
县委常委	杨天华	福建晋江	1945 年 11 月～1946 年 2 月	—
			1946 年 2 月～1946 年 11 月	
县委常委	蔡公正	江都	1947 年 2 月～1948 年 2 月	—
县委常委	郑光耀	广东潮阳	1947 年 2 月～1947 年 8 月	—
县委常委	袁舜生	宝应	1947 年 2 月～1947 年 7 月	—
县委常委	金求真	宝应	1947 年 7 月～1949 年 1 月	县委副书记
县委常委	施光前	扬中	1948 年 3 月～1948 年 11 月	—
县委常委	段俊	安徽怀远	1948 年 3 月～1948 年 12 月	—
县委常委	汪良	苏州	1948 年 3 月～1949 年 1 月	—
县委常委	董必成	扬中	1948 年 3 月～1949 年 2 月	—
县委常委	冯坚	泰州	1949 年 1 月～1950 年 11 月	1950 年 3 月任县委副书记

续表

职务	姓名	籍贯	任职时间	备注
县委常委	张静江	金湖	1949年4月～1950年3月	县委副书记
县委常委	吴越	高邮	1949年4月～1953年1月	—
县委常委	夏雨	宝应	1950年11月～1951年7月	县委副书记
			1960年1月～1960年3月	县委第二书记
县委常委	束鸿	宝应	1954年11月～1955年8月	县委副书记
			1957年3月～1959年4月	
县委常委	于福珍	高邮	1954年11月～1957年10月	县委副书记
			1960年1月～“文化大革命”初期	
县委常委	申光华	泰县	1955年4月～1959年10月	1955年4月任县委副书记，1956年5月任县委第二书记，1957年12月任县委副书记，1959年4月任县委书记处书记
县委常委	张阵荣	江都	1959年4月	县委书记处书记，未到职
县委常委	洪坚	江都	1953年1月～1954年9月	县委副书记
			1957年12月～1959年10月	县委书记处书记
县委常委	刘鹏顺	宝应	1956年5月～“文化大革命”初期	1959年1月～同年7月未任
县委常委	吴学友	高邮	1955年8月～1958年4月	1956年12月任县委副书记
县委常委	钱增时	高邮	1955年8月～1957年10月	—
县委常委	刘少卿	靖江	1956年5月～1971年1月	—
县委常委	刘鹏远	宝应	1956年5月～1959年4月	—
县委常委	董连庆	宝应	1957年10月～1964年5月	1957年10月任县委副书记，1959年4月任县委书记处书记，1963年3月任县委副书记

续表

职务	姓名	籍贯	任职时间	备注
县委常委	高戈	长沙市	1958 年 5 月 ~ 1959 年 4 月	县委书记处书记
县委常委	王光明	金湖	1958 年 12 月 ~ "文化大革命"初期	1958 年任县委副书记,1959 年 4 月任县委书记处书记
县委常委	相纯林	高邮	1958 年 12 月 ~ 1959 年 4 月	—
县委常委	戴高余	兴化	1958 年 12 月 ~ 1959 年 4 月	—
县委常委	王治安	淮阴	1959 年 4 月 ~ 1962 年 8 月	县委书记处书记
县委常委	孙普	靖江	1959 年 10 月 ~ 1962 年 8 月	县委书记处书记
县委常委	王鹤皋	泰县	1959 年 10 月 ~ 1966 年 3 月	县委书记处书记,1965 年 11 月任县委副书记
县委常委	马炳兴	兴化	1960 年 1 月 ~ 1963 年 3 月	县委书记处书记
县委常委	嵇权	高邮	1960 年 1 月 ~ "文化大革命"初期 1971 年 5 月 ~ 1984 年 3 月	1978 年 1 月任县委副书记
县委常委	程伯钧	涟水	1960 年 1 月 ~ "文化大革命"初期	—
县委常委	顾逊礼	泰兴	1960 年 4 月 ~ "文化大革命"初期	1960 年 4 月任县委书记处书记,1963 年 4 月任县委副书记
县委常委	郭铁松	山东	1960 年 12 月 ~ 1961 年 8 月	县委书记处书记
县委常委	辜长佐	涟水	1961 年 5 月 ~ 1966 年 3 月	1961 年 5 月任县委书记处书记,1963 年 3 月任县委副书记
县委常委	沈一飞	海安	1961 年 5 月 ~ 1963 年 1 月	—
县委常委	徐竞湘	盐城	1962 年 2 月 ~ 1962 年 9 月	县委书记处书记
县委常委	查长银	兴化	1965 年 7 月 ~ "文化大革命"初期 1971 年 5 月 ~ 1978 年 1 月	县委副书记

续表

职务	姓名	籍贯	任职时间	备注
县委常委	朱栋成	靖江	1966年5月～“文化大革命”初期	县委副书记
			1972年10月～1977年5月	
县委常委	潘震球	灌云	1961年5月～“文化大革命”初期	1961年5月任县委第二书记,1963年3月至1965年11月任县委副书记
			1971年5月～1972年10月	县委副书记
县委常委	宋建国	山东	1971年5月～1975年2月	县委副书记,军队“支左”干部
县委常委	郭金兰(女)	高邮	1971年5月～1979年6月	农民,1969年作为学习毛著积极分子参加党的九大,1971年5月任县委副书记,以后在周山供销社工作
县委常委	刘德月	邗江	1971年5月～1975年2月	军队“支左”干部
县委常委	吕卫东	高邮	1971年5月～1981年10月	—
县委常委	韩瑞岗	山东	1971年5月～1975年2月	军队“支左”干部
县委常委	马杰	如皋	1973年11月～1979年6月	
县委常委	贾彬	宝应	1976年3月～1980年3月	1977年5月任县委副书记
县委常委	顾正云	涟水	1977年5月～1979年6月	1978年1月任县委副书记
县委常委	任金富	泰兴	1977年5月～1988年4月	1978年1月任县委副书记
县委常委	周保桃	高邮	1977年5月～1984年3月	1979年11月任县委副书记
县委常委	杨智	大丰	1977年5月～1981年3月	—
县委常委	徐永龙	高邮	1978年1月～1984年3月	—
县委常委	李大海	兴化	1978年1月～1979年4月	—
县委常委	李舜心	高邮	1979年9月～1984年3月	—

续表

职务	姓名	籍贯	任职时间	备注
县委常委	林正德	高邮	1979 年 9 月 ~ 1987 年 12 月	—
县委常委	朱震祥	泰县	1980 年 3 月 ~ 1984 年 3 月	县委副书记
县委常委	朱伯稳	高邮	1980 年 10 月 ~ 1982 年 7 月	—
县委常委	李汝芳	高邮	1983 年 1 月 ~ 1984 年 8 月	—
县委常委	戎文凤(女)	高邮	1983 年 1 月 ~ 1984 年 8 月	—
县委常委	邹文銮	邳县	1983 年 10 月 ~ 1987 年 12 月	—
县委常委	陈立增	高邮	1984 年 3 月 ~ 1986 年 5 月	县委副书记
县委常委	申泰岳	泰县	1984 年 3 月 ~ 1988 年 4 月	县委副书记
县委常委	戴有斌	高邮	1984 年 3 月 ~ 1996 年 4 月	—
县委常委	沈学惠	泰兴	1984 年 3 月 ~ 1993 年 3 月	—
县委常委	倪文才	高邮	1984 年 3 月 ~ 1989 年 3 月	—

注：本表所列人员是除中共高邮县县级主要领导人以外的其他领导成员，含县委常委和未设常委时的县委委员、工委委员。

2. 部门设置

1985 年，中共高邮县委常设工作部门如下：

办公室　1942 年 7 月成立中共高邮县委后，仅设秘书 1 人。1956 年 3 月改称办公室。1958 年 7 月 ~ 1962 年 11 月、1974 年 2 月 ~ 1981 年 2 月分别与县人委、县革委会办公室合署办公。县委办公室下设信访办公室、机要办公室。

组织部　1942 年 7 月设立。1967 年 1 月后受“文化大革命”冲击，逐步瘫痪。1974 年 2 月恢复。

宣传部　1942 年 7 月设立。1957 年 7 月 ~ 1959 年 9 月与文教部合并为宣教部。1967 年 1 月后受“文化大革命”冲击，逐步瘫痪。1974 年 2 月恢复。

党校　1949 年春，县委干校改为县委党训班。1953 年 10 月改称县学，1956 年 3 月复称党训班。1957 年 7 月与农业合作干校合并为县委干校，1961 年 8 月称县委党校。“文化大革命”期间名存实亡。1977 年 1 月恢复。

统战部　1951 年 6 月设置。1959 年 9 月并入宣传部。1980 年 2 月恢复。

农村工作部　1949 年 5 月成立农委，1953 年改为生产互助合作部。1958 年 11 月改称农村工作部。1967 年 1 月后受“文化大革命”冲击，逐步瘫痪，1984 年 3 月恢复。

老干部局　1980 年 4 月于组织部内设老干部组，次年 2 月，县政府在此基础上设立老干部局。1985 年 3 月划属县委。

政法委员会　其前身为政法党组，1980 年 9 月设立政法委员会。

党史办公室　1981 年 9 月成立党史资料征集小组，下设办公室。1984 年，党史办公室为县委工作部门。1985 年 5 月党史资料征集小组改称党史资料征集研究委员会。

对台工作办公室　1980 年 9 月设立。

保密委员会　1980年2月设立。

经济案件领导小组办公室　1982年3月设立。

信访接待办公室　1984年9月设立。

根据不同时期工作的需要,中共高邮县委还曾设立过下列部门:

民运部　1945年3月~1949年5月设立。

敌工部　设立于1943年3月。1945年1月改为城市工作部,12月撤销。1946年9月设秘密工作部。1948年11月撤销。

社会部　1946年10月成立。1949年撤销。

经济部　1953年10月设立县委财政经济委员会。1954年6月改称财经部。1956年3月改称财贸部。1957年7月同工业部合并为经济部。1959年9月撤销经济部,恢复财贸部。1964年2月改为财贸办公室。1966年4月同城镇工作部合并建立财贸工交政治部。

城镇工作委员会　1949年12月建立。1954年6月撤销。1965年8月建立城镇工作部。1966年4月与财贸办公室等合并为财贸工交政治部。

工业交通部　1955年6月建立工业部。1957年7月并入经济部。1959年4月建立工业交通部。1960年3月划分为工业部、交通邮电部。1961年2月又合并,恢复工业交通部。1963年9月撤销。

政法部　1956年2月建立。次年7月撤销。

文教部　1956年5月建立。次年7月与宣传部合并为宣教部。

劳动工资部　1959年6月建立。1963年3月撤销。

财贸工交政治部　1966年4月,城镇工作部与财贸办公室合并为财贸工交政治部。

此外,根据需要,还曾建立过一些临时工作机构,主要有青年工作委员会(1949年4月~1955年2月)、妇女工作委员会(1949年5月~1956年10月)、工人工作委员会(1949年5月~1951年3月)、血吸虫病地方病防治领导小组(1950年成立县血吸虫病防治委员会,其后名称屡有变更,1984年改为现名)、五人小组办公室(1955~1966年)、对私改造领导小组办公室(1956~1957年)、社会主义教育运动办公室(1964~1966年)、核查"三种人"办公室(1984年成立)、整党办公室(1985年7月19日成立)等。

3. 党组

1946年2月,共产党高邮县政府设党团委。1948年12月~1966年5月,陆续设立县政府(县人委)、政法、财金、工商联、供销社、文卫、兵役局7个党组,"文化大革命"初期,各党组受冲击瘫痪。1980年后,县人民政府部分行政机关又陆续设立党组。1981年2月,县人大常委会、县政协也设立党组。截至1985年,全县共有党组24个。

4. 基层党委

高邮市委　1946年2月成立,隶属高邮县委。同年5月,改由华中二地委和高邮县委双重领导,10月撤销。

工委　1946~1948年,中共高邮县委曾设以下3个工委:(1)三南工委。1946年10月成立,辖汉留、龙奔两区,11月撤销。(2)临南工委。1947年1月成立,辖界首、临泽、马棚3个区,次年3月撤销。(3)临东工委。1947年2月成立,辖黄邳、横泾、三垛3个区,5月撤销,11月再次建立,次年3月又撤销。

区委　1929年始在部分区设立党的区委组织。全县各个时期设立的区委及其变更情况与人民政权区划中设区情况基本一致(详见第一篇中建置区划)。

公社、乡、镇党委和县级机关、公司党委　1956年6月设高邮镇党委。1958年2月撤区并乡后,运河以东的27个县属乡和临泽、三垛、界首3镇均设立党委和党总支。同年,人民公社化后,各公社均设党委。1966年,公社、镇党委共有35个。1966年年底~1969年,由于“文化大革命”动乱的影响,各公社、镇党委均处于瘫痪状态。1970年全部恢复。1973年实行社镇合一,临泽、三垛、界首三镇分别并入所在公社,党委亦合并。1983年政社分开,各公社党委改称乡党委。1985年5月,临泽、三垛、界首3乡改为镇建制,设镇党委。当年,高邮全县共有32个乡党委和4个镇党委。县级机关党委于1956年7月由县直属机关总支改建,“文化大革命”初期瘫痪,1975年4月重建。1984年,由原县工业局分开改建的县机械化学工业公司、轻纺工业公司、电子工业公司设立党委。

5. 基层支部

党支部　1927年12月建有1个支部,1928年下半年,临泽、三垛分别建有支部委员会。1941年,随着斗争形势的发展变化,支部也有撤有建。1939年,中共高邮县工委成立后,秘密建立了马奔庄、县中学和临泽党支部。第二年又增建了界首乡师支部和临东中心支部。新四军开辟高邮抗日根据地后,党的支部迅速发展。1943年秋,已开辟的38个乡均建立了党支部。1945年抗战胜利时,全县90多个乡基本上都建立了党支部。1946年,全县党支部发展到141个。10月以后,由于国民党及其军队残酷杀害共产党人,中共党的支部所剩无几。然而,中共高邮县委依靠群众坚持斗争,到次年7月又建立了15个党支部,74个党小组。1948年8月,高邮县的中共党的支部发展到87个。1949年,全县党支部达到162个。50年代以后,村(大队)、街道、企事业单位和机关团体普遍设立党支部。据统计,全县党支部数,1957年534个,1965年748个,1978年1046个,1985年1299个。

党总支　1939年年底至次年6月,中国共产党曾在驻临泽地区的国民党军队省保安八旅内建立过秘密党总支。1949年,高邮设立1个党总支,到1956年全县共设81个党总支。全县党总支数在不同时期有所增减,1965年有5个党总支,1978年有9个党总支,1985年有18个党总支。

6. 纪律检查机构

1949年4月,建立中共高邮县委纪律检查委员会。1955年12月,中共高邮县第四次党员代表会议选举产生了高邮县监察委员会。“文化大革命”初期,监察委员会瘫痪。1974年,县委组织部恢复后设纪律检查组。1979年5月,县委三届七次全委会议选举产生了县委纪律检查委员会。1984年8月,中共高邮县第四次党员代表大会选举产生了中共高邮县纪律检查委员会。县纪委接受市纪委和县委的双重领导。中共高邮县纪律检查机构历任书记名单见表2-4。

表 2-4　中共高邮县纪律检查机构历任书记名单

职务	姓名	任职时间
监委书记	王光明	1964 年 9 月 ~ “文化大革命”初期
纪委书记	马杰	1979 年 5 月 ~ 1979 年 6 月
纪委书记	周保桃	1979 年 12 月 ~ 1983 年 1 月
纪委书记	李汝芳	1983 年 1 月 ~ 1984 年 3 月
纪委书记	沈学惠	1984 年 3 月 ~ 1984 年 8 月

7. 党员

高邮从 1927 年开始有中共党员活动。这年下半年，除以个人身份来高邮活动的党员外，经组织派遣来高邮活动的党员有 3 名，并由其负责发展党员工作。次年 11 月，全县已有党员 70 余名。1929 年 2 月，中共党员发展到 100 多名。次年，高邮党组织瘫痪，党员停止活动。1931 年，省委派王为雄以组织员身份来高邮重新开始工作，到第二年上半年，党员又发展至 20 多名。不久党员又停止活动。

1939 年 9 月，高邮重新建立党的组织，年底有党员 10 多名。1941 年，党员发展到 100 多名。之后，党员队伍由小到大迅速发展，仅 1943 年夏，全县即发展党员 437 名。抗日战争胜利前夕，全县共有党员 3000 多名。

1946 年，在惩奸反霸、土地改革运动中吸收先进分子入党，全县党员人数猛增到 7500 多名。同年 10 月，国民党军队占领高邮，中共党员一部分北撤，一部分牺牲，也有一些党员叛变。到次年年初，全县只剩下中共党员 110 名。后来在艰苦的武装斗争和地下斗争中，党员队伍又逐渐壮大。1948 年 8 月，党员人数发展到 1408 名。1949 年 6 月统计，全县党员已达到 4801 名。

1949 年以后，党员队伍有较大发展，其构成情况见表 2-5。

表 2－5　高邮县中共党员队伍构成情况

单位:名

年份	党员总数					党员占人口%	党员分布								文化程度						民族	
	合计	其中					机关团体	工业交通	商业金融	文教科研	农林水利	建筑	街道	其他	大专以上	中专	高中	初中	小学	文盲	汉族	少数民族
		正式党员	预备党员	男	女																	
1951	4805	2334	2471	4498	307	0.9	532	58	—	—	4017	—	198	—	—	—	11	77	1372	3345	—	—
1953	4825	2945	1880	4574	251	0.87	627	119	—	3	3950	—	126	—	—	—	8	133	1697	2987	—	—
1956	8640	5132	3508	8086	554	1.41	1174	313	576	87	6417	65	—	8	—	—	21	291	4908	3420	8636	4
1962	8742	7964	778	8050	692	1.51	846	427	391	176	6812	—	—	90	16	—	85	647	5774	2220	8709	33
1965	9023	8583	440	8360	663	1.55	893	459	452	173	6937	—	—	109	—	—	—	—	—	—	—	—
1971	12,513	12,513	—	11,369	1144	1.75	1120	981	656	365	9361	—	—	30	69	—	—	—	—	—	—	—
1976	18,676	18,676	—	16,460	2216	2.42	1201	2036	1044	740	13,597	—	—	58	—	—	—	—	—	—	18,621	55
1978	21,121	20,212	909	18,771	2350	2.68	1494	2861	1294	987	14,267	107	36	75	153	—	1192	4225	13,399	2152	21,051	70
1985	25,914	24,877	1037	23,519	2395	3.22	2482	3641	1967	1429	16,072	198	25	100	454	536	2707	6394	14,065	1758	25,821	93

表 2-6 历任纪、监委书记(1949~1964 年)

职务	姓名	任职时间
纪委书记	吴越	1949 年 4 月~1950 年 4 月
纪委书记	冯坚	1950 年 4 月~1951 年 7 月
纪委书记	夏雨	1951 年 7 月~1953 年 1 月
纪委书记	洪坚	1953 年 3 月~1955 年 11 月
监委书记	申光华	1955 年 12 月~1960 年 1 月
监委书记	王治安	1960 年 2 月~1964 年 6 月

8. 党员代表会和代表大会

(1)党员代表会

1955 年以前,中国共产党高邮县地方组织共召开过四次党员代表会议。

第一次党员代表会议:1950 年 2 月 24 日至 3 月 8 日召开。实际出席代表 374 人,其中正式代表 289 人,列席代表 85 人。县委书记杜文白作时事报告,县委副书记、县长冯坚、副县长吴越分别代表县委、县政府提出了工作意见。会议讨论了 1949 年工作总结和 1950 年春季的工作方案,并检查了县委领导及党的思想作风问题。

第二次党员代表会议:1950 年 6 月 2 日至 19 日召开。实际出席代表 200 人。会议检查了春季生产救灾、治水及圩田夏季栽插等工作,整顿了党的思想作风,讨论和布置了夏季工作。

第三次党员代表会议:1951 年 2 月 15 日至 23 日召开。实际出席代表 430 余人。会议听取了形势与任务报告、关于结束土改工作的检查报告,讨论了形势,分析了土改结束后农村中的阶级状况。会议通过了春季工作任务,部署了工作。

第四次党员代表会议:1955 年 11 月 20 日至 27 日召开。正式代表 526 人,列席代表 31 人。会议贯彻了省委第三次区委书记会议精神,部署了整顿巩固农业生产合作社等工作。县委书记洪坚作了《学习关于农业合作化问题》的报告。会议选举产生了县委监察委员会。县委副书记申光华在会议结束时作了总结和农村工作部署的报告。

(2)党员代表大会

1956~1984 年,中共高邮县委召开过四届党员代表大会。

第一届党员代表大会第一次会议:1956 年 4 月 28 日至 5 月 4 日召开。正式代表 460 人,列席代表 74 人。大会的中心议题是进一步搞好社会主义“三大改造”和贯彻《1956 年到 1957 年全国农业发展纲要(修正草案)》,检查总结 1955 年以来的工作,讨论确定 1956 年的任务。会上选举产生了中共高邮县第一届委员会,选出委员 28 名、候补委员 5 名;并选举产生了出席省第一次党代会的正式代表 6 名、候补代表 1 名。

第一届党员代表大会第二次会议:1957 年 5 月 12 日至 17 日召开。出席会议的正式代表 356 人,列席代表 149 人。会议还邀请了党外人士张忠、吴襄哉、戴子瑜、蔡敬斋、张道仁列席。县委书记洪坚作了《关于怎样学习正确处理人民内部矛盾问题》的报告,县委副书记于福珍作了《关于一年来工作检查和今后工作意见》的报告,县委合作部长刘鹏远作了《关于做好夏季预分工作》的发言。

第二届党员代表大会：1959年4月3日至5日召开。正式代表434人，列席代表64人。大会总结了两年来，特别是1958年“大跃进”和人民公社化以来的经验教训，制订了1959年的“跃进”规划。选举产生了中共高邮县第二届委员会，选出委员26名、候补委员6名。

第三届党员代表大会：1971年5月23日至27日召开。代表839名。由于受“左”的思想指导，大会在“团结起来，争取更大胜利”的口号下，要求继续深入开展“文化大革命”。大会选举产生了中共高邮县第三届委员会，选出委员36名、候补委员6名。同时选举产生了5名出席省党代会代表。

第四届党员代表大会：1984年8月21日至25日召开。正式代表400人，列席代表69人。大会审议了中共高邮县第三届委员会的报告和县纪律检查委员会的工作报告，总结了第三届代表大会以来党的建设方面的经验教训，动员全县各级党组织和广大党员在社会主义现代化建设中发挥战斗堡垒作用和先锋模范作用。选举产生了中共高邮县第四届委员会，选出委员34名、候补委员7名，选举产生了县纪律检查委员会及组成人员，还选出了30名出席中共扬州市第一次代表大会的代表。

三、党的工作

中国共产党高邮县地方组织根据不同历史时期党的中心任务开展了工作。

1927～1933年，党组织的中心任务是发展党员，壮大党的力量，宣传马列主义和无产阶级革命思想，秘密组织群众，准备开展武装斗争。1939～1941年，党组织的任务除了发展党的组织外，主要是贯彻中国共产党抗日救国十大纲领，揭露日本侵略军的暴行，巩固抗日民族统一战线，宣传新四军开辟苏中抗日根据地后的抗战形势，鼓励和组织人民开展抗日救亡运动。当高邮抗日根据地开辟后，党务工作的中心即转入放手发动群众，壮大抗日力量，大规模地组织武装抗日斗争。1941～1945年，全县各级党组织领导抗日军民在艰苦卓绝的抗日斗争中，不断发展地方抗日武装，逐步形成了县有独立团、区有游击连、乡有民兵基干队、村有民兵分队的抗战格局；并发动和组织人民群众，建立了农抗会、妇抗会、青抗会等各种群众性抗日团体，使全县出现了上下一条心，男女老幼齐抗战的生动局面；同时团结各界开明士绅和友军，建立起广泛的抗日民族统一战线，使日伪陷入了人民战争的汪洋大海之中。在建设和巩固抗日根据地的过程中，全县各级党组织充分发挥了领导和保证作用。各级党组织在政治上实行民主建政，充分发动和依靠人民群众，按照“三三制”的要求，民主选举乡村干部，实现“还政于民”；在经济上贯彻党在抗战时期的经济政策，动员让租让息，开展减租减息活动，减轻农民负担，调动了人民群众的抗战积极性；在军事上，发动广大军民针对水网地区的特点，开展了以河中打坝、荡中筑路和破坏敌人交通为主要内容的改造地形运动，扰乱日伪军的交通。经过六年多的浴血奋战，终于夺得了抗日战争的最后胜利。

1946年，中共高邮县各级党组织积极开展了惩奸反霸斗争，清算和惩处罪大恶极的汉奸特务和地主恶霸，肃清敌伪残余势力，建立革命新秩序；兴修水利，发展生产，改善人民生活；开展民主运动，搞好政权建设、文化教育等工作；开展轰轰烈烈的土地改革运动，使广大贫苦农民分得了土地。

1946年10月～1947年1月，中共高邮县委领导高邮人民和地方武装转入了武装斗争。在艰苦卓绝的28个月中，进行了前仆后继、不屈不挠的斗争。开始，县委和地方武装以临北为基地，分成小股武装穿插临南和临东敌后，一方面进行武装斗争；另一方面采用深夜敲门传话、贴标语和“一封信”等活动方法，向群众宣传斗争形势和党的方针、政策。同时在十分困难的情况下，向群众送钱送粮，帮助解决生产和生活困难。在群众的大力支持下，对敌斗争不断深入，党员队伍不断扩大，党的组织得到恢复和发展，地方武装力量日益壮大。到1948年，斗争形势发生了根本性的转变。全县各级党组织一方面积极发动群众开展反复田倒租、反捐税、反抓丁的斗争；另一方面组织军民开展反攻，摧毁敌政权，攻克敌据点。1949年1月19日，国民党军队及高邮县政府终于被迫撤离县城，高邮县全境得到解放。

1949年以后，中国共产党成为执政党。中共高邮县委和各基层党组织在党中央领导下，领导高邮人民进行社会主义革命和建设，使高邮县的各项事业都有了很大发展，人民生活水平有了较大提高。在取得成就的同时，也有失误。20世纪50年代后期犯了阶级斗争扩大化和在经济建设上急躁冒进的错误。1966～1976年“文化大革命”期间，高邮也和全国一样，遭受了一场浩劫。“文化大革命”后，尤其是自党的十一届三中全会以来，实现了历史性的转折，高邮各级党组织将工作重点转移到经济建设的轨道上来，并逐步进行经济体制和政治体制的改革。

1. 党的组织工作

1949年及20世纪50年代初，各级党组织结合土地改革、抗美援朝和镇压反革命等项运动，进行了组织整顿和思想整顿。

从1953年起，注重加强支部建设，积极慎重地发展新党员。1954年5月开始，健全党员登记制度，实行对党员的全面管理。在农业合作化时期，重点对党员进行“学会当家，巩固胜利”的思想教育。

按照中央的部署，从1956年起，加强了党对知识分子的工作，吸收了一批符合条件的优秀知识分子加入党组织。

1958年在“大跃进”和人民公社化运动中，部分党员卷入“五风”，给社会主义建设和人民生活造成危害。1961年至1962年，对基层党员干部进行整风，狠反“五风”，使广大党员和各级干部提高了政策水平，转变了思想作风，并结合退赔兑现，进行了组织整顿和组织处理工作。

1966年，“文化大革命”爆发，年底，县委及基层党组织均陷于瘫痪状态。1968年8月成立县革命委员会，包揽了党务、行政、司法等各项工作。1969年，着手整党建党，恢复各级党组织。12月，县革委会中设立党的核心领导小组。1971年6月重建中共高邮县委。在“以阶级斗争为纲整党建党”中，一些“造反派”被作为“新鲜血液”吸收进各级党组织，造成了组织不纯。“文化大革命”期间，党的组织生活极不正常，多年形成的党内生活制度受到严重破坏。

“文化大革命”后，尤其是1979年以来，加强了党的组织建设。建立健全了正常的组织生活制度，各级委员会形成了集体领导与个人分工负责相结合的制度，基层组织普遍建立“三会一课”（支委会、支部大会、小组会、党课）活动制度。与此同时，许多有知识有文化的中青年党员干部成长起来。为改善和加强党的领导，克服党政不分的弊端，基层党组织逐步将领导职能转到保证监督上来。在发展党员中，贯彻积极慎重的方针，注意新党员的质量，并着重在工农业生产、科研、文教、卫生等第一线发展党员，注意发展知识分子入党。1985

年,中专以上文化程度的党员占党员总数的3.8%。为解决组织不纯、思想不纯和作风不纯的问题,县委于1984年着手核查“三种人”,1985年5月进行了全面整党。80年代,在基层党组织中广泛开展了“创先进党支部,争做合格党员”的活动,提高了党组织的战斗力和党员的素质。

2. 党的宣传工作

中华人民共和国成立初期,党的宣传部门在全县开展了关于土地改革、抗美援朝的宣传教育,激发了广大党员和群众的革命热情,提高了全县人民爱国主义和国际主义觉悟。接着,配合对生产资料私有制的社会主义改造,广泛宣传了党在过渡时期的总路线。

1958年,宣传了“鼓足干劲,力争上游,多快好省地建设社会主义”的总路线。由于宣传工作上的形式主义、片面性和主观随意性,对“五风”起了推波助澜的作用。

1960年冬到1962年,宣传贯彻中央“十二条”“六十条”等,宣传全党动手、大办农业、大办粮食的方针,使党员干部比较牢固地树立了以农业为基础的思想。

1963年至1966年,开展了形势教育,宣传了巩固集体经济、勤俭办社等思想,同时也宣传了“以阶级斗争为纲”“阶级斗争一抓就灵”“重点整党内走资本主义道路的当权派”以及“路线斗争”等,扩大了“左”的思想的影响。

“文化大革命”初期,县委宣传部门处于瘫痪状态。1968年成立的县革命委员会设立了政工组。1974年,恢复了县委宣传部门。在“文化大革命”中进行了一系列“左”的宣传运动,如宣传“斗批改”“清理阶级队伍”“无产阶级专政下继续革命”等,对革命事业危害很大。

1976年10月以后,开展了声势浩大的“揭批‘四人帮’”的宣传。与此同时,进行了抓纲治国、批判劳力自由支配等宣传。

1979年以后,宣传工作在真理标准问题讨论的基础上,批判了“两个凡是”的思想,宣传了党在新时期的总任务和总目标,宣传了四项基本原则,宣传了经济和政治体制的改革。广大党员和人民群众从“左”的困扰中解脱出来,思想战线呈现了空前活跃的局面。

3. 党的统一战线工作

1949年至20世纪60年代前期,党团结和发动各界人士,齐心协力,克服困难,在恢复经济和镇压反革命、土地改革、“三反”“五反”、抗美援朝以及社会主义改造中,取得了很大成绩。

20世纪50年代中期的对私改造中有过急过快倾向,1957年反“右”斗争扩大化以及60年代前期的“反右倾、拔白旗”以及“四清”等工作和运动中,一些人受到冲击,使党的统一战线工作受到损害。“文化大革命”期间,统一战线工作几乎停顿,许多干部、知识分子、民主人士、原私营工商业者、宗教界人士等都受到了不同程度的冲击和迫害。

“文化大革命”以后,尤其是党的十一届三中全会以后,中共高邮县委认真执行党的统一战线政策,动员和团结各界人士及广大人民群众,调动一切积极因素,为社会主义现代化建设服务。全县对1957年错划右派分子和“文化大革命”期间造成的冤假错案全部纠错平反,并认真落实了党对知识分子、起义投诚人员、民族宗教界人士、港澳同胞、海外侨胞以及去台人员亲属的政策。归还了统战对象在“文化大革命”期间被占的私房、庙产,清退了被查抄的物资,并补偿了经济损失。截至1985年年底,全县共落实统战政策方面的积案1566件,占应落实的91.9%。

1980 年,停止活动 14 年之久的县政协恢复活动,县政协委员就高邮县的社会主义经济建设和精神文明建设提出了许多有益的意见和建议。

积极做好港澳台同胞、海外侨胞和外籍华人及其亲属工作,发挥他们在统一祖国、支援祖国现代化建设中的积极作用。1981 ~ 1985 年,去台人员回乡探亲旅游的共 15 人次,高邮被批准去境外会见亲人的 19 人次,去我国台湾地区定居的 1 人。此外,每年回乡探亲的侨胞有 60 多人次。出现了通信多、探亲多、找亲多、侨汇多的现象。1985 年,美籍华人、著名生物工程专家曹祖宁应邀回国讲学,并回故乡高邮探亲,对故乡的建设提出了建议。1981 年,美籍华人丁兆治博士回邮探亲。华侨王红娣回家探亲后,特地带走祖居房子里的一把土,以表示不忘衣胞之地。港胞翁国和 1981 年深秋回乡探亲时,还到幼年常洗澡的小河里洗了澡,以表示对童年生活的怀念。1983 年,周山乡旅日华侨丁筱村、丁彩英夫妇赠给县人民政府丰田车一辆。八桥乡去台人员鲍朝摆 1985 年赠送家乡一辆丰田面包车。

4. 党的纪律检查工作

1950 年以来,党的纪检工作围绕党在各个时期的中心工作,维护党纪,端正党风,认真查处党员、干部违法乱纪案件,保证了党的各项路线、方针、政策的贯彻执行。

1951 年年底,开展了反贪污、反浪费、反官僚主义的运动。全县组织了 1000 多名工作人员,分布到各单位进行检查,共查出有贪污问题的人 504 名,对其中问题严重的人给予了处分。

在 1953 年 4 月开展的"新三反"斗争中,重点查处了一批典型案件,并对全县党员干部进行了纪律教育,使部分基层干部的强迫命令作风有所改变。全县查处了一批县、区、乡、村党员干部中贪污、盗窃、腐化堕落等违法乱纪案件,处分了 64 人。

1953 年实行粮食统购统销,纪检部门着重对全县党员干部进行了纪律教育,并制定了"在粮食统购统销中的有关规定",查处了 39 名套购、抢购粮食和搞人情包庇的党员干部。

在 1955 年 5 月开始的肃清暗藏反革命分子的斗争中,对问题明显而又查证确实的党员干部,及时作出了组织处理。

从 1950 年 3 月到 1955 年 11 月,全县共处理党员干部 352 人,其中,开除党籍 86 人,留党察看 73 人,撤销党内职务的 27 人,警告 103 人,劝告 63 人,免予处分 198 人。

1956 年至 1966 年,纪律检查工作紧紧围绕"三大改造""整风整社""反右派斗争""反右倾、拔白旗"(改造三类社队)、"反五风"和"四清"等运动进行。由于指导方针上发生"左"的偏差,违背了实事求是的原则,出现了斗争扩大化、定性不准等问题,自上而下地错误处理和伤害了一些党员干部。1961 年到 1963 年,对一些冤假错案进行了甄别平反工作。

1966 年至 1976 年的"文化大革命"期间,大批党员负责干部遭到批斗迫害,纪律检查工作完全陷入瘫痪。

"文化大革命"结束后,对"文化大革命"期间由县直接查处的 350 个党纪案件,进行复查,撤销处分的 8 件,改变原处分的 5 件,维持原处分的 329 件,未结案的 8 件。对在"文化大革命"初期被打成"走资派""三反分子""现行反革命"的 11 名党员、干部全部平反,恢复名誉。对在"文化大革命"期间受行政处分,以及在 1957 年反右派斗争中受纪律处分的人,也分别作了改正。对由基层党组织直接处理的案件也以区为单位进行了复查。通过复查、平反,调动了各方面的积极因素,促进了社会的安定团结。

1982 年,在打击经济领域的犯罪活动中,全县共查处有严重经济问题的党员干部 38 人。

从1983年以来,纪律检查工作的重点是纠正党内不正之风,清除党内腐败现象。对党员在分房建房中的不正之风进行了查处,并制定了建房、分房、管房制度。还抓了清理归还挪用和宕欠公款等项工作。

5. 党员教育工作

中国共产党高邮县地方组织通过干校、党校等阵地,经常举办各种类型的训练班对党员进行教育。1944年至1949年,共举办各类训练班近30期,培训2000多人次,着重进行阶级教育、时事教育、统一战线政策教育和军事战术教育等。1949年至1953年共办19期,培训近3000人次,着重进行革命人生观、党的基础知识教育,并进行整党整风。1954年至1956年共办33期,培训1.3万人次,着重进行党在过渡时期的总路线教育。1960年~1966年4月,共办24期,培训近7000人次,着重进行党的政策和党的建设教育。1966年5月至1976年10月,配合"文化大革命",举办各类学习班,培训7960人次。1976年10月至1985年,共办43期,培训8701人次,着重进行实践是检验真理的唯一标准、以经济建设为中心、坚持改革开放和坚持四项基本原则以及马克思主义基础理论的教育,使党员干部适应社会主义现代化建设和改革的需要。各乡镇自1983年起普遍举办乡镇党校,以农村经济改革和党的基础知识为主要内容轮训党员。此外,党支部会、党小组会和上党课,也是对基层党员进行教育的经常性形式。

第二节　地方政权

高邮地方政府机构,由汉至清各遵当时定制。1912年,县设民政署。1913年改为县公署。1927年改为县政府。日军侵占高邮后,高邮出现国民党高邮县政府、共产党高邮县政府和汪伪县政府三足鼎立局面。1946年至1949年,高邮境内存在国共两党分别领导的高邮县政府。1949年后,高邮县县级政府先后称为县政府、县人民政府、县人民委员会、县革命委员会、县人民政府。

1911年9月辛亥革命时,高邮县成立临时自治会,宣布光复。1912年年初,县设临时议会,9月又成立临时参议会。1944年至1946年,在共产党领导的高邮县抗日民主根据地设立县参政会。参政会先后召开两届参政会议。1946年12月,国民党高邮县党部在高邮设立临时参议会,次年1月至1948年10月,高邮设参议会。该参议会先后召开过四次会议。中华人民共和国成立后,高邮于1956年10月设县政协,"文化大革命"期间政协停止活动,1980年4月恢复活动。截至1985年,县政协先后召开过四届全体会议。

1950年至1953年,高邮县设立各界人民代表会议,会议共举行三届。1954年后设县人民代表大会,"文化大革命"期间中断,1981年恢复并设常务委员会。至1985年,共召开七次县人民代表大会。

一、县人民代表会议和大会

1. 人民代表

1950年4月至1953年10月,高邮县共举行三届九次各界人民代表会议,出席会议代表由中共高邮县委提名、全县各界协商酝酿推荐产生。

1953～1985 年,高邮县按照《中华人民共和国全国人民代表大会和地方各级人民代表大会选举法》和《中华人民共和国地方各级人民代表大会和地方各级人民政府组织法》规定,举行过七届人民代表选举。其中第一届至第五届为间接选举,先选出乡镇(公社)人民代表大会代表,在乡镇(公社)人民代表大会上再选出出席县人民代表大会代表。自第六届人民代表大会起实行直接选举。在县人民代表大会上选举产生出席上一级人民代表大会的代表。高邮县被省人民代表大会选举出席全国人民代表大会的代表有:第三届贺文杰、第四届翁永清、第五届黄斌钊。高邮县第一届至第七届人民代表大会代表选举情况和代表情况见表2－7。

表2－7　高邮县第一届至第七届人民代表大会代表选举情况和代表情况

届次	选举时间	有选举权人数（人）	参加选举人数（人）	参选率（%）	无选举权人数 剥夺选举权人数（人）	停止选举权人数（人）	无法行使选举权人数（人）
第一届	1953 年 7 月至 1954 年 3 月	358,332	303,012	84.56	842	3323	287
第二届	1956 年 11～12 月	376,550	324,713	86.23	2131	—	360
第三届	1958 年 3～5 月	369,092	337,209	91.36	3482	1072	660
第四届	1961 年 3～5 月	399,321	283,538	71.00	3312	191	723
第五届	1963 年 3～6 月	314,887	246,226	78.19	3622	—	254
第六届	1980 年 10～12 月	459,442	448,852	97.70	25	19	715
第七届	1984 年 3～5 月	519,835	504,151	96.98	30	45	718

高邮县一至七届人民代表大会代表情况表　　单位:人

届次	开会时间	代表人数	性别 男	女	政治情况 中共党员	共青团员	民主人士	民主党派	群众	民族 汉族	少数民族	代表组成 工人	农民	干部	知识分子	其他
第一届	1954 年 6 月	377	327	50	84	23	4	2	264	375	2	40	140	40	19	138
第二届	1957 年 1 月	420	340	80	161	52	76	1	130	416	4	—	—	—	—	—
第三届	1958 年 5 月	430	333	97	229	21	71	3	106	423	7	12	137	180	31	70
第四届	1961 年 6 月	419	335	84	210	43	4	2	160	412	7	51	119	123	34	92
第五届	1964 年 8 月	420	381	39	240	22	4	4	150	414	6	48	114	140	33	85
第六届	1981 年 1 月	381	282	99	242	14	1	1	123	379	2	60	190	70	50	11
第七届	1984 年 5 月	397	308	89	253	16	12	1	115	392	5	74	143	78	68	34

2. 历次会议

(1)县人民代表会议

1950 年 4 月至 1953 年 10 月,高邮县设立各界人民代表会议制度,其性质是各界代表的协议机关。会议每半年举行一次,共召开了九次会议。

第一届第一次会议于1950年4月29日召开,会议代表409人。会议设常务委员会,有委员21人,主席冯坚。会议听取和讨论了副县长吴越《关于高邮县人民政府春季工作的报告》、冯坚县长《关于高邮县人民政府夏季工作计划的报告》,讨论通过了《高邮县1950年夏季征收公粮实施细则》。会议决议要求全县人民积极投入农业生产、水利建设、救灾备荒等项工作,保证夏季征收公粮任务和财政收支任务的完成。

第一届第二次会议于1950年11月19日至21日召开,会议代表409人。会议常务委员会由17人组成,主席冯坚,副主席徐增寿、戴子瑜、吴襄哉、夏雨。会议听取和讨论了副县长吴越《关于高邮县人民政府夏秋季工作报告》、县长冯坚《关于今年冬季行政工作任务的报告》,作出了关于普遍而深入地开展十大政策宣传的决议和继续大张旗鼓镇压反革命的决议。会议要求加强对土改工作的领导;积极进行劝募寒衣,救济灾民工作;拆迁沿运堤居民住房,确保运堤冬修;开展冬防冬赈、确保社会治安。会议设立了土地改革委员会、劝募寒衣委员会、民房拆让委员会、冬防冬赈委员会四个工作委员会。

第二届第一次会议于1951年6月19日至23日召开,出席代表377人。会议常务委员会由38人组成,主席冯坚。会议听取和讨论了县长吴越《关于半年来的施政工作报告》、中共高邮县委书记冯坚《关于今后各项工作建议的报告》,讨论了进一步开展抗美援朝教育、开展爱国丰产运动、完成夏季征粮和检查土地改革以及镇压反革命等工作。

第二届第二次会议于1951年11月14日至18日召开,出席代表409人。会议常务委员会由38人组成,主席冯坚。会议听取和讨论了县长吴越《关于四个月来施政工作的报告》、中共高邮县委副书记夏雨《关于今后工作建议的报告》。会议作出了关于继续加强抗美援朝、保家卫国和爱国主义教育的决议;继续贯彻依靠贫农、雇农,团结中农,中立富农的总路线、总政策的决议;关于响应"一定要把淮河修好"号召的决议。

第三届第一次会议于1952年5月8日至20日召开,出席代表356人。会议设常务委员43人,主席夏雨,副主席吴襄哉。会议听取和讨论了县长吴越《关于上半年来政府工作报告》、中共高邮县委书记夏雨《关于高邮县今后三个月工作任务的建议报告》。会议作出了关于开展"三反""五反"运动的决议,关于防治血吸虫病的决议。

第三届第二次会议于1952年9月11日至13日召开,出席代表387人。会议常务委员会由43人组成,主席夏雨,副主席吴襄哉。会议听取和讨论了县长吴越《关于夏季施政工作报告》、中共高邮县委书记夏雨《关于目前形势和今后工作任务建议的报告》。

第三届第三次会议于1952年1月16日至18日召开。会议常务委员会由43人组成,主席夏雨,副主席吴襄哉。会议听取和讨论了县长吴越《关于两个多月来的施政工作报告》、中共高邮县委书记夏雨《关于高邮县今年冬季工作任务的建议报告》,作出了关于开展中苏友好月运动的决议。

第三届第四次会议于1953年3月25日至28日召开,出席代表482人。会议常务委员会由43人组成,主席夏雨,副主席吴襄哉。会议听取和讨论了代理县长郑东里《政府工作报告》、中共高邮县委书记夏雨《高邮县今后工作任务建议的报告》,作出了关于贯彻婚姻法的决议和选举工作的决议。

第三届第五次会议于1953年10月15日至18日召开,出席代表452人。会议常务委员会由43人组成,主席夏雨,副主席吴襄哉。会议听取和讨论了代理县长郑东里《关于六个月来的政府工作报告》、中共高邮县委副书记洪坚《关于今后工作任务的建议报告》。

(2)县人民代表大会

高邮县人民代表大会是县级地方国家的权力机关。自1954年6月建立,至1985年,共历七届十三次会议。根据《中华人民共和国地方各级人民代表大会和地方各级人民委员会组织法)的规定,前五届各级人民代表大会应每年举行两次,但高邮县并未完全按此执行。按中华人民共和国地方各级人民代表大会和地方各级人民政府组织法》规定,县人民代表大会自第六届起每届任期三年,每年举行一次会议。第一届人民代表大会第一次会议于1954年6月29日至7月5日举行,正式代表401名,有378名代表出席了会议。会议主席团由23人组成,郑来甫为秘书长。会议学习了宪法草案,听取并审议了县人民政府代县长郑东里《上半年施政工作报告和秋季工作方案》,采用无记名投票方式选出了出席省人民代表大会的代表。会议还通过了拥护宪法草案、批准县人民政府上半年工作报告、秋季工作方案和关于地方自筹经费四项决议。大会认为县人民政府在上半年的工作中深入开展了过渡时期总路线总任务的宣传教育,超额完成了粮食统购与推销公债的任务,工人中的增产节约、劳动竞赛运动和农村互助合作运动都有了进一步的发展,赢得了夏粮丰收,干部作风有明显好转。大会批评县人民政府对艰苦奋斗作风强调不够;粮食统销工作没有抓好,造成了抢购套购的混乱现象。

第一届人民代表大会第二次会议于1955年6月19日至22日召开,出席代表363人。会议主席团由27人组成,郑来甫为秘书长。会议听取和审议了副县长钱增时的《政府工作报告》,选举产生了县第一届人民委员会,钱增时为县长,刘鹏顺、王光明为副县长,王朝林等14人为委员;同时选出王子和为县人民法院院长。会议作出了《关于县人民政府一年来工作和下半年工作任务报告的决议》《关于坚决肃清胡风反革命集团及一切暗藏的反革命分子的决议》和《关于地方自筹经费的决议》。会议要求全县人民继续遵循过渡时期总任务所指引的道路,重视农业生产,开展农业互助合作运动,做好粮食征购销等工作。大会收到代表提案215件。

第二届人民代表大会第一次会议于1957年1月11日至14日举行,正式代表420人,全部出席会议。会议听取和审议了县长钱增时《关于高邮县人民委员会一年多来的工作和今后工作任务的报告》。报告指出今后的工作任务是:全面、深入、持久地开展增产节约运动,认真贯彻执行勤俭建国、勤俭办企业、勤俭办一切事业的方针;动员全县人民努力完成和超额完成1957年的工农业生产计划,加强和做好对私改造工作,做好财政经济、文教卫生等工作,在发展生产的基础上逐步改善人民生活。会议还听取和审议了委员相纯林《关于1956年财政预算和自筹经费执行情况的报告》、县人民法院院长王子和《关于一年多来的工作报告》。会议对各个报告作出了相应的决议。会议选举产生县第二届人民委员会,钱增时为县长,王光明、盖桐芳、相纯林、张忠为副县长,王承炜等20人为委员;选举王子和为县人民法院院长。会议收到代表提案共299件。

第二届人民代表大会第二次会议于1957年10月3日至6日举行,出席代表351人。会议主席团由27人组成,陈耀东为秘书长。会议听取和审议了副县长王光明《关于高邮县人民委员会春夏季以来的工作和今后工作意见的报告》。报告要求在全县人民中继续深入开展政治战线和思想战线上的社会主义革命，把两条道路的斗争进行到底，进一步开展增产节约运动，保证完成和超额完成 1957 年的各项任务。会议还听取和审议了副县长相纯林《关于 1957 年财政预算安排和上半年预算执行情况的报告》。副院长周仁喜《关于高邮县人民法院春夏季以来的工作报告》。会议对各个报告作出了相应的决议。会议追认了县人民委员会批准钱增时辞去县长、省人大代表和王子和辞去县人民法院院长职务的决定，补选了董连庆为县长、省人大代表，方成为县人民法院院长，大会收到代表提案 373 件。

第三届人民代表大会第一次会议于 1958 年 5 月 31 日至 6 月 2 日举行，430 名代表全部出席了会议。会议主席团由 29 人组成，陈耀东为秘书长。会议听取和审议了县长董连庆《关于八个月来的工作和今后意见的报告》。报告要求全县人民认真执行、鼓足干劲、力争上游、多快好省地建设社会主义的总路线，为争取实现粮食亩产 800 斤而斗争；要求以夏收夏栽为中心，抓紧夏季预分、整社，大力发展地方工业和副业生产；要求各部门的工作都应在服务于生产的前提下开展。会议还听取和审议了副县长相纯林《关于 1957 年财政决算和 1958 年财政预算安排情况的报告》、院长方成《关于高邮县人民法院八个月来的工作报告》。会议对各个报告作出了相应的决议。会议选举产生了县第三届人民委员会，董连庆为县长，王光明、盖桐芳、相纯林、张忠为副县长，王承炜等 20 人为委员；选举方成为县人民法院院长，选举出席省第二届人民代表大会的代表。大会收到代表提案 216 件。

第四届人民代表大会第一次会议于 1961 年 6 月 26 日至 29 日举行，出席会议代表 360 人。会议主席团由 35 人组成，王坤为秘书长。会议听取和审议了副县长盖桐芳《关于高邮县人民委员会工作报告》、副县长相纯林《关于第三届人民代表大会以来的财政决算和 1961 年财政预算报告》、代院长杨明善《关于法院工作报告》，并通过了相应的决议。

会议要求全县人民继续高举总路线、“大跃进”、人民公社三面红旗，集中力量，加强农业，争取农业生产获得比较好的收成；要求进一步巩固人民公社，贯彻执行中央关于人民公社和农村的各项经济政策，切实安排好社员生活。会议选举产生了县第四届人民委员会，孙普为县长，盖桐芳、袁保全、刘正选、张忠为副县长，王承炜等 24 人为委员；选举杨明善为县人民法院院长。大会收到代表提案 268 件。

第五届人民代表大会第一次会议于 1964 年 8 月 29 日至 9 月 1 日举行，正式代表 420 人，出席会议代表 358 人。会议主席团由 39 人组成，召建农为秘书长。会议听取和审议了副县长盖桐芳代表上届人民委员会所作的《工作报告》、县财政局局长孙跃《关于财政决算和财政预算安排的报告》、院长杨明善《关于法院工作报告》，并通过了相应的决议。会议要求全县人民继续高举总路线、“大跃进”、人民公社三面红旗，认真贯彻执行党的各项方针政策，开展社会主义教育运动，努力争取农副业生产全面丰收，保证完成和超额完成国家计划。会议选举产生了县第五届人民委员会，潘震球为县长，刘鹏顺、刘鹏远、盖桐芳、相纯林、张忠为副县长，王子和等 23 人为委员；选举陈开斌为县人民法院院长；选举了出席省第三届人民代表大会的代表。大会收到代表提案 327 件。

第五届人民代表大会第二次会议于 1966 年 2 月 3 日举行。会议听取了县委书记潘震球《关于当前形势和战备工作》的讲话，听取了副县长刘鹏远《高举毛泽东思想红旗，抓备战、抓革命、促生产、促建设，为实现 1966 年农业更大更全面的丰收而奋斗》的工作报告、县财政局局长周炳坤《关于 1964 年、1965 年财政决算和 1966 年财政预算安排初步意见的报告》、院长陈开斌《关于法院一年来工作情况和进一步贯彻依靠群众办案的方针的报告》,并通过了相应的决议。会议要求全县人民坚持毛泽东思想挂帅,事事、处处突出政治,永远突出政治;农业要穷办苦干学大寨,跨过长江超无锡,1966 年实现粮食 7 亿斤,副业产值 3000 万元;工业部门要走大庆之路;财贸工作要贯彻执行“发展经济,保障供给”的方针;文教体卫工作要贯彻为社会主义服务、为工农兵服务的方针,继续开展兴无灭资斗争,把“文化革命”进行下去;政法工作要依靠群众专政,重视民兵建设。会议依法补选了顾逊礼为县长,嵇权、袁保全为副县长。会议收到代表提案 301 件。

第六届人民代表大会第一次会议于 1981 年 1 月 24 日至 29 日举行,正式代表 381 人,全部出席了会议。会议主席团由 39 人组成,嵇权为秘书长。会议听取和审议了中共高邮县委书记查长银作的《政府工作报告》、县财政局局长周炳坤《关于 1980 年财政决算和 1981 年财政预算的报告》、院长陈开斌《县人民法院工作报告》和检察长蒋盛《县人民检察院工作报告》,并通过了相应的决议。会议要求全面贯彻执行狠抓调整、稳步前进的方针,努力搞好经济建设和其他各项工作;保证安定团结,巩固和发展大好形势;切实加强政权建设。会议选举任金富为县长,朱震祥、李舜心、刘鹏远、杨秀成、刘宜炽、徐永龙为副县长;选举陈开斌为县人民法院院长,蒋盛为县人民检察院检察长。大会收到代表提案 859 件。

第六届人民代表大会第二次会议于 1982 年 2 月 23 日至 28 日举行,正式代表 390 人,全部出席会议。会议主席团由 39 人组成,周炳坤为秘书长。会议听取和审议了任金富县长的《政府工作报告》、县财政局局长陈荫宏《关于 1981 年财政决算和 1982 年财政预算的报告》、县人大常委会主任嵇权的《县人大常委会的工作报告》、院长陈开斌的《县人民法院工作报告》、检察长蒋盛的《县人民检察院工作报告》,并通过了相应的决议。会议通过了《关于动员全县人民群众积极响应党和国家的号召,立即行动起来,迅速开展全民文明礼貌月活动,普遍订立乡规民约,掀起五讲四美新高潮的决议》《关于解决县造纸厂等单位污染问题的决议》。会议要求经济建设要继续抓好调整,提高经济效益,保持一定速度;要加强精神文明建设;统筹安排好生产建设和人民生活;切实加强政权建设,保证集中统一,发扬社会主义民主,改进工作作风,振奋革命精神,努力把政府工作搞好。会议收到代表提案 434 件。

第六届人民代表大会第三次会议于 1983 年 3 月 12 日至 17 日举行,387 名代表出席了会议。会议主席团由 39 人组成,周炳坤为秘书长。会议听取和审议了县长任金富的《政府工作报告》、县财政局局长戚志荣《关于 1982 年财政决算和 1983 年财政预算草案的报告》、县人大常委会主任嵇权的《县人大常委会工作报告》、院长陈开斌的《县人民法院工作报告》、检察长蒋盛的《县人民检察院工作报告》,并作出了相应的决议。会议指出,1983 年的工作任务是,进一步贯彻中共十二大和全国人大五届五次会议精神,集中主要精力抓紧抓好改革和经济建设这两件大事,努力开创各项工作的新局面,力争工农业生产稳定增长,经济效益全面提高,城乡经济进一步繁荣,群众生活继续有所改善。会议选举了出席省六届、市一届人代会的代表。会议还通过了《关于认真学习宣传和坚决贯彻实施宪法的决议》。会议收到代表提案计 362 件。

第七届人民代表大会第一次会议于 1984 年 5 月 20 日至 26 日举行,正式代表 397 人,全部出席了会议。会议主席团由 39 人组成,施国栋为秘书长。会议听取和审议了代县长陈立增的《政府工作报告》、计委副主任李乃祥《关于 1983 年国民经济计划执行结果和 1984 年国民经济计划安排意见的报告》、县财政局局长王振严《关于1983年财政决算和1984年财政预算草案的报告》、县人大常委会主任嵇权的《县人大常委会工作报告》、代院长周惠的《县人民法院工作报告》和代检察长李汝芳的《县人民检察院工作报告》，并通过了相应的决议。会议要求，今后三年要坚决实行经济改革，积极发展农村商品经济，推进工交生产；疏通流通渠道，搞活城乡经济；加强智力投资，发展科技、教育、文化等事业；抓紧抓好计划生育，严格控制人口增长；加强精神文明建设，促使社会风气进一步好转；量力而行，逐步解决群众生活中的实际问题；对社会治安实行综合治理，继续严厉打击严重刑事犯罪活动。会议选举陈立增为县长，朱延庆、戴有斌、茅庆如、卢辉民为副县长；选举周惠为人民法院院长，李汝芳为县人民检察院检察长。大会收到代表建议、批评和意见507件。

第七届人民代表大会第二次会议于1985年4月15日至18日举行，正式代表395人，出席会议代表365人。会议主席团由39人组成，李舜心为秘书长。会议听取和审议了县长陈立增的《政府工作报告》、县计划委员会副主任李乃祥的《全县国民经济计划工作报告》、县财政局局长王振严的《财政决预算报告》、县人大常委会主任查长银的《人大常委会工作报告》、副院长马仁和的《人民法院工作报告》、副检察长戴有庸的《人民检察院工作报告》。会议要求，认真贯彻中共十二届三中全会和全国人大六届三次会议精神，坚定不移地执行“改革、开放、调整、搞活”的方针，在不断提高经济效益的前提下，使工农业生产保持一定的发展速度，人民生活好于往年。在经济工作中，要积极稳妥地推进城市经济体制改革，简政放权，增强企业活力；调整农村产业结构，使农村经济全面协调发展；狠抓技术进步，提高经济效益。会议同时听取了全国人大代表黄斌钊《关于六届三次全国人大会议精神的传达》。大会代表提出议案66件，建议、批评、意见378件。

3. 县人大常委会

县人民代表大会自第六届起设常务委员会。1981年1月召开的县第六届人民代表大会第一次会议选举产生了县第六届人民代表大会常务委员会，嵇权为主任，施国栋、周炳坤、张忠、袁保全、胡雨亭、张廷猷为副主任，葛玉明等17人为常务委员。县第六届人民代表大会第二次会议补选林庆生等两人为常务委员。1982年9月，六届人大第十二次常委会决定接受袁保全辞去县人大常委会副主任职务的请求。县第六届人大常委会设立办公室，内设秘书、代表联络、调查研究三个科，还设立了政法、经济、文卫、城乡建设四个组。1984年5月召开的县第七届人民代表大会第一次会议选举产生了县第七届人民代表大会常务委员会，查长银为主任，李舜心、施国栋、杨秀成、张忠、张廷猷为副主任，朱宇清等19人为常务委员。1985年7月，七届人大第九次会议决定接受查长银辞去县人大常委会主任职务的请求，并推选李舜心为代理主任。第七届人大常委会设立办公室，内设秘书、代表联络两个科。

自1981年1月设立人大常委会以来，至1985年年底，县人大常委会共开展了23次视察和107次调查活动，主要内容为：集镇建设、人民生活、劳动就业、市场供应与物价、环境保护、法制建设以及经济体制改革等。1981～1985年，县人大常委会每两个月举行一次例会，行使宪法和法律赋予的决定权、任免权和监督权，讨论决定全县的重大事项，这期间共通过重要决议、决定31件，其中有：1982年3月25日县六届人大常委会第七次会议通过的《关于认真宣传学习、坚决贯彻执行全国人大常委会作出的〈关于严惩严重破坏经济的罪犯的决定〉的决议》、1983年4月22日县六届人大常委会第十四次会议通过的《关于批准高邮县村镇建房用地管理暂行办法的决议》、1983 年 9 月 10 日县六届人大常委会第十六次会议通过的《关于坚决贯彻全国人大常委会的决定,严厉打击刑事犯罪活动的决议》、1984 年 8 月 30 日县七届人大常委会第二次会议通过的《关于进一步宣传贯彻〈食品卫生法〉的决议》、1984 年 11 月 1 日县第七届人大常委会第三次会议通过的《关于高邮县与晋城市结为友好市县的决定》、1985 年 2 月 5 日第七届人大常委会第五次会议通过的《关于进一步加强法制宣传教育工作的决议》、1985 年 5 月 2 日第七届人大常委会第七次会议通过的《关于乡改镇的人民代表大会有关名称变更问题的决定》、1985 年 12 月 20 日第七届人大常委会第十二次会议通过的《关于高邮县城总体规划的决议》等。

二、县政府

1. 古代衙署

汉代设高邮县,县衙设县令 1 人;丞 1 人,协助县令,兼管刑狱囚徒;尉 1 人,管缉捕武事;主簿 1 人,主管文书,兼管事务;令长 1 人,与令、丞、尉遇事相商。还设孝弟力田 1 人、啬夫游缴 1 人、学官 1 人。

唐朝高邮设县,县衙有县令 1 人,丞 1 人,主簿 1 人,尉 2 人。以下设录事 2 人,史 3 人;司户佐 6 人,史 11 人;司法佐 5 人,史 10 人。还有典狱 10 人,问事 10 人,白直 10 人,市令 1 人,佐 1 人,史 1 人,师 2 人,仓督 2 人,税使 2 人,经学博士 1 人,助教 1 人。

北宋高邮设县又设军。其时设知军 1 人,签书通判 1 人,录事 1 人,司户参军 1 人,司理参军 1 人,司法参军 1 人,教授 1 人,学录 1 人,税务 1 人。知县 1 人,县丞 1 人,主簿 1 人,尉 1 人。

元代高邮为府,设府达鲁花赤 1 人,知府 1 人,判官 1 人,推官 1 人,经历 1 人,知事 1 人,同知 1 人,府教授 1 人。高邮府下又设高邮县。设县达鲁花赤 1 人,尹 1 人,簿 1 人,丞 1 人,典史 1 人,尉 1 人。元末至正二十六年(1366 年),朱元璋部将徐达,常遇春克张士诚于高邮,改府存县,制置同元。

明洪武元年(1368 年)改县为州,增设高邮卫。设知州 1 人,同知 1 人,添注同知 1 人(后裁)广管河判官 1 人,治农判官 1 人,管马判官 1 人(嘉靖间裁),州吏目 1 人,各房科司吏典吏 30 人;学正 1 人,训导 3 人[嘉靖三十九年(1560 年)裁训导 1 人],司吏 1 人。时堡巡检 1 人,司吏 1 人;张家沟巡检 1 人,司吏 1 人。广储仓大使 1 人,副使 1 人,攒典 1 人;税课局大使 1 人,攒典 1 人;河泊大使 1 人,攒典 1 人(嘉靖间裁)。盂城驿驿丞 1 人,攒典 1 人;界首驿驿丞 1 人,攒典 1 人;界首递运所大使 1 人,攒典 1 人。阴阳学典术 1 人,医学典科 1 人,僧正司正 1 人,道正司正 1 人。卫置指挥使 3 人,指挥同知 3 人,令事 8 人,首领经历司经历 1 人。知事厅知事 1 人,卫镇抚厅镇抚 3 人,左右中前后五所正千户 7 人,副千户 15 人,百户所百户 55 人,所镇抚 7 人(明代指挥、千户、百户皆世袭,其祖皆为明初有军功者)。

清代高邮为州。设知州 1 人,同知 1 人,吏目 1 人(兼管盂城驿),司吏典吏 12 人,儒学学正 1 人,训导 1 人[康熙四年(1665 年)裁,十五年复设],攒典 10 人。广仓储大使 1 人(兼管税务),攒典 1 人。阴阳学典术 1 人,医学典科 1 人。卫置守备 1 人,左右中前后五所千、总各 1 人(康熙十八年守备裁,印务并扬州卫,屯田钱粮归并田地所属州县征收,千总领粮如旧)。康熙十八年,设河防守备 1 人,千总 1 人,把总 2 人,陆漫闸添闸官 1 人。

高邮唐、后晋、宋、元、明、清行政长官表见表 2-8。

表 2－8　高邮唐、后晋、宋、元、明、清行政长官

年代	姓名	职务	籍贯	备注
唐	徐仁会	县令	—	—
五代后晋	李国	县令	—	—
北宋太祖乾德	高凝祐	知县	—	字禧文
太祖开宝四年	高凝祐	知军	—	筑高邮城
太祖开宝	乔维岳	知军	河南项城	
太祖开宝	时丹立	知县	江苏兴化	
太宗太平兴国	梁周翰	知军	河南郑县	字元褒
太宗雍熙	狄柒菜	知军	—	
太宗雍熙	王祺	知军	—	
太宗雍熙	陆铋	知县	—	
真宗乾兴	刘立之	知军		
真宗乾兴	刘舜士	知县	—	
仁宗庆历	晁仲约	知军	—	
仁宗庆历	晁祖庆	知县	—	
仁宗至和二年	邵必	知军	江苏丹阳	字不疑,进士
仁宗至和	吴充	知军	—	
仁宗至和	章隐之	知军	—	
仁宗至和	元益	知县	山西太原	
神宗熙宁	王子韶	知县	—	
哲宗元祐元年	毛渐	知军	浙江金华	字泽民,又字正中
哲宗元祐	杨蟠	知军	浙江杭州	字公济,进士
哲宗元祐	安鼎	知军	—	
哲宗元祐	赵晦之	知军	—	
哲宗元祐	蹇序辰	知军	—	
哲宗元祐	叶宗古	知军	—	
哲宗元祐	毛滂	知军	—	
哲宗元祐	孙似祖	知县	—	
哲宗元祐	吕令问	知县	—	
哲宗元祐	茹骧	知县	—	
哲宗元祐	夏归厚	知县	—	
哲宗元祐	黄绘	知县	—	

续表

年代	姓名	职务	籍贯	备注
徽宗政和	翁彦约	知军	福建崇安	字行简,政和二年进士
南宋	姚兕	知军	—	
南宋高宗建炎元年	苏迟	知军	四川眉山	苏迟侄,苏辙子
高宗建炎二年	赵士从	知军	—	
高宗建炎	薛庆	知军	—	
高宗建炎	董旼	知军	—	
高宗建炎	吕令问	知军	—	
高宗建炎	周俊	知县	—	
高宗绍兴	赵士瑗	知军	江苏常熟	字仲谦,进士
高宗绍兴	宋肇	知军	—	
高宗绍兴	霍大中	知县		
南宋孝宗隆兴二年	刘敏	知军		
孝宗隆兴	褚一正	知军	辽宁盖县	字粹翁
孝宗乾道	陈敏	知军	广东廉江	字元功
孝宗乾道	钱卓	知军		
孝宗乾道	郑彦	知军		
孝宗乾道	陈敏	知军		
孝宗乾道	徐子寅	知军		
孝宗乾道	刘彦	知军		
孝宗乾道	李玑	知军		
孝宗乾道	吴超	知军		
孝宗乾道	王定国	知军		
孝宗乾道	王渥	知军		
孝宗乾道	明椿	知军		
孝宗乾道	刘度	知县		
孝宗乾道	项寿	知县	江西上饶	
孝宗乾道	施广誉	知县		
孝宗淳熙二年	王调	知军	—	修建文游台
孝宗淳熙四年	赵不慙	知军	—	建三贤祠
孝宗淳熙	曾崇	知军		
孝宗淳熙	程闻一	知军	江苏武进	
孝宗淳熙	范嗣蠡	知军		
孝宗淳熙	李愿	知军		

续表

年代	姓名	职务	籍贯	备注
孝宗淳熙	赵公豫	知军	江苏常熟	绍兴进士，著有（奏议）、（燕堂类稿）
孝宗淳熙	张礼本	知军	—	字大问
孝宗淳熙	邵辑	知军		
孝宗淳熙	张顾	知军	浙江嘉兴	字仲思
孝宗淳熙	朱晕	知军		
孝宗淳熙	赵善义	知军		
孝宗淳熙	李安上	知县		
孝宗淳熙	柳大来	知县		
孝宗淳熙	吴光祖	知县		
宁宗庆元五年	陈巩	知军	河南	字伯固
宁宗庆元	吴铸	知军	江苏武进	修建文游台
宁宗庆元	孙杰	知县		
宁宗嘉泰	林伯成	知军		
宁宗嘉泰	杨口	知县	—	佚名
宁宗嘉泰	孙遵义	知县		
宁宗开禧	刘元鼎	知军		
宁宗开禧	林仲虎	知军		
宁宗开禧	滕交	知军		
宁宗开禧	黄石孙	知军		
宁宗开禧	张革	知军	—	字信之，修建文游台
南宋宁宗开禧	应懋之	知军		
宁宗开禧	蔡辟	知军		
宁宗嘉定	汪纲	知军	安徽黟县	字仲举
宁宗嘉定	商硕	知军		
宁宗嘉定	丘寿迈	知军		
宁宗嘉定	汪统	知军		
宁宗嘉定	章嗣贤	知县		
理宗宝庆	戴桷	知军		
理宗宝庆	潘景伯	知军		
理宗宝庆	陆子布	知军		

续表

年代	姓名	职务	籍贯	备注
理宗宝庆	赵仁夫	知县		
理宗宝庆	蔡大圭	知县		
理宗宝庆	赵万	知县		
理宗绍定元年	叶秀发	知军	—	字茂叔,进士
理宗绍定	王通	知军		
理宗绍定	张芋	知军		
理宗绍定	吴焯	知军		
理宗绍定	马光祖	知军		
理宗绍定	朱复之	知军		
理宗绍定	王贵	知军		
理宗绍定	王昱	知军		
理宗绍定	王霆	知军	浙江金华	字定叟,武举
理宗绍定	王珪	知军		
理宗绍定	徐敏予	知军		
理宗绍定	史宜之	知军		
理宗绍定	萧逢辰	知军		
理宗绍定	向士璧	知军	江苏常州	
理宗绍定	余晦	知军		
理宗绍定	赵万	知军		
理宗绍定	蔡誉	知军		
理宗绍定	蔡廷硅	知军		
理宗绍定	洪寿	知军		
理宗绍定	晏陶	知军		
理宗绍定	吴公励	知县	—	一作吴公明
理宗绍定	杨汉	知县		
理宗绍定	马括	知县		
理宗绍定	赵寿明	知县	—	府志“明”作“朋”
理宗绍定	钟达	知县		
理宗嘉禧	赵必晋	知军		
理宗嘉禧	王洪祖	知军		
理宗嘉禧	赵日起	知军		

续表

年代	姓名	职务	籍贯	备注
理宗嘉禧	黄梦桂	知军		
南宋理宗嘉禧	俞鳌	知军		
理宗嘉禧	姜虎臣	知军		
理宗嘉禧	俞大忠	知军		
理宗嘉禧	张士杰	知军	河北涿县	
理宗嘉禧	史能之	知军		
理宗嘉禧	吕师龙	知军		
理宗嘉禧	吕师孟	知军		
理宗嘉禧	汤孝信	知军		
理宗嘉禧	孙仁寿	知县		
理宗嘉禧	丘牧	知县		
度宗咸淳	钱真孙	知军		
恭帝德祐二年	高贵	知军		
恭帝德祐	王所	知军	浙江绍兴	字喻叔，官至南宋亡
元	张炤	府达鲁花府	山东济南	字彦明
	帖木	—		
	秃古思	达鲁花赤	—	浙江行省平章政事完者都子
	喜僧	府达鲁花赤	—	帖木秃古思子，世袭
	赵德彰	知府		
惠宗至正	高口	知府	—	佚名
惠宗至正十三年	李齐	知府	河北广平	字公平，惠宗元统元年会元
	柳金	县尹	浙江金华	
	楔哲笃	县尹	高昌	
	张徵	县尹	河南开封	进士
	何口	县尹	—	佚名
	敬俨	县尹	河北易县	未到任
明太祖洪武元年	黄克明	知州	安徽凤阳	
三年	赵原	知州		
四年	陈节	知州		
六年	李口	知州	—	佚名
十三年	张口	知州	—	佚名

续表

年代	姓名	职务	籍贯	备注
三十年	仪智	知州	山东高密	
成祖永乐元年	王俊	知州		
三年	杨守恭	知州	江西吉水	
宣宗宣德三年	陈资深	知州	江西吉水	
英宗正统二年	韩简	知州	湖北石首	
七年	刘康	知州	广东河源	监生，一说九年任
代宗景泰三年	李友文	知州	四川江津	监生
六年	王浩	知州	江西安福	
英宗天顺三年	赵观	知州	广东南海	监生
五年	王宣	知州	福建闽侯	
八年	李庭训	知州	山东临沂	举人
宪宗成化元年	虞润	知州	浙江余姚	举人
五年	陈沧	知州	河南光山	举人
明宪宗成化六年	苏铎	知州	河北平乡	监生
七年	王宣	知州	福建闽侯	
十四年	郝文杰	知州	河北曲阳	监生
二十三年	顾英	知州	河北任丘	举人
孝宗弘治二年	毛实	知州	浙江余姚	字世诚，进士
三年	邹祥	知州	山东德州	进士
九年	程宪	知州	江西景德	举人
十五年	郭绥	知州	河南新郑	举人，修儒学
武宗正德元年	任良才	知州	江西吉县	进士
五年	薛清	知州	河北献县	进士
七年	武雷	知州	山东馆陶	举人
十一年	朱良	知州	浙江慈豁	进士
十六年	谢在	知州	河南南阳	举人
世宗嘉靖四年	孙源	知州	陕西长安	举人
七年	边侨	知州	河北任丘	举人
八年	王士和	知州	福建闽侯	举人
十年	曹曙	知州	山东济宁	进士
十二年	张涞	知州	河任任丘	举人，修城隍庙

续表

年代	姓名	职务	籍贯	备注
十四年	邓洁	知州	河北新城	举人,修圣庙
十八年	李袭芳	知州	河北蕲春	举人
二十一年	陈光哲	知州	浙江临海	进士
二十四年	胡民表	知州	浙江龙泉	举人
二十八年	郑聚东	知州	四川广安	
二十九年	查秉直	知州	浙江海宁	举人
三十三年	姜博	知州	江西南昌	进士
三十四年	赵河	知州	陕西长安	进士
三十九年	张济时	知州	江西吉水	举人
四十年	刘峻	知州	江西万安	
四十二年	魏体谦	知州	山西永济	举人
四十三年	严杰	知州	四川	举人
四十五年	袁思忠	知州	山东济南	举人
穆宗隆庆二年	赵来亨	知州	江西南昌	进士
四年	范惟恭	知州	江西丰城	举人,修州志
神宗万历元年	刘旦	知州	湖北石首	举人
八年	吴显	知州	福建漳浦	字景猷,进士,造西堤有大功
十二年	邵梦弼	知州	浙江余姚	进士
十九年	杨汝灿	知州	湖南长沙	举人
二十二年	韩鸣凤	知州	广东博罗	举人
二十五年	许一诚	知州	北京大兴	举人
二十八年	吴一龙	知州	江西崇仁	选贡
三十一年	李正华	知州	江西上高	进士
三十四年	闻金和	知州	浙江余姚	进士
明神宗万历三十五年	孔祖颖	知州	广东	举人
三十七年	韦孚献	知州	福建	举人
四十年	衷时章	知州	江西	举人
四十四年	林鼎铭	知州	福建	进士
四十七年	王廷俊	知州	浙江海盐	举人
熹宗天启元年	陈嗣虞	知州	陕西	举人
四年	杨天赐	知州	山西宁武	举人

续表

年代	姓名	职务	籍贯	备注
七年	毛国宣	知州	湖北	举人
	秦世征	知州	山西	进士
毅宗崇祯元年	卢燎	知州	河北	举人
三年	王体蒙	知州	河南	举人
五年	阎熠	知州	河南项城	举人
九年	伍成武	知州	广西	举人
十年	李含乙	知州	四川渠县	字青藜，进士
十一年	张垣	知州	云南	进士
十三年	高缪	知州	山东	拔贡
清世祖顺治二年	闵依圣	知州	湖北孝感	字双湖，举人
四年	龚蕃锡	知州	北京密云	字福求，岁贡
十二年	张士望	知州	北京大兴	字诚乎，教习生员
十四年	吴之俊	知州	辽宁辽阳	字君吁，拔贡，修建文游台
圣祖康熙元年	曾懋蔚	知州	福建古田	字梧冈，拔贡，修建文游台
三年	李庆祖	知州	辽宁辽阳	字介福，庙生
五年	吴之俊	知州	—	回任
六年	佟有信	知州	辽宁辽阳	字中孚
圣祖康熙九年	吴良谟	知州	辽宁辽阳	字君功、廕生
十年三月二十八日	孙蕙	知州		
十二年	庄振徽	知州	福建侯官	字耻五，举人
十五年	乌云阶	知州	辽宁辽阳	字凌霄，廕生
十七年	蔡芝生	知州	—	字钟瑞
十八年	白登明	知州	辽宁	字林九，贡生
二十年	李培茂	知州	河南商丘	字滋庵，进士
二十五年	刘显爵	知州	辽宁	字公锡，庙生
二十九年	谢廷瑞	知州	辽宁	字晋石，庇生
四十六年	李之檀	知州	山西静乐	字含香，贡生
五十年	焦献猷	知州	陕西榆林	字元成，贡生
五十七年	张德盛	知州	河北青县	字茂先，监生
世宗雍正四年	于本鸿	知州	北京大兴	进士
	李如兰	知州		

续表

年代	姓名	职务	籍贯	备注
五年	黎绪远	知州		
	黄廷铨	知州	奉天	镶红旗人,贡生
九年	傅椿	知州	满洲	号毅斋,镶红旗人,监生
友本固	知州	山西灵邱	岁贡	
	沈光增	知州	浙江嘉兴	监生
七年	宁基丕	知州	河北阜城	拔贡
	许松佶	知州	福建闽侯	
十年	周世发	知州	奉天	镶白旗人,监生
十一年	彭存仁	知州	湖北孝感	监生
	温必联	知州		
十二年	康永遇	知州	江西安福	举人
	严文照	知州	北京大兴	议叙
十四年	周士达	知州	奉天	镶白旗人,监生
十六年	李溶德	知州	奉天	正黄旗人
二十七年	李霖	知州	河北蔚县	
二十八年	吴峥	知州	江苏甘泉	代署
	觉罗永会	知州	满洲	正蓝旗人,缙译进士
二十九年	沈雯	知州	河北文安	进士
三十年	秦廷尘	知州	奉天	镶黄旗人,举人
三十一年	何廷模	知州	浙江杭州	举人
三十五年	王鸣珂	知州	浙江湖州	贡生
	龙灿民	知州	四川成都	举人
三十七年	林光照	知州	福建霞浦	进士
三十八年	陈楸	知州	浙江湖州	监生
三十九年	杨迎鹤	知州	陕西凤翔	拔贡
四十年	杨灿	知州	福建邵武	举人
	杨迎鹤	知州	—	复任
四十二年	杨宜崙	知州	河北灵寿	字宾圃,附监生
五十年	赵南觐	知州	浙江诸暨	
	班济泰	知州	—	镶黄旗人
五十二年	孙同琨	知州	浙江杭州	监生

续表

年代	姓名	职务	籍贯	备注
	夏家瑜	知州	江西新建	监生
	吴瑛	知州	浙江杭州	监生
五十五年	懋图	知州	—	镶黄旗人,监生
	曹廷奎	知州	—	汉军正黄旗人
五十六年	杨孝骧	知州	湖南常德	举人
	曹廷奎	知州	—	回任
五十七年	缪廷玢	知州	—	正白旗人,监生
	武纶布	知州	北京大兴	监生
	缪廷玢	知州	—	回任
仁宗嘉庆元年	李学颖	知州	河北任丘	监生
	魏右曾	知州	江西广昌	贡生
二年	李如桐	知州	山西翼城	进士
	李伯龙	知州	河南濮阳	举人
三年	刘祖志	知州	河北高阳	举人
四年	李伯龙	知州	—	回任
清仁宗嘉庆四年	孙源潮	知州	安徽宣城	进士
五年	朱敬修	知州	浙江杭州	举人
	孙源潮	知州	—	回任
六年	赖相栋	知州	江西南昌	进士
八年	艾荣松	知州	四川内江	举人
	孙源潮	知州	—	回任
十一年	萧瑾	知州	浙江绍兴	议叙
十三年	陈观国	知州	浙江海宁	号惺斋,进士, 有《惺斋吟草》四卷
	姚莹	知州	安徽桐城	进士
	冯馨	知州	浙江嘉兴	议叙
十六年	丁堂	知州	安徽怀宁	议叙
十六年	刘翰周	知州	河北丰润	举人
十七年	冯馨	知州	—	回任
十九年	师兆龙	知州	陕西韩城	举人
二十年	冯馨	知州	—	回任

续表

年代	姓名	职务	籍贯	备注
二十一年	周岱龄	知州	河南开封	举人
二十二年	袁垌	知州	山东济南	监生
	徐錞	知州	北京大兴	附贡生
二十四年	杨景烈	知州	陕西华县	举人
	程志忠	知州	北京大兴	附贡生
二十五年	胡棠	知州	浙江上虞	供事
宣宗道光元年	朱勃	知州	北京大兴	监生
二年	叶机	知州	浙江定海	字莱山,廪贡生
四年	季正鼎	知州	江西吉水	监生
五年	李宗颖	知州	河北沧州	监生
八年	刘大烈	知州	安徽巢湖	监生
九年	吴浚为	知州	浙江湖州	进士
十一年	光谦	知州	安徽桐城	举人
	王沄	知州	浙江绍兴	字湘浦,举人
十二年	张志遂	知州	天津武清	举人
十三年	徐森	知州	安徽桐城	监生
十四年	郑敦五	知州	湖南长沙	举人
	平翰	知州	浙江绍兴	监生
十五年	边象曾	知州	河北任丘	举人
	冯思澄	知州	浙江绍兴	进士
十八年	吴廷献	知州	山东滨州	举人
十八年	朱椿	知州	浙江杭州	监生
	朱荣桂	知州	江西彭泽	举人
二十二年	左辉春	知州	湖南湘乡	举人,一名左仁,字青峙
二十三年	黄绍元	知州	北京大兴	廪生
二十四年	范凤谐	知州	江西南城	举人
三十年	罗鹤翔	知州	浙江上虞	监生,字默深,进士
文宗咸丰元年	魏源	知州	湖南邵阳	
清文宗咸丰三年	汪杰	知州	安徽旌德	举人
四年	张鹏展	知州	山西榆次	字云衢,解元
六年	于醇儒	知州	山东平度	字前峰,进士

续表

年代	姓名	职务	籍贯	备注
八年	胡海平	知州	广东顺德	举人
九年	裘辅	知州	江西新建	监生
十年	胡海平	知州	—	再任
穆宗同治元年	马鸿翔	知州	山东济宁	举人
三年	谭祖庆	知州	江西南丰	监生,代理
	马鸿翔	知州	—	回任
四年	长庚	知州	—	汉军正黄旗人,增贡生
	唐渝	知州	浙江兰溪	字性泉,监生
七年	姚德彰	知州	北京大兴	监生
十一年	莫祥芝	知州	贵州独山	附生
十二年	姚德彰	知州	—	回任
德宗光绪五年	金元娘	知州	浙江嘉善	字茗青,监生
六年八月	周士釜	知州	浙江嘉善	附贡生,代理
	刘德铭	知州	贵州黔西	廪生
八年	龚定瀛	知州	湖南湘乡	文童
十年七月	谢国恩	知州	浙江余姚	监生
十五年十二月	孙德华	知州	云南弥勒	监生,代理
十六年二月	陈道济	知州	湖南湘乡	军功
十七年二月	钱锡宾	知州	浙江杭州	举人
十九年七月	陆铣	知州	浙江绍兴	监生,代理
十月	钱锡宾	知州	—	回任
二十三年正月	章邦直	知州	安徽桐陵	廪贡
二十五年二月	汤华衮	知州	湖南大庸	廪贡
二十六年七月	吕承翰	知州	湖北武昌	进士
二十七年三月	李孟康	知州	河南潢川	廪贡
二十九年三月	洪檠	知州	湖北汉阳	字幼琴,举人
十二月	李孟康	知州	—	回任
三十二年二月	朱鸿钧	知州	浙江绍兴	监生,代理
二月	杨增芳	知州	云南	军功
三十三年二月	江朝铭	知州	安徽旌德	举人
三十四年正月	庆多	知州	满洲	镶红旗人,监生
宣统元年三月	姚崇义	知州	浙江杭州	附贡
三年七月	姚纪衡	知州	安徽桐城	崩生

2. 中华民国时期县政府

(1)高邮县民政署

1911 年 11 月 8 日,建立高邮县民政署,设民政长,下设总务、警察、学务、实业、主计五课。高邮县民政署民政长名单见表 2－9。

表 2－9　高邮县民政署民政长名单

姓名	任职时间	姓名	任职时间
姚纪衡	宣统三年 9 月～1912 年 1 月	袁良干	1912 年 2～3 月
吴辅勋	1912 年 1～2 月	姚崇义	1912 年 3 月～1913 年 1 月

(2)高邮县公署

1913 年 1 月县民政署改称县公署,设县知事。1914 年改五课为三科,总务、警察并为第一科,主计为第二科,学务、实业并为第三科,另设技士工人。高邮县公署知事名单见表 2－10。

表 2－10　高邮县公署知事名单

姓名	任职时间	姓名	任职时间
姚崇义	1913 年 1～9 月	司马稣	1920 年 12 月～1921 年 2 月
吴家祝	1913 年 9 月～1914 年 3 月	姚祖义	1921 年 2 月～1922 年 5 月
姚崇义	1914 年 3～7 月	卢洪钧	1922 年 5 月～1923 年 4 月
姚祖义	1914 年 7 月～1915 年 7 月	胡维蕃	1923 年 4 月～1925 年 3 月
郭增基	1915 年 7 月～1918 年 1 月	卢昌盛	1925 年 3 月～1925 年 8 月
姚崇义	1918 年 2～3 月	侯必昌	1925 年 8 月～1925 年年底
胡为和	1918 年 3 月～1919 年 8 月	汪世通	1925 年年底～1926 年 1 月
彭世琪	1919 年 8 月～1920 年 11 月	庄纶仪	1926 年 1 月～1927 年 5 月
太史格	1920 年 11～12 月	—	—

(3)国民党高邮县政府

1927 年,高邮县设县政府,县行政长官称县长,县政府设警察、财政、建设、教育、土地各局和保安队。1931 年,高邮定为二等县,1935 年改为一等县。1939 年日军侵占高邮后,县政府曾迁至三垛、三郎庙、临泽等地,1940 年 11 月临泽沦陷后流亡至兴化、草甸以及安徽阜阳等地。1944 年,国民党江苏省政府委派张冠球任高邮县县长,张冠球在江都县小纪一带组织国民党高邮县政府,并于 1945 年 9 月 3 日潜入高邮城。1945 年 12 月 26 日,人民解放军解放高邮县城。1946 年 1 月 12 日,国民党高邮县政府流亡扬州设立办事处。同年 10 月 8 日,国民党高邮县政府随国民党军队黄百韬部进驻高邮县城。此时至 1949 年 1 月,县政府设有秘书室、民政科、财政科、教育科、建设科、军事科、民众自卫总队部、警察局、地政科、社会科、军法室、人事室、合作指导室、税捐稽征处、田粮处、公款公产管理处、情报组等。国民党高邮县政府县长名单见表 2－11。

表 2－11　国民党高邮县政府县长名单

姓名	任职时间	姓名	任职时间
李彦青	1927 年 5～6 月	李懋曾	1932 年 3 月～1933 年 4 月
刘　蹯	1927 年 6 月	杨谏如	1933 年 4 月～1934 年 6 月
徐朝光	1927 年 6～7 月	曹伯权	1934 年 6 月～1937 年 4 月
袁维莱	1927 年 7～8 月	陈桂清	1937 年 4 月～1941 年
徐朝光	1927 年 9 月～1928 年 6 月	杨昉	1942～1944 年
董光孚	1928 年 6 月～1929 年 1 月	张冠球	1944～1948 年 8 月
杨镇	1929 年 1～9 月	李锡勋	1948 年 8 月～1949 年 1 月
王龙	1929 年 9 月～1932 年 3 月	—	—

附：伪高邮县政府

1939 年 10 月 2 日日军攻陷高邮城后，高邮县建立维持会，周绍康为会长。

未及 1 月，由江都人张敬庭任会长。数月后，王宜仲任会长。1941 年 6 月 13 日，建立伪县政府，伪江苏省政府委王宜仲为伪高邮县政府代理县长，10 月改任县长。1944 年 7 月由郭士茂接任。伪县府机构设有秘书室、民政科、建设科、宣传科、司法科、军法科、田赋征收处（后改为税务处、局）、教育局、水上警察大队、逆产管理委员会、县政咨询委员会、古物古迹保存委员会等。

（4）共产党领导的高邮县抗日民主政府和县政府

1940 年 4 月，新四军第五支队开辟高邮伪属第八区等地区，并在塔儿集成立高邮县抗日民主政府，上属淮南区津浦路东各县联防办事处。

高邮湖东地区在各区抗日政权基本建立的基础上，1942 年 7 月在四区小葛庄召开高邮县抗日民主政府成立大会。苏中第一专员公署主任惠浴宇到会讲话，并任命江涛为代理县长。抗日战争结束后，高邮县抗日民主政府改称县政府。战争年代，县人民政权除 1935 年 12 月至次年 10 月设于县城外，其余时间均流动于高邮县农村。从 1942 年 7 月至 1949 年 1 月，县政府设有军事科、财经局、货管局、公安局、民政科、文教科、交通局等机构。1949 年 1 月，高邮县城再次解放，县政府进城办公。同年 1 月和 2 月，高邮城设军事管制委员会，主任陈扬，副主任张明、杜文白。民主革命时期共产党高邮县政府领导人员名单见表 2－12。

表 2－12　民主革命时期共产党高邮县政府领导人员名单

职务	姓名	任期	职务	姓名	任期
代县长	江涛（吴仲郏）	1942 年 7～10 月	县长	金求真	1948 年 11 月～1949 年 1 月
负责人	刘烈人	1942 年 10～12 月		冯坚	1949 年 1～9 月
县长	杨浩庐	1942 年 12 月～1943 年 6 月	副县长	林倚石	1935 年 11 月～1946 年 11 月
	李逖	1943 年 7 月～1944 年 4 月		王鹏	1946 年 6～10 月
代县长	浦清	1935 年 5 月～1944 年 4 月		周奋	1937 年 1～4 月
	王秉华	1935 年 5～11 月		施光前	1937 年 9 月～1948 年 2 月
负责人	杨天华	1935 年 11 月～1946 年 11 月		吴越	1948 年 10 月～1949 年 1 月
	蔡公正	1937 年 1 月～1948 年 2 月		李兆森	1949 年 1～5 月
	施光前	1948 年 2 月～1948 年 11 月		—	—

3. 中华人民共和国成立后的县政府

（1）县级政府

1949 年 10 月，中华人民共和国成立，高邮县设县政府。1950 年 8 月 7 日，高邮县政府改名为高邮县人民政府。

1955 年 6 月，经高邮县第一届人民代表大会第二次会议决议，县人民政府更名为县人民委员会。1966 年“文化大革命”开始后，县人民委员会受冲击而瘫痪。

1967 年 3 月 3 日，人民解放军奉命介入地方“文化大革命”，县人民武装部建立生产办公室，负责全县的工农业生产工作，刘少卿任主任。1967 年 4 月 8 日，经江苏省军事管制委员会批准，成立高邮县军事管制委员会，兰挺任主任，刘少卿、丁启春、熊振环任副主任。

1968 年 8 月 24 日，经中国人民解放军 60 军党委会批准，成立高邮县革命委员会。

1981 年 1 月，经县第六届人民代表大会第一次会议选举，恢复高邮县人民政府。

1949 年至 1985 年，高邮县县级政府领导人员名单见表 2－13：

表 2-13　1949 年至 1985 年高邮县县级政府领导人员名单

职务	姓名	任期
县长	冯坚	1949 年 10 月 ~ 1951 年 7 月
	吴越	1951 年 7 月 ~ 1953 年 1 月
代理县长	郑东里	1953 年 1 月 ~ 1955 年 4 月
县长	钱增时	1955 年 4 月 ~ 1957 年 10 月
	董连庆	1957 年 10 月 ~ 1961 年 6 月
	孙普	1961 年 6 月 ~ 1962 年 8 月
	董连庆	1962 年 8 月 ~ 1964 年 5 月
	潘震球	1964 年 9 月 ~ 1965 年 11 月
	顾逊礼	1965 年 11 月 ~ "文化大革命"初期
县革委会主任	刘少卿	1968 年 8 月 ~ 1971 年 1 月
副县长	吴越	1949 年 11 月 ~ 1951 年 6 月
	钱增时	1951 年 6 月 ~ 1955 年 4 月
	刘鹏顺	1955 年 4 月 ~ 1957 年 1 月
	王光明	1955 年 4 月 ~ 1961 年 5 月
	盖桐芳	1957 年 1 月 ~ 1961 年 6 月
	相纯林	1957 年 1 月 ~ 1959 年 6 月
	张忠	1957 年 1 月 ~ "文化大革命"初期
	袁保全	1960 年 8 月 ~ "文化大革命"初期
	刘正选	1961 年 5 月 ~ 1962 年 7 月
	顾逊礼	1963 年 9 月 ~ 1964 年 12 月
	刘鹏顺	1964 年 9 月 ~ 1966 年 2 月
	刘鹏远	1964 年 9 月 ~ "文化大革命"初期
	相纯林	1964 年 9 月 ~ "文化大革命"初期
	嵇权	1966 年 2 月 ~ "文化大革命"初期
县革委会副主任	赵聚桢	1968 年 8 月 ~ 1970 年 12 月
	查长银	1968 年 8 月 ~ 1978 年 1 月
	朱栋成	1969 年 2 月 ~ 1977 年 5 月
	周亦华	1969 年 3 月 ~ 1971 年 11 月
	宋建国	1970 年 3 月 ~ 1975 年 2 月
	嵇权	1970 年 3 月 ~ 1981 年 1 月
	顾正云	1970 年 3 月 ~ 1979 年 6 月
	郭金兰（女）	1970 年 3 月 ~ 1979 年 6 月
	任金富	1970 年 6 月 ~ 1981 年 1 月

续表

职务	姓名	任期	职务	姓名	任期
县革委会主任	周亦华	1971年11月～1972年10月	县革委会副主任	潘震球	1971年11月～1972年10月
	薛先洛	1972年10月～1977年9月		马杰	1973年11月～1979年6月
	查长银	1978年1月～1981年1月		贾彬	1976年3月～1980年3月
				周保桃	1977年5月～1979年12月
				杨智	1977年5月～1981年1月
				林正德	1977年5月～1979年9月
				徐永龙	1978年1月～1981年1月
				李大海	1978年1月～1979年4月
				刘鹏远	1978年1月～1981年1月
				李舜心	1978年1月～1981年1月
				孙坚	1978年6月～1979年11月
				钱增时	1979年5月～1981年1月
				杨秀成	1979年8月～1981年1月
				施国栋	1980年3月～1981年1月
				朱震祥	1980年3月～1981年1月
县长	任金富	1981年1月～1984年3月	副县长	朱震祥	1981年1月～1984年3月
	陈立增	1984年3月～1986年5月		李舜心	1981年1月～1984年3月
				徐永龙	1981年1月～1984年3月
				刘鹏远	1981年1月～1984年3月
				刘宜炤	1981年1月～1984年3月
				杨秀成	1981年1月～1984年3月
				詹岫琪	1982年6月～1984年3月
				戴有斌	1984年5月～1990年1月
				朱延庆	1984年5月～1990年4月
				茅庆如（女）	1984年5月～1987年4月
				卢辉民	1984年5月～1984年10月
				吴怀义	1985年1月～1987年4月
				宋家定	1985年7月～1987年4月

(2)政府机构

1949年以后,高邮县县级政府机构屡有变更。1985年,县政府组成部门有28个,直属工作单位18个,上级政府设在高邮县的机构5个。政府组成部门与直属工作单位简介如下:

县政府组成部门:

县人民政府办公室　1949年设县政府秘书室,1950年4月改为县人民政府秘书室,1955年9月改称县人民委员会办公室,1958年7月并入县委、县人委办公室,1962年11月恢复,1967年4月改为县军事管制委员会办公室,1968年9月改为县革命委员会办事组,1974年2月改为县委、县革命委员会办公室,1981年1月设县人民政府办公室。

人事局　1953年1月设立人事科,1968年9月工作并入县革命委员会政治工作组。1978年8月建立人事局。

公安局　1949年设公安局,1968年9月并入县革命委员会政法组,1973年3月恢复公安局。

司法局　1981年1月设立。

民政局　1949年设民政科,1968年9月工作并入县革命委员会政工组,1970年1月设立群众工作局,1975年7月改称主管民政和劳动人事工作的人事局,1978年2月划分为民政局和知识青年上山下乡办公室。

劳动局　1949年11月设劳动科,1954年6月撤销。1956年5月恢复,1957年6月再次撤销。1964年2月重新恢复,1968年9月工作并入县革命委员会生产指挥组,1978年3月从计委划出建立劳动局。

计划委员会　1955年5月设置计委,1957年6月撤销。1961年2月恢复,1968年9月并入县革命委员会生产指挥组,1974年2月复设计委。

物价局　1959年9月设物价科,1964年9月改为物价委员会,1968年9月工作并入县革命委员会生产指挥组,1981年11月设立物价局。

统计局　1953年5月设统计科,1957年6月并入计划统计科,1961年2月改为统计科,1964年9月设统计局,1966年10月撤销。1980年12月复设统计局。

审计局　1984年3月成立。

科学技术委员会　1959年9月设科学委员会,1961年8月改称科学技术委员会,1962年撤销。1978年4月复设科学技术委员会。

经济委员会　1957年6月设经委,1961年2月撤销。1979年2月恢复。

地方工业局　1955年10月建立手工业管理科,1957年6月并入工业科,1958年9月并入工业局,1959年11月恢复手工业科,1960年1月改为手工业局,1968年9月并入县革命委员会生产指挥组,1976年9月从工业局划建社队工业局,1978年9月改称第二工业局,1984年3月又改为地方工业局。

城乡基本建设环境保护局　1978年12月从计委划建城市基本建设局。1979年11月又建城市环境保护办公室,1982年2月改为城市环境保护局。1984年3月两局合并为城市基本建设环境保护局。

水利局　1955年8月从农林水利科划建水利科,1957年6月改为水利局,1970年1月并入农机水电局,1975 年 4 月改称水电局,1978 年 5 月复改为水利局。

交通局　1954 年 10 月设交通科,1957 年 6 月改称交通管理科,1959 年 9 月改为交通管理局,1969 年 3 月并入县革命委员会工业交通系统革命领导小组,1970 年 1 月复设交通局。

财政局　1949 年设财政局,1950 年 10 月改为财政科,1952 年 10 月改为财粮科,1954 年 12 月改称财政科,1957 年 6 月与税务局合并为财政局,1968 年 10 月并入财税系统革命领导小组。1970 年 1 月成立财政金融局,1975 年 8 月分设财税局和人民银行,1984 年 3 月财税局又分设财政局和税务局。

税务局　1949 年设立税务局,1957 年 6 月与财政科合并为财政局,1961 年 10 月复设税务局,1968 年 10 月,并入财税系统革命领导小组,1970 年 1 月成立财政金融局,1975 年 8 月分设财税局,1984 年 3 月又分设税务局。

商业局　1949 年设工商管理科,1955 年 3 月改为商业局,1968 年 12 月并入县革命委员会商业系统革命领导小组,1970 年 1 月设商业物资局,1976 年 9 月分设商业局。

工商行政管理局　1976 年 2 月设立。

物资局　1970 年 1 月设商业物资局,1976 年 9 月划建物资局。

粮食局　1949 年从财粮局分设粮食局。

农业局　1951 年 6 月设农林科,1954 年 3 月并入农林水利科,1955 年 8 月分设农林科,1956 年 5 月分设农业科,1957 年 6 月与林业科合并为农林局,1959 年 8 月分设农业局,1962 年 11 月与副业局合并为农林局,1964 年 2 月重新分设农业局、副业局,1969 年 4 月均并入县革命委员会农林水系统革命领导小组,1970 年 1 月复设农业局。

多种经营管理局　1956 年从农林科划建林业科,1957 年 6 月与农业科合并为农林局,1959 年 8 月分出副业局,1962 年 11 月又并入农林局,1964 年 2 月分设副业局,1965 年 3 月改称多种经营管理局,1969 年 4 月并入县革委会农林水系统革命领导小组,1970 年 1 月并入农业局,1974 年 10 月复设多种经营管理局。

文教局　1949 年设教育科,1950 年 1 月改称文教科,1955 年 1 月划分为文化科和教育科,1957 年 6 月合并为文教局,1968 年 12 月并入县革命委员会文卫系统革命领导小组,1970 年 1 月复设文教局。

体育运动委员会　1957 年 2 月设体委,1968 年 12 月并入县革命委员会文卫系统革命领导小组,1970 年 10 月复设体委。

卫生局　1951 年 11 月设卫生科,1968 年 12 月并入县革命委员会文卫系统革命领导小组,1970 年 1 月成立卫生局。

计划生育委员会　1979 年 2 月设计划生育委员会办公室,1982 年 12 月改为计划生育委员会。

县直属工作单位:

信访接待办公室　1984 年 9 月设县委、县人民政府信访接待办公室。

侨务办公室　1980 年 6 月设立。

接待台湾同胞办公室　1985 年 10 月设立,与县委对台工作办公室合署办公。

民族宗教事务科　1982 年 11 月设立。

编史修志办公室　1984 年 9 月设立。

编制委员会　1981 年 2 月设立,与县人事局合署办公。

档案局　1981 年 11 月设立。

经济研究中心　1984 年 10 月设立。

经济技术协作委员会　1984 年 8 月设立。

机械化学工业公司　1955 年 8 月设工业科,1958 年 9 月与手工业联社合并为工业局,1969 年 3 月并入县革命委员会工业交通系统革命领导小组,1970 年 1 月复设工业局,1984 年 3 月撤销、划建机械化工公司和轻纺工业公司。

轻纺工业公司　1984 年 3 月从工业局划建轻纺工业公司。

电子工业公司　1980 年 8 月从工业局划建电子工业公司。

农业机械化管理服务公司　1960 年 1 月设农业机械管理局,1961 年 7 月改称农业机械局,1965 年 6 月改称农业机械公司,1968 年 9 月成立农机公司革委会,1970 年 1 月并入农机水电局,1978 年 3 月恢复农机局,1984 年 3 月改称农业机械化管理服务公司。

外贸公司　1978 年 9 月设外贸局,1984 年 3 月改为外贸公司。

职工教育委员会办公室　1982 年 5 月设立。

文物管理委员会　1980 年 3 月设立。

爱国卫生运动委员会　1952 年 3 月建立防疫委员会,1959 年改称除“五害”爱国卫生运动委员会,1963 年改名爱国卫生运动委员会。

广播电视局　1981 年 12 月设立,1984 年 3 月改为广播电视管理站,1987 年 1 月又改称现名。

除上述机构外,1949 ~ 1985 年,高邮县级政府还设过种子局(1958 年 9 月至 1959 年 9 月)、畜牧肥料局(1958 年 4 月至 1959 年 9 月)、财贸办公室(1964 年 2 月至“文化大革命”初期、1978 年 9 月至 1984 年 4 月)、农水办公室和农业委员会(1978 年 10 月建立农水办公室,1981 年 3 月改称农委,1984 年 3 月撤销)、气象局(1960 年 5 月至 1961 年 2 月设气象科,1981 年 11 月至 1984 年 7 月设气象局)。

三、地方人民政协

中国人民政治协商会议江苏省高邮县委员会,是中共高邮县委领导下的爱国统一战线组织,成立于 1956 年 10 月 17 日。1966 年 10 月停止活动,1980 年 4 月 1 日恢复。

1. 历届会议

第一届政协第一次会议于 1956 年 10 月 17 日至 19 日召开,出席委员 56 人,列席 69 人。全会学习了《全国政协章程》,听取了吴襄哉委员关于政协章程说明的传达、中共高邮县委副书记束鸿《关于全县当前工作的报告》。会议选举产生了县第一届政协领导机构,洪坚为主席,束鸿、吴襄哉、张道仁、戴子瑜为副主席,选出常委 21 人。

第一届政协第二次会议于 1957 年 12 月 10 日至 13 日召开,出席委员 57 人,列席 45 人。中共高邮县委第二书记申光华作了《动员起来,为实现农业发展纲要而努力》的报告,吴襄哉副主席作县一届政协常务委员会《工作报告》,有 16 位委员在大会上发言,交流学习《全国农业发展纲要》的体会。

第二届政协第一次会议于 1961 年 8 月 12 日至 14 日召开,出席委员 66 人,列席会议 20 人。中共高邮县委第一书记曹祝三作了《目前形势与任务的报告》,吴襄哉作县一届政协常务委员会的《工作报告》。会议选举产生了县第二届政协领导机构，曹祝三为主席，孙普、吴襄哉、张道仁、戴子瑜为副主席，选出常委23人。

第三届政协第一次会议于1964年9月2日至6日召开，出席委员90人，列席会议26人。中共高邮县委书记夏雨作政治报告，吴襄哉作二届政协常务委员会《工作报告》。会议选举产生了第三届政协领导机构，夏雨为主席，潘震球、吴襄哉、张道仁、戴子瑜为副主席，选出常委23人。会议还通过了《会议决议》。与会者列席了高邮县第五届人民代表大会第一次会议。

县政协第三届常委扩大会议于1980年4月20日至23日召开，59人参加。中共高邮县委书记查长银和张道仁在开幕式上讲了话，戴子瑜提出《关于开展今后政协工作的意见》。会议确定恢复县政协的活动。

第四届政协第一次会议于1981年1月23日至29日召开，出席委员122人。中共高邮县委书记查长银致开幕词，戴子瑜作县三届政协常务委员会《工作报告》，委员姚鸿作《关于政协四届一次会议提案审查工作报告》。会议选举产生了县第四届政协领导机构，钱增时为主席，曹振邦、张桂之、居宜、相纯林、戴子瑜、许钜材为副主席，选出常委33人。会议通过了《会议决议》。钱增时致闭幕词。会议收到委员提案176件。与会者列席了高邮县第六届人民代表大会第一次会议。

第四届政协第二次会议于1982年2月23日至28日召开，出席委员111人，列席会议18人。中共高邮县委书记查长银开幕时讲了话，钱增时作县四届政协常务委员会《工作报告》，戴子瑜作了《县政协四届一次会议提案办理情况和县政协四届二次会议提案审查工作的报告》，增选葛玉明、张道仁为副主席，并增选了4名常委。会议通过了《会议决议》和向全县各界人士发出了《深入开展"五讲四美"文明礼貌活动的倡议书》。曹振邦闭幕时讲了话。会议收到委员提案203件。与会者列席了高邮县第六届人民代表大会第二次会议。

第四届政协第三次会议于1983年3月12日至16日召开，出席委员112人，列席13人。中共高邮县委书记查长银开幕时讲了话，钱增时作县政协四届常务委员会《工作报告》，戴子瑜作了《县政协四届二次会议提案办理情况的报告》，会议增选徐晓明为副主席。会议通过了《会议决议》。钱增时在会议结束时讲了话。会议收到委员提案128件。政协委员列席了高邮县第六届人民代表大会第三次会议。

四届政协共召开过常务委员会议18次。

第五届政协第一次会议于1984年5月20日至25日召开，出席委员132人，列席会议21人。中共高邮县委副书记任金富致开幕词，钱增时作县政协四届常委会《工作报告》，戴子瑜作了《县政协四届三次会议提案办理情况和县政协五届一次会议提案审查工作的报告》。会议选举了第五届政协领导机构，任金富为主席，刘宜媚、戴子瑜、许钜材、张道仁、王履凤为副主席，选出常委37人。会议通过了《会议决议》。会议收到委员提案121件。与会者列席了高邮县第七届人民代表大会第一次会议。中共高邮县委书记周治安在会议结束时讲了话，刘宜炽致闭幕词。

高邮县历届政协委员构成情况见表2－14。

表 2－14 高邮县历届政协委员构成情况

单位：人

	第一届	第二届	第三届	第四届	第五届
合　计	61	74	88	134	166
中　共	6	9	13	21	18
妇　女	3	2	3	2	2
工　人	4	4	3	7	6
科　技	3	4	6	15	33
文　艺	3	4	4	6	10
教　育	8	7	10	22	31
卫　生	7	7	12	20	25
农　林	6	5	4	7	9
工　商	14	16	18	15	11
少数民族、宗教	3	8	7	6	8
特　邀	3	8	8	13	13
其　他	1	—	—	—	—

2. 机构设置

县政协每届任期三年，全委会每年至少举行一次。常务委员会主持会务，主席主持常务委员会的工作，并由主席、副主席、秘书长组成主席会议，处理常务委员会的日常工作。每届均设立秘书处。县政协根据各个时期的工作需要，建立了各种委员会和工作组，作为开展活动的工作机构。历届政府机构设置情况见表 2－15。

表 2－15 历届政协机构设置情况

机构 届别	委员会	工作组
一	学习委员会	文教、医卫、工商、民族宗教
二	学习委员会	文教、医卫、工商、民族宗教、文史资料、社会人士
三	学习委员会	文教、医卫、工商、民族宗教、文史资料、社会人士
四	学习委员会、文史资料研究委员会	科技、文教、医卫、工商、民族宗教、台侨
五	学习委员会、文史资料研究委员会、经济咨询委员会、诗书画研究委员会 提案工作委员会	科技、文教、医卫、工商、民族宗教、三胞（侨胞、台胞、港澳同胞）、三垛、临泽、界首、送桥

3. 主要活动

县政协按照中国人民政治协商会议章程进行工作，贯彻“政治协商，民主监督”“肝胆相照，荣辱与共”的方针，参与有关国家和地方重要事务的讨论，宣传和贯彻执行国家的宪法、法律和各项方针、政策，调整和处理统一战线各方面关系和政协内部合作共事的重要事项，组织委员学习、参观、视察，加强同台湾同胞、港澳同胞和海外侨胞的联系，征集和出版地方近、现代文史资料，积极推进社会主义物质文明和精神文明建设，促进祖国统一大业。

开展政治协商。县政协通过召开全体委员会议、常务委员会议、专题座谈会、意见听取会、办理委员提案等各种形式，开展政治协商活动，发挥民主监督作用。1966 年前，曾就“农业、手工业和私营工商业的社会主义改造问题”、贯彻“百花齐放，百家争鸣”方针问题、贯彻国民经济调整问题进行政治协商。1980 年以来，县政协进一步发扬民主，以经济建设为中心，多渠道、多层次、多形式地开展民主协商活动，就高邮国民经济和社会发展计划、城市建设总体规划、乡镇工业发展战略等问题进行座谈讨论，提出了意见和建议。

组织委员学习。1956 年，在社会主义改造中，县政协协助工商界建立政治学习小组，有 400 多人参加学习，统一了工商界人士的认识，促进了工商业社会主义改造的顺利进行。1957 年，组织学习《全国农业发展纲要（草案）》，增强了大家建设社会主义新农村的信心。1957 年和 1958 年整风期间，先后组织委员和各界人士学习中共中央有关整风的方针、政策，帮助共产党整风。1961 ~ 1964 年，举办以工商界为主，文教、卫生、宗教和社会人士参加的政治学校三期，系统地进行爱国主义、社会主义和共产主义教育，参加学习的有 500 多人。此外，还推选 33 名政协委员分期进省、市政治学校学习。1980 年，县政协恢复活动以来，举办 2 期培训班、8 次报告会、30 多次座谈会、交流会，印发 10 多期学习参考资料，组织 14 个委员学习活动小组，学习中共中央文件及领导人的讲话、著作，动员委员参与改革，为振兴高邮出力献策。

组织参观视察。1957 年 2 月，组织委员和各界人士 30 多人去湖西闵塔、夹沟、屠沟等乡，视察抗御雪灾情况，对当地党和政府的抗灾工作提出建议。1962 年，组织委员参观城郊农业生产大队、三垛公社机电耕犁，还到江都参观水利枢纽工程和邵伯船闸，了解城乡建设情况。1981 年，组织委员参观孙中山临时大总统办公室、南京梅园新村和淮安县周恩来故居，接受革命传统教育。1981 年冬至 1984 年，组织委员到八桥、甘垛等 7 个乡，参观考察落实农业生产责任制、发展乡镇工业和水禽、水产生产情况；参观高邮船闸、仪征大化纤；参观县城化肥厂等 7 个单位的妇幼保健工作，参观县医药公司的中药加工制作情况，向政府和有关部门提交了 4 篇专题调查报告。1981 年到 1984 年，县政协和县人大联合或单独组织的视察活动有 11 次，内容有精神文明建设、城市管理与建设、食品卫生、群众饮水以及回族聚居地群众的生产、生活情况等。委员们通过视察，了解了情况，听取了意见，及时向有关部门提出了建议，帮助改进了工作。

协助落实统战政策。1979 年以后，县政协协助有关部门为政协委员和各界人士纠正冤假错案 80 件，纠正错划右派 112 人，“区别‘三小’（即将 1956 年对私改造中错定为工商业者的一部分人区别为小商、小贩、小手工业者）”813 人。与此同时，落实起义投诚、民族、宗教、侨务、去台湾人员家属的政策，共清退“文化大革命”期间被占私房 110 间，查抄物资 151 件，赔偿损失 61,280 元。还为 269 人落实了恢复公职、恢复职务、转户口、安排工作等政策，调动了各方面的积极性。

每年春节、中秋以及重大节日,还单独或配合有关单位召开去台人员和华侨家属以及各界人士茶话会、座谈会,增进友谊,增强团结;热情接待回乡探亲的侨胞、港澳同胞和去台人员,以及高邮籍在外工作的专家学者;经常登门走访一些年老体弱的委员和知名人士,发展爱国统一战线工作。

开展咨询服务。1979 年以后,先后组织政协委员中的科技人员和邀请的外地专家、学者举办讲座 20 多次,传播科技知识和生产信息。组织召开了三次振兴高邮经济恳谈会,对高邮县经济发展的战略提出了富有建设性的意见。对高邮湖、司徒乡滩荡进行了实地考察,就进一步开发利用和发展商品生产提出了可行性意见。在司徒乡建立了咨询服务挂钩点,协助该乡引进资金、技术、设备,建立了水禽育种、炕孵、饲养、加工、冷藏一条龙。发动工商界人士挖掘和发展地方名特食品生产。编印了养鱼、养禽及禽蛋加工技术资料发给农民,还利用农村集市开展咨询服务活动。组织医务界政协委员和有关人士送医下乡,为烈军属、侨台属、老干部和群众治病 1000 多人次。

征集文史资料。县政协从建立以来至 1985 年,共征集、整理文史资料 120 多篇、30 多万字,编印《文史资料》简报 20 期,出版《高邮文史资料》三期、24 万字。开展书画活动。1962 年和县文化馆联合举办了书法展览和毛主席诗词朗诵会。1983 年,建立诗书画研究会,先后举办书法、绘画、印章讲座和培训班 10 多期,参加者 400 多人。1984 年,举办庆祝中华人民共和国成立 35 周年书画展览,参观者近万人。1983 年,配合县里修建了王氏纪念馆。1985 年,配合有关方面举行了纪念宋代群贤聚会文游台 900 周年活动,征集书画作品,影印发行了《秦邮碑帖》。

第三节　地方社会团体

一、职工团体

(一)非共产党领导的职工团体

1936 年 9 月 1 日,高邮县成立总工会。设常务理事 4 人,理事 10 人。该工会为资方和封建把头所控制,共有 9 个基层组织,810 名会员。1945 年年底自行解体。

1947 年 2 月,国民党县党部为了控制工人,成立高邮县整理工会委员会。9 月 1 日,正式成立高邮县总工会,计有 14 个行业工会,1687 名会员。1949 年 1 月瓦解。

(二)共产党领导的职工团体

1943 年,各区建立工抗会。1943 年 4 月 28 日,临泽镇召开 700 多人大会,成立临泽职工联合会。接着,三垛、界首两镇工人分别成立工抗委员会,后又成立职工总会。1946 年 1 月 6 日下午,县城 42 家米厂 90 多名工人联合召开大会,成立机米业工会。22 日,店员工会成立。24 日,搬运工会成立。后又相继成立烟、糖、糕点等行业大会。2 月 5 日,各行业职工 600 多人召开大会,成立高邮市总工会。11 日,高邮市职员筹备会召开大会,正式成立市职员总会,选举职员总会委员会。与此同时,糟酱、浴室、教育、邮电、建筑、人力车等行业相继建立工会组织。城区的和平、嘉禾、南益、禹王、珠湖、东山 6 个镇分别成立镇工会。7 月,高邮县城有12个行业工会,6000多名工会会员。10月,国民党军队占领高邮前,高邮市总工会挑选28名基层工会中的共产党员,留城转入地下斗争。

1947年5月初,国民党县党部筹备建立工会时,强迫工人参加并缴纳会费,激起广大工人的愤怒。坚持地下斗争的高邮市总工会利用这个机会,指示工人进行反对当局建立工会、反对缴纳会费的斗争。全城有8个行业500多人参加罢工。1948年5月,根据中共高邮县委指示,设在海安的县总工会海安联络站迁回马棚乡,参与解放高邮县城的准备工作。在国民党军队败退前夕,市总工会发出通知,要求各基层工会发动工人开展保护工人切身利益的斗争,严防当局破坏。工会会员经常出没在县城街头巷尾,张贴、散发标语传单,监视国民党及其军队行动,及时传送情报,准备迎接解放。

1949年1月,人民解放军解放高邮城。2月,成立高邮县总工会筹备委员会。5月,正式成立高邮县总工会。1966年,工会停止活动。1968年,高邮县革命职工代表大会取代了工会组织。1973年8月,高邮县总工会恢复活动。自1949年5月至1985年年底,高邮县总工会共举行过十次代表大会。

第一次工会代表大会于1949年5月2日召开,历时4天,正式成立高邮县职工联合会。大会选举产生了高邮县总工会第一届委员会,由20名委员组成。中共高邮县委负责同志到会讲话,陈德全作工会工作报告。大会号召全县职工恢复生产,支援前线,为解放全中国而努力工作。

第二次工会代表大会于1950年5月召开,中共高邮县委负责同志到会作了《形势与任务》的报告,陈德全作工会工作报告。会议号召全县职工开展爱国竞赛活动,要求各级工会认真学习、宣传《工会法》,加强工会自身建设。大会选举产生高邮县总工会第二届委员会,由26名委员组成。

第三次工会代表大会于1952年1月10日召开,历时4天。正式代表107人,列席代表14人。中共高邮县委书记夏雨作了《目前形势与增产节约、三反运动》的报告,徐增寿作工会工作报告。大会选举产生高邮县总工会第三届委员会,由22名委员组成。

第四次工会代表大会于1955年11月15日召开,历时5天,正式代表65人,列席代表2人。中共高邮县委副书记申光华作了《目前形势与任务》的报告,朱青作工会工作报告。大会号召全县职工围绕完成国家计划和改善经营管理等方面,开展劳动竞赛;加强社会主义改造时期党的有关方针、政策的学习;发挥党联系群众的纽带作用。大会选举产生高邮县总工会第四届委员会,由23名委员、2名候补委员组成,并设常委7人。

第五次工会代表大会于1957年5月5日召开,历时4天。正式代表76人,列席代表1.6人。中共高邮县委副书记吴学友作了《正确处理人民内部矛盾》的报告,印春景作工会工作报告。会议号召把政治思想工作提到首要位置,深入持久地开展增产节约运动和合理化建议活动,大力支持农业,保证完成和超额完成1957年国民经济计划。大会选举产生了高邮县总工会第五届委员会,委员会由21名委员、2名候补委员组成,并设常委5人,会议选举了出席江苏省第二届工会代表大会代表3人。

第六次工会代表大会于1958年4月19日召开,历时7天。正式代表75人,列席代表23人。徐增寿作了《动员全县职工,积极发展地方工业,为全力支持农业"大跃进",提前实现农业纲要四十条而奋斗》的报告。会议号召全县职工鼓足干劲、力争上游、多快好省地建设社会主义，在全面“大跃进”中发挥工人阶级的先锋作用。会议选举产生了高邮县总工会第六届委员会，委员会由21名委员、2名候补委员组成，并设常委5人。

第七次工会代表大会于1961年11月8日召开，历时5天。正式代表119人，列席代表21人。中共高邮县委副书记顾逊礼作了《关于当前形势与任务》的报告。徐增寿作工会工作报告。会议决议要求，认真贯彻执行党的工运方针和以生产为中心，生产、生活、教育三位一体的任务；深入动员全县职工鼓足干劲，战胜困难，大力支援农业，完成国家计划。会议选举产生了高邮县总工会第七届委员会，委员会由21名委员、5名候补委员组成，并设常委5人。

第八次高邮县革命职工代表大会于1968年9月29日与贫下中农代表大会、红卫兵代表大会合并召开，历时6天，合称“三代会”。出席代表1628人，其中职工代表356人。大会决议称这次大会为“紧跟毛主席的伟大战略部署，认真搞好斗、批、改，夺取无产阶级文化大革命全面胜利的誓师大会”。大会建立了常设领导机构，选举了县“工代会”委员会，有委员30人、常委11人。

第九次工会代表大会于1973年8月13日召开，历时3天。正式代表400人，列席代表40人。中共高邮县委书记薛先洛到会作报告，程伯钧作了《进一步发挥工人阶级主力军作用，为巩固无产阶级专政而奋斗》的工会工作报告。大会发出倡议书，号召全县职工“以批修整风为纲，狠抓革命，猛促生产，为完成党交给的各项战斗任务而奋斗”。会议选举产生了高邮县总工会第九届委员会，由34名委员、6名候补委员组成，并设常委11人。

第十次工会代表大会于1980年5月27日召开，历时3天。正式代表499人，列席代表35人。中共高邮县委书记查长银到会作报告，王乐庭作工会工作报告。大会号召全县各级工会组织和广大职工，坚定不移地贯彻执行党的十一届五中全会精神，开展增产节约运动，在全县掀起一个为现代化建设立功、争当先进的热潮。大会选举产生了高邮县总工会第十届委员会，委员会由43名委员、6名候补委员组成，并设常委13人。

1949年以来，高邮县职工队伍不断增加，基层工会组织和会员人数亦不断增加，其发展状况见高邮县总工会基层组织概况见表2-16。

表2-16　高邮县总工会基层组织概况

项目 年份	设工会企业的职工人数(人)	会员人数(人)	基层工会个数(个)
1949	3843	3043	38
1953	5730	4764	86
1956	7662	4947	106
1957	7687	5188	112
1958	10,573	6179	139
1962	8114	5852	120
1966	8880	6654	145
1975	16,543	10,087	117
1978	25,024	14,570	174

续表

项目 年份	设工会企业的职工人数(人)	会员人数(人)	基层工会个数(个)
1982	36,967	26,049	241
1983	37,652	27,670	241
1984	37,994	30,338	255
1985	39,508	32,710	274

1949 年以来,高邮县总工会在中共高邮县委领导下,组织广大职工积极开展了各项工作,努力提高职工的政治和文化素质。工会成立以来,围绕各个时期的中心任务,积极开展多种形式的思想政治教育和科学文化知识的学习。1951 年,创建一所职工业余学校,开设普通班与中级班 31 个,在校职工 1337 人,积极推行速成识字法,扫除职工中的文盲与半文盲。1956 年,注重加强职工业务、技术教育,为生产、社会服务。1960 年,采取系统、单位办学以及联合办学的方法,对职工进行政治、文化、技术等教育。"文化大革命"期间停课。1979 年 9 月恢复县职工业余学校,到 1985 年,计有 3836 人次高、初中单科结业或全科毕业,为电大、中专学校输送了 400 多名合格新生,为企事业单位培养了 600 多名技术人才。1950 年,县工会创办工人俱乐部,"文化大革命"期间被占用。1981 年新建一座面积为 7000 平方米的工人文化宫,开展了丰富多彩的文化娱乐活动。1984 年以后,文化宫办了职工子弟高考补习班。1979 ~ 1985 年,县总工会与各基层工会举办各种培训班,参加学习的职工达 3182 人次。1985 年,全县成立读书活动小组 193 个,1270 名职工参加。同年,整顿或建立基层俱乐部 48 个、图书活动室 146 个。自县工会成立至 1985 年,共举办了四届职工运动会。

组织职工积极投入社会主义经济建设。1949 ~ 1952 年,工会积极组织职工恢复生产,努力进行生产自救。1953 年以后,国家进入有计划的经济建设时期,各级工会贯彻以生产为中心的工运方针,组织职工广泛开展厉行增产节约的劳动竞赛活动。1959 ~ 1965 年,工会动员职工克服经济困难,积极完成生产任务。1979 年以后,工会工作重点转移到为经济建设服务上来。1980 年,在全县掀起了一个人人为实现现代化立功、争当先进的热潮。各企业工会围绕提高经济效益,搞活企业,组织职工开展多种形式的社会主义劳动竞赛和技术协作活动,发动职工提合理化建议。全县共提合理化建议 3727 条,采纳 2715 条,实施 1653 条,取得了显著的经济效益。1983 ~ 1985 年,受全国和省市表彰的先进集体 168 个,先进工作者 622 人。

积极宣传和参与经济体制改革。1979 年以来,广大职工拥护改革,支持改革,努力为改革作贡献。工会与有关单位举办了经济体制改革问题答辩会、厂长(经理)演讲会等活动。1984 年,许多企业相继推行厂长(经理)负责制;为完善企业的民主管理,使广大职工参与企业管理,一些企业建立了职工代表大会制度。据统计,到 1985 年,全县有 284 个单位建立了职工代表大会(职工大会)制度。

维护和关心职工利益。各级工会组织关心职工物质文化生活,努力为职工说话办事。1950 年,县工会创建了一所职工医疗所。20 世纪 80 年代后开展了生活后勤"一条龙"竞赛活动,全县建食堂 21 个,托儿所 52 个,浴室 22 座,医务室 37 个,妇女冲洗室 15 个,互助储金会 28 个。有的基层工会还开展了扶贫、走访慰问退休职工、祝寿等活动。全县 194 个基层工会建立了职工之家，其中模范职工之家6个，先进职工之家19个，被省市命名的模范、先进职工之家5个。

二、农民团体

（一）县农会

1921年成立，为绅粮组织。农会设评议员8人，调查员6人，后活动中断。1947年8月23日重新成立高邮县农会。农会会员亦为各合作社社员。1948年年底停止活动。

（二）县农民抗日协会

1943年7月，多数区乡建立农民抗日协会。1944年3月5日，正式成立县农抗会，方农高任会长，有农抗会员10万余人。农抗会在县、区抗日民主政府的直接领导下，积极组织和发动农民群众，组织民兵武装，动员贫雇农子女参加新四军。与此同时，农抗会还领导贫雇农开展减租减息活动，进行生产自救，反对伪税伪币伪捐等斗争。

（三）县农民协会

1946年年初，农抗会改名为农民协会（以下简称农会），领导广大贫雇农参加土地改革，斗地主，追田契，分田地，组织保田大队，保卫土改成果。11月，县农会会长方农高牺牲，县农会遂停止活动。

（四）县贫下中农协会

高邮县贫下中农协会（以下简称贫协）建于1965年。当年2月，全县38名贫下中农代表参加了省首届贫下中农代表大会。5月，县贫协筹委会受中共高邮县委委托，在县城梁逸湾举办了高邮县阶级教育展览。11月，召开高邮县第一次贫下中农代表会，到会代表1367名。会议要求以阶级教育和社会主义教育为中心，搞好年终分配，组织冬春生产新高潮。会议通过了给全县贫下中农和全体人民公社社员的倡议书。会议选举产生了由45人组成的高邮县贫下中农协会筹备委员会（县第一届贫下中农协会）。

1966年县贫协停止活动。1968年9月，贫下中农代表大会取代贫协。

1973年11月，中共高邮县委成立贫协筹备领导小组。1974年1月，高邮县37名贫下中农代表参加了省第二次贫下中农代表大会和省委农村工作会议。高邮县金恩富、周学英被选为省贫代会委员。3月，县第二次贫代会召开，代表692人。会议听取了中共高邮县委负责人的“批林批孔”报告，审议了县贫协筹委会工作报告。会上由县委、县革委会表扬了34个“农业学大寨”先进单位。会议选举产生了由55人组成的贫协第二届委员会，并在第一次全体委员会议上选举产生常委15人。

从1974年到1978年12月，全县共选举产生了32个公社贫协会。637个大队贫协，864个生产队贫协小组。1984年春，县贫协停止活动。

三、青少年团体

（一）青年抗日协会

1943年，多数区乡建立青年抗日协会（以下简称青抗会），团结和组织青年抗日，动员青年踊跃参军。1944年3月，全县有1294名青年参加了新四军。次年3月，全县又有2090名青壮年参军。抗日战争期间，高邮县还有数以万计的青年当了民兵，保卫家乡。

（二）三民主义青年团地方组织

三民主义青年团（以下简称三青团）苏北区团宝应分团筹备处于1943年成立。

分团在宝应、高邮、淮安三县发展组织。当年6月,第三区队(即高邮城区队)和第四区队(临泽区队)建立。1945年12月,人民解放军解放临泽与高邮县城时,第三、四区队均停止活动。第九区队(界首区队)于1945年9月建立,时界首已由新四军解放,该区队活动隐蔽,有"地下三青团"之称,12月被破获,活动结束。1946年10月,三青团江苏支团为扩充势力,在各县单独设立分团。三青团高邮县城区队改为善后服务队,配合国民党军队进攻解放区,占领高邮县城。次年1月,三青团高邮县分团筹备处成立。3月正式组建,下设3个股、8个区队。高邮中学设立第九区队,省立界首乡村师范设立第十区队,后又在各学校设立第十一、第十二、第十三区队。1948年2月,高邮县成立党团统一委员会,拟将三青团与国民党合并,由于意见纷争,终未并成。1949年1月,人民解放军解放高邮前夕,三青团高邮县分团彻底瓦解。

(三)共产主义青年团地方组织

1929年9月,高邮县曾设有共产主义青年团(以下简称共青团)支部。其活动不详。

1949年4月,高邮县成立新民主主义青年团筹备委员会,后改名为中国新民主主义青年团高邮县工作委员会,先在县直机关和高邮中学建立团的基层组织,11月起开始在农村建团。1957年5月,更名为中国共产主义青年团高邮县委员会。高邮县共召开过七次团员代表大会,其概况如下:

中国新民主主义青年团高邮县第一次代表大会于1953年3月29日至4月4日召开。正式代表346人,列席代表14人。中共高邮县委书记夏雨作政治报告,许乐之作《1949年建团以来的工作报告和贯彻婚姻法报告》。会议选出第一届团县委,设常委9人。

中国新民主主义青年团高邮县第二次代表大会于1955年2月15日至19日召开。正式代表268人,列席代表20人。会议选出第二届团县委,设常委5人。

中国新民主主义青年团高邮县第三次代表大会于1956年10月13日至16日召开。中共高邮县委副书记吴学友作了《关于目前形势与我们的任务》的报告。会议选出第三届团县委,设常委5人。

中国共产主义青年团高邮县第四次代表大会于1959年10月21日至24日召开。正式代表480人,列席代表50人。中共高邮县委书记处书记王治安作了报告,秦鸿征作工作报告。

大会主要任务是:反"右倾",鼓干劲,动员全体团员团结广大青年,为完成和超额完成各项任务而奋斗。会议选出第四届团县委,设常委5人。

中国共产主义青年团高邮县第五次代表大会于1962年11月11日至14日召开。正式代表413人。会议选出第五届团县委,设常委5人。

中国共产主义青年团高邮县第六次代表大会于1973年3月21日至26日召开。出席代表950人,其中红卫兵代表43人,红小兵代表44人。会议选出第六届团县委,设常委11人。

中国共产主义青年团高邮县第七次代表大会于1979年11月21日至23日召开。正式代表491人,列席代表10人。会议选出第七届团县委,设常委11人。

高邮县1949年建立团组织时共有团员49人,1985年发展到41,787人。

高邮县1949～1985年共青团组织概况见表2－17。

表 2-17 高邮县 1949～1985 年共青团组织概况

年份	共青团员(人)		团组织(人)	
	团员数	其中:女	总支数	支部数
1949	49	—	—	—
1956	14,840	—	—	—
1962	14,387	—	—	—
1972	33,202	13,243	14	931
1980	38,900	18,102	33	1269
1985	41,787	18,210	63	1475

共青团组织在中共高邮县委领导下,带领全县团员青年在各个历史时期的革命和建设事业中发挥了突击队和生力军的作用。

1956 年,全县各级团组织积极带领团员投入农业合作化热潮,当年有 10,807 名团员入社,占农村团员总数的 92%。团员、青年开展了"千船万担"的积肥运动,组织突击队 650 个,参加人数达 11,190 人,共积肥 2500 余万担。在对私改造中,共组织 26 个青年突击队,340 名团员进行了宣传工作。团员青年还积极参加扫盲运动,发展青年扫盲队员工 6010 名。1958 年,高邮县有 5 名青年受到团中央的表彰,14 名青年受到团省委表彰。1959 年,全县建立了 1368 个青年突击队,参加人数达 19,850 人,他们大积有机肥料,治虫 32 万亩,植树 52 万棵。1963 年以后,大力开展了学雷锋活动。1977 年,全县团组织开展了"争当新长征突击手(队)"活动。1979 年,团县委命名 10 个新长征突击队,120 名新长征突击手。当年有 1 个集体、12 名青年被团省委命名为新长征突击队、突击手,5 名青年被命名为全国新长征突击手。1979 年以后,团的工作重心转移到经济建设上来,开展了实用技术培训活动,举办各类技术培训班、农科班、文化补习班近 700 期(次)。农村团组织开展了"农村青年兴百业,人人致富当状元"活动。1985 年,团县委表彰了 36 名"青年致富状元"。各级团组织还采用各种生动活泼的形式大力开展精神文明建设,引导广大青少年健康成长。1979 年至 1985 年,全县共有 33,194 名青年加入共青团,360 名团员加入中国共产党。

(四)少年团体

童子军　民国年间,高邮县在各主要学校设立童子军。1916 年,高邮童子军成立,县中学、实验小学、界首乡村师范各设一个团。童子军每年组织大会操、大露营。在县城游行时,队伍整齐,歌声嘹亮,鼓乐齐鸣。

儿童团　1942 年至 1946 年 10 月,在人民政府和人民军队控制区内,乡、村都设有儿童团组织。乡长、乡指导员兼管各村儿童团,区委青年科长或干事负责儿童团工作。儿童团组织少年儿童积极开展了演戏、唱歌、识字、贴标语、站岗、放哨等活动。

少年先锋队　1949 年年底,高邮县各中小学校始建少年儿童队组织。1953 年,全县有 27 所中小学校建立了 19 个大队、88 个中队、286 个小队,有队员 3063 人,辅导员 90 多人。1953 年 6 月,少年儿童队改名为少年先锋队(以下简称少先队)。"文化大革命"期间,少先队被取消,代之以红小兵组织。1978 年,少先队恢复活动。1979 年,全县少先队员有 73,985

人,约占在校未满15周岁中小学生的50%。1985年,全县少先队员约有10万人。

四、妇女团体

(一)县妇女抗日协会

1943年夏,高邮县抗日根据地各区乡村开始建立妇女抗日协会(以下简称妇抗会),当时有会员500余人。至次年年初,全县妇抗会会员已发展到数千人。1944年4月,高邮县妇女代表在温家庄开会,正式成立高邮县妇女抗日协会,周耘勤任会长。妇抗会动员广大妇女加入抗日行列,搞好后勤和支前工作,纺纱织布,做军鞋,支持兄弟、丈夫参军;鼓励、教育妇女摆脱"三从四德"等封建枷锁,革旧俗,树新风,反对包办婚姻和虐待童养媳等。1946年1月,妇抗会改称妇女协会,11月停止活动。

(二)县妇女会

1946年,在国民党县党部和县政府召开的党政会议上决定成立高邮县妇女会整理委员会,设委员5人。次年8月,高邮县妇女会经选举成立,设常务理事3人。1948年年底停止活动。

(三)县妇女联合会

高邮县民主妇女联合会于1951年6月22日成立。1958年3月4日,更名为高邮县妇女联合会(以下简称县妇联)。1979年和1983年,县妇联两次被评为全国"三八"红旗集体。到1985年,县妇联已历经七届。

高邮县第一次妇女代表会议于1951年6月20日至22日召开,代表220人。会议总结了抗美援朝和参军运动中的妇女工作,部署了以生产为中心的夏季各项工作任务,要求各级妇女干部认真学习、宣传《中华人民共和国婚姻法》。会议选举成立了县民主妇女联合会。

高邮县第二次妇女代表大会于1955年2月18日至20日召开。正式代表323人,列席代表9人,黄玉英作了《几年来妇女工作总结和今后工作任务》的报告,要求进一步团结广大妇女积极参加社会主义建设和各项改造事业,将妇女工作向前推进一步。会议选出由29人组成的县民主妇女联合会第二届执委会。

高邮县第三次妇女代表大会于1961年12月22日至25日召开。正式代表250人,列席代表21人。中共高邮县委第一书记曹祝三作了《当前形势和任务》的报告,夏晓峰作了《几年来妇女工作的总结检查和今后工作》的报告。会议号召广大妇女开展增产节约、勤俭持家活动,开展革命友谊竞赛。会议选出由27人组成的县妇联第三届执行委员会。

高邮县第四次妇女代表大会于1964年11月筹备就绪,后因故未能召开。

高邮县第五次妇女代表大会于1973年8月29日至9月1日召开,出席代表910人。大会以批林整风为纲,听取了中共高邮县委负责人关于形势任务的报告和徐学英作的《充分发挥广大妇女"半边天"作用,为进一步巩固无产阶级专政而奋斗》的工作报告。会议选出由49人组成的县妇联第五届委员会。第一次全委会议选出了由13人组成的县妇联第五届常务委员会。

高邮县第六次妇女代表大会于1979年11月27日至29日召开,代表537人。中共高邮县委书记查长银代表县委向大会致辞,徐学英代表县妇联作了题为《全县妇女团结起来,为实现四个现代化而努力奋斗》的工作报告。会议选出执委44人,后补执委7人,组成高邮县妇女联合会第六届执委会。第一次执委会议选出了由13人组成的第六届常务委员会。

高邮县第七次妇女代表大会于1985年4月7日至10日召开,出席代表454人。中共高邮县委副书记申泰岳向大会致辞,周留英作了题为《奋发自强,开拓前进,在四化建设中充分发挥"半边天"的作用》的工作报告。会议选出了由11人组成的县妇联第七届执委会。会议表彰"三八"红旗手91名,"三八"红旗集体5个。

县妇联自成立以来,致力于妇女的社会解放,动员广大妇女走出家门灶台,积极参加政治、经济和文化等活动,提高了妇女的社会地位。

努力提高妇女素质。20世纪50年代,组织妇女参加冬学、速成识字班,进行妇女扫盲活动。

在土改、镇压反革命、抗美援朝、农业合作化、人民公社化,以及1979年以来的改革开放中,积极动员妇女参加各项活动,提高了妇女的思想政治觉悟。1979年后,在妇女中开展"自尊、自立、自信、自强"的教育,组织妇女学习国家的政策法令,学习科学文化知识,使妇女素质有了很大提高。

动员妇女参加生产。50年代初,动员妇女参加生产救灾。1952年参加拉田的妇女有8000多人。1958年,全县有劳动能力的12万多名妇女全部参加了各项生产活动,其中有4万多名妇女参加了水利建设工程。1962年,全县妇女的劳动工分占总工分数的60%。

70年代,县妇联推广马棚四队铁姑娘植棉组的经验,开展"三八银花赛",1979年全县有3768名妇女参加竞赛活动。同时,还开展了种植油菜的"金花赛"。1979年,全县有5万多名妇女学会了使用手扶插秧机。80年代,在农村经济体制改革中,涌现出一批以妇女为主的专业户,成为农村改革中勤劳致富的典型。

维护妇女的合法权益。自1950年年初以来,组织妇女学习《婚姻法》,批判封建思想,提倡婚姻自由,大力提倡新法接生。70年代后,配合有关部门大力宣传计划生育和男女同工同酬政策,并要求各企事业单位在生产和工作中关心妇女的劳动保护工作。配合司法部门严厉打击摧残妇女儿童的各种犯罪活动,1984年1月,会同司法部门在全县开展了"维护妇女儿童合法权益法制宣传月"活动。

关心培养教育下一代。自50年代开始,积极发展幼儿教育事业。80年代,县、乡(镇)两级妇联共办幼师业务培训班443期,受训10,112人次。1983年5月30日,县有关部门联合举办了首届幼儿体育运动会。1983年至1985年,每年都举办一次独生子女生活自理比赛。1984年,在县人民公园内建儿童乐园一座。1985年,幼儿入园率达58%。

1979年以来,县妇联大力开展争创评选"五好"家庭、"五好"个人活动,宣传表彰了一批"五好家庭"以及好婆婆、好媳妇、好妻子。全县有五户"五好"家庭受到全国妇联的表彰。

五、经济团体

(一)县商会

1910年5月,高邮成立商务分会。票选总理1人,推举议董4人,会董12人,业董无定额。人会商店初仅百余家,以后逐步增加。同年界首成立商务分所,有会员110余人。11月,临泽商务分所成立,有会员50余人。次年正月,三垛商务分所成立,有会员30余人。三镇商务分所均设议董1人,会董2人,业董4人。分所隶属县商务分会。

1914年3月,商会改组,颁布章程,设正、副会长,下设商办团利局。日伪统治时期,高邮仍设商会。商会一直设至1949年1月。商会为商界民间自治组织,实际上具有半官方性质,代表私营商业企业利益,协调商业活动,在地方商业活动乃至政治事务中起着重要作用。

商会还下设若干同业公会。

（二）同业公会

清末、民国以来至20世纪50年代初，高邮商业、手工业等行业设有同业公会，协调活动，平衡利益，为民间经济自治组织。同业公会的设置屡有变更。1919年成立粮食公会、渔业公会。

20～40年代，设有中医（国医）公会。30年代成立新闻记者公会，有会员50人。1937年成立药业公会。1935年成立国药公会。1937年成立以及恢复的有照相、镶牙、茶叶、民船、国药、纸张文具、北货砂炒水果、百货、蛋、五金铜锡、猪肉、饼面、茶食、银楼、绸布、浴室、土烟、旅馆、茶酒馆、瓷器、油漆颜料色染、鱼行、嫁妆、糟酱、磨坊、机器、转运、神香、灰竹等行业的同业公会。这时高邮还有棉布、油杂、木行、煤炭、糖坊、土八鲜行、糠土、柴草、南货油烛、京广、花麻、纱线等同业公会。同业公会大部分于1949年停止活动，少数活动至50年代初。

（三）县工商业联合会

1949年3月1日，组建城区工商业联合会筹委会。1950年1月1日，召开城区工商业代表会议，成立城区工商业联合会。1952年12月25日成立县工商业联合会筹委会。“文化大革命”初，县工商联停止活动。1985年10月15日，中共高邮县委决定恢复县工商联，成立县工商联筹备委员会，并决定于次年1月召开工商联第四届会员代表大会。第一届至第三届会员代表大会简况如下：

第一届会员代表大会于1954年11月12日至15日召开，正式代表120人，列席代表9人。会议听取了县长和财贸部长的报告、筹委会工作报告，通过了组织章程。选举执委会主任委员1人，副主任委员4人，常务委员13人，执行委员22人，监察委员会主任委员1人，副主任委员1人，委员5人。

第二届会员代表大会于1959年7月16日至21日召开，出席代表189人。会议听取并讨论了县长的工作报告，审议了工作报告。会议改选主任委员1人，副主任委员6人，常委19人，执委57人。

第三届会员代表大会于1966年2月26日至3月3日召开，出席代表188人。会议听取了县长的形势报告，审查和通过了二届执委会工作报告。会议选举第三届主任委员1人，副主任委员6人，委员57人，其中常委19人。

20世纪50年代初至1956年，县工商联作为国营、私营、公私合营、合作社等各类工商企业和工商业者联合组成的人民团体，在团结教育广大会员遵守共同纲领和人民政府政策法令、协助政府组织生产流通、繁荣经济、稳定市场、平抑物价、完成税收以及通过加工订货、代购代销、统购包销等形式，进行资本主义工商业的社会主义改造等方面，发挥了民间商会和统一战线团体的积极作用。1950年，协助政府筹款组建人民剧场。1951年城区工商联设立了促进土产交流委员会，1952年又成立城乡物资交流促进委员会，在组织生产流通、繁荣城乡经济方面做了大量工作。1956年对私改造以后，由于按指令性计划直接管理企业，工商联作为商会性质的作用大大削弱，成了原工商业者单纯进行“思想改造”的团体。

（四）县个体劳动者协会

1984年8月6日，县召开个体劳动者协会首届会员代表大会，正式成立高邮县个体劳动者协会。至1985年年底,县个体劳动者协会共有分会18个,会员4283人。其中,1983年5月至1984年7月成立分会的有高邮镇和送桥、龙奔、三垛、川青、车逻、周山、营南、界首、伯勤、平胜、横泾12个乡镇;1984年8月以后成立分会的有八桥、卸甲、张轩、东墩、马棚、一沟6个乡。协会团结教育个体劳动者,鼓励他们合法经营,发展社会生产,方便人民生活。协会维护个体劳动者的合法权益,反映个体劳动者的意见和要求,协助政府有关经济管理监督部门做好工作,促进了高邮个体工商业的发展。

六、教育团体

(一)县教育会

1905年,高邮始设教育会,1915年7月重新组建,设评议员12人。20世纪30年代,各区均设教育会。教育会一直活动至1948年年底。

(二)教育工作者抗日协会

1943年,高邮县抗日根据地各区、乡陆续发动农村小学教师和塾师建立了教育工作者抗日协会(以下简称教抗会)。教师在农村深受农民尊敬,他们虽人数不多,但影响很大。

教抗会组织起来以后,自编《识字课本》《冬学课本》,采取办冬学、短训班、识字班和读报组等形式,开展明理识字活动,宣传抗日,推动了抗日斗争。1943年冬,全县办冬学500多所。

七、科技团体

(一)县科学技术协会

1956年4月,成立县科学技术普及协会。1959年改称为县科学技术协会(以下简称县科协)。1961年12月召开科协代表大会,出席代表300人。会议学习了《中共中央关于自然科学工作14条指标(草案)》,选出19人组成的县科协常委会和各种学会组织。1966年科协机构名存实亡。1978年筹备恢复科协。1979年8月16~18日召开县科协第二次代表大会,选举产生科协委员70人,常委25人。县科协下设学会、科普、青少年3个部和各学会组织。县科协组织协调各学会开展形式多样的科技活动,如举办科技讲座,开展科普宣传,印发科技资料和报纸,举办学术交流会和人才培训班等,受到科技人员的欢迎,促进了各项事业的发展。

(二)学会组织

1921年,高邮成立水利研究会,不久解散。20世纪50年代,高邮县成立医务协进会、农学会、水产学会等学会组织。"文化大革命"期间,学会组织停止活动。70年代末和80年代,学会组织得到恢复和发展。1985年,县科协下辖20个学会组织。学会组织概况见表2-18。

表2-18 学会组织概况

学会名称	成立时间	理事数（人）	会员数（人）	备注
高邮县农学会	1959年9月	29	141	"文化大革命"期间停止活动,1979年7月恢复
高邮县水产学会	1959年	11	43	—
高邮县机械工程学会	1979年10月	24	112	—

续表

学会名称	成立时间	理事数（人）	会员数（人）	备注
高邮县电子学会	1979年10月	11	60	设学术交流、科学普及、咨询服务等组
高邮县畜牧兽医学会	1979年11月	16	136	—
高邮县数学学会	1979年12月	52	—	—
高邮县物理学会	1979年12月	23	—	—
高邮县化学学会	1979年12月	21	—	—
高邮县农机学会	1979年12月	17	—	—
高邮县花木盆景协会	1983年5月	18	75	—
高邮县商业经济学会	1983年8月	6	15	—
高邮县厂长研究会	1983年8月	16	81	—
高邮县青少年科技辅导协会	1984年9月	24	65	—
高邮县林业学会	1984年11月	12	33	设林业、果树二组
高邮县蚕桑学会	1984年11月	9	33	设蚕桑、蚕种、科普三组
高邮县医学会	1985年2月	28	608	前身是1950年建立的高邮县医务协进会，辖下面四个分会
江苏省中医学会高邮县分会	1979年12月	18	94	—
中华医学会高邮县分会	1979年12月	62	282	设内科、外科、小儿科、妇产科、放射科等组
中西医结合研究会江苏省高邮县分会	1985年2月	28	65	—
中华护理学会江苏省高邮县分会	1985年3月	16	167	—

（三）乡、镇科普协会

1958年，全县各公社建立科普协会，下设工、农、医、商等专业学组，但活动不很正常，“文化大革命”初期全部停止活动。1981年8月25日，再次筹建各公社科普协会。截至1985年年底，全县33个乡镇全部建立科普协会，共有会员2115人。乡、镇科普协会一般下设农业组、工业组、副业组、文卫组、多种经营组、建筑组、计划生育组等。乡镇科普协会促进了农村科学文化事业和农业的发展。

八、体育团体

（一）县信鸽协会

1981年3月成立。设主席1人，副主席1人，委员5人。下设联络、竞翔、科研、财务4个组，有会员90人。高邮信鸽在省市多次竞翔活动中取得较好成绩。

（二）县田径协会

1982 年 5 月成立。设主席 1 人，副主席 4 人，正副秘书长各 1 人，委员 25 人。下设教练委员会、裁判委员会。

（三）县武术协会

1985 年 3 月成立（前身为县拳操气功辅导站，该站于 1981 年成立）。设名誉主席、主席、副主席各 1 人，秘书长 1 人，委员 8 人。协会积极组织武术爱好者开展和普及武术活动。

九、其他团体

（一）县红十字分会

1925 年至 1939 年，设立中华民国红十字会高邮分会。

（二）各界抗日协会

1942 年，高邮县抗日民主政府成立后，广泛发动各界人民积极开展抗日斗争。次年，高邮县成立了各种抗日团体：农抗会、青抗会、妇抗会、教抗会以及渔抗会、工抗会、商抗会、僧抗会等。

（三）县中苏友好协会

1951 年，成立高邮县中苏友好协会委员会，设理事会。城乡机关、企业、学校等基层单位均建有支会。各界干部群众踊跃参加该组织，并领了会员证和证章。不久因故停止活动。

（四）县抗美援朝分会

1951 年 6 月 19 日，成立了高邮县抗美援朝分会，领导全县人民的捐献工作。到 8 月，高邮县完成了捐献一架“高邮号”战斗机和一门大炮的任务。

（五）县集邮协会

1982 年 10 月 28 日建立，每年春节举办新春邮展，并特制封、片、卡、戳等纪念品。

（六）县盲人、聋哑人协会

1984 年 10 月 22 日成立。选举常委 11 人，设主席 1 人，副主席若干人。1985 年成立县福利院分会。

（七）县归国华侨联合会

1984 年 11 月成立。设主席 1 人，副主席 2 人，委员 17 人。

第三章　执法与司法

第一节　行 政 执 法

一、行政执法机构概况

1. 高邮市人力资源和社会保障局

1953 年 1 月高邮县设立人事科，1968 年 9 月工作并入县革命委员会政治工作组。1978 年 8 月建立人事局。1949 年 11 月设立劳动科，1954 年 6 月撤销。1956 年 5 月恢复，1957 年 6 月再次撤销。1964 年 2 月重新恢复，1968 年 9 月工作并入县革命委员会生产指挥组，1978 年 3 月从计委划出建立劳动局。2010 年撤销人事局、劳动局，合并为高邮市人力资源和社会保障局。

高邮市人力资源和社会保障局设 14 个职能科室，均为正股级建制。局机关行政编制 32 名，后勤服务人员编制另行核定。核定领导职数为：局长 1 名，副局长 7 名；内设机构正副科长（主任）24 名，其中，科长（主任）14 名，副科长（副主任）10 名。

高邮市人力资源和社会保障局的行政执法权责事项包括行政处罚 26 项、行政许可 7 项、行政审批 3 项、行政给付 5 项、行政确认 9 项。

高邮市人力资源和社会保障局权责事项见表 3－1。

表 3－1　高邮市人力资源和社会保障局权责事项

序号	部门职责	事项名称
1	拟订全市人力资源市场发展规划和人力资源流动政策并组织实施，指导全市人力资源市场建设，建立统一规范的人力资源市场，依法管理，加强服务，促进人力资源合理流动和有效配置	人才中介机构及其分支机构的设立
		人才交流会的审批
		职业介绍机构资格认定
		民办职业培训学校设立审批
		职业资格证书核发
		对企业实行综合计算工时工作制和不定时工作制的核准
		劳务派遣许可审批

续表

序号	部门职责	事项名称
2	负责统筹实施劳动人事争议调解仲裁、劳动关系和劳动监察等法律法规，完善劳动关系协调机制；监督执行消除非法使用童工政策和女工、未成年工的特殊劳动保护法律法规，组织实施劳动监察，维护用人单位和劳动者合法权益，依法查处重大案件	提供虚假招聘信息，发布虚假招聘广告的处罚
		招用无合法身份证件的人员的处罚
		以招用人员为名牟取不正当利益或进行其他违法活动的处罚
		用人单位招用人员后未按规定于录用之日起30日内办理就业登记手续的处罚
		以担保或其他名义向劳动者收取财物的处罚
		招用未取得相应职业资格证书的劳动者从事技术工种工作的处罚
		使用童工的处罚
		介绍童工就业的处罚
		未按规定保存或者伪造录用童工登记材料的处罚
		劳务派遣单位违反劳动合同法规定的处罚
		未按规定办理社会保险登记（或变更登记、注销登记）的处罚
		未按规定申报应缴纳的社会保险费数额的处罚
3	统筹建立覆盖城乡的社会保障体系。拟定并组织实施城乡社会保险及其补充保险有关政策和标准；拟定全市机关企事业单位基本养老保险政策并逐步提高基金统筹层次；会同有关部门拟定全市社会保险及其补充养老保险基金的管理和监督办法；编制全市社会保险基金预决算草案；负责社会保险基金预测预警和信息引导，完善应对预案，保持社会保险基金总体平衡	申报应缴纳的社会保险数额时，瞒报工资总额或者职工人数的处罚
		骗取社会保险待遇或者骗取社会保险基金支出的处罚
		不提供或者不如实提供与缴纳社会保险费有关的用人情况、工资表、财务报表、纳税申报表等资料的处罚
		未取得职业介绍许可证从事职业介绍活动的处罚
		无理抗拒、阻挠劳动保障行政部门实施劳动保障监察的处罚
		未按要求报送书面材料、隐瞒事实真相，出具伪证或者隐匿、毁灭证据的处罚
		拒不执行整改指令、拒不执行行政处理决定的处罚
		扣押劳动者居民身份证和其他证件的处罚
		未依法订立劳动合同的处罚
		解除或终止劳动合同，未按规定支付经济补偿的处罚
		超规定加班加点的处罚
		用人单位示未以货币形式支付劳动者工资，或者指定劳动者消费地点、场合限制消费方式的处罚
		人事争议仲裁
		劳动争议案件调解

续表

序号	部门职责	事项名称
4	负责全市促进就业和创业工作。拟定统筹城乡的就业和创业发展规划和政策,完善覆盖城乡的公共就业和创业服务体系;拟定就业援助制度;牵头拟定高校毕业生就业政策;负责全市就业、失业预测预警和信息引导,拟定应对预案,实施预防、调节和控制,保持就业形势稳定	企业职工退休(退职)条件审批
		特殊工时制度审批
		高邮市城镇职工基本医疗保险门诊特殊病种申请
		工伤保险伤残津贴发放
		高邮市工伤保险一次性伤残补助金发放
		高邮市工伤保险工亡待遇发放
		高邮市生育保险待遇支付
		企业职工基本养老保险待遇发放
		工伤认定
		企业集体合同审查
		用人单位裁员备案
		工伤职工劳动能力鉴定
		职工非因工伤残或因病丧失劳动能力鉴定
		劳动合同鉴证
		求职登记
		用工登记
		就业登记(就业记载)

2. 高邮市民政局

1913～1949年,高邮县政府设置第一科(以下简称民政科),掌管民政。新中国成立后高邮县人民政府设民政科,主管优抚、安置和社会救助工作。1956年后,成立高邮县人民委员会,设民政科,主管优抚、安置和社会救助工作。“文化大革命”期间成立高邮县革命委员会群众工作局,下设办公室、民政组和上山下乡组,负责优抚、安置、社救、上山下乡工作。后成立人事局,下设民政一股和民政二股。1978年后,成立高邮县革命委员会民政局,下设人秘股、优抚股和社会救助股,主管优抚、双拥、安置、社救、基层政权、区划地名管理、殡葬管理、婚姻登记工作。1981年成立高邮县民政局,下设人秘股、优抚股、社救股和财务股,负责优抚、双拥、安置、社救、民间组织管理、社会事务管理、社会福利和慈善事业、基层政权建设、区划地名管理工作。

高邮民政局下设13个机构,编制35人。负责城乡基层政权建设的日常工作,指导村民委员会群众自治组织的建设;主管拥军优属和烈士褒扬,指导优抚事业单位和纪念建筑物的管理;负责退伍义务兵、转业志愿兵、复员军人和军队离退休干部接收安置,指导军干所的管理服务工作;负责农村救灾工作,查核灾情,发放救灾款物,监督检查救灾款物使用情况;主管城乡社会困难户临时救济、定期救济、六十年代精减退职老职工社会救济和特殊救济对象的救济;负责城市农村最低生活保障制度的实施;负责社区服务和五保供养工作,指导城乡社会福利事业单位的管理;负责对城乡社会福利企业的指导管理,落实扶持保护政策;负责行政区域的设立、撤销、更名和界线变更的审核报批,勘定行政区域界限,调处边界争议纠纷;负责地名更名、命名、资料补查更新工作;主管社团审批登记管理;主管婚姻登记,办理协议离婚;主管收养登记;负责殡葬管理,指导殡葬事业单位的工作;负责流浪乞讨人员的遣送工作;主管社会福利彩票的发行销售工作;负责民政财务工作,监督民政事业费的使用和管理;指导双拥办的工作;指导市残联的工作;指导市老龄办的工作;负责民政部门党的建设和社会主义精神文明建设工作;配合、参与市中心工作,完成市委、市政府交办的任务。

民政局作出的行政许可事项包括:城乡居民最低生活保障,五保、"三无"人员生活补助、孤儿生活保障,复员军人定期生活补助,"三属"定期生活补助、评调残、"两参"人员定补,地名命名更名,收养登记、福利企业资格认定,民间组织登记和婚姻登记。

3. 高邮市城市管理局

2007 年 6 月,高邮市委、市政府对城建城管体制作出调整,将原在市建设局挂牌的城市管理委员会办公室划出,成立了高邮市城市管理局,将市容管理执法大队和市环卫处整建制划归城管局。2010 年市政府机构改革,将城管局由市政府直属事业单位调整为政府组成部门。

高邮市政府2013 年4 月15 日第6 次政府常务会议讨论决定成立城市管理行政执法局,2013 年6 月正式挂牌成立,与城市管理局一套班子两块牌子。下辖副科级建制的市城市管理执法大队、市城市规划执法大队,以及正股级建制的市城市管理行政执法局经济开发区分局、城南经济新区分局、高邮镇分局。集中行使包括市容环境卫生管理、城市规划管理、城市绿化管理、市政管理、工商行政管理、环境保护管理、公安交通管理、人防工程管理八个方面的部分或全部行政处罚权。

目前,高邮市城市管理局共有职工 550 人,其中局机关行政编制 12 人,岗聘 12 人;城市管理执法大队事业人员 29 人,岗聘 86 人;城市规划执法大队事业人员 16 人,岗聘 23 人;环卫处事业人员 53 人,岗聘人员 5 人,临时用工 235 人;开发区分局 22 人,城南经济新区分局 19 人,高邮镇分局 25 人。另有城市治安巡逻大队民警 8 人,辅警 5 人。

高邮市城市管理局负责的行政权力 118 项(其中:行政许可 9 项、行政处罚 100 项、行政征收 3 项、行政强制 6 项),其总目录见表 3-2。

表3－2　高邮市城市管理局、高邮市城市管理行政执法局行政权力总目录

一、行政许可(共9项)

1. 城市道路占用审批

2. 城市户外广告设置审批

3. 临时占用道路以及其他公共场地摆摊经营审批

4. 利用户外广告非专用设施发布户外广告影响市容市貌的征得城管(市容)部门同意

5. 在城市建筑物、设施上张挂、张贴宣传品等审批

6. 城市建筑垃圾处置核准

7. 从事城市生活垃圾经营性清扫、收集、运输处理服务审批

8. 拆除、迁建环境卫生设施审批

9. 因教学、科研及其他特殊需要在市区饲养家禽家畜审批

二、行政处罚(共100项)

(一)市容和环境卫生管理方面(全部)(31项)

《江苏省城市市容和环境卫生管理条例》

1. 市容环卫责任人不履行或未按标准履行市容环卫责任的处罚

2. 擅自在城市街道两侧和公共场地搭建临时设施的处罚

3. 超出门、窗进行店外占道经营、作业的处罚

4. 设置户外广告不符合市容管理规定的处罚

5. 在树木、地面、建(构)物或者其他设施上刻画、涂写、张贴的处罚

6. 从事收购废旧物品和车辆清洗、维修、饮食等单位和个人污染环境的处罚

7. 施工现场未按规定设置围挡、车辆冲洗设施及临时环境卫生设施,致使扬尘、污水等污染周围环境的,或竣工后不及时清除废弃物料、清理施工现场、拆除临时环境卫生设施的处罚

8. 擅自倾倒建筑垃圾、工程渣土的处罚

9. 运输建筑垃圾、工程渣土、砂石、泥浆、流体废弃物的车辆沿途泄漏、抛撒,或车轮带泥行驶污染道路的处罚

10. 擅自在城市街道两侧和公共场地堆放物料的处罚(个人)

11. 擅自占用道路以及其他公共场地摆摊设点的处罚(个人)

12. 随地吐痰、便溺、乱倒污水、乱扔口香糖等废弃物的处罚(个人)

13. 乱倒垃圾、粪便的处罚(个人)

14. 乱丢废电池、荧光灯管、电子显示屏等有毒有害废弃物的处罚(个人)

15. 在露天场所和公共垃圾容器内焚烧树叶、垃圾或其他废弃物的处罚(个人)

16. 在市区饲养家禽家畜和食用鸽的处罚(个人)

17. 饲养宠物和信鸽污染环境的处罚(个人)

18. 擅自占用、迁移、拆除、封闭环境卫生设施或改变环境卫生设施用途的处罚

19. 环境卫生设施未经验收投入使用或验收不合格投入使用的处罚

20. 未按规定配套建设环境卫生设施的处罚

21. 集贸市场、大型市场、超市及其他人流集散地和车站、码头等交通集散地及各类船舶未按规定设置垃圾收集容器的处罚

《城市建筑垃圾管理规定》

22. 将建筑垃圾混入生活垃圾的处罚

23. 将危险废物混入建筑垃圾的处罚

24. 擅自设立弃置场受纳建筑垃圾的处罚

续表

25. 建筑垃圾储运消纳场受纳工业垃圾、生活垃圾和有毒有害垃圾的处罚 26. 施工单位未及时清运工程施工过程中产生的建筑垃圾,造成环境污染的处罚 27. 施工单位将建筑垃圾交给个人或者未经核准从事建筑垃圾运输的单位处置的处罚 28. 处置建筑垃圾的单位在运输建筑垃圾过程中沿途丢弃、遗撒建筑垃圾的处罚 29. 涂改、倒卖、出租、出借或者以其他形式非法转让城市建筑垃圾处置核准文件的处罚 30. 未经核准擅自处置建筑垃圾的处罚 31. 处置超出核准范围的建筑垃圾的处罚 (二)城乡规划管理方面(全部)(20 项) 《中华人民共和国城乡规划法》 1. 超越资质等级许可的范围承揽城乡规划编制工作的处罚 2. 违反国家有关标准编制城乡规划的处罚 3. 未依法取得资质证书承揽城乡规划编制工作的处罚 4. 以欺骗手段取得资质证书承揽城乡规划编制工作的处罚 5. 未取得建设工程规划许可证进行建设的处罚 6. 未按照建设工程规划许可证的规定进行建设的处罚 7. 在乡、村庄规划区内未依法取得乡村建设规划许可证进行建设的处罚 8. 在乡、村庄规划区内未按照乡村建设规划许可证的规定进行建设的处罚 9. 未经批准进行临时建设的处罚 10. 未按照批准内容进行临时建设的处罚 11. 临时建筑物、构筑物超过批准期限不拆除的处罚 12. 建设单位未在建设工程竣工验收后六个月内向城乡规划主管部门报送有关竣工验收资料的处罚 《江苏省城乡规划条例》 13. 未取得建设工程规划许可证进行建设的处罚 14. 未按照建设工程规划许可证确定的内容进行建设的处罚 15. 利用失效的建设工程规划许可证进行建设的处罚 16. 在城市、镇地下空间开发利用中未依法办理建设工程规划审批手续的处罚 17. 在城市、镇地下空间开发利用中在经城乡规划主管部门核实后的建筑内擅自新建地下建筑物、构筑物的处罚 18. 在城市、镇地下空间开发利用中擅自改变经规划审批的地下空间的使用功能、层数和面积的处罚 19. 未经验线,建设单位或者个人擅自开工的处罚 20. 未经城乡规划主管部门批准,擅自将住宅改变为经营性用房的处罚 (三)城市绿化管理方面(全部)(8 项) 《城市绿化条例》《江苏省城市绿化管理条例》 1. 损坏城市树木花草的处罚 2. 擅自修剪或者砍伐城市树木的处罚 3. 砍伐、擅自迁移古树名木或者因养护不善致使古树名木受到损伤或者死亡的处罚 4. 损坏城市绿化设施的处罚 5. 未经同意擅自占用城市绿化用地的处罚 6. 未经同意擅自在城市公共绿地内开设商业、服务摊点的处罚 7. 对不服从公共绿地管理单位管理的商业、服务摊点的处罚

续表

8. 对违反已批准的绿化规划,缩小绿地面积的单位和个人的处罚 (四)市政管理方面(全部)(22项) 《城市道路管理条例》 1. 未取得设计、施工资格或者未按照资质等级承担城市道路的设计、施工任务的处罚 2. 未按照城市道路设计、施工技术规范设计、施工的处罚 3. 未按照设计图纸施工或者擅自修改图纸的处罚 4. 擅自使用未经验收或者验收不合格的城市道路的处罚 5. 擅自占用或者挖掘城市道路的处罚 6. 履带车、铁轮车或者超重、超高、超长车辆擅自在城市道路上行驶的处罚 7. 机动车在桥梁或者非指定的城市道路上试刹车的处罚 8. 擅自在城市道路上建设建筑物、构筑物的处罚 9. 在桥梁上架设压力在4公斤/平方厘米(0.4兆帕)以上的煤气管道、10千伏以上的高压电力线和其他易燃易爆管线的处罚 10. 擅自在桥梁或者路灯设施上设置广告牌或者其他挂浮物的处罚 11. 未对设在城市道路上的各种管线的检查井、箱盖或者城市道路附属设施的缺损及时补缺或者修复的处罚 12. 未在城市道路施工现场设置明显标志和安全防围设施的处罚 13. 占用城市道路期满或者挖掘城市道路后,不及时清理现场的处罚 14. 依附于城市道路建设各种管线、杆线等设施,不按照规定办理批准手续的处罚 15. 紧急抢修埋设在城市道路下的管线,不按照规定补办批准手续的处罚 16. 未按照批准的位置、面积、期限占用或者挖掘城市道路,或者需要移动位置、扩大面积、延长时间,未提前办理变更审批手续的处罚 《城市照明管理规定》 17. 在城市照明设施上刻画、涂污的处罚 18. 擅自在城市照明设施上张贴、悬挂、设置宣传品、广告的处罚 19. 擅自迁移、拆除、利用城市照明设施的处罚 20. 在城市照明设施安全距离内,擅自植树、挖坑取土或者设置其他物体,或者倾倒含酸、碱、盐等腐蚀物或者具有腐蚀性的废渣、废液的处罚 21. 擅自在城市照明设施上架设线缆、安置其他设施或者接用电源的处罚 22. 其他可能影响城市照明设施正常运行的行为的处罚 (五)环保管理方面(部分)(2项) 《中华人民共和国大气污染防治法》 1. 在人口集中地区和其他依法需要特殊保护的区域内,禁止焚烧沥青、油毡、橡胶、塑料、皮革、垃圾以及其他产生有毒有害烟尘和恶臭气体的物质的处罚 《江苏省大气颗粒物污染防治管理办法》 2. 在城市主次干道两侧、居民居住区或者公园、绿地管理部门指定区域外露天烧烤食品的处罚 (六)工商管理方面(部分)(3项) 《无照经营查处取缔办法》 1. 对于无照经营行为的处罚 2. 无照经营行为规模较大、社会危害严重的处罚

续表

3. 无照经营行为危害人体健康、存在重大安全隐患、威胁公共安全、破坏环境资源的处罚
(七)人防管理方面(全部)(14 项)
《中华人民共和国人民防空法》《江苏省实施〈中华人民共和国人民防空法〉办法》
1. 城市新建民用建筑,违反国家有关规定不修建战时可用于防空的地下室的处罚
2. 侵占人民防空工程的处罚
3. 不按照国家规定的防护标准和质量标准修建人民防空工程的处罚
4. 违反国家有关规定,改变人民防空工程主体结构、拆除人民防空工程设备设施或者采用其他方法危害人民防空工程的安全和使用效能的处罚
5. 拆除人民防空工程后拒不补建的处罚
6. 占用人民防空通信专用频率、使用与防空警报相同的音响信号或者擅自拆除人民防空通信、警报设备设施的处罚
7. 阻挠安装人民防空通信、警报设施,拒不改正的处罚
8. 向人民防空工程内排入废水、废气或者倾倒废弃物的处罚
9. 拆除人民防空工程后拒不补偿的处罚
10. 在危害人民防空工程安全的范围内进行采石、伐木、取土、爆破、挖洞、开沟、植桩等的处罚
11. 人民防空工程未组织竣工验收擅自交付使用的处罚
12. 人民防空工程验收不合格擅自交付使用的处罚
13. 未经人防主管部门同意,擅自使用人民防空工程的处罚
14. 人防工程维护管理不当影响防护效能的处罚
三、行政征收(共 3 项)
1. 城市生活垃圾处理费的征收
2. 建筑垃圾处置费的征收
3. 城市道路占用费的征收
四、行政强制(共 6 项)
1. 拆除不符合城市容貌标准、环境卫生标准的建筑物或者设施
2. 暂扣兜售的物品及其装盛器具
3. 暂扣作业工具
4. 拆除擅自在城市街道两侧和公共场地搭建临时设施
5. 拆除超出门、窗进行店外占道经营、作业违法经营设施
6. 拆除不符合城乡规划的违法建(构)筑物
五、其他行政权力(0 项)
(一)非行政许可的行政审批事项(0 项)
(二)行政给付(0 项)
(三)行政奖励(0 项)
(四)行政确认(0 项)
(五)行政征用(0 项)
(六)行政裁决(0 项)
(七)其他(0 项)

2013 年到 2016 年 6 月,共受理各类行政许可审批事项 761 件,办结 761 件,其中户外广告 424 件,城市道路占道 337 件,办结率 100%。

2013 年 6 月 ~2016 年 6 月共立案查处作出处罚决定的各类案件 598 起。其中,查处市容和环境卫生管理方面 287 起;查处城市规划管理方面案件 302 起;查处市政管理方面案件 2 起;查处园林绿化管理方面案件 7 起。

2015 年至 2016 年 6 月,共受理各类行政许可审批事项 44 件,办结 44 件。

4. 高邮市农业委员会

2001 年 12 月 29 日根据中共高邮市委、高邮市人民政府关于印发《高邮市乡(镇)党政机构改革实施意见》(邮发〔2001〕54 号)的通知将市农业局、市多种经营管理局、市水产局合并,组件市农林局,挂“市水产局”“市绿化委员会办公室”牌子。

2011 年 1 月 20 日根据市政府办公室关于印发《高邮市农业委员会(高邮市农业资源开发局、高邮市农业机械管理局)主要职责内设机构和人员编制规定》的通知(邮发〔2011〕32 号)组建了高邮市农业委员会,委市政府工作部门,挂“高邮市水产局”“高邮市农业资源开发局”“高邮市农业机械管理局”牌子,正科级建制。

人员编制:文件核定市农业委员会(市水产局)机关行政编制 30 名。主任 1 名,副主任 6 名;内设机构正副科长(主任)13 名,其中,科长(主任)7 名,副科长(副主任)6 名。

内设机构:办公室、人事科、财务科、综合科、法制科、科技教育科、农产品质量安全监管科,均为正股级建制。

职责调整:(1)将市发展和改革委员会会同有关部门编制农业产业化龙头企业发展规划、协调有关扶持政策落实的职责划入市农业委员会。(2)加强对生态农业、观光农业、循环农业、农业生物产业的指导服务和监督管理,促进农业资源合理配置和农业可持续发展的职责。(3)增加参与服务和指导新农村建设的职责。

高邮市农业委员会权责事项见表 3-3。

表 3-3 高邮市农业委员会权责事项

序号	部门职责	事项名称
1	行政处罚(种畜禽管理)	销售、推广未经审定或者鉴定的畜禽品种的处罚
2		无种畜禽生产经营许可证或者违反种畜禽生产经营许可证的规定生产经营种畜禽的,转让、租借种畜禽生产经营许可证的处罚
3		违反种畜禽生产经营许可证的规定生产经营种畜禽或者转让、租借种畜禽生产经营许可证,情节严重的处罚
4		使用的种畜禽不符合种用标准的处罚
5		以其他畜禽品种、配套系冒充所销售的种畜禽品种、配套系的处罚
6		以低代别种畜禽冒充高代别种畜禽的处罚
7		以不符合种用标准的畜禽冒充种畜禽的处罚

续表

序号	部门职责	事项名称
8	行政处罚(种畜禽管理)	销售未经批准进口的种畜禽的处罚
9		畜禽养殖场未建立养殖档案的,或者未按照规定保存养殖档案的处罚
10		销售的种畜禽未附具种畜禽合格证明、检疫合格证明、家畜系谱的,销售、收购国务院畜牧兽医行政主管部门规定应当加施标识而没有标识的畜禽的,或者重复使用畜禽标识的处罚
11		使用伪造、变造的畜禽标识的处罚
12		销售不符合国家技术规范的强制性要求的畜禽的处罚
13		未取得《种畜禽生产经营许可证》生产经营种畜禽的处罚
14		未按照规定的品种、品系、代别和利用职权年限生产经营种畜禽的处罚
15		推广未依照《种畜禽管理条例》评审并批准的畜禽品种的处罚
16		未按照规定的品种、品系、代别和利用职权年限生产经营种畜禽,情节严重的处罚
17		销售种畜禽未附具《种畜禽合格证》种畜系谱,情节严重的处罚
18	行政处罚(兽药管理)	无兽药生产许可证、兽药经营许可证生产、经营兽药的,或者虽有兽药生产许可证、兽药经营许可证,生产、经营假、劣兽药的,或者兽药经营企业经营人用药品的处罚
19		提供虚假的资料、样品或者采取其他欺骗手段取得兽药生产许可证、兽药经营许可证或者兽药批准证明文件的处罚
20		买卖、出租、出借兽药生产许可证、兽药经营许可证和兽药批准证明文件的处罚
21		兽药安全性评价单位、临床试验单位、生产和经营企业未按照规定实施兽药研究试验、生产、经营质量管理规范的处罚
22		研制新兽药不具备规定的条件擅自使用一类病原微生物或者在实验室阶段前未经批准的处罚
23		兽药的标签和说明书未经批准的处罚
24		兽药包装上未附有标签和说明书,或者标签和说明书与批准的内容不一致的处罚
25		境外企业在中国直接销售兽药的处罚

续表

序号	部门职责	事项名称
26	行政处罚(兽药管理)	未按照国家有关兽药安全使用规定使用兽药的、未建立用药记录或者记录不完整真实的,或者使用禁止使用的药品和其他化合物的,或者将人用药品用于动物的处罚
27		销售尚在用药期、休药期内的动物及其产品用于食品消费的,或者销售含有违禁药物和兽药残留超标的动物产品用于食品消费的处罚
28		擅自转移、使用、销毁、销售被查封或者扣押的兽药及有关材料的处罚
29		兽药生产企业、经营企业、兽药使用单位和开具处方的兽医人员发现可能与兽药使用有关的严重不良反应,不向所在地人民政府兽医行政管理部门报告的处罚
30		生产企业在新兽药监测期内不收集或者不及时报送该新兽药的疗效、不良反应等资料的处罚
31		未经兽医开具处方销售、购买、使用兽用处方药的处罚
32		兽药生产、经营企业把原料药销售给兽药生产企业以外的单位和个人的,或者兽药经营企业拆零销售原料药的处罚
33		在饲料和动物饮用水中添加激素类药品和国务院兽医行政管理部门规定的其他禁用药品的处罚
34		直接将原料药添加到饲料及动物饮用水中,或者饲喂动物的处罚
35	行政处罚(蚕种管理)	销售、推广未经审定的蚕种的处罚
36		无蚕种生产、经营许可证或者违反蚕种生产、经营许可证的规定生产经营蚕种,或者转让、租借蚕种生产、经营许可证的处罚
37		销售的蚕种未附具蚕种检疫证明、质量合格证的处罚
38		以不合格蚕种冒充合格的蚕种的处罚
39	行政处罚(蚕种管理)	冒充其他企业(种场)名称或者品种的蚕种的处罚
40		擅自生产、冷藏、销售蚕种或者销售未经检验或者检验不合格蚕种的处罚
41		以不合格蚕种冒充合格的蚕种、冒充其他企业(种场)名称或者品种的蚕种的处罚

续表

序号	部门职责	事项名称
42	行政处罚（林业管理）	违法征用、占用林地行为的处罚
43		盗伐森林或者其他林木，滥伐森林或者其他林木的处罚
44		擅自在林区经营（含加工）木材的处罚
45		毁坏林木、林地的行为的处罚
46		未完成造林任务单位、人员的处罚
47		无木材运输证运输木材的处罚
48		擅自将防护林和特种用途林改变为其他林种的处罚
49		买卖、伪造林业文书的处罚
50		在森林防火期内，违规用火，未领取林区用火许可证的处罚
51		未经当地县级人民政府或其授权单位批准在林区内进行实弹演练、爆破、勘察、施工、开采矿石等活动的处罚
52		对森林火灾隐患，经护林防火指挥部或者林业部门通知，不予消除的处罚
53		不服从扑火指挥机构指挥或者延误扑火时机，影响扑火救灾的处罚
54		过失引起森林火灾的处罚
55		破坏森林防火设施、设备的处罚
56		从国家级、省级生态公益林范围内向外移植树龄十年以上的林木和采伐珍贵树木的处罚
57		在生态公益林范围内进行经营活动的，进行森林旅游、休闲等非木质资源开发利用建设项目未征求省林业行政主管部门的意见，改变林地用途，破坏生态环境的处罚
58	行政处罚（林业管理）	违反植物检疫法规调运林木种苗或者木材的处罚
59		从松材线虫病疫区、疫点调出松属树苗、木材及其加工品的处罚
60		不按照规定，进行清理和处理病树的处罚

续表

序号	部门职责	事项名称
61	行政处罚（野生动物）	非法捕杀国家重点保护野生动物的处罚
62		在禁猎区、禁猎期或者使用禁用的工具、方法猎捕野生动物的处罚
63		未取得狩猎证或者未按狩猎证规定猎捕野生动物的处罚
64		在自然保护区、禁猎区破坏国家或者地方重点保护野生动物主要生息繁衍场所的处罚
65		出售、收购、运输、携带国家或者地方重点保护野生动物或者其产品的处罚
66		伪造、倒卖、转让特许猎捕证、狩猎证、驯养繁殖许可证或者允许进出口证明书的处罚
67		未取得驯养繁殖许可证或者超越驯养繁殖许可证规定范围驯养繁殖国家重点保护野生动物的处罚
68		外国人未经批准在中国境内对国家重点保护野生动物进行野外考察、标本采集或者在野外拍摄电影、录像的处罚
69		未取得采集证或者未按照采集证的规定采集国家重点保护野生植物的处罚
70		出售、收购国家重点保护野生植物的处罚
71		伪造、倒卖、转让采集证、允许进出口证明书或者有关批准文件、标签的处罚
72		外国人在中国境内采集、收购国家重点保护野生植物，或者未经批准对国家重点保护野生植物进行野外考察的处罚
73	行政处罚（农产品质量安全）	农产品质量安全检测机构伪造检测结果的处罚
74		农产品生产企业、农民专业合作经济组织未建立或者未按照规定保存农产品生产记录的，或者伪造农产品生产记录的处罚
75		销售的农产品未按照规定进行包装、标识（包装物或者标识上应当按照规定标明产品的品名、产地、生产者、生产日期、保质期、产品质量等级等内容；使用添加剂的，还应当按照规定标明添加剂的名称）的处罚
76		销售“使用的保鲜剂、防腐剂、添加剂等材料不符合国家有关强制性的技术规范”的农产品的处罚
77		农产品生产企业、农民专业合作经济组织销售含有国家禁止使用的农药、兽药或者其他化学物质的农产品的处罚
78		农产品生产企业、农民专业合作经济组织销售有农药、兽药等化学物质残留或者含有的重金属等有毒有害物质不符合农产品质量安全标准的农产品的处罚
79		农产品生产企业、农民专业合作经济组织销售含有致病性寄生虫、微生物或者生物毒素不符合农产品质量安全标准的农产品的处罚
80		农产品生产企业、农民专业合作经济组织销售其他不符合农产品质量安全标准的农产品的处罚
81		农产品批发市场不设立或者委托农产品质量安全检测机构，对进场销售的农产品质量安全状况进行抽查检测的处罚
82		农产品批发市场发现不符合农产品质量安全标准的，不要求销售者立即停止销售，也不向农业行政主管部门报告的处罚
83		冒用农产品质量标志的处罚
84		单位和个人伪造、冒用、转让、买卖无公害农产品产地认定证书、产品认证证书和标志的处罚

续表

序号	部门职责	事项名称
85	行政处罚(农产品质量安全)	转基因植物种子、种畜禽、水产苗种的生产、经营单位和个人,未按照规定制作、保存生产、经营档案的处罚
86		违反本条例关于农业转基因生物标识管理规定的处罚
87		假冒、伪造、转让或者买卖农业转基因生物有关证明文书的处罚
88		擅自移动、损毁禁止生产区标牌的处罚
89		农业投入品经营者未建立或者未按照规定保存农业投入品经营档案,或者伪造农业投入品经营档案的处罚
90		在农产品生产过程中使用农药或者其他有毒有害物质捕捞、捕猎的处罚
91		在农产品生产过程中违规使用生长调节剂的处罚
92		收获、屠宰、捕捞未达到安全间隔期或者休药期的农产品的处罚
93		在特定农产品禁止生产区生产禁止生产的农产品的处罚
94		在农产品生产过程中使用危害人体健康的物品对农产品进行清洗、整理、保鲜、包装或者储运的处罚
95		出具虚假的质量合格证明或者产地证明的处罚
96		伪造、冒用、转让、买卖、超期或者超范围使用农产品质量认证认定标志的处罚
97	行政处罚(植物检疫)	在报检过程中故意谎报受检物品种类、品种,隐瞒受检物品数量、受检作物面积,提供虚假证明材料的处罚
98		在调运过程中擅自开拆检疫的植物、植物产品,调换或者夹带其他未经检疫的植物、植物产品,或者擅自将非种用植物、植物产品作种用的处罚
99		伪造、涂改、买卖、转让植物检疫单证、印章、标志、封识的处罚
100		违反《植物检疫条例》第七条、第八条第一款、第十条规定之一,擅自调运植物、植物产品的处罚

续表

序号	部门职责	事项名称
101	行政处罚(植物检疫)	违反《植物检疫条例》第八条第三款规定,不按植物检疫机构的要求处理被污染的包装材料、运载工具、场地、仓库的处罚
102		违反《植物检疫条例》第十一条规定,试验、生产、推广带有植物检疫对象的种子、苗木和其他繁殖材料,或者违反《植物检疫条例》第十三条规定,未经批准在非疫区进行检疫对象活体试验研究的处罚
103		违反《植物检疫条例》第十二条第二款规定,不在指定地点种植或者不按要求隔离试种,或者隔离试种期间擅自分散种子、苗木和其他繁殖材料的处罚
104		在报检过程中弄虚作假,谎报受检植物、植物产品种类、品种和数量的处罚
105		未按规定领取检疫证书或者擅自开拆检讫的植物、植物产品的处罚
106		违反《植物检疫条例》第十二条第二款规定,未经批准从境外引进种子、苗木和其他繁殖材料或者未按规定隔离试种的处罚
107		引起疫情扩散的处罚
108		未依照《植物检疫条例》规定办理植物检疫证书或者在报检过程中弄虚作假,尚不构成犯罪的处罚
109		伪造、涂改、买卖、转让植物检疫单证、印章、标志、封识,尚不构成犯罪的处罚
110		未依照《植物检疫条例》规定调运、隔离试种或者生产应施检疫的植物、植物产品,尚不构成犯罪的处罚
111		擅自开拆植物、植物产品包装,调换植物、植物产品,或者擅自改变植物、植物产品的规定用途,尚不构成犯罪的处罚
112		违反《植物检疫条例》规定,引起疫情扩散,尚不构成犯罪的处罚
113		不按植物检疫机构的要求处理被污染的包装材料、运载工具、场地、仓库的处罚
114		违反《植物检疫条例》规定调运的植物和植物产品的处罚

续表

序号	部门职责	事项名称
115	行政处罚（种子管理）	生产、经营假劣种子的处罚
116		无证生产、经营种子或伪造、变造、买卖、租借生产经营许可证的处罚
117		境外引进的种子，在收获后作商品销售的处罚
118		未经批准，私自采集（伐）国家重点保护的天然种质资源的处罚
119		经营的种子没有标签或标签不符合规定的处罚
120		伪造、涂改种子标签的处罚
121		经营的种子应包装而没有包装的处罚
122		未按规定制作、保存种子生产、经营档案的处罚
123		种子经营者异地设立分支机构未按规定备案的处罚
124		经营推广应当审定而未经审定通过的种子的处罚
125		在种子生产基地进行病虫害接种试验的处罚
126		弄虚作假，采取欺骗手段取得种子生产、经营许可证的处罚
127		未经同意在本省经营、推广相邻省、直辖市主要农作物种子的处罚
128		超越种子经营许可的有效区域范围委托代销种子的处罚
129		超越委托范围经营种子的处罚
130		专门经营不再分装的包装种子拆包销售的处罚
131		经营的主要农作物种子没有标注适宜种植区域，或标注的适宜种植区域与审定公告不一致的处罚
132		经营无证生产的种子或无证经营的单位和个人提供的种子的处罚
133		未向购种者开具销售凭证或未在销售凭证上注明委托方的处罚
134		转移、藏匿封存、暂扣的种子的处罚
135		假冒授权品种的处罚
136		销售授权品种未使用其注册登记的名称的处罚

续表

序号	部门职责	事项名称
137	行政处罚（农药管理）	未取得农药登记证或者农药临时登记证，擅自生产、经营农药的，或者生产、经营已撤销登记的农药的处罚
138		农药登记证或者农药临时登记证有效期限届满未办理续展登记，擅自继续生产该农药的处罚
139		生产、经营产品包装上未附标签、标签残缺不清或者擅自修改标签内容的农药产品的处罚
140		不按照国家有关农药安全使用的规定使用农药的处罚
141		假冒、伪造或者转让农药登记证或者农药临时登记证、农药登记证号或者农药临时登记证号、农药生产许可证或者农药生产批准文件、农药生产许可证号或者农药生产批准文件号的处罚
142		生产、经营假农药、劣质农药的处罚
143		生产、经营假农药的，劣质农药有效成分总含量低于产品质量标准30%（含30%）或者混有导致药害等有害成分的处罚
144		生产、经营劣质农药有效成分总含量低于产品质量标准70%（含70%）但高于30%的，或者产品标准中乳液稳定性、悬浮率等重要辅助指标严重不合格的处罚
145		生产、经营劣质农药有效成分总含量低于产品质量标准70%（含70%）但高于30%的，或者产品标准中乳液稳定性、悬浮率等重要辅助指标严重不合格的处罚
146		生产、经营的农药产品净重（容）量低于标明值，且超过允许负偏差的处罚
147		未取得农药临时登记证而擅自分装农药的处罚
148		经营未注明“过期农药”字样的超过产品质量保证期的农药产品的处罚
149	行政处罚（肥料管理）	生产、销售未取得登记证的肥料产品的处罚
150		假冒、伪造肥料登记证、登记证号的处罚
151		生产、销售的肥料产品有效成分或含量与登记批准的内容不符的处罚
152		转让肥料登记证或登记证号的处罚

续表

序号	部门职责	事项名称
153	行政处罚（肥料管理）	登记证有效期满未经批准续展登记而继续生产该肥料产品的处罚
154		生产、销售包装上未附标签、标签残缺不清或者擅自修改标签内容的处罚
155	行政处罚（渔业管理）	使用炸鱼、毒鱼、电鱼等破坏渔业资源的方法进行捕捞的处罚
156		违反禁渔区、禁渔期规定进行捕捞的处罚
157		使用禁用的渔具、捕捞方法和小于最小网目尺寸的网具进行捕捞或者渔获物中幼鱼超过规定比例的处罚
158		制造、销售禁用渔具的处罚
159		偷捕、抢夺他人养殖的水产品，或者破坏他人养殖水体、养殖设施的处罚
160		未依法取得养殖证或者超越养殖证许可范围在全民所有的水域从事养殖生产，妨碍航运、行洪的处罚
161		无证捕捞的处罚
162		违反捕捞许可证关于作业类型、场所、时限和渔具数量的规定进行捕捞的处罚
163		涂改、买卖、出租，或者以其他形式转让捕捞许可证的处罚
164		非法生产、进口、出口水产苗种的处罚
165		经营未经审定批准的水产苗种的处罚
166		未经批准在水产种质资源保护区从事捕捞的处罚
167		外国人、外国渔船违法进入中华人民共和国管辖水域从事渔业生产和渔业资源调查活动的处罚
168		在内陆水域未依法取得捕捞许可证、专项捕捞许可证、临时捕捞许可证捕捞的处罚
169		使用国家明令禁止使用渔具的处罚
170		涂改、买卖、出租养殖证的处罚
171		船舶进出渔港应当按照有关规定到渔政渔港监督管理机关办理签证而未办理签证的处罚

续表

序号	部门职责	事项名称
172	行政处罚（渔业管理）	渔业船舶未经检验、未取得渔业船舶检验证书擅自下水作业的处罚
173		造成腐蚀、有毒或放射性等有害物质散落或溢漏，污染渔港或渔港水域的处罚
174		未经批准，擅自使用化学消油剂的处罚
175		已办理渔业船舶登记手续，但未按规定持有船舶国籍证书、船舶登记证书、船舶检验证书、船舶航行签证簿的处罚
176		无有效的渔业船舶船名、船号、船舶登记证书（或船舶国籍证书）、检验证书，擅自刷写船名、船号、船籍港的处罚
177		渔业船舶改建后，未按规定办理变更登记的处罚
178		将船舶证书转让他船使用的处罚
179		使用过期渔业船舶登记证书或渔业船舶国籍证书的处罚
180		未按规定标写船名、船号、船籍港，没有悬挂船名牌的处罚
181		未按规定配备救生、消防设备的处罚
182		未按规定配齐职务船员的处罚
183		普通船员未取得专业训练合格证或基础训练合格证的处罚
184		未经渔政渔港监督管理机关批准，违章装载货物且影响船舶适航性能的处罚
185		未经渔政渔港监督管理机关批准违章载客的处罚
186		超过核定航区航行和超过抗风等级出航的处罚
187		拒不执行渔政渔港监督管理机关作出的离港、禁止离港、停航、改航、停止作业等决定的船舶的处罚
188		冒用、租借他人或涂改职务船员证书、普通船员证书的处罚
189		因违规被扣留或吊销船员证书而谎报遗失，申请补发的处罚

续表

序号	部门职责	事项名称
190	行政处罚（渔业管理）	向渔政渔港监督管理机关提供虚假证明材料、伪造资历或以其他舞弊方式获取船员证书的处罚
191		船员证书持证人与证书所载内容不符的处罚
192		到期未办理证件审验的职务船员的处罚
193		损坏航标或其他助航、导航标志和设施，或造成上述标志、设施失效、移位、流失的船舶或人员的处罚
194		发现有人遇险、遇难或收到求救信号，在不危及自身安全的情况下，不提供救助或不服从渔政渔港监督管理机关救助指挥的处罚
195		发生碰撞事故，接到渔政渔港监督管理机关守候现场或到指定地点接受调查的指令后，擅离现场或拒不到指定地点的处罚
196	行政处罚（动物防疫）	经强制免疫的动物未按照国务院兽医主管部门规定建立免疫档案、加施畜禽标识的处罚
197		不按照国家有关规定处置染疫动物及其排泄、染疫动物的产品、病死或者死因不明的动物尸体的处罚
198		屠宰、经营、运输或者生产、经营、加工、贮藏、运输封锁疫区内与所发生动物疫病有关的动物、动物产品的处罚
199		屠宰、经营、运输动物或者生产、经营、加工、贮藏、运输疫区内易感染的动物、动物产品的处罚
200		屠宰、经营、运输动物或者生产、经营、加工、贮藏、运输依法应当检疫而检疫不合格的动物、动物产品的处罚
201		屠宰、经营、运输动物或者生产、经营、加工、贮藏、运输染疫或疑似染疫的动物、动物产品的处罚
202		屠宰、经营、运输动物或者生产、经营、加工、贮藏、运输病死或者死因不明的动物、动物产品的处罚
203		屠宰、经营、运输动物或者生产、经营、加工、贮藏、运输其他不符合国家有关动物防疫规定的动物、动物产品的处罚
204		具有检疫证明但证物不符的处罚

续表

序号	部门职责	事项名称
205	行政处罚(动物防疫)	兴办动物饲养场(养殖小区)和隔离场所,动物屠宰加工场所,以及动物和动物产品无害化处理场所,未取得动物防疫条件合格证的处罚
206		未办理审批手续,跨省、自治区、直辖市引进乳用动物、种用动物及其精液、胚胎、种蛋的处罚
207		未经检疫,向无规定动物疫病区输入动物、动物产品的处罚
208		屠宰、经营、运输的动物未附有检疫证明,经营和运输的动物产品未附有检疫证明、检疫标志的处罚
209		参加展览、演出和比赛的动物未附有检疫证明的处罚
210		转让、伪造或者变造检疫证明、检疫标志或者畜禽标识的处罚
211		不遵守县级以上人民政府及其兽医主管部门依法作出的有关控制、扑灭动物疫病规定的处罚
212		饲养的动物不按照动物疫病强制免疫计划进行免疫接种的处罚
213		种用、乳用动物未经检测或者经检测不合格而不按照规定处理的处罚
214		动物、动物产品的运载工具在装载前和卸载后没有及时清洗、消毒的处罚
215		藏匿、转移、盗掘已被依法隔离、封存、处理的动物和动物产品的处罚
216		违反《中华人民共和国动物防疫法》规定发布动物疫情的处罚
217		未取得动物诊疗许可证擅自从事动物诊疗活动的处罚
218		动物诊疗机构造成动物疫病扩散的处罚
219		执业兽医违反有关动物诊疗的操作技术规范,造成或者可能造成动物疫病传播、流行的处罚
220		执业兽医使用不符合国家规定的兽药和兽医器械的处罚
221		执业兽医不按照当地人民政府或者兽医主管部门要求参加动物疫病预防、控制和扑灭活动的处罚

续表

序号	部门职责	事项名称
222	行政处罚(动物防疫)	从事动物疫病研究与诊疗和动物饲养、屠宰、经营、隔离、运输,以及动物产品生产、经营、加工、贮藏等活动的单位和个人,不履行动物疫情报告义务的处罚
223		从事动物疫病研究与诊疗和动物饲养、屠宰、经营、隔离、运输,以及动物产品生产、经营、加工、贮藏等活动的单位和个人,不如实提供与动物防疫活动有关资料的处罚
224		从事动物疫病研究与诊疗和动物饲养、屠宰、经营、隔离、运输,以及动物产品生产、经营、加工、贮藏等活动的单位和个人,拒绝动物卫生监督机构进行监督检查的处罚
225		从事动物疫病研究与诊疗和动物饲养、屠宰、经营、隔离、运输,以及动物产品生产、经营、加工、贮藏等活动的单位和个人,拒绝动物疫病预防控制机构进行动物疫病监测、检测的处罚
226		擅自销售、对外提供实施强制免疫所需生物制品的处罚
227		饲养场(户)拒绝接受对奶牛等商品乳用动物进行结核、布鲁氏菌等疫病检疫的处罚
228		转让、出借、借用、涂改、伪造免疫标识或者使用伪造的免疫标识的处罚
229	行政处罚(饲料和饲料添加剂管理)	假冒、伪造或者买卖许可证明文件的处罚
230		未取得生产许可证生产饲料、饲料添加剂的处罚
231		已经取得生产许可证,但不再具备《饲料及饲料添加剂管理条例》第十四条规定的条件而继续生产饲料、饲料添加剂的处罚
232		已经取得生产许可证,但未取得产品批准文号而生产饲料添加剂、添加剂预混合饲料的处罚
233		使用限制使用的饲料原料、单一饲料、饲料添加剂、药物饲料添加剂、添加剂预混合饲料生产饲料,不遵守国务院农业行政主管部门的限制性规定的处罚
234		使用国务院农业行政主管部门公布的饲料原料目录、饲料添加剂品种目录和药物饲料添加剂品种目录以外的物质生产饲料的处罚

续表

序号	部门职责	事项名称
235	行政处罚(饲料和饲料添加剂管理)	生产未取得新饲料、新饲料添加剂证书的新饲料、新饲料添加剂或者禁用的饲料、饲料添加剂的处罚
236		不按照国务院农业行政主管部门的规定和有关标准对采购的饲料原料、单一饲料、饲料添加剂、药物饲料添加剂、添加剂预混合饲料和用于饲料添加剂生产的原料进行查验或者检验的处罚
237		饲料、饲料添加剂生产过程中不遵守国务院农业行政主管部门制定的饲料、饲料添加剂质量安全管理规范和饲料添加剂安全使用规范的处罚
238		生产的饲料、饲料添加剂未经产品质量检验的处罚
239		饲料、饲料添加剂生产企业不依照《饲料及饲料添加剂管理条例》规定实行采购、生产、销售记录制度或者产品留样观察制度的处罚
240		饲料、饲料添加剂生产企业销售的饲料、饲料添加剂未附具产品质量检验合格证或者包装、标签不符合规定的处罚
241		不符合《饲料及饲料添加剂管理条例》第二十二条规定的条件经营饲料、饲料添加剂的处罚
242		对饲料、饲料添加剂进行再加工或者添加物质的处罚
243		经营无产品标签、无生产许可证、无产品质量检验合格证的饲料、饲料添加剂的处罚
244		经营无产品批准文号的饲料添加剂、添加剂预混合饲料的处罚
245		经营用国务院农业行政主管部门公布的饲料原料目录、饲料添加剂品种目录和药物饲料添加剂品种目录以外的物质生产的饲料的处罚
246		经营未取得新饲料、新饲料添加剂证书的新饲料、新饲料添加剂或者未取得饲料、饲料添加剂进口登记证的进口饲料、进口饲料添加剂以及禁用的饲料、饲料添加剂的处罚
247		对饲料、饲料添加剂进行拆包、分装的处罚
248		不依照《饲料及饲料添加剂管理条例》规定实行产品购销台账制度的处罚

续表

序号	部门职责	事项名称
249	行政处罚（饲料和饲料添加剂管理）	经营的饲料、饲料添加剂失效、霉变或者超过保质期的处罚
250		对《饲料及饲料添加剂管理条例》第二十八条规定的饲料、饲料添加剂，生产企业不主动召回的处罚
251		对《饲料及饲料添加剂管理条例》第二十八条规定的饲料、饲料添加剂，经营者不停止销售的处罚
252		在生产、经营过程中，以非饲料、非饲料添加剂冒充饲料、饲料添加剂或者以此种饲料、饲料添加剂冒充他种饲料、饲料添加剂的处罚
253		生产、经营无产品质量标准或者不符合产品质量标准的饲料、饲料添加剂的处罚
254		生产、经营的饲料、饲料添加剂与标签标示的内容不一致的处罚
255		使用未取得新饲料、新饲料添加剂证书的新饲料、新饲料添加剂或者未取得饲料、饲料添加剂进口登记证的进口饲料、进口饲料添加剂的处罚
256		使用无产品标签、无生产许可证、无产品质量标准、无产品质量检验合格证的饲料、饲料添加剂的处罚
257		使用无产品批准文号的饲料添加剂、添加剂预混合饲料的处罚
258		在饲料或者动物饮用水中添加饲料添加剂，不遵守国务院农业行政主管部门制定的饲料添加剂安全使用规范的处罚
259		使用自行配制的饲料，不遵守国务院农业行政主管部门制定的自行配制饲料使用规范的处罚
260		使用限制使用的物质养殖动物，不遵守国务院农业行政主管部门的限制性规定的处罚
261		在反刍动物饲料中添加乳和乳制品以外的动物源性成分的处罚
262		在饲料或者动物饮用水中添加国务院农业行政主管部门公布禁用的物质以及对人体具有直接或者潜在危害的其他物质，或者直接使用上述物质养殖动物的处罚
263		养殖者对外提供自行配制的饲料的处罚

续表

序号	部门职责	事项名称
1	行政征收	森林植被恢复费的征收
2		育林基金的征收
3		渔业资源增殖保护费的征收
4		渔业资源赔偿费的征收
1	行政确认	林权证核发
1	行政许可	种子生产许可证核发
2		种子经营许可证核发
3		水产苗种生产许可证核发
4		种畜禽生产经营许可证核发
5		兽药经营许可证核发
6		动物诊疗许可证核发
7		动物防疫合格证核发
8		林木采伐许可核发
9		林木运输证核发
10		林地征占用
11		木材加工经营许可证核发
12		捕捞许可证核发
13		养殖证核发
14		动物检疫证核发
15		植物检疫证书核发
16		森林植物检疫证书核发
17		渔业船舶职务船员职务证书核发
18		生鲜乳收购许可证核发
19		生鲜乳运输车辆许可证核发

续表

序号	部门职责	事项名称
1	行政强制	查封、扣押假、劣兽药
2		封存、暂扣涉嫌违法生产、经营的种子
3		拒不补种树木或者补种不符合国家有关规定的，代为补种
4		擅自移动或者毁坏林业服务标志逾期不恢复原状的，代为恢复
5		暂扣无证运输的木材
6		被责令限期除治森林病虫害者不除治的，代为除治
7		违反野生动物保护法规被责令限期捕回而不捕的，被责令限期恢复原状而不恢复的，代为复原
8		对不按照规定进行清理和处理病树的单位和个人代为除治
9		对在国有湖泊、滩涂等水域从事养殖生产未依法取得养殖证或者擅自变更养殖证许可的生产范围和场所的，责令限期拆除
10		生产、经营染疫或者疑似染疫的动物和染疫的动物产品进行隔离、封存和处理
11		封存、没收、销毁或者责令改变用途违反植物检疫条例规定调运植物和植物产品
12		对渔港内船舶违反法律、法规和规章规定的，禁止其离港，或者令其停航、改航、停止作业
13		对渔港内船舶发生交通事故，手续未清的，禁止其离港，或者令其停航、改航、停止作业
1	违反生猪屠宰管理的行政处罚	邮编办〔2015〕22 号关于做好我市畜禽屠宰行业监督管理职责调整事项的通知

5. 高邮市城乡建设局

2007 年 6 月，高邮市委、市政府对高邮市建设局体制作出调整，将原在建设局挂牌的城市管理委员会办公室划出，成立了高邮市城市管理局。2012 年重新组建高邮市城建执法大队（股级单位）。

目前，高邮城乡建设局共有干部职工 322 人。机关内设十个股级职能科室，均为正股级建制；下属事业单位 21 个，企业 3 个，其他部门、科室 5 个。

该局行政权力 158 项（其中：行政处罚 123 项、行政许可 32 项、行政征收 2 项、行政审批 1 项）（见表 3－4）。

2015 年至 2016 年 6 月，共受理各类行政许可审批事项 931 件，办结 931 件，其中城市规划区单位建设 109 件，乡镇单位建设 373 件，办结率 100%。

表 3-4 高邮市城乡建设局权责事项

序号	部门	事项名称	权力类别
1	—	建设中使用禁止墙体材料的处罚	行政处罚
2		设计单位未按节能规定设计的处罚	行政处罚
3		违反规定生产黏土实心砖,黏土空心砖的处罚	
4		违反规定将生产的黏土实心砖销售给其他单位和个人的处罚	
5		建设单位要求施工单位违反规定使用黏土实心砖、黏土空心砖,或者施工单位未按照施工图设计文件使用新型墙体材料的处罚	
6	科教科	施工设计文件未审查或审查不合格,擅自施工的处罚	
7	档案馆	建设单位未在建设工程竣工验收后六个月内向城乡规划主管部门报送有关竣工验收资料的处罚	行政处罚
8	科教科	勘察单位未按照工程建设强制性标准进行勘察的处罚	
9		设计单位未根据勘察成果文件进行工程设计的处罚	
10		设计单位指定建筑材料、建筑构配件的生产厂、供应商的处罚	
11		设计单位未按照工程建设强制性标准进行设计的处罚	
12		建设单位明示或者暗示设计单位、施工单位违反民用建筑节能强制性标准进行设计、施工的处罚	
13		建设单位明示或者暗示施工单位使用不符合施工图设计文件要求的墙体材料、保温材料、门窗、采暖制冷系统和照明设备的处罚	
14	科教科 墙改办	建设单位采购不符合施工图设计文件要求的墙体材料、保温材料、门窗、采暖制冷系统和照明设备的处罚	

续表

序号	部门	事项名称	权力类别
15	科教科 墙改办	建设单位使用列入禁止使用目录的技术、工艺、材料和设备的处罚	行政处罚
16	科教科	建设单位对不符合民用建筑节能强制性标准的民用建筑项目出具竣工验收合格报告的处罚	
17	科教科 墙改办	设计单位未按照民用建筑节能强制性标准进行设计,或者使用列入禁止使用目录的技术、工艺、材料和设备的处罚	
18		施工单位未对进入施工现场的墙体材料、保温材料、门窗、采暖制冷系统和照明设备进行查验的处罚	
19		施工单位使用不符合施工图设计文件要求的墙体材料、保温材料、门窗、采暖制冷系统和照明设备的处罚	
20		施工单位使用列入禁止使用目录的技术、工艺、材料和设备的处罚	
21	科教科	工程监理单位未按照民用建筑节能强制性标准实施监理的处罚	
22	科教科	工程监理单位墙体、屋面的保温工程施工时,未采取旁站、巡视和平行检验等形式实施监理的处罚	
23	招标办	必须进行招标的项目而不招标的,将必须进行招标的项目化整为零或者以其他任何方式规避招标的处罚	行政处罚
24		对招标代理机构泄露应当保密的与招标投标活动有关的情况和资料的,或者与招标人、投标人串通损害国家利益、社会公共利益或者他人合法权益的处罚	
25		招标人以不合理的条件限制或者排斥潜在的投标人的,对潜在投标人实行歧视待遇的,强制要求投标人组成联合体共同投标的,或者限制投标人之间竞争的处罚	
26		投标人相互串通投标或者与招标人串通投标的,投标人以向招标人或者评标委员会成员行贿的手段谋取中标的处罚	
27		投标人以他人名义投标或者以其他方式弄虚作假,骗取中标的处罚	

续表

序号	部门	事项名称	权力类别
28	招标办	评标委员会成员收受投标人的财物或者其他好处的，评标委员会成员或者参加评标的有关工作人员向他人透露对投标文件的评审和比较、中标候选人的推荐以及与评标有关的其他情况的处罚	行政处罚
29		招标人在评标委员会依法推荐的中标候选人以外确定中标人的，依法必须进行招标的项目在所有投标被评标委员会否决后自行确定中标人的处罚	
30		中标人将中标项目转让他人的，将中标项目肢解后分别转让给他人的，违反本法规定将中标项目的部分主体、关键性工作分包给他人的，或者分包人再次分包的	
31		招标人与中标人不按照招标文件和中标人的投标文件订立合同的，或者招标人、中标人订立背离合同实质性内容的协议的	
32	招标办	依法必须进行勘察设计招标的项目，招标人不具备招标条件而进行招标的处罚	行政处罚
33		依法必须进行勘察设计招标的项目，招标人应当公开招标而不公开招标的处罚	
34		依法必须进行勘察设计招标的项目，招标人应当发布招标公告而不发布的处罚	
35		依法必须进行勘察设计招标的项目，招标人不在指定媒介发布依法必须招标项目的招标公告的处罚	
36		依法必须进行勘察设计招标的项目，招标人未经批准采用邀请招标方式的处罚	
37		依法必须进行勘察设计招标的项目，招标人自招标文件或者资格预审文件出售之日起至停止出售之日止，时间少于 5 个工作日的处罚	

续表

序号	部门	事项名称	权力类别
38	招标办	依法必须进行勘察设计招标的项目,招标人自招标文件开始发出之日起至提交投标文件截止之日止,时间少于20日的处罚	行政处罚
39		依法必须进行勘察设计招标的项目,招标人非因不可抗力原因,在发布招标公告、发出投标邀请书或者发售资格预审文件或招标文件后终止招标的。依法必须进行勘察设计招标的项目,招标人应当公开招标而不公开招标的处罚	
40		以联合体形式投标的,联合体成员又以自己名义单独投标,或者参加其他联合体投同一个标的处罚	
41		招标人在发布招标公告、发出投标邀请书或者售出招标文件或资格预审文件后终止招标的,除有正当理由外的处罚	
42		招标人或者招标代理机构未在指定的媒介发布招标公告的处罚	
43	招标办	招标人或者招标代理机构邀请招标不依法发出投标邀请书的处罚	行政处罚
44		招标人或者招标代理机构自招标文件或资格预审文件出售之日起至出售之日止,少于五个工作日的处罚	
45		招标人或者招标代理机构依法必须招标的项目,自招标文件开始发出之日起于提交投标文件截止日止,少于二十日的处罚	
46		招标人或者招标代理机构应当公开招标而不公开招标的处罚	
47		招标人或者招标代理机构不具备招标条件而进行招标的处罚	
48		招标人或者招标代理机构应当履行核准手续而未履行的处罚	
49		招标人或者招标代理机构不按项目审批部门核准内容进行招标的处罚	
50		招标人或者招标代理机构在提交投标文件截止时间后接收投标文件的处罚	

续表

序号	部门	事项名称	权力类别
51	招标办	招标人或者招标代理机构在投标人数量不符合法定要求不重新招标的处罚	行政处罚
52		招标人不按规定期限确定中标人的,或者中标通知书发出后改变中标结果的,无正当理由不与中标人签订合同的,或者在签订合同时向中标人提出附加条件或者更改合同实质性内容的处罚	
53		依法必须招标的建筑工程项目,招标人自行组织招标的,未在发布招标公告或招标邀请书 15 日前到县级以上地方人民政府建设行政主管部门备案,或者委托招标代理机构进行招标的,招标人未在委托合同签订后 15 日内到县级以上地方人民政府建设行政主管部门备案的处罚	
54	招标办	招标人应当招标的工程项目而未招标的处罚	行政处罚
55		招标人隐瞒建设规模、建设条件、资金、材料保证等真实情况的处罚	
56		招标人违反公平竞争的原则,预定框子,照顾关系,致使不应中标的投标人中标的处罚	
57		招标人委托不具有相应资质(资格)的组织承担有关工程的处罚	
58		招标人泄露标底,影响招标投标工作正常进行的处罚	
59		评标委员会成员在评标过程中擅离职守,影响评标程序正常进行,或者在评标过程中不能客观公正地履行职责的处罚	
60		评标过程中招标人使用招标文件没有确定的评标标准和方法的处罚	
61		评标过程中招标人评标标准和方法含有倾向或者排斥投标人的内容,妨碍或者限制投标人之间竞争,且影响评标结果的处罚	
62		评标过程中招标人应当回避而没有回避担任评标委员会成员的人参与评标的处罚	

续表

序号	部门	事项名称	权力类别
63	招标办	评标过程中招标人评标委员会的组建及人员组成不符合法定要求的处罚	行政处罚
64		评标过程中招标人评标委员会及其成员在评标过程中有违法行为,且影响评标结果的处罚	
65		招标人不按规定期限确定中标人的,或者中标通知书发出后,改变中标结果的,无正当理由不与中标人签订合同的,或者在签订合同时向中标人提出附加条件或者更改合同实质性内容的处罚	
66		中标通知书发出后,中标人放弃中标项目的,无正当理由不与招标人签订合同的,在签订合同时向招标人提出附加条件或者更改合同实质性内容的,或者拒不提交所要求的履约保证金的处罚	
67		工程招标代理机构与所代理招标工程的招投标人有隶属关系、合作经营关系以及其他利益关系的处罚	
68		工程招标代理机构从事同一工程的招标代理和投标咨询活动的处罚	
69	招标办	工程招标代理机构明知委托事项违法而进行代理的处罚	行政处罚
70		工程招标代理机构采取行贿、提供回扣或者给予其他不正当利益等手段承接工程招标代理业务的处罚	
71		工程招标代理机构未经招标人书面同意,转让工程招标代理业务的处罚	
72		工程招标代理机构对有关行政监督部门依法责令改正的决定拒不执行或者以弄虚作假方式隐瞒真相的处罚	
73		工程招标代理机构擅自修改经招标人同意并加盖了招标人公章的工程招标代理成果文件的处罚	
74		工程招标代理机构从事代理活动有法律、法规和规章禁止的其他行为的处罚	
75		投诉人故意捏造实施、伪造证明材料的,属于虚假恶意投诉的处罚	
76	燃气办	燃气用户盗用或转供燃气、损坏燃气设施的处罚	
77		燃气用户用燃气管道作为负重支架或者接地引线的处罚	

续表

序号	部门	事项名称	权力类别
78	燃气办	燃气用户擅自拆卸、安装、改装燃气设施或者进行危害室内燃气设施安全的装饰、装修等活动的处罚	行政处罚
79		燃气用户违反安全规范的要求拆卸、安装、改装燃气器具的处罚	
80		燃气用户加热、摔砸、倒卧、曝晒燃气气瓶或者改换气瓶检验标志、漆色的处罚	
81		燃气用户倾倒燃气残液或者用气瓶相互倒灌的处罚	
82		在燃气设施的安全保护范围内,存放易燃易爆或者排放腐蚀性液体、气体,未经批准建造建筑物、构筑物以及进行打桩或者顶进作业的处罚	
83		在燃气设施的地面和地下规定的安全保护范围内,堆放物品和挖坑取土等危害供气设施安全的活动的处罚	
84		未取得燃气器具准销证擅自销售的处罚	
85		无正当理由阻挠经批准的公共管道燃气项目的施工安装的处罚	
86	燃气办	燃气用户未经燃气供应企业批准,擅自接通管道使用燃气或者改变燃气使用性质、变更地址和名称的处罚	行政处罚
87		燃气用户自行拆卸、安装、改装燃气计量器具和燃气设施等的处罚	
88		燃气用户以管道燃气为燃料的热水器、空调等设备,未报经燃气供应企业同意,由持有相应资质证书的单位安装的处罚	
89		擅自移动、覆盖、涂改、拆除、毁坏燃气设施的安全警示标志的处罚	
90		除消防等紧急情况外,未经燃气供应企业同意,擅自开启或者关闭燃气管道上的公共阀门的处罚	
91		未经城市建设行政主管部门批准擅自改动燃气设施的处罚	
92		新建、改建、扩建燃气工程项目未按照国家规定报经发展改革部门会同建设主管部门核准的,城市燃气新建、改建、扩建项目以及经营网点的布局不符合城市燃气发展规划,并未经城市建设行政主管部门批准擅自实施的处罚	

续表

序号	部门	事项名称	权力类别
93	燃气办	燃气工程项目的初步设计文件未经建设主管部门审查批准的处罚	行政处罚
94		未取得特许经营权擅自从事管道燃气经营活动的处罚	
95		未经批准擅自停止供气、更换气种或者迁移瓶装燃气供应站点的处罚	
96		瓶装燃气经营企业、瓶装燃气供应站点充装燃气超过国家规定的允许误差的处罚	
97		瓶装燃气经营企业、瓶装燃气供应站点未先抽出残液后再充装燃气的处罚	
98		瓶装燃气经营企业、瓶装燃气供应站点未对充装后的燃气气瓶进行角阀塑封,并标明充装单位和投诉电话的处罚	
99		瓶装燃气经营企业、瓶装燃气供应站点用非法制造、报废、改装的气瓶和超期限未检验或者检验不合格的气瓶充装燃气的处罚	
100		瓶装燃气经营企业、瓶装燃气供应站点存放气瓶的场所与公共建筑和居民住宅建筑的距离不符合安全要求和有关规定的处罚	
101	燃气办	瓶装燃气经营企业、瓶装燃气供应站点未按照国家规定对燃气设施定期进行检测、检修、更新,保障设施安全运行;或者将装有燃气的气瓶交由厢体封闭的车辆运输的处罚	行政处罚
102		瓶装燃气经营企业、瓶装燃气供应站点将装有燃气的气瓶交由厢体封闭的车辆运输的处罚	
103		瓶装燃气经营企业、瓶装燃气供应站点在一年中有三次以上违反燃气管理规定行为被有关部门查处的处罚	
104		燃气器具安装维修企业未按照国家标准和规范安装维修燃气器具、擅自移动燃气计量表和表前燃气设施或者设定的安装保修期低于一年的处罚	
105		建设工程施工可能影响燃气设施安全,施工单位未与燃气经营企业协商采取相应的安全保护措施的处罚	
106		建设单位或施工单位未经批准擅自改装、迁移或者拆除燃气设施的处罚	
107		未取得设计、施工资质或者未按照资质等级承担城市燃气工程的设计、施工任务的处罚	

续表

序号	部门	事项名称	权力类别
108	燃气办	未按照有关技术标准和规范设计、施工的处罚	行政处罚
109		燃气工程竣工以后未经验收或者验收不合格的，投入使用的处罚	
110		燃气供应企业的燃气的气质和压力不符合国家规定的标准。不能保证安全稳定供气，无故停止供气的处罚	
111		燃气供应企业向无城市燃气企业资质证书的单位提供经营性气源的处罚	
112		燃气供应企业强制用户到指定的地点购买指定的燃气器具的处罚	
113		燃气计量未采用符合国家计量标准的燃气计量装置及未按照规定定期进行校验的处罚	
114		燃气供应企业未遵守其他应当遵守的规定的处罚	
115		燃气燃烧器具安装、维修企业有伪造、涂改、出租、借用、转让或者出卖“资质证书”的处罚	
116		燃气燃烧器具安装、维修企业有年检不合格的企业，继续从事安装、维修业务的处罚	
117	燃气办	燃气燃烧器具安装、维修企业有由于燃气燃烧器具安装、维修原因发生燃气事故的处罚	行政处罚
118		燃气燃烧器具安装、维修企业有限定用户购买本企业生产的或者其指定的燃气燃烧器具和相关产品的处罚	
119		燃气燃烧器具安装、维修企业有聘用无“岗位证书”人员从事安装、维修业务的处罚	
120		燃气燃烧器具安装、维修企业没有在规定的时间内或者与用户约定的时间安装、维修的处罚	
121		无“资质证书”的企业从事燃气燃烧器具安装、维修业务的处罚	
122		燃气燃烧器具安装、维修企业的安装、维修人员有无“岗位证书”，擅自从事燃气燃烧器具的安装、维修业务的处罚	
123		燃气燃烧器具安装、维修企业的安装、维修人员有以个人名义承揽燃气燃烧器具的安装、维修业务的处罚	

续表

序号	部门	事项名称	权力类别
1	行政服务中心城建窗口	城市规划区内单位建设项目选址意见书核发	行政许可
2		城市规划区内单位建设用地规划许可证核发	
3		单位建设工程规划许可证核发	
4		城市规划区内临时建设审批	
5		个人建设用地规划许可证核发	
6		个人建设工程规划许可证核发	
7		建设用地规划许可证和建设工程规划许可证变更审批	
8		在城市规划区内开山、掘土、采砂、采石、挖填水面、弃垃圾审批	
9	行政服务中心城建窗口	在街道两侧和公共场地搭建建筑物、构筑物或其他设施审批	行政许可
10		市政工程、城市空间广告和独立设置广告	
11		村镇建设项目选址	
12		村镇工程建设许可证审批	
13		挖掘城市道路审批	
14		依附于城市道路建设各种管线、杆线审批	
15		特殊车辆在城市道路上行驶审批	
16		城市桥梁上架设各类市政管线审批	
17		建设工程勘察设计、市政公用工程、城市及道路照明资质申报初审	
18	行政服务中心城建窗口	涉及工程主体和承重结构变动的工业与民用建筑、装饰、装修设计方案审批	行政许可
19		抗震设计审查	
20		涉及工程主体和承重结构变动的工业与民用建筑加层改造安全审查	
21		燃气设施改装、迁移或者拆除核准	
22		燃气经营许可证初审	
23		燃气工程项目初步设计文件审查	
24		新建、改建、扩建燃气工程项目核准	
25		燃气供应许可证核准	
26		城市园林绿化(三、四)资质审批	

续表

序号	部门	事项名称	权力类别
27	行政服务中心城建窗口	改变绿化规划、绿化用地使用性质审批	行政许可
28		临时占用城市绿地核准	
29		修剪、砍伐、移植城市树木审批	
30		附属绿地工程设计方案审批	
31		古树名木的迁移、买卖和转让审批	
32		古树名木砍伐审批	
1		市政设施配套费征收	行政征收
2		发展新型墙体材料专项基金征收	
1		规划核实	行政审批

6. 高邮市文化、广播和新闻局

1984 年高邮县文教局内设人事、计财、中教、小教、文化五个股和纪律检查组、工会工作委员会。核定行政编制 23 名。

1992 年撤销高邮市文教局，建立市文化局，为一级局机构，列政府工作部门序列，内设人事秘书股、计财企业股、文化艺术股，核定人员编制 10 名，其中行政编制 4 名（原文教局划入），事业编制 6 名。同时下设社会文化管理办公室、剧目创作室为全民事业单位，相当股级，各核定全民事业编制 2 名。

1998 年高邮市政府办公室印发《高邮市文化局职能配置、内设机构和人员编制方案》，文化局职能发生转变，从偏重管理直属单位转向管理全社会文化事业；从偏重“办文化”逐步过渡到“管文化”为主，管办结合；从主要依靠行政手段管理，转向依靠法律、经济、行政手段相结合的综合管理。加强对文化市场、文化艺术研究和文化科技的管理；加强对文化产业发展的管理和对外文化交流的管理；加强对文化活动，尤其是农村群众文化的管理；加强协调指导、监督、检查、服务的职能。逐步弱化行政管理部门直接办文化、组织文化调演、汇演、比赛、评奖等活动及具体事务；弱化对直属单位的直接管理，逐步下放人、财、物的管理权限。内设办公室、社会文化课、艺术科、文物科、文化市场管理科五个职能科室（均为股级）。市文化局（市文管办）机关人员编制 13 名，其中行政编制 12 名，行政附属编制 1 名。领导职数：市文化局局长 1 名，副局长 3 名；市文管办主任 1 名。正副科长（正副主任）7 名，其中科长（主任）5 名，副科长（副主任）2 名。

2002 年高邮市政府办公室印发《高邮市文化局职能配置、内设机构和人员编制方案》，对职能进行调整，将原市广播电视局承担的社会音像制品的出版、复制、批发、零售、出租、放映管理职能交给市文化局。主要职责为：（1）贯彻执行党和国家关于文化艺术、新闻出版和文物工作的方针，政策和法律、法规，研究制定全市文化艺术、新闻出版和文物工作的有关规定并监督执行。（2）制订并组织实施全市文化艺术事业、新闻出版事业和文物事业发展规划和年度工作计划，协调解决有关文化艺术、新闻出版和文物事业发展中的重大问题；研究、指导文化艺术、新闻出版、文物管理体制改革。（3）统筹安排文化事业和文物经费，宏观调控文化艺术生产经营和投资方向，管理本系统国有（集体）资产。（4）研究拟订文化产业规划和规章、措施、协调文化产业发展；规划、指导全市重点文化设施建设。（5）管理全市社会文化事业，研究、指导艺术创作与生产，管理全市性重大文化艺术活动。（6）管理全市社会文化事业，拟定全市社会文化事业发展规划并组织实施；指导各类社会文化事业的建设与发展，指导、协调全市性重大社会文化活动。（7）管理全市图书馆事业，指导图书文献资源的建设、开发和利用；组织推动图书馆标准化、现代化建设。（8）管理全市文物工作，监督实施《中华人民共和国文物保护法》及有关法规、规章、政策；加强文物法制建设，做好文物保护工作；宏观管理全市博物馆事业和考古、发掘工作。（9）管理全市新闻出版事业，保护著作权，组织开展"扫黄打非"工作。（10）管理全市文化市场；指导监督文化市场稽查工作。（11）规划、指导全市文化艺术队伍建设，制订实施文化艺术人才教育规划；指导全市文化艺术科技研究和开发工作。（12）管理和组织全市对外文化交流和对港、澳、台地区文化艺术交流合作工作。（13）承办市政府交办的其他工作。内设办公室、文化艺术科、文物科、文化市场管理科4个职能科室。市文化局（市文物局）行政编制10名，行政附属编制2名。领导职数：局长1名，副局长3名，正副科长6名。

2010年，高邮市委、市政府印发《高邮市人民政府机构改革实施意见》，要求组建市文化广电新闻出版局，将市文化局的职责、市广播电视局的职责、市旅游局的职责、市体育局的职责，整合划入市文化广电新闻出版局，挂市旅游局、市体育局牌子。不再保留市文化局、市广播电视局、市旅游局、市体育局。不再保留市文物局、市新闻出版局牌子。

2011年高邮市政府办公室印发《高邮市文化广电新闻出版局（高邮市体育局、高邮市旅游局）主要职责内设机构和人员编制规定》，将原高邮市文化局与高邮市广播电视局的行政管理和行业管理职能进行归并整合，一并纳入新组建的高邮市文化广电新闻出版局。主要职责为：（1）贯彻执行党和国家关于文化艺术、广播影视、新闻出版、版权、文物和文化产业工作的方针、政策和法律、法规，制定全市文化艺术、广播影视、新闻出版、版权、文化产业发展和文物工作的有关政策、规定并监督执行。（2）制订并组织实施全市文化艺术事业、广播影视事业、新闻出版事业和文物事业发展规划并负责相应的行业管理；指导、协调有关文化、广播影视、新闻出版、版权和文物事业改革和发展中的重大问题。（3）统筹安排文化、新闻出版和文物经费，管理本系统国有（集体）资产，规划、指导全市重点文化设施建设。（4）贯彻中央、省、市文化艺术、新闻出版、影视方面的方针政策，把握好舆论导向和创作方向。（5）管理全市文化艺术事业，组织艺术创作与生产，组织开展艺术教育与研究；扶持代表性、示范性和优秀传统文化艺术品种，推动各门类艺术的发展；管理全市性重大文化艺术活动。（6）管理全市社会文化事业，制定全市公共文化服务体系建设和发展规划并组织实施；指导各类社会文化事业的建设与发展，推动社会力量参与公共文化服务体系建设；指导、协调全市社会文化活动开展；指导、协调博物馆、图书馆、文化馆等公共文化事业发展；负责对全市非物质文化遗产的普查、保护、抢救和传承工作。（7）组织推进广播电影电视领域的公共服务，指导、监监广播电影电视重点基础设施建设；指导、协调广播电影电视事业、产业发展，管理全市性重大广播电影电视活动；负责广播电影电视、信息网络视听节目服务机构和业务以及从事广播电影电视节目制作民办机构的监管工作；监管广播电影电视节目、信息网络视听节目和公共视听载体播放的视听节目；指导广播电影电视和信息网络视听节目服务的科技工作，负责监管广播电视节目发射、传输、覆盖、检测、监测。(8)管理全市新闻出版事业,依法对各类新闻出版活动(包括出版、印刷、复制、发行)和出版物市场实施行政执法和监督管理;组织对全市各类出版物审读、审看、审听;按有关法律法规、行政规章规定,组织对各类新闻出版单位年度核验;负责全市著作权工作,监督实施《中华人民共和国著作权法》及有关法规、规章、政策,调解著作权纠纷案件,鉴定侵权盗版物品,查处著作权侵权案件。(9)管理全市文物、博物馆事业,监督实施《中华人民共和国文物保护法》及有关法规、规章、政策;加强文物法制建设,做好文物保护工作;宏观管理全市博物馆事业和考古、发掘工作。(10)管理全市文化市场,依法对各类文化经营单位进行管理和审核审批工作,组织、指导文化市场行政执法工作,组织开展"扫黄打非"工作。(11)负责行政许可、行政管理及有关服务事项工作。(12)规划、指导全市文化艺术、广播影视、新闻出版和文物人才队伍建设,制定实施人才培训教育规划,负责组织申报全市文博专业、艺术专业、图书专业、群文专业等系列的职称评审,负责编辑记者证、播音员主持人证的管理,组织实施各类评奖和申报工作。(13)制定全市文化产业发展规划和经济政策,指导、协调文化产业发展。(14)管理、指导和组织全市文化艺术、广播影视、新闻出版、文物和文化产业的对外交流和港、澳、台地区交流合作工作。(15)指导相关行业协会、学会等社团组织的业务活动。(16)承办市委、市政府交办的其他工作。内设办公室(挂"法制科""财务科"牌子)、文化艺术科(挂"非物质文化遗产"保护牌子)、广播电视事业管理科、新闻出版科(挂"版权科"牌子)、文物保护科、行政服务科(挂"文化市场管理科"牌子)、文化产业科 7 个职能科室,均为正股级建制。核定市文化广电新闻出版局机关行政编制 11 人,事业编制 8 人。核定领导职数为:局长 1 人,副局长 5 人;内设机构正副科长(主任)7 人。

2011 年办理行政许可 29 件、行政审批 12 件;2012 年办理行政许可 17 件;2013 年办理行政许可 34 件、行政审批 11 件、行政处罚 11 件;2014 年办理行政许可 16 件、行政审批 7 件、行政处罚 5 件;2011 年办理行政许可 18 件、行政审批 2 件、行政处罚 22 件。

7. 高邮市建筑工程管理局

1987 年 11 月 18 日,高邮县成立了建筑工程局(县建筑安装工程总公司),管理县内、乡集体建筑企业。1984 年至 1989 年各乡镇先后设立建筑管理站,形成了两级管理网络。建筑工程局与高邮市第二建筑工程公司(后为"高邮市第二建筑安装工程有限公司""江苏弘盛建设工程集团有限公司")的核心管理层为"一套人马"。

2008 年 3 月 4 日,市委市政府实施建筑业主管机关政企分开体制改革,新设高邮市建筑工程管理局,与江苏弘盛集团建设工程有限公司脱钩。2008 年 3 月至今,高邮市建筑工程管理局主要职能、机构设置、人员编制情况基本未有变动。

高邮市建管局行政执法具体内容:

行政许可 1 项,事项即建筑工程施工许可证审批办理。行政确认 10 项;行政处罚 262 项;行政强制 4 项。

规范性文件名称、文号、主要内容,详见表 3-5 和表 3-6。

高邮市建管局行政许可(施工许可证)办理情况、高邮市建管局行政处罚案件办理情况、高邮市建管局行政执行情况见表 3-7 ~ 表 3-9。

表3－5　建管局起草市政府制发的规范性文件

序号	文件名称	文号	主要内容
1	高邮市建筑市场管理办法	2003年政府令1号	规范本市建筑市场各方主体的从业行为，维护本地建筑市场秩序
2	市政府关于建立建筑业企业农民工工资保障机制的意见	邮政发〔2009〕65号	规范施工企业农民工工资保证金的收取、应急动用、退还等管理措施
3	高邮市预拌混凝土推广使用管理办法	邮政发〔2010〕14号	规范本地工程建设市场预拌混凝土的生产、供应和质量监管
4	市政府关于进一步加强建筑工程质量安全监管工作的意见	邮政发〔2011〕107号	具体规范全市建筑工程质量、安全从业行为，明确质量、安全监管措施
5	市政府关于加快推进建筑业改革与发展的意见	邮政发〔2010〕95号	市政府加强对建筑业改革发展的政策扶持
6	市政府关于深入推进建筑业发展壮大的意见	邮政发〔2012〕179号	市政府加大建筑业政策扶持力度，明确推进建筑业又好又快发展的工作举措
7	市政府关于印发《高邮市建筑业总部集聚区若干政策意见》的通知	邮政发〔2013〕149号	市政府启动建筑业经济总部集聚区发展战略，推进集聚区建设，明确相关政策
8	市政府关于进一步促进和扶持建筑业又好又快发展的实施意见	邮政发〔2016〕15号	市政府推进建筑业新一轮又好又快发展的政策措施
9	市政府办公室关于在工程建设领域严厉打击“三包一挂”违法行为的工作意见	邮政办发〔2016〕92号	市政府明确严厉打击“三包一挂”违法行为的监管要求

表3－6　建管局制发的规范性文件

序号	文件名称	文号	主要内容
1	高邮市建筑工程管理局规范性文件制定程序规定	邮建管〔2009〕61号	规范本局规范性文件的制定工作
2	高邮市建筑工程管理局规范性文件起草说明格式规范	邮建管〔2013〕68号	具体规范本局规范性文件起草说明的格式
3	关于印发《高邮市建筑工程管理局办理人大代表建议和政协提案工作办法》的通知	（未编文号）	具体规范本局建议、提案的办理工作

续表

序号	文件名称	文号	主要内容
4	关于印发《高邮市建筑工程管理局工作人员职称申报聘任办法》的通知	邮建管〔2012〕90 号	具体规范本局工作人员的职称申报聘任工作
5	市建管局关于印发《高邮市建筑工程管理局行政执法证件管理办法》的通知	邮建管〔2009〕96 号	具体规范本局行政执法人员证件管理工作
6	关于印发《高邮市建筑工程管理局行政处罚程序办法》的通知	邮建管〔2011〕37 号	具体规范本局行政处罚程序
7	高邮市建筑工程管理局关于进一步规范施工许可卷宗立卷归档工作的通知	邮建管〔2011〕96 号	具体规范施工许可卷宗工作
8	关于印发《高邮市建筑工程管理行政指导实施方案》和《高邮市建筑工程管理行政指导工作办法》的通知	邮建管〔2012〕113 号	规范本局行政指导工作
9	关于印发《高邮市建筑工程管理行政指导实施细则》的通知	邮建管〔2012〕114 号	细化本局行政指导措施、要求
10	关于印发《高邮市建筑工程管理局行政调解工作实施办法》及配套资料的通知	邮建管〔2012〕115 号	规范本局行政调解工作
11	关于印发《高邮市建设领域民工工资保证金管理办法》的通知	邮建管〔2009〕53 号	具体规范民工工资保证金管理工作
12	关于印发《高邮市建设工程质量检测管理办法》的通知	邮建管〔2012〕63 号	规范建设工程质量检测工作
13	关于印发《高邮市预拌混凝土推广使用实施细则》的通知	邮建管〔2010〕24 号	具体规范本地预拌混凝土的生产、供应和质量监管
14	关于印发《高邮市建筑工程管理局关于制止建筑工程转包、违法分包及挂靠行为的管理办法》的通知	邮建管〔2010〕12 号	具体规范建筑市场秩序，明确制止工程转包、违法分包及挂靠行为的监管措施
15	关于印发《建筑市场行政处罚跟踪督办制度》的通知	邮建管〔2013〕46 号	具体规范行政处罚案件跟踪督办工作

续表

序号	文件名称	文号	主要内容
16	关于加强高邮市桩基工程质量检测监督管理工作的通知	邮建管〔2014〕29号	具体规范桩基工程质量检测监督管理，明确相关监管措施
17	关于印发《关于推进“首违不罚”和“容期整改”制的实施细则》的通知	邮建管〔2014〕44号	具体规范本局“首违不罚”和“容期整改”工作
18	关于认真执行建筑领域欠薪行为信息曝光和责任追究等相关制度的工作意见	邮建管〔2014〕45号	具体明确建筑领域欠薪行为信息曝光和责任追究相关措施要求
19	关于印发《高邮市建筑工程管理行政处罚自由裁量权行使规则》的通知	邮建管〔2014〕46号	具体规范本局行政处罚自由裁量权的实施
20	关于印发《高邮市房地产工程质量保证金管理暂行办法》的通知	邮建管〔2014〕95号	具体规范房地产工程质量保证金的留存、动用、退还等管理措施

表3-7　高邮市建管局行政许可(施工许可证)办理情况

2010年

行政许可(包括审批、审核、批准、同意、备案等)	数量(件)	194
	事项	施工许可证办理(共1项)
	内容	详见2010年度施工许可证办件汇总表

2011年

行政许可(包括审批、审核、批准、同意、备案等)	数量(件)	215
	事项	施工许可证办理(共1项)
	内容	详见2011年度施工许可证办件汇总表

2012年

行政许可(包括审批、审核、批准、同意、备案等)	数量(件)	250
	事项	施工许可证办理(共1项)
	内容	详见2012年度施工许可证办件汇总表

2013年

行政许可(包括审批、审核、批准、同意、备案等)	数量(件)	274
	事项	施工许可证办理(共1项)
	内容	详见2013年度施工许可证办件汇总表

2014 年

行政许可（包括审批、审核、批准、同意、备案等）	数量（件）	182
	事项	施工许可证办理（共 1 项）
	内容	详见 2014 年度施工许可证办件汇总表

2015 年

行政许可（包括审批、审核、批准、同意、备案等）	数量（件）	185
	事项	施工许可证办理（共 1 项）
	内容	详见 2015 年度施工许可证办件汇总表

表 3－8 高邮市建管局行政处罚案件办理情况

2014 年度

行政处罚	数量（件）	10
	事项	建筑市场违法违规行政处罚
	主要内容	“未按照规定配备安全生产管理人员”“承建无施工许可证工程”“项目经理不在岗”“使用未经验收合格的塔吊”“未按要求采取扬尘污染防治措施致使大气环境受到污染”“操作工未按安全操作规程作业”“未按规定签署工程质量验收意见”“未取得施工许可证，擅自组织施工”

2015 年度

行政处罚	数量（件）	11
	事项	建筑市场违法违规行政处罚
	主要内容	“用他人名义承揽工程”“承建无施工许可证工程”“未取得施工许可证，擅自组织施工”“项目经理不在岗”“未按要求采取扬尘污染防治措施致使大气环境受到污染”“将厂房的屋面钢结构工程违法分包给不具备相应资质的个人进行承建”

表 3－9 高邮市建管局行政执行情况

行政执行（包括收费、处理、监督、强制等）	收费数量及依据	无收费项目
	日常监督行为	质量监督、安全监察、市场监管、监理监管、检测监管
	日常行政处理	限期改正、停工改正
	行政强制措施	取缔资质、查封扣押设施设备器材、到期不缴纳罚款的加处罚款、依法将查封扣押财物拍卖或将冻结存款划拨抵缴罚款

8. 原高邮市食品药品监督管理局

2001 年 9 月 17 日，根据江苏省人民政府文件《省政府关于印发江苏省药品监督管理体制改革实施方案的通知》（苏政发〔2001〕67 号）、《省编委关于印发江苏省扬州药品监督管理局所辖县（市）局职能配置、内设机构和人员编制规定的通知》精神，组建扬州市高邮药品监督管理局，自即日起启用新印章，并于 2001 年 11 月 12 日举行揭牌仪式。2005 年 8 月，根据江苏省机构编制委员办公室《关于印发江苏省南通食品药品监督管理局及所辖县(市、区)局职能配置、内设机构和人员编制规定的通知》(苏编办〔2005〕127号)精神,组建扬州市高邮食品药品监督管理局。

2010年,根据《中共扬州市委、扬州市人民政府关于印发〈高邮市人民政府机构改革方案〉的通知》(扬发〔2010〕33号)和《中共高邮市委、高邮市人民政府关于印发〈高邮市人民政府机构改革实施意见〉的通知》(邮发〔2010〕38号),扬州市高邮食品药品监督管理局更名为高邮市食品药品监督管理局,为市政府工作部门,正科级建制。

高邮市食品药品监督管理局的主要职责是:(1)组织实施药品、医疗器械、直接接触药品的包装材料和容器(以下简称药包材)、保健食品、化妆品和餐饮服务环节食品安全监督管理的方针政策和法律法规;制定全市药品、医疗器械、药包材、保健食品、化妆品和餐饮服务环节食品安全监督管理办法、计划并监督实施。(2)负责餐饮服务许可和餐饮服务环节食品安全监督管理,监督实施餐饮服务环节食品安全管理规范,开展餐饮服务环节食品安全状况调查和监测工作,收集、上报、发布餐饮服务环节食品安全监管信息。(3)负责保健食品监督管理,监督实施保健食品生产经营质量管理规范,组织开展保健食品安全监测和评价,收集、上报保健食品安全监管信息。(4)负责化妆品卫生监督管理,监督实施化妆品卫生许可有关规范、化妆品卫生标准和技术规范。(5)负责药品、医疗器械、药包材产品及医疗机构制剂的行政、技术监督管理;监督实施国家药品、医疗器械、药包材标准和生产经营质量管理规范;组织开展药品、医疗器械不良反应事件监测,收集、上报药品医疗器械质量安全信息;组织实施处方药和非处方药分类管理制度,配合有关部门实施国家基本药物制度。(6)监督管理麻醉药品、精神药品、医疗用毒性药品、放射性药品及药品类易制毒化学品。(7)监督实施中药、民族药质量标准、中药品种保护制度、中药材生产质量管理规范及中药饮片炮制规范;会同有关部门监管中药材集贸市场。(8)依法监督抽查药品、医疗器械、保健食品、化妆品和餐饮服务环节食品的质量,组织查处药品、医疗器械、药包材、保健食品、化妆品在研制、生产、流通、使用方面和餐饮服务环节食品安全的违法行为;参与监测药品、医疗器械和保健食品广告。(9)负责与药品、医疗器械、药包材、保健食品、化妆品和餐饮服务环节食品监督管理有关的法律法规宣传培训。(10)管理所属下设机构。(11)承办市政府及上级食品药品监督管理局交办的其他事项。

根据上述职责高邮市食品药品监督管理局设办公室、餐饮安全监管科、保健食品化妆品监管科、药品医疗器械监管科4个职能科室,均为正股级建制。核定高邮市食品药品监督管理局机关行政编制22名。核定领导职数为:局长1名,副局长3名;内设机构正副科长(主任)7名,其中,科长(主任)4名,副科长(副主任)3名。

9. 原高邮市质量监督管理局

1996年,高邮县标准计量局建立专业执法机构,名称为执法办公室,配备6名专业执法人员。1997年,高邮县标准计量局更名为高邮市技术监督局,在内设机构监督科加挂稽查大队牌子,配备6名专业执法人员。1999年,高邮市技术监督局更名为扬州市高邮质量技术监督局,成立局稽查大队,配备6名专业执法人员。在此期间,执法机构一直属于局内设机构,无人员编制,执法人员由局党组根据工作情况予以调整,2001年以后,专业执法人员稳定在8人以上。2012年,根据三定方案,正式设立高邮市质量技术监督稽查大队,为全额拨款事业单位,编制数为14名,实有专业执法人员9名。

1993年高邮县标准计量局开始开展行政执法行为,主要针对消灭无标行为。1996年建立专业执法机构,开始针对标准、计量、产品质量方面开展执法打假行动。1999年,随质量管理、锅炉压力容器、特种设备职能的划转,扬州市高邮质量技术监督局行政执法权限和范围逐渐扩大,基本形成了标准、计量、产品质量、特种设备为监管内容的执法方向。2002年,根据省政府办公厅(苏政办发〔2002〕56号)和省局苏质技监发〔2002〕153号文件,对全省流通领域商品质量监督管理职能作如下调整:将原省质量技术监督局负责的流通领域商品质量监督管理职能划归省工商行政管理局。职能调整后,扬州市高邮质量技术监督局的职能分工为:负责生产领域的产品质量监督管理。2003年,强制性认证产品认证制度全面实施,行政执法工作向认证认可方向拓展。2004年,国务院下发了《关于进一步加强食品安全工作的决定》(国发〔2004〕23号),进一步理顺了有关监管部门的职责,质检部门负责食品生产加工环节的监管,将现由卫生部门承担的食品生产加工环节的卫生监管职责划归质检部门。2005年,扬州市高邮质量技术监督局设立食品监管科,行政执法的职能确定为:标准、计量、产品质量、认证认可、食品安全、特种设备监管。

目前,行政许可事项为5项,分别是:特种设备作业人员资格许可,特种设备使用登记(该许可事项为扬州市质量技术监督局委托),计量检定员资格核准,企业、事业单位最高计量标准器具核准,建立社会计量公正行(站)审批(该许可事项为2015年新增,高邮目前未有受理)。行政强制措施主要是查封、扣押,集中在产品质量和食品安全领域,针对无证生产、产品质量不合格问题。行政处罚案件全年在50件左右,主要涉及产品质量、食品安全、特种设备领域,针对无证生产、产品质量不合格、特种设备未经注册登记以及超期未检等类型。近年来未有制定规范性文件。

10. 原高邮市工商行政管理局

1976年2月11日,高邮县工商行政管理局建立。1978年年底,县工商局机关成立办案股;1983年撤销办案股;1985年新增经检股;1993年后,根据上级统一要求,局机关职能股改称职能科;2002年9月,按照精简、效能、统一的原则,根据上级统一部署,全系统完成机构改革。成立了公平交易科和经济监督检查大队。

高邮工商局内设办公室、人事教育科、监察室、法规科、登记注册科、市场合同管理科、监督管理科、经济检查大队、消费者权益保护科等11个科室;下辖东城、西城、城北、临泽、三垛、汉留、卸甲、送桥8个基层分局;挂靠单位有市消费者协会、市个体私营经济协会。2014年,全市工商系统紧紧围绕高邮市委、市政府和扬州工商局党组决策部署,始终将服务地方经济社会发展作为头等大事,充分发挥工商职能作用,切实稳定干部队伍,激发工作热情,推进工作创新,提升工作效能,全局工作呈现出井然有序、务实进取、争先创优的良好态势。当年,全市新增个体工商户5331户,新增私营企业2882户,新发展外商投资企业10户(其中分支3户),注册资本1616.79万美元,新增农民专业合作社48户,发展家庭农场42家,帮助180户个体工商户转型为私营企业、8家私营企业转型为有限公司,历史性地组建企业集团6家。全市完成各类注册商标申请注册746件,其中新增马德里国际注册商标1件、中国驰名商标1件、江苏省著名商标8件、扬州市知名商标22件,成功申报地理标志1件。全年共查结各类案件227件,案值近7000万元,其中移送公安部门案件2件。当年,全局年终综合考评工作分别荣获高邮市能力作风建设先进单位和服务业工作先进单位称号。此外,该局还分别被评为江苏省文明单位和扬州市文明行业。

11. 高邮市市场监督管理局

高邮市市场监督管理局内设办公室、人事科、法制科、稽查科、财务科、信息科、行政审批服务科(注册登记科)、食品药品安全综合协调科、食品安全监管科、药品医疗器械监管科、市场规范监管科(商标广告监管科)、质量管理与监督科、标准计量科、特种设备安全监察科、消费者权益保护科(举报投诉中心)15 个职能科室;下辖东城、西城、城北、城南、临泽、三垛、汉留、卸甲、送桥、甘垛、界首 11 个基层分局和市产品质量综合检验检测中心、市市场综合执法大队 2 个副科级建制的下属事业法人单位;挂靠单位为市消费者协会。2015 年,全市市场监督管理系统紧紧围绕市委市政府中心工作,内抓队伍融合,外塑部门形象,以改革的姿态、创新的思维、团结的氛围、实干的作风,全力开创了市场监管工作新局面,有力促进了"强富美高"新高邮建设。该局先后获得了全市先进基层党组织、全市依法行政先进单位等 26 项荣誉称号,并被扬州市委市政府评为全市"六五"普法中期先进集体。

其具体法定权责事项见表 3-10。

表 3-10　高邮市市场监督管理局法定权责事项

序号	部门职责	对应的权力事项		备注
		权力编号	事项名称	
1	指导、协调、查处市场交易中的不正当竞争经济违法案件	1	对不正当价格竞争的处罚	行政处罚
		2	对胁迫、阻碍交易,扰乱或者妨碍竞争对手正常经营的行政处罚	行政处罚
		3	对拍卖企业采用财物或者其他手段进行贿赂以争揽业务的处罚	行政处罚
		4	对拍卖企业利用拍卖公告或者其他方法,对拍卖标的作引人误解的虚假宣传的处罚	行政处罚
		5	对拍卖企业利用拍卖公告或者其他方法,对拍卖标的作引人误解的虚假宣传的处罚	行政处罚
		6	对拍卖企业利用职务上的便利,以盗窃、利诱、胁迫或者其他不正当手段获取权利人的商业秘密的处罚	行政处罚
		7	经营者有违反被责令暂停销售,不得转移、隐匿、销毁与不正当竞争行为有关的财物的行为的处罚	行政处罚

续表

序号	部门职责	对应的权力事项		备注
		权力编号	事项名称	
1	指导、协调、查处市场交易中的不正当竞争经济违法案件	8	对经营者采用财物或者其他手段进行贿赂以销售或者购买商品的处罚	行政处罚
		9	投标者串通投标,抬高标价或者压低标价,投标者和招标者相互勾结,以排挤竞争对手的公平竞争的处罚	行政处罚
		10	对不正当有奖销售的处罚	行政处罚
		11	对广告的经营者,在明知或者应知的情况下,代理、设计、制作、发布虚假广告的处罚	行政处罚
		12	对经营者利用广告或者其他方法,对商品作引人误解的虚假宣传的处罚	行政处罚
		13	对经营者侵犯商业秘密的处罚	行政处罚
		14	对政府及其所属部门指定的经营者销售质次价高的商品或者滥收费用的处罚	行政处罚
		15	对经营者采用不正当手段从事市场交易,损害竞争对手的处罚	行政处罚
		16	对向旅游者提供虚假服务信息或者低于成本报价的处罚	行政处罚
		17	对网络商品经营者、有关服务经营者不正当竞争的处罚	行政处罚
		18	对有可能被转移、隐匿、销毁的与不正当竞争有关的财物进行封存、扣留;责令暂停销售与不正当竞争行为有关的财物	行政强制

续表

序号	部门职责	对应的权力事项		备注
		权力编号	事项名称	
2	查处违法直销和传销案件	19	对未经批准从事直销活动的处罚	行政处罚
		20	对超出直销产品范围从事直销经营活动的处罚	行政处罚
		21	对直销企业违反有关直销员报酬规定的处罚	行政处罚
		22	对直销企业违反有关换货、退货规定的处罚	行政处罚
		23	对直销企业违反规定进行直销员业务培训的处罚	行政处罚
		24	对直销员违反规定推销产品的处罚	行政处罚
		25	对直销企业及其直销员有欺骗、误导等宣传和推销的处罚	行政处罚
		26	对直销企业及其分支机构违反规定招募直销员的处罚	行政处罚
		27	对通过欺骗、贿赂等手段取得直销经营许可的处罚	行政处罚
		28	对未取得直销员证从事直销活动的处罚	行政处罚
		29	对直销企业有关事项发生重大变更未经批准的处罚	行政处罚
		30	对直销企业未按照有关规定进行信息报备和披露的处罚	行政处罚
		31	对直销企业违反有关保证金规定的处罚	行政处罚
		32	对为传销行为提供互联网信息服务的处罚	行政处罚
		33	对为传销行为提供经营场所、培训场所、货源、保管、仓储等条件的处罚	行政处罚
		34	对传销的处罚	行政处罚
		35	对当事人擅自动用、调换、转移、损毁因涉嫌传销被查封、扣押财物的处罚	行政处罚
		36	责令暂时停止涉嫌违反《直销管理条例》行为的企业经营活动	行政强制
		37	查封、扣押涉嫌传销的有关合同、票据、账簿等资料以及涉嫌专门用于传销的产品(商品)、工具、设备、原材料、经营场所,冻结涉嫌传销的违法资金	行政强制
		38	查封、扣押相关企业与直销活动有关的材料和非法财物	行政强制

续表

序号	部门职责	对应的权力事项		备注
		权力编号	事项名称	
3	拟定规范市场秩序的具体措施、办法；承担规范维护各类市场经营秩序工作；参与市场培育建设和市场布局规划；承担监督管理网络商品交易及有关服务行为的工作；组织指导商品交易市场信用分类管理工作；组织指导市场专项治理工作；组织对全省经纪人进行监督管理，指导经纪人协会、市场管理协会工作	39	对棉花经营者在棉花经营活动中掺杂掺假、以次充好、以假充真的处罚	行政处罚
		40	对棉花经营者伪造、变造、冒用棉花质量凭证、标识、公证检验证书、公证检验标志的情节严重的处罚	行政处罚
		41	对销售不符合国家规定的棉花加工机械的处罚	行政处罚
		42	对未经登记从事皮棉经营业务的处罚	行政处罚
		43	对棉花收购者提供虚假信息或误导性宣传的处罚	行政处罚
		44	对有收购合同或协议而拒收或限收棉花的处罚	行政处罚
		45	对不按销售合同销售棉花的处罚	行政处罚
		46	对购买、销售非法加工的棉花的处罚	行政处罚
		47	对无照或超范围经营棉花的处罚	行政处罚
		48	对棉花交易市场未按规定建立健全棉花交易规则，有效保护客户合法权益的处罚	行政处罚
		49	对经营假冒伪劣棉花的处罚	行政处罚
		50	对棉花加工企业违法取得或者使用“资格证书”等的处罚	行政处罚
		51	对违反棉花管理规定，一证多厂的处罚	行政处罚
		52	对未经资格认定从事棉花加工经营活动的处罚	行政处罚
		53	对农资经营者未按规定建立健全内部产品质量管理制度的处罚	行政处罚
		54	对农资交易市场开办者未依法建立并落实农资产品质量管理制度和责任制度的处罚	行政处罚
		55	对以欺骗、贿赂等不正当手段取得粮食收购资格许可的处罚	行政处罚
		56	对从事粮食收购、加工、销售的经营者的粮食库存低于规定的最低库存量或者超出规定的最高库存量的处罚	行政处罚
		57	对倒卖陈化粮或者不按照规定使用陈化粮的处罚	行政处罚
		58	对陈粮出库未按规定进行质量鉴定的处罚	行政处罚

续表

序号	部门职责	对应的权力事项		备注
		权力编号	事项名称	
3	拟定规范市场秩序的具体措施、办法；承担规范维护各类市场经营秩序工作；参与市场培育建设和市场布局规划；承担监督管理网络商品交易及有关服务行为的工作；组织指导商品交易市场信用分类管理工作；组织指导市场专项治理工作；组织对全省经纪人进行监督管理，指导经纪人协会、市场管理协会工作	59	对未经粮食行政管理部门许可或者未在工商行政管理部门登记擅自从事粮食收购活动的处罚	行政处罚
		60	对市场销售注水或者注入其他物质的生猪产品的处罚	行政处罚
		61	对经营不符合质量标准的肉类产品和集体伙食单位违法购买肉类产品的处罚	行政处罚
		62	对制造、销售、使用以欺骗消费者为目的的计量器具的处罚	行政处罚
		63	对使用不合格的计量器具或者破坏计量器具准确度，给国家和消费者造成损失的处罚	行政处罚
		64	对经营销售残次计量器具零配件的处罚	行政处罚
		65	对零售商品经销者销售商品有偏差的处罚	行政处罚
		66	对生产、经营假、劣种子的处罚	行政处罚
		67	对销售、供应未经检验合格的种苗或者未附具标签、质量检验合格证、检疫合格证种苗的处罚	行政处罚
		68	对经营的种子没有标签或者标签内容不符合规定的处罚	行政处罚
		69	对伪造、涂改种子标签或者试验、检验数据的处罚	行政处罚
		70	对种子经营者在异地设立分支机构未按规定备案的处罚	行政处罚
		71	对经营的种子应当包装而没有包装的处罚	行政处罚
		72	对未按规定制作、保存种子生产、经营档案的处罚	行政处罚
		73	对销售的种畜禽未附具种畜禽合格证明、检疫合格证明、家畜系谱，销售、收购应当加施标识而没有标识畜禽的处罚	行政处罚
		74	对销售种畜禽有以其他畜禽品种、配套系冒充所销售的种畜禽品种、配套系，以低代别种畜禽冒充高代别种畜禽等的处罚	行政处罚
		75	对销售不符合国家技术规范的强制性要求的畜禽的处罚	行政处罚
		76	对出售、收购、运输、携带国家重点保护的或者地方重点保护的水生野生动物或者其产品的处罚	行政处罚
		77	对违反规定经营一级保护野生药材物种药材的处罚	行政处罚
		78	对违反规定出口野生药材的处罚	行政处罚
		79	对违反规定经营二、三级野生药材的处罚	行政处罚

续表

序号	部门职责	对应的权力事项		备注
		权力编号	事项名称	
3	拟定规范市场秩序的具体措施、办法；承担规范维护各类市场经营秩序工作；参与市场培育建设和市场布局规划；承担监督管理网络商品交易及有关服务行为的工作；组织指导商品交易市场信用分类管理工作；组织指导市场专项治理工作；组织对全省经纪人进行监督管理，指导经纪人协会、市场管理协会工作	80	对未经省级卫生行政主管部门和同级盐业行政主管部门批准，在食盐中添加任何营养强化剂或药物的处罚	行政处罚
		81	对不符合质量和卫生标准的盐产品出厂的处罚	行政处罚
		82	对在食用盐市场销售不符合食用盐卫生标准的原盐和加工盐、土盐、硝盐、工业废渣、废液制盐的处罚	行政处罚
		83	对将未经加碘的食用盐进入碘缺乏病地区的食用盐市场的处罚	行政处罚
		84	对违反城乡集市贸易管理规定的处罚	行政处罚
		85	对违反集市贸易管理，拦路设卡强行收购进城销售的农副产品的处罚	行政处罚
		86	对不服从市场管理、不在指定的地点经营、乱堆乱放上市商品或者妨碍市场交易和通行的处罚	行政处罚
		87	对违反集市贸易管理，不服从市场管理，妨碍市场交易和通行的处罚	行政处罚
		88	对私自熔化、销毁、占有出土无主金银的处罚	行政处罚
		89	对未经批准私自经营金银的，或者擅自改变经营范围的，或者套购、挪用、克扣金银的处罚	行政处罚
		90	对将金银计价使用、私相买卖、借贷抵押的处罚	行政处罚
		91	对商品零售场所在自主制定购物塑料袋价格过程中的不正当竞争的处罚	行政处罚
		92	对商品零售场所未在销售凭证上单独列示消费者购买塑料购物袋的数量、单价和款项的处罚	行政处罚
		93	对商品零售场所未向依法设立的塑料购物袋生产厂家、批发商或进口商采购塑料购物袋，并未索取相关证照，未建立塑料购物袋购销台账的处罚	行政处罚
		94	对在经纪活动中弄虚作假或者以非法手段促成交易的处罚	行政处罚
		95	对违反经纪人管理规定，从事国家禁止自由流通的商品和提供的服务的经纪活动的处罚	行政处罚

续表

序号	部门职责	对应的权力事项		备注
		权力编号	事项名称	
3	拟定规范市场秩序的具体措施、办法；承担规范维护各类市场经营秩序工作；参与市场培育建设和市场布局规划；承担监督管理网络商品交易及有关服务行为的工作；组织指导商品交易市场信用分类管理工作；组织指导市场专项治理工作；组织对全省经纪人进行监督管理，指导经纪人协会、市场管理协会工作	96	对在经纪活动中牟取不正当利益或者侵犯委托人商业秘密的处罚	行政处罚
		97	对委托人隐瞒与委托人有关的重要事项的处罚	行政处罚
		98	对伪造、涂改交易文件和凭证的处罚	行政处罚
		99	对利用虚假信息，诱人签订合同，骗取中介费的处罚	行政处罚
		100	对通过诋毁其他经纪人或者支付介绍费等不正当手段承揽业务的处罚	行政处罚
		101	对经纪人在经纪合同中未附有执行该项经纪合同业务的经纪执业人员的签名的处罚	行政处罚
		102	对未按规定将聘用的经纪执业人员的情况在经营场所明示的处罚	行政处罚
		103	对未向工商行政管理机关提交或明示虚假经纪执业人员材料的处罚	行政处罚
		104	对擅自设立演出场所经营单位或者擅自从事营业性演出经营活动的处罚	行政处罚
		105	对个体演员有非因不可抗力中止、停止或者退出演出，以假唱欺骗观众等行为，在两年内被再次公布的处罚	行政处罚
		106	对文艺表演团体、演出经纪机构被吊销营业性演出许可证逾期不办理变更登记或者注销登记的处罚	行政处罚
		107	对销售禁止销售的农产品的处罚	行政处罚
		108	对擅自收购、销售、交换和留用金银的处罚	行政处罚
		109	对擅自生产、销售未经国家机动车产品主管部门许可生产的机动车型的处罚	行政处罚
		110	对未取得报废汽车回收企业资格认定，擅自从事报废汽车回收活动的处罚	行政处罚
		111	对报废汽车回收企业明知或者应知是有盗窃、抢劫或者其他犯罪嫌疑的汽车、“五大总成”以及其他零配件，擅自拆解、改装、拼装、倒卖的处罚	行政处罚

续表

序号	部门职责	对应的权力事项		备注
		权力编号	事项名称	
3	拟定规范市场秩序的具体措施、办法；承担规范维护各类市场经营秩序工作；参与市场培育建设和市场布局规划；承担监督管理网络商品交易及有关服务行为的工作；组织指导商品交易市场信用分类管理工作；组织指导市场专项治理工作；组织对全省经纪人进行监督管理，指导经纪人协会、市场管理协会工作	112	对出售不能继续使用的报废汽车零配件或者出售的报废汽车零配件未标明“报废汽车回用件”的处罚	行政处罚
		113	对利用报废汽车“五大总成”以及其他零配件拼装汽车或者出售报废汽车整车、“五大总成”、拼装车的处罚	行政处罚
		114	对报废汽车回收企业买卖或者伪造、变造《报废汽车回收证明》的处罚	行政处罚
		115	对销售利用残次零配件或者报废农业机械的发动机、方向机、变速器、车架等部件拼装的农业机械的处罚	行政处罚
		116	对经工商行政管理部门登记注册并领取营业执照的法人、其他经济组织或者个体工商户，从事网络商品交易及有关服务的，未在其网站首页或者从事经营活动的主页面醒目位置公开营业执照登载的信息或者其营业执照的电子链接标识的处罚	行政处罚
		117	对从事网络商品交易及有关服务的法人、其他经济组织或者个体工商户未履行身份公开义务的处罚	行政处罚
		118	对网络商品经营者、有关服务经营者非法技术攻击竞争对手网站或网页的处罚	行政处罚
		119	对从事网络商品交易及有关服务的经营者，未依法办理工商登记的处罚	行政处罚
		120	对从事网络商品交易的自然人未按规定提交真实身份信息或办理登记的处罚	行政处罚
		121	对网络商品经营者、有关服务经营者违反合同格式条款管理规定的处罚	行政处罚
		122	对网络商品经营者、有关服务经营者应当按照国家工商行政管理总局的规定向所在地工商行政管理部门报送经营统计资料的处罚	行政处罚
		123	对违法制造、销售仿真枪的处罚	行政处罚
		124	对无烟草专卖零售许可证经营烟草制品零售业务的处罚	行政处罚
		125	对违法从事邮政业务的处罚	行政处罚
		126	对违法收购和销售国家统一收购的矿产品的处罚	行政处罚

续表

<table>
<tr><th rowspan="2">序号</th><th rowspan="2">部门职责</th><th colspan="2">对应的权力事项</th><th rowspan="2">备注</th></tr>
<tr><th>权力编号</th><th>事项名称</th></tr>
<tr><td rowspan="16">3</td><td rowspan="16">拟定规范市场秩序的具体措施、办法；承担规范维护各类市场经营秩序工作；参与市场培育建设和市场布局规划；承担监督管理网络商品交易及有关服务行为的工作；组织指导商品交易市场信用分类管理工作；组织指导市场专项治理工作；组织对全省经纪人进行监督管理，指导经纪人协会、市场管理协会工作</td><td>127</td><td>对政府采购供应商提供虚假材料谋取中标、成交等违法行为情节严重的处罚</td><td>行政处罚</td></tr>
<tr><td>128</td><td>对旅游经营者及从业人员违反《旅游法》规定，给予、收受贿赂的处罚</td><td>行政处罚</td></tr>
<tr><td>129</td><td>非法招用未满十六周岁的未成年人或者招用已满十六周岁的未成年人从事过重、有毒、有害等危害未成年人身心健康的劳动或者危险作业情节严重的处罚</td><td>行政处罚</td></tr>
<tr><td>130</td><td>对文物拍卖企业从事文物购销经营活动的处罚</td><td>行政处罚</td></tr>
<tr><td>131</td><td>对文物商店销售的文物、拍卖企业拍卖的文物，未经审核的处罚</td><td>行政处罚</td></tr>
<tr><td>132</td><td>对文物商店从事文物拍卖经营活动的处罚</td><td>行政处罚</td></tr>
<tr><td>133</td><td>对拆解或者处置过程中可能造成环境污染的电器电子等产品，设计使用列入国家禁止使用名录的有毒有害物质的处罚</td><td>行政处罚</td></tr>
<tr><td>134</td><td>对制造、销售不符合国家技术标准的殡葬设备的，制造、销售封建迷信殡葬用品的处罚</td><td>行政处罚</td></tr>
<tr><td>135</td><td>对单位或者个人违反规定买卖重点保护古生物化石的处罚</td><td>行政处罚</td></tr>
<tr><td>136</td><td>对军服承制企业非法转让军服、军服专用材料生产合同或者技术规范等的处罚</td><td>行政处罚</td></tr>
<tr><td>137</td><td>对旅行社服务网点从事招徕、咨询以外的活动的处罚</td><td>行政处罚</td></tr>
<tr><td>138</td><td>对受让或者租借旅行社业务经营许可证的处罚</td><td>行政处罚</td></tr>
<tr><td>139</td><td>对擅自生产或者超过批准范围生产、销售、进口、出口、未按规定销售商用密码产品的处罚</td><td>行政处罚</td></tr>
<tr><td>140</td><td>对饲料和饲料添加剂违法经营的处罚</td><td>行政处罚</td></tr>
<tr><td>141</td><td>对危险化学品生产企业、经营企业向不具有《危险化学品安全管理条例》第三十八条第一款、第二款规定的相关许可证件或者证明文件的单位销售剧毒化学品、易制爆危险化学品的处罚</td><td>行政处罚</td></tr>
<tr><td>142</td><td>对不按照剧毒化学品购买许可证载明的品种、数量销售剧毒化学品的处罚</td><td>行政处罚</td></tr>
</table>

续表

序号	部门职责	对应的权力事项		备注
		权力编号	事项名称	
3	拟定规范市场秩序的具体措施、办法；承担规范维护各类市场经营秩序工作；参与市场培育建设和市场布局规划；承担监督管理网络商品交易及有关服务行为的工作；组织指导商品交易市场信用分类管理工作；组织指导市场专项治理工作；组织对全省经纪人进行监督管理，指导经纪人协会、市场管理协会工作	143	对向个人销售剧毒化学品（属于剧毒化学品的农药除外）、易制爆危险化学品的处罚	行政处罚
		144	对生产、储存、使用危险化学品的单位重复使用的危险化学品包装物、容器在重复使用前不进行检查的处罚	行政处罚
		145	对擅自销售卫星地面接收设施的处罚	行政处罚
		146	对非法买卖流通人民币的，不遵守规定从事纪念币的买卖的，未经批准装帧流通人民币和经营流通人民币的，损害人民币的处罚	行政处罚
		147	对未经中国人民银行批准，擅自研制、仿制、引进、销售、购买和使用印制人民币所特有的防伪材料、防伪技术、防伪工艺和专用设备的处罚	行政处罚
		148	对销售不符合国家相关标准的塑料购物袋的处罚	行政处罚
		149	对未经监制擅自生产信封或冒用其他企业监制证书号的企业的处罚	行政处罚
		150	对欺骗、胁迫旅游者购物或者参加需要另行付费的游览项目的处罚	行政处罚
		151	对旅行社向旅游者提供的旅游服务信息含有虚假内容或者作虚假宣传的处罚	行政处罚
		152	对生产、储存、使用危险化学品的单位有未将危险化学品储存在专用仓库内等行为，经安全生产监督管理部门责令改正后拒不改正的处罚	行政处罚
		153	对危险化学品经营企业向未经许可违法从事危险化学品生产、经营活动的企业采购危险化学品的处罚	行政处罚
		154	对零售商从事妨碍公平竞争的处罚	行政处罚
		155	对零售商滥用优势地位从事不公平交易的处罚	行政处罚
		156	对零售商收取或变相收取费用的处罚	行政处罚
		157	对零售商延迟支付供应商货款的处罚	行政处罚
		158	对供应商供货时从事妨碍公平竞争的处罚	行政处罚
		159	对零售商在开展促销活动时未明示促销内容或在明示期限内变更促销内容的处罚	行政处罚

续表

序号	部门职责	对应的权力事项		备注
		权力编号	事项名称	
3	拟定规范市场秩序的具体措施、办法；承担规范维护各类市场经营秩序工作；参与市场培育建设和市场布局规划；承担监督管理网络商品交易及有关服务行为的工作；组织指导商品交易市场信用分类管理工作；组织指导市场专项治理工作；组织对全省经纪人进行监督管理，指导经纪人协会、市场管理协会工作	160	对零售商在开展促销活动时标价之外加价出售商品，收取未予明示的费用的处罚	行政处罚
		161	对零售商在开展促销活动时利用虚构原价打折或者使人误解的标价形式或价格手段欺骗、诱导消费者购买商品的处罚	行政处罚
		162	对零售商在开展促销活动时降低促销商品（包括有奖销售的奖品、赠品）的质量和售后服务水平，将质量不合格的物品作为奖品、赠品的处罚	行政处罚
		163	对零售商在开展促销活动时以虚构的奖品、赠品价值额或含糊的语言文字误导消费者的处罚	行政处罚
		164	对零售商在开展限时、限量促销活动中违法的处罚	行政处罚
		165	对零售商积分优惠卡促销活动中违法的处罚	行政处罚
		166	对零售商虚构清仓、拆迁、停业、歇业、转行等事由违法开展促销活动的处罚	行政处罚
		167	对零售商不即时开具促销商品发票或购物凭证，或要求消费者负担额外费用的处罚	行政处罚
		168	对零售商以促销为由拒绝退换货或者为消费者退换货设置障碍的处罚	
		169	查封、扣押涉嫌非法生产、销售军服或者军服仿制品	行政强制
		170	查封、扣押有证据表明属于违反《工业产品生产许可证管理条例》生产、销售或者在经营活动中使用的列入目录产品	行政强制
		171	查封违法生产、储存、使用、经营危险化学品的场所，扣押违法生产、储存、使用、经营、运输的危险化学品以及用于违法生产、使用、运输危险化学品的原材料、设备、运输工具	行政强制

续表

序号	部门职责	对应的权力事项		备注
		权力编号	事项名称	
4	拍卖、招投标行为监督管理	172	对未按照《中华人民共和国拍卖法》的规定于拍卖日七日前发布拍卖公告的处罚	行政处罚
		173	对拍卖企业未在拍卖现场公布工商行政管理机关的监督电话的处罚	行政处罚
		174	对拍卖企业未在拍卖活动结束后七日内，将竞买人名单、成交清单及拍卖现场完整视频资料或者经当事人签字确认的拍卖笔录，送拍卖活动所在地工商行政管理机关备案的处罚	行政处罚
		175	对拍卖企业捏造、散布虚假事实，损害其他拍卖企业的商业信誉的处罚	行政处罚
		176	对拍卖企业雇佣非拍卖师主持拍卖活动的处罚	行政处罚
		177	对拍卖企业及其工作人员以竞买人身份或委托他人参与自己组织的拍卖活动处罚	行政处罚
		178	对拍卖企业在自己组织的拍卖活动中拍卖自己的物品或财产权的处罚	行政处罚
		179	对委托人参与竞买或者委托他人代为竞买的处罚	行政处罚
		180	对违法设立拍卖企业的处罚	行政处罚
		181	对在拍卖中，竞买人之间和竞买人与拍卖人之间恶意串通的处罚	行政处罚
		182	对中标人不按规定履行中标合同的处罚	行政处罚
		183	对非法转让或违法分包中标项目的处罚	行政处罚
		184	对投标人以他人名义投标或者以其他方式弄虚作假，骗取中标的处罚	行政处罚
		185	拍卖活动备案	行政其他

续表

序号	部门职责	对应的权力事项		备注
		权力编号	事项名称	
5	实施合同行政监督管理	186	对利用合同实施危害国家利益、社会公共利益的处罚	行政处罚
		187	对利用合同实施欺诈的处罚	行政处罚
		188	对经营者在与消费者采用格式合同中免除自己的责任的处罚	行政处罚
		189	对单位和个人在知道和应该知道的情况下为利用合同实施欺诈行为提供证明、执照、印章、账户及其他便利条件的处罚	行政处罚
		190	对经营者在与消费者采用格式合同中加重消费者责任的处罚	行政处罚
		191	对经营者在与消费者采用格式合同中排除消费者权利的处罚	行政处罚
		192	对格式条款提供方及经营者违反格式条款内容有关规定的处罚	行政处罚
		193	对旅行社违反旅游合同约定,造成旅游者合法权益受到损害,不采取必要的补救措施的处罚	行政处罚
		194	对非因不可抗力改变旅游合同安排的行程的处罚	行政处罚
		195	对工商行政管理机关查处利用合同进行的违法行为时,有关单位和个人不予配合,或者不如实提供有关情况和资料,或者转移、隐匿、销毁有关证据和财物的处罚	行政处罚
		196	对拒不履行旅游合同约定的义务的处罚	行政处罚
		197	合同争议的调解	行政其他
		198	合同格式条款的备案	行政其他
		199	合同示范文本的推行和管理	行政其他
6	承担管理动产抵押物登记	200	动产抵押登记	行政确认
7	指导守合同重信用企业协会工作	201	守合同重信用企业公示活动的开展	行政其他

续表

序号	部门职责	对应的权力事项		备注
		权力编号	事项名称	
8	内资企业、个体工商户、农民专业合作社、外商投资企业、外国（地区）企业常驻代表机构的登记，并监督检查其登记注册行为，查处登记违法行为	202	名称预先核准	行政审批
		203	公司制企业及其分支机构登记	行政审批
		204	非公司制企业法人及其分支机构登记	行政审批
		205	合伙企业登记	行政审批
		206	个人独资企业登记	行政审批
		207	企业集团登记	行政审批
		208	外国（地区）企业在我县境内从事生产经营活动登记	行政审批
		209	外国（地区）企业在我县常驻代表机构变更登记、注销登记	行政审批
		210	农民专业合作社登记	行政审批
		211	个体工商户登记	行政审批
		212	内资企业的备案	行政其他
		213	企业集团修改章程的备案	行政其他
		214	外国企业常驻代表机构外国（地区）企业有权签字人、外国（地区）企业的责任形式、资本（资产）、经营范围和代表的备案	行政其他
		215	外商投资合伙企业的清算人（变动）备案、未涉及登记事项的合伙协议修改、外国合伙人法律文件送达接受人、设立分支机构的备案	行政其他
		216	外商投资的公司境外股东、发起人法律文件送达接受人的备案	行政其他
		217	外资企业财产或者权益对外抵押	行政其他
		218	非公司外商投资企业出资备案，联合管理委员会委员备案，境外股东、发起人法律文件送达接受人备案，增设和撤销分支机构备案	行政其他
		219	对个人独资企业成立后无正当理由超过六个月未开业的处罚	行政处罚
		220	对个人独资企业使用名称与其在登记机关登记的名称不相符的处罚	行政处罚
		221	对个人独资企业提交虚假文件或采取其他欺骗手段，取得企业登记的处罚	行政处罚

续表

序号	部门职责	对应的权力事项		备注
		权力编号	事项名称	
8	内资企业、个体工商户、农民专业合作社、外商投资企业、外国（地区）企业常驻代表机构的登记，并监督检查其登记注册行为，查处登记违法行为	222	对个人独资企业未领取营业执照以个人独资企业名义从事经营活动及个人独资企业登记事项发生变更不办理变更登记的处罚	行政处罚
		223	对伪造、涂改、出租、出借、转让营业执照的处罚	行政处罚
		224	对虚报注册资本取得公司登记的处罚	行政处罚
		225	对清算组成员利用职权徇私舞弊、谋取非法收入或者侵占公司财产的处罚	行政处罚
		226	对清算组不依照《公司法》规定向公司登记机关报送清算报告，或者报送清算报告隐瞒重要事实或者有重大遗漏的处罚	行政处罚
		227	对承担资产评估、验资或者验证的机构因过失提供有重大遗漏的报告的处罚	行政处罚
		228	对资产评估、验资或者验证的机构提供虚假材料的处罚	行政处罚
		229	对公司进行清算时，隐匿财产，对资产负债表或者财产清单作虚假记载或者在未清偿债务前分配公司财产的处罚	行政处罚
		230	对公司合并、分立、减少注册资本或进行清算，不按规定通告或公告债权人的处罚	行政处罚
		231	对公司在清算期间开展与清算无关的经营活动的处罚	行政处罚
		232	对发起人、股东抽逃出资的处罚	行政处罚
		233	对利用公司名义从事危害国家安全、社会公共利益的严重违法的处罚	行政处罚
		234	对外国公司违反规定擅自在中国境内设立分支机构的处罚	行政处罚
		235	对冒用有限责任公司或者股份有限公司、分公司名义的处罚	行政处罚
		236	对公司登记事项发生变更时未按照规定办理有关变更登记的处罚	行政处罚
		237	对公司无正当理由超过六个月未开业或开业后自行停业连续六个月以上的处罚	行政处罚
		238	对提交虚假材料或者采取其他欺诈手段隐瞒重要事实取得公司登记的处罚	行政处罚

续表

序号	部门职责	对应的权力事项		备注
		权力编号	事项名称	
8	内资企业、个体工商户、农民专业合作社、外商投资企业、外国（地区）企业常驻代表机构的登记，并监督检查其登记注册行为，查处登记违法行为	239	对发起人、股东虚假出资的处罚	行政处罚
		240	对公务员辞去公职或者退休后到与原工作业务直接相关的企业或者其他营利性组织任职，从事与原工作业务直接相关的营利性活动的处罚	行政处罚
		241	对合伙企业提交虚假文件或者采取其他欺骗手段，取得企业登记的处罚	行政处罚
		242	对未标明“普通合伙”“特殊普通合伙”或“有限合伙”字样的处罚	行政处罚
		243	对合伙企业未按照规定办理变更登记的处罚	行政处罚
		244	对未领取营业执照，以合伙企业或分支机构名义从事合伙业务的处罚	行政处罚
		245	对清算人未向企业登记机关报送清算报告，或者报送的清算报告隐瞒重要事实，或者有重大遗漏的处罚	行政处罚
		246	对从事建筑活动的建筑施工企业、勘察单位、设计单位和工程监理单位被依法吊销资质证书，未按规定办理注销登记的处罚	行政处罚
		247	对未领取营业执照而以外商投资合伙企业名义从事合伙业务，从事《外商投资产业指导目录》禁止类项目或者未经登记从事限制类项目的处罚	行政处罚
		248	对合伙企业的清算人未向企业登记机关报送清算报告，或者报送的清算报告，隐瞒重要事实，或者有重大遗漏的处罚	行政处罚
		249	对合伙企业未将其营业执照正本置放于经营场所醒目位置的处罚	行政处罚
		250	对合伙企业涂改、出售、出租、出借或者以其他方式转让营业执照的处罚	行政处罚
		251	对合伙企业未依照本办法办理清算人成员名单备案的处罚	行政处罚
		252	对未将营业执照置于住所或者营业场所醒目位置的处罚	行政处罚
		253	对外商投资合伙企业登记事项发生变更，未依照《外商合伙企业登记管理规定》办理变更登记的处罚	行政处罚

续表

序号	部门职责	对应的权力事项		备注
		权力编号	事项名称	
8	内资企业、个体工商户、农民专业合作社、外商投资企业、外国（地区）企业常驻代表机构的登记，并监督检查其登记注册行为，查处登记违法行为	254	对外商投资合伙企业的分支机构有《外商投资合伙企业登记管理规定》规定的违法的处罚	行政处罚
		255	对提交虚假文件或者采取其他欺骗手段，取得外商投资合伙企业登记的处罚	行政处罚
		256	对外商投资合伙企业涂改、出售、出租、出借或者以其他方式转让营业执照的处罚	行政处罚
		257	对外商投资合伙企业的清算人未向企业登记机关报送清算报告，或者报送的清算报告隐瞒重要事实，或者有重大遗漏的处罚	行政处罚
		258	对外商投资合伙企业未将其营业执照正本置放在经营场所醒目位置的处罚	行政处罚
		259	对外商投资合伙企业在使用名称中未按照企业登记机关核准的名称标明“普通合伙”“特殊普通合伙”或“有限合伙”字样的处罚	行政处罚
		260	对外商投资合伙企业未依照《外商投资合伙企业登记管理规定》办理外国合伙人“法律文件送达授权委托书”备案的处罚	行政处罚
		261	对外国（地区）企业超越核准的生产经营范围从事生产经营活动的处罚	
		262	对未领取营业执照，而以外商投资合伙企业名义从事合伙业务的处罚	行政处罚
		263	对企业法人抽逃、转移资金，隐匿财产逃避债务的处罚	行政处罚
		264	对企业和经营单位未经核准登记注册擅自开业的处罚	行政处罚
		265	对企业法人申请登记时隐瞒真实情况、弄虚作假的处罚	行政处罚
		266	对外国（地区）企业在中国境内从事生产经营活动不按规定办理变更登记或者注销登记的处罚	行政处罚
		267	对企业法人领取《企业法人营业执照》后，满六个月尚未开展经营活动或者停止经营活动满一年的处罚	行政处罚
		268	对不按照规定办理注销登记的处罚	行政处罚
		269	对私营企业登记中隐瞒真实情况、弄虚作假等的处罚	行政处罚

续表

序号	部门职责	对应的权力事项		备注
		权力编号	事项名称	
8	内资企业、个体工商户、农民专业合作社、外商投资企业、外国（地区）企业常驻代表机构的登记，并监督检查其登记注册行为，查处登记违法行为	270	对企业和经营单位拒绝监督检查或者在接受监督检查过程中弄虚作假的行政处罚	行政处罚
		271	对提供虚假文件、证件的单位和个人的行政处罚	行政处罚
		272	对隐瞒真实情况，采用欺骗手段取得法定代表人资格的处罚	行政处罚
		273	对应当申请办理法定代表人变更登记而未办理的处罚	行政处罚
		274	对擅自改变企业名称的处罚	行政处罚
		275	对擅自转让或者出租自己的企业名称的处罚	行政处罚
		276	对使用保留期内的企业名称从事生产经营活动或保留期届满不按期将《企业名称登记证书》交回登记管理机关的处罚	行政处罚
		277	对企业的印章、银行账户、牌匾、信笺所使用的名称与登记注册的企业名称不相同的处罚	行政处罚
		278	对使用未经核准登记注册的企业名称从事生产经营活动的处罚	行政处罚
		279	对擅自使用他人登记注册的企业名称，其他侵犯他人企业名称专用权的处罚	行政处罚
		280	对应当办理变更登记而不办理的处罚	行政处罚
		281	对企业集团应当办理注销登记而不办理的处罚	行政处罚
		282	对企业集团伪造、涂改、出租、出借、转让、出售《企业集团登记证》的处罚	行政处罚
		283	对全民所有制工业企业未经核准登记，以企业名义从事生产经营活动，向登记机关弄虚作假、隐瞒真实情况的处罚	行政处罚
		284	对公共航空运输企业、通用航空企业被国务院民用航空主管部门吊销其经营许可证的后续处罚	行政处罚
		285	对外资企业逾期不投资的处罚	行政处罚
		286	对中外合作经营企业不在中国境内设置会计账簿的处罚	行政处罚

续表

序号	部门职责	对应的权力事项		备注
		权力编号	事项名称	
8	内资企业、个体工商户、农民专业合作社、外商投资企业、外国（地区）企业常驻代表机构的登记，并监督检查其登记注册行为，查处登记违法行为	287	对出版单位被处以吊销许可证行政处罚逾期未办理变更登记或者注销登记的处罚	行政处罚
		288	对电影片的制片、发行、放映单位被处以吊销许可证行政处罚逾期未办理变更登记或者注销登记的处罚	行政处罚
		289	对个体工商户不按规定办理变更登记的处罚	行政处罚
		290	对体工商户提交虚假材料骗取注册登记，或者伪造、涂改、出租、出借、转让营业执照的处罚	行政处罚
		291	对公司未依照规定办理有关备案的处罚	行政处罚
		292	对被吊销《网络文化经营许可证》互联网上网服务营业场所经营单位未依法办理变更或注销登记的处罚	行政处罚
		293	对被吊销采矿许可证、煤炭生产许可证企业的处罚	行政处罚
		294	对未依照《外国企业常驻代表机构登记管理条例》规定提交年度报告的处罚	行政处罚
		295	对未按照登记机关登记的名称从事业务活动的处罚	行政处罚
		296	对未按照中国政府有关部门要求调整驻在场所的处罚	行政处罚
		297	对未依照《外国企业常驻代表机构登记管理条例》规定公告其设立、变更情况的处罚	行政处罚
		298	对未依照《外国企业常驻代表机构登记管理条例》规定办理有关变更登记、注销登记或者备案的处罚	行政处罚
		299	对代表机构从事危害中国国家安全或者社会公共利益等严重违法活动的处罚	行政处罚
		300	对提交虚假材料或者采取其他欺诈手段隐瞒真实情况，取得代表机构登记或者备案的处罚	行政处罚
		301	对伪造、涂改、出租、出借、转让登记证、代表证的处罚	行政处罚
		302	对代表机构违反《外国企业常驻代表机构登记管理条例》第十四条规定从事业务活动以外活动的处罚	行政处罚
		303	对擅自设立代表机构或者从事代表机构业务活动的处罚	行政处罚

续表

序号	部门职责	对应的权力事项		备注
		权力编号	事项名称	
8	内资企业、个体工商户、农民专业合作社、外商投资企业、外国（地区）企业常驻代表机构的登记，并监督检查其登记注册行为，查处登记违法行为	304	对外国企业常驻代表机构违反规定直接从事经营活动的处罚	行政处罚
		305	对被吊销或收缴经营许可证危险废物经营单位的处罚	行政处罚
		306	对依照文物保护法规被吊销许可证，逾期未办理变更登记或者注销登记的处罚	行政处罚
		307	对被吊销许可证的，未按规定未办理变更登记或者注销登记的处罚	行政处罚
		308	对娱乐场所被吊销或者撤销娱乐场所经营许可证后，逾期不办理变更登记或者注销登记的处罚	行政处罚
		309	对证券公司成立后无正当理由超过三个月未开始营业或开业后自行停业连续三个月以上的处罚	行政处罚
		310	对被注销《经营许可证》的中介机构拒不办理注销或者变更登记的处罚	行政处罚
		311	对中外合作经营企业限期未缴纳出资或提供合作条件的处罚	行政处罚
		312	企业名称争议的裁决	行政裁决
		313	查封、扣押与违法行为有关的合同、票据、账簿以在证据及其他资料	行政强制
		314	收缴视同歇业企业的营业执照和公章	行政强制
		315	临时扣留公司营业执照	行政强制

续表

序号	部门职责	对应的权力事项		备注
		权力编号	事项名称	
9	依法保护商标专用权和查处商标侵权行为；组织、指导商标使用、商标印制、商标代理的监督管理工作；指导监督管理商标代理机构；加强驰名商标、著名商标的保护工作；查处违法使用特殊标志、官方标志的行为	316	对在同一种商品或者类似商品上将与他人注册商标相同或者近似的标志作为商品名称或者商品装潢使用，误导公众的处罚	行政处罚
		317	对经许可使用他人注册商标的，未在使用该注册商标的商品上标明被许可人的名称和商品产地的处罚	行政处罚
		318	对侵犯驰名商标权益的处罚	行政处罚
		319	对商标印制单位未履行核查义务且构成商标侵权的处罚	行政处罚
		320	对违反集体商标、证明商标注册和管理规定的处罚	行政处罚
		321	对集体商标、证明商标注册人没有对该商标的使用进行有效管理或者控制，致使该商标使用的商品达不到其使用管理规则的要求，对消费者造成损害的处罚	行政处罚
		322	对展会商标违法的处罚	行政处罚
		323	对侵犯江苏省著名商标专用权的处罚	行政处罚
		324	对未经省工商行政管理部门认定，伪称其商标为江苏省著名商标和违反《江苏省著名商标认定和保护办法》第十六条第（一）项规定扩大使用范围的处罚	行政处罚
		325	对未经省工商行政管理部门认定，伪称其商标为江苏省著名商标或者违反《江苏省著名商标认定和保护办法》第十六条第（一）项规定扩大使用范围的处罚	行政处罚
		326	对商标代理机构办理商标事宜过程中，伪造、变造或者使用伪造、变造的法律文件、印章、签名的处罚	行政处罚
		327	对商标代理机构以诋毁其他商标代理机构等手段招揽商标代理业务或者以其他不正当手段扰乱商标代理市场秩序的处罚	行政处罚
		328	对商标代理机构违反《商标法》第十九条第三款、第四款规定的处罚	行政处罚
		329	对未经商标注册人的许可，在同一种商品上使用与其注册商标相同的商标的处罚	行政处罚
		330	对未经商标注册人的许可，在同一种商品上使用与其注册商标近似的商标，或者在类似商品上使用与其注册商标相同或者近似的商标，容易导致混淆的处罚	行政处罚

续表

序号	部门职责	对应的权力事项		备注
		权力编号	事项名称	
9	依法保护商标专用权和查处商标侵权行为；组织、指导商标使用、商标印制、商标代理的监督管理工作；指导监督管理商标代理机构；加强驰名商标、著名商标的保护工作；查处违法使用特殊标志、官方标志的行为	331	对销售侵犯注册商标专用权的商品的处罚	行政处罚
		332	对伪造、擅自制造他人注册商标标识或者销售伪造、擅自制造的注册商标标识的处罚	行政处罚
		333	对未经商标注册人同意，更换其注册商标并将该更换商标的商品又投入市场的处罚	行政处罚
		334	对故意为侵犯他人商标专用权行为提供便利条件，帮助他人实施侵犯商标专用权的处罚	行政处罚
		335	对给他人的注册商标专用权造成其他损害的处罚	行政处罚
		336	对生产、经营者将“驰名商标”字样用于商品、商品包装或者容器上，或者用于广告宣传、展览以及其他商业活动中的处罚	行政处罚
		337	对商标注册人在使用注册商标的过程中，自行改变注册商标、注册人名义、地址或者其他注册事项的处罚	行政处罚
		338	对将他人注册商标、未注册的驰名商标作为企业名称中的字号使用，误导公众的处罚	行政处罚
		339	对未注册商标冒充注册商标使用的处罚或者使用未注册商标违反《商标法》第十条规定的	行政处罚
		340	对法律、行政法规规定必须使用注册商标的商品，必须申请商标注册，未经核准注册的，不得在市场销售的处罚	行政处罚
		341	受理地理标志产品的保护申请	行政其他
		342	查封、扣押有证据证明是侵犯他人注册商标专用权的物品	行政强制
		343	查封、扣押有证据证明是侵犯奥林匹克标志专有权的物品	行政强制
		344	查封、扣押有证据证明侵犯世界博览会标志专有权的物品	行政强制
		345	侵犯商标专用权的调解	行政调解
		346	对侵犯特殊标志专用权的处罚	行政处罚
		347	对违法使用特殊标志的处罚	行政处罚
		348	对侵犯奥林匹克标志专有权的处罚	行政处罚
		349	对侵犯世界博览会标志专有权的处罚	行政处罚
		350	对印刷企业违反国家有关注册商标管理规定的处罚	行政处罚

续表

序号	部门职责	对应的权力事项		备注
		权力编号	事项名称	
		351	对擅自设立印刷企业或者擅自从事印刷经营活动的处罚	行政处罚
		352	对商标印制单位未履行登记义务的处罚	行政处罚
		353	对商标印制单位导致废次商标标识流入社会的处罚	行政处罚
		354	对商标印制单位未履行核查义务的处罚	行政处罚
		355	对商标印制单位未按规定保存台账的处罚	行政处罚
		356	侵犯注册商标专用权赔偿争议的调解	行政调解
10	指导广告业发展，负责广告活动的监督管理工作，依法查处虚假广告等违法行为	357	对发布虚假广告的处罚	行政处罚
		358	对广告经营者、广告发布者明知或者应知广告虚假仍设计、制作、代理、发布的处罚	行政处罚
		359	对广告内容违反《广告法》第九条、第十条禁止性规定情形的处罚	行政处罚
		360	对违反《广告法》第十五条规定发布处方药广告、药品类易制毒化学品广告、戒毒治疗的医疗器械和治疗方法广告的处罚	行政处罚
		361	对违反《广告法》第二十条规定，发布声称全部或者部分替代母乳的婴儿乳制品、饮料和其他食品广告的处罚	行政处罚
		362	对违反《广告法》第二十二条规定发布烟草广告的处罚	行政处罚
		363	对违反《广告法》第三十七条规定，利用广告推销禁止生产、销售的产品或者提供的服务，或者禁止发布广告的商品或者服务的处罚	行政处罚
		364	对在针对未成年人的大众传播媒介上发布医疗、药品、保健食品、医疗器械、化妆品、酒类、美容广告，以及不利于未成年人身心健康的网络游戏广告的处罚	行政处罚
		365	对违反《广告法》第十六条规定发布医疗、药品、医疗器械广告的处罚	行政处罚
		366	对在广告中涉及疾病治疗功能，以及使用医疗用语或者易使推销的商品与药品、医疗器械相混淆的用语的处罚	行政处罚
		367	对违反《广告法》第十八条规定发布保健食品广告的处罚	行政处罚
		368	对违反《广告法》第二十一条规定发布农药、兽药、饲料和饲料添加剂广告的处罚	行政处罚

续表

序号	部门职责	对应的权力事项		备注
		权力编号	事项名称	
10	指导广告业发展，负责广告活动的监督管理工作，依法查处虚假广告等违法行为	369	对违反《广告法》第二十三条规定发布酒类广告的处罚	行政处罚
		370	对违反《广告法》第二十四条规定发布教育、培训广告的处罚	行政处罚
		371	对违反《广告法》第二十五条规定发布招商等有投资回报预期的商品或者服务广告的处罚	行政处罚
		372	对违反《广告法》第二十六条规定发布房地产广告的处罚	行政处罚
		373	对违反《广告法》第二十七条规定发布农作物种子、林木种子、草种子、种畜禽、水产苗种和种养殖广告的处罚	行政处罚
		374	对违反《广告法》第三十八条第二款规定，利用不满十周岁的未成年人作为广告代言人的处罚	行政处罚
		375	对违反《广告法》第三十八条第三款规定，利用自然人、法人或者其他组织作为广告代言人的处罚	行政处罚
		376	对违反《广告法》第三十九条规定，在中小学校、幼儿园内或者利用与中小学生、幼儿有关的物品发布广告的处罚	行政处罚
		377	对违反《广告法》第四十条第二款规定，发布针对不满十四周岁的未成年人的商品或者服务的广告的处罚	行政处罚
		378	对违反《广告法》第四十六条规定，未经审查发布广告的处罚	行政处罚
		379	对广告经营者、广告发布者明知或者应知有《广告法》第五十八条第一款规定违法行为仍设计、制作、代理、发布的处罚	行政处罚
		380	对广告内容违反《广告法》第八条规定、广告引证内容违反《广告法》第十一条规定、涉及专利的广告违反《广告法》第十二条规定、广告贬低其他生产经营者的商品或者服务，或者广告经营者、广告发布者明知或者应知有前述规定违法行为仍设计、制作、代理、发布的处罚	行政处罚
		381	对广告违反《广告法》第十四条规定，不具有可识别性的，或者违反《广告法》第十九条规定，变相发布医疗、药品、医疗器械、保健食品广告的处罚	行政处罚
		382	对广播电台、电视台、报刊出版单位未办理广告发布登记，擅自从事广告发布业务的处罚	行政处罚

续表

序号	部门职责	对应的权力事项		备注
		权力编号	事项名称	
10	指导广告业发展，负责广告活动的监督管理工作，依法查处虚假广告等违法行为	383	对广告经营者、广告发布者未按照国家有关规定建立、健全广告业务管理制度的，或者未对广告内容进行核对的处罚	行政处罚
		384	对广告代言人有违反《广告法》第十六条第一款第四项规定，在医疗、药品、医疗器械广告中作推荐、证明的，违反第十八条第一款第五项规定，在保健食品广告中作推荐、证明的，违反第三十八条第一款规定，为其未使用过的商品或者未接受过的服务作推荐、证明的，明知或者应知广告虚假仍在广告中对商品、服务作推荐、证明的情形的处罚	行政处罚
		385	对未经当事人同意或者请求，向其住宅、交通工具等发送广告，或者以电子信息方式向其发送广告；或者以电子信息方式发送广告的，未明示发送者的真实身份和联系方式，并向接收者提供拒绝继续接收的方式的处罚	行政处罚
		386	对公共场所的管理者和电信业务经营者、互联网信息服务提供者，明知或者应知广告活动违法不予制止的处罚	行政处罚
		387	对隐瞒真实情况或者提供虚假材料申请广告审查或者以欺骗、贿赂等不正当手段取得广告审查批准的处罚	行政处罚
		388	对伪造、变造或者转让广告审查批准文件的处罚	行政处罚
		389	对未经批准发布中介活动广告的处罚	行政处罚
		390	对印刷品广告违法的处罚	行政处罚
		391	对没有明示广告应当明示内容、含有贬低他人的商品或者服务内容的处罚	行政处罚
		392	对广告广告经营者、广告发布者公布的广告收费标准、收费办法未在实施前报价格主管部门和广告监督管理机关备案的处罚	行政处罚
		393	对违反《江苏省广告条例》第十七条、第十八条规定的处罚	行政处罚
		394	对以虚假或者引人误解的内容、表现形式欺骗和误导社会公众的广告的处罚	行政处罚
		395	对违反《江苏省广告条例》第十一条至第十六条规定的处罚	行政处罚
		396	对以禁止形式发布广告的处罚	行政处罚

续表

序号	部门职责	对应的权力事项		备注
		权力编号	事项名称	
10	指导广告业发展，负责广告活动的监督管理工作，依法查处虚假广告等违法行为	397	对广告用语用字违反广告语言文字管理规定的处罚	行政处罚
		398	对非经营性互联网信息服务提供者所拥有的网站或者主页中不得出现介绍他人商品或者服务的广告内容的处罚	行政处罚
		399	对发布违法广告的媒体拒不刊播违法广告更正启示的处罚	行政处罚
		400	对未经登记擅自发布户外广告的单位和个人的处罚	行政处罚
		401	对提交虚假文件或者采取其他欺骗手段取得《户外广告登记证》的处罚	行政处罚
		402	对擅自改变规格发布户外广告和不按照核准登记的发布期限、形式、数量或者内容发布户外广告的处罚	行政处罚
		403	对伪造、涂改、出租、出借、倒卖或者以其他形式转让《户外广告登记证》的处罚	行政处罚
		404	对为广告客户出具非法或虚假证明的处罚	行政处罚
		405	对广告客户申请发布的广告内容超越其经营范围或者国家许可的范围的处罚	行政处罚
		406	对承办或代理的广告，广告经营者未对其内容进行查验和审查的处罚	行政处罚
		407	对广告经营者帮助广告客户弄虚作假的处罚	行政处罚
		408	对应当委托在中国注册的广告经营企业代理的广告没有委托中国企业代理境外发布广告的处罚	行政处罚
		409	对特许人在推广、宣传活动中含有欺骗、误导的行为，其发布的广告中含有宣传被特许人从事特许经营活动收益的内容的处罚	行政处罚
		410	对广告经营单位不按规定参加广告经营资格检查，无正当理由不接受广告监督管理机关日常监督管理，或者在检查中隐瞒真实情况或提交虚假材料的处罚	行政处罚
		411	对提交虚假文件或采取其他欺骗手段取得《广告经营许可证》的处罚	行政处罚
		412	对广告经营登记事项发生变化未按规定办理变更手续的处罚	行政处罚

续表

序号	部门职责	对应的权力事项		备注
		权力编号	事项名称	
10	指导广告业发展，负责广告活动的监督管理工作，依法查处虚假广告等违法行为	413	对广告经营单位未将《广告经营许可证》正本置放在经营场所醒目位置的处罚	行政处罚
		414	对伪造、涂改、出租、出借、倒卖或者以其他方式转让《广告经营许可证》的处罚	行政处罚
		415	对广告经营单位在取得《广告经营许可证》后，情况发生变化不具备规定条件，又未按规定办理《广告经营许可证》注销手续的处罚	行政处罚
		416	对广告经营单位未开展正常广告经营业务或者基本管理制度尚未建立和执行的处罚	行政处罚
		417	对房地产广告违法的处罚	行政处罚
		418	对在国家禁止范围以外的媒介或者场所发布烟草广告，烟草经营者或者其被委托人直接向商业、服务业的销售点和居民住所发送广告品，未经相应广告监管机关批准的处罚	行政处罚
		419	对烟草广告内容违反禁止性规定的处罚	行政处罚
		420	对烟草广告中的警示语标注不合规范的处罚	行政处罚
		421	对未按要求采取有效整改措施的广告经营单位的处罚	行政处罚
		422	对广告经营单位不按规定报送《广告经营单位基本情况统计表》的处罚	行政处罚
		423	对核准登记后一年以上未开展正常广告经营业务的广告经营单位的处罚	行政处罚
		424	对广告经营单位在广告监督管理机关广告经营资格检查通知规定的时间内，未报送广告经营资格检查材料的处罚	行政处罚
		425	对伪造、涂改、出租、出借、倒卖或者以其他形式转让《户外广告登记证》的处罚	行政处罚
		426	对擅自改变规格发布户外广告，不按照核准登记的发布期限、形式、数量或者内容发布户外广告的处罚	行政处罚
		427	对已经登记的户外广告未按规定在右下角清晰标明户外广告登记证号的处罚	行政处罚
		428	对未经登记擅自发布户外广告的处罚	行政处罚

续表

序号	部门职责	对应的权力事项		备注
		权力编号	事项名称	
10	指导广告业发展，负责广告活动的监督管理工作，依法查处虚假广告等违法行为	429	对提交虚假文件或者采取其他欺骗手段取得《户外广告登记证》的处罚	行政处罚
		430	对零售商在开展促销活动时广告和其他宣传，使用含糊、易引起误解的语言、文字、图片或影像的处罚	行政处罚
		431	对广告主、广告经营者、广告发布者违法发布医疗广告的处罚	行政处罚
		432	广告经营许可证核发	行政审批
		433	户外广告登记	行政审批
		434	对在公共交通工具、住宅小区、楼宇、市场、影剧院、体育场馆等场所内，利用电子显示装置、展示板或者其他方式发布广告内容的审查备案	行政其他
		435	在登记地以外发布的固定形式印刷品广告的备案	行政其他
		436	广告监管的公告	行政其他
		437	对核准登记后一年以上未开展正常广告经营业务的广告经营单位责令其办理广告经营注销手续	行政其他
		438	查封或者扣押与涉嫌虚假的药品、医疗、医疗器械、食品、消毒产品、化妆品、美容美体服务广告直接有关的财物	行政强制
		439	查封、扣押与涉嫌违法广告直接相关的广告物品、经营工具、设备等财物	行政强制
		440	责令暂停发布可能造成严重后果的涉嫌违法广告	行政强制
11	非税收入收缴	441	企业注册登记费的征收	行政征收
		442	个体工商户注册登记费的征收	行政征收
12	查处侵害消费者权益的违法行为	443	对提供的商品或者服务不符合保障人身、财产安全要求的处罚	行政处罚
		444	对在商品中掺杂、掺假，以假充真，以次充好，或者以不合格商品冒充合格商品的处罚	行政处罚
		445	对销售国家明令淘汰的商品或者销售失效、变质的商品的处罚	行政处罚

续表

序号	部门职责	对应的权力事项		备注
		权力编号	事项名称	
12	查处侵害消费者权益的违法行为	446	对伪造商品的产地，伪造或者冒用他人的厂名、厂址，篡改生产日期，伪造或者冒用认证标志等质量标志的处罚	行政处罚
		447	对销售的商品应当检验、检疫而未检验、检疫或者伪造检验、检疫结果的处罚	行政处罚
		448	对商品或者服务作虚假或者引人误解的宣传的处罚	行政处罚
		449	对拒绝或者拖延有关行政部门责令对缺陷商品或者服务采取停止销售、警示、召回、无害化处理、销毁、停止生产或者服务等措施的处罚	行政处罚
		450	对消费者提出的修理、重作、更换、退货、补足商品数量、退还货款和服务费用或者赔偿损失的要求，故意拖延或者无理拒绝的处罚	行政处罚
		451	对侵害消费者人格尊严、侵犯消费者人身自由或者侵害消费者个人信息依法得到保护的权利的处罚	行政处罚
		452	对法律、法规规定的侵犯消费者其他权益的处罚	行政处罚
		453	对无正当理由，拒绝向消费者提供其经营的商品或者服务的处罚	行政处罚
		454	对强制消费者接受商品或者服务以及不合理条件的处罚	行政处罚
		455	对将包装物的重量计入商品净重的处罚	行政处罚
		456	对拒绝消费者对商品质量、计量的验收、复核的处罚	行政处罚
		457	对拒绝当场开封调试的商品的处罚	行政处罚
		458	对拒绝消费者当场提出的合理的退货要求的处罚	行政处罚
		459	对阻挠、拒绝对消费者申诉和投诉的调查的处罚	行政处罚
		460	对在美容服务中，从事医疗手术范畴的整容项目的处罚	行政处罚
		461	对从事客运服务的，拒载、绕行、中途停运或者转运营运场所及营运车辆配置的空调器、电视机等设备，无故拒绝使用的处罚	行政处罚
		462	对从事旅游服务的，擅自改变旅游线路、游览景点、食宿标准等约定条件，强制、误导消费者购买商品或者接受服务的处罚	行政处罚

续表

序号	部门职责	对应的权力事项		备注
		权力编号	事项名称	
12	查处侵害消费者权益的违法行为	463	对从事加工服务的，偷工减料、偷换材料或者谎报用工用料的处罚	行政处罚
		464	对从事修理服务的，损坏送修商品、谎报修理情况，更换不需要更换或者配用不合格的元器件、零部件的处罚	行政处罚
		465	对供水、供电、供气、邮电通信等公用企业、事业单位和其他依法具有独占地位的经营者，作出对消费者不公平、不合理的规定，限定消费者购买或者接受其指定的商品或者服务，擅自增加收费项目或者提高收费标准，要求消费者承担户外管线或者其他设施被他人盗用、损害造成的损失的处罚	行政处罚
		466	对医疗卫生单位销售以日用品包装的药品或者将日用品作为药品推销，增加患者负担的处罚	行政处罚
		467	对房地产经营者以虚假的销售宣传误导消费者的处罚	行政处罚
		468	对房地产经营者违反国家规定预售商品房的处罚	行政处罚
		469	对房地产经营者将未经验收合格的商品房交付使用的处罚	行政处罚
		470	对房地产经营者交付使用的商品房不符合销售合同约定的条件的处罚	行政处罚
		471	对房地产经营者拒绝履行按照国家规定应当履行的管理、维修和保养义务的处罚	行政处罚
		472	对经营者不向消费者提供“三包”凭证的处罚	行政处罚
		473	对经营者在“三包”期内的商品违法收取费用的处罚	行政处罚
		474	对实行“三包”的大件商品在“三包”期限内存在质量问题，经营者未免费上门服务又不承担消费者合理费用的处罚	行政处罚
		475	对经营者侵害消费者合法权益行为的处罚	行政处罚
		476	对经营者使用格式条款、通知、声明、殿堂告示作出免除自身责任、排除或者抵制消费者合法权利等对消费者不公平、不合理规定行为的处罚	行政处罚
		477	对服务业的经营者损害消费者权益行为的处罚	行政处罚
		478	对洗染业经营者违反《洗染业管理办法》规定从事欺诈消费者的处罚	行政处罚
		479	消费者投诉的处理	行政其他

续表

序号	部门职责	对应的权力事项		备注
		权力编号	事项名称	
12	查处侵害消费者权益的违法行为	480	对拒绝或者拖延有关行政部门责令对缺陷商品或者服务采取停止销售、警示、召回、无害化处理、销毁、停止生产或者服务等措施	行政强制
13	查处无照经营行为	481	查封、扣押与无照经营行为有关的合同、票据、账簿以及其他资料和专门用于从事无照经营活动的工具、设备、原材料、产品(商品)及场所	行政强制
		482	查封从事互联网上网服务违法经营活动的场所,扣押从事违法经营活动的专用工具、设备	行政强制
		483	责令停止涉嫌无照经营活动	行政强制
		484	拍卖或变卖被查封、扣押的易腐烂、变质的财物	行政强制
		485	取缔擅自从事经营活动的娱乐场所	行政强制
		486	对向执法机关检举、揭发各类案件的人民群众,经查实后给予的奖励	行政奖励
		487	查封、取缔未取得报废汽车回收企业资格认定,擅自从事报废汽车回收活动的场所	行政强制
		488	暂扣对被责令停产整顿的煤矿的营业执照	行政强制
		489	对未取得营业执照擅自从事房地产中介服务的处罚	行政处罚
		490	对未取得营业执照擅自从事房地产开发业务的处罚	行政处罚
		491	对未经许可经营旅行社业务的处罚	行政处罚
		492	对未经许可,擅自设立文物商店、经营文物拍卖的拍卖企业,或者擅自从事文物的商业经营活动的处罚	行政处罚
		493	对文物收藏单位从事文物的商业经营活动的处罚	行政处罚
		494	对未取得资质等级证书或者超越资质等级从事房地产开发经营,房地产开发主管部门责令限期改正,逾期不改正的处罚	行政处罚
		495	对未经批准,擅自设立出版物的出版、印刷或者复制、进口、发行单位,或者擅自从事出版物的出版、印刷或者复制、进口、发行业务,假冒出版单位名称或者伪造、假冒报纸、期刊名称出版出版物的处罚	行政处罚

续表

序号	部门职责	对应的权力事项		备注
		权力编号	事项名称	
13	查处无照经营行为	496	对擅自设立电影片的制片、发行、放映单位,或者擅自从事电影制片、进口、发行、放映活动的处罚	行政处罚
		497	对未依法取得批准擅自从事有关活动的经营单位的处罚	行政处罚
		498	对擅自设立互联网上网服务营业场所,或者擅自从事互联网上网服务经营活动的处罚	行政处罚
		499	对非法生产军服、军服专用材料等的处罚	行政处罚
		500	对未取得相应的旅行社业务经营许可,经营国内旅游业务、入境旅游业务、出境旅游业务的处罚	行政处罚
		501	对分社的经营范围超出设立分社的旅行社的经营范围的处罚	行政处罚
		502	对一般无照经营的处罚	行政处罚
		503	无照经营行为规模较大、社会危害严重的(并处2万元以上20万元以下的罚款)	行政处罚
		504	无照经营行为危害人体健康、存在重大安全隐患、威胁公共安全、破坏环境资源的(并处5万元以上50万元以下的罚款)	行政处罚
		505	对取得营业执照,但未依法取得许可证或者其他批准文件,或者已经取得的许可证或者其他批准文件被吊销、撤销或者有效期届满后未依法重新办理许可审批手续,擅自从事相关经营活动的处罚	行政处罚
		506	对外国(地区)企业未经批准、核准登记注册擅自在中国境内从事生产经营活动的处罚	行政处罚
		507	为无照经营提供生产经营场所、运输、保管、仓储等条件的处罚	行政处罚
		508	对超出核准登记的经营范围或者经营方式从事经营活动的行政处罚	行政处罚
		509	对擅自动用、调换、转移、损毁被查封、扣押财物的处罚	行政处罚
		510	为危害人体健康、存在重大安全隐患、威胁公共安全、破坏环境资源的无照经营行为提供生产经营场所、运输、保管、仓储等条件的处罚	行政处罚

续表

序号	部门职责	对应的权力事项		备注
		权力编号	事项名称	
13	查处无照经营行为	511	对拒不执行有关暂停销售,听候检查,不得转移、隐匿、销毁有关财物命令的处罚	行政处罚
		512	对未经资格认定、登记注册擅自开展中介活动的处罚	行政处罚
		513	对擅自从事娱乐场所经营活动的处罚	行政处罚
14	规范办案程序	514	组织查处跨区域案件、大案要案、上级领导交办的案件	行政其他
		515	在证据可能灭失或者以后难以取得的情况下,经行政机关负责人批准,可以先行登记保存	行政强制
15	监督实施食品行政许可的实施办法,负责监督管理食品生产、流通、消费环节的食品安全,监督实施食品安全管理规范,制订地方性食品安全检查年度计划、重大整顿治理方案并组织落实。组织实施食品安全信息统一公布制度,依据职责公布食品安全日常监督	516	食品流通许可	行政审批
		517	餐饮服务许可	行政审批
		518	审查取得食品生产许可证企业的年度报告	行政其他
		519	责令召回或者停止经营不符合食品安全标准的食品	行政其他
		520	查封、扣押有证据证明不符合食品安全标准的食品,违法使用的食品原料、食品添加剂、食品相关产品,以及用于违法生产经营或者被污染的工具、设备;查封违法从事食品生产经营活动的场所	行政强制
		521	查封、扣押有关合同、票据、账簿及其他有关资料、不符合法定要求的产品和违法使用的原料、辅料、添加剂、农业投入品及用于违法生产的工具、设备、场所	行政强制
		522	查封、扣押不符合法定要求的产品,违法使用的原料、辅料、添加剂、农业投入品和用于违法生产的工具、设备	行政强制
		523	查封、扣押不符合乳品质量安全国家标准的乳品以及违法使用的生鲜乳、辅料、添加剂	行政强制
		524	查封涉嫌违法从事乳品生产经营活动的场所,扣押用于违法生产经营的工具、设备	行政强制
		525	对未取得食品生产经营许可从事食品生产经营活动,或者未取得食品添加剂生产许可从事食品添加剂生产活动的处罚	行政处罚
		526	对明知从事未经许可从事食品生产经营或者食品添加剂生产活动的违法行为,仍为其提供生产经营场所或者其他条件的处罚	行政处罚

续表

序号	部门职责	对应的权力事项		备注
		权力编号	事项名称	
15	管理信息，参与制订地方性食品安全风险监测计划，根据食品安全风险监测计划开展食品安全风险监测工作；查处食品安全违法行为	527	对用非食品原料生产食品、在食品中添加食品添加剂以外的化学物质和其他可能危害人体健康的物质，或者用回收食品作为原料生产食品，或者经营上述食品的处罚	行政处罚
		528	对生产经营营养成分不符合食品安全标准的专供婴幼儿和其他特定人群的主辅食品的处罚	行政处罚
		529	对经营病死、毒死或者死因不明的禽、畜、兽、水产动物肉类，或者生产经营其制品的处罚	行政处罚
		530	对经营未按规定进行检疫或者检疫不合格的肉类，或者生产经营未经检验或者检验不合格的肉类制品的处罚	行政处罚
		531	对生产经营国家为防病等特殊需要明令禁止生产经营的食品的处罚	行政处罚
		532	对生产经营添加药品的食品的处罚	行政处罚
		533	对明知从事《食品安全法》第一百二十三条第一款规定的违法行为，仍为其提供生产经营场所或者其他条件的处罚	行政处罚
		534	对生产经营致病性微生物，农药残留、兽药残留、生物毒素、重金属等污染物质以及其他危害人体健康的物质含量超过食品安全标准限量的食品、食品添加剂的处罚	行政处罚
		535	对用超过保质期的食品原料、食品添加剂生产食品、食品添加剂，或者经营上述食品、食品添加剂的处罚	行政处罚
		536	对生产经营超范围、超限量使用食品添加剂的食品的处罚	行政处罚
		537	对生产经营腐败变质、油脂酸败、霉变生虫、污秽不洁、混有异物、掺假掺杂或者感官性状异常的食品、食品添加剂的处罚	行政处罚
		538	对生产经营标注虚假生产日期、保质期或者超过保质期的食品、食品添加剂的处罚	行政处罚
		539	对生产经营未按规定注册的保健食品、特殊医学用途配方食品、婴幼儿配方乳粉，或者未按注册的产品配方、生产工艺等技术要求组织生产的处罚	行政处罚
		540	对以分装方式生产婴幼儿配方乳粉，或者同一企业以同一配方生产不同品牌的婴幼儿配方乳粉的处罚	行政处罚

续表

序号	部门职责	对应的权力事项		备注
		权力编号	事项名称	
15	监督实施食品行政许可的实施办法，负责监督管理食品生产、流通、消费环节的食品安全，监督实施食品安全管理规范，制订地方性食品安全检查年度计划、重大整顿治理方案并组织落实。组织实施食品安全信息统一公布制度，依据职责公布食品安全日常监督管理信息，参与制订地方性食品安全风险监测计划，根据食品安全风险监测计划开展食品安全风险监测工作；查处食品安全违法行为	541	对利用新的食品原料生产食品，或者生产食品添加剂新品种，未通过安全性评估的处罚	行政处罚
		542	对食品生产经营者在食品药品监督管理部门责令其召回或者停止经营后，仍拒不召回或者停止经营的处罚	行政处罚
		543	对生产经营不符合法律、法规或者食品安全标准的食品、食品添加剂的处罚	行政处罚
		544	对生产食品相关产品新品种，未通过安全性评估，或者生产不符合食品安全标准的食品相关产品的处罚	行政处罚
		545	对生产经营被包装材料、容器、运输工具等污染的食品、食品添加剂的处罚	行政处罚
		546	对生产经营无标签的预包装食品、食品添加剂或者标签、说明书不符合本法规定的食品、食品添加剂的处罚	行政处罚
		547	对生产经营转基因食品未按规定进行标示的处罚	行政处罚
		548	对食品生产经营者采购或者使用不符合食品安全标准的食品原料、食品添加剂、食品相关产品的处罚	行政处罚
		549	对生产经营的食品、食品添加剂的标签、说明书存在瑕疵但不影响食品安全且不会对消费者造成误导的处罚	行政处罚
		550	对食品、食品添加剂生产者未按规定对采购的食品原料和生产的食品、食品添加剂进行检验的处罚	行政处罚
		551	对食品生产经营企业未按规定建立食品安全管理制度，或者未按规定配备或者培训、考核食品安全管理人员的处罚	行政处罚
		552	对食品、食品添加剂生产经营者进货时未查验许可证和相关证明文件，或者未按规定建立并遵守进货查验记录、出厂检验记录和销售记录制度的处罚	行政处罚
		553	对食品生产经营企业未制定食品安全事故处置方案的处罚	行政处罚
		554	对餐具、饮具和盛放直接入口食品的容器，使用前未经洗净、消毒或者清洗消毒不合格，或者餐饮服务设施、设备未按规定定期维护、清洗、校验的处罚	行政处罚

续表

序号	部门职责	对应的权力事项		备注
		权力编号	事项名称	
15	监督实施食品行政许可的实施办法，负责监督管理食品生产、流通、消费环节的食品安全，监督实施食品安全管理规范，制订地方性食品安全检查年度计划、重大整顿治理方案并组织落实。组织实施食品安全信息统一公布制度，依据职责公布食品安全日常监督管理信息，参与制订地方性食品安全风险监测计划，根据食品安全风险监测计划开展食品安全风险监测工作；查处食品安全违法行为	555	对食品生产经营者安排未取得健康证明或者患有国务院卫生行政部门规定的有碍食品安全疾病的人员从事接触直接入口食品的工作的处罚	行政处罚
		556	对食品经营者未按规定要求销售食品的处罚	行政处罚
		557	对保健食品生产企业未按规定向食品药品监督管理部门备案，或者未按备案的产品配方、生产工艺等技术要求组织生产的处罚	行政处罚
		558	对婴幼儿配方食品生产企业未将食品原料、食品添加剂、产品配方、标签等向食品药品监督管理部门备案的处罚	行政处罚
		559	对特殊食品生产企业未按规定建立生产质量管理体系并有效运行，或者未定期提交自查报告的处罚	行政处罚
		560	对食品生产经营者未定期对食品安全状况进行检查评价，或者生产经营条件发生变化，未按规定处理的处罚	行政处罚
		561	对学校、托幼机构、养老机构、建筑工地等集中用餐单位未按规定履行食品安全管理责任的处罚	行政处罚
		562	对食品生产企业、餐饮服务提供者未按规定制定、实施生产经营过程控制要求的处罚	行政处罚
		563	对食用农产品销售者未建立和履行食用农产品进货查验记录制度的处罚	行政处罚
		564	对食品相关产品生产者未按规定对生产的食品相关产品进行检验的处罚	行政处罚
		565	对集中交易市场的开办者、柜台出租者、展销会的举办者允许未依法取得许可的食品经营者进入市场销售食品，或者未履行检查、报告等义务的处罚	行政处罚
		566	对食用农产品批发市场违反《食品安全法》第六十四条规定的处罚	行政处罚
		567	对网络食品交易第三方平台提供者未对入网食品经营者进行实名登记、审查许可证，或者未履行报告、停止提供网络交易平台服务等义务的处罚	行政处罚
		568	对未按要求进行食品贮存、运输和装卸的处罚	行政处罚

续表

序号	部门职责	对应的权力事项		备注
		权力编号	事项名称	
15	监督实施食品行政许可的实施办法，负责监督管理食品生产、流通、消费环节的食品安全，监督实施食品安全管理规范，制订地方性食品安全检查年度计划、重大整顿治理方案并组织落实。组织实施食品安全信息统一公布制度，依据职责公布食品安全日常监督管理信息，参与制订地方性食品安全风险监测计划，根据食品安全风险监测计划开展食品安全风险监测工作；查处食品安全违法行为	569	对阻挠、干涉有关部门、机构及其工作人员依法开展食品安全监督检查、事故调查处理、风险监测和风险评估的处罚	行政处罚
		570	对食品生产经营者在一年内累计三次因违反本法规定受到责令停产停业、吊销许可证以外处罚的处罚	行政处罚
		571	对食品生产经营者聘用人员违反前《食品安全法》第一百三十五条前两款规定的处罚	行政处罚
		572	对因食品虚假宣传被省级以上人民政府食品药品监督管理部门决定暂停销售该食品后仍然销售该食品的处罚	行政处罚
		573	对接触直接入口食品的工具、设备在使用前未进行消毒的处罚	行政处罚
		574	对乳制品生产企业在乳制品生产过程中，加入非食品用化学物质或者其他可能危害人体健康的物质的处罚	行政处罚
		575	对生产、销售不符合乳品质量安全国家标准的乳品的处罚	行政处罚
		576	对销售不符合乳品质量安全国家标准的乳品的处罚	行政处罚
		577	对销售者在发生乳品质量安全事故后未报告、处置的处罚	行政处罚
		578	对不符合乳品质量安全国家标准、存在危害人体健康和生命安全或者可能危害婴幼儿身体健康和生长发育的乳制品，不停止生产、不召回的处罚	行政处罚
		579	对不符合乳品质量安全国家标准、存在危害人体健康和生命安全或者可能危害婴幼儿身体健康和生长发育的乳制品，销售者不停止销售、不追回的处罚	行政处罚
		580	对产品销售企业和个人未落实进货检查验收制度，未建立产品进货、销售台账；进货、销售台账保存期限少于2年，未向供货商索要符合法定条件的检验机构出具的检验报告或者由供货商签字或者盖章的检验报告复印件，销售不能提供检验报告或者检验报告复印件的产品等的处罚	行政处罚
		581	对生产、销售不符合法定条件、法定要求的产品的处罚	行政处罚
		582	对生产经营假冒保健食品批准文号的保健食品的处罚	行政处罚
		583	对生产经营未取得批准证书或注册证书的保健食品的处罚	行政处罚

续表

序号	部门职责	对应的权力事项		备注
		权力编号	事项名称	
15	监督实施食品行政许可的实施办法，负责监督管理食品生产、流通、消费环节的食品安全，监督实施食品安全管理规范，制订地方性食品安全检查年度计划、重大整顿治理方案并组织落实。组织实施食品安全信息统一公布制度，依据职责公布食品安全日常监督管理信息，参与制订地方性食品安全风险监测计划，根据食品安全风险监测计划开展食品安全风险监测工作；查处食品安全违法行为	584	对生产企业、销售者发现其生产的产品存在可能对人体健康和生命安全造成损害的，未向社会公布有关信息，通知销售者停止销售，告知消费者停止使用，主动召回产品，未向有关监督管理部门报告的处罚	行政处罚
		585	对生产企业和销售者发现其生产或销售的产品可能对人体健康和生命安全造成损害的，不履行向社会公布有关信息，通知销售者停止销售，告知消费者停止使用，主动召回产品，并向有关监督管理部门报告的义务的处罚	行政处罚
		586	对市场开办企业、柜台出租企业、产品展销会举办企业未履行审查、报告义务的处罚	行政处罚
		587	对违法使用原料、辅料、添加剂、农业投入品的处罚	行政处罚
		588	对依法应当取得许可证照而未取得许可证照从事生产经营活动的处罚	行政处罚
		589	对有多次违法行为记录的生产经营者的处罚	行政处罚
		590	对不按照法定条件、要求从事生产经营活动或者生产、销售不符合法定要求产品的处罚	行政处罚
		591	对保健食品经营单位不能提供产品批次法定检验报告或者由供货商签字（盖章）的法定检验报告复印件的行政处罚	行政处罚
		592	对食品经营者伪造、涂改、倒卖、出租、出借、转让食品经营许可证的处罚	行政处罚
		593	对食品经营者未按规定在经营场所的显著位置悬挂或者摆放食品经营许可证的处罚	行政处罚
		594	对食品经营许可证载明的许可事项发生变化，食品经营者未按规定申请变更经营许可的处罚	行政处罚

续表

序号	部门职责	对应的权力事项		备注
		权力编号	事项名称	
15	监督实施食品行政许可的实施办法，负责监督管理食品生产、流通、消费环节的食品安全，监督实施食品安全管理规范，制订地方性食品安全检查年度计划、重大整顿治理方案并组织落实。组织实施食品安全信息统一公布制度，依据职责公布食品安全日常监督管理信息，参与制订地方性食品安全风险监测计划，根据食品安全风险监测计划开展食品安全风险监测工作；查处食品安全违法行为	595	对食品经营者外设仓库地址发生变化，未按规定报告的，或者食品经营者终止食品经营，食品经营许可被撤回、撤销或者食品经营许可证被吊销，未按规定申请办理注销手续的处罚	行政处罚
		596	对超出许可范围擅自生产加工已实行生产许可证管理的食品的处罚	行政处罚
		597	对出租、出借或者转让食品生产许可证证书、标志和食品生产许可证编号的处罚	行政处罚
		598	对从事食品批发业务的经营企业没有向购货者开具销售票据或清单的处罚	行政处罚
		599	对检验机构及其检验人员从事与其检验的实施食品质量安全市场准入管理食品相关的生产销售活动的处罚	行政处罚
		600	对利用新资源生产食品、使用食品添加剂新品种、新的原材料生产的食品容器、包装材料和食品用工具、设备的新品种不能提供安全评价报告的处罚	行政处罚
		601	对聘用未取得健康证明的人员从事经营活动的处罚	行政处罚
		602	对取得食品生产许可证的企业名称发生变化，未按照规定办理变更手续的处罚	行政处罚
		603	对取得食品生产许可证的企业生产条件、检验手段、生产技术或者工艺发生变化的，未按照规定办理重新申请审查手续的处罚	行政处罚
		604	对取得食品生产许可证的企业未按规定标注标志和食品生产许可证编号的处罚	行政处罚
		605	对取得食品生产许可证的企业未按规定提交年度报告的处罚	行政处罚
		606	对取得食品生产许可证的企业向负责监督检查的质量技术监督部门隐瞒有关情况、提供虚假材料或者拒绝提供反映其活动情况的真实材料的处罚	行政处罚
		607	对生产和在生产中使用国家明令淘汰的食品及相关产品处罚	行政处罚
		608	对食品标识违反法律、法规其他的处罚	行政处罚

续表

序号	部门职责	对应的权力事项		备注
		权力编号	事项名称	
15	监督实施食品行政许可的实施办法，负责监督管理食品生产、流通、消费环节的食品安全，监督实施食品安全管理规范，制订地方性食品安全检查年度计划、重大整顿治理方案并组织落实。组织实施食品安全信息统一公布制度，依据职责公布食品安全日常监督管理信息，参与制订地方性食品安全风险监测计划，根据食品安全风险监测计划开展食品安全风险监测工作；查处食品安全违法行为	609	对食品标识伪造、冒用、变造生产许可证标志及编号的处罚	行政处罚
		610	对食品标识伪造或者虚假标注生产日期和保质期的处罚	行政处罚
		611	对食品标识伪造食品产地，伪造或者冒用其他生产者的名称、地址的处罚	行政处罚
		612	对食品标识未按规定标注的处罚	行政处罚
		613	对食品标识与食品或者其包装分离的处罚	行政处罚
		614	对食品或者其包装上未附加标识的处罚	行政处罚
		615	对食品生产加工企业不能持续保持应当具备的环境条件、卫生要求、厂房场所、设备设施或者检验条件的处罚	行政处罚
		616	对食品生产加工企业在生产加工活动中使用未取得生产许可证的实施生产许可证管理产品的处罚	行政处罚
		617	对食品生产者接到质监部门食品安全危害调查通知，但未及时进行调查的；拒绝配合质监部门进行食品安全危害调查的；未按规定要求及时提交食品安全危害调查、评估报告的处罚	行政处罚
		618	对食品生产者违反规定提交食品召回阶段性报告的处罚	行政处罚
		619	对食品生产者违反食品召回报告制度等有关规定的处罚	行政处罚
		620	对食品生产者违反食品召回计划、召回内容等有关规定的处罚	行政处罚
		621	对食品生产者违反食品召回期限的处罚	行政处罚
		622	对食品生产者未保存召回记录的处罚	行政处罚
		623	对食品生产者未及时对不安全食品进行无害化处理的；违反规定对应当销毁的食品，未及时予以销毁的；对召回食品后处理没有详细记录，未向所在地市级质监部门报告，未接受市级质监部门监督的处罚	行政处罚
		624	对食品生产者未停止生产销售不安全食品的处罚	行政处罚
		625	对食品未按规定标注应当标注内容的处罚	行政处罚
		626	对违法接受并使用他人提供的食品生产许可证证书、标志和食品生产许可证编号的处罚	行政处罚

续表

序号	部门职责	对应的权力事项		备注
		权力编号	事项名称	
15	监督实施食品行政许可的实施办法，负责监督管理食品生产、流通、消费环节的食品安全，监督实施食品安全管理规范，制订地方性食品安全检查年度计划、重大整顿治理方案并组织落实。组织实施食品安全信息统一公布制度，依据职责公布食品安全日常监督管理信息，参与制订地方性食品安全风险监测计划，根据食品安全风险监测计划开展食品安全风险监测工作；查处食品安全违法行为	627	对违反规定使用污染的食品或者非食用的原料生产加工食品的处罚	行政处罚
		628	对伪造、变造、冒用食品生产许可证证书、标志或者食品生产许可证编号的处罚	行政处罚
		629	对伪造或者虚假标注食品生产日期和保质期的，情节不严重的处罚	行政处罚
		630	对委托未取得食品生产许可证的企业生产加工已实行生产许可证管理的食品的处罚	行政处罚
		631	对未按规定进行强制检验、比对检验或者加严检验的处罚	行政处罚
		632	对未按规定进行委托加工食品备案或者未按规定在委托加工生产的食品包装上标注的处罚	行政处罚
		633	对未按规定实施出厂检验的处罚	行政处罚
		634	对未按规定实施进货验收制度并建立进货台账的处罚	行政处罚
		635	对未将使用食品添加剂情况备案或者未按国家规定进行其他备案的处罚	行政处罚
		636	对未取得食品生产许可证而擅自生产加工已实行生产许可证管理的食品的处罚	行政处罚
		637	对无标或者不按标准组织生产的处罚	行政处罚
		638	对无食品生产记录或者销售记录的处罚	行政处罚
		639	对以检验机构名义推荐或者监制、监销其检验的列入生产许可证管理食品的处罚	行政处罚
		640	对在食品生产中掺杂、掺假，以假充真，以次充好，或者以不合格产品冒充合格产品的处罚	行政处罚
		641	对集中交易市场的开办者、柜台出租者、展销会的举办者允许未履行其他管理义务的处罚	行政处罚
		642	对被注销食品生产许可证或者食品生产许可证超过有效期仍继续生产加工已实行生产许可证管理的食品的处罚	行政处罚

续表

序号	部门职责	对应的权力事项		备注
		权力编号	事项名称	
16	监督实施国家药典等药品和医疗器械标准、分类管理制度。监督实施药品和医疗器械研制、生产、经营、使用质量管理规范，负责药品、医疗器械经营许可、第一类医疗器械产品和生产备案及药品、医疗器械监督检查。建立药品和化妆品不良反应、医疗器械不良事件监测体系并开展监测和处置工作。组织实施执业药师资格准入制度。配合	643	药品零售经营许可	行政审批
		644	第二类精神药品零售资格审批(不含药品零售连锁企业总部)	行政审批
		645	医疗用毒性药品零售企业及罂粟壳定点零售企业经营资格审批(不含药品零售连锁企业总部)	行政审批
		646	第三类医疗器械经营许可	行政审批
		647	药品零售企业经营质量管理规范认证	行政其他
		648	《医疗器械经营企业》(第二类,备案)	行政其他
		649	查封可能危害人体健康的药品、医疗器械、化妆品及有关材料	行政强制
		650	扣押可能危害人体健康的药品、医疗器械、化妆品及有关材料	行政强制
		651	对生产、销售或进口不合格药包材的处罚	行政处罚
		652	对生产、销售假药的处罚	行政处罚
		653	对生产、销售劣药的处罚	行政处罚
		654	对生产化妆品所需的原料、辅料以及直接接触化妆品的容器和包装材料不符合国家卫生标准的处罚	行政处罚
		655	对生产或者销售不符合国家《化妆品卫生标准》的化妆品的处罚	行政处罚
		656	对生产企业转让、伪造、倒卖特殊用途化妆品批准文号的处罚	行政处罚
		657	对生产未取得批准文号的特殊用途的化妆品的处罚	行政处罚
		658	对使用不合格药包材的处罚	行政处罚
		659	对使用现金进行麻醉药品和精神药品交易的处罚	行政处罚
		660	对涂改《化妆品生产企业卫生许可证》的处罚	行政处罚
		661	对涂改进口化妆品卫生审查批件或批准文号的处罚	行政处罚
		662	对涂改特殊用途化妆品批准文号的处罚	行政处罚

续表

序号	部门职责	对应的权力事项		备注
		权力编号	事项名称	
16	实施基本药物制度。监督实施化妆品监督管理办法；组织实施食品、药品、医疗器械、化妆品监督管理的稽查制度，组织查处违法行为。监督实施问题产品召回和处置制度。组织开展药品、医疗器械和保健食品广告的监测；查处药品、医疗器械、化妆品违法案件	663	对伪造、变造、买卖、出租、出借《医疗器械生产许可证》《医疗器械生产备案凭证》的处罚	行政处罚
		664	对伪造、变造、买卖、出租、出借相关医疗器械许可证件的处罚	行政处罚
		665	对未按规定开具药品销售凭证的处罚	行政处罚
		666	对未按医疗器械说明书和标签标示要求运输、贮存医疗器械的处罚	行政处罚
		667	对未经许可从事第二类、第三类医疗器械生产活动的处罚	行政处罚
		668	对未经许可从事第三类医疗器械经营活动的处罚	行政处罚
		669	对未凭处方销售处方药的处罚	行政处罚
		670	对未取得《化妆品生产企业卫生许可证》的企业擅自生产化妆品的处罚	行政处罚
		671	对未取得《药包材注册证》擅自生产药包材的处罚	行政处罚
		672	对无《药品经营许可证》经营药品的处罚	行政处罚
		673	对无《药品生产许可证》生产药品的处罚	行政处罚
		674	对销售被采取暂停销售措施的医疗器械的处罚	行政处罚
		675	对销售被采取暂停销售措施药品的处罚	行政处罚
		676	对销售标签、小包装或者说明书不符合《化妆品卫生监督条例》第十二条规定的化妆品的处罚	行政处罚
		677	对销售超过使用期限的化妆品的处罚	行政处罚
		678	对销售未获得《生物制品批签发合格证》的处罚	行政处罚
		679	对销售未经检验的化妆品的处罚	行政处罚
		680	对销售未取得《化妆品生产企业卫生许可证》的企业所生产的化妆品的处罚	行政处罚
		681	对销售无质量合格标记的化妆品的处罚	行政处罚
		682	对药品的生产企业、经营企业、医疗机构在药品购销中暗中给予、收受回扣或者其他利益的，药品的生产企业、经营企业或者其代理人给予使用其药品的医疗机构的负责人、药品采购人员、医师等有关人员以财物或者其他利益的处罚	行政处罚

续表

序号	部门职责	对应的权力事项		备注
		权力编号	事项名称	
16	监督实施国家药典等药品和医疗器械标准、分类管理制度。监督实施药品和医疗器械研制、生产、经营、使用质量管理规范，负责药品、医疗器械经营许可、第一类医疗器械产品和生产备案及药品、医疗器械监督检查。建立药品和化妆品不良反应、医疗器械不良事件监测体系并开展监测和处置工作。组织实施执业药师资格准入制度。配合	683	对药品经营企业购进和销售医疗机构配制的制剂的处罚	行政处罚
		684	对药品经营企业未按照《药品经营许可证》规定的经营方式和经营范围经营药品的处罚	行政处罚
		685	对药品生产、经营企业将人工终止妊娠药品销售给未经批准施行人工终止妊娠手术的单位和个人、药品零售企业销售人工终止妊娠药品的处罚	行政处罚
		686	对药品生产、经营企业为他人以本企业的名义经营药品提供资质证明文件、票据等便利条件的处罚	行政处罚
		687	对药品生产、经营企业知道或应当知道他人无药品生产、经营资格而为其从事药品生产、经营提供药品的处罚	行政处罚
		688	对药品生产经营企业在未经核准的地址现货销售药品的处罚	行政处罚
		689	对药品生产企业、批发企业及医疗机构采取邮售、互联网交易等方式直接向公众销售处方药的处罚	行政处罚
		690	对药品生产企业、批发企业未按药品说明书规定条件运输、储存药品的处罚	行政处罚
		691	对药品生产企业、药品经营企业、医疗机构从非法渠道购进药品的处罚	行政处罚
		692	对药品生产企业、药品经营企业未按照规定实施《GMP》《GSP》的处罚	行政处罚
		693	对药品生产企业销售受委托生产的药品或他人生产的药品的处罚	行政处罚
		694	对药师不在岗销售处方药或甲类非处方药的处罚	行政处罚
		695	对医疗机构配制制剂使用不符合规定的原料、辅料以及直接接触药品的包装材料和容器的处罚	行政处罚
		696	对医疗机构擅自改变处方配制制剂的处罚	行政处罚
		697	对医疗机构未经批准擅自使用其他医疗机构配制的制剂的处罚	行政处罚

续表

序号	部门职责	对应的权力事项		备注
		权力编号	事项名称	
16	实施基本药物制度。监督实施化妆品监督管理办法；组织实施食品、药品、医疗器械、化妆品监督管理的稽查制度，组织查处违法行为。监督实施问题产品召回和处置制度。组织开展药品、医疗器械和保健食品广告的监测；查处药品、医疗器械、化妆品违法案件	698	对医疗器械经营企业、使用单位未依照《医疗器械管理条例》规定建立并执行医疗器械进货查验记录制度的处罚	行政处罚
		699	对重复使用的医疗器械，使用单位未按照消毒和管理的规定进行处理的、重复使用一次性使用医疗器械的或未规定销毁使用过的一次性使用的医疗器械处罚	行政处罚
		700	对转让、伪造、倒卖进口化妆品卫生审查批件或批准文号的处罚	行政处罚
		701	对被依法吊销易制毒化学品生产经营许可的企业未办理变更或注销登记的处罚	行政处罚
		702	对不具有疫苗经营资格的单位或个人经营疫苗的处罚	行政处罚
		703	对出厂医疗器械未按照规定进行检验的；出厂医疗器械未按照规定附有合格证明文件的；未按照《医疗器械生产监督管理办法》第十六条规定办理《医疗器械生产许可证》变更登记的；未按照规定办理委托生产备案手续的处罚	行政处罚
		704	对从事第二类、第三类医疗器械批发业务以及第三类医疗器械零售业务的经营企业未依照《医疗器械管理条例》规定建立并执行销售记录制度的处罚	行政处罚
		705	对从事第二类医疗器械经营的企业未按规定备案的处罚	行政处罚
		706	对非药品标注药品通用名及说明书等有涉及药品适应症或功能主治的处罚	行政处罚
		707	对非药品中违反国家规定添加药物成分的处罚	行政处罚
		708	对个人设置的门诊部、诊所超规定范围配备药品的处罚	行政处罚
		709	对个人收购药品的处罚	行政处罚
		710	对化妆品生产、经营者拒绝卫生监督的处罚	行政处罚
		711	对化妆品生产企业不符合卫生要求的处罚	行政处罚
		712	对患有手癣、指甲癣、手部湿疹、发生于手部的银屑病或者鳞屑、渗出性皮肤病以及患有痢疾、伤寒、病毒性肝炎、活动性肺结核等传染病的人员直接从事化妆品生产活动的处罚	行政处罚
		713	对进口或者销售未经批准或者检验的进口化妆品的处罚	行政处罚
		714	对经警告处罚，责令限期改进后仍无改进的处罚	行政处罚

续表

序号	部门职责	对应的权力事项		备注
		权力编号	事项名称	
16		715	对经营、使用无合格证明文件、过期、失效、淘汰的医疗器械，或者使用未依法注册的医疗器械的处罚	行政处罚
		716	对经营单位转让、伪造、倒卖特殊用途化妆品批准文号的处罚	行政处罚
		717	对直接从事化妆品生产的人员未取得有效健康证从事化妆品的生产活动的处罚	行政处罚
		718	对使用化妆品禁用原料和未经批准的化妆品新原料生产化妆品的处罚	行政处罚
		719	对生产、经营未依法取得《医疗器械注册证》的第二类、第三类医疗器械的处罚	行政处罚
		720	对生产、经营、使用不符合强制性标准或注册或备案标准医疗器械的处罚	行政处罚
		721	对生产、经营说明书、标签不符合《医疗器械管理条例》规定的医疗器械的处罚	行政处罚
		722	对销售假冒化妆品的处罚	行政处罚
		723	对销售视为假冒化妆品的处罚	行政处罚
17	贯彻实施《行政许可法》和质量技术行政审批工作政策；组织制定并实施机关质量技术行政审批工作规章制度；依法组织实施质量技术行政审批工作	724	计量检定员资格核准	行政审批
		725	企业、事业单位最高计量标准器具核准	行政审批
		726	特种设备作业人员资格证书核发	行政审批
		727	建立社会计量公证行(站)审批	行政审批
		728	企业产品标准备案	行政其他
		729	组织机构代码的赋码、颁证	行政其他

续表

序号	部门职责	对应的权力事项		备注
		权力编号	事项名称	
18	查处违反标准化、计量、质量、认证认可、特种设备管理和食品包装材料等法律、法规的行为，并对其实施行政处罚	730	对销售不符合强制性标准和国家安全认证管理规定产品产品的处罚	行政处罚
		731	对特种设备未经国务院特种设备安全监督管理部门核准的检验检测机构按照安全技术规范的要求进行监督检验，情节严重的处罚	行政处罚
		732	对有营业执照未经许可或者备案擅自生产、经营、购买、运输易制毒化学品等的处罚	行政处罚
		733	对生产、经销没有产品检验合格证产品的处罚	行政处罚
		734	生产、经销国家已明令淘汰的产品的处罚	行政处罚
		735	对生产、经销国家实行生产许可证制度而到期未取得生产许可证产品的处罚	行政处罚
		736	对生产、经销用不合格原材料、零部件生产或组装产品的处罚	行政处罚
		737	对生产、经销违反国家安全、卫生、环境保护和计量等法规要求产品的处罚	行政处罚
		738	对经销过期失效产品的处罚	行政处罚
		739	对农业机械销售者未依法建立、保存销售记录的处罚	行政处罚
		740	对生产、储存、使用危险化学品的单位未按规定对其安全生产条件定期进行安全评价的，经安全生产监管管理部门责令改正后拒不改正的处罚	行政处罚
		741	对销售或者在经营活动中使用未取得生产许可证的列入目录产品的处罚	行政处罚
		742	对取得生产许可证的企业出租、出借或者转让许可证证书、生产许可证标志和编号的，违法接受并使用他人提供的许可证证书、生产许可证标志和编号的处罚	行政处罚
		743	对取得生产许可证的企业未依照《工业产品生产许可证管理条例》规定在产品、包装或者说明书上标注生产许可证标志和编号的处罚	行政处罚
		744	对擅自动用、调换、转移、损毁因涉嫌违反工业产品生产许可证管理有关规定生产、销售或者在经营活动中使用的列入国家实行生产许可证制度工业产品目录的产品被工商行政管理部门查封、扣押的财物的处罚	行政处罚

续表

序号	部门职责	对应的权力事项		备注
		权力编号	事项名称	
18	查处违反标准化、计量、质量、认证认可、特种设备管理和食品包装材料等法律、法规的行为，并对其实施行政处罚	745	对伪造、变造许可证证书、生产许可证标志和编号的处罚	行政处罚
		746	对取得生产许可证的企业名称发生变化，未依照《工业产品生产许可证管理条例》规定办理变更手续的处罚	行政处罚
		747	对使用不合格计量器具、破坏计量器具准确度、伪造数据的处罚	行政处罚
		748	对将假冒伪劣商品用于经营性服务或者作为经营活动的奖品、赠品的处罚	行政处罚
		749	对不如实提供情况、干扰检查的处罚	行政处罚
		750	对视为假冒伪劣商品的处罚	行政处罚
		751	对为生产、销售假冒伪劣商品提供条件和便利的处罚	行政处罚
		752	对为制售假冒伪劣产品提供便利条件的处罚	行政处罚
		753	对属于强制检定范围的计量器具，未按照规定申请检定或者检定不合格继续使用的处罚	行政处罚
		754	对制造、修理、销售不合格计量器具的处罚	行政处罚
		755	对无证生产销售防伪技术产品的处罚	行政处罚
		756	对特种设备经营单位销售、出租、使用国家明令淘汰、已经报废的特种设备的处罚	行政处罚
		757	对从事特种设备作业的人员，未取得相应特种作业人员证书，上岗作业的处罚	行政处罚
		758	对未对特种设备作业人员进行特种设备安全教育和培训的处罚	行政处罚
		759	对未将电梯、客运索道、大型游乐设施的安全注意事项和警示标志置于易于为乘客注意的显著位置的处罚	行政处罚
		760	对未依照规定设置特种设备安全管理机构或者配备专职、兼职的安全管理人员的处罚	行政处罚
		761	对客运索道、大型游乐设施每日投入使用前，未进行试运行和例行安全检查，并对安全装置进行检查确认的处罚	行政处罚
		762	对特种设备未进行维护保养和定期自行检查的处罚	行政处罚

续表

序号	部门职责	对应的权力事项		备注
		权力编号	事项名称	
18	查处违反标准化、计量、质量、认证认可、特种设备管理和食品包装材料等法律、法规的行为，并对其实施行政处罚	763	对特种设备未办理登记，擅自投入使用的处罚	行政处罚
		764	对未建立特种设备安全技术档案的处罚	行政处罚
		765	对未按要求提出特种设备定期检验要求的处罚	行政处罚
		766	对未制定特种设备的事故应急措施和救援预案的处罚	行政处罚
		767	对使用未经定期检验或者检验不合格的特种设备的处罚	行政处罚
		768	对特种设备使用单位不按规定办理报废注销的处罚	行政处罚
		769	对特种设备出现故障或者发生异常情况，未对其进行全面检查、消除事故隐患，继续投入使用的处罚	行政处罚
		770	对气瓶充装单位不按照规定进行充装的处罚	行政处罚
		771	对未经许可，擅自从事气瓶充装活动的处罚	行政处罚
		772	对特种设备生产单位生产、销售、交付国家明令淘汰的特种设备的处罚	行政处罚
		773	对特种设备生产单位涂改、倒卖、出租、出借生产许可证的处罚	行政处罚
		774	对特种设备检验、检测机构及其检验、检测工作不符合安全技术规范的要求的处罚	行政处罚
		775	对未经核准或者超出核准范围、使用未取得相应资格的人员从事检验、检测的处罚	行政处罚
		776	对特种设备检验检测机构或者检验检测人员从事特种设备的生产、销售，或者以其名义推荐或者监制、监销特种设备的处罚	行政处罚
		777	对发现特种设备存在严重事故隐患，未及时告知相关单位，并立即向负责特种设备安全监督管理的部门报告的处罚	行政处罚
		778	拒不接受特种设备安全监督管理部门依法实施的安全监察的处罚	行政处罚
		779	对擅自解封、隐匿、转移、使用、变卖、损毁被查封、扣押的特种设备的处罚	行政处罚

续表

序号	部门职责	对应的权力事项		备注
		权力编号	事项名称	
18	查处违反标准化、计量、质量、认证认可、特种设备管理和食品包装材料等法律、法规的行为，并对其实施行政处罚	780	对在施工前未将拟进行的特种设备安装、改造、维修情况书面告知直辖市或者设区的市的特种设备安全监督管理部门即行施工的，或者在验收后三十日内未将有关技术资料移交特种设备使用单位的处罚	行政处罚
		781	对特种设备未进行整机或者部件型式试验的处罚	行政处罚
		782	对2特种设备出厂时，未按照安全技术规范的要求附有设计文件、产品质量合格证明、安装及使用维修说明、监督检验证明等文件的处罚	行政处罚
		783	对特种设备设计文件未经鉴定，擅自用于制造的处罚	行政处罚
		784	对生产、销售、进口不符合强制性标准的产品的处罚	行政处罚
		785	对产品标识不符合规定的处罚	行政处罚
		786	对隐匿、转移、变卖、损毁被查封、扣押的物品的处罚	行政处罚
		787	对为制售假冒伪劣产品提供制假生产技术的处罚	行政处罚
		788	对将假冒伪劣产品用于经营性服务的处罚	行政处罚
		789	对生产、销售不符合保障人体健康和人身、财产安全的国家标准、行业标准产品的处罚	行政处罚
		790	对销售失效、变质的产品的处罚	行政处罚
		791	对拒绝接受依法进行的产品质量监督检查的处罚	行政处罚
		792	对产品质量检验机构、认证机构伪造检验结果或者出具虚假证明的处罚	行政处罚
		793	对伪造或者冒用认证标志等质量标志的处罚	行政处罚
		794	对伪造产品产地的处罚	行政处罚
		795	对以不合格产品冒充合格产品的处罚	行政处罚
		796	对产品以次充好的处罚	行政处罚
		797	对销售国家明令淘汰并停止销售的产品的处罚	行政处罚
		798	对产品以假充真的处罚	行政处罚
		799	对生产国家明令淘汰的产品的处罚	行政处罚
		800	对在产品中掺杂、掺假的处罚	行政处罚
		801	对销售或者在经营活动中使用未取得生产许可证的列入目录产品的处罚	行政处罚

续表

序号	部门职责	对应的权力事项		备注
		权力编号	事项名称	
18	查处违反标准化、计量、质量、认证认可、特种设备管理和食品包装材料等法律、法规的行为，并对其实施行政处罚	802	对出租、出借或者转让许可证证书、生产许可证标志和编号的处罚	行政处罚
		803	对违法接受并使用他人提供的许可证证书、生产许可证标志和编号的处罚	行政处罚
		804	对用不正当手段取得生产许可证的处罚	行政处罚
		805	对取得生产许可证的企业生产条件、检验手段、生产技术或者工艺发生变化，未依照《工业产品生产许可证管理条例》规定办理重新审查手续的处罚	行政处罚
		806	对取得生产许可证的企业名称发生变化，未依照规定办理变更手续的处罚	行政处罚
		807	对取得生产许可证的企业未依照规定标注生产许可证标志和编号的处罚	行政处罚
		808	对企业未依照规定申请取得生产许可证而擅自生产列入目录产品的处罚	行政处罚
		809	对检验机构和检验人员参与产品相关的生产、销售活动的处罚	行政处罚
		810	对擅自动用、调换、转移、损毁被查封、扣押财物的处罚	行政处罚
		811	对伪造、变造许可证证书、生产许可证标志和编号的处罚	行政处罚
		812	对伪造或者冒用他人厂名、厂址的处罚	行政处罚
		813	对使用不合格的计量器具或者破坏计量器具准确度的处罚	行政处罚
		814	对无证制造或者修理计量器具的处罚	行政处罚
		815	对制造、销售未经考核合格的计量器具新产品的处罚	行政处罚
		816	对制造、销售和进口非法定计量单位的计量器具禁止使用的其他计量器具的处罚	行政处罚
		817	对部门和企业、事业单位的各项最高计量标准，未经有关人民政府计量行政部门考核合格而开展计量检定的处罚	行政处罚
		818	对经营销售残次计量器具零配件的处罚	行政处罚
		819	对伪造、盗用、倒卖强制检定印、证的处罚	行政处罚

续表

序号	部门职责	对应的权力事项		备注
		权力编号	事项名称	
18	查处违反标准化、计量、质量、认证认可、特种设备管理和食品包装材料等法律、法规的行为，并对其实施行政处罚	820	对个体工商户制造、修理国家规定范围以外的计量器具或者不按照规定场所从事经营活动的处罚	行政处罚
		821	对未经检定合格销售进口计量器具的处罚	行政处罚
		822	对未取得计量认证合格证书的产品质量检验机构，为社会提供公证数据的处罚	行政处罚
		823	对将淘汰的用能设备转让他人使用的处罚	行政处罚
		824	对未在产品说明书和产品标识上注明能耗指标的或注明的能耗指标不符合产品的实际情况的处罚	行政处罚
		825	对未在产品说明书和产品标识上注明能耗指标的或注明的能耗指标不符合产品的实际情况的处罚	行政处罚
		826	对冒用节能产品认证标志的处罚	行政处罚
		827	对生产、进口、销售国家明令淘汰的用能产品、设备的，使用伪造的节能产品认证标志的处罚	行政处罚
		828	对使用的能源效率标识不符合规定的，伪造、冒用能源效率标识或者利用能源效率标识进行虚假宣传的处罚	行政处罚
		829	对应当标注能源效率标识而未标注的，未办理能源效率标识备案的处罚	行政处罚
		830	对用能单位未按照规定配备、使用能源计量器具的处罚	行政处罚
		831	对生产、进口、销售不符合强制性能源效率标准的用能产品、设备的处罚	行政处罚
		832	对未标注产品材料的成分或者不如实标注的处罚	行政处罚
		833	对特种设备检验、检测机构的检验、检测人员同时在两个以上检验、检测机构中执业的处罚	行政处罚
		834	出具虚假的检验检测结果、鉴定结论或者检验检测结果、鉴定结论严重失实的处罚	行政处罚
		835	对未经核准擅自从事特种设备监督检验、定期检验、型式试验等检验检测活动的处罚	行政处罚

续表

序号	部门职责	对应的权力事项		备注
		权力编号	事项名称	
18	查处违反标准化、计量、质量、认证认可、特种设备管理和食品包装材料等法律、法规的行为，并对其实施行政处罚	836	对未经许可，擅自从事特种设备的维修或者维护保养的处罚	行政处罚
		837	对未经许可，擅自从事特种设备及其安全附件、安全保护装置的制造、安装、改造以及压力管道组件的制造活动的处罚	行政处罚
		838	对未经许可，擅自从事压力容器设计活动的处罚	行政处罚
		839	对未依照规定，对电梯进行清洁、润滑、调整和检查的处罚	行政处罚
		840	对特种设备未经监督检验，出厂或者交付使用的处罚	行政处罚
		841	对使用未经检测、检验合格的包装物、容器包装、盛装、运输危险化学品的处罚	行政处罚
		842	对无证生产危险化学品的处罚	行政处罚
		843	对试生产期间，未按规定检验标注的处罚	行政处罚
		844	对认证机构、检查机构、实验室取得境外认可机构认可，未向国务院认证认可监督管理部门办理备案的处罚	行政处罚
		845	对列入目录的产品未经认证，擅自出厂、销售、进口或者在其他经营活动中使用的处罚	行政处罚
		846	对认证机构以及与认证有关的检查机构、实验室未经指定擅自从事列入目录产品的认证以及与认证有关的检查、检测活动的处罚	行政处罚
		847	对增加、减少、遗漏认证基本规范、认证规则规定的程序的处罚	行政处罚
		848	对未对其认证的产品、服务、管理体系实施有效的跟踪调查，或者发现其认证的产品、服务、管理体系不能持续符合认证要求，不及时暂停其使用或者撤销认证证书并予公布的处罚	行政处罚
		849	对聘用未经认可机构注册的人员从事认证活动的处罚	行政处罚
		850	对认证机构超出批准范围从事认证活动的处罚	行政处罚
		851	对与认证有关的检查机构、实验室增加、减少、遗漏认证基本规范、认证规则规定的程序的处罚	行政处罚
		852	对试生产期间，未按规定检验标注的处罚	行政处罚

续表

序号	部门职责	对应的权力事项		备注
		权力编号	事项名称	
18	查处违反标准化、计量、质量、认证认可、特种设备管理和食品包装材料等法律、法规的行为，并对其实施行政处罚	853	对指定的认证机构、检查机构、实验室超出指定的业务范围从事列入目录产品的认证以及与认证有关的检查、检测活动的处罚	行政处罚
		854	对认证机构、检查机构、实验室违反规定从事活动的处罚	行政处罚
		855	对经批准设立的境外认证机构代表机构在中华人民共和国境内从事认证活动的处罚	行政处罚
		856	对境外认证机构未经批准在中华人民共和国境内设立代表机构的处罚	行政处罚
		857	对认证机构接受可能对认证活动的客观公正产生影响的资助，或者从事可能对认证活动的客观公正产生影响的产品开发、营销等活动的处罚	行政处罚
		858	对未经批准擅自从事认证活动的处罚	行政处罚
		859	对伪造或者冒用防伪技术评审、防伪技术产品生产许可及防伪注册登记等证书的处罚	行政处罚
		860	对未订立合同或者违背合同非法生产、买卖防伪技术产品或者含有防伪技术产品的包装物、标签的处罚	行政处罚
		861	对生产假冒他人的防伪技术产品的处罚	行政处罚
		862	对为第三方生产相同或者近似的防伪技术产品的处罚	行政处罚
		863	对选用未获得生产许可证的防伪技术产品生产企业生产的防伪技术产品的处罚	行政处罚
		864	对选用未获得防伪注册登记的境外防伪技术产品、在假冒产品上使用防伪技术产品的处罚	行政处罚
		865	对在假冒产品上使用防伪技术产品的处罚	行政处罚
		866	对定量包装商品计量不合格的处罚	行政处罚
		867	对定量包装商品生产者未经备案，擅自使用计量保证能力合格标志的处罚	行政处罚
		868	对获得《定量包装商品生产企业计量保证能力证书》的生产者，违反《定量包装商品生产企业计量保证能力评价规范》的要求的处罚	行政处罚

续表

序号	部门职责	对应的权力事项		备注
		权力编号	事项名称	
18	查处违反标准化、计量、质量、认证认可、特种设备管理和食品包装材料等法律、法规的行为，并对其实施行政处罚	869	对定量包装商品未正确、清晰地标注净含量的处罚	行政处罚
		870	对生产者未依法向社会公布有关儿童玩具缺陷等信息、通知销售者停止销售存在缺陷的儿童玩具、通知消费者停止消费存在缺陷的儿童玩具，未实施主动召回的处罚	行政处罚
		871	对生产者在接到国家质检总局责令召回通告 5 个工作日内，未向国家质检总局提交召回报告的处罚	行政处罚
		872	对生产者召回儿童玩具，在召回过程中对召回计划有变更的，未及时向所在地的省级质监部门说明的	行政处罚
		873	对生产者召回儿童玩具的，未及时将主动召回计划提交所在地的省级质监部门备案的处罚	行政处罚
		874	对生产者拒绝配合省级以上质监部门进行缺陷调查的处罚	行政处罚
		875	对生产者未及时将缺陷调查结果报告省级以上质监部门的处罚	行政处罚
		876	对生产者未停止生产销售存在缺陷的儿童玩具的处罚	行政处罚
		877	对生产者未按规定要求进行相关信息备案的处罚	行政处罚
		878	对生产者未按规定要求建立健全信息档案的处罚	行政处罚
		879	对生产者在责令召回实施过程中，未按照国家质检总局的要求，提交阶段性召回总结的处罚	行政处罚
		880	对生产者未制作并保存完整的责令召回记录；未在召回完成时限期满后 15 个工作日内，向国家质检总局提交召回总结的处罚	行政处罚
		881	对生产者未在应主动召回报告确定的召回完成时限期满后 15 个工作日内，向所在地的省级质监部门提交主动召回总结的处罚	行政处罚
		882	对生产者召回报告未获国家质检总局批准的，未按照国家质检总局提出的召回要求实施召回的处罚	行政处罚
		883	对安装、修理、改造质量不符合安全质量要求，致使设备不能投入使用的处罚	行政处罚

续表

序号	部门职责	对应的权力事项		备注
		权力编号	事项名称	
18	查处违反标准化、计量、质量、认证认可、特种设备管理和食品包装材料等法律、法规的行为，并对其实施行政处罚	884	对未取得相应许可擅自从事特种设备设计、制造、安装、充装、检验、修理、改造、维修保养、化学清洗有关活动的处罚	行政处罚
		885	对安检机构聘用未经考核或者考核不合格的人员从事机动车安全技术检验工作的处罚	行政处罚
		886	对安检机构未取得检验资格证书擅自开展机动车安全技术检验业务的处罚	行政处罚
		887	对安检机构未按照规定提交年度工作报告，未按照规定参加比对试验，拒不接受监督检查和管理的处罚	行政处罚
		888	对经营者不接受强制检定、使用不合格的计量器具的处罚	行政处罚
		889	对应当使用计量器具测量量值而未使用计量器具的处罚	行政处罚
		890	对现场交易时，没有明示计量单位、计量过程和计量器具显示的量值的处罚	行政处罚
		891	对集市主办者未按规定将计量器具登记造册、使用禁止记录器具、不按规定设置公平秤的处罚	行政处罚
		892	对维修燃油加油机未向具有合法维修资格的单位报修或维修后的燃油加油机未报经执行强制检定的法定计量检定机构检定就重新投入使用的处罚	行政处罚
		893	对眼镜制配者违反规定，拒不提供眼镜制配账目的处罚	行政处罚
		894	对眼镜制配者违反眼镜配置规定的处罚	行政处罚
		895	对加油站经营者拒不提供成品油零售账目或者提供不真实账目的处罚	行政处罚
		896	对进行成品油零售，未使用燃油加油机等计量器具，并明示计量单位、计量过程和计量器具显示的量值，成品油零售量的结算值与实际值不符，其偏差超过国家规定的允许误差的处罚	行政处罚
		897	对使用非法定计量单位，使用国务院规定废除的非法定计量单位的计量器具以及国家明令淘汰或者禁止使用的计量器具用于成品油贸易交接；使用未经检定、超过检定周期或者经检定不合格的计量器具；破坏计量器具及其铅（签）封，擅自改动、拆装燃油加油机，使用未经批准而改动的燃油加油机的处罚	行政处罚

续表

序号	部门职责	对应的权力事项		备注
		权力编号	事项名称	
18	查处违反标准化、计量、质量、认证认可、特种设备管理和食品包装材料等法律、法规的行为，并对其实施行政处罚	898	对使用属于强制检定的计量器具未登记造册，未向当地质量技术监督部门备案，未配合质量技术监督部门及其指定的法定计量检定机构做好强制检定工作的处罚	行政处罚
		899	对使用的燃油加油机等计量器具不具有制造计量器具许可证标志、编号和出厂产品合格证书或者进口计量器具检定证书；燃油加油机安装后未报经当地质量技术监督部门授权的法定计量检定机构检定投入使用的处罚	行政处罚
		900	对眼镜镜片、角膜接触镜、成品眼镜生产者违反眼镜配置规定的处罚	行政处罚
		901	对使用不符合规定要求的能源效率标识的处罚	行政处罚
		902	对未办理能源效率标识备案、未办理变更手续的处罚	行政处罚
		903	对承租使用起重机械没有完整安全技术档案的处罚	行政处罚
		904	对承租使用起重机械监督检验或者定期检验不合格的处罚	行政处罚
		905	对承租使用起重机械没有在登记部门进行使用登记的处罚	行政处罚
		906	对起重机械拆卸施工前，未制定周密的拆卸作业指导书，未按照拆卸作业指导书的要求进行施工，不能保证起重机械拆卸过程的安全的处罚	行政处罚
		907	对起重机械使用单位发生变更，原使用单位未在变更后30日内到原登记部门办理使用登记注销的处罚	行政处罚
		908	对使用单位使用不符合规定要求的起重机械的处罚	行政处罚
		909	对制造单位未采用符合安全技术规范要求的起重机械设计文件的处罚	行政处罚
		910	对制造单位未在被许可的场所内制造起重机械的处罚	行政处罚
		911	对制造单位将主要受力结构件未委托取得相应起重机械类型和级别资质制造单位加工或者购买其加工的主要受力结构件并用于起重机械制造的处罚	行政处罚
		912	对制造单位将主要受力结构件全部委托加工或者购买并用于起重机械制造的处罚	行政处罚
		913	对充装非自有产权气瓶的处罚	行政处罚
		914	对使用过的非重复充装气瓶再次进行充装的处罚	行政处罚

续表

序号	部门职责	对应的权力事项		备注
		权力编号	事项名称	
18	查处违反标准化、计量、质量、认证认可、特种设备管理和食品包装材料等法律、法规的行为，并对其实施行政处罚	915	对充装前不认真检查气瓶钢印标志和颜色标志，未按规定进行瓶内余气检查或抽回气瓶内残液而充装气瓶，造成气瓶错装或超装的处罚	行政处罚
		916	对气瓶进行改装和对报废气瓶进行翻新的处罚	行政处罚
		917	对未按规定粘贴气瓶警示标签和气瓶充装标签的处罚	行政处罚
		918	对负责人或者充装人员未取得特种设备作业人员证书的处罚	行政处罚
		919	对气瓶检验机构对定期检验不合格应予报废的气瓶，未进行破坏性处理而直接退回气瓶送检单位或者转卖给其他单位或个人的处罚	行政处罚
		920	对收购、销售未经破坏性处理的报废气瓶或者使用过的非重复充装气瓶以及其他不符合安全要求的气瓶的处罚	行政处罚
		921	对销售无制造许可证单位制造的气瓶或者销售未经许可的充装单位充装的瓶装气体的处罚	行政处罚
		922	对认证机构、认证培训机构、认证咨询机构及其分支机构使用不正当竞争手段恶意竞争或者从事损害认证公正性和有效性活动的处罚	行政处罚
		923	对认证机构、认证培训机构、认证咨询机构及其分支机构进行虚假或者误导性宣传的处罚	行政处罚
		924	对认证及认证培训、咨询机构对其执业人员未实施有效管理，或者纵容、唆使，导致其执业人员违法违规的处罚	行政处罚
		925	对未经批准擅自分包境外认证培训机构或者组织的相关课程培训的处罚	行政处罚
		926	对认证培训机构在被国家认监委责令停业整顿期间，继续从事认证培训活动的处罚	行政处罚
		927	对认证培训机构涂改、出租、出借批准证书或者以分包本机构认证培训业务、委托招生等形式非法转让认证培训业务的处罚	行政处罚
		928	对境外认证培训机构在中华人民共和国境内设立的常驻代表机构未经备案或者从事认证培训经营性活动的处罚	行政处罚

续表

序号	部门职责	对应的权力事项		备注
		权力编号	事项名称	
18	查处违反标准化、计量、质量、认证认可、特种设备管理和食品包装材料等法律、法规的行为，并对其实施行政处罚	929	对认证培训机构聘用未经认可机构注册或者确认的培训教师进行认证培训活动的处罚	行政处罚
		930	对认证培训机构在宣传活动中进行虚假或者误导性宣传的处罚	行政处罚
		931	对认证培训机构以欺骗、贿赂等不正当手段取得批准文件的处罚	行政处罚
		932	对认证培训机构在监督检查中，隐瞒有关情况、提供虚假材料或者拒绝提供反映其活动情况的真实材料的处罚	行政处罚
		933	对认证培训机构超越批准的业务范围进行认证培训活动的处罚	行政处罚
		934	对认证培训机构不按规定从事活动的处罚	行政处罚
		935	对非法买卖或者转让认证证书的处罚	行政处罚
		936	对混淆使用认证证书和认证标志的处罚	行政处罚
		937	对不按规定标注有机产品标识的处罚	行政处罚
		938	对有机配料含量低于 95% 的加工产品实施有机产品认证的处罚	行政处罚
		939	对未按照认证证书确定的产品范围和数量销售有机产品的处罚	行政处罚
		940	对不按规定标注有机字样的处罚	行政处罚
		941	对经销的商品印有未经核准注册、备案或者伪造的商品条码的处罚	行政处罚
		942	对系统成员转让厂商识别代码和相应条码的处罚	行政处罚
		943	对冒充商品条码或伪造商品条码，或者使用已经注销的厂商识别代码和相应商品条码的处罚	行政处罚
		944	对未按照要求办理有关手续即提供用户使用本单位产品的处罚	行政处罚
		945	对安全检验合格标志超过有效期或者定期检验不合格仍然继续使用的处罚	行政处罚

续表

序号	部门职责	对应的权力事项		备注
		权力编号	事项名称	
18	查处违反标准化、计量、质量、认证认可、特种设备管理和食品包装材料等法律、法规的行为，并对其实施行政处罚	946	对伪造、涂改、转借特种设备许可证、安全认可证、安装（维修保养、改造）资格证书、安全检验合格标志和厂内机动车辆牌照等项有关证书和牌照的处罚	行政处罚
		947	对非法印制、伪造、涂改、倒卖、出租、出借《特种设备作业人员证》，或者使用非法印制、伪造、涂改、倒卖、出租、出借《特种设备作业人员证》的处罚	行政处罚
		948	对作业人员违反特种设备的操作规程和有关的安全规章制度操作，或者在作业过程中发现事故隐患或者其他不安全因素未立即向现场管理人员和单位有关负责人报告，用人单位未给予批评教育或者处分的处罚	行政处罚
		949	对违章指挥特种设备作业的处罚	行政处罚
		950	对伪造、冒用、转让、买卖无公害农产品产地认定证书、产品认证证书和标志的处罚	行政处罚
		951	对委托企业未按规定备案或者擅自改变备案标注方式的，被委托企业未按本办法规定备案的处罚	行政处罚
		952	对进口或销售未经型式批准的计量器具的处罚	行政处罚
		953	对销售者销售国家对计量偏差没有规定的商品，其实际量与贸易结算量之差，超过国家规定使用的计量器具极限误差的处罚	行政处罚
		954	对收购者收购商品，其实际量与贸易结算量之差，超过国家规定使用的计量器具极限误差的处罚	行政处罚
		955	对生产定量包装商品实际量与标注量不相符，计量偏差超过规定的处罚	行政处罚
		956	对销售的定量包装商品或者零售商品，其实际量与标注量或者实际量与贸易结算量不符，计量偏差超过规定的处罚	行政处罚
		957	对无执行标准生产销售产品的处罚	行政处罚
		958	对无检验合格证明或者未使用中文标明商品名称、厂名和厂址的处罚	行政处罚
		959	对应当标明而未标明商品的主要成分和含量的处罚	行政处罚
		960	对应当标明而未标明警示标志、中文警示说明的处罚	行政处罚

续表

序号	部门职责	对应的权力事项		备注
		权力编号	事项名称	
18	查处违反标准化、计量、质量、认证认可、特种设备管理和食品包装材料等法律、法规的行为,并对其实施行政处罚	961	对不如实提供情况和有关资料或者拒绝、干扰依法检查的处罚	行政处罚
		962	对伪造产品生产日期、安全使用期、有效期、失效日期或者保质期的处罚	行政处罚
		963	对知道或者应当知道是假冒伪劣原材料、零部件而进行加工、制作或者组装的处罚	行政处罚
		964	对经营者在经营活动中多收少计、缺秤少量的处罚	行政处罚
		965	对利用异物增大商品的量值或者以其他方法改变贸易量值,损害用户、消费者利益的处罚	行政处罚
		966	对拒绝接受计量行政部门依法实施计量监督检查的处罚	行政处罚
		967	对在经营活动中短缺商品量、服务量,或有计量欺诈的处罚	行政处罚
		968	对销售单位销售未取得相应资质单位制造的特种设备的处罚	行政处罚
		969	对未办理过户、停用、报废手续的处罚	行政处罚
		970	对擅自变更生产场地制造特种设备的处罚	行政处罚
		971	对企业研制新产品、改进产品、进行技术改造不符合标准化要求的处罚	行政处罚
		972	对未在产品或其说明书、包装物上标注所执行标准的代码、编号、名称的处罚	行政处罚
		973	对拒绝监督检查,或者不按照规定提供有关文件、资料的处罚	行政处罚
		974	对未经备案而擅自使用采标标志的处罚	行政处罚
		975	对无标准生产产品的处罚	行政处罚
		976	对企业产品标准不按规定备案的处罚	行政处罚
		977	对造成样品非正常损坏或者不按规定抽取、返还样品的处罚	行政处罚
		978	对篡改、伪造法定检验机构的检验结果或者检验报告的处罚	行政处罚

续表

序号	部门职责	对应的权力事项		备注
		权力编号	事项名称	
18	查处违反标准化、计量、质量、认证认可、特种设备管理和食品包装材料等法律、法规的行为，并对其实施行政处罚	979	对非法承印制作产品标识的处罚	行政处罚
		980	对超计划实施监督检验的处罚	行政处罚
		981	对擅自启封、隐匿、转移、销毁、销售被依法登记保存或者封存产品的处罚	行政处罚
		982	对认证有效期满未经复评合格继续使用认证标志和认证证书的处罚	行政处罚
		983	对未按规定申领组织机构代码的处罚	行政处罚
		984	对在规定期限内未办理代码证书申领、变更、注销、换发登记手续的处罚	行政处罚
		985	对组织机构代码证书毁损或遗失而未申请补发的处罚	行政处罚
		986	对组织机构出借、转让代码证书或者使用他人代码证的处罚	行政处罚
		987	对组织机构伪造、涂改代码证书的处罚	行政处罚
		988	对使用非法定计量单位的处罚	行政处罚
		989	对生产、经销掺假产品、冒牌产品，以“处理品”冒充合格产品的处罚	行政处罚
		990	对生产、经销隐匿厂名、厂址的产品的处罚	行政处罚
		991	对被抽检的经营者未限期改正的处罚	行政处罚
		992	对私自拆封、毁损备份样品的处罚	行政处罚
		993	对未在规定期限内提供相关产品标准，或者提供虚假企业标准以及与抽检商品相关虚假信息的处罚	行政处罚
		994	查封或者扣押不符合保障人体健康和人身、财产安全的国家标准、行业标准的商品或者有其他严重质量问题的商品，以及直接用于生产、销售该项商品的原辅材料、包装物、生产工具	行政强制
		995	扣押相关的证据材料和违法物品，临时查封有关场所	行政强制

续表

序号	部门职责	对应的权力事项		备注
		权力编号	事项名称	
18	查处违反标准化、计量、质量、认证认可、特种设备管理和食品包装材料等法律、法规的行为，并对其实施行政处罚	996	查封、扣押不符合保障人体健康和人身、财产安全的国家标准、行业标准的产品或有其他严重质量问题的产品以及直接用于生产、销售该项产品的原辅材料、包装物、生产工具	行政强制
		997	查封、扣押违反《中华人民共和国工业产品生产许可证管理条例》生产、销售或者在经营活动中使用的列入目录产品	行政强制
		998	封存进口不符合强制性标准的产品	行政强制
		999	查封、扣押不符合安全技术规范要求的或者有其他严重事故隐患的特种设备或者其主要部件	行政强制
		1000	产品质量举报奖	行政其他
		1001	抽检结果的公示	行政其他
		1002	产品质量争议仲裁检验和产品质量鉴定	行政其他
		1003	计量纠纷调解和仲裁检定	行政其他
		1004	对拒绝或者拖延有关行政部门责令对缺陷商品或者服务采取停止销售、警示、召回、无害化处理、销毁、停止生产或者服务等措施	行政其他
		1005	产品质量纠纷调解	行政其他
		1006	计量纠纷调解	行政其他
		1007	商品质量的抽查检验	行政其他

12. 江苏省高邮市烟草专卖局

江苏省高邮市烟草专卖局（扬州市烟草公司高邮分公司）是一个国有性质的企业，1983年8月18日正式挂牌成立，现有员工120多人。

主要职权范围：在全市范围内，全面行使烟草专卖的行政管理权力，贯彻执行《烟草专卖法》及其《实施条例》，以及国家烟草专卖局制定的有关烟草专卖政策、规章。同时，围绕扬州烟草公司下达的卷烟销售任务，履行好服务营销职能，着重在提高客户服务水平、品牌培育水平、网建全面提升水平、科学管理水平上充分发挥职能作用。

目前，该局专卖监督管理科（稽查大队）下设三个基层中队（马棚中队、甘垛中队、车逻中队）和一个机动中队，共配备执法车辆5部，稽查摩托车18辆、稽查电动车6辆，全市共有4200户零售户，正常经营户3939户。人员方面，共有43名专卖执法队员，从学历上看，大专以上学历的有40人，占全员的93%。从年龄结构上看，30～40岁的有13人，占总人数的

30%;40~50 岁的有 26 人,占人员总数的 6%;整个专卖队伍的平均年龄为 39 岁,专卖执法一线人员的平均年龄为 41 岁。在工作经历方面,从事专卖管理工作 5 年以上的有 37 人,占人员总数的 86%。技能鉴定考试方面,该局 43 个专卖人员中,有 40 人持有行业技能鉴定证书,其中高级 16 人占 37%;中级 21 人占 49%;初级 3 人占 7%。另有 3 人尚未取得鉴定资格证书,主要是近年来人员调整,有部分同志刚刚加入专卖工作,还有个别同志年龄偏大。市场监管方面,目前共设有 23 条专卖走访线路,均按照扬州市局统一的"221"工作法,通过运用专卖现场工具,对辖区零售户开展"124"动态分类管理。市场状况方面,本市总体上假烟案件越来越少,辖区违法经营案件以真烟案件尤其是跨地区流动的真烟案件居多。2015 年共查获假烟 34 条,仅占全年查获非法卷烟总数的 1.01%,而真烟案件占到全年案件总数的 99%,违法卷烟多为外地区的真烟,主要来自山东和京津等地区。

该局专卖管理工作紧紧围绕"基层创建"这项中心任务,不断开拓新思路,努力践行打假破网、证件管理,队伍建设等工作,逐步提升专卖管理工作水平,较好地完成各项工作任务,实现了多年来安全工作无事故,查处案件无复议,执法管理无诉讼的良好工作局面。积极创新工作方法,"执法人员档案管理""卷烟示范社区创建"等课题,得到了市局和地方政府的肯定和推广。

近年来,高邮烟草获得了江苏省文明行业、江苏省文明单位、江苏烟草系统优秀县级局创建标兵单位、高邮市挂钩帮扶经济薄弱村先进单位、高邮市"慈善之星"等多项荣誉。2015 年 4 月,被国家局授予"烟草行业县级烟草专卖局(分公司)标兵单位"称号。

13. 高邮市统计局

高邮市统计局成立于 1980 年 12 月,原隶属于高邮县革委会计划委员会(今高邮市发展改革委员会),成立之初,内设有综合统计、农业统计、工商统计三个股,核定行政编制为 10 人。1999 年,设立办公室;2009 年设立法制科;2010 年设立服务业统计科;2013 年设立高邮市普查中心;2015 年设立投资统计科;2016 年 1 月法制科与办公室合并。2009 年增设下属事业单位综合调查队;2015 年增设下属事业单位统计执法检查大队。

该局现内设法制科与办公室、农业统计科、工业能源统计科、投资统计科、服务业统计科、综合核算科 7 个科室及综合调查队、普查中心、统计执法检查大队三个下属事业单位,核定行政编制 14 人,目前在岗行政人员 13 人。核定事业编制 10 人,在岗人员 7 人。合同制人员 7 人,目前在职人员共 27 人。

高邮市统计局是高邮市人民政府主管全市统计和国民经济核算工作的职能部门,又是统计法规的执法部门。其主要职责是:

(一)依照国家法律、法规制订全市统计工作规划,组织指导和综合协调全市统计和国民经济核算工作。

(二)贯彻执行国家国民经济核算体系和统计指标体系,制定全市统一的基本统计报表制度及部门统计标准。

(三)负责汇集、核定、管理、公布全市的基本统计资料,定期发布全市国民经济和社会发展情况的综合报表和统计公报;对国民经济、社会发展、科技进步和资源环境情况进行统计分析、统计预测和统计监督,向市委、市政府及有关部门提供统计信息和咨询服务。

(四)会同有关部门组织实施各项普查和重点抽样调查及重大的市情市力调查;汇总、整理和提供有关市情市力方面的统计数据。

（五）贯彻执行国家统计报表制度，按照统一标准及口径，完成各项统计调查任务和定报、季报、年报等统计报表上报任务。

（六）组织实施统计法律法规的宣传教育，监督检查统计法律法规的贯彻落实情况；组织实施对各乡镇人民政府以及市级部门、单位的统计督查和对统计调查对象的统计监审，依法查处重大统计违法行为。

（七）组织实施全面小康监测、科学发展评价考核监测统计方面的工作；组织实施以市为总体的服务业统计调查、农业生产抽样调查、农村经济核算抽样调查、农村住户调查、城镇住户调查、规模以下工业抽样调查及限额以下批发零售住宿餐饮业抽样调查7项抽样调查制度。

（八）建立健全和管理全市统计信息自动化系统及统计数据库，制定各乡镇、市各有关部门统计数据库和网络的基本标准及运行规则，指导全市统计信息化系统建设。

（九）负责全市统计干部教育和专业培训，会同有关部门组织管理全市统计专业资格考试、专业技术职务评聘和从业资格认定工作。

（十）承办市委、市政府交办的其他事项。

统计局现具有行政处罚权，有行政权力31项（见表3-11）。从2010年以来，该局已对30家企业处以行政处罚，平均每年5件。

自2005年以来，该局制定的规范性文件有3件，分别是：①《高邮市统计行政处罚自由裁量权指导基准》（邮统〔2015〕24号）；②《高邮市地方统计调查项目管理制度》（邮统〔2015〕28号）；③《高邮市统计代理（中介）管理暂行办法》（邮政办发〔2016〕90号）。

表3-11　高邮市统计局法定权力清单

权力名称	权力种类	状态	法律依据
对提供不真实统计资料的处罚	行政处罚	在用	《统计法》第四十一条
对拒报统计资料的处罚	行政处罚	在用	《统计法》第四十一条
对迟报统计资料的处罚	行政处罚	在用	《统计法》第四十二条
对未按规定设置原始记录、统计台账的处罚	行政处罚	在用	《统计法》第四十二条
对提供不完整统计资料的处罚	行政处罚	在用	《统计法》第四十一条
对拒绝或者妨碍接受经济普查机构、经济普查人员依法进行的调查的处罚	行政处罚	暂停使用	《全国经济普查条例》第三十六条
对提供虚假或者不完整的经济普查资料的处罚	行政处罚	暂停使用	《全国经济普查条例》第三十六条

续表

权力名称	权力种类	状态	法律依据
对未按时提供与经济普查有关的资料，经催报后仍未提供的处罚	行政处罚	暂停使用	《全国经济普查条例》第三十六条
对转移、隐匿、篡改、毁弃或者拒绝提供原始记录和凭证、统计台账、统计调查表及其他相关证明和资料的处罚	行政处罚	在用	《统计法》第四十一条
对阻挠、抗拒统计调查、统计检查的处罚	行政处罚	在用	《统计法》第四十一条
对拒绝答复或者不如实答复统计检查查询书的处罚	行政处罚	在用	《统计法》第四十一条
对聘请、任用未取得统计从业资格证书的人员从事统计工作的处罚	行政处罚	在用	《江苏省统计条例》第四十九条、第三十二条
对涂改、转让、出租、出借统计从业资格证书的处罚	行政处罚	在用	《统计从业资格认定办法》第二十八条
对以欺骗、贿赂等不正当手段取得统计从业资格证书的处罚	行政处罚	在用	《统计从业资格认定办法》第二十八条
对拒绝或者妨碍接受农业普查办公室、普查人员依法进行调查的处罚	行政处罚	暂停使用	《全国农业普查条例》第三十九条
对提供虚假或者不完整的农业普查资料的处罚	行政处罚	暂停使用	《全国农业普查条例》第三十九条
对未按时提供与农业普查有关的资料，经催报后仍未提供的处罚	行政处罚	暂停使用	《全国农业普查条例》第三十九条
对拒绝、推诿和阻挠依法进行的农业执法检查的处罚	行政处罚	暂停使用	《全国农业普查条例》第三十九条
对在接受农业普查执法检查时，转移、隐匿、篡改、毁弃原始记录、统计台账、普查表、会计资料及其他相关资料的处罚	行政处罚	暂停使用	《全国农业普查条例》第三十九条
对统计调查对象未在规定期限内补正的处罚	行政处罚	在用	《江苏省统计条例》第四十三条、第十五条

续表

权力名称	权力种类	状态	法律依据
对民间统计调查组织超出委托权限或者范围实施统计调查活动的处罚	行政处罚	在用	《江苏省统计条例》第四十五条、第十九条
对民间统计调查组织者强迫调查对象接受调查的处罚	行政处罚	在用	《江苏省统计条例》第四十六条、第二十一条
对民间统计调查组织者冒用政府统计调查的名义组织实施调查的处罚	行政处罚	在用	《江苏省统计条例》第四十六条、第二十一条
对民间统计调查组织者欺骗、蒙蔽调查对象的处罚	行政处罚	在用	《江苏省统计条例》第四十六条、第二十一条
对民间统计调查组织者未经调查对象同意,对外提供、泄露能够识别或者推断单个调查对象身份的信息和数据的处罚	行政处罚	在用	《江苏省统计条例》第四十六条、第二十一条
对民间统计调查组织者发布伪造、篡改的民间统计调查资料,发布时不按照要求说明相关内容,或者不注明资料来源的处罚	行政处罚	在用	《江苏省统计条例》第四十八条、第二十四条
对新闻媒体和其他单位、组织对外发布信息引用民间统计调查资料未注明民间统计调查组织者名称,或者伪造、篡改民间统计调查资料的行为处罚	行政处罚	在用	《江苏省统计条例》第四十八条、第二十四条
对伪造、变造或者冒用统计调查证的处罚	行政处罚	暂停使用	《统计调查证管理办法》第十二条
对污染源普查对象迟报、虚报、瞒报或者拒报污染源普查数据的处罚	行政处罚	暂停使用	《全国污染源普查条例》第三十九条
对污染源普查对象推诿、拒绝或者阻挠普查人员依法进行调查的处罚	行政处罚	暂停使用	《全国污染源普查条例》第三十九条
对污染源普查对象转移、隐匿、篡改、毁弃原材料消耗记录、生产记录、污染物治理设施运行记录、污染物排放监测记录以及其他与污染物产生和排放有关的原始资料的处罚	行政处罚	暂停使用	《全国污染源普查条例》第三十九条

14. 高邮市农机安全监理所

高邮农机监理所是高邮市农机局下设的履行政府职能的事业单位，负责全市农机安全生产工作。近几年，农机监理所严格执法程序，依法管理农机，每年检验各类农业机械5000多台套，纠正违章操作百余次，全市安全生产秩序大为改观，农机事故率连续6年低于省控制的万分之三标准，切实履行农机安全生产和人民群众生命财产安全保驾护航的职责和任务。多年来，农机监理所坚持内强素质，外树形象，不断健全内部管理工作机制，创新服务措施，提升服务质量，切实改进工作作风。2003年获得省级“文明监理所”称号，2007年被市委市政府评为综治和平安建设先进单位，2008～2010年连续三年被高邮市安委会表彰为全市安全生产先进单位，2009年被高邮市委市政府评为安全生产先进单位和社会治安综合治理、平安高邮建设先进单位，2010年被高邮市总工会授予“工人先锋号”称号。高邮市2009年创建成为省级平安农机示范市，2012年创成全国“平安农机”示范市，2014年创成江苏省规范化示范所。目前，争创全国创先争优示范所。

行政执法的法律依据和具体内容：

(1)《道路交通安全法》(2003年10月28日第十届全国人大常务委员会第五次通过)第一百二十一条规定，对上道路行驶的拖拉机，由农业(农业机械)主管部门行使本法第八条、第九条、第十三条、第十九条、第二十三条规定的公安机关交通管理部门的管理职权。农业(农业机械)主管部门依照前款规定行使职权，应当遵守本法有关规定，并接受公安机关交通管理部门的监督；对违反规定的，依照本法有关规定追究法律责任。

(2)《农业法》(2002年12月28日第九届全国人民代表大会常务委员会第三十一次会议修订)第二十五条规定，农药、兽药、饲料和饲料添加剂、肥料、种子、农业机械等可能危害人畜安全的农业生产资料的生产经营，依照相关法律、行政法规的规定实行登记或者许可制度。

(3)《农业机械安全监督管理条例》(国务院563令)(2009年9月7日国务院第80次常务会议通过，自2009年11月1日起施行)。

(4)《国务院对确需保留的行政审批项目设定行政许可的决定》(国务院令第412号)序号171规定：联合收割机及驾驶员牌照核发由县级以上地方人民政府农业机械行政主管部门实施。

(5)《农业机械化促进法》第20条规定，国务院农业行政主管部门和县级以上地方人民政府主管农业机械化工作的部门，应当按照“安全生产、预防为主”的方针，加强对农业机械安全使用的宣传、教育和管理。第21条第二款规定，国家鼓励跨行政区域开展农业机械作业服务。各级人民政府及其有关部门应当支持农业机械跨行政区域作业，维护作业秩序，提供便利和服务，并依法实施安全监督管理。

(6)《拖拉机登记规定》农业部43号令

(7)《拖拉机驾驶证申领和使用规定》农业部42号令

(8)《联合收割机及驾驶员安全监理规定》农业部72号令

(9)《农业机械事故处理办法》农业部令2011年第2号

(10)《农业机械实地安全检验办法》(农业部公告第1689号)

(11)《江苏省农业机械管理条例》

(12)《江苏省农业机械安全监督管理条例》

二、行政复议制度建设

1. 概况

2009 年,根据国务院《关于加强市县政府依法行政的决定》、省政府实施意见以及《扬州市“制度建设、法治惠民、法律素质”三大工程实施方案》的要求,结合高邮市实际,印发了高邮市依法行政有关配套制度,其中高邮市人民政府行政复议工作规则系配套制度之一。2010 年,为充分发挥行政复议的层级监督作用,切实保护公民、法人和其他组织的合法权益,推进法治政府建设,成立了行政复议专家咨询委员会。2010 年 6 月,为进一步做好化解行政争议工作,实现行政复议程序与信访程序的有机衔接,市政府法制办与信访部门联合印发了《高邮市信访与行政复议衔接工作制度》。2012 年,为了认真贯彻行政复议法,促进行政复议规范化建设,市政府法制办印发了行政复议相关配套制度,进一步规范行政复议案件的办理程序。2015 年,根据省委办公厅、省政府办公厅《关于转发〈江苏省行政执法与刑事司法衔接工作实施办法〉的通知》建立了行政执法与刑事司法衔接工作联席会议制度。根据《省政府关于深入推进依法行政加快建设法治政府的实施意见》(苏政发〔2015〕1 号)的精神,成立了高邮市人民政府行政复议委员会。2016 年 1 月,印发了行政复议委员会相关配套制度。

2. 具体制度内容

(1)《高邮市行政复议案件受理工作办法》

第一条　依据《中华人民共和国行政复议法》第三条第一款规定,行政复议机关负责法制工作的机构具体办理行政复议事项,履行受理行政复议申请的职责。

第二条　行政复议案件受理审查标准:

(一)有明确的申请人和符合规定的被申请人;

(二)申请人与具体行政行为有利害关系;

(三)有具体的行政复议请求和理由;

(四)在法定申请期限内提出;

(五)属于行政复议法规定的行政复议范围;

(六)属于收到行政复议申请的行政复议机构的职责范围;

(七)其他行政复议机关尚未受理同一行政复议申请,人民法院尚未受理同一主体就同一事实提起的行政诉讼。

第三条　申请人申请行政复议应当提交以下材料:

(一)行政复议申请书;

(二)被复议的具体行政行为;

(三)申请人的身份证明材料;

(四)委托代理人的授权委托书;

(五)申请行政赔偿的证据材料;

(六)要求被申请人履行法定职责的证据材料。

第四条　受理的审查与决定:

(一)承办人对申请人提交的材料进行全面审查,并提出拟处理意见。申请人提交的材料符合受理条件的,应当起草拟向被申请人下发的提出答复通知书;申请人提交材料不齐全的，起草拟向申请人下发的补证通知书；申请人提交的材料不符合受理条件的，应当在5个工作日内起草拟向申请人下发的不予受理决定书；申请人的复议申请事项不属于行政复议范围，依法应当通过其他渠道解决的，应当起草拟向申请人下发的行政复议告知书；

（二）承办人按照拟处理意见起草立案审查文书报复议机构负责人审批；

（三）承办人与审批领导对于是否立案审查分歧意见较大的，由复议机构负责人组织召开会议集体研究。

第五条 行政复议立案审查文书作出后，应当由承办人向当事人依法送达：

（一）能够与案件当事人直接取得联系的，应当直接送达当事人；

（二）能够与案件当事人取得联系，但路途较远的，可以委托送达或者邮寄送达；

（三）能够与案件当事人取得联系，但当事人拒绝接收的，可以留置送达；

（四）与当事人失去联系的，应当通过公告送达。

第六条 立案审查期限：

（一）决定是否立案的审查期限为5个工作日内；

（二）向被申请人下发行政复议申请书副本期限为7个工作日内。

第七条 本办法自公布之日起施行。

（2）《高邮市行政复议听证办法》

第一条 为规范行政复议听证程序，保障行政复议机关依法办理行政复议案件，保护公民、法人和其他组织的合法权益，根据《行政复议法》及其实施条例、《江苏省行政复议听证办法》等有关规定，结合本市实际，制定本办法。

第二条 本办法适用于行政复议机构在审理行政复议案件过程中依法组织的听证。

第三条 本办法所称的行政复议听证，是指行政复议机构在办理行政复议案件中，为查明案件事实，依照本制度组织并听取当事人就案件所涉及的具体行政行为的事实、证据、依据以及程序进行陈述、举证、质证、辩论的活动。

行政复议机构不得委托其他机构或组织实施听证。

第四条 本办法所称的听证人，是指行政复议机构中负责行政复议案件审理、组织听证的行政复议工作人员。听证主持人，是指负责组织、指挥听证活动，主持听证会议的听证人。

本办法所称当事人，是指申请人、被申请人和第三人。

本办法所称行政复议听证参加人包括当事人、代理人和其他人员。

前款所称“代理人”是指法定代理人、监护人和受当事人委托，代理当事人参加行政复议听证会的人员，包括当事人委托的本机关法制机构工作人员、其他工作人员、律师、其他亲属或人员。

前款所称“其他人员”是指证人、翻译人员、勘验人、鉴定人、其他与听证有关的人员。

第五条 具有下列情形之一的行政复议案件应当举行听证：

（一）对事实认定存在重大争议的；

（二）案情复杂、疑难的；

（三）对具体行政行为依据的理解和适用存在重大争议的；

（四）可能影响申请人重大权益的；

（五）被申请人仅提交具体行政行为的证据、依据，但未对其合法性和合理性作出说明的；

（六）其他需要组织听证的。

第六条　行政复议听证应当在行政复议被申请人依法答复，并提交当初作出具体行政行为的证据、依据以及其他有关材料后进行。作出行政复议决定，应当根据听证会的情况审核证据，认定事实。

第七条　行政复议听证应当遵循公正、公开和当事人法律地位平等的原则。

除涉及国家秘密、商业秘密或者个人隐私的行政复议案件外，听证应当公开举行。

第八条　经听证后，听证人对行政复议案件有关问题的看法有重大分歧的应当进行表决，并将不同的意见和表决结果报行政复议机构的领导决定。

第九条　参加听证会的听证人的人数应当是单数，不得少于三人。行政复议机构负责人应当于举行听证前，在行政复议工作人员中确定听证人，并在所确定的听证人中指定一人为听证主持人，主持听证活动。

听证人应当在听证会前认真审阅案卷材料，分析案件争议焦点，制定听证提纲。

第十条　听证主持人履行下列职责：

（一）决定听证书记员及听证的时间、地点和方式，向听证参加人送达有关通知和材料；

（二）就行政复议案件的事实、理由和依据，向听证参加人询问；

（三）决定通知证人和第三人参加听证；

（四）决定证人作证、听证参加人补充证据；

（五）决定听证延期或终止；

（六）就案件的有关重点、焦点问题是否需要当事人补充证据，或对补充证据是否需要再行质证作出决定；

（七）维持听证秩序，制止违反听证纪律的行为。对不听制止的，责令退出听证场所。

第十一条　听证设书记员1名，负责制作听证笔录。

听证人、书记员协助听证主持人做好听证工作。

第十二条　听证主持人、听证员、书记员、翻译人员、勘验人和鉴定人的回避条件：

听证主持人的回避，由行政复议机构负责人决定；听证员、书记员的回避，由听证主持人决定；翻译人员、勘验人和鉴定人的回避，由行政复议机构决定。

当事人申请回避，应当说明理由，并在举行听证会的三日前告知行政复议机关。

第十三条　当事人享有下列权利：

（一）认为听证主持人、听证员或书记员与本案有直接利害关系的，可以申请回避。

（二）可以委托一至两名代理人参加听证；

被申请人不得委托本机关以外的人员作为代理人。

（三）进行陈述、举证、质证和辩论。

（四）经听证主持人同意，可以就本案及证据有关问题向被申请人、第三人和证人提问。

（五）核对听证笔录。

第十四条　当事人应当履行下列义务：

（一）按时到指定地点参加听证；

（二）遵守听证纪律；

（三）如实回答听证主持人和其他当事人的问题；

（四）未经主持人许可不发言、不提问；

（五）如实陈述案件事实；

（六）如实提供证据材料；

（七）代理人受委托出席听证会议的，应当出具授权委托书，明确委托事项和权限。

第十五条　行政复议机构应当在举行听证的七日前，将《行政复议听证通知书》送达听证参加人。

《行政复议听证通知书》应当载明下列事项：

（一）被通知者的姓名或者名称；

（二）案由；

（三）举行听证的时间、地点；

（四）听证主持人、听证人、书记员的姓名；

（五）告知被通知者准备证据等注意事项；

（六）告知当事人有权申请回避；

（七）告知当事人委托代理人，参加听证时应携带授权委托书、受委托人身份证明。

行政复议案件复杂或者证据材料较多的，书记员应当于听证会举行的三日前通知申请人、被申请人和第三人阅卷。

第十六条　当事人放弃听证的，应当在举行听证的三日前告知行政复议机关。

有前款情况，听证是否继续举行，由行政复议机关决定。但是，当事人放弃听证或者无正当理由拒不参加听证的，不得再要求举行听证。

第十七条　有下列情形之一的，应当决定延期听证：

（一）申请人死亡或者法人、组织解散，需确定权利义务继承人或者法定代表人参加听证的；

（二）申请人、被申请人、听证主持人因不可抗力不能按时参加听证的；

（三）作为公民的申请人丧失行为能力，尚未确定法定代理人的；

（四）其他需要延期的情形。

第十八条　公开举行的听证会，应当允许旁听。但下列人员不得作为旁听人员参加听证会：

（一）未成年人；

（二）精神病患者；

（三）携带武器、凶器和其他危险品的人员；

（四）其他有可能妨碍听证秩序的人员。

第十九条　参加听证会的人员应当遵守以下纪律：

（一）服从听证主持人或者听证人统一指挥，维护听证秩序；

（二）当事人发言、陈述、提问和辩论，或证人、勘验人、鉴定人发言，须经听证主持人或者听证人许可；

（三）旁听人员不得发言，不得进入会场中禁止旁听人员进入的区域；

（四）对听证主持人、听证人有意见，除当事人按规定提出回避的理由外，不得当庭提出，可以在休会后以书面形式向行政复议机关或者有关国家机关反映；

（五）保持肃静。移动电话、传呼机等通信工具应当关闭或调到振动位置。不得随意走动，不得鼓掌、喧哗。

第二十条　行政复议听证按下列步骤进行：

（一）书记员宣布听证纪律，介绍听证主持人、听证员、书记员，核实听证参加人身份，审查听证代理人的代理权限；

（二）听证主持人告知当事人的权利和义务，询问当事人是否提出回避申请，宣布听证开始；

（三）申请人陈述行政复议请求和事实、理由及其证据、依据；

（四）被申请人陈述作出该具体行政行为的事实、理由及其证据、依据；

（五）第三人经听证主持人许可陈述意见和事实、理由及其证据、依据；

（六）当事人互相交换、辨认和核对证据；

（七）听证主持人、听证员就案件争议的焦点问题进行询问和听证。当事人在听证主持人的引导下，就案件争议问题进行举证、质证、辩论；

（八）经听证主持人同意，申请人、被申请人、第三人可以对焦点问题互相询问、质疑、申辩、说明，也可以对证人、勘验人、鉴定人发问；

（九）当事人最后陈述；

（十）听证主持人宣布听证结束。

当事人申请证人出席作证，是否准许，由听证主持人决定。

第二十一条　书记员应当将行政复议听证会议的全部过程记入笔录。

听证笔录应当载明下列事项：

（一）听证参加人姓名或者名称、地址；

（二）听证主持人、听证员和书记员姓名；

（三）举行听证的时间、地点、方式；

（四）案由；

（五）申请人主张的行政复议请求和陈述的事实及理由；

（六）被申请人陈述的事实和理由、依据、证据及其他材料；

（七）双方质证、辩论的内容；

（八）被申请人、申请人、第三人的最后陈述。

第二十二条　听证结束后，听证笔录应交听证参加人审核无误后签字或盖章。拒绝签字或盖章的，听证主持人应在听证笔录上注明情况。

听证笔录应附卷进入卷宗档案。

第二十三条　行政复议听证笔录和听证认定的事实应当作为行政复议机关审理行政复议案件的依据。

（3）《高邮市行政首长出席行政复议听证会暂行办法》

第一条　为进一步强化行政首长负责制，推进法治政府建设，根据《江苏省行政复议听证办法》及其他有关规定，结合本市实际，制定本办法。

第二条　本办法适用于全市行政复议机构通过听证会审理的行政复议案件。

第三条　本办法所称的行政首长是指行政复议被申请人的主要负责人或分管负责人。

第四条　凡通过听证会审理的行政复议案件，行政机关行政首长都应当出席听证会。如部门行政首长确因正当理由不能出席听证会的，在征得行政复议机关同意后，可各部门行政首长指定相关分管领导出席行政复议听证会。

第五条　行政首长出席行政复议听证会的，行政机关可同时委托 1 名或 2 名复议代理人一起出席。

第六条　行政首长出席听证会的，应该充分做好准备工作，依法履行举证、质证、答辩等义务。

第七条　行政首长出席行政复议听证会工作纳入年度依法行政工作考核目标。

第八条　本办法自公布之日起施行。

(4)《高邮市行政复议调解办法》

第一条　为更好发挥行政复议制度在解决行政争议、建设社会主义和谐社会、构建和谐法制的作用，有效化解行政争议，根据《中华人民共和国行政复议法实施条例》《中共中央办公厅、国务院办公厅关于预防和化解行政争议健全行政争议解决机制的意见》（中办发〔2006〕第 27 号）的规定，结合本市行政复议工作实际，制定本办法。

第二条　本办法适用于本市各级行政复议机构在办理行政复议案件过程中的调解工作。

第三条　本办法所称行政复议调解，是指行政复议机构在办理行政复议案件的过程中，在不违背法律、不损害公共利益及他人利益的基础上，在行政复议决定做出之前积极引导当事人相互谅解，达成和解，息纷止争、案结事了。

第四条　行政复议调解遵循自愿、合法、合理、公正、互让原则。

第五条　在办理行政复议案件过程中，行政复议机构还必须遵循调解和决定相结合的原则，对当事人没有调解意愿或者经办机构组织调解达不成协议或者调解书生效前一方反悔的，行政复议机关应当按照法定程序及时作出行政复议决定。

第六条　有以下情形之一的行政复议案件，行政复议机构可以进行调解：

（一）案件事实和适用依据争议较大的案件；

（二）社会关注度大、存在社会不稳定因素的案件；

（三）案件复杂、双方难以形成证据优势的案件；

（四）具体行政行为存在瑕疵或处罚不适当的案件；

（五）做出行政复议决定后可能难以执行到位的案件；

（六）行政行为涉及行政赔偿或行政补偿纠纷的案件；

（七）行政行为涉及民事纠纷的案件；

（八）其他适宜调解的案件。

第七条　调解必须在行政复议机构主持下进行，被申请人应当由单位法定代表人或授权委托代理人和具体行政行为的主办人员参加，申请人与第三人可以和授权委托代理人一同参加。

第八条　调解方案可以由当事人双方自行提出，也可以由行政复议机构提出，但调解方案不得违反有关法律规定，不得危害国家利益和社会利益。

第九条　实行开放性调解。对重大复杂、社会关注度大的行政复议案件的调解,可邀请在本地有影响的法律专家及律师参加。

第十条　主持调解应遵循以下程序:

(一)查明案件事实;

(二)征求争议双方是否同意调解的意见;

(三)分清责任,说服教育;

(四)当事人达成调解协议。

第十一条　调解达成协议后,双方当事人应当签订书面行政复议调解书。调解书应当包括以下内容:

(一)当事人的姓名或名称,法定代表人姓名、职务;

(二)争议的案由及主要情况;

(三)当事人协议的内容;

(四)其他需要约定的事项。

行政复议调解书自当事人签字或盖章之日起生效。对不需要制作调解书的,记入笔录,复议工作人员及当事人双方签字即具有法律效力。

行政复议调解书当事人各执一份,行政复议机构留存一份备案。

第十二条　行政复议案件达成调解后,申请人应当撤回行政复议申请。行政复议机关根据申请人的申请,作出行政复议终止审理决定书。

第十三条　调解协议生效后,当事人必须积极履行,行政复议机关应当督促当事人及时履行调解意见。

第十四条　行政复议案件调解,不得超过行政复议法规定的结案时限。

第十五条　行政复议机构工作人员在调解过程中不得有任何违法、违纪行为。存在违法、违纪的调解案件,调解结论无效,并追究相关责任人员的责任。

(5)《高邮市行政复议案件集体讨论规定》

第一条　为进一步规范行政复议工作程序,发挥行政复议的保障和监督作用,体现行政复议合法、公正、公开的原则,保证案件质量,根据《行政复议法》的有关规定,结合行政复议工作实际,制定本规定。

第二条　行政复议机构依法办理的下列案件应经集体讨论:

(一)拟决定被申请人在一定期限内履行法定职责的;

(二)具体行政行为可能被撤销、变更或者被确认违法的案件;

(三)涉及责令停产停业、吊销许可证或者执照、较大数额罚款等依法应告知听证权利的行政处罚案件;

(四)重大、复杂、疑难或者新类型的案件;

(五)需要集体讨论的其他案件。

第三条　行政复议案件集体讨论一般由案件承办人提议,并由行政复议机构负责人决定。

第四条　行政复议案件集体讨论一般应当在案件受理后30日内进行。

第五条　集体讨论会由行政复议机构负责人、分管负责人和办案人员参加。根据案情,可以邀请其他有关人员参加。与所讨论案情有利害关系的人员应主动提出回避。

第六条　集体讨论会由行政复议机构负责人或分管负责人主持。先由案件承办人介绍案件的事实、证据、法律依据等，并阐明自己的意见。参加集体讨论的人员应当充分陈述意见，独立发表自己的观点，经集体讨论后由会议主持人根据集体讨论情况作出结论性意见。

第七条　集体讨论会应做记录，集体讨论中的意见应当记入笔录，由参加会议人员签名后，交案件承办人入卷归档。

第八条　案件承办人员应按集体讨论会的结论性意见拟订行政复议决定。

第九条　对集体讨论不能确定案件结论性意见的，由行政复议机构负责人决定是否向行政复议机关领导作汇报或采取其他方式决定。

第十条　参加集体讨论人员应严格保密，不得外传会议内容。会议记录不属于案件当事人的查阅范围。

(6)《高邮市行政复议责任追究规定》

第一条　为严肃行政复议工作纪律，规范行政复议行为，保证行政机关及其工作人员依法履行职责，根据《中华人民共和国行政复议法》等法律、法规规定，结合本市实际，制定本规定。

第二条　本规定适用于本市行政复议工作人员及行政执法人员。

第三条　错案责任，应当依据错误事实、行为人的法定职责、主观过错以及违法行为所产生的后果确定。

第四条　错案责任追究，应当坚持实事求是、法律面前人人平等以及责任自负、惩戒与教育相结合的原则。

第五条　行政复议机构有下列情形之一的，由行政复议机关责令改正并追究责任：

(一)不依法处理或者转送行政复议法规定的复议申请的；

(二)不依法处理或者转送行政复议法规定的对有关规范性文件的审查申请的；

(三)不依法办理不服行政复议决定提起行政诉讼的应诉事项的；

(四)不依法办理《行政复议法》第二十九条规定的行政赔偿等事项的；

(五)未按职责权限督促行政复议申请的受理和行政复议决定的履行的；

(六)不依法办理行政复议、行政应诉案件统计和重大行政复议决定备案事项的；

(七)不依法办理或者组织办理未经行政复议直接提起行政诉讼的行政应诉事项的。

第六条　行政复议机构及其行政复议工作人员和有关行政执法人员在复议活动中有下列情形之一的，应当追究责任：

(一)违反法律规定，无正当理由不予受理依法提出的行政复议申请，或者经责令受理仍不受理的；或者不经法定程序立案，擅自受理和审理案件的；

(二)不按照法律规定转送行政复议申请的；

(三)违反法律规定，在法定期限内不作出行政复议决定的；

(四)在行政复议活动中徇私舞弊和其他渎职、失职的；

(五)违反法律规定不提出书面答复或者不提交作出具体行政行为的证据、依据和其他有关材料的；

(六)阻挠、变相阻挠公民、法人或者其他组织依法申请行政复议的；

（七）向复议机关报告案情时，隐瞒主要证据、重要情节或者提供虚假材料的；

（八）弄虚作假，隐瞒、歪曲或者伪造事实，涂改、隐匿、偷换、销毁、伪造证据，指使、支持、授意他人作伪证或者以威胁、引诱方式收集证据的；

（九）篡改、伪造或者故意损毁询问笔录、复议讨论笔录或者私自制作及篡改法律文书的；

（十）丢失或者损毁证据材料的；

（十一）辱骂、体罚当事人及其他复议参与人的；

（十二）办理行政复议案件，违反法律规定，维持下级机关错误的处理决定，或者撤销下级机关正确的处理决定的；

（十三）泄露复议工作秘密的；

（十四）不履行或无正当理由拖延履行行政复议决定的；

（十五）其他违法办案应当受到追究的行为。

第七条　错案责任的划分实行“谁主管、谁办案、谁负责”的原则。

承办人故意违法办案或者过失违法办案造成严重后果的，由承办人承担责任。

承办人经说明，批准人拒不采纳承办人的正确意见造成错误的，由批准人承担主要责任。

批准人同意承办人错误意见的，由承办人、批准人共同承担责任。

行政复议机构负责人对自己签发的法律文书负责。

第八条　因行政复议机构负责人审核失察未发现或者指出主办人在案件处理上的错误，而导致错案的，行政复议机构负责人承担监督不力的错案责任。

第九条　行政复议机构办公会议集体讨论作出决定的，由参加会议讨论的人员承担主要责任；与会人员对自己发表的意见负责。

行政复议案件主办人员拟提建议与会议决定一致的，行政复议案件主办人需承担责任；会议未采纳主办人正确建议的，行政复议案件主办人不承担责任。

第十条　下级行政机关隐瞒主要证据、重要情节或者提供虚假材料造成错案的，下级机关拒不执行上级机关行政复议决定的，由下级机关主要负责人和分管负责人承担责任。

第十一条　对错案责任人的追究，应当根据错误行为的具体情况确定：

（一）情节轻微，危害不大的，应当责令作出检查或者通报批评；

（二）情节严重，但尚未构成犯罪的，应当给予纪律处分，并可视情节取消行政执法资格证；

（三）确有犯罪嫌疑的，应当移送有关司法机关依法处理；

（四）法律、法规另有规定的，依照法律、法规的规定处理。

第十二条　错案责任人主动承担责任、纠正错误、消除影响的，可以从轻、减轻或者免予处分。错案责任人明知办理案件有错误而坚持不予纠正或者阻碍对错案进行调查追究的，应当从重处分。

第十三条　错案由行政复议机构提出处理建议，依法转送有关部门。

第十四条　对错案责任案件的立案、调查、处理、申诉，依照有关法律、法规规定的程序进行。

(7)《高邮市行政复议案件文书立卷归档规定》

第一条　为加强行政复议档案的收集、整理和管理,使行政复议法律文书立卷归档工作标准化、规范化,根据《中华人民共和国档案法》《中华人民共和国行政复议法》等有关法律、法规的规定,结合本市实际,制定本规定。

第二条　具体办理行政复议事项的行政复议机构,应按本规定做好行政复议法律文书的立卷归档工作。

第三条　行政复议案件文书是指一个行政复议案件从受理、审查到结案所形成的法律文书、公文、函电、图片等。

第四条　行政复议案件文书立卷,实行一案一卷、一案一号制度,按照方便利用、利于保密的原则,单独立卷。

第五条　各类行政复议案件文书必须用国际标准 A4 型纸。书写材料应符合档案保护要求(如用碳素墨水、蓝黑墨水或墨汁)。打印件必须用钢笔、毛笔签字或盖章。

第六条　行政复议案件文书立卷归档工作由案件承办人员具体负责,行政复议机构负责人为立卷审核人。

第七条　行政复议机构在受理行政复议案件后,案件承办人员即开始收集、整理与本案有关的证据、依据和相关材料,在案件办结以后,要认真检查该案的文书材料是否收集齐全,若发现案件文书材料不完备,应当及时补齐或采取补救措施,并剔除与本案无关的文书材料。

第八条　立卷归档的行政复议案件文书材料,只留存一份原件立卷为正本,多余的决定书及其他文书材料,可以另立一卷为副本,副本可按正本收录文书材料立卷,缺者可复印补足。

第九条　由行政复议机关向人民法院申请执行的案件文书材料,可与原行政复议案卷合并立卷归档。

第十条　下列行政复议案件文书材料不归档,由承办案件的行政复议机构自行处理:

(一)答复来信来访到有关单位的;

(二)转交有关单位办理的;

(三)没有参考价值的信封、工作材料;

(四)内容相同的重份文书材料;

(五)法律等规范性文件的复制件;

(六)与行政复议案件无关的其他文书材料。

第十一条　行政复议案件文书材料的排列顺序:

(一)案卷封面;

(二)卷内目录;

(三)行政复议决定书;

(四)规范性文件审查处理决定;

(五)行政复议终止通知书;

(六)行政复议申请受理审批表;

(七)行政复议申请受理通知书;

(八)责令受理或直接受理通知书;

(九)补正行政复议申请通知书;

(十)行政复议申请书;

(十一)申请人提交的证据清单及证据材料;

(十二)申请人和委托代理人的身份证明及授权委托书;

(十三)提出答复通知书;

(十四)行政复议答复书;

(十五)被申请人提交的证据清单及证据材料;

(十六)被申请人的法定代表人和委托代理人的身份证明及授权委托书;

(十七)第三人参加的行政复议通知书;

(十八)第三人提出的书面意见书;

(十九)第三人提交的证据清单及证据材料;

(二十)第三人和委托代理人的身份证明及授权委托书;

(二十一)规范性文件处理转送函;

(二十二)停止执行通知书;

(二十三)行政复议案件延期审批表、决定延期通知书;

(二十四)行政复议中止及恢复审查通知书;

(二十五)行政复议询问、调查笔录及调查核实的相关材料;

(二十六)行政复议案件请示、报告、处理建议及批复等材料;

(二十七)责令履行通知书;

(二十八)各种行政复议文书的送达回证;

(二十九)强制执行申请书;

(三十)行政复议建议书;

(三十一)行政复议申请收到凭据存根;

(三十二)行政复议案件备考表(封底)。

第十二条　卷内文书材料按排列顺序,依次用阿拉伯数字编写页号,页号应当用铅笔填在有文字的每页材料正面的右上角、背面的左上角。封面、卷内目录、备考表(封底)不编号。

第十三条　卷内目录应当按行政复议案件文书材料排列顺序逐件填写,卷内目录由顺序号、文号、责任者、题名、日期、页号、备注等项目组成。

第十四条　案卷封面按规定逐项填写。行政复议机关是市政府的应写市政府法制办公室,行政复议机关是各政府部门的写本部门名称。案由要用简明、准确的法律术语填写。申请人、被申请人、第三人应当写全称。复议请求、结果、日期,应根据案件实际简单、明确地填写。

第十五条　案卷封面、卷内目录要用钢笔或毛笔按规定项目逐项填写齐全或用微机打印。字迹要规范、工整、清楚,打印编排要符合规范要求。

第十六条　案卷装订前应当注意下列事项:

(一)破损或字迹模糊的文书材料应修补或复制,复制件应置于原件前面;

(二)大于 A4 标准规格的纸张应折叠,小于 A4 标准规格的纸张应托裱;

（三）案卷装订不得压住字迹或图画；

（四）需要附卷保存的信封，要打开展平加贴衬纸，邮票不得撕揭；

（五）外文及少数民族文字材料应附汉语译文；

（六）文书材料上的金属物必须剔除，以防锈蚀。

第十七条　每卷的厚度以不超过15毫米为宜。材料过多的，应当按顺序分册装订。

第十八条　案卷采用三孔一线左侧装订，长度160毫米左右为宜，并在卷底装订线结扣处粘贴封志。装订时不得把文字订在线里。

第十九条　行政复议案件结案后3个月内立卷，并向本单位档案部门移交。行政复议档案应按规定定期向同级档案部门移交。

第二十条　随卷归档的音像材料等，按音像档案管理办法整理。

第二十一条　凡纸张类的证物，均应装订入卷，不能随卷保存的应当拍照片附卷，原物按有关规定经领导审批后处理。

第二十二条　《备考表》印制在封底上。有关卷内文书材料的情况说明，应当逐项填写在备考表内，若无情况说明，也应将立卷人、审核人的姓名及立卷时间填上以示负责。

第二十三条　卷内文书材料涉及国家机密和个人隐私的，应当列为密卷，归档时在案卷封面右上角加盖密级章。密级的确定、变更、解密，依照《中华人民共和国保密法》及其实施办法的规定办理。

第二十四条　案卷排列按保管期限至结案时间的顺序进行。即先将案卷保管期限分为永久、长期、短期3部分；每一种保管期限的案卷按结案时间顺序排列。

第二十五条　行政复议案件档案应按保管期限编制案卷目录。每种保管期限的案卷号从“1”开始编起，案卷形成满20年，案卷号截止，案卷目录随之截止，另起一册。案卷目录包括案卷号、案由、申请人、结案日期、页数、期限、备注等项。

第二十六条　各级行政复议机构应建立档案保管、保密、借阅利用等制度，指定专人负责行政复议档案的管理。行政复议档案一般不得外借。

第二十七条　行政应诉案件文书的立卷归档，参照本规定办理。

（8）《高邮市人民政府行政复议委员会工作规则（试行）》

（9）《高邮市人民政府行政复议委员会全体委员议事规则（试行）》

（10）《高邮市人民政府行政复议委员会案件审理会议议事规则（试行）》

第二节　公安机关

一、公安概况

1. 历史沿革

1943年4月，中国共产党领导的高邮县抗日民主政府，根据苏中区公安局组织条例，决定撤销县政府保安科，成立高邮县公安局。

1945年12月19日，新四军解放了被日军和伪军盘踞的高邮城，高邮县抗日民主政府公安局局长丁彤云率领公安人员进城办公，更名为高邮县公安局。

1946年内战爆发,同年10月6日黄百韬部队新编25师占领高邮城,高邮县公安局随中共高邮县委撤退到农村打游击。

1949年1月19日,高邮城第二次解放,高邮县公安局局长汪良率领公安人员进城办公。同年4月8日,高邮县人民政府秘字第571号令,组建"高邮县人民政府公安局",并任命工作人员。

1955年9月,高邮县人民政府公安局更名为"高邮县公安局"。

1968年4月22日,高邮县公安局实行军事管制,成立"中国人民解放军高邮县公检法军事管制委员会"。

1973年9月恢复高邮县公安局。

1991年4月,高邮撤县建市,高邮县公安局更名为"高邮市公安局"。

2. 工作属性

高邮市公安局是高邮市人民政府的一个职能部门,主要具有以下职责:

(1)贯彻执行各级党委、政府关于公安工作的方针、政策和有关法律、法规、规章,围绕市委、市政府和上级公安机关的中心任务,部署、指导、检查、监督全市公安工作。

(2)分析、研究全市的敌情和社会治安状况,对公安工作进行决策;为上级公安机关和市委、市政府提供敌情和社会治安方面的重要信息,并提出对策,当好参谋。

(3)负责全市社会治安的管理;根据社会治安情况,提出打击违法犯罪活动的措施和方法,预防、制止和侦查、打击违法犯罪活动,依法查处危害社会治安秩序的行为和治安灾害事故,维护社会稳定。

(4)负责户口管理、居民身份证发放、人口统计工作;依法管理枪支弹药、危险物品和特种行业工作。

(5)组织、指导全市公安机关依法管理道路交通、路面治安、机动车辆和驾驶人员,受理群众报警,处理交通事故,维护道路交通秩序。

(6)依法指导、监督全市国家机关、社会团体、企事业单位和重点建设工程的治安保卫工作,以及群众性治安保卫组织的治安防范工作,指导保卫组织建设,落实保卫措施。

(7)领导全市公安消防工作。负责全市范围内警卫工作的组织实施。办理、指导出境、入境和外国人在我市居留、旅行的有关管理工作。

(8)指导、监督、实施全市公安机关对信息网络的安全监察工作。

(9)指导、监督全市公安机关依法承担的执行刑罚和监督、考察工作;指导、监督和负责看守所、拘留所等管理工作。

(10)承办市委、市政府和上级公安机关交办的其他事项和法律法规规定的其他职责。

高邮市公安局的上级业务部门是扬州市公安局。

1943年4月,隶属苏中一分区公安局领导。

1945年11月,隶属华中二分区公安局领导。

1949年1月,隶属泰州专员公署公安处领导。同年5月改属扬州专署公安处。

1950年1月,隶属泰州专署公安处领导。

1953年2月至今隶属扬州专员公署公安处、扬州市公安局领导。

对下业务指导部门是:

1943 年、1944 年,抗日民主政府管辖区各区公所设公安科。

1945 年,高邮城第一次解放,对下指导珠湖公安分局,城中、城北、南门三个派出所;农村集镇设临泽派出所、界首派出所、三垛派出所、车逻派出所。

1946 年 10 月至 1947 年年底,公安局随县委撤退到农村打游击。

1948 年,对下指导临泽派出所。

1949 年,高邮城第二次解放,公安局进城办公,对下指导:城区公安分局,下辖城中、城南、珠湖、禹王四个派出所;高邮湖水上公安分局、三垛派出所、界首派出所、临泽派出所。

1950 年,县政府秘字第 013 号通知,撤销城区公安分局,珠湖、禹王派出所合并更名为城北派出所。

1951 年,对下指导单位:城中派出所、城南派出所、城北派出所、三垛派出所、界首派出所、临泽派出所。当年泰州专员公署公安处高宝湖公安局成立,办公地址设在高邮城区骡马巷,高邮公安局水上分局并入高宝湖公安局。

1952 年,对下指导单位:城北派出所、城中派出所。当年搞增产节约运动,核定编制将城南派出所并入城中派出所,撤销三垛、临泽、界首派出所。

1953 年至 1955 年,对下指导单位为城中派出所、城北派出所。

1956 年,对下指导单位:城北派出所、城中派出所。同年 9 月,江苏省公安厅决定撤销扬州专员公署公安处高宝湖公安局,属高邮境内的水南派出所、水北派出所机构编制划归高邮县公安局。原高宝湖公安局水南派出所更名为高邮县公安局水上派出所,原高宝湖公安局水北派出所更名为高邮县公安局界首派出所。

1957 年至 1959 年,对下指导单位:城中派出所、城北派出所、界首派出所、水上派出所。

1960 年,对下指导单位:城中派出所、城北派出所、界首派出所、水上派出所、三垛派出所、临泽派出所(注:1959 年 10 月 11 日,江苏省公安厅苏公政 217 号文件批准,复建三垛、临泽派出所)。

1961 年至 1967 年,对下指导单位:城中派出所、城北派出所、界首派出所、临泽派出所、三垛派出所、菱塘派出所(驻送桥)、水上派出所(注:1961 年 3 月 18 日,江苏省公安厅苏公治〔1961〕字第 63 号批复,增设菱塘派出所)。

1968 年至 1971 年军管会时期,公检法军管会决定撤销城北派出所,成立高邮镇派出所,农村的三垛、临泽、界首、水上、菱塘派出所更名为军管会派出所。

1972 年高邮公安局恢复办公,对下指导单位:城中派出所、城北派出所、三垛派出所、界首派出所、临泽派出所、菱塘派出所、水上派出所(注:1972 年 8 月 30 日,扬州地区革命委员会扬革复〔1972〕12 号文件,同意恢复城北派出所)。

1973 年至 1983 年,对下指导城中、城北、菱塘(驻送桥)、水上、三垛、界首、临泽 7 个派出所。

1984 年,高邮县编委批复,成立送桥派出所,菱塘派出所迁往菱塘。对下指导城中、城北、菱塘、送桥、水上、三垛、临泽、界首 8 个派出所。

1985 年,江苏省公安厅,1984 年 12 月 11 日苏公政〔84〕190 号批复,同意建立车逻等 26 个派出所,招收合同制民警。对下指导单位:城中、城北、水上、界首、三垛、临泽、送桥、菱塘、车逻、八桥、平胜、川青、天山、武安、龙奔、一沟、张轩、东墩、马棚、卸甲、汤庄、伯勤、甸垛、沙埝、汉留、周巷、营南、周山、司徒、横泾、武宁、甘垛、二沟、郭集34个派出所。

1986年，江苏省公安厅，1986年8月6日苏公政〔86〕84号文件，同意建立芦苇场派出所，招收合同制民警。对下指导单位：城中、城北、水上、芦苇场、界首、三垛、临泽、送桥、菱塘、车逻、八桥、平胜、川青、天山、武安、龙奔、一沟、张轩、东墩、马棚、卸甲、汤庄、伯勤、甸垛、沙埝、周巷、营南、周山、汉留、司徒、横泾、武宁、甘垛、二沟、郭集35个派出所。

1987年至1989年，江苏省公安厅，1987年8月4日，苏公政〔1987〕115号文件，同意建湖滨、石工头派出所，招收合同制民警。对下指导单位：城中、城北、水上、界首、临泽、送桥、菱塘、芦苇场、车逻、八桥、平胜、川青、天山、武安、龙奔、一沟、张轩、东墩、马棚、卸甲、汤庄、伯勤、甸垛、沙埝、周巷、营南、周山、汉留、司徒、横泾、武宁、甘垛、二沟、郭集、三垛、湖滨、石工头37个派出所。

1990年至1999年，江苏省公安厅，1988年7月18日，苏公政〔1988〕43号文件，同意设立城东派出所。对下指导单位：城中、城北、水上、城东、郭集、武安、车逻、湖滨、龙奔、送桥、一沟、张轩、东墩、马棚、菱塘、三垛、甘垛、平胜、横泾、天山、司徒、武宁、二沟、八桥、芦苇场、伯勤、卸甲、汉留、甸垛、石工头、沙埝、汤庄、临泽、川青、周巷、营南、周山、界首38个派出所。

2000年至2002年，高邮市行政区划调整，部分乡镇撤并，经市政府同意，高邮公安局于9月8日以邮公局198号文件，决定对原38个派出所合署为25个派出所。对下指导单位：城中、城北、水上、城东、武安、车逻、一沟、东墩、马棚、三垛、甘垛、横泾、司徒、八桥、卸甲、汉留、汤庄、临泽、周巷、周山、界首、郭集、送桥、菱塘、天山25个派出所。

2003年，扬州市公安局2003年9月28日扬公发〔2003〕121号文件，报经省公安厅批准，决定整合高邮公安局部分派出所机构：第一，城北派出所更名为珠湖派出所，城中派出所更名为蝶园派出所，东墩派出所更名为开发区派出所，一沟派出所更名为龙虬派出所；第二，撤销城东、石工头、芦苇场派出所，职能和人员分别并入珠湖、蝶园派出所。对下指导单位：蝶园、珠湖、水上、开发区、武安、马棚、龙虬、车逻、三垛、司徒、横泾、甘垛、汉留、八桥、卸甲、汤庄、界首、周山、周巷、临泽、送桥、菱塘、郭集、天山24个派出所，一直延续至今。

3. 内设机构及变动情况

1943年4月，高邮县抗日民主政府，根据苏中区公安局组织条例，决定撤销县政府保安科，成立高邮县公安局。高邮县公安局机构设置：书记室、侦察科、审讯科、公安大队（亦称行动大队）。

1945年，新四军按照中共中央、毛主席的指示，扫清了长江以北，陇海路以南苏皖地区一大片土地，于12月19日攻克了高邮县城，被日寇侵占八年的高邮县城回到了人民的怀抱。高邮县公安局进城办公，机关内部机构：书记室、治安科、侦察科、审讯科、公安大队（行动大队）。

1946年10月6日，国民党黄百韬部队占领高邮城，高邮公安局随县委撤到农村开展游击战争。机关内设书记室、侦察股、审讯股、行动大队。

1949年4月8日，高邮县政府邮秘517号令，组建高邮县公安局，内设机构：书记室、侦察课、治安课、审讯课、监狱署。同年8月，高邮县政府通知公安局课改称股。

1950年，公安局内设机构：秘书股、调查股、保卫股、治安股、执行股、看守所。

1951年，保卫股并入调查股，内设机构为：秘书股、调查股、治安股、执行股、看守所。

1952年,全县开展增产节约运动,核定编制,增设政治协理员办公室,调查股更名为政保股,局机关机构:政治协理室、秘书股、政保股、治安股、执行股、看守所。

1953年至1955年,1953年10月江苏省公安厅通知,全省公安机关的执行股一律改称预审股,机关内设:政治协理室、秘书股、政保股、治安股、预审股、看守所。

1956年,农业生产合作化高潮时期,江苏省公安会议明确,各县(市)局增设合作股。机关机构为:政治协理室、秘书股、治安股、合作股、预审股、看守所。

1957年,江苏省公安厅根据"八公"会议精神,发出《关于改进全省公安部门体制问题的意见》,第三条规定:"各县公安局大部分力量应放到治安工作和刑事侦察方面,一般可设侦察、治安、预审(看守所在内)和秘书四个股,及政治协理员"。高邮按省厅意见,将政保股与治安股的刑侦小组合并成立侦察股,负责侦破政治案件与刑事案件,治安股与合作股合并,成立治安股职能不变。局机关办事机构是:政治协理室、秘书股、侦察股、治安股、预审股、看守所。

1959年10月,经高邮县政府同意,将政治侦察与刑事侦查业务分开,恢复政保股。局机关办事机构:政治协理室、秘书股、侦察股、政保股、治安股、预审股、看守所。

1960年4月,经县政府批准,侦察股更名为刑侦股。

1961年11月,协理员办公室更名为教导员办公室。

1962年至1967年,局办事机构设置:教导员办公室、秘书股、政保股、刑侦股、治安股、预审股、看守所。

1968年4月22日至1973年7月19日,公检法军管会期间,办事机构为:政工组、办事组、侦破组、办案组、看守所。

1973年7月19日,扬州地区革命委员会,地革法发〔1973〕29号文件,决定公安、法院机构分设。同年8月高邮公安局正式挂牌办公,内设人事股、秘书股、政保股、刑侦股、治安股、预审股、看守所。

1975年10月24日,县编委同意,增设消防股。

1979年经县编委同意,成立教导员办公室,增设内保股,撤销人事股。

1980年、1981年,局办事机构为:教导员办公室、秘书股、政保股、刑侦股、治安股、预审股、消防股、内保股、看守所。

1982年增设自行车管理所。

1983年3月23日,县编委〔1983〕4号批复,刑侦股改称刑警队。

1984年,高邮县级机关体制改革,同年10月15日,高邮县编委邮编〔1984〕82号文件,核定公安局内设机构:办公室、治安股、消防股、内保股、政保股、刑警队、预审股、车管所、看守所,县委和县纪委批复设置教导员办公室、纪检组。

1985~1986年机构无变化。

1987年,国务院决定道路交通管理体制由交通部门划归公安部门管理。同年1月16日县编委〔1987〕75号批复,增设高邮县公安局交通警察队。原交通监理所更名为高邮县公安局道路交通监理所;原城镇交通管理所更名为高邮县公安局城镇交通管理所;原高邮县公安局自行车管理所更名为高邮县公安局车辆管理所。

1988年,局机关办事机构:教导员办公室、纪检组、办公室、政保股、内保股、治安股、刑警队、消防股、预审股、看守所;交通警察队及内设:政秘股、业务股、车管所。

1989 年 4 月 20 日,高邮县人民政府邮政人〔1989〕30 号通知,高邮县公安局交通警察队更名为高邮县公安局交通警察大队,副局级机构。当年 9 月,县编委邮编〔1989〕29 号批复,交警大队内设政秘股、业务股、车辆管理所和下辖 6 个中队均为副股级。

1989 年 10 月 8 日,高邮县编委邮编〔1989〕30 号批复,同意设立高邮县公安局户政股、高邮县公安局通讯装备股。

1989 年 11 月 30 日,高邮县编委邮编〔1989〕42 号批复,同意设立干警培训办公室、法制办公室。

1990 年,局机关办事机构:教导员办公室、纪检组、办公室、政保股、内保股、治安股、刑警队、消防股、通讯装备股、培训办公室、法制办公室、户政股、预审股、看守所;交通警察大队及其内设:政秘股、业务股、车管所。

1991 年 9 月 24 日,高邮县编委〔1991〕13 号批复,同意增设财务会计股。

1992 年 1 月 17 日,高邮县编委〔1992〕2 号批复,教导员办公室更名为政工办公室。

1992 年 1 月 17 日,高邮县编委〔1992〕3 号批复,交警大队业务股更名为事故处理股,增设秩序管理股。

1993 年 7 月 29 日,高邮市编委,邮编〔1993〕25 号通知,市级各局内设股一律改为科。

1994 年 7 月 7 日,市编委邮编〔1994〕35 号批复,组建高邮市公安局巡警队,巡警队在治安科内办公。

1994 年 7 月 18 日,市编委邮编〔1993〕36 号批复,刑警队、治安科分别更名为高邮市公安局刑警大队、高邮市公安局治安大队。

1994 年 7 月 17 日,中国人民武装警察部队扬州市消防支队扬武〔1994〕52 号通知,组建中国人民武装警察部队高邮市消防大队(正营级),亦称高邮市公安消防大队。

1995 年、1996 年局机关机构设置:政工办、纪检组(监察室)、办公室、政保科、内保科、治安大队、刑警大队、消防大队、通讯装备科、培训办公室、法制办公室、户政科、预审科、会计科、看守所;交警大队和下属政秘股、事故处理股、秩序股、车管所。

1997 年 1 月 4 日,市编委〔1997〕1 号批复,成立高邮市公安局刑警大队经案中队、副股级。

1997 年 3 月 11 日,市编委〔1997〕15 号批复,成立高邮市公安局 110 报警指挥中心。

1997 年 5 月 17 日,扬州市编委、扬州市公安局扬编〔1997〕16 号通知,各县市交通警察大队增挂县(市)公安局公路巡逻民警大队牌子,实施统一执法工作。

1998 年 8 月 18 日,高邮市政府邮政发〔1998〕136 号文件批准高邮市公安局职能配制,内设机构和人员编制,局机关内设机构为:110 指挥中心、办公室、政治处、纪检组、审计室、督察队、政保科、出入境科、内保科、户政科、法制科、通讯装备科、财务会计科、看守所、行政拘留所、消防大队、培训办公室、预审科;治安大队(副科级单位),内设综合股、治一中队、治二中队、治三中队;经案大队(副科级单位),内设:综合股、经一中队、经二中队;刑警大队(副科级单位),内设综合股、刑一中队、刑二中队、刑三中队、刑四中队、刑五中队、刑六中队;水警大队(副科级单位),内设综合股、水一中队、水二中队;交警大队,内设政秘股、事故处理股、车管所、秩序股,城区中队、三垛中队、马棚中队、天山中队、车逻中队、汉留中队、周巷中队、巡逻中队。

2000年10月6日,市编委邮编〔2000〕23号批复,原公安交通警察大队、公安巡逻警察大队合并为:高邮市公安交通巡逻警察大队,原副科级建制不变。

2001年10月9日,市编委邮编〔2000〕23号批复,成立高邮市公安局防控处警队,原交巡警中队并入防控处警队。

2002年5月9日,高邮市政府邮政办发〔2002〕99号文件批准公安局机构设置:办公室、110指挥中心、政治处、纪检组、督察队,户政科、法制科、通讯装备科(财务会计科、计算机安监科)、出入境管理科、看守所(行政拘留所);国保大队(副科级单位),内设综合股、政一中队、政二中队;治安大队(副科级单位),内设综合股、案件侦查中队、场所管理中队、基础中队、特别行动队、民爆办公室;刑警大队(副科级单位),内设综合股、刑一中队、刑二中队、刑三中队、刑四中队、刑五中队、刑六中队、技术中队;防控处警队,内设综合股、处警中队、巡查中队、出租车管理办公室、特勤中队、卡口中队;交警大队(副科级单位),内设政秘股、事故处理股、车辆管理所、秩序股、机动中队、城区中队、车逻中队、马棚中队、三垛中队、天山中队、周巷中队、汉留中队;经案大队(副科级单位),内设综合股、经一中队、经二中队、经三中队;经文保大队,内设综合股、保一中队、保二中队;水警大队(副科级单位)、内设水一中队、水二中队、水三中队。

2005年7月4日,市编委邮编〔2005〕8号批复,增设禁毒大队,属直属行政机构,正股级建制,内设禁毒一中队、禁毒二中队。

2008年3月14日,市编委邮编〔2008〕7号批复,将通讯装备科更名为后勤装备科;将计算机安监科更名为网络安全监察大队。

2014年局机关直属单位:办公室、指挥中心、政治处、纪委(监察室)、后勤管理科、财务科、科技信息化科、新闻中心、督察大队(信访室)、国保大队(维稳办、610办)、经文保大队、刑警大队、治安大队、水警大队、经侦大队、交警大队、巡特警大队、法制大队、行政服务大队、出入境管理大队、网监大队、城管治安大队、看守所(行政拘留所)、消防大队。

派出所:蝶园派出所、珠湖派出所、水上派出所、开发区派出所、武安派出所、龙虬派出所、车逻派出所、三垛派出所、甘垛派出所、汤庄派出所、卸甲派出所、周山派出所、临泽派出所、界首派出所、送桥派出所、菱塘派出所。

4. 人员结构

2014 年高邮市公安干警基本情况统计见表 3 - 12。

表 3 - 12　2014 年高邮市公安干警基本情况统计　　单位：人

<table>
<tr><td colspan="2">人员总数</td><td>645</td><td>备注</td></tr>
<tr><td rowspan="2">性别</td><td>男</td><td>600</td><td rowspan="14">副处级：高长明
正科级：李苏俊、杨林、张萍、潘万宝、孙禹文、金传铮、师林清、卞根宏、居万国、季杰、乔士宏、刘玉彬、杨正荣、王玉楼、方恒、孙新春
副科级：任春铭、徐顺山、徐超、赵金标、杨万荣、徐克俊、潘秀兰、翁永华、卢林祥、王成、万长远、葛冬、查礼明、戚华春、徐锦玉、王荣芳、仇玉权、钮金彪、徐越、姜庆宏、嵇爱华、俞永兴、吴国安、周龙、朱文锦、吴国华、邵春定、管锡贵、从俊明、梁正忠、刘大祥、尹子宽、朱崇平、陈学高、黎晓辉、薛连宇、赵宏坤、沈学喜、李海军、高宝来、吕鹤明、邵才广、相阳、葛文榜、尹壮志、冯志刚、周军、董同正、高少祥、李广明、杨殿宏、严长龙、王芝年、王杰、王殿宏、王承庆、陆强、王亚平、房秀生、沈鸿飞、徐国霖、潘松、吕绍奇、董德海、赵祥峰、方宏庆、于荣林、周延良、张警邮、胡扬、孟宪生、高应文、姜荣山、周富山、晏凤祥、杨晓清、陈刚、戴亮、孙崇云、刘九清、张荣山、高嵩、吕东平、邵喜桃、蒋德岭、郭恒祥、鞠阳、居敏、郑殿刚、王钢、孙明文、周广洋、陈大生、郭建中、于广荣、宋明祥、梁文权、杨军华、陈加明、李正华、邵学松、刘苏祥、郭荣林、许永勤、周堂马、孙桂国、杨凤鸣、王金龙、杨旭金、陈桂流、吴宏荣、姜庆怀、池开荣、王桂华、张爱军、王继峰、陈春林、叶飞、陆增敏、连爱萍、王正宏、周家富、孙尔明、陈云、李勇、孙玉来、卢敦松、陆嵩、周德祥、徐春梅、陈永章、翁羽、赵平、徐俊、陶庆庆、金朝淦、周其军、张亚俊、胡凤霞、陈明华、彭康斌、林恩荣、薛汝华、宰永松、金卫东、吴华海、印国贵、卢光伯、林大群、薛剑波、胡登舟、卞益云、秦廷福、周洪章、王富春、圣有成、嵇金凤、姚学华、朱寿海、陈怀道、周清春、翟荣明、陈春琴、黄栋甫、赵有忠、吴逊阳、杨正斌、陈长明、翁伟才、刘兴泉、陆家军、王平、朱兆宏、姚桐音、黄德全、王金波、环连星、王永明、时宏明、朱建东、桂秋平、宰永山、印在庭、刘永龙、朱在宜、胡斌、乔云、沈后芳、王云山、李厚伦、杨秀月、嵇东、左超、茆启元、姜仁勤、韩建良、都宏武、潘志刚、印宝祥、董兆年、黎明、胡正洲、秦晓跃、姜文建、徐斌、谢长山、杨盛华、郭同文、马云峰、李树松、陶兴宽、王春阳、谢骁勇、陈德山、王晓杉、葛德义、许如林、张登清、张未祥、赵江龙、徐高权、居国宝、尹生梅、张荣华、汤志斌、居斌、吴平、叶正山、王庆华、姚松山、马建国、蔡一广、郭金玉、陈庆华、陆加富、张国定、陈业山、范昌武、李云、桂中文、徐伟、赵礼银、张文选、沈德美、朱震宇、李俊华、孙玉开、吴恒俊、史玉贵、李正才、陈道俊、徐刚、周立祥、徐勇、方元标、朱玉宝、吴玉波、顾正义、王福裕、王有裕、王连虎、徐善国、孙蕤、郭焕来、陈绍勇、史朝友、王宏忠、章志东、徐捷、李玉喜、刘玉山、王俊、贡锡中、杜贵锋、毛正、吴庆朝、杨慧玲、陈长高、朱友富、李建军、周振林、周斌、胡长峰、王广权、俞春明、季延东、汤宏庭、吴大洲、林奇青、陈应松等</td></tr>
<tr><td>女</td><td>45</td></tr>
<tr><td rowspan="9">职务</td><td>局长、政委</td><td>2</td></tr>
<tr><td>副局长、副政委</td><td>6</td></tr>
<tr><td>副处级</td><td>1</td></tr>
<tr><td>正科级</td><td>16</td></tr>
<tr><td>副科级</td><td>290</td></tr>
<tr><td>科员</td><td>71</td></tr>
<tr><td>办事员</td><td>2</td></tr>
<tr><td>见习民警</td><td>4</td></tr>
<tr><td>工勤人员</td><td></td></tr>
<tr><td rowspan="3">文化程度</td><td>大专以上</td><td>631</td></tr>
<tr><td>中专、高中</td><td>13</td></tr>
<tr><td>初中以下</td><td>1</td></tr>
</table>

5. 履职情况

公安工作基本情况见表 3－13。

表 3－13　公安工作基本情况（2012～2014 年）

项目	2012 年	2013 年	2014 年
全年接处警（起）	180,084	184,336	204,821
社会治安案件（起）	2368	2926	3765
刑事案件发案数（起）	3320	3375	2694
八类案件数（起）	60	59	49
交通和火灾事故（起）	9249/93	12,750/281	14,279/228
技防乡镇、村（社区）（%）	100	100	100
社会治安防控卡口检查站（个）	5	5	5
在职民警数量（名）	665	670	645
公安派出所（个）	24	24	16
社区（村）民警（人）	—	110	106
专职保安（人）	—	122	146
化解矛盾纠纷（起）	24,573	24,718	26,863

二、刑事执法工作

1. 国内安保工作

国内安全保卫工作是由国保部门根据宪法和法律赋予的职权，直接从事反渗透、反颠覆、反破坏的斗争，防范和打击境内外敌对势力和敌对分子的活动，保卫人民民主专政和社会主义制度，是公安刑事执法工作的重要组成部分，主要负责政治性质案件的侦查。1949 年，高邮县公安局成立之初，就设有保卫股，1953 年改名为政保股，2002 年改名为国内安全保卫大队（正股级），2004 年升格为副科级建制单位。从 1949 年至 2014 年，共破获（查处）政治性质的案件 85 起，其中反革命杀人案 2 起，反革命集团案 10 起，派遣特务案件 3 起，台湾飞机散发反动内容传单案件 17 起，与特务机关挂钩案件 23 起，反动标语、传单案件 16 起，反动会道门复辟案件 10 起，反邪教斗争案件 4 起，见表 3－14。主要分为三个阶段：一是解放初期。以巩固新政权，肃特、剿匪、反霸为主，粉碎国民党和外国间谍、特务机关的破坏阴谋。主要案例有马棚区支前股长居继荣、车逻税务所干部孙军被杀案。二是改革开放时期。主要侦办台湾飞机散传单、与特务机关挂钩案件以及反动会道门为主的封建迷信活动案件。1994～1995 年，甘垛乡、营南乡和三垛镇先后发生 5 起投寄给敌特机关的挂钩信案件，经侦查，挂钩人居某某等 2 人受到法律的制裁，另 3 人均为在校中学生，因好收听敌台，写信向敌特机关索要邮票等，公安机关对其进行了严肃批评教育处理。三是进入 21 世纪后。主要侦破以“法轮功”“实际神”为主的邪教案件。

表 3－14 政治案件侦查(查处)情况统计表

时期＼类别	总数(人)		反革命杀人(人)		反动集团(人)		蒋帮派遣特务(人)		台湾飞机散传单(人)		与特务机关挂勾案件(人)		反标传单(人)		反动会道门复辟(人)		反邪教斗争(人)	
	发	破	发	破	发	破	发	破	发	破	发	破	发	破	发	破	发	破
1949～1960 年	25	25	2	2	7	7	3	3	7	7	—	—	5	5	1	1	—	—
1961～1968 年	14	14	—	—	2	2	—	—	4	4	1	1	6	6	1	1	—	—
“文化大革命”期间	—	—	—	—	—	—	—	—	—	—	—	—	—	—	—	—	—	—
1973～1980 年	16	16	—	—	1	1	—	—	—	—	10	10	3	3	2	2	—	—
1981～1990 年	18	18	—	—	—	—	—	—	5	5	11	11	2	2	—	—	—	—
1991～2000 年	8	8	—	—	—	—	—	—	1	1	1	1	—	—	5	5	1	1
2001 年以后	4	4	—	—	—	—	—	—	—	—	—	—	—	—	1	1	3	3
合计	85	85	2	2	10	10	3	3	17	17	23	23	16	16	10	10	4	4
说明	反革命杀人案：马棚区支前股长居继荣，车逻税务所干部孙军被杀案。																	

2. 刑事侦查工作

(1)刑侦部分

近年来，高邮市么安局认真贯彻落实上级刑侦部门决策部署，以推进打击犯罪质效提升工程为主线，坚持严打犯罪方针不动摇，始终保持对严重暴力和涉黑涉恶犯罪的强劲攻势，着力打击整治“两盗一骗”等事关民生的侵财犯罪，积极创新完善打击犯罪新机制，切实强化基础工作和队伍建设，不断提高打击犯罪的能力水平，努力实现“更快地破大案、更多地破小案、更准地办好案、更好地控发案”的目标，为深入推进平安高邮、法治高邮建设提供更有力的支撑。重点抓了以下几项工作：

严厉打击严重刑事犯罪活动。坚持将严打严重暴力和涉黑涉恶犯罪作为保民平安的底线，严格落实相关工作机制和措施，确保严重刑事犯罪活动得到有效控制。一是全力以赴攻克恶性大案。自 2010 年以来，实现命案全破，八类案件破案率达 90% 以上；二是深入推进打黑除恶斗争，绝不让黑恶势力做大成势，2010 年以来共摧毁恶势力团伙 10 个，打掉涉恶团伙 97 个，抓获犯罪嫌疑人 312 名。

着力打击整治侵财犯罪。坚持民意引领和问题导向，将有效整治多发性侵财犯罪作为提升打击犯罪质效的主要着力点，在抓好大案攻坚的同时，把“两盗一骗”等民生案件列为主攻方向，综合采取打防管控措施，切实提高破案率、压降发案数，增强人民群众安全感和满意度。一是强化串并案侦查工作。利用“大平台”“320”等比较成熟的网络平台，串并案件，合并侦查，提高破案率。自2010年以来，逐步深入推进串并案工作，利用“大平台”成功串并案件981串，破获各类案件2271起。二是精心组织区域性专项行动。近年来，先后开展“打盗抢、保民安”“打击两抢一盗”等一系列专项行动，梳理具体案件、人员、线索，更加精确和高效打击入室盗窃、盗窃电动车等突出犯罪。2010年至2014年，共组织开展专项行动10次，打掉侵财犯罪团伙157个，抓获犯罪嫌疑人446人，破获各类侵财案件459起。

不断夯实刑侦基础工作。随着信息时代的发展，刑侦破案手段越来越依赖信息资源，所以近年来，刑侦部门重点抓刑侦基础信息工作，目前刑侦基础信息采集工作包括SIS系统信息采集、标准化人员信息采集、大平台刑事案件数据录入、视频图像系统录入、现勘信息系统录入、跨区域办案平台录入六大类。其中，SIS系统包括通信信息采集和社会资源信息采集两大部分。刑侦部门利用日常职能工作，围绕与刑事犯罪有关的人、事、物等情况和线索，为侦查破案和预防犯罪积累、准备、创造条件，奠定基础。2010年至2014年，共采集各类案件信息17,157条，人员信息14,881条，现场勘验信息56,460条，涉案视频信息164条。

（2）经侦部分

1998年10月，高邮市公安局成立经济案件侦察大队，2002年5月更名为经济犯罪侦查大队，副科级建制，内设综合股，驻税办公室和三个中队，主要负责侦办《刑法》分则第三章破坏社会主义市经济秩序罪中第一至第八节以及第271条、第272条规定的案件。1998年以来，高邮市公安局经济犯罪侦查大队共立案810起，破案606起，抓获犯罪嫌疑人1699人，移诉402人。

（3）交警部分

近年来，对严重侵害道路交通安全的刑事犯罪始终保持高压严打态势。尤其是2011年5月1日“醉驾”入刑以来，交警大队每年办理交通肇事、危险驾驶案件近300起，通过持续与有效的打击，全市重大恶性交通事故逐年下降，保障了道路安全、有序、畅通。

3. 刑事强制工作

刑事强制措施是国家为了保障侦查、起诉、审判活动的顺利进行，而授权刑事司法机关对犯罪嫌疑人、被告人采取的限制其一定程度人身自由的方法。很显然，为了保障刑事诉讼活动的顺利进行，刑事司法机关必须享有对犯罪嫌疑人、被告人采取强制措施的权力。但是，由于刑事强制措施关乎公民的人身自由权，所以它又是一柄“双刃剑”，正确实施，就能准确、及时地完成惩罚犯罪的任务；而错误实施，则会侵犯公民的人身自由权。

目前，常用的刑事强制措施有逮捕、刑事拘留、取保候审，较少用监视居住、拘传。2010年至2014年，共逮捕1718人，刑事拘留3151人，取保候审2692人，监视居住62人，拘传15人。

4. 羁押看管工作

（1）刑事羁押看管工作

高邮市看守所2003年迁至新建所，2012年被公安部评为二级看守所，现有民警28人，2014年收押人数为392人，月平均押量105人，已连续26年安全无事故。①勤务模式科学化：设置管教、巡视监控、收押接待、后勤等工作岗位。实行民警直接管理监室和主协管制度，巡视监控岗位10名民警实行“五班三运转”的勤务工作模式。岗位职责明确、设置规范。②管理工作精细化：一是落实民警直接管理规定和监室管理制度，制定岗位工作规范和工作流程图；二是全方位开展在押人员安全风险评估工作，对重大风险人员严格落实各项管控措施；三是落实在押人员心理干预规定，建立在押人员心理干预档案；四是成立监管大队卫生所，取得相关医疗机构资质，实行监所医疗社会化，现共有4名医生、1名护士，确保24小时有医务人员在所值班，并与合作医院建立在押人员就医绿色通道；五是加强在押人员饮食、消费管理。满足在押人员食物供应量标准，确保饮食安全达标。③执法行为规范化：一是完善在押人员权利告知、投诉、上诉、控告、辩护等权益保障制度；二是建成单项、双向视频会见系统，实行网上预约会见，为在押人员家属、律师提供便利服务；三是规范窗口服务工作，在接待大厅设置警务公开栏、警务监督岗和电子触摸屏。④监管手段信息化：一是建立监管信息应用平台，看守所基础工作台账实行计算机管理；二是明确各岗位应当采集的信息内容、分类和标准，制定各岗位采集信息内容、分类和标准的规定。⑤设施保障标准化：一是在押人员人均监室面积不少于2.6平方米，设立单独关押监室；二是设置不能同时开启的监区AB门，由武警和看守所民警分别开启；三是讯问室、律师会见室数量满足办案需要，设施统一规范，配备讯问椅；四是配备视频图像对在押人员全覆盖的监控系统，录音录像保存30天以上；五是监区警戒围墙安装周界高压电网，配备发电设备，保证不间断供电。

(2)行政羁押看管工作

2013年，投入资金50万余元对原拘留所进行改造，设置拘室、活动室、谈话室、监控室、提讯室、会见室、收押室、矛盾纠纷化解室，功能齐全。2014年收拘人数为355人，月均押量11人。近年来，拘留所在开展日常管理工作确保安全的同时，积极开展“三项重点工作”：一是规范执法，完善拘留所各项管理制度，制定工作规范和流程；二是创新管理机制，引入说理执法；三是积极参与化解社会矛盾工作，发挥拘留所职能优势，为和谐社会建设作出贡献。

(3)监管工作面临的困难

一是警力保障。民警队伍量少质弱，无轮岗交流机制，需进一步落实各项从优待警措施，激发民警工作积极性。二是经费、设施保障。在押人员的公共经费偏少，衣被、医疗费用未全部纳入财政预算。无在押人员浴室、直饮水系统、医院专门的监管病房等设施。

5. 刑罚执行工作

依据刑事诉讼法和公安部《看守所留所执行刑罚罪犯管理办法》，被判处有期徒刑的罪犯，在被交付执行前，剩余刑期在一年以下的，由看守所代为执行刑罚；被判处拘役的罪犯，由看守所执行刑罚。(1)依法规范管理，高邮市看守所设置专门留所服刑罪犯监室监管罪犯，坚持惩罚与改造相结合、教育和劳动相结合的原则，将罪犯改造为守法公民。(2)依法保障罪犯的合法权益，为罪犯行使权利提供必要的条件。确保罪犯的人格不受侮辱，人身安全和合法财产不受侵犯，罪犯享有辩护、申诉、控告、检举以及其他未被依法剥夺或者限制的权利。同时执法活动依法接受人民检察院的执法监督。(3)依法告知工作，罪犯收监后，及时向其家属发送告知书，罪犯刑满释放前后，通知罪犯原户籍所在地的县级公安机关和司法行政部门。

三、公共安全监管

1. 户籍管理工作

1958年1月9日全国人民代表大会常务委员会第九十一次会议通过《中华人民共和国

户口登记条例》规定,中华人民共和国公民,都应当依照本条例的规定履行户口登记。1985年以前高邮市各乡、镇人民委员会为户口登记机关。

1985年高邮县公安局在各乡镇成立派出所,全县共计34个户籍派出所,户籍管理由原来的乡镇政府管理移交给各派出所管理。1988年开始,将政府移交过来的户口底册由原来的一表多人改为一人一表,同年,高邮县开始办理第一代居民身份证,常住人口实行微机管理。

1992年为鼓励农民进城,允许农业户口转办“地方户口”,户口由农村迁往城区,享受与非农业户口同等待遇,每人收取8000元城市建设配套费。

1995年至2001年,各派出所以乡镇为单位,办理“小城镇”户口,允许农业户口从农村迁往集镇和城区,每人收取城市建设配套费2000元至5000元。

1997年至1999年,各派出所将辖区常住人口全部录入微机。

2003年5月1日起,江苏省政府规定取消农业户口与非农业户口的区别,统称为“家庭户”。

2005年开始,扬州市范围内户口迁移实际网上迁移,“一站式”服务。

2005年开始,高邮市换发第二代居民身份证。

2013年1月1日,第一代居民身份证停止使用。

2013年5月30日,高邮市办理登记指纹信息的第二代居民身份证。

2. 网络安全管理

网络安全监察大队成立于2008年6月,正股级建制,下设四个中队,分别为综合科、侦控中队、管理中队、案件中队。大队领导2人,副大队长3人,中队领导1人,民警8人,职工6人。2013年1月创建为省一级网安大队,2014年10月,大队升格为副科级建制。

网安大队主要负责全市互联网信息监控和舆情导控、情报侦察、技术侦察、信息网络安全监督管理、侦办网络违法犯罪案件,维护信息网络领域安全。主要分为以下几方面工作。

(1)互联网信息监控工作

一是依法公开开展对重点网站、论坛、博客、QQ群等部位的网上信息巡查。二是发现并依法处置互联网违法信息,关闭本地违法网站、论坛、栏目等。三是依法开展对重点网站、论坛管理员、栏目版主及重点网民的日常教育管理。四是依法查证发布违法、敏感信息的本地网民。五是协助开展对涉及“三个事关”网上舆情的引导控制。

(2)互联网侦控工作

利用技术手段开展对互联网监控工作。

(3)网络案件侦查工作

一是依法查处非法侵入、破坏计算机信息系统的违法犯罪。二是会同其他部门查处利用计算机信息网络实施的违法犯罪。三是配合其他警种利用网侦技术手段开展侦查办案、破案追逃。四是配合异地网安部门开展涉网案件侦查取证。

(4)计算机犯罪现场勘验检查和电子证据检验鉴定工作

一是在犯罪现场实施勘验,提取、固定现场存留的与犯罪有关的电子证据和其他相关证据。二是通过网络对远程目标系统实施勘验,提取、固定远程目标系统的状态和留存的电子数据。三是检查已扣押、封存、固定的电子证据,发现和提取与案件相关的线索和证据。四是接受委托,对电子数据进行检验鉴定,并作出委托鉴定事项的鉴定结论。

（5）信息网络安全监督管理工作

一是检查、指导、督促互联网接入服务单位、互联网信息服务单位、互联网联网使用单位、上网服务单位落实安全管理制度和安全保护技术措施。二是开展互联网基础管理，建立和完善互联网基础数据库。三是对互联网上网服务营业场所进行网络安全审核和监督检查。四是组织信息网络安全专业继续教育培训。五是开展信息安全等级保护工作。六是查处信息网络安全管理违法违规行为，开展重大信息网络安全事件应急处置。七是涉及信息网络安全监督管理的其他职责。

（6）网安工作数据

2009 年，舆情导控 5 次，删除有害信息 10 条，办理刑事案件 1 起，行政案件 1 起，抓获违法犯罪人员 2 人，网站等级备案 4 个，联网单位备案 3 个，网吧备案 1 个。

2010 年，舆情导控 10 次，删除有害信息 22 条，办理刑事案件 21 起，行政案件 7 起，抓获违法犯罪人员 15 人，网站等级备案 6 个，联网单位备案 4 个，网吧备案 1 个。

2011 年，舆情导控 21 次，删除有害信息 56 条，办理刑事案件 25 起，行政案件 4 起，抓获违法犯罪人员 17 人，网站等级备案 7 个，联网单位备案 5 个，网吧备案 1 个。

2012 年，舆情导控 32 次，删除有害信息 78 条，办理刑事案件 22 起，行政案件 7 起，抓获违法犯罪人员 18 人，网站等级备案 11 个，联网单位备案 12 个，网吧备案 1 个。

2013 年，舆情导控 46 次，删除有害信息 112 条，办理刑事案件 21 起，行政案件 8 起，抓获违法犯罪人员 18 人，网站等级备案 10 个，联网单位备案 14 个，网吧备案 1 个。

2014 年，舆情导控 152 次，删除有害信息 560 条，办理刑事案件 144 起，行政案件 14 起，抓获违法犯罪人员 65 人，网站等级备案 82 个，联网单位备案 108 个，网吧备案 51 个。

网络安全管理工作情况见表 3－15。

表 3－15 网络安全管理工作情况汇总

年份	舆情导控（次）	删除有害信息（条）	刑事案件（起）	行政案件（起）	抓获人员（人）	网站等级备案（个）	联网单位备案（个）	网吧备案（个）
2009	5	10	1	1	2	4	3	1
2010	10	22	21	7	15	6	4	1
2011	21	56	25	4	17	7	5	1
2012	32	78	22	7	18	11	12	1
2013	46	112	21	8	18	10	14	1
2014	152	560	144	14	65	82	108	51

3. 民用危险物品管理

本着对人民生命财产安全高度负责的态度，严格枪支弹药和爆炸、剧毒等危险品管理，坚持严查、严控、严治、严打多管齐下，坚决杜绝枪支弹药、危险品流向社会。严把监督管理关，进一步维护公共安全。

（1）强化危险物品企业监管。进一步加强剧毒化学品、放射源单位及民用爆炸物品管控力度。多次深入涉爆、危险品企业、烟花爆竹销售网点进行治安安全检查，严密生产、销售、使用、运输等管理措施，落实安全责任，强化规范运作，未发生爆炸事故及危险品被盗被窃案件，有力地保障了公共安全。

（2）深入推进缉枪治爆专项行动。深入商场、超市、集贸市场等重点单位、重点场所查缴仿真枪、管制刀具等。共收缴各类枪弹 60 余发、管制刀具 100 余把、伪劣烟花爆竹 3 万余件，查处涉危案件 4 起，收到了良好的社会效果。

（3）强化公务用枪管理。在全面完成枪弹柜的智能化改造基础上，加强公务用枪管理系统运用，通过电话提醒、发送短信、网上巡检等方式，督促用枪单位定期对枪支进行开柜擦拭保养，确保枪支管理和使用规范到位。

4. 治安防控与社会管理创新

近年来，治安防控（巡特警）工作以完善立体化、现代化社会治安防控体系为主线，以推进规范化执法建设为载体，以打造实战化过硬队伍建设为保障，敢于担当，扎实工作，奋力进取，有力推进巡特警工作持续健康发展。

一是社会维稳取得了新成绩。树立底线思维，运用法治方式，坚持法礼合治，突出抓好维护社会秩序、完成青奥安保、参与社会管理等重点工作，为高邮市社会安定、政治稳定作出了应有贡献。2014 年，共接处警 3693 起，及时处置突发性群体性事件 76 起，完成以青奥安保为重点的安保任务 164 场次。

二是巡防工作迈出了新步伐。抓住城市巡防体制重组和巡特警更名的有效契机，创新勤务，强化职能，深化“监巡合一”巡防模式，建立和完善指挥与管理相统一、勤务与警情相衔接、联动与联防相协调、专业与义务相结合、任务与保障相适应的大巡防格局，有效提升了社会面见警率、管事率和动态控制、快速反应、整体锁控、精确打击能力。2014 年，共抓获各类违法犯罪嫌疑人 143 名，其中，刑事作案成员 94 名、刑事拘留 62 名、网上逃犯 16 名，摧毁各类团伙 23 个。成功破获盗窃电缆、轿车内财物、家禽、电动车和飞车抢夺等一批有影响的案件。

三是规范执法出现了新成果。教育引导全体民警以公平正义为核心，以法律规范、法律原则、法律精神和法律逻辑为尺度，把办事依法、遇事找法、解决问题用法、化解矛盾靠法贯穿于整个执法过程始终，加强跟踪问效、网络问警、监督问责的全程管理，确保各项执法活动在法律规定和法治轨道上阳光运行，有效预防和控制不作为、乱作为、涉企“四乱”行为发生，提高了执法公信力。规范执法实现了“五零”目标，杜绝涉企“四乱”工作得到市纪委的好评。

四是服务发展提升了新水平。牢固确立作风建设永远在路上，服务群众没有休止符的理念，进一步改进工作作风，提高服务质量，推出服务发展十项承诺，开展服务效能提质行动，落实“首违不罚、容期整改”各项措施，切实解决好服务群众最后“一公里”问题，提高了群众满意度。获得高邮市“创业者满意执法单位”6 连冠、再次被扬州市局表彰为公安机关窗口单位作风建设“评好评差”红旗单位，为群众做好事 68 件，收到锦旗、表扬信 26 次。

五是队伍建设展示了新形象。敬终如始，善作善成，认真组织好、开展好党的群众路线教育实践活动，坚持规定动作完成到位，自选动作创造特色，紧扣“三个”环节，查找“四风”问题，执行八项规定，遵循“三职”要求，刚性严守，硬性约束，承诺执行，规范行为，树立为民清廉新形象。其做法和经验,多次得到省厅和扬州市委、市局路线教育实践活动督导组的充分肯定,各级教育实践活动专刊录用21篇。近年来,巡特警大队内涌现了一批优秀党员、江苏文明职工、青奥安保先进个人等。

四、保卫工作

1. 机关团体、企(事)业单位保卫

1986年,全县列入公安内部保卫的党政机关和较大工厂、企业、学校等单位70个。当年,全县企事业单位财务室、仓库被盗案件比较突出,发生在内部单位的刑事案件35起。县公安局在全县范围内开展以"防盗窃、防治安灾害事故"为目标的创建"安全合格仓库"活动,年底全县210个仓库全部达标。1987年8月7日,县政府批转公安局《关于加强要害部门、要害单位安全保卫工作的规定》,设置保卫科8个,保卫股20个,保卫干部94人;设立治保会127个,成员1213人。1988年,县公安局对所辖的127个内部单位、87个财会室和221个仓库进行检查验收,安全合格率百分之百,至1990年年底,没有发生一起案件。1990年12月26~27日,扬州市公安局和扬州市经委在高邮联合召开全市内保工作现场会,对高邮县内保工作给予充分肯定。1991年,市公安局整顿和建设基层治安组织,全市建立和健全治保委员会981个,治保小组4973个,共有治保人员1.88万人,全年调解民事纠纷7659起,提供案件线索269起,协助破获各类案件206起,扭送涉嫌违法犯罪人员162人。在驻城127个内部单位中开展创安全合格车间、合格门卫、合格财务室和合格仓库(以下简称"四合格")活动,并逐步把创"四合格"活动向57家年产值在500万元以上或职工总数在500人以上的乡镇企业延伸,逐级落实责任制,提高乡镇企业的自防自治能力,全年列管乡镇企业仅发生一般刑事案件3起。

1993年3月23日和7月28日,经省公安厅批准,市政府办公室、市电器厂、市化肥厂、市水泵厂、市农业银行、市建设银行6家机关和企事业单位分别成立经济民警分队,共有队员95人,使重点企业和首脑机关的安全保卫工作走上专业化、正规化的轨道。1995年,全市三资企业建立保卫组织56家。

2002年,市公安局认真贯彻落实党中央、国务院关于切实维护企业稳定的指示精神,有理有节地疏导、调处企业矛盾纠纷,妥善处置群体性事件。全年共排找企业不安定因素127条,调解矛盾纠纷70余次,妥善处置群体性事件43起,对扰乱企业生产秩序、破坏企业稳定的违法人员27人依法给予治安处罚,其中治安拘留18人。

2003~2005年,市公安局进一步加大对全市经济、文化及金融单位的治安管控力度,确保内部单位24小时有专人值班,重点单位和要害部位安装与"110"报警服务台联网的报警装置。新装报警系统72台,电视监控单位4套,制式防盗门35扇,加固金库4个,仓库17个,财会室24个,投入防范资金40万元。2005年1月,市公安局成立处置群体性集访事件领导小组,设立驻行政中心民警值班室,全年依法化解各类群体性事件93起。

2. 部门系统(金融系统)保卫

1997年,市公安局组织对金融系统进行治安整顿6次,对全市161家基层金融网点、78个金库和13辆运钞车实施安全检查。查出各类治安隐患682处,发放《治安隐患整改通知书》32份,并加大督促整改力度,确保金融系统的安全。2002年11月~2003年11月,市公安局保安服务公司先后为工商银行高邮市支行、建设银行高邮市支行负责押运、守库、门卫、营业厅安全保卫工作。2005 年 11 月 25 日 15 时 30 分,市公安局在市通湖路工商银行营业厅进行金融防抢劫预案演练,取得良好演练效果。

3. 警(保)卫工作

(1)领导人安全保卫

1994 年 5 月 19 日,国务院总理李鹏视察高邮,市公安局成立安全保卫指挥部,实行定人、定岗、定任务、定责任的“四定”岗位责任制,严密各项安全保卫措施。

1994 年 6 月 21 日,国务委员、国家计划生育委员会主任彭佩云到高邮视察计划生育工作;同年 10 月 12 日,全国人大常委会副委员长廖汉生到高邮视察;1995 年 6 月 21 日,中共中央政治局委员、中央书记处书记、国务院副总理姜春云一行到高邮视察武安乡农技站和高谢村千亩水稻丰产方;1997 年 5 月 25 日,国务委员、国家民委主任司马义・艾买提一行到高邮菱塘回族乡视察。市公安局都认真做好安全保卫工作。

2000 年 4 月 15 日,中共中央政治局常委、国务院总理朱镕基到高邮武安乡高谢村视察。市公安局充分准备,认真落实路线、现场、住地三个环节,确保安全。

2002 年 5 月 3 日,中共中央政治局委员、中国社会科学院院长、中国地方志指导小组组长李铁映一行到高邮视察;5 月 18 日,全国人大常委会原副委员长、著名社会学家费孝通到高邮;2005 年 9 月 7 日、15 日、24 日,全国政协副主席阿不来提・阿不都热西提、张思卿、张怀西等领导先后到高邮视察。市公安局都按规定制订周密的警卫工作方案,疏导交通,圆满完成交通安全警卫任务。

(2)外事保卫

1986 ~ 1989 年,先后有来自法国、日本、孟加拉国、捷克斯洛伐克、亚洲开发银行、世界银行美国 IBM 电子公司、海湾五国驻华使节及夫人等 12 批考察团、摄影团、旅游团、专家到高邮进行考察、旅游和技术指导活动,涉外活动逐渐增多,县公安机关按照有关要求,及时做好安全保卫工作。1990 年日本神奈川县日中友好协会第三次大运河(永久)自行车旅行团一行 35 人,1995 年经省政府批准,日本“遣唐使之路”踏查团和日本旅游团先后途经高邮参观访问,市公安机关妥善做好沿途交通和安全保卫工作。1999 年,澳大利亚维多利亚州教育代表团一行 14 人到高邮参观访问;澳大利亚南格莱片群郡长霍华德・坦布雷顿率政府代表团一行 7 人到高邮,举行友好城市签字仪式;孟加拉国教育部考察、培训团一行 10 人到高邮菱塘民族职业高级中学进行考察等,市公安局做到精心组织、确保安全。2000 ~ 2005 年,随着招商引资和对外交往活动的频繁,外宾来高邮已成常态,市公安局严格按照外事活动的安全保卫规定,做好各项保卫服务工作。其中 2003 年 9 月 17 ~ 29 日,澳大利亚汉密尔顿・亚力山德拉学院 66 名师生到高邮中学进行为期 13 天的访问交流,市公安局制订方案,全力做好安全保卫工作。

(3)重大节庆安全保卫

1991 年 2 月 28 日,县委、县政府在高邮城举办“万家灯火万盏灯”大型灯会。从正月十三日至十五日,文游路、中山路、文化宫路、府前街布满各式各样的灯,每天观灯人数达 10 万多人,县公安局全警出动,确保安全无事故。同年 4 月 1 日,高邮举行设市庆典,同时举行高邮市 1991 年春季商品交易会、第四届文游艺术节,来宾众多,活动内容丰富,群众参与度高,市公安局抽调公安民警、民兵维持秩序,保证游行队伍、灯展、文娱演出安全有序。

1997年10月9日,由邮电部、江苏省人民政府主办,高邮市人民政府承办的“97中国邮文化节”在高邮举行。参加文化节的中外来宾3000多人,活动包括7大项、20小项系列活动,市公安局组织公安民警、保安队员(联防队员)、民兵预备役人员、青年志愿者,分成5个责任组,全力做好安全保卫工作。2002年市委、市政府举办中国高邮双黄鸭蛋节,2003年市委、市政府承办“第二届中国邮文化节”,2004～2005年,高邮先后举办第三届中国高邮双黄鸭蛋节和第三届中国邮文化节,邀请中外宾客人数众多,活动内容丰富,群众参与度高,市公安局都精心组织,确保活动安全。

五、公安法制工作

1. 制度建设情况

(1)健全执法机制,规范执法行为。针对执法办案中出现的问题,制定出台《关于规范案件审核审批严格质量把关监督工作规定》《一所四队执法质量考评办法和细则》《涉案人员随身财物管理规定》《取保候审执行工作规范》《高邮市公安局推行“首违不罚”和“容期整改”实施细则》《执法办案网上审核审批“单轨制”运行办法(试行)》《办案场所应急处置办法》等执法制度,细化完善各项执法工作的规范要求、程序规定、考评考核、责任落实和责任追究等具体规范,促进执法活动的标准化、规范化。

(2)强化执法回访制度,提升规范化水平。一是从“110”先期处警回访入手,征询当事人对处警民警在处警时的规范性、满意度等方面的评价和意见。二是结合执法考评,对案件中涉案财物处理是否规范、案件定性是否合法、案件处理是否正确以及权利义务告知是否到位等方面进行了解,收集对公安执法工作的意见和建议。三是对案件中涉及涉案财物较大、物品数量较多、关系到群众切身利益的毁财、伤害案件、涉黑案件、扰乱单位秩序等案件进行随机走访。四是开展网上执法告知服务,改进回访模式,增强满意率透明度。

(3)落实执法公开制度。《公安机关执法公开规定》颁布施行以来,在认真学习深刻理解的基础上,狠抓了贯彻执行工作。一是在向社会公开方面。公安局以在市行政服务大厅开设公安服务窗口、在市局办公区开设市行政服务公安分中心和交巡警大队车辆管理所为主阵地,依托派出所、交巡警大队各责任区中队等一线执法单位的对外服务窗口,并辅以媒体、网络、宣传车、法制宣传橱窗、散发宣传单、宣传画册、咨询服务台等形式为载体,将公安机关应当向社会公开的执法信息及时予以公布。二是在网上公开办事方面。为推进公安局行政许可网上运行,加快行政审批信息化改革步伐,进一步规范行政审批行为,提高行政办事效率,确保行政权力在阳光下公开、透明运行,根据省、市要求,公安局建立了网上公安局、网上派出所、网上警务室、网上车管所,并出台了《高邮市公安局行政权力(行政许可)网上公开透明运行工作实施方案》,积极实施行政许可网上运行工作,凡窗口受理承办的每一件行政许可服务事项一律实时上网运行、规范操作,做到受理必上网、上网必实时、实时必规范,不搞“事后补录”“网外循环”,进一步规范行政许可行为,深化政务公开。着力推进网上公安行政审批电子监察系统建设和运用,加强行政许可服务工作的监督管理,搭建全方位、立体式网上警民互动平台,做到了后台跟着前台走,工作随着需求做,确保公安行政服务做到服务为民、廉洁高效。三是在向特定对象公开方面。重点突出执法告知服务工作,充分发挥执法告知服务系统作用,及时向执法相对人履行执法告知义务。四是在基础设施建设方面。为规范执法提供基础保障,规范执法办案场所标准化建设,全局38个执法单位已全部按要求完成功能区划分、多个窗口服务单位建起了无障碍通道并配齐饮水、报纸等服务设施，优化行政服务软环境。五是在窗口单位争先创优方面。公安局深化“四级同创”活动，积极开展“文明窗口”创建活动，提升作风形象，提高行政效能。

（4）积极推进示范创建活动。强化执法示范和“三零”所队创建工作推进。与先进单位交流考察等活动，大力推进一所四队“三零”单位创建活动，运用推广示范单位先进工作模式和执法标准有效规范执法行为，促进整体公安执法水平和执法质量的提升。

（5）强化执法基础建设。一是规范办案场所管理，确保执法安全。结合乡镇区划调整，对基层执法单位执法办案场所按照高起点、高标准要求进行升级改造指导，并按照公安部办案场所“四个一律”要求对全局18个办案场所进行拉网式检查，对排查出的安全隐患问题及时督察整改，执法安全得到有效保障，未发生执法安全事故，在扬州市局组织的“四个一律”检查中得分居扬州各县（市）局之首，受到省厅领导关注。二是强化执法信息平台规范运用。以警务综合应用系统为基础，全面推进执法监督管理系统、涉案财物管理系统、网上执法告知服务系统和执法办案电子签章系统等执法平台运用，进一步提高执法办案网上运行、监督考核网上实施的实战应用能力。严格落实“执法信息进平台、审查人员进场所、涉案财物进系统、审核审批进流程”“四个一律”的要求，不断强化执法源头管理，促进如实立案，防止案件“体外循环”，堵塞民警违法违纪漏洞，提高公正执法效能。实现执法过程数据化，对接处警、重大警情全程录音录像，采集的录音、录像等电子数据及时储存，并对电子数据储存作出统一要求，强化了执法源头管理，杜绝和预防日常警务活动中不作为、乱作为等不规范现象。全局各执法单位的讯（询）问室全部安装了同步录音录像系统和安全监控设施系统。看守所提讯室和律师会见室高标准、高起点升级改造到位，有效推动执法规范化建设提档、升级。

2. 强制措施审核

坚持执法办案主办民警、办案单位法制员、法制部门、主管领导的四级审核把关责任制。强化案件审核包干制，突出对复杂疑难案件跟踪审核力度，确保案件一审到底，落实审核责任，提升案件质量。法制部门在审核工作中坚持做好“五个服务”，一是重点案件专人服务。明确对部、省挂牌案件明确由办案单位和法制部门各一名大队负责同志就案件办理全过程、全方位跟进法律服务，会同办案单位现场办公审阅材料，制定侦查措施，协助办案。二是敏感案件上门服务。围绕维稳、安保等中心工作，对敏感、有影响的案件就受立案、调查、处理全过程推行上门跟踪服务。结合土地拆迁、企业劳资纠纷等面临的容易引发群体性事件及恶劣影响的治安刑事案件等实际情况，主动到责任单位、辖区派出所及当事人单位进行服务，既做到维护群众合法权益、合理诉求，又达到对违法犯罪行为予以制止和严厉打击处理的目的。三是疑难案件全面服务。对疑难复杂案件定性、证据收集等方面存在需求的，法制部门提前介入案件的办理，派专人对询问、讯问、取证等侦查工作进行指导监督，有效预防和减少了取证不及时、不全面，法律文书不规范等执法问题，避免基层一线办案民警在执法过程中走弯路，在确保案件质量的同时，提高工作效率。四是专项行动全力服务。结合全局开展的“打假”“两盗一骗”“打击食品药品环境等犯罪”等专项工作，法制大队全员上阵，既收集相关法律法规作法律后盾，同时又对执法单位办理的案件全力提供服务。经审核各类案件未发生复议诉讼被撤销变更案件，案件质量显著提升。五是案件审核无限时服务。急基层所急，想基层所想，随叫随到，确保夜间及节假日期间不间断为基层执法办案部门提供法制服务。

3. 执法监督状况

(1)强化考评监督。开展“一所四队”“三零”创建和执法质量考评工作,每月对16个派出所和治安、刑侦、经侦、交警的网上执法、接处警、行政刑事案件办理、执法办案场所管理使用、执法执纪等执法活动进行网上和实地全方位考评,考评结果进行排名通报,以此推动基层执法更趋规范化。“一所四队”执法质量考评工作做法被扬州推介。

(2)强化问题整改。认真开展未诉案件、自裁案件卷宗专项检查,确保问题整改到位。对近年来办理的201件自裁案件、141件未诉案件卷宗、21件另案处理案件逐人逐案检查,对发现的近千个个案问题逐一分析查找原因,对涉及涉案财物处理不规范、案件未及时处理、降格处理的一律与办案部门进行逐一对接整改。

(3)落实执法责任。对检查、督导发现的问题每月进行研判通报,同时以“政出必行,行必有责”狠抓事后责任追究,对违反执法制度,造成执法过错人员,及时调查,分清责任,严肃追究,起到警示作用。

4. 行政复议工作

依法行政工作,坚持以邓小平理论、“三个代表”重要思想、科学发展观为指导,全面落实党的十八大、十八届三中、四中全会和中央、全省执法工作会议精神,按照省、扬州市政府推进依法行政、扬州市委2号文件《关于着力提升服务水平净化企业发展环境的意见》及市委十届七次全会的部署和要求,围绕全面推进依法行政、加快建设法治政府的主线,坚持开放、改革、务实、为民导向,以促进社会公平正义、增进人民福祉为出发点,以助推“改革创新推进年”“重大项目突破年”“城镇建设提升年”和“党的群众路线教育实践活动年”为目标,创新行政管理方式,强化权力运行制约和监督,净化企业发展环境,进一步提升公安机关的公信力和执行力,为经济社会持续健康发展与社会和谐稳定提供法治保障,依法行政工作取得了明显成效。2014年,受理行政案件总数3765起,处罚625人(其中行政拘留409人),调解治安纠纷1247起,化解民事纠纷26,863起,受理办理行政许可2209件、行政审批16,749件、行政确认45,600件,未发生行政复议诉讼被撤销和变更的案件。具体见表3－16。

表3－16　公安法制工作(2012～2014年)

项目	2012年	2013年	2014年
执法公开事项(个)	—	—	—
制定出台制度规范(个)	—	—	—
采取行政拘留措施(人)	595	447	409
采取刑事拘留措施(人)	753	448	334
提请批准逮捕(人)	360	349	274
受理行政复议案件(件)	0	3	10
撤销下级行政决定(件)	0	0	0
推行警务运行机制改革(项)	—	—	—

六、干部队伍建设

1. 思想政治教育

解放初期,高邮公安局结合镇反、剿匪、取缔反动道会门、民主改革、整风“反右”等政治运动，对民警进行阶级立场、对敌斗争观念方面的教育。经受了巩固革命政权，进入社会主义建设时期的考验。

20 世纪 60 年代开展面向社会主义教育运动，对干警进行树立革命化思想作风的教育。1964 年中共扬州地委政法工作领导小组，在高邮公检法搞“三清”“五查”运动试点，历时半年，运动结束后，全体政法干警实行民主总结出五大收获：第一，领导骨干“洗澡”检查好，干警满意。第二，群众自我教育好，普遍提高了觉悟。第三，真正做到了团结绝大多数干警。第四，贪污盗窃、扳扣倒把、违法乱纪等问题都揭发出来。第五，整改工作搞得好，纪律作风有改进，思想工作出现新面貌。扬州地委将高邮的经验在全区进行推广。

60 年代后期至 70 年代中期，受“文化大革命”思潮的影响，主要是对干警进行阶级和阶级斗争教育。

80 年代，随着中心工作转移到经济建设上来，高邮公安局组织干警进行社会主义初级阶段理论的学习，并进行党的基本路线教育。

90 年代，组织干警学习《邓小平文选》和江泽民总书记有关指示精神，在公安队伍中开展反腐倡廉教育、法制教育。

进入 21 世纪后，高邮公安局对干警的政治教育进一步加强。2000 年 3 月至 5 月，扎实地开展了以“讲学习，讲政治，讲正气”为主要内容的党性党风教育。8 月中旬根据公安部在山东威海召开的全国公安机关“三项教育”会议精神，结合中共高邮市委、市政府在市级机关部署开展的“三个代表”重要思想集中教育活动，借鉴领导班子和领导干部“三讲”教育和经验和做法，在全局上下启动“全心全意为人民服务”宗旨教育，实事求是的思想路线教育，“严格公正，文明执法的法制教育”，江苏省公安厅派出以许云华处长为组长的“三项教育”指导组坐镇高邮指导学习。通过四个月的“三项教育”，较为全面地查找出了公安队伍和民警个人存在的突出问题，严肃认真地开展了批评和自我批评，成功地举办了为期 50 天的民警素质培训班。通过“三项教育”，广大干警普遍受到了一次深刻的马克思主义教育、宗旨教育、思想路线教育和法制教育。为巩固教育成果，各业务部门、各警种对照要求，重新修订工作规范，制定各警种《目标管理百分百考核办法》和十二种规章制度，全面落实了长效管理措施。在“三项教育”总结阶段，江苏省公安厅、扬州市公安局分别在高邮召开了专题报告会，肯定了高邮的做法。

2004 年，高邮公安局坚定不移地走政治建警之路，学习胡锦涛总书记指示公安机关要提升“四个能力”，即维护国家安全的能力，驾驭治安局势的能力，处置突发事件的能力，服务经济发展的能力。举办“党风廉政建设”“公安队伍建设”专题培训班各一期，组织全体公安民警开展“正确对待手中的权力”和“做合格民警、让母亲放心”为主题的教育活动，凝心聚力，与时俱进。

2007 年高邮市公安局以公安队伍正规化建为主线，以弘扬新时期人民警察精神为动力，以深化作风建设为抓手，牢牢把握“两个最大限度”的总体要求，坚持“力量往基层使，工作往实里干”，强势推进公安工作和队伍建设走全面协调可持续发展之路，为创建扬州最安全地区和“全面达小康，建设新高邮”提供了强有力的精神动力、智力支持和组织保障。以科学发展观为统领，推动高邮现代警务机制建设。以公安信息化、执法规范化、和谐警民关系三大建设为抓手，实现“平安高邮”的目标。

2008 年,高邮市公安局以公安队伍正规化建设为主线,以"大学习、大讨论"和干部队伍能力作风建设等教育活动为抓手,紧紧围绕平安建设、平安奥运的总体目标,强势推进队伍建设。

2009 年,高邮市公安局积极开展加强"职业道德、执法规范、纪律作风"和"整肃警纪、严管队伍"等主题的教育活动,大力推进公安队伍正规化建设。

2010 年,高邮市公安局以江苏公安精神大讨论和学准则活动为主线,强化民警核心价值观教育。一是在目标定位上求高。全警在学习讨论中,深刻领会江苏公安精神和能力作风准则内涵,充分认识到这既是经验总结,又是具体标准,既是精神激励,又是实践指导。二是在载体推进上求新。开展"金点子"创意警务活动,积极鼓励民警创新思路,释放才智,形成工作中的金点子,推进警务机制、警务手段的设计革新,全局共征集到"金点子"创意 50 余条,并从创新性、实效性等方面进行评奖;组织"公安精神大家谈"征文活动,全局共收到征文 40 余篇,被省厅录用 3 篇,扬州市局录用 10 篇,交巡警大队教导员严长龙撰写的《新时期公安交巡警精神》获扬州市局征文一等奖;组织全警开展理论测试,测试题目既有基本政治理论,又有实践思考,使广大民警受到启发、得到提高、注入动力。三是在活动成效上求实。通过讲评与自评相结合、批评与自我批评相结合、明察与暗访相结合、约谈与家访相结合等多种形式,深入查找队伍和民警个人身上存在的与警察的职业道德、行为准则不一致的地方,逐项列出、重点整改,对重点关爱对象采取多种措施跟踪管理,春风化雨关爱转化,全体民警的忧患意识、创新意识、守纪意识进一步增强,队伍的凝聚力和战斗力进一步提升。

2011 年,高邮市公安局以"调结构、提质效、强规范、严执纪"教育、"发扬传统、坚定信念、执法为民、服务发展"教育和能力作风建设等教育活动为主线,着力推进公安队伍建设,取得良好成效。民警的理想信念进一步坚定、执法和服务能力进一步增强、作风形象进一步提升,全局队伍保持了平稳的发展态势。

2012 年,高邮市公安局以核心价值观教育为主线,以学习党的十八大精神为重点,以群众工作创新工程、"三访三评""双进双促"等一系列活动为载体,着力推进公安队伍建设,取得良好成效。民警的群众观念进一步坚定、执法和服务能力进一步增强、作风形象进一步提升,全局队伍继续保持了平稳的发展态势。

2013 年,高邮市公安局以党的十八大精神为指引,以群众工作创新工程为载体,着力推进公安队伍建设,取得良好成效。民警的群众观念进一步坚定、执法和服务能力进一步增强、作风形象进一步提升。

2014 年,高邮市公安局以群众路线教育实践活动为主线,以建立实战化职业警队为目标,强化民警思想教育、素质教育和作风建设,有力地推进了公安队伍建设,取得了良好成效。全局队伍建设保持良好发展态势,为公安工作不断进步提供了有力的队伍保障。

2. 公安业务建设

1949 年,高邮公安局进城办公后,即对干警进行各项业务知识和专业技能培训。1950 年年初,以国家法律、对敌斗争的方针与策略为主要内容,继而进行社会治安、现场保卫、刑事侦查、禁毒、取缔反动会道门等相关知识的培训。1953 年 6 月,组织干警学习《公安手册》《侦察手册》《逮捕拘留条例》等条规。从 1957 年 11 月起,组织全体干警和公安助理员学习《中华人民共和国治安管理处罚条例》,并将此列为公安人员学习的必修课程。1961 年 7 月至1962年4月，高邮公安局连续抽调四批公安特派员（共26名）参加省公安厅举办的为期40天的业务培训。1979年11月高邮公安局利用半个月时间，分别举办了《刑法》《刑事诉讼法》培训班各一期，每期7天，培训对象为公安特派员和未参加扬州地区集训的74名政法干警。1985年10月，用半个月时间，对合同制民警专门进行业务培训，请南京大学法律系教授来讲课，培训内容为公安概述、现场勘查、侦查工作、预审技巧、治安管理、内勤文秘、外事管理等，126名合同制民警受训。同年12月5日至12日，举办刑事民警培训班，受训对象为各派出所刑事民警，授课内容为情报资料、特情工作、现场勘查、痕迹照相、擒拿与反擒拿六讲。1988年选派4名部队转业干部到省警校和扬州市局进行上岗培训，学习公安业务知识，使之尽快适应公安工作需要。1989年，举办两期通信技能培训，小范围辅导20多次，受训率达干警总数的95%以上。1991年公安交警大队安排12名交警脱产学习，除抽调6名同志参加省厅、扬州市局轮训外，还举办集训班三期，内容为《道路交通管理条例》《行政诉讼法》《交通管理处罚程序补充规定》和《道路交通事故处理办法》等法律法规规定。按照公安部制订的《派出所民警岗位培训教学计划》，1992年4月至年底，举办三期民警岗位培训班，每期290课时，其中有127名民警和合同制民警受训，教材以人民警察职业道德、哲学、公安应用文等为主要内容。1993年举办两期民警岗位培训班，第一期学员25名，第二期20名，培训对象为派出所、交警队、治安大队民警。同时，还组织169名民警（合同制民警159名，合同制交警15名）参加省公安厅组织的干部录用考试。1994年举办出入境管理业务培训班，学员对象为每个派出所的政保干事共39人。1996年10月7日至13日，高邮公安局组织新分配来的大中专毕业生进行法制、廉政及职业道德培训。1997年5月31日至6月7日，高邮公安局对全体干警进行公务用枪人员理论与实弹射击培训考核。同年7月全体干警参加国家公务员过渡培训，有354名经考试合格被录用。随后，全局开展岗位练兵活动。2001年组织524名民警进行执法资格和中青年民警计算机培训。2002年3月，交巡警大队就道路交通治安管理信息的采集与报道、业务台账的建立与管理、各种法律文书的制作与使用，举办了内勤与法制员培训班，学员50人，学时一周。2005年，高邮公安局根据上级指示开办了"社区民警战略基础知识""社区民警工作情况资料簿填写说明"等讲座，对全局190名社区民警进行了培训。此外，根据公安部《公安派出所民警全员培训三年规划》要求，在珠湖派出所的禹王社区，蝶园派出所的水部楼社区召开警务战略现场会，培训民警日常外语并进行考核。2006年开展了"'新五学'（学法规、学计算机、学金融、学礼仪、学外语）开道，着力提高民警综合素质，深入开展全员岗位练兵"活动，在增进公安民警科学知识的同时，促使实战技能全面提高。2007年大力加强轮值轮训和岗位练兵，民警基本做到"三懂四会"，掌握计算机操作基本技能和警务信息综合应用系统基本要领，执法素质和规范化程度明显提高。2008年狠抓业务和岗位培训，提高民警素质：开展全警集中春训；开展警务信息应用系统培训和考核；推进轮值轮训；组织新警培训；开展网上学法考试。2009年大力加强轮值轮训和岗位练兵，开展"大平台"应用培训、说理式执法培训，广大民警的警务技能、执法素质和规范化水平明显提高。2010年狠抓业务培训和岗位练兵，着力提高民警综合素质：随岗跟班学习，加强实战演练；开展岗位练兵，强化实战技术；建立健全培训工作机制。2011年结合公安实战需要，组织开展了一系列的执法培训工作：建立了"六大培训基地"（公安干校电教培训基地、"王成警务室"跟班实习基地、三垛市际卡口轮值轮训基地、蝶园派出所内务管理示范基地、防控处警大队盘查实战基地、看守所深挖犯罪基地等),抓好日常业务培训;抓好新型业务培训;抓好培训机制建设,建立健全相关培训机制(师徒结对帮扶制、法制民警执法联系点制、办案民警跟班学习制)。2012年以实战需求为导向,组织开展了一系列的执法培训工作:开展了"十大岗位能手"培养活动,先后组织了执法规范化、信息化应用、实战技能和群众工作能力等专题培训;加强培训基地建设;抓好实战技能培训。2013年以"十大岗位能手"培养为载体,以实战需求为导向,加强教育训练,先后组织开展了基层民警进机关开展随岗培训、实战技能培训、警体体能培训。2014年以实战化、职业化为导向,组织开展了一系列的教育培训活动。一是抓好实战技能培训。二是更新教育培训内容。打破传统教育培训填鸭式教学方式,从执法技能、比武竞赛、实战技能三方面入手更新教育培训内容。特别是在在执法技能培训方面,高邮市公安局为深入推进新一轮执法规范化建设,加强执法源头管理,改进执法培训方式,组织民警参加旁听庭审,并围绕庭审中质证、答辩内容进行讨论。采取集中学和自学的方式,学习基本法律知识,组织民警进行法律知识抽考,鼓励民警参加司法考试,自学取得学士、硕士、博士学历。三是加强学习交流。

高邮市公安局从进城执政60年来,通过精心组织、认真实施、真抓实干,有的放矢"学中干,干中学",使业务培训工作开展得有声有色,卓有成效,有力地保证公安队伍的精干与高效。

3. 公安模范典型

1986~1991年,市(县)公安局根据上级公安部门的指示,对新进公安队伍的民警进行集训,组织民警听取革命斗争史,学习贯彻党中央的一系列方针政策,在政治上与党中央保持一致,举办"万家灯火有我的奉献"报告会,积极为全市(县)经济建设服务,成绩斐然。1991年,在全市抗洪救灾中,全体公安民警投入抗洪第一线,为救灾工作作出突出贡献,市公安局被公安部授予集体一等功。1992~1995年,全市公安工作紧紧围绕经济建设和经济体制改革,更好地做好服务工作。1996年9月开始,市公安局实行新警着装向警徽庄严宣誓制度。同年,武安派出所所长胡兴仁被评为省劳动模范,郭集派出所所长潘万宝荣获省公安厅授予的个人二等功。1997年3~5月,全市公安民警521人分3期学习培训,全部过渡为国家公务员。从当年起,市公安局以"内强素质、外树形象"为目标,大力开展以争创"人民满意派出所""优秀派出所""文明户籍室""优秀人民警察""十佳民警"为主要内容的争先创优活动。1997年,城北派出所被省公安厅表彰为人民满意派出所;三垛派出所被评为全省农村户口城市化管理工作先进集体;潘万宝被授予"全国优秀人民警察"称号。1998年,城北派出所立集体二等功。1999~2000年,城北派出所、城中派出所获"省人民满意派出所"称号,市交巡警大队城区中队获"省人民满意交巡警队"称号,车辆管理所获"省人民满意车管所"称号,金传铮获省委、省政府授予的"人民满意警察"称号,李兰珍、王成、从俊明、嵇金凤、周延良5人获省公安厅表彰的"人民满意警察"称号,夏锦秋被省公安厅追记个人二等功。2000~2002年,全市公安机关紧紧围绕"抓班子、带队伍、促工作、保平安"的总体工作思路,以"三个代表"重要思想为指导,以人民满意为标准,深入开展各种创争活动,严厉打击各类违法犯罪活动,有力地维护了全市社会政治稳定和治安稳定。2002年1月,市公安局治安大队被公安部授予全国"治爆缉枪"专项行动先进集体称号,市公安局被省公安厅表彰为"全省公安三、四级网络建设先进集体""全省公安机关档案工作目标管理一级达标单位",

市公安局办公室被省公安厅表彰为“全省公安机关调研信息工作先进集体”，市交巡警大队马棚中队获“全省交巡警创建平安大道先进集体”称号。3月，市公安局被公安部授予“全国公安机关‘三项教育’先进集体称号”。5月，市公安局“1·12”调处回汉矛盾工作小组被省公安厅授予集体二等功。刑警二中队获省“人民满意刑警队”称号，城中派出所为省“人民满意派出所”。汤志斌获“全省110报警服务工作先进个人”，周龙被省委“610”办公室、省委组织部、省公安厅等8个部门联合表彰为“全省同‘法轮功’斗争先进个人”，倪文连被省政府表彰为“全省治理公路河道‘三乱’工作先进个人”，章志东立个人二等功，翁伟才、高峰获“省人民满意警察”称号。2003～2005年，全市公安机关按照公安部发布的5条禁令，进一步强化内部管理，加强队伍建设，开展“平安高邮”创建工作，公安工作和队伍建设均取得明显进步。2003年2月，市公安局被省公安厅表彰为“全省公安系统治理公路、河道‘三乱’工作先进集体”；罗三娥被省公安厅表彰为“全省公安档案工作先进个人”。3月，市看守所、治安拘留所分别获省公安厅颁发的“二级看守所”“达标治安拘留所”称号。7月，刑警大队二中队获“省人民满意刑警队”称号，交巡警大队城区中队获“省人民满意交巡警队”称号，市公安局信访接待室被评为“省人民满意信访窗口”。8月，市公安交巡警大队马棚中队被省公安厅记集体二等功。10月，市公安局被省公安厅表彰为“全省工会财会工作先进集体”。李建军、孙玉明获个人二等功，赵金标获全省“公安政工信息调研工作先进个人”，李兰珍被公安部表彰为“全国优秀人民警察”，王殿宏、周延良获“省人民满意警察”，倪文连获省综治委表彰的“省严打整治先进个人”，陶庆庆获“全省公安科技工作先进个人”，翁伟才获省委政法委表彰的“省人民满意政法干警”称号，并立个人三等功。2004年，市公安局被中共扬州市委、扬州市政府授予集体二等功。2005年2月，珠湖派出所被公安部授予“全国一级公安派出所”称号，市看守所被公安部表彰为“全国二级看守所”和“‘全国公安监管系统深挖犯罪工作’先进集体”，交巡警大队马棚中队被公安部授予“全国预防道路交通事故先进中队”称号。3月，市公安局刑警二中队通过公安部工作组考核验收，被公安部命名为“全国一级责任区刑警队”。

4.从优待警措施

根据《公安部关于进一步加强思想政治工作落实从优待警的若干意见》，为进一步激发队伍战斗力，关注民警身心健康，推进队伍正规化建设，高邮市公安局制定了以下从优待警工作办法。

(1)认真落实民警年休假制度。由民警提出申请，经所在单位同意，按管理权限，政治处、分管局领导、主要领导审批后，安排民警休假。休假期间，享受所有福利待遇。

(2)民警结婚，局有关领导和政治处负责人到场祝贺，送上花篮和贺礼。

(3)女警分娩，政治处代表市局看望慰问并送上慰问金；民警妻子分娩，符合晚婚晚育的男方可享受10天护理假。

(4)民警工作以后取得本科以上学历，仍在本局工作的，市局给予相应奖励。民警子女参加全国高等院校统一考试，被本科第二批次以上院校录取的，市局给予奖励或赠送纪念品。

(5)每年定期组织全体民警(含离退休老同志)进行常规体检，建立民警健康档案。

(6)每年为全体在职民警以及各业务大队、派出所从事一线执勤的辅警和非制式警用车辆驾驶员投保意外伤害险。

(7)民警因公负伤,所在单位应立即报告并启动医治诊断绿色通道,确保第一时间救治。所在部门、政治处和局有关领导及时看望慰问,根据情况送上慰问金并协调解决医疗费和其他实际困难。政治处根据伤势情况向上级部门报告争取相关待遇。

(8)建立贫困民警家庭档案和民警因病致困报备制度。对身患重大疾病的特困民警及家属、身患重大疾病的离退休老同志(当年自愿参加省厅及扬州市局大病特困互助协会并缴纳会费的)实行救助,积极争取省厅、扬州市局大病特困互助金。

(9)民警及其直系亲属、主要亲属病故的,参照《高邮市公安局丧事办理和相关吊唁规定》办理。

5. 党风廉政建设

(1)实施"十廉"工程打造"邮警廉韵"廉政文化品牌

近三年来,主动适应党风廉政建设形势变化和惩防体系建设要求,积极探索廉政文化建设的新途径和新方法,通过实施"十廉"工程,致力打造"邮警廉韵"的廉政文化品牌,在全警营造出"学廉、思廉、崇廉、守廉"的浓厚氛围,实现了业务工作、队伍形象两提升,信访举报、有责投诉两下降,即"两提升两下降"的工作目标,有力地促进了公安工作、队伍建设和党风廉政建设的良性发展。

学习"思廉"。常吹廉洁风,组织民警开展政治理论、党纪政纪、警令条规学习,增强拒腐防变能力;常听逆耳言,组织全警学习外地违纪案例和本地廉情通报,让民警自警、自省、自重、自励;常唱正气歌,坚持典型正面引导,组织开展学习刘金国、孙茂珲先进事迹活动,发挥典型示范引领作用。

文化"育廉"。深入开展廉政文化进所队活动,加强基层所队"廉政文化走廊"、清廉镜、荣誉室、学习室、活动室建设,并定期开展摄影、书画、征文等廉政文化评比竞赛活动,让全警在潜移默化中培育清廉意识,陶冶思想情操,实现人生价值。

信卡"传廉"。建立廉政短信提醒制度,坚持节假日每天、周末不定时编发廉政短信,提醒民警自觉遵纪守法,严格执行禁令;制作禁令条规卡片,便于民警随时查阅、熟记、经常对照,时时提醒,处处自律,被民警称为"衣兜里的廉政小卫士"。

谈话"提廉"。全系统开展日常谈心谈话,及时掌握党员民警的思想动态,对于部分民警出现的苗头性、倾向性问题,及时提醒、预警,对于轻微违规违纪行为,采取诫勉谈话的方式促其纠正、整改;组织对新提拔领导干部开展集体廉政谈话和集体廉政宣誓活动。

活动"倡廉"。扎实开展民主评议政风行风、执法队伍和重点科室作风建设、"五条禁令"集中整治、"正警风、严警纪、践行核心价值观"、纪律作风专题教育、基层所队创建党风廉政建设示范单位、党的群众路线教育实践、"为何从警、如何做警、为谁用警"大讨论、"职业精神、职业道德、职业纪律"专项教育、纪律条令学习月等系列活动,引导全警树立正确的世界观、人生观、价值观,切实做到防微杜渐、警钟长鸣。建成8个党风廉政建设示范、先进单位。

考试"测廉"。坚持以考促学,以学促考,以考"测廉",组织全警进行《中国共产党纪律处分条例》《行政机关公务员处分条例》《廉政准则》《纪律条令》《领导干部五个严禁》《三项纪律》《四条底线》《五条禁令》等法规知识考试,致力于民警学廉规、懂廉规、守廉规。

警示“醒廉”。组织党委班子成员集体观看公安部警示教育片《手莫伸》,集中学习各级领导干部重要讲话精神;举办《刑事诉讼法修正案》与反腐败刑事政策专题讲座;组织全警集中观看《失德之害》《底线2》《贪欲使他走向了深渊》等6部警示教育片,务求全警在活生生的案例中接受警示,吸取教训,醒悟人生。

述廉“评廉”。始终把领导干部廉洁自律监督与制衡作为重中之重,每年组织党委班子、班子成员以及副科级以上干部开展述职述廉活动,通过自评悟廉、互评醒廉、群评测廉等形式,找勤廉差距、明勤廉目标、定勤廉措施,广泛接受全警评议和监督。

家庭“助廉”。注重把廉政文化建设的触角延伸到每个民警家庭,组织开展去民警家庭家访、致民警家属一封信、发民警家属温馨短信、开民警家属座谈会等系列家庭助廉活动,在全警家庭中倡导树立“文明、勤廉、和谐”的新家风,积极构筑家庭反腐倡廉防线。

访评“促廉”。以深化“大走访”“三访三评”“三解三促”“警民恳谈”活动为载体,推进“进千企促发展、进万家促和谐”活动,深入重点企业、深入困难群众,听民声、解民忧、找不足、推工作、强作风、促和谐,力求在走访评议中找不廉,知不廉,改不廉。

(2)“五型”模式构建廉政教育新格局

坚持把廉政教育置于突出位置,探索实施“五型”模式,切实提高廉政教育的针对性、可操作性和实效性。

一是文化熏陶型。先行在天山交巡警中队建立警营廉政文化教育示范阵地,开辟廉政文化走廊,设置廉政宣言、警句格言、亲情寄语、无违纪计时牌、每日“三问”警示镜等,并召开廉政文化建设现场会向全局铺开,让民警天天能见到,时刻能想到,长期能做到,在潜移默化中接受廉政文化熏陶。建成融监室观摩通道、廉政文化走廊、警示教育长廊、廉政教育课堂为一体的高邮市公安局警示教育基地,通过现场体验、图文释法、声像说教等方式,搭建全警警示教育平台。《颂廉》集邮展品获第六届中国邮文化节集邮展暨“勤政廉洁 幸福从政”主题集邮展览一等奖。

二是结对包干型。实行不廉“问题”民警与所、队领导结对包干教育转化,明确职责,捆绑考核,采取“每日一提醒、每周一谈话、每月一家访”等贴近式教育措施,“问题”民警限期不转化再次出现问题结对领导负连带责任。

三是集体谈话型。对录用、任用、交流民警实施岗前集体廉政谈话,围绕理想价值、忠诚奉献、勤政廉洁、务实创新等进行廉政教育。共集体廉政谈话15余场次。

四是家庭联手型。定期召开民警家属座谈会,开展“筑廉洁防线、建幸福家庭”倡议活动;定期上门家访,了解、掌握、解决实际问题;将每月民警值班表,通过“温馨短信”发给每位民警家属,共同加强民警八小时以外的管理。全局召开家属座谈会100余次、发送短信2万余条。

五是社会联动型。与法院联动抓庭审教育,让民警感知党员干部违法违纪的过程、轨迹、诱发因素以及危害后果;与检察院联动抓民警预防职务犯罪教育,听取专题讲座,观摩扬州警示教育基地,筑牢拒腐防线;与司法局、法治办联动抓法治教育,接受普法培训,熟知常用法规,增强遵纪守法意识;与其他部门联动抓开门评警、作风评议、代表评判、社会评估的“四评”活动,全方位接受社会廉政监督。

(3)实施“五式”监督推进反腐倡廉建设

牢固确立“监督是最大关爱”的理念,大力实施“五式”监督,致力于权力行使到哪里,监督就跟进到哪里,切实做到权责相对应、用权受制约。

跟踪式监督。紧紧围绕“三项建设”“三项重点工作”、大型活动安保、集中打防行动等重点工作,适时对各单位领导重视、组织程度、措施跟进、工作成效等进行检查督促,以确保警令畅通,令行禁止,执行有力。

公开式监督。按照“一网”(党务公开网)、“一栏”(党务公开专栏)、“一屏”(LED 显示屏)的“一网一栏一屏”模式,扎实推进党务公开,广泛接受内外监督。公推公选 3 名局领导,32 名副科职干部,套改晋升 327 名一级警员、四级、三级警长。

治理式监督。扎实开展专项治理、民主评议政风行风和公路“三乱”治理等系列活动,围绕现实问题、易发问题、常见问题进行明察、暗访、治理、整改。

审计式监督。严格按照财务管理和内部审计管理规定,推进落实领导干部经济责任审计制度,先后对 28 个离任、任中派出所长进行经济责任审计。

查处式监督。坚持早抓真抓主动抓,通过执法检查、专项督察、案件倒查、财务审计等多种方式,挖掘信访线索,拓展信访资源,形成信访查处高压态势。1 名民警受到政纪处理,2 名民警受到刑事责任追究,15 名民警被诫勉谈话。

(4)“五制”管理让反腐倡廉建设不留死角

坚持靠制度管人管事管队伍,创新思维,创新举措,创新突破,健全完善“五制”管理体系,致力于机制管理覆盖到反腐倡廉建设的每一个角落,每一个部位,每一个层次。

一是实施“逢新”必警制。实施新录用民警、新交流民警、新任用干部必须开展岗前集体廉政警示制度,围绕理想价值、忠诚奉献、勤政廉洁、务实创新等进行廉政警示教育。

二是实行月度亮评制。每月召开反腐倡廉建设月度亮评会议,由督察、纪检、政工等队伍管理部门对当月全局队伍建设情况进行分析研判,亮问题,析诱因、提对策,在此基础上,由分管局领导进行现场点评,局主要领导进行综合点评。

三是推行网上监督制。综合运用纪检监察信息化管理,大平台案件管理、涉案财物管理、视频监控等系统以及网上公安局、派出所、警务室,QQ 群、微博等阵地进行廉政网上监督,及时发现问题,主动督促整改,防范问题发生。

四是推进“三联”共管制。即单位联系(单位领导结对联系问题民警)、家庭联手(召开民警家属座谈会、上门家访、发民警家属“值班温馨短信”,筑牢单位、家庭联手加强民警八小时以外管理的防线)、社会联动(与检察院、法院、司法局等部门联动,抓旁听庭审、预防职务犯罪、法律法规教育),形成单位、家庭、社会齐抓共管反腐倡廉建设的工作格局。

五是落实责任连带制。严格执行党风廉政建设责任制、领导干部“一岗双责”制,凡发生违法违纪问题,问题民警、部门领导、分管领导责任连带,一并追究,形成党风廉政建设三级责任捆绑连带锁链。

七、基层基础建设

1. 公安派出所建设

1986 年年初,全县共有 34 个派出所。同年 8 月,经省公安厅批准,建立芦苇场派出所,县公安局下辖 35 个派出所(城中、城北、水上、芦苇场、界首、三垛、临泽、送桥、菱塘、车逻、八桥、平胜、川青、天山、武安、龙奔、一沟、张轩、东墩、马棚、卸甲、汤庄、伯勤、甸垛、沙埝、周巷、营南、周山、汉留、司徒、横泾、武宁、甘垛、二沟、郭集)。1987 年 8 月,增设湖滨、石工头两个派出所。1988 年 7 月,又增设城东派出所。2000 年 9 月,市公安局按照新调整的行政区划,将原 38 个派出所合署为 25 个派出所(城中、城北、水上、城东、武安、车逻、一沟、东墩、马棚、三垛、甘垛、横泾、司徒、八桥、卸甲、汉留、汤庄、临泽、周巷、周山、界首、郭集、送桥、菱塘、天山)。2003 年 9 月,经省公安厅批准,整合高邮公安局部分派出所机构,城北、城中派出所分别更名为珠湖和蝶园派出所,撤销城东、石工头、芦苇场 3 个派出所,其职能和人员分别并入珠湖、蝶园派出所,并以府前街为轴,向南为蝶园派出所辖区,向北为珠湖派出所辖区;东墩派出所更名为开发区派出所,一沟派出所更名为龙虬派出所;水上派出所与市水警大队实行所队合一。2005 年,全市有派出所 24 个(蝶园、珠湖、水上、开发区、武安、马棚、龙虬、车逻、三垛、司徒、横泾、甘垛、汉留、八桥、卸甲、汤庄、界首、周山、周巷、临泽、送桥、菱塘、郭集、天山)。2014 年因撤乡并镇,全市有派出所 16 个(蝶园、珠湖、水上、开发区、武安、龙虬、车逻、三垛、甘垛、卸甲、汤庄、界首、周山、临泽、送桥、菱塘),其中一级派出所 3 个(蝶园、珠湖、卸甲),二级级派出所 4 个(武安、界首、临泽、菱塘),三级派出所 9 个(水上、开发区、龙虬、车逻、三垛、甘垛、汤庄、周山、送桥);社区警室 168 个,其中一级警务室 7 个,二级警务室 28 个,三级警务室 133 个。

近年来,派出所基层基础建设以平安社区、平安场所、平安企业建设为主线,按照民意引领警务要求,大力加强以社区警务为重点的基层基础建设,深化基层警务运行机制创新,着力提升社区警务效能、信息化基础建设效能,不断提升人民群众的安全感、满意度。具体措施是:在"三坚持、三规范、三落实"上强力推进社区警务建设。

三坚持:坚持政策导向;坚持基础调查;坚持提升社区民警熟悉率。

三规范:规范警务室建设;规范机制建设(优化警务运作、落实减负措施、强制实施驻岗执勤制度、制定观摩学习交流制度、实行机关民警挂钩社区制度、安全防范宣传常态化、建立群防群治动员参与机制、组建"社区警务巡检队"、建立考评激励机制、实行每月社区警务例会制度);规范队伍管理(严格社区民警岗位调整管理、经常开展教育训练、强化从优待警)。

三落实:落实领导责任,强化组织保障(领导抓,抓领导;抓督导,促落实;抓调研,解难题);落实装备设施,强化经费保障;落实奖惩兑现,强化制度保障。

2. 警务经费保障

警务经费保障统计(2009 ~ 2014 年)见表 3 - 17。

表 3 - 17 警务经费保障统计(2009 ~ 2014 年) 单位:万元

项目	2009 年	2010 年	2011 年	2012 年	2013 年	2014 年
经费支出	9747.38	12,954.87	16,859.91	16,631.72	17,744.15	14,465.59
其中:人员经费	4435.46	4041.85	4916.12	5586.93	6208.36	7006.86
个人及家庭补助支出	869.35	1166.72	1225.84	1411.9	2041.31	1727.6
公用经费	2692.23	3501.56	3664.42	3201.1	3491	2978.4
办案经费	263.35	616.21	1788.77	2586.06	1679.8	909.56
装备购置支出	590.85	1483.62	1858.48	1584.98	1287.25	611.14
基建支出	896.14	2144.91	3406.28	2260.75	3036.43	1232.03

3. 公安装备建设

公安装备统计(2003～2014年)见表3－18。

表3－18 公安装备统计(2003～2014年)

时间	品名	数量	备注
2003年	车辆(辆)	83	—
2004年		99	当年新增16
2005年		117	当年新增18
2006年		148	当年新增31
2007年		162	当年新增14
2008年		158	当年新增15
2009年		179	当年新增21
2010年		195	当年新增34
2011年		199	当年新增34
2012年		193	当年新增16
2013年		196	当年新增13
2014年		204	当年新增12
2008年前	单警装备(套)	345	伸缩警棍、强光手电、手铐、催泪弹、急救包、警用水壶、防割手套、多功能腰带、装备包
2008年		121	
2009年		70	
2010年		73	
2011年		6	
2012年		68	
2013年		723	补缺
2014年		18	
2009年前	单车装备(件)	975	—
2009年		31	—
2009年前	对讲机(部)	310	—
2009年		83	—
2010年		95	交大自购30部
2013年		75	—
2008年	灭火毯(条)	25	—
2009年	防护装备(件)	538	—
2006年	录音笔(支)	60	—
2009年		40	—

续表

时间	品名	数量	备注
2013 年	现场执法记录仪（部）	65	—
2014 年		85	—
2013 年	巡逻电动车（辆）	180	—
2014 年	警用钢叉（件）	76	—
2013 年	刑大采购器材（件）	37	—
2014 年		45	—
2011 年	巡特警大队防护器材（件）	30	—

第三节　检 察 机 关

一、检察机关设置与职能

1. 检察机关恢复重建以来历任检察长任免情况（见表 3－19）

表 3－19　检察机关恢复重建以来历任检察长任免情况

姓名	任（免）职时间	学历
蒋盛	1979 年至 1984 年 4 月	—
李汝芳	1984 年 4 月至 1990 年 4 月	—
左瑚	1990 年 4 月至 1995 年 2 月	—
宋慕生	1995 年 2 月至 1998 年 1 月	—
祝启贵	1998 年 1 月至 2002 年 11 月	—
谢应松	2002 年 11 月至 2007 年 12 月	本科
鞠进	2007 年 12 月至 2014 年 12 月	本科
顾勇	2014 年 12 月至今	本科

2. 内设机构设置及其相应职能、变迁情况

(1)高邮市检察院内设机构情况(见表3－20)

表3－20 市检察院内设机构情况

办公室	政治处	侦查监督科	公诉科	反贪污贿赂局	职务犯罪侦查指挥中心办公室	刑事执行检察科	民事行政检察科	控告申诉检察科	检察技术科	法律政策研究室	法警队	人民监督员办公室	案件监督管理科	普通刑事犯罪预防科

(2)内设机构设置变迁情况

1978年8月2日,重建县人民检察院,设刑事检察科、法纪检察科、经济检察科、办公室。

1981年4月,增设监所检察科。

1982年6月,增设控告申诉检察科。刑事检察科改建为刑事检察一科、刑事检察二科。

1986年,县人民检察院内设刑事检察一科、刑事检察二科、经济检察科、法纪检察科、监所检察科、办公室、控告申诉检察室。

1987年7月,成立经济案件办公室。

1988年7月,建立县经济罪案举报站(举报中心)。

1990年3月,增设政工科。

1992年11月,增设民事行政检察科。

1994年12月,设立刑事赔偿办公室,与控申科、举报中心合署办公。

1995年7月,成立反贪污贿赂局,副科级建制,取代原经济检察科。

1997年3月,增设法警队。同年,“刑事检察一科”更名为“审查批捕科”,“刑事检察二科”更名为“审查起诉科”。

1997年,内设办公室、政工科、审查批捕科、审查起诉科、反贪污贿赂局、法纪检察科、监所检察科、民事行政检察科、控告申诉检察科、法警队等职能部门。

1998年4月,反贪污贿赂局内设综合科、侦查一科、侦查二科。

1999年1月,政工科改建为政治处;6月,增设检察技术科;10月,成立法律政策研究室。

2002年7月,实施机构改革,内设办公室(与法律政策研究室合署办公)、政治处、侦查监督科、公诉科、反贪污贿赂局、渎职侵权检察科、监所检察科、民事行政检察科、控告申诉检察科(与举报中心、刑事赔偿办公室三块牌子、一个机构)、检察技术科、法律政策研究室、法警队12个职能部门。另按有关规定,设立纪检组(监察室)和机关党组织。

2004年5月,设立人民监督员办公室。

2005年11月,“渎职侵权检察科”更名为“反渎职侵权局”,副科级建制,内设侦查科和综合科。

2008年8月,撤销原反贪污贿赂局下的综合科,新增设“职务犯罪预防科”。

2009年1月,增设“案件监督管理科”。

2014年7月,增设“未成年人检察科”。

2015年3月,将“监所检察科”更名为“刑事执行检察科”,“未成年人检察科”更名为“普通刑事犯罪预防科”。

2015年5月,“反渎职侵权局综合科”更名为“职务犯罪侦查指挥中心办公室”。

3. 乡镇检察室(站)设置及其职能(变迁情况)

2011年在高邮镇、界首镇、三垛镇、送桥镇分别设立检察工作站,依法受理群众的举报、控告和申诉,并及时发现和妥善处理涉检信访问题,同时加强法制宣传,收集群众对检察工作的意见和建议。2014年9月,为了更好地为人民群众提供法律服务的便利,将上述四个检察工作站更名为检察为民服务中心。

二、检察机关人员编制及组织管理

1. 检察人员情况(检察员、助理检察员、书记员、司法警察、行政附属编制)

1986年,高邮市检察院共有干警56人,其中文化程度职位分布为大专7人,中专3人,高中或相当高中21人,初中23人,高小或相当高小2人职位分别为;检察长1人,副检察长3人,检察员14人,助理检察员22人,书记员8人,其他人员8人。

1997年,高邮市检察部共有干警73人,其中文化程度职位分别为大专57人,中专1人,高中5人,初中以下10人;职位分别为检察长1人,副检察长3人,检察员45人,助理检察员10人,书记员9人,其他人员5人。

2005年,高邮市检察院共有干警62人,其中文化程度职位分别为大专54人,高中3人,初中以下5人;职位分别为检察长1人,副检察长2人,检察员35人,助理检察员7人,书记员11人,其他人员6人。

2015年,高邮市检察院共有政法专项编制83人,行政附属1人。现有在职干警71人。其中男干警50人,女干警21人。另有人事代理7人,聘用制人员13人。检察长1人,副检察长2人,政治处主任1人,检察长助理1人,反贪局局长1人,反渎局局长1人,纪检组组长1人;中层干部:中层正职11人,中层副职16人;学历层次:全日制硕士4人,在职研究生3人,本科55人,大专以下9人。

2. 领导班子建设

表3-21　1978~2015年检察院领导班子情况

职务 年份	检察长	副检察长	政治处主任	纪检组组长	检委会专职委员	检察长助理	反贪局局长	反渎局局长
1978	将盛	马仁和、吴大中、唐春熙	—	—	—	—	—	—
1984	李汝芳	戴有庸、吴大中、唐春熙	—	—	—	—	—	—

续表

职务 年份	检察长	副检察长	政治处主任	纪检组组长	检委会专职委员	检察长助理	反贪局局长	反渎局局长
1990	左瑚	戴有庸、吴大中、苏宏根、赵谈理、王潮海	—	—	—	—	—	—
1995	宋慕生	王潮海、苏宏根、赵谈理、秦成武	—	—	—	—	—	—
1998	祝启贵	王潮海、赵谈理、李春青	—	—	—	—	—	—
2003	谢应松	赵谈理、陈冬宁、李春青、徐宏锦	时通顺	耿玉煌	—	—	—	—
2008	鞠进	陈冬宁、朱桂明、吴必蔚	时通顺	耿玉煌	范启晓	—	—	—
2014	鞠进	吴必蔚、樊跃先	时通顺	—	范启晓	—	—	—
2015	顾勇	吴必蔚、范启晓	宋继红	赵玉平	—	郑立峰	周明义	黄建华

3. 检察委员会建设

1986～2005年，高邮市（县）检察院检察委员会在依法履行各项检察职责中，发挥了不可或缺的重要作用。1998年，制定《高邮市人民检察院检察委员会议事规则》，明确检察委员会讨论决定重大案件和其他重大问题，规定检察委员会决定的事项，设立检察委员会办公室，与法律政策研究室合署办公，同时规定会务工作由检察委员会办公室负责。

1986年，高邮市人民检察院检察委员会委员有（不含检察长、副检察长）：孙宏炳、赵孝宏、徐伟杰、郐光中、杨济昌、魏清林、徐乐贵。

1997年，高邮市人民检察院检察委员会委员有：孙宏炳、赵孝宏、徐乐贵、杨元庆、仲肇元、陈宝华、李春青、王瑞琴、陈恒桃、钱海滨、王洪瑞。

2005年，高邮市人民检察院检察委员会委员有：杨元庆、居晓波、陈仁权、邓晓峰。

2007年，高邮市人民检察院检察委员会委员有：杨元庆、居晓波、吴必蔚、范启晓。

2009年，高邮市人民检察院检察委员会委员有：杨元庆、时通顺、邓晓峰、吴必蔚、范启晓、邓晓峰、张家俊、石弘、金晓峰。

2012年，高邮市人民检察院检察委员会委员有：杨元庆、时通顺、范启晓、张家俊、石弘、金晓峰。

2014年，高邮市人民检察院检察委员会委员有：杨元庆、时通顺、范启晓、张家俊、石弘。

2015年，高邮市人民检察院检察委员会委员有：周明义、黄建华、张家俊、石弘、范协斌。

4. 检察队伍建设（学历教育、业务培训、表彰奖励）

（1）教育培训

1986～1991年，高邮市（县）人民检察院通过开展思想教育整顿，严格管理、严格监督、严格纪律，队伍政治素质和业务素质逐步提高。1992 年、1996 年、2003 年分别与江苏广播电视大学高邮分校联合举办专业证书转大专班、本科函授教育班，并组织干警参加最高人民检察院与中央广播电视大学联办的专升本、专本连读班学习，共有 218 人次参加江苏省高等教育法律专业自学考试、196 人次参加《法律（检察）专业证书》学习、1 人参加苏州大学法律研究生班学习。

自 1986 年以来，共组织 300 余人次参加由江苏省人民检察院和扬州市人民检察院举办的各类培训班，积极开展观摩庭审、批捕质量年、能力建设年、出庭效果年等各种形式的岗位练兵活动，通过“优秀公诉人”“优秀侦查员”“侦查能手”“办案能手”“优秀法律文书”评比和“优秀书记员”“优秀内勤”“书记员速录”评比等业务竞赛，全方位提高干警的业务能力。1986～1989 年，贯彻“从严治检”方针，对干警进行“四有”（有理想、有道德、有文化、有纪律）教育。1990～1992 年，开展“新时期检察官形势大讨论”活动，注重抓好职业道德教育和检察纪律教育。1992 年，对在岗的 45 周岁以下 48 名干警进行“英语 300 句”培训。1993～1995 年，根据检察人员“八要八不准”的纪律要求，开展执法执纪检查和“讲奉献、比贡献、创一流”主题教育活动。为迎接《中华人民共和国检察官法》的实施，集中组织开展纪律作风教育整顿和执法思想大讨论活动。

1999～2002 年，开展“双争”（争创人民满意的检察院，争当人民满意的检察干警）、创“五好”（领导班子好、工作业绩好、队伍素质好、管理机制好、社会形象好）、“五比”（比学习、比办案、比廉洁、比奉献、比形象）及领导干部“五带头”（带头学习、带头办案、带头讲廉洁、带头讲奉献、带头树形象）活动，实施“三个一”（一个月组织一个专题学习、一个月组织一次观摩庭审活动，一个月剖析一个科室工作）工程，全面推进思想政治、作风、纪律、职业道德整顿教育，坚持思想教育与转变执法观念相结合，健全监督制约机制。2001 年 7～12 月，按照《全国检察人员基本素质考试组织工作方案》的要求，圆满完成全员素质考试工作。

2003～2005 年，开展“牢记两个务必，强化作风建设”“强化法律监督、维护公平正义”和“公正执法树形象”教育活动。坚持实施“三一一”（一个季度组织三次公诉观摩活动、一个季度评议一项业务工作、一个季度举办一次学习交流）素质建设工程。2004 年，高邮市人民检察院制定《高邮市人民检察院纪检监察工作暂行规定》和《高邮市人民检察院办案跟踪监督暂行规定》，采用“两表四书”（《线索初查跟踪监督表》《查办职务犯罪案件跟踪监督表》和《线索初查终结报告书》《案件侦查终结报告书》《征求人大代表意见书》《案发单位征求意见书》）的形式，广泛征求人民群众和案发单位对查处职务犯罪工作的意见，对自侦案件侦查工作实行全程同步、动态跟踪和多方位监督，组织赃款清理工作，提高办案干警的责任意识。是年，组织 13 名干警参加检察官续职资格培训，经考核全部合格。2005 年，开展保持共产党员先进性教育活动和“规范执法行为，促进执法公正”专项整改活动，全面提升队伍形象；59 名干警集中参加扬州市人民检察院组织的“规范执法行为，促进执法公正”专项整改培训考试，合格率 100%，优秀率 98%，受到扬州市人民检察院的表彰。

（2）表彰奖励

1995 年，高邮市人民检察院举报中心被江苏省人民检察院授予“文明接待室”称号。1997 年，最高人民检察院授予举报中心 1995～1996 年度“全国检察机关文明接待室”称号。2000 年，高邮市人民检察院被江苏省人民检察院评为“五好检察院”，被扬州市委、扬州市政府表彰为“社会治安综合治理先进单位”，扬州市委授予反贪局集体三等功；举报中心被最高人民检察院评为1997～1999年度“全国检察机关文明接待室”。2003年，高邮市人民检察院被扬州市委、市政府授予“人民满意政法单位”“扬州市文明行业”称号。举报中心被省人民检察院评为2000～2002年度“全省检察机关文明接待室”，这是该中心第4次获此殊荣。2004年12月，高邮市人民检察院控申举报接待室被最高人民检察院授予全国检察机关“文明接待示范窗口”称号。2005年12月，高邮市人民检察院被江苏省精神文明建设指导委员会授予2003～2004年度“江苏省文明行业”称号。

表3－22　2005～2015年高邮市人民检察院所获荣誉情况统计

序号	荣誉称号	颁发部门	年份
1	全国检察机关“文明接待示范窗口”	最高检	2005
2	江苏省文明行业	江苏省委、省政府	2005
3	全省检察机关“严格规范执法、确保司法公正”先进单位	省检察院	2007
4	2005～2006年度江苏省文明行业荣誉称号	江苏省文明委	2008
5	全国检察机关“文明接待示范窗口”	最高检政治部	2008
6	2007年度“法治扬州建设示范单位”	扬州市委、市政府	2008
7	2007～2009年度“江苏省文明行业”荣誉称号	江苏省精神文明建设指导委员会	2010
8	全省检察机关纪检监察工作先进集体	省检察院	2011
9	先进基层党组织（院党总支）	扬州市委	2011
10	全省检察机关基层院岗位练兵标兵单位	省检察院	2012
11	全省检察机关岗位练兵基层标兵单位	省检察院	2012
12	2010～2012年度“江苏省文明单位”荣誉称号	省精神文明建设指导委员会	2013
13	2013年党建工作一等奖	高邮市委	2014
14	扬州市2007～2008年度、2009～2010年度、2011～2012年度、2013～2014年度文明行业	扬州市委、市政府	2008～2015
15	珠湖法学社　优秀法学社	省检察院	2015

三、职务侦查和预防

1. 贪污贿赂案件立案与侦查

（1）贪污贿赂案件立案查处情况

表 3－23 1986～2014 年高邮市检察院立案查处贪污贿赂案件情况(单位:件)

年份	立案	要案	大要案	贪污	贿赂	挪用	三机关一部门			
							党政	行政执法	司法	经济管理
1986	22	—	—	6	—	—	—	—	—	—
1987	12	—	—	—	—	—	—	—	—	—
1988	19	—	—	—	—	—	—	—	—	—
1989	26	—	—	—	—	—	—	—	—	
1990	34	—	—	—	—	—	—	—	—	—
1991	30	—	—	—	—	—	—	—	—	—
1992	27	—	—	—	—	—	—	—	—	—
1993	30	—	—	—	—	—	—	—	—	—
1994	31	—	—	—	—	—	—	—	—	—
1995	36	—	2	—	—	—	—	—	—	—
1996	34	—	—	—	—	—	—	—	—	—
1997	15	—	—	—	—	—	—	—	—	—
1998	8	—	—	6	6	4	—	—	—	—
1999	8	—	—	—	—	—	—	—	—	—
2000	17	—	—	26	4	—	—	—	—	—
2001	17	—	—	—	—	—	—	—	—	—
2002	8	—	—	—	—	—	—	—	—	—
2003	13	—	—	—	—	—	—	—	—	—
2004	10	—	—	—	—	—	—	—	—	—
2005	12	—	—	—	—	—	—	—	—	—
2006	18	1	—	7	4	7	7	—	—	—
2007	15	—	—	1	13	—	2	—	—	—
2008	9	—	—	6	1	2	2	—	—	—
2009	12	2	—	2	5	5	3	2	—	—
2010	12	6	—	—	5	7	4	1	—	—
2011	11	1	—	6	2	3	7	—	—	—
2012	18	1	—	1	14	3	5	—	—	—
2013	12	1	—	—	10	2	4	—	—	—
2014	20	3	—	12	6	2	11	—	—	—

(2)侦查工作机制

高邮市人民检察院充分发挥侦查一体化在自侦案件中的作用:一是积极寻求上级检察机关的支持。在查办案件过程中,由于线长点多,线索分散,往往一天要同时询问几名证人,而高邮市检察院自侦部门人手有限，上级检察院及时抽调了有办案经验和业务背景的侦查人员协助办案，为快速审讯突破并及时收集、固定证据发挥了重要作用。二是反贪、反渎部门联合出击。由于反贪、反渎案件往往具有共通性，在院分管副检察长的统一协调指挥下，整合侦查资源，将反贪、反渎的全体侦查人员分成小组，在细化初查的基础上，迅速推进内部审讯与外围调查取证工作相结合，完善证据链，为服务办案最大化地整合了资源。三是以老带新。由于高邮市检察院自侦部门半数同志是年轻干警，高邮市检察院在查处职务犯罪案件时，做到了合力为一，通过老同志带头办案，新干警参与研讨的方式，在实际办案取证中边工作边磨炼队伍、边侦查边研讨交流，使新来的年轻干警既能耳濡目染又能积极建言，形成生动活泼的学习氛围，在保证办案质量的前提下，实现以办案促学习和以办案锻炼年轻干警的目的，为自侦工作后继发展打下人才基础。

2. 渎职侵权案件立案查处情况

(1)渎职侵权案件立案查处情况

表 3-24 1992~2014 年高邮市检察院立案查处渎职侵权案件情况

年份	立案(人)	要案	大要案	玩忽职守	滥用职权	其他	三机关一部门			
							党政	行政执法	司法	经济管理
1992	4	—	—	—	—	—	—	—	—	—
1994	8	—	—	—	—	—	—	—	—	—
1996	2	—	—	—	—	—	—	—	—	—
1997	2	—	—	—	—	—	—	—	—	—
2001		—	—	—	—	—	—	—	—	—
2002		—	—	—	—	—	—	—	—	—
2003	13	—	—	—	—	—	—	—	—	—
2004		—	—	—	—	—	—	—	—	—
2005		—	—	—	—	—	—	—	—	—
2006	2	—	—	2	—	—	—	—	—	—
2007	2	—	1	1	—	1	—	—	—	—
2008	2	—	1	—	2	—	—	—	—	—
2009	1	—	—	—	—	1	—	—	—	—
2010	3	—	—	3	1	—	—	—	—	—
2011	3	—	—	3	—	—	—	—	—	—
2012	4	—	—	3	1	—	—	—	—	—
2013	4	—	—	3	—	1	—	—	—	—
2014	5	—	1	—	5	—	—	—	—	—

（2）侦查工作机制

整合内部人力资源，实现横向侦查一体化。鉴于反渎部门干警人数只有4人，难以应对突破案件带来更高要求的实际状况，高邮市检察院穷则思变，及时调整部署，将反渎局、反贪局、警务科、技术科四个部门的人员合署办公，四股人马整合成一支突破力量，统一领导、统一指挥、统一办案，形成反渎、反贪、警务、技术在高邮市检察院内部整合成一块，实现四个部门横向侦查一体化。力量整合后，根据各办案人员的不同特点，随案件需要分工组合成各个小组，分头在全市范围内有目的、有重点地进行拉网式普查，从中寻找发现有价值的线索，一举扭转以往案源枯竭、线索稀少的被动状况。如2014年上半年，高邮市检察院组织4个小组，分片对全市各乡镇的种粮补贴和高效设施渔业补贴进行拉网式排查，共发现并储备了多条有价值线索，通过这些排查出的线索已先后立案查处了反贪案件2人、反渎案件3人，取得了较好的实际效果。

坚持上级业务部门指导，实现纵向侦查一体化。高邮市检察院在内部形成横向侦查一体化的基础上，坚持上级检察机关业务部门的指导，与上级业务部门之间再形成纵向侦查一体化，进一步整合人力资源。通过纵横两个方向的侦查一体化，实现高邮市检察院反渎、反贪、警务、技术四个部门与扬州市院反渎或反贪业务部门之间办案力量的大整合、大融合。整合一块、融合一体，达到每一次办案都能组织起20人左右的办案规模，并以办专案的组织形式对待每一起线索初查，集中吃住、集中审讯、集中取证，相互取长补短、集思广益，实现人力资源整合后一加一大于二的整体效果，在突破案件中发挥了较好的整体效应。高邮市检察院成功侦办的渎职窝串案件大多是通过上述办专案的组织形式在审讯中发挥了攻坚的尖刀作用和突破的拳头效果，有组织有计划地撕开被审讯人员的心理防线，一点点突破其口供而获得成功。

发扬民主会商机制，调动全体办案人员的积极性。力量整合后面临的最大问题就是防止滥竽充数。如何既发挥整体效果又不抑制个体主动性、创造性的发挥，成为高邮市检察院面临的新难题。对此，高邮市检察院在办案突破过程中不明确承办人，在力求突出整体作用，淡化个人作用的同时，注重在突破过程中集体讨论会商案件，发扬民主、鼓励建言，通过分析比较，对各人开动脑筋提出的突破方法择优采用，分别试错，最终谁的方法突破成功会有目共睹，谁在突破中建功立业会一目了然，而讨论会商又不流于形式，可以随时随地进行，审讯人员在审讯室与被审讯人员百般较量、言语厮杀的过程中，其他人员则在指挥室里共同观看、评点辩析，边看边讨论、边评边会商，通过这种不拘一格、不流于形式的民主会商机制，充分调动所有办案人员的主动性、积极性、创造性，使各人在充分思考的基础上、在与别人探讨的过程中、在实地观看审讯的情境下，碰撞出火花、激发出斗志，诱发出“案不分你我、人不分老幼、有智出智、有力出力”的破案激情。老同志身先士卒、当仁不让，新干警摩拳擦掌、跃跃欲试，大家争先恐后、竞相投入，从不同的角度、以不同的方法、用不同的言语，或以法压人，将被审讯人逼入绝境、无处可逃；或以理服人，让被审讯人懂得必然案发、无法掩盖；或以情感人，让被审讯人看到希望、走向配合。如在高邮市检察院办理的送桥镇副镇长杨某某等人滥用职权、受贿案和粮食局局长于某等人滥用职权案中，最先突破的行贿人许某某和滥用职权共犯戚某某均是在法定时间内，经上述方法从不同角度挤压而突破口供，从而为全案侦破奠定基础。

建立快破快立机制，打破办案阻力。高邮市检察院在力量整合形成拳头、形成尖刀的基础上，充分发挥人多力量大、人多快办事的有利因素，分工配合、协调动作、同时取证、多方位展开，在口供快速突破后，再以最快速度补充、固定、完善证据，力争在最短时间内迅速立案侦查并采取必要的强制措施。如查办的杨某某等人滥用职权、受贿案及牵连出的贪污案件，前后用时7天就立案侦查滥用职权、受贿案和贪污案件共6人。查办的于某滥用职权、受贿案及农开局副局长钟某某等人滥用职权案先后共用时3天就立案侦查3人。这些被查处的人员分布在高邮四个乡局级机关内，绝大多数是人脉关系广、背景复杂的长期在机关工作的领导干部，但由于审讯、立案、取证均在最短时间内完成，在他们的背景关系尚未来得及发挥作用时就已经办结定案了，从而将各种办案阻力阻止在立案采取强制措施之前，用快破快立机制保证了所有案件都在无阻力的情况下顺利办成。

综上所述，高邮市检察院为适应修改后的新刑事诉讼法对办案工作提出的新要求，主动应对渎职案件发现难、查办难的实际状况，以变应变，通过完善侦查一体化机制，探索民主会商、快审快立等机制的运用，用办案实践证明了穷则变、变则通的道理，为在新形势下更好地推动反渎工作作出了有益尝试。

3. 职务犯罪预防

1992年，高邮市人民检察院根据最高人民检察院《关于加强贪污贿赂犯罪预防工作的通知》（已失效），设立专门的预防贪污贿赂犯罪工作机构。1993～1997年，高邮市人民检察院结合查办贪污贿赂案件，及时帮助案发单位分析案件发生的原因，总结经验教训，以案释法，提出防范意见，取得良好的社会效果和法律效果。1998年，高邮市人民检察院初步建立由各乡镇和有关部门纪检干部参加的犯罪预防网络，建立国家机关工作人员资料档案，深入案发单位和有关部门开展专项法制宣传教育活动，认真处理好办案与服务的关系，注意办案的法律效果与社会效果的统一。在办理有关企业负责人涉嫌犯罪案件时，高邮市人民检察院注意及时向有关部门通报情况，促进企业正常生产；注意在案件查处之后，根据查案中发现的问题，积极向案发单位提出检察建议，帮助强化内部管理；与中国人民财产保险公司高邮市支公司联合成立保险理赔鉴定中心，积极开展保险领域内的专项预防工作。1999年，在查办市制药厂原负责人刘某某受贿一案中，为高康集团供销、财务及部分行政管理人员集中进行法制教育，两名供销员分别退出自己挪用的9400元和3000元，收到办好一案、教育一片的良好效果。是年，还在高邮市供电局、中国人民财产保险公司高邮市支公司10多家单位开展专题法制宣传，向高邮市粮食局、高邮市建筑工程局等14家企事业单位发出取消小金库、健全财务制度、在建筑工程质量管理中严格实行招标制度等内容的书面或口头检察建议，并进行跟踪检查落实。2001年，针对高邮市国土资源系统职务犯罪案件查处中暴露出的管理问题，提出检察建议，给该系统中层以上干部、各乡镇土管所所长专题讲解预防职务犯罪知识；与市纪委联合召开新闻发布会，通报该系统案件的查处情况，对全市的党风廉政教育提出建议。是年，还与市各金融单位签订廉政共建协议书，在全市金融系统等20多个单位、部门及乡镇中开展预防职务犯罪警示教育宣讲活动，进一步加大对案件多发单位的专项治理工作。

2002年，高邮市人民检察院坚持个案预防和系统预防、案前预防和案后预防、重点预防和一般预防相结合，取得一定预防效果。还在工商、税务等10多个部门确定预防工作联络人员10人，并加大法制宣传力度，到学校进行预防未成年人犯罪等法律知识的教育和宣传。2003年4月，高邮市人民检察院与市纪委、市委政法委联合组织开展“预防职务犯罪宣传月”活动，举办11场巡回报告会，机关干部和农村基层干部1800多人听取专题报告。8月29日，在扬州市率先成立预防职务犯罪工作指导委员会和预防职务犯罪协会，吸纳包括各乡镇政府、各行政执法机关、民营企业及外来投资者在内的团体会员60多人和个人会员10多人，聘请预防网络成员89人，有效地拓宽了预防职务犯罪工作渠道。同年，高邮市人民检察院与市委政法委联合制定《关于在工程项目建设、采购、商贸活动中开展预防职务犯罪等工作的实施意见》，与市建设工程项目招标办公室、市土地储备中心、城市改造等部门建立情况联系制度和工程项目预防职务犯罪档案立项制度，12次派员对招投标活动进行现场监督，并对总投资4.2亿元的三阳河附属工程等6项重大工程项目建设进行跟踪预防。

2004～2005年，高邮市人民检察院与市委党校共建“预防职务犯罪教育基地”，先后5次派员到市委党校向参加培训的干部做预防职务犯罪专题法制讲座，扩大预防职务犯罪工作的宣传教育面。与市纪委、市预防职务犯罪工作指导委员会、市预防职务犯罪协会、市建设局、市建工局、高邮工商行政管理局等7家单位联合制定《高邮市建筑市场廉政准入规定（试行）》，向100多家建筑企业发放《建筑市场廉政准入证》，从源头上预防建筑市场的不规范行为。同时，派员深入高邮市驻外建筑企业，主动送法上门。2005年，向全市建筑行业发出《廉政准入证》260份，前往有关部门开设法制讲座9次，受教育人员900人次，参与市委及有关部门组织的预防职务犯罪专项工作，举办“预防职务犯罪宣传月”和“举报宣传周”活动，向有关部门和单位发出预防职务犯罪的《检察建议》45件，其中有35件被采纳。

4. 典型案例

高邮市水务局卸甲水务站相关负责人贪污案

原高邮市水务局卸甲水务站站长李某某，副站长陈某、卞某某，因涉嫌贪污罪一案，于2015年年底作出判决。高邮市人民法院一审以贪污罪、受贿罪判处李某有期徒刑八年六个月，以贪污罪分别判处陈某、卞某某有期徒刑五年六个月、有期徒刑五年六个月，对被告人李某某所退赃款中贪污所得人民币208,880元，发还给高邮市水务局；受贿所得人民币94,000元予以没收，上缴国库；余款人民币12,000元由扣押机关依法处理。对被告人陈中所退款人民币204,902元、被告人卞某某所退赃款人民币161,100元，发还给高邮市水务局。对被告人卞某某未退出的赃款人民币38,280元，继续依法追缴。

经法庭审理查明，2006年下半年至2012年年底，被告人李某某在担任高邮市水务局卸甲水务站站长从事公务期间，利用职务上的便利，多次非法收受王某某、虞某某所送财物，合计人民币94,000元，并为他人谋取利益。2011年5月至2014年春节前，被告人李某某、陈某、卞某某利用职务上的便利，采用虚开工程发票、虚增单位支出、虚增工程款项等手段侵吞、骗取公共财物，贪污公款合计人民币710,400元。其中，被告人李某某分得人民币208,880元，被告人陈某分得人民币204,920元，被告人卞某某分得人民币199,380元。

四、审查逮捕和公诉

1. 审查逮捕

(1)审查批准逮捕

表 3-25 1979~2014 年高邮市检察院审查逮捕案件统计

年份	提请逮捕		批准逮捕		不批准逮捕	
	件	人	件	人	件	人
1979	—	65	—	29	—	26
1980	—	74	—	53	—	14
1981	—	204	—	161	—	10
1982	—	151	—	131	—	20
1983	—	740	—	656	—	48
1984	—	202	—	155	—	44
1985	—	82	—	75	—	7
1986	89	121	—	98	—	19
1987	84	107	—	89	—	13
1988	132	194	—	148	—	32
1989	118	199	—	180	—	18
1990	126	189	—	183	—	6
1991	93	110	—	103	—	4
1992	116	149	—	135	—	10
1993	113	186	—	163	—	16
1994	145	229	—	192	—	32
1995	136	205	—	182	—	19
1996	147	207	—	194	—	13
1997	153	197	—	171	—	25
1998	173	205	—	176	—	19
1999	271	374	—	300	—	74
2000	260	326	—	218	—	68
2001	224	306	—	245	—	15
2002	157	198	—	166	—	14
2003	113	152	—	119	—	7
2004	145	199	—	153	—	25
2005	170	250	—	195	—	33

续表

年份	提请逮捕		批准逮捕		不批准逮捕	
	件	人	件	人	件	人
2006	191	269	152	204	24	41
2007	195	294	156	229	31	53
2008	200	286	163	225	25	47
2009	206	314	155	234	46	72
2010	331	468	234	317	92	146
2011	310	443	242	322	62	113
2012	331	482	238	343	78	119
2013	214	261	162	192	51	67
2014	164	187	121	140	37	41

（2）审查决定逮捕

表 3-26　1992~2014 年高邮市检察院审查逮捕案件统计

年份	受理		决定逮捕		重大案犯	特大案犯	贪污贿赂犯罪	渎职、侵权犯罪
	件	人	件	人	人	人	人	人
1992	—	10	—	—	—	—	—	—
1993	15	16	—	—	—	—	—	—
1996	—	—	—	11	—	—	—	—
2003	5	5	3	3	—	—	—	—
2004	5	6	4	4	—	—	—	—
2005	7	7	7	7	—	—	—	—
2006	6	6	6	6	0	0	6	0
2007	6	6	6	6	0	0	6	0
2008	2	2	2	2	0	0	1	1
2009	8	10	8	10	1	0	7	2
2010	5	7	5	7	0	0	7	0
2011	4	4	4	4	0	0	0	0
2012	—	—	—	—	—	—	—	—
2013	—	—	—	—	—	—	—	—
2014	—	—	—	—	—	—	—	—

说明：2012 年起，审查决定逮捕权上提至扬州市人民检察院。

2. 审查起诉

(1) 审查起诉与不起诉

表 3-27 1979～2014 年高邮市检察院刑事案件审查起诉情况统计

年份	移送起诉		提起公诉		不起诉		免予起诉	
	件	人	件	人	件	人	件	人
1979	—	47	—	42	—	—	—	4
1980	—	59	—	45	—	1	—	—
1981	—	138	—	113	—	2	—	12
1982	—	154	—	151	—	—	—	6
1983	—	429	—	409	—	1	—	17
1984	—	319	—	245	—	17	—	47
1985	—	74	—	60	—	1	—	2
1986	89	121	—	98	—	19	—	—
1987	84	107	—	89	—	13	—	—
1988	132	194	—	148	—	32	—	2
1989	118	199	—	180	—	18	—	1
1990	126	189	—	183	—	6	—	2
1991	93	110	—	103	—	4	—	—
1992	116	149	—	135	—	10	—	—
1993	113	186	—	163	—	16	—	—
1994	145	229	—	192	—	32	—	—
1995	136	205	—	182	—	19	—	—
1996	147	207	—	194	—	—	—	—
1997	121	175	113	162	—	3	—	3
1998	150	212	140	185	—	2	—	—
1999	287	392	236	304	—	8	—	—
2000	260	381	224	336	—	15	—	—
2001	255	372	232	329	—	5	—	—
2002	237	306	208	257	—	7	—	—
2003	159	216	127	171	—	1	—	—
2004	204	268	171	222	—	8	—	—
2005	197	310	168	249	—	14	—	—
2006	191	269	152	204	24	41	—	—

续表

年份	移送起诉		提起公诉		不起诉		免予起诉	
	件	人	件	人	件	人	件	人
2007	195	294	156	229	31	53	—	—
2008	200	286	163	225	25	47	—	—
2009	206	314	155	234	46	72	—	—
2010	331	468	234	317	92	146	—	—
2011	310	443	242	322	62	113	—	—
2012	331	482	238	343	78	119	—	—
2013	214	261	162	192	51	67	—	—
2014	164	187	121	140	37	41	—	—

说明:1997 年修改后的《中华人民共和国刑事诉讼法》取消“免予起诉条款”。

(2)出庭法庭

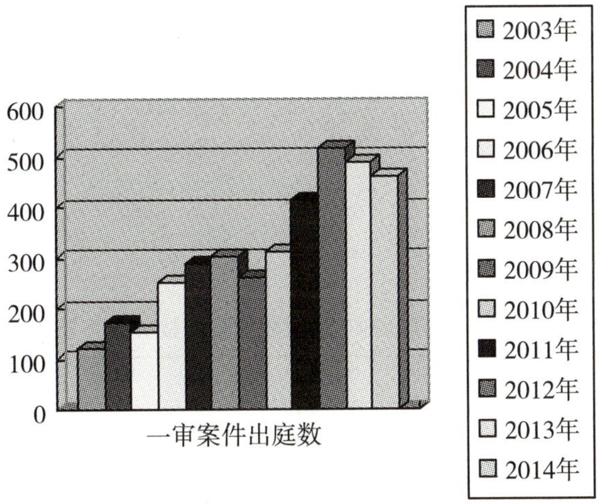

图 3-1 2003~2013 年高邮市人民检察院刑事案件出庭情况
(一审案件出庭数柱状图)

3. 典型案例

沈某、沈某某环境污染案

2013 年 8 月至 2014 年 3 月,被告人沈某身为扬州市江都区华星电力通讯器材厂(以下简称华星厂)实际负责人,明知该厂在从事热镀锌加工业务过程中使用盐酸酸洗金属件产生的废酸是危险废物,应交有处置资质的企业处置,仍安排该厂职工被告人沈某某对使用合计 109.58 吨盐酸酸洗金属件后产生的废酸,采用在该厂废酸池内加入纯碱或生石灰进行中和的方法进行非法处置,后排放至该厂东侧封闭、无任何防渗漏措施的池塘内。2014 年 3 月 8 日,扬州市环境保护局对华星厂进行检查,并对华星厂内北侧废酸池及东侧池塘的水样抽样送检。经扬州市环境监测中心站检测并经江苏省环境保护厅认可,华星厂内北侧废酸池 pH

值为0.27，锌(Zn)含量为83.4mg/L；东侧池塘西岸边南侧断面pH值为0.71，锌(Zn)含量为364mg/L；北侧断面pH值为0.73，锌(Zn)含量为679mg/L。

诉讼过程：2014年3月8日扬州市环保局接信访举报后联合扬州市公安局治安支队民警对华星厂进行现场检查，经现场取样检测，发现华星厂及相关人员涉嫌污染环境罪。2014年3月21日扬州市环保局将案件移送公安机关。扬州市公安局治安支队于同日立案侦查，2014年4月8日沈某主动到扬州市公安局治安支队投案，但未能如实供述主要犯罪事实。公安机关在侦查过程中发现原作为证人的华星厂车间主任沈某某涉嫌污染环境罪，2014年7月10日沈某某主动投案，如实供述主要犯罪事实。2014年8月6日扬州市公安局以沈某、沈某某涉嫌污染环境罪，扬州市人民检察院移送审查起诉，扬州市人民检察院于2014年8月7日交由高邮市检察院审查起诉。2014年12月2日，高邮市检察院以沈某、沈某某涉嫌污染环境罪依法向高邮市人民法院提起公诉。

2015年1月20日，高邮市人民法院审理后认为，检察机关指控被告人沈某、被告人沈某某涉嫌环境污染罪犯罪事实清楚，罪名成立。两名被告人系初犯，其犯罪行为未造成严重后果，案发后亦努力积极采取措施对周边环境进行补救和修复，综合两人认罪态度，以及其居住地社区亦出具帮教协议同意对其进行监管。依法判决：被告人沈某犯污染环境罪，判处有期徒刑一年六个月，缓刑二年六个月，并处罚金人民币五万元；被告人沈某某判处有期徒刑六个月，缓刑一年，并处罚金人民币三万元。

要旨：(1)污染环境犯罪案件中"处置"的认定；(2)一次行为对先前排放危险物质行为的推定。

五、刑事诉讼法律监督

1. 立案监督

表3-28 1997～2014年高邮市检察院对公安机关立案监督情况统计

年份	对公安机关应当立案而不立案监督										对公安机关不应当立案而立案的监督					
	受案	办案发现	被害人请求立案	要求公安机关说明不立案理由	公安机关主动立案		通知公安机关立案		公安机关执行通知情况		受案		提出纠正		已纠正	
									立案	未立案						
	件	件	件	件	件	人	件	人	件	人	件	人	件	人	件	人
1997	—	—	—	—	—	—	—	—	—	—	—	—	—	—	—	—

续表

年份	对公安机关应当立案而不立案监督										对公安机关不应当立案而立案的监督					
	受案	办案发现	被害人请求立案	要求公安机关说明不立案理由	公安机关主动立案		通知公安机关立案		公安机关执行通知情况		受案		提出纠正		已纠正	
									立案	未立案						
	件	件	件	件	件	人	件	人	件	人	件	人	件	人	件	人
1998	—	—	—	—	—	—	—	—	—	—	—	—	—	—	—	—
1999	—	—	—	5	—	—	1	—	—	—	—	—	—	—	—	—
2000	—	—	—	3	—	—	1	—	—	—	—	—	—	—	—	—
2001	—	—	—	—	—	—	—	—	—	—	—	—	—	—	—	—
2002	—	—	—	—	—	—	—	—	—	—	—	—	—	—	—	—
2003	2	2	—	2	1	—	1	—	1	—	—	—	—	—	—	—
2004	1	—	—	1	1	—	—	—	—	—	—	—	—	—	—	—
2005	4	2	—	4	—	—	—	—	—	—	—	—	—	—	—	—
2006	5	5	—	—	2	2	—	—	2	2	—	—	—	—	—	—
2007	—	—	—	—	—	—	—	—	—	—	—	—	—	—	—	—
2008	—	—	—	—	—	—	—	—	—	—	—	—	—	—	—	—
2009	5	5	—	—	5	5	—	—	—	—	—	—	—	—	—	—
2010	6	8	—	—	6	8	—	—	—	—	—	—	—	—	—	—
2011	3	4	—	—	3	4	—	—	—	—	—	—	—	—	—	—
2012	17	26	—	—	17	26	—	—	—	—	—	—	—	—	—	—
2013	0	—	—	—	—	—	—	—	—	—	0	—	—	—	—	—
2014	0	—	—	—	—	—	—	—	—	—	0	—	—	—	—	—

2. 侦查活动监督

(1) 审查逮捕阶段侦查活动监督

表 3-29 1986～2014 年高邮市检察院审查逮捕阶段侦查活动监督情况

年份	纠正漏捕		延长侦查羁押期限（单位：人）		介入侦查				检察建议		书面纠正违法				
					参与重大案件讨论		参加现场勘察				提出纠正	侦查取证违法	办案程序违法	执行违法	已纠正
	件	人	批准	不批准	件	人	件	人	件	人	件次	件次	件次	件次	件次
1986	—	0	—	—	—	—	—	—	—	—	—	—	—	—	—
1987	—	3	—	—	—	—	—	—	—	—	—	—	—	—	—
1988	—	1	—	—	—	—	—	—	—	—	—	—	—	—	—
1989	—	5	—	—	—	—	—	—	—	—	—	—	—	—	—
1990	—	7	—	—	—	—	—	—	—	—	—	—	—	—	—
1991	—	2	—	—	—	—	—	—	—	—	—	—	—	—	—
1992	—	10	—	—	—	—	—	—	—	—	—	—	—	—	—
1993	—	7	—	—	—	—	—	—	—	—	—	—	—	—	—
1994	—	4	—	—	—	—	—	—	—	—	—	—	—	—	—
1995	—	6	—	—	—	—	—	—	—	—	—	—	—	—	—
1996	—	3	—	—	—	—	—	—	—	—	—	—	—	—	—
1997	—	2	—	—	—	—	—	—	—	—	—	—	—	—	—
1998	—	2	—	—	—	—	—	—	—	—	—	—	—	—	—
1999	—	6	—	—	—	—	—	—	—	—	—	—	—	—	—
2000	—	1	—	—	—	—	—	—	—	—	—	—	—	—	—
2001	—	3	—	—	—	—	—	—	—	—	—	—	—	—	—
2002	—	3	—	—	—	—	—	—	—	—	—	—	—	—	—
2003	—	1	—	—	—	—	—	—	—	—	—	—	—	—	—
2004	—	2	—	—	—	—	—	—	—	—	—	—	—	—	—
2005	—	5	—	—	—	—	9	—	—	—	—	—	—	—	—
2006	7	8	—	—	—	—	—	—	—	—	—	—	—	—	—
2007	3	4	—	—	—	—	—	—	—	—	—	—	—	—	—
2008	9	9	—	—	—	—	—	—	—	—	—	—	—	—	—
2009	5	9	—	—	—	—	—	—	—	—	—	—	—	—	—
2010	5	5	—	—	—	—	—	—	—	—	—	—	—	—	—
2011	6	7	—	—	—	—	—	—	—	—	—	—	—	—	—
2012	16	22	—	—	—	—	—	—	—	—	—	—	—	—	—
2013	1	1	—	—	1	1	1	1	—	—	1	—	—	—	—
2014	3	3	—	—	5	6	3	3	—	—	—	—	—	—	—

（2）审查起诉阶段侦查活动监督

表 3－30　1986～2014 年高邮市检察院审查起诉阶段侦查活动监督情况统计

年份	纠正漏诉		介入侦查				书面纠正违法			
			参与重大案件讨论		参加现场勘察		提出纠正		已纠正	
	件	人	件	人	件	人	件	人	件	人
1986	—	—	—	—	—	—	—	—	—	—
1987	—	4	—	—	—	—	—	—	—	—
1988	—	2	—	—	—	—	—	—	—	—
1989	—	—	—	—	—	—	—	—	—	—
1990	—	—	—	—	—	—	—	—	—	—
1991	—	—	—	—	—	—	—	—	—	—
1992	—	7	—	—	—	—	—	—	—	—
1993	—	—	—	—	—	—	—	—	—	—
1994	—	—	—	—	—	—	—	—	—	—
1995	—	—	—	—	—	—	—	—	—	—
1996	—	—	—	—	—	—	—	—	—	—
1997	—	4	—	—	—	—	—	—	—	—
1998	—	5	—	—	—	—	—	—	—	—
1999	—	1	—	—	—	—	—	—	—	—
2000	—	3	7	20	—	—	—	—	—	—
2001	—	1	—	—	—	—	—	—	—	—
2002	—	2	—	—	—	—	—	—	—	—
2003	—	4	—	—	—	—	5	—	—	—
2004	—	3	—	—	—	—	—	—	—	—
2005	—	2	—	—	—	—	—	—	—	—
2006	1	1	1	2	1	2	7	14	4	10
2007	0	0	0	0	0	0	1	1	1	1
2008	5	5	0	0	0	0	16	31	16	31
2009	5	5	0	0	0	0	14	52	14	52
2010	13	13	2	4	1	1	13	41	13	41
2011	6	6	0	0	0	0	10	25	10	25
2012	5	5	0	0	0	0	17	51	13	44
2013	2	4	0	0	0	0	13	13	13	13
2014	0	0	0	0	1	1	3	6	3	6

3. 刑事审判监督

表 3-31 2003～2014 年高邮市人民检察院刑事审判监督情况

年份	二审程序							再审程序						纠正违法	
	提出抗诉		上级院支持抗诉	改判		维持原判	发回重审	提出抗诉		撤回抗诉	改判		维持原判		
	件	人	件	件	人	件	件	件	人	件	件	人	件	提出	已纠正
2003	—	—	—	—	—	—	—	—	—	—	—	—	—	—	—
2004	—	—	—	—	—	—	—	—	—	—	—	—	—	—	—
2005	—	—	—	—	—	—	—	—	—	—	—	—	—	—	—
2006	—	—	—	—	—	—	—	—	—	—	—	—	—	—	—
2007	—	—	—	—	—	—	—	—	—	—	—	—	—	—	—
2008	—	—	—	—	—	—	—	—	—	—	—	—	—	—	—
2009	—	—	—	—	—	—	—	—	—	—	—	—	—	—	—
2010	2	2	2	0	0	0	1	0	0	0	0	0	0	0	0
2011	0	0	0	0	0	0	0	0	0	0	0	0	0	0	0
2012	1	1	1	0	0	0	0	0	0	0	0	0	0	1	1
2013	1	1	1	0	0	0	0	0	0	0	0	0	0	3	3
2014	1	1	1	0	0	0	0	0	0	0	0	0	0	0	0

六、刑罚执行和监管活动监督

1. 刑事判决、裁定执行监督

(1)减刑、假释、保外就医监督

表 3-32 1979～2014 年高邮市人民检察院监督刑法变更执行情况 单位：人

年份	监管单位提请			检察机关监督数	不予提请、呈报		应予提请、呈报	
	减刑	假释	保外就医		提出	采纳	提出	采纳
1979	3	0	0	3	1	1	2	2
1980	2	0	0	2	1	1	1	1
1981	4	0	0	4	2	2	2	2
1982	1	0	0	4	1	1	3	3
1983	2	0	0	3	1	1	2	2
1984	3	0	0	2	1	1	1	1
1985	4	0	0	5	2	2	3	3

续表

年份	监管单位提请			检察机关监督数	不予提请、呈报		应予提请、呈报	
	减刑	假释	保外就医		提出	采纳	提出	采纳
1986	3	0	0	4	2	2	2	2
1987	4	0	0	3	2	2	1	1
1988	3	0	0	2	1	1	1	1
1989	2	0	0	5	3	3	2	2
1990	3	0	0	4	1	1	3	3
1991	3	0	0	3	2	2	1	1
1992	3	0	0	4	2	2	2	2
1993	4	0	0	2	1	1	1	1
1994	5	0	0	3	1	1	2	2
1995	6	0	0	5	2	2	3	3
1996	3	0	0	3	1	1	2	2
1997	4	0	0	3	2	2	1	1
1998	3	0	0	2	1	1	1	1
1999	2	0	0	3	2	2	1	1
2000	3	0	0	3	1	1	2	2
2001	3	0	0	4	2	2	2	2
2002	3	0	0	3	1	1	2	2
2003	4	0	0	4	2	2	2	2
2004	3	0	0	3	1	1	2	2
2005	2	0	0	3	2	2	1	1
2006	3	0	0	3	1	1	2	2
2007	16	1	1	18	4	4	14	14
2008	6	0	0	6	1	1	5	5
2009	16	1	0	17	4	4	13	13
2010	25	1	2	28	6	6	22	22
2011	23	2	0	25	5	5	20	20
2012	28	0	2	30	6	6	24	24
2013	18	0	1	19	3	3	16	16
2014	0	0	1	1	0	0	1	1

(2)罪犯交付执行检察

表3-33 1979~2014年高邮市人民检察院监督监督罪犯交付执行情况

单位:份

年份	收押文书	转捕文书	换押文书	执行文书	释放文书
1979	485	156	358	141	429
1980	465	145	360	146	431
1981	475	165	350	145	428
1982	454	154	364	144	435
1983	466	176	378	152	445
1984	492	185	336	164	426
1985	480	162	360	150	410
1986	470	158	350	148	405
1987	454	154	364	144	435
1988	—	—	—	—	—
1989	466	176	378	152	445
1990	492	185	336	164	426
1991	489	168	335	151	425
1992	476	163	356	163	421
1993	465	162	358	148	438
1994	463	156	361	143	445
1995	454	154	364	144	435
1996	466	176	378	152	445
1997	492	185	336	164	426
1998	454	154	364	144	435
1999	454	154	364	144	435
2000	466	176	378	152	445
2001	492	185	336	164	426
2002	454	154	364	144	435
2003	466	176	378	152	445
2004	480	170	302	140	415
2005	472	162	358	143	425
2006	454	154	364	144	435
2007	466	176	378	152	445

续表

年份	收押文书	转捕文书	换押文书	执行文书	释放文书
2008	492	185	336	164	426
2009	518	333	559	166	435
2010	735	358	600	141	698
2011	712	322	691	233	687
2012	753	289	830	158	721
2013	421	153	405	158	515
2014	389	130	375	240	246

2. 监管机关执法活动监督

（1）监狱执法活动监督

无此类情况。

（2）看守所执法活动监督

表 3－34　1979～2014 年高邮市人民检察院监督看守所执法活动情况　单位：次

年份	安全防范检察	发现隐患	提出检察建议	消除隐患
1979	24	1	1	1
1980	24	1	1	1
1981	24	1	1	1
1982	24	2	2	2
1983	24	1	1	1
1984	24	1	1	1
1985	24	2	2	2
1986	24	1	1	1
1987	24	1	1	1
1988	24	1	1	1
1989	24	1	1	1
1990	24	1	1	1
1991	24	1	1	1
1992	24	1	1	1
1993	24	2	2	2
1994	24	1	1	1
1995	24	1	1	1

续表

年份	安全防范检察	发现隐患	提出检察建议	消除隐患
1996	24	1	1	1
1997	24	1	1	1
1998	24	1	1	1
1999	24	2	2	2
2000	24	1	1	1
2001	24	1	1	1
2002	24	2	2	2
2003	24	1	1	1
2004	24	1	1	1
2005	24	1	1	1
2006	24	1	1	1
2007	24	1	1	1
2008	24	1	1	1
2009	24	2	2	2
2010	24	1	1	1
2011	24	1	1	1
2012	24	2	2	2
2013	24	1	1	1
2014	24	1	1	1

3. 监外执行监督

表 3-35　1979～2014 年高邮市人民检察院监外执行监督情况　单位:次

年份	检察发现违法情况	提出纠正	得到纠正	建议收监
1979	2	2	2	2
1980	4	4	4	4
1981	1	1	1	1
1982	1	1	1	1
1983	2	2	2	2
1984	4	4	4	4
1985	3	3	3	3
1986	2	2	2	2

续表

年份	检察发现违法情况	提出纠正	得到纠正	建议收监
1987	4	4	4	4
1988	1	1	1	1
1989	1	1	1	1
1990	2	2	2	2
1991	4	4	4	4
1992	3	3	3	3
1993	2	2	2	2
1994	4	4	4	4
1995	1	1	1	1
1996	1	1	1	1
1997	2	2	2	2
1998	4	4	4	4
1999	3	3	3	3
2000	2	2	2	2
2001	4	4	4	4
2002	1	1	1	1
2003	1	1	1	1
2004	2	2	2	2
2005	4	4	4	4
2006	2	2	2	2
2007	4	4	4	4
2008	1	1	1	1
2009	1	1	1	1
2010	2	2	2	2
2011	4	4	4	4
2012	3	3	3	3
2013	5	5	5	5
2014	5	5	5	5

4. 典型案例

(1) 发出一份收监检察建议书　揪出一命案在身的抢劫犯

2004 年 5 月的一天,驻所检察干警在进行例行检查时,从行政拘留人员登记簿中发现了一个熟悉的名字——郭某某。2002 年 12 月,曾有一个叫郭某某的高邮市农民因交通肇事逃逸被法院判处有期徒刑三年,缓刑五年。

是同名同姓还是同一个人?经仔细核对监外执行罪犯台账,检察干警发现被行政拘留的郭某某正是缓刑犯郭某某。那么这一次郭某某又怎么会被高邮市公安局行政拘留的?带着这个疑问检察干警调阅了郭某某行政违法的案卷材料,了解到当月 12 日,郭某某在该市文游中路因无证驾驶、强行闯卡,将执勤交警撞倒后逃离现场,最终被公安机关抓获后行政拘留三十天。经依法审查,监所科认为郭某某在缓刑考验期间内实施的违法行为情节严重,应当依法撤销缓刑,执行原判刑罚。遂向高邮市公安局发出了应当依法撤销缓刑并收监的书面检察建议。很快,郭某某被江都市人民法院裁定撤销原判决中缓刑部分,决定收监执行原判有期徒刑三年。

郭某某被收监后,家庭生活没有了来源,加之在交通肇事犯罪后欠下了 7.6 万元债务,其岳父王某决定将郭某某驾驶的苏 CO5688 桑塔纳 2000 轿车卖掉。2004 年 7 月 2 日,王某找到高邮市一家二手车中介公司,由于出价很低,很快就找到了买主。可二手车过户必须经过车主单位盖章同意。王某根据在车上发现的该车行驶证找到了车主单位,该行驶证是该单位刘某所用,而刘某已于一年前被杀死亡,车辆失踪,此案一直未能侦破。王某的到来引起了刘某同事和家属的警觉,刘某的家属立即向警方报案。公安机关随即展开侦查,经对已被收监的郭某某讯问,郭某某在事实面前,不得不交代自己抢劫杀人的犯罪事实。2003 年 3 月 10 日 9 点多钟,郭某某在扬州返回高邮的途中,路过江都市邵伯镇时,一想起曾在该镇蒙受的“耻辱”(在该镇交通肇事逃逸后被判刑),心中油然而生一种愤恨,便决定在这个地方做点“大事”出出气,于是在邵伯镇提前下车,发现马路南侧停着几辆出租车,“杀人抢车”的念头随之产生。郭某某走近一黑色桑塔纳 2000 轿车,和司机刘某以 50 元的价格谈妥乘该车前往高邮。途经一小农贸市场时,郭某某找借口下车,在一肉摊子前趁摊主不备偷走一单刀,随后又回到车上。当车行至一偏僻路段时,郭某某让司机停车等人,乘刘某打瞌睡之机,将单刀刺向刘某颈部,残忍杀害了刘某。事后为了销尸匿迹,郭某某将刘某的尸体放到后备厢中,并将车里血迹冲洗干净,把车开回高邮。第二天,他托朋友找到一苏 CO5688 的假牌照,换下了原先的牌照,然后将车开到江苏省沭阳县境内,将刘某的尸体抛入一水塘中。不久,郭某某又通过非法途径搞到了和苏 CO5688 假牌照相对应的假行驶证私下跑起了出租。至此,震惊沭阳县的“3·10”杀人抛尸案成功告破。2005 年 6 月 6 日,郭某某因犯故意杀人罪被宿迁市中级人民法院一审判处死刑,剥夺政治权利终身。

(2) 监外执行条件消失　跟踪监督收监执行

高邮市人民检察院监所检察科积极履行刑罚执行监督职能,对一暂予监外执行罪犯依法进行跟踪监督,2007 年 4 月 24 日罪犯直某被收监执行。

罪犯直某,男,30 岁,汉族,高邮市高邮镇沿河村黄家组村民。曾因犯诈骗罪,2002 年 8 月,被张家港市人民法院判处有期徒刑八个月。因犯盗窃罪,2004 年 2 月,被高邮市人民法院判处有期徒刑五年,并处罚金 3000 元。在暂予监外执行期间又犯盗窃罪,2005 年 3 月被高邮市人民法院数罪并罚，判处有期徒刑四年，并处罚金 4000 元。因罪犯直某患有“两肺继发性结核病”，高邮市人民法院二次决定，对其暂予监外执行至 2007 年 3 月 27 日。

2007 年 3 月 22 日，高邮市检察院监所检察人员对暂予监外执行期限即将届满的罪犯直某实行动态跟踪监督，书面建议高邮市公安局将罪犯直某带至高邮市人民医院检查。次日，高邮市人民医院经对罪犯直某肺部进行检查，诊断结论为直某患有“右上肺陈旧性结核”。3 月 26 日，高邮市公安局以罪犯直某仍患有“右上肺陈旧性结核”为由，建议高邮市人民法院继续对其暂予监外执行，同时提交了高邮市人民医院对罪犯直某检查的 X 线检查报告单和疾病诊断证明书。

高邮市检察院监所检察人员审查认为，“陈旧性结核”在临床上通常属于已治愈的情形，不具有传染性。由于与公安机关意见分歧严重，为了准确理解“陈旧性结核”临床含义，又向高邮市人民医院有关专家咨询，确认“陈旧性结核”在临床上属于结核病经治疗已治愈或基本治愈的情形。鉴于罪犯直某监外执行条件已经消失，根据《中华人民共和国刑法》第 216 条第 1 款以及其他相关规定，应及时收监执行。2007 年 4 月 5 日高邮市检察院高邮向市人民法院提出将罪犯直某收监执行的检察意见。高邮市人民法院审理后采纳了高邮市检察院意见，2007 年 4 月 24 日，作出对罪犯直某收监执行的决定，公安机关当日将罪犯直某收监执行。

七、民事行政诉讼法律监督

1. 民事行政案件抗诉

表 3－36　1993～2014 年高邮市检察院民事行政抗诉案件数据　　单位：件

年份	受理	立案	提请抗诉	上级院抗诉	再审情况			
					维持	调解	撤销原判发回重审	改判
1993～1995	30	5	4		—	—	—	—
1996	2	2	2	—	—	—	—	2
1997	17	4	3		—	—	—	—
1998	25	4	4		—	—	—	—
1999	24	4	—	4	—	—	—	—
2000	16	5	24		—	—	—	—
2001	20	9			—	—	—	—
2002	13	13			—	—	—	—

续表

<table>
<tr><th rowspan="2">年份</th><th rowspan="2">受理</th><th rowspan="2">立案</th><th rowspan="2">提请抗诉</th><th rowspan="2">上级院抗诉</th><th colspan="4">再审情况</th></tr>
<tr><th>维持</th><th>调解</th><th>撤销原判发回重审</th><th>改判</th></tr>
<tr><td>2003</td><td>16</td><td>9</td><td>5</td><td>—</td><td>—</td><td>—</td><td>—</td><td>—</td></tr>
<tr><td>2004</td><td>10</td><td>5</td><td rowspan="2">7</td><td>—</td><td>—</td><td>—</td><td>—</td><td>—</td></tr>
<tr><td>2005</td><td>19</td><td>9</td><td>—</td><td>—</td><td>—</td><td>3</td><td>2</td></tr>
<tr><td>2006</td><td>13</td><td>7</td><td>1</td><td>—</td><td>—</td><td>—</td><td>1</td><td>—</td></tr>
<tr><td>2007</td><td>26</td><td>26</td><td>1</td><td>—</td><td>—</td><td>—</td><td>1</td><td>—</td></tr>
<tr><td>2008</td><td>14</td><td>14</td><td>—</td><td>—</td><td>—</td><td>—</td><td>—</td><td>—</td></tr>
<tr><td>2009</td><td>9</td><td>9</td><td>—</td><td>2</td><td>—</td><td>—</td><td>—</td><td>—</td></tr>
<tr><td>2010</td><td>13</td><td>13</td><td>—</td><td>2</td><td>—</td><td>—</td><td>—</td><td>—</td></tr>
<tr><td>2011</td><td>8</td><td>8</td><td>—</td><td>—</td><td>—</td><td>—</td><td>—</td><td>—</td></tr>
<tr><td>2012</td><td>15</td><td>12</td><td>—</td><td>—</td><td>—</td><td>—</td><td>—</td><td>—</td></tr>
<tr><td>2013</td><td>5</td><td>5</td><td>—</td><td>—</td><td>—</td><td>—</td><td>—</td><td>—</td></tr>
<tr><td>2014</td><td>1</td><td>1</td><td>—</td><td>—</td><td>—</td><td>—</td><td>—</td><td>—</td></tr>
</table>

2. 民事行政检察其他监督

表3-37　1997～2014年高邮市检察院其他民事行政检察监督数据　　单位：件

项目	检察建议、纠正违法	再审检察建议	督促支持起诉	公益诉讼	查办、移送职务犯罪	调解监督、执行监督	息诉工作
1997	—	—	—	—	—	—	6
2004～2005	—	—	—	—	—	—	16
2006	—	—	—	—	—	—	—
2007	—	—	—	—	—	—	—
2008	1	—	—	—	—	—	—
2009	40	—	80	—	—	—	6
2010	2	2	24	—	1	—	5
2011	5	2	28	—	1	—	4
2012	11	—	—	—	1	—	6
2013	1	—	—	—	—	3	—
2014	6	1	38	—	—	1	2

3. 典型案例

高邮市检察院难案巧办
顺利化解邻里矛盾获得群众称赞

2010年6月以来，高邮市检察院民行科在办理贾某某不服法院执行判决、申请检察监督一案中，针对案件内藏的多种矛盾，综合运用“检调结合”的方法，化解了一起长达5年的邻里矛盾。有效维护了社会稳定，实现了法律效果的最优化。主要做法为以下三种：

一是高度重视，充分调研，明确办案思路。贾某某是一名年过七旬的孤寡老人，并患有残疾。2010年6月，因邻居王某翻建房屋侵犯其相邻权，双方发生争执。经多方调解无效后，贾某某将王某起诉至法院。该案在法院历经调解、判决、执行三个阶段，仍没有化解双方矛盾。由于该案在当地具有一定影响力，如果不能妥善处理，势必会对司法机关公信力产生不良影响。接到申诉后，部门负责人高度重视，认真开展前期调研工作，明确办案思路。在信息采集阶段，承办人冒着酷暑，多次实地走访，拍摄涉案住宅情况，并与双方当事人、附近居民等进行沟通询问，积累了第一手资料。分析讨论阶段，在科长的主持指导下，大家明确案件争点，破解办案难点，以“息讼止争”为指导思想，厘清办案思路。

二是积极作为，检调合一，化解社会矛盾。首先，由于本案是因邻里纠纷引发的，其中必然涉及人情关系，因此矛盾化解须以情为重。其次，由于案件历经多个法律阶段，双方当事人对相关法律法规已有比较充分的了解，因此在化解方法上选择以调为主。围绕以上两点，最终制定三步走方案。第一步，取得信任。考虑到贾某某与王某都年事已高，并且积怨颇深。科长与助检员利用女检察官的身份优势，多次前往当事人家中做思想工作，打人情牌。寓法于情，以情动人。用关爱与柔情逐渐化解老人内心的疙瘩，为接下来的调解工作打下基础。第二步，多方合力。为取得最佳办案效果，积极联系辖区派出所所长与社区主任，充分发挥人熟、事熟的优势，从法理、情理、事理等角度进行调解。第三步，各个击破。鉴于双方性格都较为固执倔强，采用面对面调解方式效果可能不理想。于是决定采用录音调解法。在单独调解中播放对方当事人的录音，从而避免见面的尴尬。最终案件水到渠成，成功化解矛盾，双方达成和解协议。

三是注重案后，热心帮扶，深化办案成效。在此案件中，民行科检察人员摒弃“就案论案”“就案办案”的思想，坚持办理案件与解决困难并举。考虑到贾某某孤身一人又身患残疾，民行科检察人员积极与社区协调沟通，由社区牵头组织相应志愿者做好定期探望关爱工作。另外，由于双方当事人即将面临房屋拆迁问题，还主动联系拆迁办负责人，向两位老人说明相关政策，解答内心疑虑，真正做到以人为本，案结事了。临行前，贾某某老人感动地说：“我这么多年，滚着轮椅上门不知跑了多少家单位都没用，最终还是你们检察院主动来我家做工作，为帮我解决了这大麻烦，真是太谢谢你们了！”

以检办案，以邮传情，高邮市检察院始终奋勇前行。

八、控告申诉检察

1.受理控告申诉

表 3-38 1979~2014 年高邮市检察院受理控告申诉情况 单位:件

年份	受理控告申诉					首次受理	审查处理						
	合计	来信	电话	网络	来访		控申部门办理	分送高邮市检察院其他部门	移送其他检察院	移送公安机关	移送其他机关	直接答复	存查
1979	—	—	—	—	—	—	—	—	—	—	—	—	—
1980	—	—	—	—	—	—	—	—	—	—	—	—	—
1981	—	—	—	—	—	—	—	—	—	—	—	—	—
1982	—	—	—	—	—	—	—	—	—	—	—	—	—
1983	—	—	—	—	—	—	—	—	—	—	—	—	—
1984	—	—	—	—	—	—	—	—	—	—	—	—	—
1985	—	—	—	—	—	—	—	—	—	—	—	—	—
1986	—	—	—	—	—	—	—	—	—	—	—	—	—
1987	—	—	—	—	—	—	—	—	—	—	—	—	—
1988	—	—	—	—	—	—	—	—	—	—	—	—	—
1989	103	85	0	0	18	103	0	16	0	20	65	2	0
1990	192	163	0	0	29	192	0	73	0	23	20	25	51
1991	93	41	0	0	52	93	0	21	0	23	25	5	19
1992	121	39	0	0	82	121	0	28	0	37	54	2	0
1993	36	28	0	0	8	36	9	0	0	10	16	1	0
1994	189	102	0	0	87	189	17	51	0	59	60	2	0
1995	214	142	14	0	58	214	28	148	0	20	18	0	0
1996	70	52	2	0	16	70	0	52	0	6	12	0	0
1997	198	138	0	0	60	198	3	94	0	51	50	0	0
1998	194	149	0	0	45	194	5	90	0	17	55	27	0
1999	95	68	2	0	25	95	10	65	0	3	2	10	5
2000	130	91	0	0	39	130	8	72	0	5	25	20	0
2001	106	74	0	0	32	106	5	61	0	4	18	18	0

续表

年份	受理控告申诉					首次受理	审查处理						
	合计	来信	电话	网络	来访		控申部门办理	分送高邮市检察院其他部门	移送其他检察院	移送公安机关	移送其他机关	直接答复	存查
2002	—	40	0	0	10	54	0	42	0	3	9	0	0
2003	51	34	0	0	17	54	3	40	0	2	9	0	0
2004	61	40	0	0	21	61	7	45	0	3	6	0	0
2005	31	24	0	0	7	31	2	4	0	10	9	6	0
2006	22	16	0	0	6	—	0	10	0	8	14	0	0
2007	107	57	0	0	50	107	0	64	0	5	4	34	0
2008	94	64	4	0	26	94	2	88	0	3	1	0	0
2009	42	25	3	0	14	42	2	20	0	9	10	0	1
2010	13	10	0	0	3	13	1	10	0	1	1	0	0
2011	33	18	0	0	15	33	18	7	0	0	8	0	0
2012	—	7	0	0	41	46	37	5	0	0	1	3	0
2013	40	9	0	0	31	40	7	23	0	0	4	6	0
2014	22	14	0	0	8	—	0	10	0	5	0	4	1

2. 开展举报工作

(1)受理举报线索

表 3－39　1979～2014 年高邮市检察院举报受理情况　　单位:件

年份	受理举报	检察机关管辖	署名举报	自首
1979	—	—	—	—
1980	—	—	—	—
1981	—	—	—	—
1982	—	—	—	—
1983	—	—	—	—
1984	—	—	—	—
1985	—	—	—	—
1986	—	—	—	—

续表

年份	受理举报	检察机关管辖	署名举报	自首
1987	—	—	—	—
1988	—	—	—	—
1989	102	32	89	0
1990	88	42	58	0
1991	116	52	77	0
1992	78	69	59	3
1993	122	80	94	0
1994	150	120	98	0
1995	44	40	20	7
1996	161	111	58	0
1997	97	59	29	0
1998	122	95	54	0
1999	95	65	42	0
2000	73	56	28	0
2001	81	61	32	0
2002	64	39	27	0
2003	77	75	43	0
2004	61	52	20	0
2005	66	62	28	0
2006	59	52	23	0
2007	60	54	20	0
2008	31	31	14	0
2009	25	25	16	0
2010	18	18	11	0
2011	34	32	16	0
2012	31	28	14	0
2013	48	42	22	0
2014	55	40	29	0

(2)举报宣传

表 3-40　1979～2014 年高邮市检察院举报宣传情况统计

年份	设置宣传点(个)	发放宣传材料(份)	召开新闻发布会、记者招待会(次)	向媒体发布新闻宣传稿件(份)	报刊(件)	电台(件)	电视台(件)	各级检察长发表广播电视讲话(次)	出动宣传巡回车(辆/次)	接待举报、接受咨询(件)	制作宣传图版(个)
1979	—	—	—	—	—	—	—	—	—	—	—
1980	—	—	—	—	—	—	—	—	—	—	—
1981	—	—	—	—	—	—	—	—	—	—	—
1982	—	—	—	—	—	—	—	—	—	—	—
1983	—	—	—	—	—	—	—	—	—	—	—
1984	—	—	—	—	—	—	—	—	—	—	—
1985	—	—	—	—	—	—	—	—	—	—	—
1986	—	—	—	—	—	—	—	—	—	—	—
1987	—	—	—	—	—	—	—	—	—	—	—
1988	—	—	—	—	—	—	—	—	—	—	—
1989	0	0	0	—	5	0	0	0	0	61	0
1990	—	—	—	—	—	—	—	—	—	—	—
1991	—	—	—	—	—	—	—	—	—	—	—
1992	—	—	—	—	—	—	—	—	—	—	—
1993	—	—	—	—	—	—	—	—	—	—	—
1994	12	0	0	—	0	0	0	0	0	220	—
1995	0	128	0	—	0	4	7	2	36	126	10
1996	33	1200	0	—	0	1	1	0	20	60	18
1997	0	0	0	—	46	0	0	0	6	28	0
1998	10	1800	1	—	10	1	1	0	0	113	8
1999	8	2800	1	—	5	0	1	1	3	93	15
2000	2	2000	0	—	6	1	1	1	0	258	5
2001	7	5800	0	—	3	1	1	0	0	71	23
2002	8	5800	1	—	5	1	1	1	8	112	23
2003	7	4200	0	—	10	1	1	0	9	171	14
2004	5	3200	0	—	8	1	1	0	7	19	5
2005	5	4800	0	—	3	0	0	0	5	67	0

续表

年份	设置宣传点（个）	发放宣传材料（份）	召开新闻发布会、记者招待会（次）	向媒体发布新闻宣传稿件（份）	报刊（件）	电台（件）	电视台（件）	各级检察长发表广播电视讲话（次）	出动宣传巡回车（辆/次）	接待举报、接受咨询（件）	制作宣传图版（个）
2006	8	2100	0	—	4	0	0	0	8	46	0
2007	18	1400	0	—	38	0	0	0	18	32	0
2008	18	2000	0	—	35	0	0	0	18	82	0
2009	6	1200	0	—	28	0	0	0	6	53	0
2010	6	1000	0	—	19	0	0	0	6	62	10
2011	8	1200	0	—	17	0	0	0	8	52	0
2012	6	1000	0	—	8	0	0	0	6	66	0
2013	8	1400	0	—	9	0	0	0	8	72	0
2014	7	1100	0	—	6	0	0	0	7	56	0

3. 国家赔偿工作

表 3－41　1979～2014 年高邮市检察院国家（刑事）赔偿情况　　单位：元

年份	申请赔偿	立案	不立案	审结		复议			赔委会决定		支付赔偿金	返还财产
				赔偿	不赔偿	受理	维持	变更	维持	变更		
1979	—	—	—	—	—	—	—	—	—	—	—	—
1980	—	—	—	—	—	—	—	—	—	—	—	—
1981	—	—	—	—	—	—	—	—	—	—	—	—
1982	—	—	—	—	—	—	—	—	—	—	—	—
1983	—	—	—	—	—	—	—	—	—	—	—	—
1984	—	—	—	—	—	—	—	—	—	—	—	—
1985	—	—	—	—	—	—	—	—	—	—	—	—
1986	—	—	—	—	—	—	—	—	—	—	—	—
1987	—	—	—	—	—	—	—	—	—	—	—	—
1988	—	—	—	—	—	—	—	—	—	—	—	—
1989	—	—	—	—	—	—	—	—	—	—	—	—
1990	—	—	—	—	—	—	—	—	—	—	—	—
1991	—	—	—	—	—	—	—	—	—	—	—	—
1992	—	—	—	—	—	—	—	—	—	—	—	—
1993	—	—	—	—	—	—	—	—	—	—	—	—

续表

年份	申请赔偿	立案	不立案	审结		复议			赔委会决定		支付赔偿金	返还财产
				赔偿	不赔偿	受理	维持	变更	维持	变更		
1994	—	—	—	—	—	—	—	—	—	—	—	—
1995	—	—	—	—	—	—	—	—	—	—	—	—
1996	—	—	—	—	—	—	—	—	—	—	—	—
1997	—	—	—	—	—	—	—	—	—	—	—	—
1998	—	—	—	—	—	—	—	—	—	—	—	—
1999	—	—	—	—	—	—	—	—	—	—	—	—
2000	1	1	—	1	—	1	—	1	—	—	2530.1	—
2001	—	—	—	—	—	—	—	—	—	—	—	—
2002	—	—	—	—	—	—	—	—	—	—	—	—
2003	—	—	—	—	—	—	—	—	—	—	—	—
2004	—	—	—	—	—	—	—	—	—	—	—	—
2005	—	—	—	—	—	—	—	—	—	—	—	—
2006	—	—	—	—	—	—	—	—	—	—	—	—
2007	—	—	—	—	—	—	—	—	—	—	—	—
2008	—	—	—	—	—	—	—	—	—	—	—	—
2009	—	—	—	—	—	—	—	—	—	—	—	—
2010	—	—	—	—	—	—	—	—	—	—	—	—
2011	—	—	—	—	—	—	—	—	—	—	—	—
2012	—	—	—	—	—	—	—	—	—	—	—	—
2013	—	—	—	—	—	—	—	—	—	—	—	—
2014	—	—	—	—	—	—	—	—	—	—	—	—

九、检察改革

1. 检调对接机制

2011 年，高邮市检察院以控申部门牵头，民行、公诉、批捕等部门联合开展检调对接工作，上述部门将信访申诉工作与公诉、批捕、民行相结合，在刑事和解和民事申诉和解工作中，对被害人或案件相关当事人之间就人身伤害、财产损失进行调解，并经依法监督和认定，积极化解矛盾纠纷。

2. 未成年人检察机制

近年来，为积极开展青少年维权工作，高邮市检察院结合检察职能，专门设立了青少年维权工作领导小组，由分管检察长担任组长，下设“未成年人犯罪检察室”“预防未成年人犯罪工作小组”“未成年人检察工作小组”，安排经验丰富、有较高理论水平和工作能力的检察官担任组长，并分别从公诉、侦监、监所、控申、预防等部门指定一名维权网络成员，形成齐抓共管、群防群治的工作格局。多年来，高邮市检察院未成年人检察机制在实践中稳步发展，日趋成熟。

2005 年，高邮市检察院成立青少年维权岗办公室，并开通青少年维权热线电话，以此为媒介，专门提供法律咨询、法律援助，为青少年的健康成长提供司法保障，并听取社会各界对高邮市检察院青少年维权岗工作的意见、建议，积极探索青少年维权工作的新思路、新方法。

2008 年 6 月，为积极开展青少年维权工作，进一步搭建检察机关与地方党委、政府共同关心、帮扶青少年的桥梁，为青少年健康成长提供一个良好平台，高邮市检察院在郭集镇成立"青少年维权岗爱心基地"，并招募 12 名青少年维权志愿者，开展法制宣传教育和志愿者座谈会等活动 20 余次，真正实现青少年维权工作进乡镇。

2009 年 1 月，为全面落实创建省级优秀"青少年维权岗"工作要求，推动青少年维权工作进乡镇、进社区，高邮市检察院又在高邮镇西塔社区设立"青少年维权工作联系点"，并聘请 5 名维权工作联络员，通过将一批熟悉社区情况、有志于从事青少年维权工作的志愿者聘请为联络员，进一步拓宽维权渠道、提高青少年维权工作的针对性。开展青少年维权工作进社区活动是高邮市检察院立足检察职能、服务大局的新举措，为司法机关参与社区平安建设带了好头，表示要积极配合检察机关做好信息反馈、帮扶教育等工作，努力实现社区平安创建年度目标。该联系点已接受法律咨询近百人次，积极帮助西塔社区 10 余名失业青年签订再就业帮扶协议，联系合适工作岗位。

2011 年 3 月，为了深入贯彻宽严相济的刑事政策，平等保护涉罪外来青少年合法权益，高邮市检察院在市儿童福利院设立"关爱管护教育基地"，适时将符合条件的涉罪外来青少年入驻基地开展教育管护工作，切实维护其合法权益。如办理的犯罪嫌疑人王某盗窃一案，经审查，王某犯罪情节较轻，认罪悔罪态度较好，符合入驻管护帮教条件，后经过 8 天的管护教育，王某深刻认识到犯罪危害社会，表示要认真学法、懂法，做一名守法的公民。

2012 年 2 月，为全面贯彻未成年人检察工作"教育、感化、挽救"方针和"教育为主、惩罚为辅"原则，进一步提升高邮市检察院未成年人检察工作水平，根据扬州市人民检察院统一部署，成立未成年人检察工作小组，专门负责办理未成年人犯罪及被害人系未成年人的刑事案件。认真执行未成年人犯罪案件专人办理制度，为全面收集证明未成年人罪轻、无罪证据材料，总结摸索出"一看二听三问"工作法和"三查清""三见面"等审查制度。积极利用量刑建议、附条件不起诉、犯罪记录封存等工作机制，教育挽救青少年犯罪嫌疑人。充分发挥法律监督职能，监督执法和司法活动是否存在侵犯未成年犯罪嫌疑人合法权益的行为。通过向多所涉案学校发出《检察建议书》，及时帮助涉案单位堵塞在校学生教育管理工作中存在的漏洞，做到防患于未然。

2012 年，高邮市检察院未成年人检察工作小组成立后，承办人在办理案件时，更加注重联系群众、关注民生、执法为民，在办理一起被害人为未成年人的强奸案件时，犯罪嫌疑人系被害人父亲，考虑到被害人生活特别困难，与控申部门联合，为该未成年被害人申请刑事被害人救助专项基金，帮助其脱离困境，有效发挥了工作小组的职能。

2013 年 8 月，为进一步做好涉案未成年人思想疏导和帮教工作，体现检察机关的人文关怀，提升未成年人检察工作的成效，高邮市检察院聘任"青少年维权岗"首位心理咨询师，对未成年犯罪嫌疑人进行心理咨询及疏导,从专业角度了解分析涉案未成年人的心理状况、是否存在帮教可能性等问题,经过心理咨询、心理疏导的几名未成年犯罪嫌疑人,在作出相关处理决定后,目前未有再犯罪情形。同时,高邮市检察院亦注重对未检干警的专项培训,积极组织未检人员参加专业心理咨询师资格考试。

2013 年 11 月,高邮市检察院顺利通过共青团江苏省委、江苏省人民检察院组织的检查验收,成功创建省级“青少年维权岗”。

2015 年 3 月 31 日,成立普通刑事犯罪预防科,除了办理未成年人犯罪案件的审查批捕、审查起诉、出庭支持公诉、侦查监督、刑事审判监督外,更结合办案,深入分析犯罪产生的症结,查找机制、制度和管理漏洞,系统研究犯罪特点、规律,提出犯罪状况报告和预防对策建议,构建办案、教育、矫治、预防一体化工作机制,开展综合性治理工作。

3. 涉罪外来人员管护教育机制

2011 年开始,高邮市检察院开始探索建立管护帮教工作,在市福利院设立了涉罪外来人员帮教基地,将符合条件的涉罪外来人员送入基地进行管理,并制定了帮教基地班长职责、帮教基地工作流程、工作职责、管理规定等多项制度,对涉罪外来人员的管理、教育、帮助起到了极大的推动作用。

创新成立帮教基地,积极参与社会治安综合治理。根据上级统一部署,高邮市检察院在高邮市儿童福利院挂牌成立首个外来人员帮教基地和未成年人关爱教育基地,确定扬州市郭集镇华冶钢材有限公司为综合治理联系点。为了深入贯彻宽严相济的刑事政策,平等保护涉罪外来人员和未成年人的合法权益,推动全市检察机关为民办实事,市院统一部署、强势推进,要求各区县建立管护教育基地。市院部署后,高邮市检察院高度重视,立即组织干警调研高邮市外来人员和未成年人犯罪特点,制定帮教基地基本规章制度,并结合高邮市实际,确定在高邮市儿童福利院建立外来人员帮教基地和未成年人关爱教育基地。同时,为了更好地服务高邮市经济社会发展大局,高邮市检察院选择扬州市郭集镇华冶钢材有限公司作为综合治理联系点,定期开展法制宣传教育,提供法律咨询服务,结合办案,及时发现企业经营管理漏洞,为企业生产经营保驾护航。

典型案例

2009 年 6 月,检察长在高邮市菱塘回族乡巡回接待期间,信访人王某某控告赵某某诈骗其钱财,请求检察机关帮助维权。这一控告线索引起了检察长高度重视,立即指示侦查监督科启动立案监督程序。侦监部门通过询问控告人、调阅卷宗和向公安机关了解案情等方式,迅速查明基本案情。王某某与被控告人赵某某为同学关系。2004 年至 2005 年,赵某某虚构在扬州经营农工商超市猪肉项目需要资金、养殖场与外商合资成功需要后期费用、约定聘请王某某到合资后的养殖场从事行政管理工作等事实,骗取王某某人民币共计 10 万元。因多次索要债务未果,王某某于 2008 年 4 月 20 日纠集付某某、胡某某等人强行将赵某某的儿子非法拘禁于一村民家达 50 余小时。2008 年 7 月 16 日,王某某因犯非法拘禁罪被高邮市人民法院判处有期徒刑六个月。刑罚执行完毕后,由于债权主张一直未能实现,王某某多次向公安机关控告,但公安机关在调查后均认为被控告人赵某某借钱时打有借条,并制订过还款计划,双方当事人之间的矛盾属于经济纠纷,一直未予立案侦查。高邮市检察院经审查认为，被控告人赵某某虚构经营事实，骗取王某某人民币10万元，实际用于偿还个人债务，其行为已涉嫌诈骗罪。2009年9月11日，高邮市检察院依法向高邮市公安局发出《要求说明不立案理由通知书》。2009年9月16日，高邮市公安局立案侦查。2009年11月20日，被告人赵某某被高邮市检察院批准逮捕。2010年1月19日，高邮市公安局将该案移送高邮市检察院审查起诉。公诉部门受理该案后，在严格审查证据的同时，积极开展刑事和解工作，促使双方当事人达成还款协议以弥补王某某经济损失。2010年7月27日，高邮市检察院依法将该案向高邮市人民法院提起公诉。高邮市人民法院经审理认定，被告人赵某某以非法占有为目的，虚构事实，骗取他人财物，数额巨大，其行为已构成诈骗罪，遂依法判决犯罪嫌疑人赵某某有期徒刑六年。

4. 行政执法与刑事司法衔接机制

2008年高邮市检察院与市整顿和规范市场经济秩序领导小组办公室、市公安局联合下发《关于构建高邮市行政执法与刑事司法相衔接信息共享平台的实施意见》，对两法衔接工作做了认真细致的部署。

根据省市院侦查监督工作重点和"两法衔接"专项立案监督活动工作方案，高邮市检察院结合自身实际制定工作方案，全面推进"两法衔接"和食品安全、环境生态领域立案监督专项行动工作的开展。一是组织科室人员认真学习刑法中有关食品安全和环境保护方面的条文和"两高"《关于办理环境污染刑事案件适用法律若干问题的解释》《关于办理危害食品安全刑事案件适用法律若干问题的解释》等规定，深刻理解和领会法律法规的精神实质并用于指导办案。二是通过走访药监局、环保局、质监局等部门，对每年的行政处罚案件进行线索排查，通过相关案件卷宗的梳理，进一步督促行政执法机关及时移送案件线索，通过两法衔接平台跟进案件，切实加强法律监督。三是加强与各行政机关的工作衔接和协调配合。其中，与工商局就个案进行了专门研讨；按照加强合作、优势互补、服务发展的工作思路，与市质监局建立《案件通报联席会议机制、信息共享线索移送机制》，决定联合成立高邮市人民检察院和扬州市高邮质量技术监督局执法工作协作领导小组办公室，以服务全区经济发展大局，整顿和规范市场经济秩序，营造良好法治环境，保证辖区的社会稳定和经济社会的又好又快发展；与高邮市公安局、市法院、市环保局、市监察局联合会签《关于建立环境行政执法与司法联动工作机制的意见》（以下简称《意见》）。该《意见》的出台，旨在提升环境行政执法效能，及时制止环境违法和犯罪活动，推进环境行政执法与司法的衔接。通过将查处环境违法犯罪案件、开展联动执法行动等纳入市生态文明建设目标责任考核体系，完善《高邮市环境涉嫌违法犯罪案件移送办法》，营造宣传氛围等举措，不断夯实保障基础。

通过定期与公安机关召开联席会议、定期对公安机关进行专项检查等形式，全面介入侦查工作全过程，使侦查监督与侦查活动同步进行，实现动态监督，及时有效地发现和纠正公安机关在侦查活动中的违法行为，维护当事人合法权益。多年来高邮市检察院已与公安机关召开联席会议20余次，就办案中的普遍性问题和疑难个案进行讨论交流。在办案过程中，对犯罪嫌疑人聘请辩护人的，都认真听取辩护人意见，并对他们的意见进行分析研究，给予答复。

5. 刑事被害人求助机制

2011年起，高邮市检察院按照江苏省人民检察院有关开展刑事被害人救助机制文件的精神,对刑事被害人按照规定要求实行救助,至2014年年底,共救助刑事被害人11人,救助金额5万余元。

十、检察工作监督管理

1. 纪律检察与行政监督

高邮市检察院廉政教育与制度建设主要体现为以下几个方面:

其一,立足教育,强化党风廉政建设的基础。加强思想道德和纪律教育,做勤政廉政的表率,是我们党在长期革命、建设和改革中加强党的作风建设,使我们党始终保持马克思主义政党本色,保持先进性和纯洁性的基准。因此,要强化党风廉政建设,就必须树立牢固的价值观,坚定理想信念,避免在金钱、利欲的考验面前突破警戒线,步入歧途。在实践中,高邮市检察院总结出如下措施:一要认真实践"三个代表"重要思想,坚定共产主义信念,树立正确的世界观、人生观和价值观,永远保持坚定正确的政治方向,保持勤政廉政的优良品质;二要通过认真组织学习党内监督条例、党员纪律处分条例、检察人员纪律处分条例,在教育的内容上、形式上、要求上不断深化、细化、量化,把理论学习,素质培训,学历教育,考试考核等一并纳入目标管理;三要运用正反典型进行教育导向示范,重点全面强化系统教育,使每名干警筑牢拒腐防变的思想道德防线,自觉与违法违纪行为作坚决斗争,在思想上和行动上构筑廉洁从检、公正执法的纺线,自觉抵制各种诱惑和腐蚀。

其二,落实责任,强化党风廉政建设的关键。检察人员职务犯罪是司法腐败的一种表现,也是社会危害最为严重的腐败现象之一,所以必须严肃查处,向广大人民群众表明我们党坚决反对腐败的决心,为构建和谐社会提供坚强的纪律保证。高邮市检察院总结了如下措施:一要进一步提高对反腐败和党风廉政建设工作重要性的认识,主动落实党风廉政建设责任制,领导干部要进一步增强监督意识和被监督的意识,保证权力的正确行使;二要进一步加强队伍的教育、管理、监督力度,综合运用教育、监督、管理等手段,把制度建设贯穿其中,继续落实领导干部任前廉政谈话制度、诫勉谈话制度、个人重大事项报告制度,加强对纪律贯彻执行情况的督促检查,加大对违法违纪行为的查处力度;三要加强纪检监察队伍建设,要加强学习力度,不断增强事业心、责任感以及执纪执法水平,切实履行好"保护、惩处、监督、教育"职责,严格按照有关规定设置纪检监察机构,配齐配强纪检监察干部,选调综合素质高、有专长的年轻干部,充实到纪检监察岗位上来。

其三,拓展监督,强化党风廉政建设的保障。"不受监督的权利必然导致腐败",这是现代社会的基本法则。只有做到自律与他律的结合,才能保证检察机关党风廉政建设的效果。高邮市检察院总结了如下措施:一是切实加强检察机关内部制约,把控告、申诉、侦查、批捕、起诉等执法办案的重要环节作为监督的重点,把好"案前、案中、案后"三道关口;二是实行检察人员素质作风的全方位监督管理,在强化对检察干警工作日程的监督外,还要建立八小时以外监督制约机制,对党员素质作风进行多层次、立体式考察,由重工作圈监督向生活圈、社会圈监督延伸;三是让检察人员执法行为置于群众监督之下,通过积极推行检务公开、民主评议等民主形式,为群众参与监督创造更多的有利条件,注意倾听群众的反映,从而改进工作作风,提高执法透明度,自觉主动地接受社会各方面的监督。

其四,改革创新,强化党风廉政建设的新途径。改革是社会发展的动力,"创新是一个政党永葆生机的源泉",改革创新是政治建设的重要途径,也是源头治腐的根本出路。高邮市检察院总结了如下措施:一要按照司法体制改革的要求,不断明确和深化党风廉政建设的具体要求,大力推进检察制度改革,完善检察监督制约机制;二要积极稳妥地推进检察职务改革,规范检察职务行为,改变那些只善于从传统的角度、经验的角度、计划的角度,而不善于从经济的、创新的、市场的角度权衡利弊的思维方法和工作作风,努力提高改革的效果;三要拓展工作中难度高、强度大、责任重的问题的解决方法,结合遇到的大大小小、意想不到的问题,积极开动脑筋,不断创新工作方法,转变工作作风,探讨新思路、寻求新方法。

党风廉政建设不仅关系全党工作大局,而且关系党和国家的生死存亡。高邮市检察院全体人员深刻认识到检察机关作为法律监督机关,必须率先进行党风廉政建设,因为只有首先监督好自己,全面、正确、充分履行检察职能,才有资格去监督别人,才能履行好宪法和法律赋予的神圣职责,才能更好地适应新形势下的工作要求,才能不断把这一工作推向一个全新的高度。

2. 案件监督管理

(1)案件流程管理

目前,案管职能主要包括案件的统一受理录入工作、统一进出口工作机制、涉案款物入库、出库的动态监管、统计数据的核查上报、案件监管工作的月度分析和季度分析、案件质量考评、案件质量专项检查、案件信息公开等工作职能。

①在统一进口方面,采取"三步工作法",将程序监管和实体监管相衔接,确保受案监管第一关。即第一步核实材料,确保受案符合程序要求;第二步审查案情,确保受案符合实体要求;第三步当日流转,确保受案渠道畅通。

②在涉案款物监管方面,通过严把三关,规范履行监管职责。首先,注重合法合规,确保涉案款物规范入库。其次,注重检查督办,确保涉案款物规范管理。最后,注重审核审查,确保涉案款物规范出库。

③在专题分析报告方面,专门对未成年人犯罪情况进行了调研分析,撰写的分析报告被高邮市委领导做出批示;另外对微信犯罪高发态势撰写了分析报告。

④在律师接待工作中实行"三步走"。案管部门接待律师过程中,第一步,认真做好接待登记备案工作,2014 年以来,所有申请阅卷、会见的律师委托手续均在统一业务应用系统中予以登记,2015 年以来,相关委托手续也进行扫描并上传至统一业务应用系统;第二步,对律师提出的办理事项,按照刑诉法及高检院刑事诉讼规则要求,实行当日流转,将所提出的办理事项及提交的材料,当日流转办案部门;第三步,按照工作要求,在规定的期间,及时回复律师。

⑤在统一应用系统流程监管方面,通过三项工作逐步展开。首先,专人负责系统巡查,案管部门安排专人对统一业务应用系统的案件运行情况进行跟踪巡查、实时监控,发现问题及时协调解决。其次,内网每日通报制,案管部门在高邮市检察院内网设置"每日案件监管动态"专栏,依据系统数据信息,对办案期限预警、不符合 AJ2013 统计系统填录规范的问题以及涉案款物处理预警等实行当日通报、当日修改制度。最后,开展案件专项检查,案管部门将利用统一业务应用系统这个有利平台,针对不捕案件、不起诉案件、撤回起诉、涉案款物处理等案件,每季度开展一次类案专项检查工作。

(2)案件质量考评

近两年来,为进一步强化内部执法监督,采用“自查、普查、抽查、督查”四查工作法,加强案件质量,增强执法干警的程序意识、质量意识、效率意识和廉洁意识。

“自查”,就是业务部门办案人员对照省院办案流程及案件质量考评办法的规定,自行检查规范化执法情况和案件质量情况,并填写《案件自查表》,由部门负责人检查、考评后签署意见。

“普查”,就是案件监督管理部门每月定期对上个月已办结案件的案件质量、办案流程执行情况和卷宗进行认真、全面检查,根据检查情况填写考评表,并将检查结果及时反馈业务部门。

“抽查”,就是案件监督管理部门对“普查”后整改的案件进行定期抽查,对没有整改或者整改不完善的案件,及时予以内网通报。

“专项检查”,就是案件监督管理部门每季度对业务部门的异常数据组织不定期的专项检查,如对被改变事实、改变定性案件、对捕后判处缓免刑案件、对补充侦查案件以及对“三不两撤”案件(不批捕、不立案、不起诉、撤回起诉、撤销案件)等类型案件,加大核查监督力度,以保证检察人员在办案中程序公正、实体合法。

(3)检察业务统计与考评

自2010年以来,高邮市检察院统计工作由案管部门负责,在实践探索中,逐步提高统计数据报送的准确率和规范性:以案件事实为基础,通过指导,不断提高部门内勤填报准确率;以统计系统为依托,通过学习,不断增强案管统计员案卡核查规范化;以统计监督为载体,通过分析,不断强化案管部门监管职能。

为深入开展、推进矛盾化解、社会管理创新、公正廉洁执法的三项重点工作,在履行监管职责过程中,相继开展多项专项检查工作,如对被法院改变事实、改变定性和捕后判处拘役刑、管制刑的案件进行的专项检查,对涉案款物案件进行的专项检查,对统一应用系统使用情况的专项检查,对执法风险评估进行的专项检查等。通过检查,查找工作上的监管漏洞,弥补不足。

(4)案管基础建设

①案件卷宗实行集中统一扫描。对统一受理的审查起诉案件,在审核、受理后,由专人对案件卷宗进行统一扫描,并上传至统一的业务应用系统,提高了业务部门的办案效率、方便了律师阅卷、确保了信息化办公的有效开展。

②健全制度,确保案件监管规范有序。为了更好地发挥案件监督管理效能,先后制定并出台了高邮市检察院《案件统一出口工作实施办法》《职务犯罪案件涉案款物处理办法》《案件统一出口工作实施办法》,充分发挥组织协调作用,加强与业务部门以及案件承办人沟通配合,确保案件统一出口工作顺利开展,形成了内外联动的案管工作格局。《职务犯罪案件涉案款物处理办法》的实施,对涉案赃款赃物的扣押、冻结、出入库保管,从程序规范到实体监管均作出了详细规定,对涉案款物处理的各个环节的工作内容进行了细化,有效规范了涉案款物扣押、保管、监管等处理工作,确保款物处理做到实体合法、程序规范。

3. 人民监督

(1)接受人大代表、政协委员监督工作

2004年至2014年，高邮市检察院主动争取人大代表、政协委员的监督，多次上门走访或邀请人大代表、政协委员视察高邮检察执法工作，观摩评议庭审，主动征询对检察工作的批评、意见和建议。

2008年5月28日，高邮市检察院邀请部分江苏省、扬州市人大代表、政协委员、人民监督员、检风监督员参加公诉案件庭审观摩活动，观摩结束后，所有参加人员共同评议庭审活动，并参观了高邮市检察院新建的侦查指挥中心。6月19日，扬州市检察机关“人大代表、政协委员联络月”活动在高邮市检察院召开了座谈会，扬州市人民检察院副检察长张开峰、高邮市检察院检察长鞠进参加了会议，广泛听取了人大代表、政协委员对检察工作的意见和建议。6月24日至26日，高邮市检察院党组成员分赴高邮市卸甲镇、三垛镇、菱塘回族乡、临泽镇组织开展人大代表、政协委员座谈会活动，向与会人员汇报高邮检察工作，征求检察工作意见和建议，得到了当地代表和委员的一致好评。12月9日，扬州市人民检察院张开峰副检察长率队在高邮市检察院举行扬州市人大代表“工作汇报周”活动，向驻邮的15名扬州市人大代表征求对2008年扬州市人民检察院工作报告的意见，与会代表对该次会议的召开表示欢迎，并对检察工作提出了许多可行性的意见与建议。

2009年2月17日，扬州市人大常委会副主任王康华、副秘书长任新林率内务司法工委部分部门负责人及扬州市人大代表在扬州市人民检察院范耘副检察长、反贪局侦查二处仲玉书处长的陪同下到高邮市检察院专题调研反贪污贿赂工作情况，对高邮市检察院过去的反贪工作给予鼓励，对下一步工作开展提出意见和建议。高邮市检察院鞠进检察长主持召开座谈会并作工作汇报，副检察长程东宁、朱桂明、反贪局局长吴必蔚及高邮市检察院相关部门负责人参加座谈并作工作汇报。6月8日，高邮市检察院邀请了高邮市部分人大代表、政协委员观摩由高邮市检察院提起公诉的被告人万某、万某某寻衅滋事一案的庭审，庭审后请各位代表委员对高邮市检察院公诉工作进行评议。9月17日，高邮市政协倪文才主席一行三人来高邮市检察院调研社会综治检察工作，倪文才主席对高邮市检察院社会综治工作提出要求。9月27日，高邮市政协赵谈理副主席来高邮市检察院调研公诉工作，鞠进检察长陪同调研，公诉部门负责人对高邮市检察院近年来公诉工作情况作了专题汇报，参会政协委员围绕加强公诉工作、提升公诉工作业务水平进行座谈。12月1日至9日，高邮市检察院党组成员分赴三垛镇、高邮镇、临泽镇开展代表委员联系活动，并广泛征求意见。

2010年3月2日，高邮市人大副主任郭海平率内务司法工作委员会全体委员来高邮市检察院调研预防职务犯罪工作，市公安局、教育局、国税局、地税局等11个市预防职务犯罪协会成员单位负责人参加座谈。3月11日，高邮市第十三届人大常委会第十五次会议专题审议高邮市检察院预防职务犯罪工作，鞠进检察长对高邮市检察院贯彻落实《江苏省预防职务犯罪条例》的情况向常委会作了专题报告。7月22日，高邮市人大常委会第15次主任会议专题听取高邮市检察院上半年检察工作情况报告，检察长参加会议并作专题汇报。8月16日，检察长参加高邮市人大组织的“三级代表议公正”活动，向60余名由扬州市人大代表汇报了高邮市检察院贯彻落实《检察官法》的情况，并广泛征求代表意见和建议，8月18日至19日，高邮市检察院领导班子成员分别前往甘垛镇、郭集镇、龙虬镇、卸甲镇等地开展“三级代表议公正”活动，通过向人大代表汇报高邮市检察院贯彻落实《检察官法》情况，广泛征求代表意见和建议。11 月 3 日，高邮市政协副主席、市委统战部部长王志强率 10 名党外人士来高邮市检察院视察指导检察工作，鞠进检察长、程东宁副检察长参加座谈汇报。11 月 17 日至 24 日，高邮市检察院党组成员分赴送桥镇、界首镇、八桥镇、郭集镇、周山镇、卸甲镇，开展“代表委员联络月”活动，向六镇代表委员汇报高邮市检察院检察工作，广泛征求意见和建议。

2011 年 2 月 28 日，高邮市人大副主任郭海平率内司委负责人来高邮市检察院专题调研刑事审判法律监督工作。8 月 17 日，检察长向高邮市人大常委会汇报 2011 年以来高邮市检察院服务大局、公正司法的工作情况，并接受人大代表询问。11 月 18 日，高邮市政协主席倪文才率全体副主席以及政协各委办主任一行 14 人来高邮市检察院视察检察工作。鞠进检察长专题汇报高邮市检察院 2011 年以来检察工作情况。11 月 24 日至 25 日，院党组成员分别前往司徒镇、菱塘回族乡联系代表委员。

2012 年 3 月 29 日，检察长前往菱塘回族乡联系代表委员，汇报检察工作，征求意见建议。扬州市人民检察院党组成员、政治部主任杨哲及人民监督员办公室、宣传部门负责人参加。5 月 9 日，高邮市人大内司委费绍兴主任、端武斌副主任来高邮市检察院专题调研诉讼监督工作，检察长汇报高邮市检察院 2008 年以来的诉讼监督工作情况。6 月 14 日，高邮市十四届人大常委会第一次会议专题审议高邮市检察院诉讼监督工作，鞠进检察长汇报了高邮市检察院 2008 年以来诉讼监督工作开展情况。12 月 19 日，鞠进检察长前往郭集镇联系代表委员，汇报检察工作，广泛征求代表委员对检察工作的意见和建议。

2013 年 11 月 1 日，高邮市人大常委会副主任郭海平率执法检查组来高邮市检察院检查贯彻执行《刑事诉讼法》的工作情况。

（2）人民监督员工作

2003 年 8 月，最高人民检察院召开人民监督员试点工作会议，2004 年 1 月江苏省检察院申请在江苏省部分直辖市开展人民监督员试点工作，扬州（包括全部基层检察院）成为试点单位，高邮市检察院选任了第一届人民监督员，同年 5 月，高邮市检察院制定《高邮市人民检察院人民监督员制度试点工作实施办法》，并经高邮市人大常委会审核同意，聘任社会各界人士 12 人为第一届人民监督员，任期均为 5 年，其中人大代表 3 人，政协委员 2 人，具有法学本、专科学历或者法律工作经历的 4 人。2008 年，高邮市检察院选任了 12 名第二届人民监督员。2011 年，根据全面推行人民监督员制度的新规定，扬州市人民检察院人民监督员选任委员会对各基层检察院原任人民监督员上提一级进行了重新确认（选任），各县（市、区）不再设立人民监督员选任委员会，相关工作由县（市、区）委政法委、县（市、区）检察院负责开展。高邮市检察院自 2004 年至 2014 年一直认真贯彻落实最高人民检察院、江苏省检察院关于人民监督员制度的各项规定，自觉主动接受人民监督员的监督，认真办理监督意见，通过通报检察工作、召开座谈会、观摩庭审、邀请参加执法检查、案件评查、信访接待等形式不断拓宽监督渠道，虚心听取人民监督员的意见和建议，认真做好人民监督员的组织、联络、协调和服务等工作，为人民监督员开展工作创造良好的环境。

（3）特约检察员工作

2011 年 5 月 14 日下午，高邮市检察院举行首届特约检察员聘任仪式，戚秋虹等三位民主党派和无党派人士被聘为高邮市检察院特约检察员。

(4)检务公开

1999年至2014年高邮市检察院准确把握检务公开基本原则,突出检务公开重点内容,拓展公开范围,丰富公开形式,强化公开保障,增强公开效果。

例如,1999年,高邮市检察院通过报纸、电台、巡回宣传等宣传阵地实行检务公开,通过新闻发布会,向社会作出检务公开承诺和举报承诺,邀请检风监督员和人大代表进行座谈,通报检察工作,接受监督。

2000年,高邮市检察院专门设置检务公开栏,全面介绍检察职能,对贪污贿赂、渎职侵权等犯罪的罪名及立案标准、刑事案件的办案程序等10个方面的内容全面介绍。是年,集中管辖的各类控告、申诉、举报线索数占总数的比例由上年度的34%上升到53%。是年6月,开始使用4642000举报电话自动受理系统。

2001年至2005年,高邮市检察院将“检务公开”引向纵深,定期开展“送法到乡镇”“检务进社区”活动,广泛开展举报宣传和法律咨询活动,与群众“零距离”接触、面对面交流。检察长深入乡镇、街道,召开座谈会,了解社情民意。

2006年9月26日,高邮市检察院积极落实人民监督员提出的加大预防职务犯罪宣传的意见和建议,朱桂明副检察长率预防部门同志在高邮市中医院举办预防职务犯罪讲座。

2007年6月28日,高邮市检察院邀请部分驻邮的江苏省、扬州市人大代表、人民监督员、检风监督员来高邮市检察院参加座谈会,听取高邮市检察院副检察长汇报上半年检察工作、开展社会主义法治理念、开展党风廉政建设和如何开展七月的人大代表联络月四个方面的情况。随后,与会人员结合汇报内容分别谈了对高邮市检察院上半年各项工作的看法,并对高邮市检察院如何开展好下半年的检察工作提出了宝贵建议和意见。

2009年12月11日,高邮市检察院召开人大代表、政协委员、人民监督员、检风监督员座谈会。鞠进检察长代表院党组向9名代表委员、人民监督员、检风监督员汇报了2009年以来的检察工作,并广泛征求代表委员、人民监督员、检风监督员对检察工作的意见和建议。

2010年6月24日,高邮市检察院邀请人大代表、政协委员、人民监督员、检风监督员及来自西塔和新联两个社区的居民代表共50人到院听取检察工作汇报,实地参观办公办案区域并评议检察工作。同年8月24日,高邮市检察院举行检风监督员聘任仪式暨主题实践活动征求意见座谈会,检察长在向新聘任的15名检风监督员颁发了聘书后,汇报了2010年以来高邮市检察院业务建设、队伍建设情况。检风监督员对高邮市检察院主题实践活动开展情况以及执法办案工作进行了评议。同年11月16日,高邮市检察院举办第二次“检察开放日”活动,邀请汤庄镇、龙虬镇10名人大代表以及10名政协委员和车逻镇30名村民代表来院视察评议检察工作。

2011年3月19日上午,高邮市检察院组织人民监督员前往高邮镇渠南村召开涉农职务犯罪调研座谈会。在听取了高邮市检察院结合近年来办理的涉农职务犯罪逐渐增多的情况进行的分析汇报后,参加座谈会的人民监督员、村干部和当地村民代表结合自身工作实际和所在单位或者基层组织的特点,就今后如何预防和查办涉农职务犯罪建言献策,收到了良好的效果。同年7月7日,8名民建、工商联会员和无党派人士应邀来高邮市检察院参加“检察开放日”活动。鞠进检察长率院领导班子向8名党外人士汇报了高邮市检察院上半年检察工作情况。市政协副主席、市委统战部部长王志强参加活动。

2012 年 6 月 28 日,高邮市检察院举办“检察开放日”活动,邀请人大代表、政协委员、检风监督员、人民监督员等一行 15 人来高邮市检察院参观视察和评议检察工作,副检察长向受邀人员通报高邮市检察院上半年检察工作情况。

2014 年 3 月 6 日,高邮市检察院召开党的群众路线教育实践活动动员大会,鞠进检察长对高邮市检察院教育实践活动进行动员部署,市委第三督导组张仲林组长到会督查指导,高邮市检察院部分退休老党员、人民监督员、检风监督员和特约检察员代表列席会议。同年 4 月 25 日,鞠进检察长主持召开群众路线教育实践活动征求意见座谈会,高邮市检察院部分老干部、人民监督员、检风监督员和特约检察员代表参加座谈。樊跃先副检察长、政治处时通顺主任参加。同年 6 月 25 日下午,高邮市检察院邀请人民监督员及代表委员、检风监督员等 10 余人及高邮日报、高邮电视台记者参加高邮市检察院举办的“举报宣传周”新闻发布会。同年 10 月 29 日,高邮市检察院召开党的群众路线教育实践活动总结大会,鞠进检察长代表院教育实践活动领导小组作总结讲话,高邮市委第三督导组组长张仲林代表市委实践办充分肯定高邮市检察院教育实践活动所取得的成效,并就教育实践活动整改落实后续工作提出明确工作要求。高邮市检察院部分老干部、人民监督员、特约检察员代表应邀请参加会议。

十一、检察政务与保障

1. 检察信息化

(1)信息化组织建设与管理

1999 年 6 月,在人事制度改革的基础上,正式组建检察技术科。编制职数 2 人,现有 3 人,其中中央政法编制 1 人,事业参照管理人员 1 人,合同制聘用人员 1 人。目前科室承担技术协助、技术性证据审查、同步录音录像、网络运维、视频会议保障以及单位信息化建设等综合保障任务。

(2)基础信息系统建设和应用

2002 年原检察技术大楼(文化宫路南首)落成,完成通信网络的综合布线,计算机局域网和监控设备建成投入使用。2003 年,建成计算机局域网,同时开展检察技术服务,公文制作、档案材料、财务凭证基本上实现微机化管理。2015 年,着眼检察事业的长远发展,新建落成检察技术指挥中心大楼。新楼已初步具备检察系统专网平台、办公局域网、全程同步录音录像系统、远程侦查指挥系统、安防监控系统、视频会议系统、智能一卡通系统等多种工作平台,各项指标均能达到或超过全省检察机关市县级信息化建设的标准和要求。大楼在统筹兼顾办公、办案及干警生活等多方需求,同时结合高检院分级保护工作要求,坚持高质量规划设计,使其充分具备集智能化、信息化和现代化办公办案于一体等特点。建设有现代化、高标准的侦查指挥中心、多媒体视频会议室、同步录音录像讯问室、电子阅览室和计算机信息管理中心及独立的办案工作区。新侦查技术大楼同时建设专门的办案工作区,分别设置了询问室、讯问室、律师会见室等 7 间专用房间,面积达 100 多平方米,实现了办公区和办案区的分离,在警务区的系统配置中,设置有安防监控系统和同步录音录像系统,可将数字化高清图像在侦查指挥中心、各分控点和审讯室内实时监控和回放。为防止出现意外造成数据丢失,在存储设备的配置上采取双重设置,双份保存同步录音录像资料,为自侦办案提供强有力的技术支撑。

（3）检察信息系统开发与应用

2004年，实现院局域网与省、市检察网联网，开通视频电话系统，铺设检察专线电话，侦查工作实现全程同步录像；联通每个办公室的数据点，计算机全部连入专线网，并通过检测；检察专线网实现二、三级网的互联互通，全面实现数据、语音、图像的双向传输的目标；检察信息化建设基本实现网上传输、信息发布、网上查询、邮件信箱等功能，并在计算机机房建造防雷系统。2005年，创建检察局域网，与江苏省人民检察院、扬州市人民检察院实现网络信息资源共享，达到“三网合一”，至2005年年底，网络全部互联互通，干警通过网络进行邮件收发、文件传输，发布通知公告等各类信息，运用办公系统进行公文流转，通过网络召开视频会议等。

2. 司法警察

自1997年检察院成立以来，无法警编制的法警有数名；法警大队编制成立以后，共有正式司法警察5名。在近几年中，由于工作情况和需要，有退休、转岗、调动、调整到领导岗位。法警大队的工作情况有以下几个方面：

业务建设情况。司法警察在高邮市检察院法警部门领导的指挥下开展工作，包括有法警的学习情况、训练情况、装备使用情况等各项规范化建设。其主要是围绕司法警察工作职责履行好本职，职责是保护人民检察院直接立案侦查案件的犯罪现场；执行传唤；参与搜查；执行拘传，协助执行其他强制措施，协助追捕逃犯；提押、看管犯罪嫌疑人、被告人和罪犯；送达法律文书；参与执行死刑临场监督活动；负责检察机关专门接待群众来访场所的秩序和安全，参与处置突发事件；执行检察长交办的其他任务。

编队管理情况。对于编队管理，由于历史因素，未能全面对所属人员进行编队管理，但在对警务科所属人员的管理上能按照《人民检察院司法警察暂行条例》及上级的有关规定实施。

办案工作区情况。高邮市检察院办案工作区在2010年后，根据最高人民检察院《人民检察院办案工作区设置和管理规定》，将一楼车库改造建设为两间讯问室和询问室。由于一楼可使用空间有限，接待室、执勤室、待诊室均以一间并用，使用管理均由警务科负责。高邮市检察院对照规定进行了一定的整改，办案工作区的日常管理、安全防范全由法警部门负责。其中待诊室应配备应急药品和简易救护设施，室内显著位置标明急救医院的电话号码。目前待诊室与执勤室并用一间，配备相应的药品和医用设备。2012年5月后，办公大楼的附属楼部分为现在的办案工作区，也正在逐步地完善。

控申接待及为民服务中心情况。控申接待和为民服务中心，我法警大队根据法警值班制度，司法警察轮流在警务区设立值班岗位，安排法警值班；同时建立建设法警大队对处置突发事件、应如何与检察官依法处置上访人员、与就近的派出所进行联动、联保，确保正常秩序。

3. 经费保障与基础设施建设

（1）经费保障与管理

高邮地处里下河，属于经济欠发达地区，经费保障在检察机关恢复重建至改革开放处于较低水平，只能保障人员工资的基本到位。其演变过程：起初人员少，所需经费相对较小，办公、办案经费也是微乎其微，随着机关按财政统一预算方案核编，年人均开始只有1500元，随着改革开放到1993年，人员不断增加，办公条件在逐步改善，故经费保障提到3000

元/年/人。当时高邮的财政状况,在保障基本预算的情况下,人员工资还只能拿到11个月,其中一个月工资作集资扣除,这也是全市的总体状况所致,到2000年后经济逐年好转,人均办案办公经费调到7500元,当时的行政机关也只有人均4000元。当到达7000元/人/年时,其他行政机关只有5500元/人/年,到2010年,根据江苏省检察机关公费最低标准要求3.2万元时,高邮院只有表面上的3.2万元/人/年,而实际2.6万/人/年,其中有6000元是用人员工资的调剂补充。真正实现全省最低标准是2012年以来,财政预算才真正按照3.2万元/人/年进行核编拨付使用。

检察经费的拮据一直困扰和影响检察业务工作的开展,之所以检察院能在经费相对紧张情况下保障到位,其主要得益于两个方面:一是国家扶持力度逐年加大,中央政法专项经费的补助额度逐年提升,解决高邮市检察院的装备落后,信息化滞后状况,也不同程度缓解办公办案经费的不足;二是自侦案件办理中为国家和集体追缴挽救经济损失,全额上缴财政,按相关政策进行返还补助办案经费的不足,使得保障检察经费的正常运转。

(2)业务用房和设施建设

高邮市检察院恢复重建始于1978年10月,当时是政府采取租用房开展工作,当时的人员也相对较少,办公办案用房面积只有200多平方米,外加两部电话机,没有基础设施建设,后在1985年县政府牵头在府前街新建了检察院办公楼,总建筑面积510平方米,最多有三四个部门合在一起办公,档案室、车库和当时经济科都是在小院内搭建简易房,由于人多拥挤,不利于工作,故在1993年检察院向市政府报告,兴建了检察院综合楼,建筑面积2900平方米,解决了办案用房困难的状况。根据最高人民检察院关于检察机关"两房"(业务用房、技术用房)建设的标准和要求,于2003年又在原址兴建了技术楼,建筑面积2200平方米,基本符合了当时的"两房"建设要求。由于该楼始建于1993年,地处闹市区,大门前为交通单行道,出警不便,房屋出现开裂,经鉴定评估为危房,需回固和维修。在向市政府报告后,市委市政府从全市城市建设规划总体谋划,决定迁移,规划部门选址确认,申报立项,同意兴建了现在地处海潮东路的检察技术侦查指挥中心大楼,总建设面积13,300平方米(含地下车库1998平方米)。该幢楼在图纸设计、基础施工中都超前谋划,根据检察机关工作的特点,按照最高人民检察院"两房"建设的标准,进行规划,施工,于2015年5月启用。

(3)检察业务车辆

高邮市检察院目前有车辆15辆,其中行政用车7辆,警车8辆,车况一般,大多数为普桑和雪弗兰警车。

目前车辆的数量符合最高人民检察院关于100人以下基层院配置车辆的标准。

第四节 人民法院

一、组织机构

1. 历史沿革

(1)县级审判机关

清末,行政长官称为知州,知州行使司法权。宣统三年十一月,辛亥革命爆发后,高邮州改为高邮县,知州改称民政长。应高邮拥护辛亥革命的代表人物之请,镇江都督林述庆派执行官孙昭率镇军20人来邮,组成司法机关,实行司法独立。1912年1月1日,孙中山在南京就任临时大总统,高邮州正式改称高邮县,启用“高邮县印”。1月15日,扬州军政分府徐宝山派旅长马玉仁率军来邮,逐去镇军,取消司法独立。7月高邮的司法机关称为高邮地方审判厅。审判厅内设高邮地方检察厅。1913年1月,高邮民政署改称高邮县公署,设县知事兼理司法事务,使用“高邮县知事印”。1914年,司法机关改称审检所,设帮审员帮助知事处理司法事务。1916年,司法机关改称高邮地方审判厅。7月使用“高邮县印”。1922年4月,高邮地方审判厅上属江苏高等审判厅。1923年3月,高邮地方审判厅上属丹徒地方审判厅。1924年11月30日,高邮地方审判厅上属苏州高等审判厅。1926年11月,高邮地方审判厅上属丹徒地方审判厅。1927年6月,高邮县公署更名为高邮县政府,取消高邮地方审判厅名称。县政府设民治科办理刑、民案件,使用“高邮县政府印”。1928年,民治科更名为高邮地方审判厅。1929年,高邮恢复民治科,审理民事案件,上属江苏司法厅。1931年9月18日至1934年8月,高邮仍设地方审判厅,隶属于江苏镇江地方法院江都分院。1934年1月,高邮县政府增设“江苏兼理司法高邮县政府书记室”。1935年9月,高邮县监狱增设“烟犯分禁处”。1936年1月28日,清理积案委员吴邦杰协同承审员视察。11月23日施行司法行政部《新监所看守考绩规则》。1939年10月2日,日军侵占高邮,在高邮成立伪“维持会”。1942年7月,中共高邮县委在四区小葛庄召开高邮县抗日民主政府成立大会。县政府设军事科、公安科。公安科处理司法事宜。1944年7月,伪高邮县政府设司法科处理司法事务。1935年12月25日,共产党领导的人民军队攻克高邮城。高邮县抗日民主政府改称高邮县政府,内设司法科,属苏中第一行政区法院管辖。1946年,共产党领导的高邮县政府设审讯科、司法科,属苏皖边区第二行政区法院管辖。10月7日,国民党占领高邮。10月10日,国民党高邮县政府及“还乡团”进入高邮城乡,其县政府设司法处。同年,国民党高邮县政府设司法处负责审判与检查。1937年1月1日,国民党高邮县政府正式成立高邮县司法处。6月,启用“江苏高邮司法处印”。同年11月16日,县政府成立江苏高邮地方法院,使用“江苏高邮地方法院印”。法院内设检察处,使用“江苏高邮地方法院检察官印”。1948年1月高邮地方法院上属江苏高等法院淮阴分院,1月法院设“特种刑事审判厅”,审理吸食鸦片案件,4月,高邮地方法院上属江苏高等法院镇江分院,8月20日,国民党高邮地方法院迁至镇江,其首席检察官邱能留守高邮并代理高邮地方法院院长。1949年1月19日,高邮城解放,国民党江苏高邮地方法院留守人员南逃。中共高邮县委、县政府入城办公。5月起属苏北扬州行政区专员公署领导。县政府设司法科,属扬州行政区人民法院管辖。同年8月1日,成立高邮县人民法院。至1955年以前,历任县长兼任法院院长。1950年1月以前属扬州行政区人民法院管辖。1950年1月以后属泰州行政区人民法院管辖。1953年1月以后属扬州地区人民法院管辖。1955年6月19日至22日,高邮县第一届人民代表大会第二次会议召开,会议选举产生高邮县人民法院院长。至此,院长由任命制改为选举制,县长不再任院长。1967年1月,“三结合”的政法委员会,接管公、检、法机关,人民法院停止办公。4月8日,高邮县军事管制委员会成立,下设公检法军管小组,行使公安、检察、审判职能。1968年4月22日,公检法军管小组改称公检法军事管制委员会。1973年3月,恢复高邮县人民法院。1974年高邮县革命委员会批复:同意建立刑事审判庭、民事审判庭和三垛、临泽、菱塘三个人民法庭。1978 年 8 月 17 日，中共高邮县委组织部批复，同意恢复高邮县汉留人民法庭。1981 年 5 月 9 日，高邮县编制委员会批复，同意高邮县人民法院建立经济审判庭。1983 年 1 月 1 日，开始对部分民事案件收取诉讼费。1987 年 5 月，建立高邮县人民法院执行庭。1988 年 7 月 4 日，建立行政审判庭。1991 年 2 月，高邮撤县建市，高邮县人民法院更名为高邮市人民法院，成立至今。

（2）人民法庭

高邮县从抗日战争时期的临时人民法庭到现在固定的人民法庭，其形式、组织、任务经历四次变化。一是临时人民法庭。抗日战争时期，高邮在解放区由县长组织临时法庭，其任务是惩治汉奸、叛徒、卖国贼，打击汉奸、卖国贼的反动气焰，推动根据地抗日斗争和各界抗日爱国运动。此时的人民法庭无固定组织、人员、庭址，公审大会结束后，临时法庭也告解散。二是固定人民法庭。1949 年 11 月，根据《苏北区人民法庭条例》，高邮县建立固定的人民法庭，下设三个分庭。第一分庭设于临泽区，第二分庭设于马棚区，第三分庭设于车逻、八桥区。其主要任务是：运用司法程序，惩治危害人民与国家利益、阴谋暴乱、破坏社会治安的恶霸、土匪、特务、反革命分子及违抗土地改革法令之罪犯，以巩固人民民主专政，保障土地改革政策法令的实施。此时的人民法庭没有固定的组织形式、人员，主要是配合政治运动，审理反革命案件及其他刑事案件。1954 年为配合选举工作的开展，成立第二人民法庭，与县人民法院相区别，第二人民法庭由县选举委员会和人民法院双重领导，利用巡回审判方式，审理了两区 19 乡 23 件选举案件，保障选举工作的开展。同年为配合粮食征购销运动，成立了八个临时人民法庭，共审结破坏征购销运动案件 53 件。征购销运动结束后，八个临时法庭全部解散。三是巡回法庭。八个临时法庭撤销后，为便于群众诉讼，在全县建立三个巡回人民法庭。第一巡回法庭庭址在界首镇，管辖区域有周山、临泽、官垛、马棚。第二巡回法庭庭址在三垛镇，管辖区域有三垛、横泾、汉留、八桥。第三巡回法庭庭址在闵桥镇（现金湖县），管辖区域有闵桥、南湖、车逻、菱塘。巡回法庭虽有固定地址，但无固定办公用房，只是通过定期去庭所在地接待来信来访和巡回审理案件，此时的巡回法庭专门受理辖区内的民事案件和一般形式案件。四是基层人民法庭。1956 年，经批准，在临泽、三垛两区设立基层人民法庭，因缺少人员，未建成。1958 年，上述两人民法庭撤销，代之以巡回法庭。1963 年 6 月 2 日，重建三垛人民法庭，新建界首人民法庭和汉留人民法庭。其中汉留人民法庭因缺少人员未设立。“文化大革命”开始以后，人民法庭停止受理案件。1973 年，县人民法院恢复办公，三垛人民法庭也恢复受理案件，并新建菱塘人民法庭、临泽人民法庭。1979 年，重建汉留人民法庭，新建沿运人民法庭。1983 年 8 月 22 日，经省高级人民法院批准，沿运人民法庭更名为临城人民法庭。并同意建立吴堡人民法庭，但因缺少人员和办公用房，时至今日仍未建庭。2004 年年初撤销临泽人民法庭，改称界首人民法庭。2012 年经省高级人民法院批复同意设立经济开发区人民法庭。

（3）审判组织

县审判反革命案件委员会的设立与撤销。1951 年 2 月 6 日，中共高邮县委召开会议，研究镇反工作，并决定成立高邮县审判反革命案件委员会，由夏雨（先后任县委副书记、代理书记）任主任，吴越（先后任副县长、县长）、盖桐芳（政法党组书记、公安局长、检察长）任副主任，石明坤（法院副院长）、刘鹏顺、李天渠、陈长元为委员。审判反革命案件委员会对外称裁判委员会,专门负责对镇反运动期间反革命案件的审判,共审理反革命案件 1719 件。1954 年 10 月 3 日,江苏省人民政府通知:我省镇压反革命工作已转入经常化,且中华人民共和国宪法已公布,各级政府审判反革命案件委员会已无存在之必要,应予撤销。

表 3-42 高邮县裁委会案件终结统计 单位:人

地区 项目	临泽	周山	马棚	横泾	汉留	三垛	官垛	八桥	城区	车逻	闵桥	菱塘	南湖	合计
死刑	55	30	19	24	16	29	26	13	19	24	35	39	23	352
死刑缓期执行	2	2	2	2	6	2	1	1	3	—	1	5	4	24
无期徒刑	4	2	3	1	4	3	6	2	3	—	3	2	1	34
15 年以上徒刑	9	5	3	8	5	6	7	4	11	1	5	4	9	79
10 年以上徒刑	24	3	13	7	3	15	3	5	11	10	10	24	11	154
5 年以上徒刑	32	22	21	11	17	23	27	23	12	17	20	43	27	305
4 年以下徒刑	42	40	28	53	29	34	25	24	20	35	3	33	11	405
释放	16	23	18	26	13	15	22	19	14	27	23	16	5	244
管制	5	4	5	4	2	3	2	—	5	2	1	3	3	45
转地县处理	7	3	1	4	3	2	—	1	3	1	4	2	—	31
转法院处理	1	4	1	2	3	2	—	—	2	1	2	4	—	22
未判死	1	—	—	3	—	1	2	—	1	2	1	—	—	11
暂不判处	—	—	—	—	—	—	1	—	—	—	—	—	—	1
合计	198	128	114	145	101	135	122	92	104	121	135	175	95	1719

法院审判委员会的设立。新中国成立前的司法机关无审判委员会。新中国成立初期,有历任县长兼院长,也未设审判委员会。自从院长由委任制改为选举制以后,司法机关才逐步建立审判委员会。1956 年 7 月 31 日,高邮县人民委员会批复,同意王子和、周仁喜、陈正军三人为高邮县人民法院审判委员会委员,组成审判委员会。同年 11 月 26 日,王子和院长出具报告,由王子和、周仁喜、仇国威、龚健、孙立干组成高邮县人民法院审判委员会。1957 年 10 月,方成任高邮县人民法院院长,审判委员会由方成、周仁喜、陈正军、翟柏荣、吕蟠云组成。1960 年 3 月,杨明善任县人民法院院长,审判委员会由杨明善、翟柏荣、吕蟠云、赵良光、李俊辉组成。1962 年 9 月 25 日,杨明善院长具报告,由杨明善、吕蟠云、张才举三人组成审判委员会。1964 年 9 月,陈开斌任县人民法院院长,审判委员会由陈开斌、陈炳善、张才举、陈正军、吕蟠云组成。1973 年 3 月,嵇长林任县人民法院院长。审判委员会由嵇长林、黄连喜、戴有庸、吴大忠、冀德全、殷依组成。1979 年 4 月 26 日,高邮县革命委员会批复,同意嵇长林、戴有庸、殷仪、陈坚、孔祥元、宋慕生、王宝龙七人组成高邮县人民法院审判委员会。

1980 年 2 月，陈开斌任高邮县人民法院院长，审判委员会由陈开斌、戴有庸、殷仪、陈坚、王宝龙组成。1982 年 3 月 1 日，高邮县人民代表大会常务委员会任命温义煊为县人民法院副院长、审判委员会委员；免去陈坚民事审判庭庭长、审判委员会委员职务。6 月 3 日，高邮县人民代表大会常务委员会任命夏恩培为人民法院副院长、审判委员会委员。1984 年 4 月 25 日，周惠代理高邮县人民法院院长，并兼任审判委员会委员。同日，高邮县人民代表大会常务委员会任命马任和为高邮县人民法院副院长、审判委员会委员；宋慕生为高邮县人民法院副院长、审判委员会委员；免去戴有庸高邮县人民法院副院长，审判委员会委员职务；免去夏恩培高邮县人民法院副院长职务，保留审判委员会委员职务；免去温义煊高邮县人民法院副院长、审判委员会委员职务。9 月 15 日，高邮县人民代表大会常务委员会任命居乃武任县人民法院审判委员会委员；免去纪建县人民法院审判委员会委员职务。1987 年，审判委员会由周惠、温义煊、宋慕生、夏恩培、许广宏、居乃武组成。10 月 6 日，高邮县人民代表大会常务委员会任命赵国祥、芮和靖、韩荣发为高邮县人民法院审判委员会委员。1988 年 11 月 19 日，高邮县人民代表大会常务委员会决定，任命薛义泉为高邮县人民法院副院长、审判委员会委员；免去温义煊高邮县人民法院副院长、审判委员会委员职务。1990 年 8 月 9 日，高邮县人民代表大会常务委员会任命程东宁、汤永寿、吴晓勤为高邮县人民法院审判委员会委员。

2. 机构编制

高邮市人民法院现有内设机构包括刑事审判庭、民事审判庭、行政审判庭，少年案件审判庭，执行局、立案庭、审判监督庭、知识产权庭、监察室、政治处、办公室、司法行政装备管理科、研究室、法警大队、司法鉴定科。经济审判庭于 1981 年 5 月成立。行政审判庭于 1988 年 7 月成立。执行庭于 1982 年 3 月成立。

表 3－43　高邮市人民法院内设机构统计

内设机构全称	机构级别	政法机构内设机构类别	行政编制数(人)
政治处	其他	审判机关司法行政	2
办公室	其他	审判机关司法行政	8
司法行政装备管理科	其他	审判机关司法行政	5
立案庭	其他	审判业务机构	4
刑事审判庭	其他	审判业务机构	3
少年案件审判庭	其他	审判业务机构	5
民事审判第一庭	其他	审判业务机构	6
民事审判第二庭	其他	审判业务机构	5
行政审判庭	其他	审判业务机构	6
民事审判第三庭	其他	审判业务机构	6
审判监督庭	其他	审判业务机构	6
执行局	副科级	审判业务机构	15
司法警察大队	其他	审判业务机构	11

续表

内设机构全称	机构级别	政法机构内设机构类别	行政编制数(人)
民事审判第四庭	其他	审判业务机构	0
信访办公室	其他	审判业务机构	2
司法鉴定科	其他	审判业务机构	0
知识产权庭	其他	审判业务机构	4

为方便人民群众参加诉讼,高邮市人民法院在主要乡镇设置了人民法庭。1956 年建立三垛人民法庭,1958 年撤销。1966 年 6 月 2 日,经江苏省高级人民法院批准重建,庭址设于三垛镇。三垛人民法庭在 1967 年停止工作,1974 年经中共高邮县委批准恢复三垛人民法庭建制。界首人民法庭于 1956 年批建,因人员编制不足未建庭,1958 年被撤销,1966 年 6 月重新批建。1974 年经高邮县委同意撤销界首人民法庭,新建临泽人民法庭。2004 年年初撤销临泽人民法庭,改称界首人民法庭。送桥人民法庭的前身为菱塘人民法庭,于 1974 年 1 月批建,庭址设于菱塘公社。1986 年该庭从菱塘迁至送桥,更名为送桥人民法庭。汉留人民法庭于 1966 年 6 月 2 日经江苏省高级人民法院批准设立,因人员所限,未有人到岗。1978 年,经县委同意重新建立,庭址设于汉留公社。1979 年,经省高级人民法院批准建立沿运人民法庭。1983 年更名为临城人民法庭。2012 年经省高级人民法院批复同意设立经济开发区人民法庭。

3. 人员结构

表 3－44　高邮市人民法院人员核定编制及实有人数统计

表 3－44－1　法院人员核定编制统计

单位:人

年份	总编制数	政法编制(或行政编制)		事业编制				行政附属编制
		中央政法专项编制	地方行政编制	全国法院干部业余法律大学编制(中央事业编)	地方全额事业编制	地方差额事业编制	自筹自支事业编制	
2002	121	110	—	—	6	—	5	—
2005	127	116	—	—	6	—	5	—
2007	136	125	—	—	6	—	5	—
2008	139	128	—	—	6	—	5	—
2009	145	134	—	—	6	—	5	—
2012	144	133	—	—	6	—	5	—
2013	144	133	—	—	6	—	5	—
2014	144	133	—	—	6	—	5	—

表 3-44-2　法院实有在编人员统计　　单位：人

年份	实有在编人员总数	政法编制（或行政编制）实有人数		事业编制实有人数				行政附属编制实有人数
		中央政法专项编制实有人数	地方行政编制实有人数	全国法院干部业余法律大学编制（中央事业编）实有人数	地方全额事业编制实有人数	地方差额事业编制实有人数	自筹自支事业编制实有人数	
2005	115	107	—	—	6	—	2	—
2006	115	107	—	—	6	—	2	—
2007	116	107	—	—	7	—	2	—
2008	121	112	—	—	7	—	2	—
2009	118	109	—	—	7	—	2	—
2011	134	125	—	—	7	—	2	—
2012	138	129	—	—	7	—	2	—
2013	134	125	—	—	7	—	2	—
2014	132	123	—	—	7	—	2	—

高邮市人民法院人员统计

表 3-44-3　法院在编在岗人员统计　　单位：人

年份	实有在编在岗人数	法官	审判辅助人员					司法行政人员（具有法官身份的归入法官统计）		
			书记员	执行员（具有法官身份的归入法官统计）	法官助理（要求在法官助理岗位工作的）	司法法警	司法鉴定技术人员（具有法官身份的归入法官统计）	司法政务（办公室等）	政工党务（政治部门、纪检监察、机关党委等）	后勤保障（行政装备管理部门等）
2011	134	70	35	5	—	18	—	2	—	4
2012	137	75	32	5	—	19	—	2	—	4
2013	135	77	30	5	—	17	—	2	—	4
2014	132	77	29	5	—	16	—	1	—	4
备注	1. 本表按职类身份进行统计，每人仅统计一次，不可重复统计。 2. 本表统计法院既在编又在岗的人员，“在编”指法院编制内人员，不分编制性质；“在岗”指现在法院岗位上工作的实有人员。 3. 书记员也是按职类身份统计，原则上为法院编制内，经任命具备书记员法律职务的人员；少数未经任命书记员，但现在审执业务部门实际从事书记员工作的人员可列入书记员进行统计。 4. 现有法官助理中，具有审判员、助审员法律职务的，应归入法官进行统计。									

表 3－44－4　法官年龄、学历分布统计　　单位：人

年份	法官总数	年龄分布				学历分布			
		35 岁及以下	36～45 岁	46～55 岁	56 岁及以上	博士研究生	硕士研究生	大学本科	大专
2011	70	8	9	33	20	—	0	54	16
2012	75	16	10	31	18	—	0	61	14
2013	77	19	10	33	15	—	1	64	12
2014	77	24	14	29	10	—	4	66	7

二、案件审理

1. 案件受理情况

表 3－45　案件情况汇总

年份	刑事、民事、执行案件					民事案件诉讼标的总金额（万元）	申请执行标的总金额（万元）	执结标的总金额（万元）
	受理数（件）	新收（件）	审结（件）	结案率（%）	未结（件）			
2010	4763	4634	4645	97.52	118	20,030.31	10,628.87	9407.91
2011	4899	4781	4785	97.67	115	26,836.97	13,696.15	12,922.71
2012	6122	6007	5901	96.39	221	38,104.24	9845.87	9812.6
2013	8022	7801	7300	91	725	55,311.21	29,786.6	29,702.82
2014	9629	8904	8874	92.16	755	142,164.7	57,967.35	51,871.58

2. 案件审理情况

表 3－46　刑事一审案件情况　　单位：件

年份	受理	收案	结案	再审结案件中							结案率（%）	未结
				判决	调解	撤诉	驳回自诉	移送	终止	当庭宣判		
2010	303	298	300	298	—	2	—	—	—	256	99.01	3
2011	430	427	424	422	1	1	—	—	—	336	98.6	6
2012	566	550	552	550	2	—	—	—	—	494	97.53	14
2013	532	518	516	511	1	1	1	1	1	471	96.99	16
2014	458	442	450	449	—	—	1	—	—	307	98.25	8

表 3－47　罪犯身份情况(一)

单位:人

年份	本期生效判决刑事罪犯总数	其中							其中				其中	
		学生	工人	农民	国家工作人员	离退休人员	无业人员	其他	14 周岁至 16 周岁(人)	16 周岁至 18 周岁(人)	18 周岁至 25 周岁(人)	60 周岁以上(人)	累犯	女性
2010	478	7	25	159	24	—	149	114	—	30	122	7	32	36
2011	400	6	42	74	3	—	108	167	4	24	78	5	42	25
2012	697	1	104	144	15	1	216	216	—	14	100	19	61	49
2013	529	4	134	94	10	—	108	179	—	3	50	12	31	29
2014	371	—	65	79	9	—	105	113	—	—	39	7	7	24

表 3－48　罪犯身份情况(二)

年份	共同犯罪		其中:犯罪集团		涉枪案件(件)	涉黑案件	涉毒案件(件)	经济罪犯大要案		判决挽回经济损失(万元)
	件	人	件	人				犯罪所得在 50 万元以上(人)	案件案值在 50 万元以上(件)	
2010	36	124	—	—	—	—	27	6	6	—
2011	50	162	—	—	—	—	32	2	1	20
2012	60	198	—	—	15	—	14	34	32	161.3
2013	11	3321	—	—	—	—	21	7	6	158.97
2014	8	18	—	—	—	—	28	6	2	—

3.案件调解

表 3－49－1　各类民商事案件情况汇总

年份	民事一审案件总计						
	受理数(件)	新收(件)	审结(件)	结案率(%)	调解率(%)	撤诉率(%)	未结(件)
2010	3323	3217	3219	96.87	45.98	19.14	103
2011	3488	3385	3390	97.19	51.03	17.91	98
2012	4797	9699	4595	95.79	62.85	14.34	202
2013	5851	5649	5331	95.11	53.74	17.33	527
2014	6638	6111	6169	92.93	48.27	18.14	485

表 3－49－2　合同纠纷一审案件情况

年份	受理数（件）	新收（件）	审结（件）	其中								诉讼标的（万元）	结案率（%）	未结（件）
				判决（件）	驳回起诉（件）	撤诉（件）	终结（件）	其他（件）	调解（件）	移送（件）	当庭宣判（件）			
2010	1543	1497	1495	413	13	408	—	1	649	11	1226	14,315	96.89	48
2011	1628	1580	1585	405	13	352	—	3	796	16	1387	15,252	97.36	41
2012	2429	2389	2296	460	23	339	—	5	1461	8	2111	19,818	94.52	121
2013	2977	2856	2704	778	88	492	—	18	1313	15	2410	39,702	90.83	254
2014	3638	3382	3433	1035	180	689	1	2	1513	13	1779	113,604	94.37	218

表 3－49－3　权属、侵权纠纷及其他民事一审纠纷案件情况

年份	受理数（件）	新收（件）	审结（件）	其中								诉讼标的（万元）	结案率（%）	未结（件）
				判决（件）	驳回起诉（件）	撤诉（件）	终结（件）	其他（件）	调解（件）	移送（件）	当庭宣判（件）			
2010	847	803	806	228	11	89	—	107	369	2	653	5463	95.16	42
2011	946	904	899	230	6	113	1	88	454	7	763	11,260	95.03	49
2012	1428	1378	1378	194	11	96	3	127	945	2	1128	17,609	96.5	61
2013	1761	1700	1555	282	12	135	2	223	898	3	1209	15,122	88.3	221
2014	1876	1657	1662	289	35	299	—	343	696	—	564	28,034	88.6	201

表 3－49－4　知识产权一审案件情况

年份	受理数（件）	新收（件）	其中						审结		结案率（%）	未结
			著作权（件）	商标权（件）	专利权	技术	不正当竞争	其他（件）	件	当庭宣判		
2014	59	59	29	14	—	—	—	3	—	—	—	—

表 3－50　法院行政一审案件类型

年份	受理数（件）	新收（件）	结案（件）	其中											结案率（%）	未结（件）
				维持（件）	确认违法或无效（件）	驳回诉讼请求（件）	赔偿	不予赔偿（件）	驳回起诉（件）	撤诉（件）	移送（件）	终结（件）	其他（件）	行政赔偿调解		
2010	19	19	19	2	—	2	—	—	2	11	2	—	—	—	100	0
2011	10	10	9	—	—	—	—	—	—	9	—	—	—	—	90	1
2012	22	21	22	—	—	7	—	—	—	12	2	—	1	—	100	0
2013	13	13	9	—	—	3	—	—	—	5	—	—	—	—	69.23	4
2014	53	49	42	—	1	12	—	4	6	14	3	—	2	—	79.25	11

表 3－51　法院环保一审案件情况

年份	—	受理数（件）	新收（件）	审结（件）	其中								诉讼标的（万元）	结案率（%）	未结（件）
					判决（件）	驳回起诉	撤诉	终结	其他	调解	移送	当庭宣判			
2014	刑事	5	5	3	3	—	—	—	—	—	—	—	30	60	2
	民事	—	—	—	—	—	—	—	—	—	—	—	—	—	—
	行政	—	—	—	—	—	—	—	—	—	—	—	—	—	—
	合计	—	—	—	—	—	—	—	—	—	—	—	—	—	—

表 3－52　申诉、申请再审案件情况

年份	申诉、申请再审案件						来信来访情况					
	受理数（件）	新收（件）	审结（件）	其中	结案率（%）	未结（件）	来信（件）	来访（人）	其中			
				决定再审（件）					上访老户（人）	集体上访（人）	遣返来访（人）	院长接待（人）
2010	25	25	25	3	100	0	99	117	2	—	—	56
2011	16	16	16	5	100	0	82	118	17	—	—	87
2012	13	13	12	1	92.31	1	78	104	13	—	—	81
2013	15	14	14	2	93.33	1	76	141	22	—	—	141
2014	39	38	37	4	94.87	2	60	68	12	—	—	50

表 3－53　执行案件执行情况

年份	受理数（件）	新收（件）	执结（件）	不予执行（件）	其中					执结率（%）	执结标的（万元）	未结（件）	其中
					自动履行（件）	和解（件）	强制执行（件）	终结（件）	其他（件）				中止（件）
2010	1093	1075	1081	4	703	4	227	119	24	98.9	21,490	12	—
2011	956	944	946	1	481	9	408	25	22	98.95	13,283	10	4
2012	727	717	723	1	276	58	369	5	14	99.45	12,314	4	—
2013	1611	1607	1430	1	323	163	929	1	13	88.76	29,570	181	2
2014	2419	2238	2157	—	204	98	1387	408	60	89.17	51,477	262	—

表 3－54 诉讼费减缓免情况

年份	减免缓总数		其中					
			减交		免交		缓交	
	件	万元	件	万元	件	万元	件	万元
2010	39	20.6445	—	—	11	0.789	28	19.8555
2011	63	12.9378	—	—	39	1.8256	24	11.1122
2012	260	17.0382	—	—	139	4.1833	121	12.8549
2013	37	45.9756	1	0.228	9	1.7174	27	44.0302
2014	31	33.1161	1	1.0754	2	0.368	28	31.6727

4. 涉诉信访

高邮市人民法院院党组历年来十分重视涉诉信访工作，院长及各分管领导根据各自职责和分工范围内对涉诉信访工作亦常抓不懈，全院干警共同努力，连续三年被省院评为涉诉矛盾化解先进集体光荣称号。2014 年院长批办各类来信 87 件（扣除重复信访）同比 2013 年来信 77 件上升 13%，接待来访 126 件，同比 2013 年来访 144 件下降 15%。全年共发布信访排查通知 9 份，信访通报 8 期。

针对涉诉信访中的问题，高邮市人民法院主要采取以下举措，并取得明显成效：

一是组织开展涉诉信访集中化解年活动。明确提出一年全部解决涉诉信访案件的目标，针对个案具体情况，确定党组成员包案负责，采取多元化稳控措施。第一，抓好攻坚克难，针对少数“骨头案”，制定细致方案，开展及时救助，实施有效稳控；第二，抓好源头预防，积极参与“无讼社区”创建，定期组织隐患排查，认真开展风险评估，积极做好法律释明工作，努力优化办案质量和效果；第三，抓好机制建设，积极参与政法委信访维稳主业平台建设，重点推进大调解机制，着力完善责任追究、工作考评机制，司法差错和瑕疵呈现出大幅减少的良好态势。

二是健全涉诉信访机制，妥善化解信访矛盾。第一，健全涉诉信访工作机制。按照“更加注重初信初访、更加注重苗头排查、更加注重奖惩激励、更加注重有效化解”的工作思路，加强信访联动、责任追究、稳控预防等方面的制度建设，切实做到信访案件专人负责、信访苗头提前预判、信访流程环环相扣、稳控措施及时跟进；第二，积极争取党委领导和支持；第三，重视非诉方法的合理运用。对通过诉讼渠道或在法律框架内很难解决的信访问题，在坚持法律原则的前提下，从人文关怀的角度出发，积极组织协调，争取各方支持，实施司法救助，实现息诉目标。

三是积极推行涉诉信访风险评估机制。在立案、审判、执行等每个环节中都注重风险评估和预测，对可能引发信访矛盾的案件及时汇报、及时采取措施，防止矛盾激化；强化源头预防和治理工作，注重案件质量，降低发改率和申诉率，提高调撤率，增强当事人服判息诉率。

四是规范诉讼调解。调解是我国司法活动的优良传统，被西方法学家称为“东方经验”。结合基层法院的工作特点，进一步强化调解职能作用，要多调少判，提高调解结案率，减少和降低民事纠纷的对抗性，提高审判工作的社会效果。第一，要进一步扩大调解面，把调解工作贯穿于案件审理始终,努力提高调解结案率;第二,要严格居中调解,不得强制调解或是压服一方、袒护另一方进行调解,对压服调解造成当事人上访或申诉与申请再审的,轻则对承办人批评教育,重则追究错案责任,对所调案件进行再审;第三,要注意掌握调解过程中的三个界限,即说服一方合理让步与压服调解之间的界限、释明法律与压服调解之间的界限、"面对面"调解与"背靠背"调解适用范围之间的界限;第四,要注重履行调解协议生效的告知义务,继续执行调解书当庭送达的要求,严格规范制式调解书的管理使用;第五,要处理好诉讼内调解与诉讼外调解的关系。原则上法官不得参与基层调解委员会调解案件,基层组织请求调解事项,必须向分管院领导汇报后进行;第六,要创新调解方法,注重发挥基层党政组织、知名人士、调解组织、双方亲友参与协助调解的作用,邀请他们参加到矛盾激烈案件的调解工作中来,做好矛盾钝化工作,坚决杜绝嫌烦怕难的思想,坚决摒弃"当事人来就要听我判"的官老爷作风,切实把调解工作做深、做细、做实、做到位,努力建立起以调解为中心的纠纷解决机制,实现审判效果与社会效果的高度统一。

五是完善每月两次的院领导接待制度,慎重对待并妥善做好来信来访特别是初信初访工作,将矛盾解决在萌芽状态。每一次院领导接待日,均确保一名院领导在值,如果当值的院领导因工作确不能履行接待义务的,则由信访部门联系其他院领导进行调整,确保不流于形式。领导接待过程中,遇到需有关业务庭室解答的,都及时交办,限期答复;每月实行信访通报制度,对来信来访及进京赴省访逐庭限期办理并回复,同时对全年涉诉信访工作考核纳入到全院各庭绩效考核体系。

六是注重重大节点和敏感时期不稳定因素排查和化解工作,确保不发生进京访、非访、激访、以及重大信访事件。2014 年以来,遇有国家或地方重大事件,高邮市人民法院职能部门信访办及时发出排查通知,对不稳定因素以及有可能进京赴省访的案件当事人,落实包案领导、与地方政府联系稳控措施,确保不发生极端事件,特别是在两会、南京青奥期间、十八届四中全会期间,做到严防死守。2014 年共发出排查通知 8 份,重大时期共发出值班表 6 份。

七是提前介入,积极化解社会矛盾。作为院信访职能部门,在院领导直接指挥下直接参与重大社会矛盾化解工作,充分利用诉前保全的法律措施解决因企业主跑路导致职工权益受损而引发的上访事件,2014 年共查封 12 家涉及近 2000 名职工涉及工资近 1500 万元。同时在年关岁末,对于一般债权债务的诉前保全案件,则慎用保全措施,防止因查封企业账户引起连锁动荡,产生不安全的因素。

信访工作面临的问题与困难:第一,诉前调解工作不理想。诉前调解成功率在中院条线只占中游。第二,信访接待工作中,处理信访案件的机制不完善。由于来信来访的办理机制不完善,与业务庭室联系协调不明确,在处理矛盾时,不能及时化解矛盾以杜绝隐患。

三、法院建设

1. 司法改革

1999 年,高邮市人民法院按照肖扬院长讲话的要求和江苏省高级人民法院"审判质量年"活动的精神,以优质高效、判则服人为目标,针对具体工作中不同的侧重点,从不同的角度,采取不同的措施,着重从以下三个方面将"审判质量年"活动落到实处,并取得了实效。一是通过强化管理严把案件质量关。一方面从总结教训入手,紧密联系实际,实施全员质量教育。在全面总结1998年度审判工作的同时,高邮市人民法院分别将《卷宗、判决书质量评查情况》《案件评查情况》《被二审发回重审、改判、撤销一审裁定移送管辖案件评查情况》《六个月内未审结案件情况》《目标管理考核情况》五个方面情况,向全院作了通报,并分部门组织干警学习讨论与对照总结。要求发生过质量差错的同志进行自我剖析,其他同志也要弄清发生质量差错的主客观原因,使大家以错为戒,引以为鉴,共同认清质量问题的症结所在,进一步增强质量第一的意识。另一方面推出了基础管理与专项管理相结合的案件质量管理新机制,实行庭长阅卷制度、审判人员自查互查制度、案件检查组评查制度等基础管理,落实审限管理制度、上诉案件改判和发回重审跟踪检查评析制度等专项管理,把案件审理的每一个环节、每一个步骤都纳入严格规范的管理之中。1999年根据机构改革的要求,专门成立了审判监督庭,重新组成新的案件质量检查组,作为常年监控案件质量的专门机构,逐月逐案评审,及时通报被查案件质量情况,分类落实纠正措施,不断促进案件质量的提高。案件评查组当年共评查案件2653件,其中优秀占58.99%,良好占40.75%,不合格的有6件,有较大质量问题的1件。二是通过深化改革促进审判质量的提高。首先,高邮市人民法院着力抓好示范庭、合格庭、考核庭三类庭的组织实施工作,在1998年“三优一佳”与“百日练兵”的基础上,院总结编印了《各类一审案件庭审操作程序范列》,发给每一位干警学习参考。组织开展了“案案排期审、百案无差错、千案不超期”竞赛活动。所谓示范庭,是指由1998年在“三优一佳”评比中获奖的合议庭成员、独任审判员开示范庭,组织干警观摩。所谓合格庭,是指由院长、庭长逐人开庭,院审委会委员及审判方式改革领导小组成员现场听审打分,必须达到合格。所谓考核庭,是指55周岁以下审判人员必须人人开庭,个个都要过关,为下一步实行主审法官制奠定基础。各庭结合审判方式改革的深化,普遍在庭内开展了观摩示范岗位练兵活动,促进了庭审的水平提高。刑事、行政案件直接开庭率均为100%,民事、经济案件直接开庭率也在80%以上;刑事案件当庭宣判率达85%以上,行政案件当庭宣判率达100%,民事、经济案件当庭宣判率达80%,庭审方式在改革中日趋规范成熟。其次,高邮市人民法院认真抓好裁判文书的改革。按照上级裁判文书改革的要求,采取干警互教互学与专家讲授、评点相结合的方法,使裁判文书制作从观念到方法都有了质的转变,强化了裁判文书的审判纪实性、说服性。高邮市人民法院从1999年下半年开始全面展开了裁判文书改革,每月汇编一期裁判文书专刊,下发各庭进行交流,并组织审判人员进行裁判文书写作竞赛,评出最好与最差;还与扬州中院联合印制了《优秀裁判文书选编》《优秀庭审实录》两本小册子,在扬州法院系统内进行交流,切实推进裁判文书制作水平的提高。同时强调7月1日后,凡未按裁判文书改革要求制作的裁判文书,在案件评查中一律得零分。再次,高邮市人民法院严格实行立审分立,建立了“立案大厅”,完善了统一立案、统一排期、统一领案、统一分案和审判人员与当事人及主要证据两个“庭上见”的规范运作机制,通过分解权力,相互制衡,保证公正廉洁;通过集合归并,提高专业化程度,保证优质高效,以期尽快全面实现立者不审、审者不查、查者不判、判者不执这样一种既相互制约又相互配合的良性流程管理机制。院部及各基层法庭均设立了排期公告栏,开庭日期、地点及审判人员的名单一律通过公告栏公布于众,当事人和欲旁听的群众从公告栏上便可一目了然,减少了当事人与承办人员的接触概率,有效防止了“三案”的发生。目前,高邮市人民法院立案庭对审限与适用程序的跟踪管理也已进入实际操作,简易程序三个月未结的转入普通程序,五个月未结案即发出限期结案督查单。同时,高邮市人民法院还积极落实人民陪审员制度,在加强对人民陪审员进行法律专业知识培训的同时,积极组织人民陪审员参与案件审理,全院近700件普通程序审理的案件中,人民陪审员参加普通程序审理的,业务庭达到了40%以上,基层法庭达到了60%以上,少年法庭的陪审率达到了100%。三是继续抓好各项业务技能培训和审判调研。为了适应审判工作的发展,高邮市人民法院积极加快现代化办公技能培训,分两期组织45岁以下青年干警参加电脑培训,已有68人参加了省委组织部的初级考核,同时按省院2002年计算机网络达标计划,在中院部署下自行组织了当年拟达标人员的计算机基础理论和操作的培训;同时继续采用自学与辅导相结合的方法提高干警业务素质,至今已有32人进入专升本学历自学考试。为使干警们及时掌握新颁布的法律,避免业务知识给审判工作拖后腿,影响办案质量,高邮市人民法院分别邀请南京师范大学的教授和江苏省高级人民法院有关同志来讲授新的《合同法》,并结合学习在全院组织了一次《合同法》考试。高邮市人民法院还积极开展群众性的审判调研工作,切实抓好发表调研文章的数量与质量,培养干警爱学习、爱思考、肯钻研的良好习惯,提高理论联系实际的能力,造就专家型、学者型法官。1999年高邮市人民法院共在地市级以上刊物发表论文近100篇。在扬州中院举办的第一届"公正杯"法律知识竞赛上,高邮市人民法院选手还夺得了总分第一的优异成绩。

2000年高邮市人民法院抓住"改革年"这一良好契机,按照最高人民法院《五年改革纲要》要求,稳步改革,大胆创新,全面规范法院工作,使审判机制得到了充分优化。第一,推行办案流程管理。围绕以权力制衡保公正的目标,稳妥实施审判运行机制的调整与改革。我院通过调整机构设置与庭室职能,全面落实最高人民法院三个分立的规定,初步形成了既相互制约又协调运行的"五统、五分、三大体系"的审判运行机制。第二,深化审判方式改革。按照公开审判制度和《审务十公开》的要求,不断深化审判方式改革,突出在规范庭审上下功夫,及时解决与完善庭审方式改革过程中出现的矛盾和问题。第三,加快裁判文书改革。裁判文书是审判的最终成果,也是向社会展示审判公正与进行普法宣传教育的载体,2000年7月22日,高邮市人民法院专门召开了裁判文书改革专题研讨会,组织干警对一年来裁判文书改革的实践进行了总结反思,提高了干警对裁判文书改革的理性认识,把这项改革推向了一个新的发展阶段。通过努力,目前裁判文书改革的方向已为全院审判人员所把握,改革的要求也为全院审判人员所接受并在实践中得以落实,"拓展证据、强化说理"及完整性、客观性、逻辑性、公正性与可操作性的制作标准,在所有裁判文书中均得到了较为充分的体现。第四,落实审判组织改革。围绕"以人为本,强素质保公正"的目标,高邮市人民法院在充分调研和广泛发动的基础上,全面实施了审判长选任制。从运行的情况看,审判长责任感强,工作勤奋,办案质量与效率得到保证,社会反响很好。第四,探索人事制度改革。为了减少权力岗位上的不良隐患,确保廉洁,高邮市人民法院对中层干部进行了较大的调整与轮岗。同时,本着德才兼备的用人标准与注重实绩、群众公认的原则,以"海选"的方式,新选拔了三名中层干部助理,整个过程贯穿了竞争择优、优化组合、用其所长、各得其所的要求,程序上遵循了公开、公正、公平的原则,一律实行阳光操作,采用组织把关与群众认可相结合的方法,广泛走群众路线,真正做到了既民主又集中,探索了一条很好的用人路子。

2001年,高级人民法院紧紧围绕"公正与效率"主题,把是否有利于公正与效率作为检验法院改革成效的唯一标准，全面落实《人民法院五年改革纲要》要求，积极开展最高人民法院姜兴长副院长部署的书记员管理体制改革试点工作，进一步推进了各项改革的深化。第一，继续深化案件流程管理改革，建立案件程序与时限控制体系。在2000年实施立审、审执、审监“三个分立”，进行庭室职能调整，建立在“五统五分三个体系”的审判流程管理机制的基础上，2001年，以规范和完善流程管理机制作为深化改革、扩大改革成效的重点。第二，继续深化审判组织改革，建立符合审判规律的组织结构。完成审判长和执行长选任后，高邮市人民法院继续以“精审判”为改革重点，抓好对审判长、执行长的业务技能与综合素质培训，完善好以明确责权利关系为主线的管理制度，理顺审判长与法官助理之间的工作协调关系。第三，努力探索简化办案程序改革，建立高效运行的审判方式。2001年高邮市人民法院把简化办案程序作为审判方式改革的一个重点，制定下发了《关于简化民事案件审理程序的暂行规定（试行）》，实行简易案件简便审，复杂案件简化审，重视案件的调解率，节约当事人的诉讼成本，减轻当事人诉累，快速排解矛盾纠纷。第四，改革法警管理机制，提高用警效率和用警质量。具体有：实行警员聘任，强化警力；实行警力下派，服务一线；实行编队管理，改革用警制度。

2002年，高邮市人民法院坚持以“三个代表”重要思想为指导，紧紧围绕最高人民法院提出的“公正与效率”世纪主题，深入开展“一教育三整顿”活动和“争创”活动，强化队伍建设，深化审判改革，努力开拓，奋发进取，积极探索基层法院建设与发展的新路子，各项工作跨上了一个新的台阶。高邮市人民法院坚持以人为本，追求公正高效，努力开创法院队伍建设的新局面。具体体现在深化人事制度改革上。第一，严把“入口”，畅通“出口”，优化干警队伍。高邮市人民法院通过积极努力，在争取地方党委、人大、政府支持的基础上，落实了优化干警队伍的三项措施：首先是坚持凡进必考的原则，保证新进人员都具有适应法院工作的法律理论和文化素质。其次是畅通“出口”，结合机构改革与运用相关政策，让一批年龄较大干警提前退出审判岗位。最后是分类管理，试行了法警与书记员聘用制，6名新聘用法警由地方财政直接拨款，30名聘用书记员工资列入了财政预算。以上三项措施，推进高邮市人民法院干警队伍在整体优化方面迈出了一大步。第二，积极探索审判组织改革，优化审执骨干队伍。审判组织改革是从法院队伍的实际出发，推进法官职业化建设的关键举措。高邮市人民法院突出抓了三点：首先是实行权力归位、职责到位、待遇进位，确立审判长的责任感和尊荣感。“权力归位”：明确简易程序案件由审判长自行审理裁判，普通程序案件由审判长主持审理裁判，重大疑难案件在本庭讨论研究后，审判长可以提出向上请示要求，法律文书一律由审判长签发；“职责到位”：按审理案件任务数与人员分布情况，对审判长、法官助理、书记员采用1+1+1的组织模式（审理普通案件时由庭长安排人员或邀请人民陪审员参加），该组织人员的工作安排、经费补助、考核奖惩等均由审判长决定；“待遇进位”：在选拔任用中层干部、发展党员、评比先进、推荐教培等方面，优先从审判长当中考虑，每月发给审判长学习资料补贴100元。其次是制定配套制度，规范审判长选任制运行管理。根据上级规定和实际情况，高邮市人民法院先后出台了《审判长选任制暂行办法》《关于审判长选任制运行管理与考核奖惩办法》及《实施细则》《各类人员岗位目标管理考核细则》，以制度协调庭长与审判长、审判长与法官助理及书记员等对象之间的相互关系，明确各自的职、责、权、利，推进形成以审判长为中心的审判工作格局。最后是实行末位淘汰，滚动择优。实施审判长选任制期满一年,即行按期考核,对排列后三位的予以淘汰,组织未担任审判长的审判人员参与竞争,被淘汰者重新参加新一轮竞聘,并将审判长与执行长合并起来,按同一标准淘汰竞争,同时还明确了法官助理考核确认制,规定对不称职的法官助理可予以转岗待岗。这一动态的竞争择优做法,加大了"两长"奋发进取的内在动力,调动了法官助理的工作积极性,增添了这支审执骨干队伍的强劲活力。第三,坚持组织决策把关与群众路线相结合,优化中层干部队伍。首先是建立较为完善的德才与实绩相结合的评价机制。其次是坚持民主推荐原则,选拔群众公认的干部。最后是实行任前试岗,考察干部的实际领导能力。

2003 年高邮市人民法院以"司法改革要有新突破,队伍建设要有新举措,整体建设要上新台阶"为工作目标,紧跟快跟全市追赶式发展的步伐,大力弘扬新时期高邮精神,团结一心,艰苦奋斗,与时俱进,开拓创新,各项工作取得了新的进展。在深化内部改革方面,以权力制衡为抓手,加快建立公正高效的审判运行机制。加大对审执权力的监督和制约是确保审判工作公正高效的基础。根据省高级人民法院提出的"加强管理监督,确保司法公正"的要求,高邮市人民法院把对权力的监督制约作为 2003 年改革工作的重点,推开了四项改革举措。第一,进一步完善流程管理改革机制。把审判、执行全流程的各个环节纳入规范化管理轨道。在审限管理方面,实行一月一通报,一月一督办,以案卷归档作为内部考核结案期限,推动案件审限管理进入规范化轨道。在执行流程管理方面,实行执行裁决权、实施权、异议审查权的"三权分立",强化执行权力之间的相互监督和配合,建立起了以执限为中心的流程管理体系。第二,进一步深化审判方式改革。组织开展了全体庭长、审判长参加的庭审观摩考核活动,专题召开了庭审观摩总结会,对 35 个庭审活动进行逐一点评,总结经验,指出问题,明确方向,并对原有的庭审操作规范性试行文件进行修改完善,出台了新的《庭审操作规程》,为庭审质量的提高奠定了基础。第三,进一步规范审判组织改革。贯彻省高级人民法院关于加强管理监督要求,建立裁判预案通报制度和裁判文书阅签制度,加大院、庭长对审判长裁判权力的监管力度,确保审判权力的公正行使;进一步健全落实院长、庭长担任审判长审理案件的制度,明确要求院长和审判委员会委员必须参与到合议庭担任审判长直接审理案件,以提高指导监督审判工作的力度和成效。深化执行组织改革,在执行长选任制基础上,建立执行助理制度,取消执行助理的执行决定权,以确保执行工作的公正高效。第四,进一步探索人事制度改革。坚持组织把关与群众路线相结合,进一步强化选人用人的公开透明度和群众参与度,让德才兼备、群众信服的干警走上中层领导岗位。

2004 年,高邮市人民法院工作总的指导思想是坚持以邓小平理论和"三个代表"重要思想为指导,全面贯彻十六大,十六届三中全会、中央经济工作会议和全国政法工作会议精神,按照全国高级法院院长会议和全省、扬州市法院院长会议的部署,落实市委八届八次全会和市人大十二届二次会议提出的任务要求,坚持"司法为民"的根本宗旨和"公正与效率"的工作主题,全面做好审判执行工作,狠抓干警队伍建设,继续深化法院改革,强势推进争创工作上台阶,为建设"平安高邮",实施"一个追赶三步走",实现"十五"奋进计划,提供有力的司法保障。

2005 年,继续深化司法体制改革,推进公正高效奋斗目标的实现。高邮市人民法院着力推开了三项改革举措:一是继续深化审判质效管理改革。高邮市人民法院把深化审判质效管理改革作为统揽法院工作的"重头戏",坚持从三个方面入手,把改革推向纵深。首先健全审判质效管理机构,专门成立审判管理办公室,把审判管理工作纳入正常化规范化轨道。其次紧扣审判权力运行的关键节点,把审判流程细分为立案、分案、送达、公告、诉讼保全、开庭、委托鉴定、裁判、执行(作为新程序计算)等多个节点,建立动态跟踪管理机制,使每个审判环节都衔接顺畅,运转流畅。最后定期分析审判工作存在的问题,坚持每月一点评,每季一分析,准确把握审判规律,及时调整工作思路,推动与保证审判工作的公正与高效。二是继续推进法官职业化改革。法官职业化建设是提高法官素质的根本途径。为此,法院在推行审判长(执行长)选任制的基础上,把职业法官遴选和改革审判委员会制度作为深化法官职业化建设的重点来抓。三是继续强化配套机制的改革。分序列管理改革是进一步优化审判资源,提高审判工作效能的有效手段。高邮市人民法院把人民陪审员队伍建设和书记员单独序列管理作为配套改革的重点。

2006 年,认真落实最高人民法院发布的《人民法院第二个五年改革纲要》,本着积极稳妥、循序渐进的原则,以改革破解难题,以改革增强活力,以改革促进发展,扎实推进各项审执工作取得新进展。第一,改革和完善人民陪审员制度。落实全国人大常委会《关于完善人民陪审员制度的决定》要求,新调整并经市人大常委会任命了 29 名人民陪审员,专题召开了人民陪审员总结座谈会,制定下发了《人民陪审员管理办法(试行)》,建立起了较为系统规范的管理体制和工作机制,推开了当事人申请人民陪审员参审制度、人民陪审员审前阅卷制度、人民陪审员申请提起审委会讨论制度,确保人民陪审员在审判全过程享有与法官同等的权利。2006 年,人民陪审员参审率达到了 95% 以上,司法民主得到进一步弘扬。第二,深化执行工作机制改革。为切实解决“执行难”问题,专题召开了人民法院执行工作推进会,积极推进执行机制改革,建立起了四项执行工作新机制:一是党委统管执行工作机制;二是社会联动机制;三是执行威慑机制;四是源头控制机制。从案件审理环节入手,提高调解率和履行率,从源头上控制进入执行程序案件数量。2006 年,由协执员协助执行案件 38 件,全社会参与、配合、支持执行工作的力度进一步加大。第三,深入推进法官职业化改革。2006 年,高邮市人民法院被省高级人民法院确定为法官职业化建设改革试点单位,为此,制定实施了三项具体改革举措:一是合理确定法官员额;二是开展新一轮择优竞选;三是完善分类人员岗位职责。通过党组委任的形式,建立法官助理队伍,明确法官助理职责,并以此为契机,实施不同岗位职责、不同考核要求、不同津贴待遇的人员分类管理措施,进一步细化、强化队伍的规范管理,切实做到绩优则奖,绩劣则罚,各司其职,各尽所能,全院干警的工作积极性和创造性得到最大化的发挥。第四,改革和完善诉讼程序机制。紧扣“公正与效率”的工作主题,相继推开了三项改革举措:一是推开速裁程序;二是完善民事诉讼审前程序;三是落实公开审判原则。实施了“四项扩大”机制,即扩大规范办案告知内容,扩大诉讼程序透明度,扩大当事人选择权,扩大社会公信度,以公开促公正,以公开保公正。

2007 年,高邮市人民法院依据最高人民法院发布的《人民法院第二个五年改革纲要》,遵循宪法和法律规定,紧密结合法院实际,从群众反映最强烈的问题和制约司法公正与效率的关键环节入手,突出改革重点,深化改革措施,激发法院发展活力。

2008 年,高邮市人民法院努力健全司法工作机制,着力推进各项工作协调发展。一年来,高邮市人民法院围绕“法院工作有特色、部门工作有特点、法官工作有特长”的总体工作思路,认清新形势,谋划新思路,推出新举措,各项工作呈现出协调共进、快速发展的良好局面。第一,健全审判管理机制,审判质效大幅提高。第二,健全涉诉信访机制,妥善化解信访矛盾。第三,积极推进能力作风建设,确立和巩固司法公信力。

2009 年,根据最高人民法院"三五改革纲要"和省高级人民法院《关于进一步深化全省基层法院司法改革的指导意见》(苏高法发〔2009〕6 号),扬州中院又将高邮市人民法院确定为司法改革联系点,为此,高邮市人民法院党组抓住契机,积极展开调研,结合全市创新创优工作进行了部署。一是在涉农案件上实施"关怀性司法"。这首先是理念上的要求,同时也涉及司法为民机制上的改革创新。如开设涉农案件立案"绿色通道",实行涉农案件诉前保全、立案、排期、送达"一条龙"服务;利用设在法院的"人民调解工作室"加强诉前化解纠纷的协商沟通机制;完善相应的诉调对接制度,规范诉前调解和立案调解;在涉农案件的审理、执行工作中创新"关怀性司法"预警机制等。二是完善"无缝隙"信访工作协调机制。主要是建立完善信访预警机制和信访工作内部联动机制,实现信访工作在立案信访部门与办案一线"无缝隙";建立与政法委、信访局等相关部门的外部协调机制,实现法院信访工作与全市信访工作"无缝隙";建立与中院信访工作相衔接的上下级法院协调机制,实现信访工作在上下级法院"无缝隙"。三是未成年人恢复性刑事司法新机制。主要是尝试构建庭内外关爱未成年人协调机制;尝试建立未成年人审判恢复性评估机制,该机制产生的评估意见可作为量刑参考;总结探索未成年人量刑规则,在取得上级法院支持的情况下于审判实践中尝试运用。四是"三位一体"行政协调机制。即联合政法委、政府法制办和相对人的单位或社区乡镇组织而形成的一个协调行政案件的网络机制,确立对所有行政案件先行协调,并将协调贯穿办案全过程的原则,通过相关各方联席会议或个别协调的方式,营造行政机关与相对人之间平等宽松的对话氛围,努力促使案件以和谐方式结案。五是发改案件和重大涉诉信访案件廉洁评价机制。即法官对其承办的被投诉有廉洁问题的被发改案件和重大涉诉信访案件,须从办案中廉洁规定的执行方面进行自我评价,写出书面自查报告交给监察室;对被发改案件和重大涉诉信访案件,由监察室向案件所涉当事人、辩护人或委托代理人发放《廉洁调查表》,对收集的问题由监察室进行查处,并将结果在全院通报;除被发改案件和重大涉诉信访案件以外的受社会关注或影响重大的案件也纳入该评价机制。

2010 年,高邮市人民法院在市委的领导、市人大的监督和上级法院的监督指导下,在政府支持、政协民主监督以及社会各界的关心支持下,以邓小平理论和"三个代表"重要思想为指导,深入学习实践科学发展观,全面贯彻落实市委全会精神,紧密围绕大局工作,大力践行"四干"精神,努力抓好重点工作,切实加强自身建设,为全市争先进位、创新发展做出了应有的贡献。高邮市人民法院鲜明提出"纠纷化解足不出户、矛盾处置争而无讼"的共建目标,制定《诉前调解工作实施意见》等 3 个规范性文件,与 5 个乡镇开展结对和谐共建,选派 16 位民事法官进驻试点社区,选任 41 位特邀人民调解员,与全市 93 位大学生村官建立挂钩联系。第一,实施"三管齐下"解决方案。推进矛盾排查、纠纷化解、预警防范三项方案,定期开展矛盾排查,深入社区乡镇,了解乡风民情,把握基层纠纷类型、特点和动态,为参与社会管理创新提供可靠依据。及时组织纠纷化解,针对多发、常见民间纠纷,主动介入、超前工作,钝化矛盾、缓和冲突,努力把纠纷化解在基层社区,把冲突平息于初始状态,把问题解决在萌芽阶段。扎实推进预警防范,坚持预防为主、预警在前,立足抓早、抓小、抓苗头,着力营造和谐氛围,积极帮助解决群众关心、关注的具体问题,有效预防和减少纠纷发生。第二,建立

“三方互动”协同机制。整合社区法官、基层干部、人民群众开展共建活动的职能优势，建立工作联系，定期召开工作例会，联合制订工作计划，建立信息共享平台，着力开创“社会管理人人参与、人人共享”的良好局面。打造互动平台，拓展沟通渠道，主动征集意见和建议，及时作出整改和反馈。探索联动机制，对重大典型纠纷，进行风险评估，及时通报社区，协同采取稳控措施。一年来，我院在社区内迅速平息民间纠纷 550 起，在诉前化解复杂矛盾 280 件。第三，设置“三线并防”稳控防线。设置居民小组、街道社区、司法机关稳控防线，将日常纠纷稳控在居民小组范围内，由社区居民组长或楼栋长直接主持协调，主要从情理角度化解纠纷。将一般矛盾稳控在街道社区范围内，由社区干部或特邀调解员出面主持协调，必要时法官到场协助，缓和矛盾冲突，防止事态扩大。将重大冲突稳控在司法机关范围内，对于少数复杂尖锐、具有群体性因素、当事人坚持起诉的重大矛盾，由法官启动诉前调解程序，做好突发事件处置预案，积极争取有关部门、有关方面的支持配合，力争在诉前解决矛盾，平息冲突。

2011 年，高邮市人民法院在市委正确领导、市人大及其常委会有力监督下，在市政府、市政协以及社会各界的大力支持下，坚持以邓小平理论和“三个代表”重要思想为指导，深入学习实践科学发展观，全面贯彻落实市委第十次党代会和十届二次全会精神，紧密围绕全市大局工作，严格履行宪法和法律赋予的职责，加强审判、执行工作和自身建设，各项工作取得新的进展和成效。高邮市人民法院坚持改革创新不停顿，司法公信力建设有了新进步。高邮市人民法院把司法公信力建设作为司法创新的核心抓手，制定具体实施方案，强化社会管理职能，加大司法公开力度，健全司法民主机制，人民群众对法院工作的理解和信任显著增强。第一，积极参与社会管理，努力赢得党委认可。制定《参与社会管理创新工作考核评估体系（试行）》《参与社会管理创新工程项目化责任分解方案》，与检察院、公安局、司法局等多部门共同制定未成年人恢复性司法、加强社区矫正、促进律师参与社会矛盾化解等方面的规范性文件，推进和谐社区、乡镇共建活动，定期向市委报告重大涉诉矛盾、重要工作部署和社会矛盾动态。第二，着力改进审判效果，努力争取当事人信赖。以司法公开取信于当事人，积极搭建信息化公开平台，全面实施立案公开、庭审公开、文书公开和执行公开，确保司法权在阳光下运行。第三，充分发挥职能作用，努力提升人民满意度。着力抓好司法民主建设，完善人民陪审员工作机制，陪审率达 93.6%。切实加强联络工作力度，认真办理代表委员意见建议，市人大、政协领导先后三次视察法院工作。积极争取各方监督支持，聘请 36 位特邀审判监督员和 41 位司法协理员，建立律师参与司法调解工作机制，促进法院工作与社会公众的良性互动。

2012 年，高邮市人民法院围绕维护公平正义的工作目标，不断创新工作机制，创优工作成效，重点在参与社会管理、加强审判权运行监督和强化司法公开、司法民主等方面推出创新举措。第一，构建化解社会矛盾“双十”工程。与行政机关、乡镇园区和行业协会建立十大联动机制，完善十个方面的巡回审判机制并设立 24 个巡回审判点。第二，完善审判权运行监督机制。健全定案把关机制，强化质量意识，明确承办人、庭院领导的工作职责，严格把好案件事实关、证据关、程序关和法律适用关，进一步提升案件质量，改发率同比下降 60%。积极推进量刑规范化管理，全面实施量刑辅助系统，通过典型案例学习、疑难案件研讨等形式，统一量刑的尺度和标准，确保量刑公开公正。积极探索执行实施权和审查权的分权制衡，把执行流程划分为财产调查、控制、处分、交付和分配等不同节点,探索完善节点防范机制。第三,完善司法公开和司法民主机制。推行生效裁判文书互联网发布制度,全面推行庭审同步记录、笔录同步显示、同步录音录像,着力强化司法宣传工作,主动接受舆论监督,积极争取人民群众的理解和信任。

2013 年,高邮市人民法院积极回应人民群众的司法关切,通过完善审判运行机制、强化审判管理、推行"阳光审判"、延伸审判职能等举措,不断优化审判工作的社会效果。第一,完善审判工作机制。不断加强审判质量和效率考评机制,完善分管领导、庭长和承办人三级定案把关工作机制,严把案件质量关,细化、量化质量评查指标,定期开展专项评查活动,全院各项重点质效指标长期保持全市领先水平,整体评分连续六年名列扬州第一,审判绩效连续三年得到省院表彰。准确预判裁判结果可能引发的社会舆论,认真做好舆情应对和处置工作,积极争取社会各界的认可、理解和支持,统筹兼顾司法裁判的法律效果和社会效果。第二,加大司法公开力度。共邀请人大代表、政协委员观摩庭审 10 次,开展"法院(法庭)开放日"活动 4 次,50 多位代表委员和 100 多位社会各界人士走进法院,实地亲身体验司法流程。完善人民陪审员工作机制,各类案件陪审率达 100%。推进"三同步、两公开"工作,稳步推进裁判文书上网工作,加强技术装备保障,开展不间断的检查督促,在普遍实现庭审同步录音录像、同步记录、同步显示庭审记录基础上,进一步要求必须公开展示证据,公开展示法律、法规和司法解释。第三,落实司法便民举措。完善诉讼服务机制,依托一个服务中心(设在立案庭)、三个服务站(设在各基层法庭),为群众提供"全方位、一站式"服务,共接待诉讼咨询、预约立案、风险告知、判后答疑、信访投诉等诉讼服务 3000 多人次。畅通司法救济渠道,加大司法救助力度,依法为困难当事人缓、减、免诉讼费、提供救助金共计 125.7 万元。有效化解涉诉信访,对诉求合理的解决到位,有实际困难的帮扶到位,无理闹访的依法处置到位,涉诉信访工作连续三年获得省法院表彰。

2014 年是全面贯彻落实党的十八届三中全会精神的开局之年,法院工作面临着新的发展机遇和巨大挑战。高邮市人民法院对以下工作进行重点突破:第一,在推进公正司法上狠下功夫。把狠抓执法办案作为第一要务,把保证审判质量作为第一责任,把提高审执效率和效果作为缓解"人案矛盾"的主要手段。健全审判质量控制体系,加强节点控制,对重点岗位、重点案件采取专项督促措施,加强流程控制,在重要流程、重要环节设置质量把关程序,加强宏观控制,定期评析质效运行态势,着力解决影响案件质量的各种问题。努力提高审执效率,加强立案、审判、执行的沟通、协调与配合,规范流程操作,消除"瓶颈"阻滞,强化繁简分流,注重均衡结案,在保证案件质量的前提下,不断缩短诉讼周期。第二,在依法服务大局上深做文章。恪守司法本职,发挥司法职能,依法运用法治思维和法治方式,为改革发展大局提供司法服务和保障。第三,在提高司法公信上勇出实招。认真排查并切实解决人民群众反映强烈的突出问题,立足自身查找原因,总结经验教训,努力将司法为民、公正司法和司法公信力提高到新的水平。深入推进司法公开,加快建设审判流程公开、裁判文书公开、执行信息公开三大平台,提高司法透明度,自觉接受各方面的监督。扎实推进司法民主,逐步扩大人民陪审员规模,拓展陪审案件范围,保障人民陪审员充分行使权利。加强诉讼服务窗口建设,严格执行统一的工作流程、司法礼仪和服务规范,切实改进工作作风,增强司法为民、便民、利民具体措施的实际效果。第四,在完善工作机制上多动脑筋。认真贯彻落实最高人民法院即将发布的"四五"改革纲要，结合本院实际情况，重点在明确院、庭长审判管理职责、完善审判委员会工作规则和议事规程、法院人员分类管理、加强执行规范化建设等方面积极探索新思路、新举措。加强知识产权、环境资源案件审判工作，强化人民法庭职能作用，加快推进开发区法庭建设。第五，在加强队伍建设上力求突破。更加重视对法官司法综合能力的培养，全面提升新形势下群众工作能力、维护社会公平正义能力、新媒体时代社会沟通能力、科技信息化应用能力。同时完善职业保障制度，建立健全法官职务身份保障机制、人身安全保护机制等，增强法官的荣誉感与责任感。全面加强司法廉洁建设，狠抓"五个严禁"等纪律规定的贯彻执行。

在改革中遭遇的困难和问题：一是司法独立问题。包含法院和法官独立。从内部来讲，近年通过在审判方式改革中的逐步放权、强化合议庭责权、规范审委会运作，实行审判长选任制、错案责任追究制等措施，法官的独立性得到明显增强，但在一些法官的认识上也存在误区，把一些必要的监督看成是对独立性的妨害，如庭长阅卷制和审监庭复查，其实这些监督主要还是程序上的，实体上仍然确保法官有很强的独立性。在外部，由于法院体制的沿革，地方性特点突出，法院的人、财、物受制于地方，法院工作的重心必须与地方中心工作保持一致，非法院职能范围的事务因此牵扯了不少精力和时间，加之地方人大又不断地强化个案监督，法院独立缺乏保障。二是经费保障问题。法院在经费上受制于地方财政，由于要严格执行"收支两条线"，又不能乱集资，法院在实施既定改革计划和方案时往往十分艰难。有些事上级有要求，但资金无保障，基层落实起来就难以到位。三是人员流动问题。主要包括法院干警的进出问题和法院干警的新老交替问题。所谓"进出问题"，一方面是指法院干警的人员招进往往法院自己做不了主，得服从组织人事部门的安排，在进人上不是首先考虑法院的需要，而是考虑社会的统筹与协调，组织人事部门往往只看到法院是个岗位，而较少顾及这个岗位的专业特殊性；另一方面是指出口不畅，即对于那些不适应在法院工作的人员，法院难以通过一个有效的机制将其送出法院大门，组织人事部门并不会协调安置这部分人员，这样就在法院内部形成人浮于事的现象。所谓"交替"问题，主要是如何安置从领导岗位和审判一线上退下来的老同志，这也是较为棘手的问题。一些老同志审判经验丰富，处理实际问题的能力比较强，但往往通不过考试、选拔，工作热情容易受到挫伤。四是法律滞后问题。法律滞后在法院内部改革中显得较为突出，主要反映在《人民法院组织法》和《民事诉讼法》上面。如法院审判长选任制改革对《人民法院组织法》就是有突破的，该法对审判人员的有关规定已远不能适应审判长选任制的实行，造成现实中审判长与法官助理的关系难以摆顺，一些未能当选审判长但有审判职称的人员感觉空有其名。还有执行庭的地位及人员，在该法中都未能给予充分关注，使执行工作缺乏规范基础，人员思想浮动。又如审判方式改革中，由于《民事诉讼法》规定的限制，捆住了审判人员的手脚，在程序的简化问题上总是难有较大的突破。另外，目前破产案件的审理周期过长，法律适用的政策涵盖性较差，程序上也难以纳入庭审。五是法官待遇问题。目前法官（尤其是审判长）待遇与法院其他工作人员的待遇档次没有拉开太大，首先是基础工资上没有特殊的政策规定，其次是补贴上不敢拉开太大距离。原因包括：第一，我国法官仍属行政序列，工资仍按行政职级划定，没有单独对法官作出安排，现行体制下给予高薪没有法律及政策依据；第二，客观上法官（即使选任出来的审判长）素质尚不足以成为一个理想的"精英"群体，其思想、业务素质本身尚与其他干警没有拉开太大的距离，给予特殊的高薪政策说服力尚不强。但可以认为今后提高法官待遇是大势所趋，并会逐步拉开档次，这方面有赖法院体制上的改革和上级出台相关政策。

2. 司法民主

表3-55　高邮市人民法院人民陪审员参审情况统计

起止时间	普通程序一审案件总数（件）	参与案件范围						陪审情况				
		普通程序一审案件数（件）	简易程序案件数（件）	调解案件数（件）	执行案件数（件）	信访案件数（件）	其他（件）	参审20件以下人数（人）	参审21～50件人数（人）	参审51～99件人数（人）	参审100件以上人数（人）	从未参审的人数（人）
2014年1月1日至2014年12月31日	1010	943	0	313	0	0	0	23	53	12	4	9

邀请人大代表、政协委员旁听、评议庭审情况：向全市人大代表、政协委员征求意见500多人次，邀请代表、委员视察法院、旁听庭审、参加座谈200多人次。完成人民陪审员倍增计划，增选任命59位人民陪审员，全年参审案件2114人次。

3. 司法公开

初步建成审判流程、裁判文书、执行信息三大公开平台，组织法院开放日活动，邀请社会各界走进法院、观摩庭审或执行活动100多人次。通过互联网直播庭审26次，落实庭审同步录音录像、同步显示庭审笔录要求2020次，将5271份生效裁判文书公布上网。法院官方网站定期发布工作动态，官方微博关注人数达到13.5万人，官方微信每日推送司法信息。推进办案流程同步扫描，方便当事人查阅，在立案审查、审理执行、结案归档等各个环节实现“用权留痕”。

4. 司法便民

整合诉讼服务中心职能，扎实推进诉讼引导、预约立案、风险告知等工作，开通“12368”电话查询热线和立案受理短信告知系统，提供咨询、查询服务5000多人次。加强巡回审判力度，巡回审理案件1833件。为弱势群体开通诉讼绿色通道，为2000多人在节假日期间提供立案审查、诉讼保全等司法服务。

强化司法救助，为困难当事人缓减免诉讼费30万元，为生活确有困难的申请执行人、涉诉信访人、刑事被害人等发放救助资金120万余元，依法为盲聋哑人、未成年刑事被告人等指定援助律师10人次。

5. 先进模范

表 3－56　2002～2010 年度集体获得扬州市级以上表彰统计

颁奖单位	奖项名称	获奖单位	获奖时间
省高级人民法院	先进集体	高邮法院	2002 年 12 月 2 日
省高级人民法院	全省法院信息工作先进集体	高邮法院	2002 年 12 月 6 日
省高级人民法院	优秀行政裁判文书三等奖（2001）邮行初字第 31 号行政判决书	高邮法院行政庭	2003 年 6 月 18 日
省高级人民法院	全省法院纪检监察先进集体	监察室	2003 年 11 月 20 日
省高级人民法院	全省法院调研工作先进集体	高邮法院	2003 年 12 月 25 日
省高级人民法院	“创安”先进集体	刑事审判庭	2004 年 4 月 14 日
省高级人民法院	司法警察示范单位	法警大队	2004 年 12 月 20 日
省高级人民法院	“创安”先进个人	少年庭	2005 年 4 月 13 日
省高级人民法院	最佳人民法庭	三垛法庭	2005 年 5 月 17 日
扬州中院	集体三等功	办公室	2007 年 5 月 5 日
省高级人民法院	指导人民调解工作先进集体	高邮法院	2007 年 9 月
扬州政法委	规范执法示范点	立案庭	2008 年 1 月
省高级人民法院	维护社会稳定工作先进集体	高邮法院	2008 年 2 月
扬州中院	集体三等功	民二庭	2008 年 3 月 3 日
扬州中院	司法警察组织工作先进单位	法警大队	2008 年 10 月 6 号
省高级人民法院	全省法院基层基础建设工作先进单位	送桥法庭	2008 年 12 月
扬州政法委	规范司法行为示范点	民二庭	2009 年 1 月
扬州中院	集体三等功	高邮法院	2009 年 2 月 11 日
省高级人民法院	全省法院能动司法服务“三保”先进集体	高邮法院	2009 年 12 月 1 日

续表

颁奖单位	奖项名称	获奖单位	获奖时间
江苏省文明委	全省未成年人思想道德建设工作先进集体	少年庭	2009 年 12 月 22 日
扬州中院	司法创新三等奖	行政庭	2010 年 2 月 5 日
扬州中院	先进集体三等奖	高邮法院	2010 年 2 月 5 日
扬州中院	“五好”人民法庭	送桥庭	2010 年 2 月 5 日
省高级人民法院	廉洁司法示范庭	少年庭	2010 年 3 月 20 日
省高级人民法院	调研工作先进集体	高邮法院	2010 年 4 月 1 日
扬州中院	全市法院调研工作组织奖	高邮法院	2010 年 4 月 12 日
省高级人民法院	人民陪审员工作先进单位	高邮法院	2010 年 4 月 19 日
扬州中院	优秀人民法庭	送桥法庭	2010 年 8 月
省高级人民法院	全省集中清理执行积案活动先进集体	高邮法院	2010 年 8 月 31 日
省综治办、省高级人民法院、省司法厅	全省法院“诉调对接”工作先进集体	民一庭	2010 年 9 月 25 日
省高级人民法院	涉诉纠纷化解工作先进集体	立案庭	2010 年 12 月

表 3－57　2011 年高邮法院部门受表彰情况统计

序号	部门	受表彰情况	备注
1	法院	2011.2 被扬州中院表彰为“三大活动”先进集体	—
2	法院	2011.2 被高邮市委表彰为组织工作先进集体	—
3	法院	2011.4 被扬州市委市政府表彰为“扬州市文明单位”	—
4	法院	2011.4 被高邮市委市政府表彰为高邮市文明行业	—
5	法院	2011.6 被高邮宣传部、组织部表彰为中心组理论学习先进集体	—
6	法院	2011.8 被高邮市委市政府表彰为“法制宣传教育先进集体”	—
7	法院	2011.8 被高邮市委市政府表彰为法制宣传教育先进集体	—
8	法院	2011.9 被扬州中院表彰为“全市法院审判辅助业务技能竞赛”团体组织奖	—
9	法院	2011.12 被省高级人民法院表彰为涉诉矛盾纠纷集中化解工作先进集体	—

续表

序号	部门	受表彰情况	备注
10	法院	2011.2 被高邮市委市政府表彰为维护社会稳定工作先进单位	—
11	法院	2011.6 荣获高邮机关工委举办的“红歌会”二等奖	—
12	法院	2011.8 被高邮市委市政府表彰为五五普法先进单位	—
13	法院	2011.9 荣获高邮宣传部举办的文明城市知识竞赛二等奖	—
14	研究室	全市第八届学术论文讨论会组织工作先进奖	—
15	三垛庭	2011.2 被扬州中院表彰为“五好”人民法庭	—
16	审监庭	2011.4 被省高级人民法院表彰为审判管理工作先进集体	—
17	法警大队	2011.6 被扬州中院表彰为党建工作先进单位	—
18	行装科	2011.8 被扬州公安局表彰为“安全合格车队”	—
19	执行局	被评为省法院无执行积案先进法院(市院已口头通知)	—

表3-58 2011年高邮法院个人受表彰情况统计

序号	个人	受表彰情况	备注
1	吴同祥	2011.4.19 被江苏省高级人民法院表彰为“全省法院信息化工作先进个人”	—
2	刘星农	2011.6.30 被扬州中院表彰为“全市法院党建工作先进个人”	—
3	刘星农	2011.6.15 被扬州市委政法委表彰为“优秀党务工作者”	—
4	朱文浩	2011.3 被高邮市公安局表彰为“十佳车管干部”	—
5	陈兆辉	被高邮市委市政府表彰为“平安建设先进个人”	—
6	吴国宏	被高邮市信访工作领导小组表彰为信访工作先进个人	—
7	龙启祥	2011.7.1 日被扬州市委评为“优秀共产党员”	—
8	徐智渊	2011.4 江苏省高级人民法院“审判管理工作先进个人”	—
9	冯玉璋	2011.6 被扬州市委政法委表彰为优秀党员干警	—
10	冯玉璋	高邮市市级机关优秀党员干警	—
11	姚剑	2011.6 被扬州市委政法委表彰为优秀党员干警	—
12	董文彬	2011.12 被省高级人民法院表彰为涉诉矛盾化解工作先进个人	
13	胡玲玲	2010.12 被扬州市城镇妇女“巾帼建功”活动领导小组表彰为“巾帼建功标兵”	—
14	胡玲玲	2011.4 被高邮政法委表彰为“最让我感动的十佳政法干警”	—
15	刘玲	2011.12《如何在审判实践中理解及认定“危险驾驶”罪》在江苏省法官协会举办的“金如皋”征文活动中被评为优秀作品	—

续表

序号	个人	受表彰情况	备注
16	赵广才	“泰州杯”征文二等奖	—
17	赵广才	全市第八届学术讨论会优秀奖	—
18	赵广才	扬州政法委社会管理创新征文二等奖	—
19	赵广才	“党在我心中”征文二等奖	—
20	周曙	“三大活动”读书竞赛奖	—
21	张鸿翔	2011.12 被省高级人民法院表彰为“司法警察标兵”	—
22	钱敏	2010 年度扬州中院调解能手	—
23	钱敏	2010 年度扬州中院庭审竞赛优秀独任庭	—
24	钱敏	2010 年扬州中院优秀法官	—
25	夏敏	《司法公正:期待审判权与行政权的分离——人民法院内部权力关系解析与调整》获省法院第二十二届学术讨论会优秀奖	—
26	夏敏	《自由裁量:在宽容与约束中寻找平衡——兼以案例指导的时间和空间效力为视角》获人民法院报“汉江杯”论文评比三等奖	—
27	谢孝卫	2011.2 被高邮政法委表彰为“规范执法先进个人”	—
28	周启泉	2011.1 被扬州中院记个人三等功	—
29	张鸿翔	2011.1 在全市法院司法警察调研论文竞赛中荣获一等奖	—
30	佟廷礼 杨薇	在高邮市创建文明城市知识竞赛中荣获二等奖	—
31	何寿青	“党在我心中”征文优秀奖	—
32	王健	“党在我心中”征文优秀奖	—
33	许云霞	2011.7《司法建议:能动司法的有效载体》荣获省高级人民法院举办的“沭阳杯”征文三等奖	—
34	何寿青	2011.11《高邮法院发出我市首张反家暴“护身符”》获第十九届“江苏法制好新闻”三等奖	—
35	何寿青	2011.2 被高邮政法委、综治委表彰为法治高邮建设先进个人	—
36	何寿青 陈兆辉	2011.3《高邮:健全机制拓宽联络范围》荣获 2010 年度全市“宣传人民代表大会制度好新闻”三等奖	—
37	夏敏	《认真办理代表建议是提升司法公信力的重要途径》在高邮市地方人大工作研究会 2011 年年会论文评比中获三等奖	—

表 3－59 2012 年高邮法院部门受表彰情况统计

序号	部门	受表彰情况	备注
1	立案庭	被扬州政法委、人社局表彰为“群众满意窗口执法单位”	2012.1.31
2	高邮法院	被扬州中院表彰为“三大活动”先进集体	2012.2.14
3	高邮法院	被扬州中院表彰为“十项竞赛”三等奖	2012.2.14
4	界首法庭	被扬州中院表彰为“五好”人民法庭	2012.2.14
5	高邮法院	被省高级人民法院表彰为审判绩效先进集体	2012.2.22
6	高邮法院	被扬州中院表彰为优秀法院	2012.2.20
7	民四庭	被扬州中院记集体三等功	2012.2.20
8	高邮法院	被扬州中院表彰为司法创新三等奖	2012.2.14
9	法警大队	被高邮机关工委表彰为“五好”党支部	2012.2.15
10	高邮法院	被扬州纪委表彰为廉政文化示范点	2012.3.19
11	高邮法院	被省高级人民法院表彰为全省司法公开示范法院	2012.4.24
12	高邮法院	被省高级人民法院表彰为 2010 年度“无执行积案先进法院”	2012.5.29
13	高邮法院	被扬州市政法委表彰为涉法涉诉信访工作先进集体	2012.2.21
14	法警大队	被高邮政法委表彰为全市政法系统先进基层党组织	2012.6.28
15	高邮法院	被省高级人民法院表彰为涉诉矛盾纠纷化解工作先进集体	2012.12.11
16	高邮法院	被高邮市委市政府表彰为平安高邮建设工作先进单位	2012.2
17	高邮法院	被高邮市信访工作领导小组表彰为信访工作先进单位	2012.2
18	三垛法庭	被省高级人民法院表彰为全省优秀人民法庭	2012.6
19	行装科	被扬州市公安局表彰为 2011 年度全市安全行车合格车队	2012.6
20	行装科	被省财政厅表彰为 2011 年全省政法经费保障绩效考核优秀单位	2012.9
21	送桥法庭	(2012)邮法建第 9 号被省高级人民法院表彰为 2012 年度全省人民法庭优秀司法建议书	2013.1.4
22	三垛法庭	被三垛镇党委政府评为信访维稳工作先进单位	2012.1
23	三垛法庭	被三垛镇党委政府评为群众满意基层站所	2012.1
24	三垛法庭	(2012)邮法建第 2 号被省高级人民法院表彰为 2012 年度全省人民法庭优秀司法建议书	2013.1.4
25	少年庭	被省高级人民法院表彰为全省法院廉洁司法示范庭	2012.3.14
26	高邮法院	被市委表彰为关心下一代工作“五有五好”先进集体	2012.12.10

表3－60　2012年高邮法院个人受表彰情况统计

序号	个人	受表彰情况	备注
1	冯玉璋	被扬州政法委、人社局表彰为人民满意政法干警	2012.1.31
2	夏敏	被扬州中院表彰为“十佳调研能手”	2012.2.13
3	赵广才	扬州中院读书竞赛奖	2012.2.14
4	邱庆明	扬州中院精品案件竞赛奖	2012.2.14
5	李红梅	扬州中院十佳裁判文书竞赛奖	2012.2.14
6	董文彬	扬州中院优秀合议庭竞赛奖	2012.2.14
7	何寿青	扬州中院司法服务标兵竞赛奖	2012.2.14
8	徐智渊	被省高级人民法院表彰为调解能手	2012.2.22
9	徐智渊	被扬州中院记个人三等功	2012.2.20
10	钱敏	被扬州中院记个人三等功	2012.2.20
11	时金泉	被高邮市委表彰为组织工作先进个人	2012.2.24
12	许云霞	被高邮市委表彰为优秀纪检监察干部	2012.2.24
13	杨颖	被高邮市总工会表彰为五一巾帼标兵	2012.3
14	姚剑	被扬州中院表彰为优秀法官	2012.2.15
15	龙启祥	被省高级人民法院记个人二等功	2012.3.15
16	刘艳	被高邮共青团表彰为优秀共青团员	2012.5.8
17	王云鹏	被高邮共青团表彰为优秀共青团员	2012.5.8
18	何寿青	被扬州政法委表彰为2009～2011年度法治扬州建设先进个人	2012.6.15
19	时金泉	被高邮政法委表彰为优秀党务工作者	2012.6.28
20	董同平	被高邮政法委表彰为优秀共产党员	2012.6.28
21	徐智渊	被高邮政法委表彰为优秀共产党员	2012.6.28
22	钱敏	被高邮政法委表彰为优秀共产党员	2012.6.28
23	徐智渊	被省高级人民法院表彰为涉诉矛盾纠纷化解工作先进个人	2012.12.11
24	冯玉璋	被扬州政法委、扬州人社局表彰为“人民满意政法干警”	2012.2
25	范启勇	(2011)邮法建字第0012号被省高级人民法院表彰为优秀司法建议书	2012.2.28
26	谢茜	被扬州市社区矫正工作领导小组表彰为社区矫正工作先进个人	2012.1
27	胡玲玲	被扬州市社区矫正工作领导小组表彰为社区矫正工作先进个人	2012.1
28	胡玲玲	被高邮市妇女联合会表彰为高邮市优秀巾帼志愿者	2012.1
29	胡玲玲	被江苏省综治委表彰为全省社区矫正工作先进个人	2011.11
30	吴国宏	被高邮市信访工作领导小组表彰为信访工作先进个人	2012.2

续表

序号	个人	受表彰情况	备注
31	朱文浩	被扬州市公安局表彰为2011年度全市优秀车管干部	2012.6
32	杨颖	被高邮市政府妇女儿童工作委员会授予先进个人荣誉称号	2012.5
33	杨颖	被高邮市总工会授予"五一巾帼标兵"称号	2012.3
34	董文彬	被高邮市三垛镇党委政府表彰为信访维稳工作先进个人	2003.1
35	陈兆辉	被高邮社会治安综合治理委员会表彰为平安建设工作先进个人	2012.2.14
36	雍志飞	被高邮社会治安综合治理委员会表彰为优秀法制副校长	2012.2.14
37	雍志飞	被高邮关心下一代工作委员会表彰为关心下一代工作优秀志愿者	2012.12.10
38	陈兆辉	被扬州市委市政府记全市社会治安综合治理个人三等功(扬发201169号文件)	2011.10.28
39	许云霞	被高邮市纪律检查委员会表彰为信访工作先进个人	2012.2.24
40	许云霞	被高邮市预防职务犯罪工作委员会表彰为预防职务犯罪工作先进个人	2011.10.17
41	许云霞	被高邮市委表彰为优秀纪检监察干部	2011.2.26

表3-61 2013年高邮法院部门受表彰情况统计

序号	部门	受表彰情况	备注
1	高邮法院	被省高级人民法院表彰为全省法院推进社会管理创新和维护社会稳定工作先进集体	2013.1.28
2	高邮法院	被省高级人民法院表彰为2012年度全省法院审判绩效先进集体	2013.1.28
3	少年庭	被高邮政法委表彰为廉洁执法示范岗	2013.1.31
4	送桥法庭	被高邮政法委表彰为廉洁执法示范岗	2013.1.31
5	高邮法院	被扬州中院表彰为"司法创新竞赛"活动三等奖	2013.2.22
6	高邮法院	被高邮妇女联合会表彰为2012年度机关事业单位先进妇女组织	2013.1.11
7	高邮法院立案庭	被扬州市委政法委表彰为涉法涉诉信访工作先进集体　扬委法(2013)5号	2013.2.26
8	民四庭	被省高级人民法院记集体二等功一次　苏高法(2013)89号	2013.4.7
9	行装科	被省财政厅授予2012年政法转移支付资金绩效考评优秀奖	2013.9.24
10	行装科	被扬州公安局表彰为2012年度全市安全行车合格车队	2013.5.3
11	三垛法庭	被扬州中院表彰为"三创"工作优化服务奖	2013.2

续表

序号	部门	受表彰情况	备注
12	办公室	被高邮市人大常委会表彰为全市人大宣传工作先进集体	2013.3
13	少年庭	被扬州中院表彰为2012年度“十篇优秀司法建议”	2013.3.18
14	法警大队	被高邮机关工委表彰为“五好”党支部	2013.12
15	法警大队	被扬州中院表彰为扬州市全体司法警察业务技能竞赛队列第一名	2013.4
16	刑　庭	被高邮社会管理综合治理委员会表彰为优秀维权岗	2013.12.16
17	刑　庭	被高邮依法治市领导小组表彰为公正司法示范点	2013.1.8

表3－62　2013年高邮法院个人受表彰情况统计

序号	个人	受表彰情况	备注
1	时金泉	被省高级人民法院表彰为政治工作先进个人	2013.1.25
2	钱敏	被高邮政法委表彰为廉洁执法标兵	2013.1.31
3	姚剑	被高邮政法委表彰为廉洁执法标兵	2013.1.31
4	李红	被扬州中院表彰为文明服务标兵	2013.2.22
5	吴国宏	被扬州中院表彰为优秀法官	2013.2.22
6	谢孝卫	被扬州中院表彰为办案能手	2013.2.22
7	吴磊	被扬州中院表彰为办案能手	2013.2.22
8	赵广才	被扬州中院表彰为读书调研能手	2013.2.22
9	陈业康	被扬州中院表彰为矛盾化解能手	2013.2.22
10	徐智渊	被扬州中院在十佳裁判文书竞赛中评为十佳裁判文书	2013.2.22
11	刘星农	被扬州中院表彰为司法服务标兵	2013.2.22
12	张玮	被扬州中院表彰为书记员标兵	2013.2.22
13	杨文权	被扬州中院表彰为司法警察标兵	2013.2.22
14	徐智渊	被扬州中院在精品案件竞赛中评为精品案件	2013.2.22
15	范启勇	被扬州中院记个人三等功	2013.2.22
16	吴磊	被扬州中院记个人三等功	2013.2.22
17	陈兆辉	被扬州市委市政府记个人三等功	2013.2.22
18	何寿青	被高邮依法治市领导小组表彰为法治高邮建设工作先进个人	2012.2.15
19	许云霞	被高邮市纪律检查委员会表彰为信访工作先进个人	2013.2.17
20	许云霞	被扬州市委政法委表彰为涉法涉诉信访工作先进个人　扬委法(2013)5号	2013.2.26

续表

序号	个人	受表彰情况	备注
21	胡玲玲	被省高级人民法院记个人二等功一次　苏高法(2013)89 号	2013.4.7
22	龙启祥	被省高级人民法院表彰为优秀法官　苏高法(2013)89 号	2013.4.7
23	龙启祥	被省高级人民法院、省人社局、公务员局表彰为全省法院系统先进工作者　苏人社发(2013)53 号	2013.4.23
24	何寿青	被省高级人民法院表彰为全省法院新闻宣传工作先进个人　苏高法(2013)225 号	2013.8.6
25	钱敏	被高邮市机关工委表彰为优秀党务工作者　邮机字(2013)44 号	2013.6.25
26	刘星农	被高邮市机关工委表彰为优秀共产党员　邮机字(2013)44 号	2013.6.25
27	胡玲玲	被高邮市机关工委表彰为优秀共产党员　邮机字(2013)44 号	2013.6.25
28	吴磊	被高邮市机关工委表彰为优秀共产党员　邮机字(2013)44 号	2013.6.25
29	雍志飞	被扬州中院表彰为 2013 年度全市法院“十佳合议庭”　扬中法(2013)154 号	2013.11.22
30	雍志飞	被扬州中院表彰为优秀裁判文书　扬中法(2013)168 号	2013.12.18
31	王景	被高邮市城镇妇女活动领导小组授予“巾帼岗位明星”	2012.12
32	雍志飞	被高邮市妇女联合会评为“十佳爱心妈妈”	2013.6
33	杨晓莉	被高邮市财政局表彰为 2011～2012 年度全市先进会计工作者	2013.4.26
34	郭秀丽	被扬州市财政局表彰为 2012 年度会计人员网络继续教育培训学习优秀奖	2013.11
35	朱文浩	被扬州市公安局表彰为 2012 年度优秀车管干部	2013.5.3
36	董文彬	被扬州中院表彰为优秀庭审　扬中法(2013)140 号	2013.10.15
37	何寿青	被高邮社会管理综合办公室表彰为平安高邮建设工作先进个人	2013.1.15
38	陈兆辉	被高邮市综治委评为优秀法制副校长	2013.7
39	余荣杰	荣获扬州市委组织部举办的“扬州市十八大知识竞赛”三等奖	2013.4
40	余荣杰	荣获高邮市政法委举办的“法治江苏建设高层论坛”征文二等奖	2013.10.10
41	唐春艳	被省法警总队表彰为全省司法警察业务理论知识考试先进个人	2013.10
42	唐春艳	被扬州中院表彰为全市司法警察业务理论知识学习竞赛先进个人	2013.12
43	杨文权	被扬州中院表彰为扬州市全体司法警察业务技能竞赛优秀学员	2013.4

续表

序号	个人	受表彰情况	备注
44	杨薇	被扬州中院表彰为扬州市全体司法警察业务技能竞赛优秀学员	2013.4
45	杨文权	被扬州中院表彰为全市司法警察业务理论知识学习竞赛先进个人	2013.12
46	张鸿翔	被扬州中院表彰为全市司法警察业务理论知识学习竞赛先进个人	2013.12
47	张鸿翔	扬州中院象棋比赛集体第二名	2012.9
48	王美进	被扬州中院表彰为全市司法警察体能达标活动先进个人	2013.12
49	王光宇	被扬州中院表彰为全市司法警察体能达标活动先进个人	2013.12
50	胡玲玲	被扬州市综治委表彰为社区矫正先进个人	2013.1
51	范启勇	被扬州市综治委表彰为社区矫正先进个人	2013.1
52	金晓丽	被扬州市综治委表彰为社区矫正先进个人	2013.1

表 3－63　2014 年高邮法院部门受表彰情况统计

序号	部门	受表彰情况	备注
1	高邮法院	被扬州中院记集体三等功一次　扬中法(2014)19 号	2014.2.13
2	高邮法院	被扬州中院表彰为司法创新竞赛三等奖　扬中法(2014)24 号	2014.1.27
3	高邮法院	被高邮市委表彰为 2013 年度全市党建工作先进集体三等奖　邮发(2014)14 号	2014.1.29
4	高邮法院	被高邮市统战部表彰为 2013 年度统战宣传信息工作三等奖　邮委统(2014)1 号	2014.2.18
5	高邮法院	被高邮市妇女联合会表彰为 2013 年度机关事业单位先进妇女组织　邮妇发(2014)3 号	2014.1.2
6	行装科	被扬州市公安局表彰为 2013 年度安全行车合格车队	2014.3.13
7	高邮法院	被高邮市总工会表彰为先进职工之家	2014.4.23
8	高邮法院	被高邮市委表彰为 2011 ~ 2013 年度市级机关部门挂钩帮扶经济薄弱村工作先进单位	2014.7.30
9	高邮法院	被扬州市政法委表彰为涉法涉诉信访工作先进集体	2014.9.1

表3-64 2014年高邮法院个人受表彰情况统计

序号	个人	受表彰情况	备注
1	金晓丽	被扬州中院表彰为全市优秀法官 扬中法(2014)19号(奖金已发)	2014.2.13
2	刘星农	被扬州中院记个人三等功一次 扬中法(2014)19号(奖金已发)	2014.2.13
3	金晓丽	被高邮综治委表彰为平安高邮建设工作先进个人 邮综(2014)2号	2014.2.14
4	陈兆辉	被高邮综治委表彰为优秀法制副校长 邮综(2014)2号	2014.2.14
5	朱远军	被扬州中院表彰为读书调研能手 扬中法(2014)24号(奖金已发)	2014.1.27
6	嵇晓红	邮行初字第0007号案件被扬州中院表彰为精品案件 扬中法(2014)24号(奖金已发)	2014.1.27
7	雍志飞	(2011)邮少民初字第0017号被扬州中院表彰为优秀裁判文书(奖金已发)	2014.1.27
8	雍志飞	被扬州中院表彰为优秀合议庭 扬中法(2014)24号(奖金已发)	2014.1.27
9	吴 磊	被扬州中院表彰为办案能手 扬中法(2014)24号(奖金已发)	2014.1.27
10	王传明	被扬州中院表彰为矛盾化解能手 扬中法(2014)24号(奖金已发)	2014.1.27
11	周 曙	被扬州中院表彰为司法服务标兵 扬中法(2014)24号(奖金已发)	2014.1.27
12	许云霞	被高邮市纪委、高邮市监察局表彰为2013年度信访工作先进个人 邮纪委(2014)3号	2014.1.27
13	朱文浩	被扬州市公安局表彰为2013年度优秀车管干部	2014.3.13
14	杨 颖	被扬州市总工会表彰为扬州市五一巾帼标兵	2014.3.4
15	吴国宏	被扬州市委、扬州市人民政府表彰为2013年度信访工作先进个人	2014.3.17
16	吴 磊	被扬州中院表彰为十佳法官 扬中法(2014)96号	2014.6.10
17	龙启祥	被扬州中院表彰为十佳法官 扬中法(2014)96号	2014.6.10
18	时金泉	被高邮市委表彰为2011~2013年度市级机关部门挂钩帮扶经济薄弱村工作先进个人	2014.7.30
19	董文彬	被省高级人民法院表彰为2012~2013年度全省“优秀人民法庭庭长”	2014.11.27
20	嵇晓红	被扬州中院表彰为2013年度全市法院精品案件	2014.11.28

6. 法院物质保障

（1）两庭建设情况

所谓两庭建设，是指人民法院审判法庭建设和基层人民法庭建设。

审判法庭建设（审判办公综合楼）于2007年完成，总面积约12,000平方米，总投资2200万元，其中1997年投资1200万元完成约5500平方米，2007年另择一地投资1000万元完成约6500平方米，两地相距200米。

2013年2月，高邮市人民法院异地新建的审判法庭正式动工（现有的“一院两地”格局因不方便人民群众诉讼，不利于司法安全、审判法庭建设严重不达标及增加司法行政管理成本等原因，2012年6月经扬州市发改委批复立项，同意择地新建审判法庭），新工程将于2015年上半年竣工交付使用。现有的两座审判办公综合楼将变现，资金投入新工程建设使用。

人民法庭建设：高邮市人民法院现有三垛、界首、送桥和经济开发区4个基层人民法庭。其中，三垛、界首、送桥法庭于2004年全部完成，开发区法庭于2012年经江苏省高级人民法院批复同意设立，2014年1月正式在开发区租地办公，开展审判工作。三垛法庭于2002年12月投资126万元建成，建成后的三垛法庭分生活区和办公、审判区，建筑面积1300平方米，占地面积约4亩。界首法庭前身是临泽法庭，于2004年年初撤销，改称为界首法庭。界首法庭于2004年9月开始建设，当年12月底建成，建筑面积1143平方米，占地面积近5亩（4.8亩），总投资120万元。送桥法庭于2002年12月投资57万元改建和扩建，改建后的送桥法庭建筑面积892平方米，占地面积约1.2亩。

（2）经费保障情况

一是基本经费有了保障。高邮属经济欠发达地区，是省财政转移支付县，经济发展相对其他县市尚有较大的差距，高邮市人民法院的经费保障得到了市委、市人大、市政府的重视和上级法院的支持，特别是江苏省财政厅、江苏省高级人民法院、江苏省人民检察院于2006年9月制定下发了苏财行〔2006〕38号《关于制定全省县级人民法院、人民检察院公用经费保障标准的意见》文件后，市财政部门也相应制定了公用经费保障标准的文件，确定法院人均公用经费最低保障标准为3.2万元，人员经费足额发放。与此同时，为弥补办案办公经费不足的问题，在执行“收支两条线”的前提下，对诉讼费和罚没收入确定一定的基数后，超过部分按一定比例返还法院。

二是专项资金保障办案。2008年开始，中央对政法机关办案实行了专项资金保障。保障资金数额主要根据各地经济发展水平、当年办案数及上年度使用该资金效果考核成绩综合确定。资金又分用于购置办案设备和办案支出两个专项，确保做到专款专用。专项资金的拨付极大地弥补了办案费用的不足。

（3）诉讼费管理情况

一是严格按规定收取和管理诉讼费。在诉讼收费工作中做到：首先在诉讼费收取标准方面，按照《诉讼费交纳办法》，将收费项目和标准作为审务公开的内容在诉讼服务中心公开陈列，并印制成诉讼指南，放在立案窗口的醒目位置，以方便群众监督，不存在收取实际执行费和其他诉讼费等违规收费行为；其次加强票据的管理，诉讼费由财务部门在立案大厅设专门窗口，安排专人收取、结算，规定各业务部门不得收取任何费用。与此同时，加强诉讼费专用票据的管理,实行了分级管理的方法,诉讼费专用票据由开户银行直接与财政部门领取。院财务部门按财政部门要求,领取高邮市行政事业性收费缴款通知单,立案大厅与院财务部门领取,收费人员凭该通知单开具诉讼费发票,并每日向院财务部门填日报表报账,凭诉讼费发票和收费缴款通知单向银行报账;第三是严格落实"收支两条线",每天收取的费用都足额缴入财政专户。

二是加强基层法庭收费的管理。从 2005 年开始,为方便当事人诉讼,高邮市人民法院三个基层法庭有了立案权,为加强基层法庭诉讼收费的管理,会计室制定了《关于基层法庭收取诉讼费的要求》,规定在收取诉讼费的当日要将款项解缴到当地农行,每周三将上周诉讼费的周报表交会计室,2009 年 6 月根据人员调整的情况,对基层法庭收费工作又作了强调。同时加强基层法庭诉讼费票据的管理,高邮市人民法院财务部门与财政部门领取,收费人员与院财务部门领取,并实行旧存根换新票据的形式,逐本登记,基层法庭同样领取收费缴款通知书,凭诉讼费发票和收费缴款通知单向院财务部门报账。同时加强对基层法庭诉讼收费人员进行业务指导,解决他们在工作中遇到的实际问题。

三是适应工作需要,改革收费形式。为了加强诉讼费管理,减少退费手续,减轻当事人负担,2009 年 5 月对诉讼费办理程序作了变动,规定民商事案件在立案时,由立案庭(含各基层人民法庭)按收费标准,减半收取诉讼费用(诉讼标的超过 5 万元及在立案时适用普通程序的案件除外),对审理过程中由简易程序转为普通程序审理的案件如何补缴诉讼费也作了具体规定。对调解结案、当事人撤诉、适用简易程序的案件减半收取费用,在履行退费审批手续(由案件承办人、庭负责人、分管财务的院负责人三级审批)的前提下,按规定予以退费。

四是加强涉案款物管理方面。一方面加强执行款的收取:设立了专门账户,专人管理。对汇至银行的每笔案件款都记明来源、金额,出具暂收款收据;对现金交付的执行款,在诉讼服务大厅设立专门窗口收取,出具收据,每天足额上缴执行款账户,并向财务室报账。另一方面加强执行款的兑付:由案件承办人如实填写案件款兑现审批表;庭负责人审查;院负责人审批,是执行案件的由分管执行的院领导审批,其他案件款由院分管财务的负责人审批;严格手续,案件当事人是个人的,在领款时需出具本人身份证及收款收具;当事人是单位的需由单位出具盖有财务专用章的收据;由代理人代为领款的,还需持当事人的授权委托书。

(4)车辆保障和管理方面

随着政法专项资金的拨付,高邮市人民法院公务用车特别是执法执勤用车方面的情况持续改善,至目前,全院有公务用车 26 辆,其中执法执勤用车 24 辆。4 个基层法庭配有执法执勤用车 7 辆,基本满足了办案办公的需要。

在车辆管理方面,随着上级法院及地方关于警务用车、公务用车管理规定的不断加强,高邮市人民法院也积极响应,结合用车的实际情况,将上级的要求落实在本院的用车管理规定中。目前对公务用车的管理主要采取集中管理和定点使用相结合的方法,对 4 个基层法庭及执行局明确专人专车定点使用;对各业务庭采取部门申请,由车辆主管科室(行装科)集中派车的方式。同时在院部或部门有重大行动需集中用车时,由行装科统一调配全院车辆及驾驶员,以保证重大突发事件的用车保障需要。

(5)其他保障方面

主要是智能化建设得到了长足的发展。随着信息化时代的到来和加大司法公开公正的力度,以满足人民群众不断提高的司法需求,高邮市人民法院近10年来在智能化建设方面舍得投入,用好用足专项资金中的设备专款,实施了科技审判法庭的"三同步"建设(同步录音、录像、同步展示以及现在的传输)、诉讼服务中心查询、服务系统建设、执行指挥中心指挥平台建设、数字档案系统建设、互联网直播系统建设、远程提讯系统建设等方面,加上后期维保、更新,每年投入资金200万元左右,确保了审判工作的高效、便捷,让司法审判工作在全社会的监督下阳光进行。

7. 司法调研

(1)审判经验总结

未成年人违法犯罪的多层次因素需要社会综合治理系统来克服。高邮市人民法院充分认识到参与社会综合治理对预防和控制未成年人违法犯罪的重要价值,并在逐渐成型的固有制度上不断探索,于2010年制定和实施未成年人刑事恢复性司法制度,高邮市人民法院结合自身实践总结出未成年人刑事恢复性司法的内涵:"在未成年人刑事案件中,本着'教育、感化、挽救'方针和'教育为主、惩罚为辅'原则,针对未成年人的生理、心理特征,以审慎的态度,利用刑事和解、前科消灭等方式,修复和整合因未成年人犯罪造成的社会关系破坏,缓和对抗冲突,恢复社会关系常态,并通过机制创新,延伸和扩大对未成年人权利的特殊和优先保护,促进社会和谐。"未成年人刑事恢复性司法制度是高邮市人民法院积极调动社会资源力量、延伸审判职能的新举措,自实施以来收到良好的法律和社会效果。

(2)公报案例及年度案例

①丁启章诉江苏京沪高速公司等因未及时清理路障引发交通事故损害赔偿纠纷案:江苏省高级人民法院公报参阅案例审判摘要2014年第五辑。

②陈玉英等诉溧阳市公路运输有限公司等道路交通事故人身损害赔偿案:中国法院2014年度案例。

(3)高邮市法院历年调研成果刊用及获奖情况

1998年全院共发表调研文章90篇,其中国家级3篇、省级46篇、市级39篇、县级2篇。

1999年,全院共发表调研文章112篇,其中国家级11篇;省级48篇;地市级47篇;县级6篇。有3人分别获得省高级人民法院调研论文评比二等奖和扬州法院调研论文评比一等奖、审判方式改革专题论文评比三等奖和《审判研究》"昆山鹿城"征文评比优秀论文奖,还有1篇格式案例入编最高人民法院《审判要览》。

2001年,全院干警共发表调研文章253篇,其中国家级45篇,省级130篇,地市级76篇,区县级2篇。

2002年,全院共发表各类调研文章185篇,其中国家级的40篇;省级的88篇;地市级以下的57篇。有3篇案例被《审判案例要览》录用。获全省法院系统调研先进集体"六连冠"。

2003年,全院共发表调研文章265篇,其中国家级94篇、省级121篇、地市级50篇;有3篇案例被《审判案例要览》录用。

2004年,全院共发表调研文章328篇,其中国家级57篇,省部级118篇。1篇获得省院三等奖,1篇获得中院优秀调研课题奖,1篇被扬州市政法委评为政法综治调研文章优秀奖;案例编写报送工作稳步发展,连续三年获得中院"案例报送组织工作先进奖"。

2005年,共发表各类调研文章213篇,其中国家级27篇,省级83篇,地市级44篇,中国法院网59篇。

2008年,全院在各级纸、期报刊发表的调研文章共计128篇,其中国家级的7篇,省级的91篇,地市级的20篇,县市级的1篇,中国法院网4篇,江苏法院网5篇。

2009年,全院在各级报纸、期刊发表的调研文章共计159篇,其中国家级的8篇,省级的122篇,地市级的25篇,县市级的2篇,中国法院网2篇。

2010年,全院在各级报纸、期刊上发表的调研文章总数为135篇,其中国家级为7篇、省级为112篇、地市级为12篇、区县级1篇、江苏法院网3篇。1篇获扬州市政法委法治征文论文一等奖;1篇论文和1篇专题调查报告分别获省院优秀调研成果优秀奖和三等奖,2篇论文分别获最高人民法院专题征文优秀奖和三等奖。

2011年,全院在各级报纸、期刊上发表的调研文章总数为151篇,其中国家级为22篇、省级为108篇、地市级为17篇、区县级3篇、江苏法院网1篇。1篇论文获省高级人民法院专题征文二等奖,1篇论文获最高人民法院专题征文三等奖。

2012年,全院在各级报纸、期刊上发表的调研文章总数为225篇(去年为151篇),其中国家级为9篇、省级为84篇、地市级为96篇(非法制刊物按市级)、区县级25篇,网络11篇。其中省级研讨会三等奖论文2篇、扬州市级一等奖1篇、二等奖1篇、三等奖2篇、高邮市级一等奖2篇、二等奖1篇、三等奖2篇。

2013年,全院在各级报纸、期刊上共发表调研文章86篇,其中国家级为11篇、省级为55篇、地市级为18篇、区县级2篇;在"江苏法院网"共发表调研文章169篇。国家级三等奖论文1篇;省级年会三等奖论文1篇、研讨会优秀奖论文1篇、二等奖论文1篇、学术讨论会三等奖论文1篇、学术讨论会优秀奖论文1篇;扬州市级年会优秀奖论文1篇、学术论文二等奖论文1篇、学术论文三等奖论文1篇、学术论文优秀奖论文1篇;高邮市级二等奖论文1篇、三等奖论文1篇。

2014年,全院在各级期刊及网站上共发表调研文章170余篇。其中国家级9篇,省级65篇,市级40篇,县区级2篇,网络媒体54篇。当年涌现了大批优秀获奖文章,其中国家级二等奖1篇、三等奖2篇;省级一等奖1篇、三等奖2篇、优秀奖1篇;市级一奖1篇、二等奖1篇、三等奖1篇、优秀奖1篇。

第五节 司法行政机关

一、基本概况

1. 主要职能

一是贯彻执行司法行政工作的方针、政策和法律、法规、规章,制定全市司法行政工作的规范性文件,编制全市司法行政工作中长期规划和年度计划并监督实施。

二是制定全市法制宣传与普法教育规划、年度计划并组织实施,指导、协调、督促各乡镇

(园区)和各部门、各行业的普法工作。

三是指导、管理、监督全市法律服务工作,指导、监督全市法律服务机构和社会法律咨询机构工作,负责全市律师、公证员和法律服务工作者执业证申领及注册初审工作,规范和管理全市的法律服务市场。

四是指导监督全市人民调解工作,指导全市社会矛盾纠纷调解工作,参与社会治安综合治理工作,承担市社会矛盾纠纷调解工作领导小组的日常工作。

五是管理和指导乡镇(园区)司法所工作。

六是负责编制社区矫正发展规划和工作计划,牵头组织职能部门和社区力量开展社区矫正工作;承担市社区矫正工作领导小组办公室的日常工作;协调和指导全市刑释解教人员的帮教安置工作;承担市刑释解教人员帮教安置工作领导小组办公室的日常工作。

七是指导全市司法行政系统的法制建设,负责全市司法行政系统行政复议、应诉、行政执法及国家赔偿工作;参与行政执法监督检查工作;指导全市司法行政系统的外事和涉港、澳、台工作,开展法律交流与合作。

八是管理和指导全市法律援助、法律顾问和"12348"法律咨询工作。

九是指导全市司法行政系统的物资装备建设,管理直属单位的国有资产,负责内部审计工作。

十是负责全市司法行政系统的队伍建设和思想政治工作。

十一是归口管理扬州市律师协会高邮分会、扬州市基层法律服务工作者协会高邮分会、扬州市公证员协会高邮分会工作。

十二是承办市政府和上级机关交办的其他事项。

2. 内设机构

市司法局内设 8 个职能科室以及 1 个直属单位:

(1)办公室(挂"法制科"牌子)

协调机关日常工作;负责全市司法行政工作发展的中长期规划和年度工作计划的起草并监督实施;负责局机关重大政务活动的组织实施和监督、督办;负责局综合性文件的起草、审核;负责局文秘、信息、统计、档案、信访、保密、通信、外事接待及涉港、澳、台工作;负责全系统服装、车辆、办公室设备等装备物资的管理工作;管理局机关及直属单位各项经费和国有资产;负责局机关内部的审计工作,指导系统内的财物工作和基建工作;负责系统内的法制宣传教育;负责系统内行政复议、应诉、行政执法和国家赔偿工作。

(2)法制宣传科

指导、协调全市法制宣传教育工作,负责拟订全市法制宣传教育工作规划;组织对法制宣传教育工作的检查、考核;协助做好副乡局级以上干部的学法、法制培训、轮训工作;参与、指导、协调社会法学教育工作。

(3)公证律师管理科

管理、指导、监督全市律师、公证工作;拟订全市律师、公证工作发展规划并组织实施;协助做好律师事务所设立、变更、撤销的审核、报批工作;监督、检查全市律师、公证员执业情况;负责律师、公证员执业证的发放、注册工作;配合做好律师、公证员专业职务评聘工作;负责公职律师的申报、管理工作;承担扬州市律师协会高邮分会、扬州市公证员协会高邮分会的日常工作。

(4)基层工作管理科

指导全市乡镇(园区)司法所工作;参与社会治安综合治理工作;指导管理全市基层法律服务工作,负责基层法律服务机构设立、变更、撤销和法律服务工作者年检注册的审核、申报工作;监督检查司法所开展司法行政工作情况以及法律服务所和法律服务工作者的执业情况;承担扬州市基层法律服务工作者协会高邮分会日常工作。

(5)社区矫正工作科(挂"帮教安置工作科"牌子)

协调、指导、监督全市社区矫正工作和刑释解教人员帮教安置工作,指导各司法所做好对社区矫正对象的监督考察、教育帮助、考核奖惩等工作;负责编制全市社区矫正和帮教安置发展规划和工作计划,并组织实施;承担市社区矫正工作领导小组和帮教安置工作领导小组办公室日常工作。

(6)法律援助工作科(挂"高邮市法律援助中心"牌子)

拟订全市法律援助工作的计划并组织实施;指导、管理全市法律援助工作;负责全市法律援助基金的筹集,并监督其使用;直接受理法律援助案件和事项,组织承办在全市有重大影响的法律援助案件和全市公益性法律援助事项;组织指导"12348"法律服务咨询工作,承担"12348"分流的重大、疑难案件和事项的办理工作。

(7)社会矛盾纠纷调处服务科

承担全市社会矛盾纠纷的接待受理、分流指派、协调调度和督办指导,直接调处或与有关部门联合调处重大疑难矛盾纠纷;承担市社会矛盾纠纷调处服务中心的日常工作,指导监督全市人民调解工作;管理和指导全市基层的人民调解工作,参与调解因民间纠纷引发的突发性、群体性纠纷;负责全市人民调解委员会主任的业务培训。

(8)政工科

拟订全市司法行政系统队伍建设和思想政治工作规划并组织实施;负责公证员、律师专业职称评聘工作;负责系统内人事管理、机构编制等工作;负责局机关和直属单位的党团组织、计划生育和老干部管理服务工作;承担局党组和局党总支的日常工作;负责系统内干部考核和人员聘任、奖惩工作。

(9)直属单位:公证处

为司法局直属行政机构。其职责是:根据法律、法规和事实,负责办理证明法律行为和有意义的法律文书、事实的真实性、合法性,并办理与公证相关的其他法律事务。

3. 人员结构:局机关人员基本为政法专项编制。公证处人员为事业编制。

4. 目标定位:紧紧围绕社会主义法治建设总目标,把十八届四中全会精神和习近平总书记重要讲话精神学习好、宣传好、落实好,为全面推进法治高邮建设提供坚实保障。

5. 履责情况

(1)狠抓普法工作,推进普法依法治理。

(2)狠抓人民调解工作,大量化解社会矛盾纠纷。

(3)强化社区矫正和安置帮教工作,有效遏制重新犯罪。

(4)狠抓法律服务,提供优质高效的法律保障。

(5)开展法律援助,维护困难群众的合法权益。

(6)强化司法所建设,提升基层基础战斗力。

二、矛盾纠纷调处

1. 排查报告制度

全市共建立227个责任网格单元、1935个基础网格单元和78个独立网格单元,聘请纠纷信息员2000余名,真正建立了横向到边,纵向到底的纠纷排查调处网络。市级调处中心按照每月一次、乡镇调处中心按照每月两次的标准进行矛盾纠纷分析研判并形成会议纪要,对于重大突出矛盾隐患进行个案分析,明确包案单位领导和化解措施。严格执行矛盾纠纷“零报告”制度,每月底各乡镇将本月矛盾纠纷排查情况报送市调处中心。

2. 专业调解队伍

目前,全市共有各级各类人民调解组织392个,其中乡镇调委会13个,村(社区)调委会227个,企事业单位调解组织140个,行业性调委会12个,全市共有调解员1765人,其中专职调解员473人,初步形成了以乡镇人民调解委员会为主导,以村(社区)人民调解委员会为基础,以行业性、专业性人民调解委员会为补充,上下贯通、左右联调的人民调解组织网络体系,为全方位开展人民调解工作提供了可靠的组织保障。

3. 调解对接情况

我市成立大调解对接机制协调小组,主要任务是加强市社会矛盾纠纷调处服务中心与信访、公安、检察院、法院等部门的联系协调,各乡镇也成立了相应的组织。在健全组织的基础之上,市司法局与市法院联合下发《关于开展诉前调解工作着力化解社会矛盾的实施意见》,2013年市司法局与法院联合下发《进一步加强和规范诉前调解工作的实施意见》。与市公安局联合下发《公安110接处警与社会矛盾调处对接工作实施办法》《高邮市村级公调对接实施办法》和考核细则,从制度层面上加强公调、诉调对接工作的开展。一是对基层政法部门通报的重大疑难矛盾纠纷和群体性事件,各基层政法部门提前介入,集体参与调处,消除诉讼隐患。乡镇调处中心在派出所设立调解室,与公安派出所相互派员参与矛盾纠纷调处工作,派出所明确一名公安干警与司法所共同负责人民调解工作。市法院在有关乡镇设立司法服务站,定期选择典型案例进行剖析讲解,并邀请所在基层政法部门工作人员和人民调解员旁听。同时采取民事审判法官进社区(村),与乡镇调处中心和社区调解组织定期沟通,对一些简易民事纠纷进行解答,消除居(村)民疑虑,将矛盾纠纷消灭在萌芽状态。二是在三个基层法庭设立人民调解员培训基地,分期分批安排人民调解员到法庭学习培训,促进调解员业务技能提升。近年来,举办人民调解员培训班10期,培训人民调解员850人次。三是市13个乡镇司法所长和部分专职调解员从法院领取了“特邀调解员”的聘书,聘期5年,这是高邮司法行政部门和法院系统合作,加强诉前调解的新举措。市法院本部及三个基层法庭分别聘请一名专职调解员入驻法院人民调解室参与诉前调解,充分发挥社会力量参与社会矛盾的化解,有效缓解法院“案多人少”的矛盾。四是对司法所通报的辖区内的重大疑难矛盾纠纷和群体性事件,人民法庭视情况提前介入,共同做好调处工作,消除诉讼隐患,近年来来调处重大矛盾纠纷和群体事件10起。五是人民法庭受理司法所调解未达成协议的矛盾纠纷,法庭调取司法所调解笔录或其他证据,并邀请参加了调解的有关人员共同调解,力促达成调解协议,调解达成协议后,双方当事人认为有必要的,可以自调解协议生效之日起三十日内共同向人民法庭申请司法确认,人民法庭及时对调解协议进行审查,依法确认调解协议的效力。

4. 专业调解组织

以推进医疗纠纷调委会实体化运行为重点，积极推进矛盾“六大调解组织”工作新发展，提升全市专业性调委会建设。

(1)2014 年 1 月，高邮市政府借鉴天津市政府的做法，组建了高邮市医疗纠纷人民调解委员会(以下简称市医调委)，并利用原卫校部分教室，修缮、落实 6 间办公场所，设置了监控系统，添置了电脑等办公设备；另从公安、司法、法院、卫生系统抽调了 4 名退休(或二线)专业人员，从大专院校毕业生聘用 2 名文秘、计算机专业工作人员。2014 年 2 月 24 日高邮市政府第 14 次常务会议决定由市财政每年安排 60 万元作为市医调委工作经费，并正常拨付使用。截至目前，市医调委已经介入调处 13 起医疗纠纷，成功调处 11 起，累计赔偿患者近 70 万元，取得了一定的社会效果。

(2)高邮市道路交通事故处理调解服务中心于 2010 年 7 月 1 日正式运行。中心注重创新“4 + 3”的工作模式(行政调解、人民调解、司法调解、巡回法庭 + 交通安全宣传、快速理赔、救助基金)。三年来共受理道路交通事故民事损害赔偿案件 2235 件，调解成功 2198 件，引导诉讼 37 件，赔偿金额 23,860,540.57 元。调解成功率 98.3%，群众满意度 99%。交通安全宣传、发放资料达 3000 人次，法院确认调解协议书 725 件。先后得到了国家级、江苏法制报等各大媒体采取大篇幅向外推介。近日，根据工作需要，将道路交通事故人民调解工作室更名为高邮市道路交通事故损害赔偿人民调解委员会，确认其调解矛盾纠纷的主体地位，同时为进一步保障市道路交通调处中心高质有效运行，市公安局在城南新区选择了合适的办公大楼并进行重新布置，使中心功能更加合理，并成为附近地区道路交通事故纠纷化解的综合性机构。

(3)根据上级要求及我市实际，对征地拆迁、环境纠纷两个专业性调委会及新成立的农业纠纷调委会进行建设并达到实体性运行标准，此项工作得到市委、市政府主要领导的重视，将原市政府内政府大楼进行装修，目前各项制度已经上墙，配备了必要的办公设备，6 月 20 日左右，三大中心人员将进驻办公，承担起全市征地拆迁、环境、农业纠纷的接待处理职能。

(4)积极推进高邮市劳资纠纷调处服务中心建设，目前中心已经建成并投入运行。中心下设仲裁院、巡回法庭、人民调解工作室、法律援助工作站。市政府下发《关于加强企业诚信建设，规范劳动用工行为的实施意见》，18 个部门联动共同监管企业用工行为。各乡镇在对辖区内租赁企业征收职工工资保证金的基础上，建立欠薪应急周转金制度，并将欠薪周转金列入同级财政预算。依据企业在职职工总数确立周转金标准，企业在职职工 10,000 人以上的乡镇按不少于 80 万元、5000 人以上按不少于 60 万元、5000 人以下的按不少于 40 万元的标准。一旦有企业出现欠薪情况，当地政府将启用周转金落实职工基本生活费，并采取进一步措施依法追查欠薪行为，保障职工合法权益。因 2013 年年底我市出现多起服装企业老板欠薪逃跑导致职工上街堵路的恶性事件，政府专门发文整顿服装行业秩序规范劳动用工行为。要求新办服装企业办理工商营业执照时，必须提供市安监、消防部门验收达标资料并经所在乡镇(街道)园区审核，不符合条件的不予发放企业工商营业执照，未领取工商营业执照的服装企业市供电部门一律不供电。已办服装企业存在重大安全生产隐患，逾期未整改到位的，供电部门停止供电。职工工资保证金原则上以现金缴存(按照 6000 元/职工缴纳)，也可以以有效房产抵押，房产抵押必须由房管部门办理《他项权证》，取消其他担保形式。职工工资保证金由乡镇(街道)、园区企业主管部门代收,专户储存,当地政府负责监管。

推进其他专业性调解组织建设。截至目前,全市12个专业性调委会基本上设立了标准高、规格统一的调解室,各专业人民调解委员会按照“五有”,即有标识牌、有调解室、有印章、有规范的调解卷宗、有台账等,各项规章制度均上墙,做到了组织、阵地、制度、操作程序、卷宗制作的规范化。国土部门和专业调委会:加强土地征用及土地承包所引发矛盾纠纷的分析和研判,及时调解重复信访矛盾;每月30日召开各乡镇国土所长(分局长)会议,汇报交流各地矛盾纠纷并以简报形式报市相关领导;畅通信访渠道化解矛盾纠纷,设立“12336”“12345”举报电话,由专人负责受理电话信访举报。完善执法监察信息员制度,发挥他们在防范违法用地和预防涉土矛盾中的前沿岗哨作用;落实社会稳定风险评估工作,2013年全市共征地2906.67亩,未发生一起集访事件。建设部门和专业调委会:印制月度矛盾纠纷排查情况表,分发给重点科室,排查纠纷隐患,做到信息畅通,情况明了;实行包案调处制度,做到“四定”“三包”,即定牵头领导、定责任单位、定责任人、定办结时限,包调处、包跟踪、包反馈。工商部门和专业性调委会为有效解决目前工商行政调解与消费纠纷人民调解存在的因缺乏强制执行力,导致调解协议履行难、调解效果满意难等问题,高邮工商局与市法院、市司法局积极创新工作举措,首次实行三方对接联动,在全省率先实行司法介入消费维权纠纷化解,创设了一种消费纠纷多元调解衔接新模式。据介绍,与原来相比,此种模式的施行既提高了消费维权的司法认可性,强化了消费维权的公信力,又确保了消费投诉人民调解协议的效力,可极大节约消费者的投诉成本,增强人民调解结果的法律约束力,此做法被省厅报道。

表3-65　调解工作基本情况(2012~2014年)

调解工作基本情况(2012~2014年)				
项目		2012年	2013年	2014年
专职司法助理员(人)		22	13	—
人民调解委员会(个)		362	392	389
调解人员(人)		1687	1765	1810
调解民间纠纷(件)	婚姻家庭	208	215	242
	房屋、宅基地	38	35	40
	邻里	356	370	365
	损害赔偿	298	312	320
	其他	278	260	281

三、公共法律服务

1.保障经济发展

近年来,高邮市司法行政系统立足职能,主动服务,全力保障经济社会发展。一是服务保障经济增长。充分发挥企业法律顾问团的作用,帮助企业构建事前预防、事中控制、事后补救的法律风险防范机制。司法局组织由律师、公证员、基层法律工作者组成的法律服务团队,就企业经营合同法律风险防范进行“法律体检”。探索建立“法企合作”平台,为中小企业生产经营提供法律支持。二是服务保障重点项目和重点工程建设。积极做好重点工程施工现场和周边地区各类矛盾纠纷调处化解工作。坚持组织律师积极参与市领导接访和信访积案化解,受到市委市政府肯定。三是服务保障民生改善。全力做好困难群众法律援助。注重加强对弱势群体案件、对拖欠农民工工资案件服务、对关系社会稳定的案件服务。不断扩大"法律援助绿卡"发放范围,将触角延伸至广大农村地区。针对社会上难点、热点问题,如企业欠薪、老人赡养、家庭暴力等,主动介入,简化程序,及时提供帮助。四是服务保障依法行政。加快推进"普遍建立法律顾问制度"工作。统筹引导律师为政府转变职能提供法律帮助,为政府依法决策提供法律论证。

2. 律师法律服务

表 3-66　律师工作基本情况(1986~2014 年)

律师工作基本情况(1986~2014 年)			
项目	1986 年	1987 年	1988 年
律师事务所(个)	—	—	1
律师工作人员(人)	—	—	—
专职律师(人)	—	—	—
兼职律师(人)	—	—	—
法律顾问的单位(家)	—	—	—
民事诉讼代理(件)	—	—	—
经济诉讼代理(件)	—	—	—
刑事辩护(件)	—	—	—
行政诉讼代理(件)	—	—	—
非诉讼法律事务(件)	—	—	—
涉外及涉港澳台法律事务(件)	—	—	—
解答法律询问(件)	—	—	—
代写法律事务文书(件)	—	—	—

律师工作基本情况(1986~2014 年)			
项目	1989 年	1990 年	1991 年
律师事务所(个)	1	2	2
律师工作人员(人)	—	—	—
专职律师(人)	—	—	—
兼职律师(人)	—	—	—
法律顾问的单位(家)	—	—	—
民事诉讼代理(件)	—	—	—
经济诉讼代理(件)	—	—	—
刑事辩护(件)	—	—	—
行政诉讼代理(件)	—	—	—
非诉讼法律事务(件)	—	—	—
涉外及涉港澳台法律事务(件)	—	—	—
解答法律询问(件)	—	—	—
代写法律事务文书(件)	—	—	—

续表

律师工作基本情况（1986～2014年）			
项目	1992年	1993年	1994年
律师事务所（个）	2	3	3
律师工作人员（人）	—	—	—
专职律师（人）	—	—	—
兼职律师（人）	—	—	—
法律顾问的单位（家）	—	—	—
民事诉讼代理（件）	—	—	—
经济诉讼代理（件）	—	—	—
刑事辩护（件）	—	—	—
行政诉讼代理（件）	—	—	—
非诉讼法律事务（件）	—	—	—
涉外及涉港澳台法律事务（件）	—	—	—
解答法律询问（件）	—	—	—
代写法律事务文书（件）	—	—	—

律师工作基本情况（1986～2014年）			
项目	1995年	1996年	1997年
律师事务所（个）	3	3	3
律师工作人员（人）	—	—	—
专职律师（人）	—	—	—
兼职律师（人）	—	—	—
法律顾问的单位（家）	—	—	—
民事诉讼代理（件）	—	—	—
经济诉讼代理（件）	—	—	—
刑事辩护（件）	—	—	—
行政诉讼代理（件）	—	—	—
非诉讼法律事务（件）	—	—	—
涉外及涉港澳台法律事务（件）	—	—	—
解答法律询问（件）	—	—	—
代写法律事务文书（件）	—	—	—

续表

律师工作基本情况(1986~2014年)			
项目	1998年	1999年	2000年
律师事务所(个)	4	4	5
律师工作人员(人)	—	—	12
专职律师(人)	—	—	34
兼职律师(人)	—	—	—
法律顾问的单位(家)	—	—	—
民事诉讼代理(件)	—	—	—
经济诉讼代理(件)	—	—	—
刑事辩护(件)	—	—	—
行政诉讼代理(件)	—	—	—
非诉讼法律事务(件)	—	—	—
涉外及涉港澳台法律事务(件)	—	—	—
解答法律询问(件)	—	—	—
代写法律事务文书(件)	—	—	—

律师工作基本情况(1986~2014年)			
项目	2001年	2002年	2003年
律师事务所(个)	7	7	8
律师工作人员(人)	16	16	18
专职律师(人)	37	40	42
兼职律师(人)	—	—	—
法律顾问的单位(家)	—	—	—
民事诉讼代理(件)	—	—	—
经济诉讼代理(件)	—	—	—
刑事辩护(件)	—	—	—
行政诉讼代理(件)	—	—	—
非诉讼法律事务(件)	—	—	—
涉外及涉港澳台法律事务(件)	—	—	—
解答法律询问(件)	—	—	—
代写法律事务文书(件)	—	—	—

续表

律师工作基本情况（1986～2014年）			
项目	2004年	2005年	2006年
律师事务所（个）	8	8	8
律师工作人员（人）	20	23	23
专职律师（人）	42	43	45
兼职律师（人）	—	—	—
法律顾问的单位（家）	—	387	400
民事诉讼代理（件）	—	577	548
经济诉讼代理（件）	—	—	—
刑事辩护（件）	—	79	79
行政诉讼代理（件）	—	3	7
非诉讼法律事务（件）	—	108	113
涉外及涉港澳台法律事务（件）	—	—	—
解答法律询问（件）	—	518	584
代写法律事务文书（件）	—	42	49

律师工作基本情况（1986～2014年）			
项目	2007年	2008年	2009年
律师事务所（个）	8	8	7
律师工作人员（人）	25	25	23
专职律师（人）	46	46	45
兼职律师（人）	—	—	—
法律顾问的单位（家）	427	458	486
民事诉讼代理（件）	605	668	712
经济诉讼代理（件）	—	—	—
刑事辩护（件）	95	108	127
行政诉讼代理（件）	8	7	7
非诉讼法律事务（件）	106	98	103
涉外及涉港澳台法律事务（件）	—	—	—
解答法律询问（件）	625	697	761
代写法律事务文书（件）	57	65	78

续表

律师工作基本情况(1986~2014年)			
项目	2010年	2011年	2012年
律师事务所(个)	7	8	8
律师工作人员(人)	28	24	26
专职律师(人)	48	56	55
兼职律师(人)	—	—	—
法律顾问的单位(家)	522	563	590
民事诉讼代理(件)	766	813	882
经济诉讼代理(件)	—	—	—
刑事辩护(件)	145	168	189
行政诉讼代理(件)	11	8	9
非诉讼法律事务(件)	94	78	73
涉外及涉港澳台法律事务(件)	—	—	—
解答法律询问(件)	816	952	1070
代写法律事务文书(件)	93	106	118

律师工作基本情况(1986~2014年)		
项目	2013年	2014年
律师事务所(个)	8	8
律师工作人员(人)	27	25
专职律师(人)	56	60
兼职律师(人)	—	—
法律顾问的单位(家)	575	507
民事诉讼代理(件)	986	861
经济诉讼代理(件)	—	—
刑事辩护(件)	184	144
行政诉讼代理(件)	10	14
非诉讼法律事务(件)	70	36
涉外及涉港澳台法律事务(件)	—	—
解答法律询问(件)	1330	1655
代写法律事务文书(件)	128	78

3. 公证社会服务

表 3-67　公正工作基本情况（1979～2014 年）

公证工作情况（1979～2014 年）	
项目	2014 年
公证处（个）	1
公证人员（人）	12
公证员（人）	5
公证员助理（人）	4
办理公证文书（万件）	0.38

4. 法律援助工作情况（1979～2014 年）

表 3-68　法律援助工作基本情况（1979～2014 年）

法律援助工作情况（1979～2014 年）																		
项目	单位	1979～1998 年	1999 年	2000 年	2001 年	2002 年	2003 年	2004 年	2005 年	2006 年	2007 年	2008 年	2009 年	2010 年	2011 年	2012 年	2013 年	2014 年
一、法律援助机构	个	0	1	1	1	1	1	1	1	1	1	1	1	1	1	1	1	1
二、工作人员	人	0	1	1	1	1	1	1	2	2	2	2	2	3	3	4	3	3
其中：法律专业	人	0	0	0	0	0	0	0	0	0	0	0	1	1	1	1	1	1
三、受理案件	件	0	5	27	69	64	73	71	82	97	129	218	379	498	659	737	829	1610
其中：民事法律援助	件	0	5	24	62	60	73	68	77	90	113	197	356	476	632	716	776	1587
刑事法律援助	件	0	1	3	7	4	0	3	5	7	16	21	23	22	27	21	53	23
行政法律援助	件	0	0	0	0	0	0	0	0	0	0	0	0	0	0	0	0	0
咨询法律援助	件	0	23	35	30	47	96	72	74	83	176	264	685	825	1247	1376	2312	2259
四、法律援助案件	件	0	5	27	69	64	73	71	82	97	129	218	379	498	659	737	829	1610

续表

法律援助工作情况（1979～2014年）																	
项目	单位	1979～1998年	1999年	2000年	2001年	2002年	2003年	2004年	2005年	2006年	2007年	2008年	2009年	2010年	2011年	2012年	2013年	2014年
五、受援人	人	0	5	27	69	64	73	71	82	97	129	218	379	498	659	737	829	1610
其中：残疾人	人	0	0	0	0	0	2	4	3	2	3	7	9	7	13	15	17	19
老年人	人	0	1	2	3	6	3	8	7	7	4	9	17	19	26	31	23	27
未成年人	人	0	1	0	5	4	0	3	5	7	15	19	21	20	18	17	47	19
农民工	人	0	1	3	7	19	28	32	31	30	127	131	217	276	437	503	674	1309
妇女	人	0	0	2	17	22	24	17	27	31	36	64	76	91	149	453	554	936
一般贫困者	人	0	3	4	52	56	68	54	54	56	72	113	168	213	243	117	126	154
六、法律援助经费	万元	0	0.8	0.8	1	1	1	1	2	2	2	3	5	6	7	9	11	11
其中：财政拨款	万元	0	0	0	1	1	1	1	2	2	2	3	5	6	7	9	11	11

四、特殊人群管理

1. 工作机制体系建设

通过制定和完善特殊人群服务管理政策，建立对特殊人群的社会关怀帮扶体系，进一步健全和完善特殊人群管理工作机制，切实解决特殊人群的实际困难，妥善处理特殊人群的合理诉求，从源头上减少不安全、不稳定、不和谐因素，确保社会大局持续稳定。

以社区矫正工作科负责对社区服刑人员和安置帮教人员的管理教育服务，以社区矫正管理教育服务中心和安置帮教管理服务中心为平台实施矫正帮扶等措施。

2. 社区矫正规范化运作

司法行政机关负责指导管理、组织实施对社区服刑人员的监督管理工作。人民法院依法对社区服刑人员适用减刑，撤销缓刑、假释，决定收监执行等刑罚变更执行措施。人民检察院对社区服刑人员监督管理工作依法实行法律监督。公安机关对违反治安管理规定和重新犯罪的社区服刑人员及时依法处理。县级司法行政机关依法对社区服刑人员进行监督管理，司法所承担日常工作。社区矫正专职工作者和志愿者在司法行政机关的组织指导下参与对社区服刑人员的监督管理工作。有关部门、村（居）民委员会、社区服刑人员所在单位、就读学校、家庭成员或者监护人、保证人等协助司法行政机关对社区服刑人员进行监督管理。对社区服刑人员的监督管理工作坚持依法、规范、公正、文明的原则。

3. 社区服刑人员管理

社区服刑人员应当定期电话报告和到司法所当面报告遵纪守法、接受监督管理、参加教育学习、社区服务和社会活动的情况。当面报告时，应当提交书面材料。社区服刑人员不具备书写能力的，由司法所记录在案。

严格管理的社区服刑人员，每周电话报告一次、每两周当面报告一次；普通管理的社区服刑人员，每周电话报告一次、每月当面报告一次；宽松管理的社区服刑人员，每两周电话报告一次、每月当面报告一次。

司法所应当根据第2款规定，为社区服刑人员指定每次电话报告、当面报告的具体日期。

社区服刑人员因身体原因无法到司法所当面报告的，经司法所同意，可以委托矫正小组成员或家庭成员代为提交书面材料，司法所应当将情况记录在案。

社区服刑人员发生居所变化、工作变动、家庭重大变故以及接触对其矫正产生不利影响人员的，应当在24小时内报告司法所。

保外就医的社区服刑人员除遵守本章上述规定外，还应当每月向司法所报告本人身体情况，每三个月向司法所提交病情复查情况。

4.刑释人员衔接管理

监狱、劳动教养管理所在罪犯刑满释放、劳动教养人员期满解教前一个月，应填写并分别向罪犯、劳动教养人员所在地的市、县公安局和县（市、区）安置帮教工作机构寄送下列材料：

（1）向市、县公安局寄送《刑满释放人员通知书》《罪犯出监鉴定表》《判决书》原件或《解除劳动教养人员通知书》《劳动教养人员出所鉴定表》《劳动教养决定书》原件。（向市公安局寄送材料只适用于13个省辖市市一级公安局，市内区级公安局不再寄送材料）

（2）向县（市、区）安置帮教工作机构寄送《刑满释放人员通知书》《罪犯出监鉴定表》或《解除劳动教养人员通知书》《劳动教养人员出所鉴定表》，以及其他与安置帮教工作有关的材料。

罪犯、劳动教养人员因减刑、减期而提前释放或解除劳动教养的，监狱、劳动教养管理所应在其离开监所后7日内分别向市、县公安局和县（市、区）安置帮教工作机构寄送《罪犯出监鉴定表》或《劳动教养人员出所鉴定表》。

刑释解教人员安置地的县（市、区）安置帮教工作在接到《刑满释放人员通知书》或《解除劳动教养人员通知书》15日内，应做好以下工作：

（1）将《罪犯出监通知书》或《劳动教养人员出所通知书》的回执寄回有关监狱、劳教所；

（2）通知乡镇（街道）安置帮教工作机构，根据有关规定，做好刑释解教人员安置帮教工作的前期工作；

（3）动员其亲属按期去监狱、劳教所将刑释解教人员带回。

罪犯、劳动教养人员刑满释放、劳教期满时，监狱、劳教所应依法及时发给刑满释放或解除劳动教养证明书。并按有关规定发给适应的路费。有严重疾病又无亲属接领的刑释解教人员，可由监狱、劳教所派人送回。

被依法裁定假释或批准保外就医的罪犯以及所外执行、所外就医劳动教养人员，其刑满或期满时，监狱、劳教所应依法办理刑满释放或解除劳教手续。负责监外，所外执行监管的公安机关，应在其期满15日之前向同级安置帮教工作机构通报有关情况。

刑释解教人员离开监所后，应在7日内向县（市、区）安置帮教工作机构报到。当地公安机关凭刑满释放或解除劳动教养证明书给予落户。

刑释解教人员回归后，乡镇（街道）安置帮教工作机构应及时落实安置帮教工作的各项措施。责任区民警要了解、掌握刑释解教人员的基本情况，会同村（居）委会等基层组织做好帮教工作。对未到县（市、区）安置帮教工作机构报到的刑释解教人员，应向上级公安机关和安置帮教工作机构通报。

监狱、劳教所每年12月15日前向有关县（市、区）安置帮教工作机构通报当地次年回归的罪犯、劳动教养人员的姓名，家庭住址、案由、刑期（教期）等情况。

县（市、区）安置帮教工作机构定期赴有关监狱、劳教所开展对本地籍罪犯、劳教人员的帮教工作，介绍当地的政治、经济形势以及就业政策等情况。

表3-69 刑释解教人员安置帮教工作情况（2010～2014年）

项目	单位	2010年	2011年	2012年	2013年	2014年
工作机构	个	1	1	1	1	1
从事安置帮教人员	人	1	1	2	2	2
创办安置实体	个	23	23	23	23	24
刑释解教人员	人	321	369	356	389	430
安置刑释解教人员	人	314	360	348	381	421
帮教刑释解教人员	人	320	369	355	389	429
重新犯罪人数	人	4	3	3	4	3
重新犯罪率	%	1.2	0.8	0.8	1.0	0.7

五、法治文化建设

1. 法治理念教育

2013年11月8～9日，高邮市举办公务员法治理念主题教育培训活动，为增强培训效果，本次培训特邀请了扬州市专家学者来邮进行专题讲座，专家通俗易懂的语言、旁征博引，从"依法治国、执法为民、公平正义、服务大局和党的领导"五个方面深入剖析了社会主义法治理念的主要内容，将一堂法治理念教育培训课上的如同一部经典大剧那样引人入胜，赢得了现场一阵阵掌声。12月4日，全市还将利用法制宣传月契机，举行闭卷"点将"式考试，对讲座效果予以考核。

通过全员培训和广泛宣传，将促使市公务员更加全面把握社会主义法治理念的精神实质，牢固树立正确的世界观、权力观和事业观，进一步强化职业道德素养，为打造一支政治信念坚定、精神追求高尚、职业操守良好、人民群众满意的公务员队伍奠定基础。

2. 法治文化产品

法治漫画、法治摄影作品、法治书画、法治微电影、法治手工艺品。

3. 法治阵地建设

近年来，高邮市积极打造全方位、多层次、立体式的特色法治文化阵地，实现了市镇村三级法治文化阵地全覆盖。

一是高标准建设固态化法治文化阵地。在市级层面块，以新建成的市法制教育中心为龙头，蝶园法制广场、开发区市民法治广场等成了市民学法休闲的主阵地。在乡镇层面，打造"一镇一品"特色，陆续建立了车逻镇法治广场、菱塘回族乡民族法制长廊、郭集镇农家法制大院等独具特色的法治文化阵地。在村(社区)层面,每村(社区)有一个固定的法制宣传栏,同时依托农家书屋,已建成近200个法治文化图书角。

二是高水平打造数字化法治文化阵地。充分发挥电视、广播、网络等各类媒体作用,打造功能互补、覆盖全面、富有效率的法治文化宣传体系。近年来,高邮广播电台《律师随行》节目播出58期,高邮日报《高邮法苑》栏目举办逾百期,高邮文游台论坛《律师在线》栏目解答各类法律咨询1135人次,高邮普法官方微博已拥有近千名粉丝。

三是高质量推进流动化法治文化阵地。针对群众需求,广泛开展群众性法治文化活动。郭集镇"王成法制文艺宣传队"远近闻名,其中《四大嫂说法》等已成为知名普法保留节目。针对不同对象的三堂普法每年固定为领导干部、社区群众、企业经管人员、流动人口进行普法。同时还利用全市公交站台、主要道路的电子显示屏滚动显示法制宣传标语。

六、基层民主法治

表3-70　高邮创建省级"民主法治示范村(社区)"明细

单位数量(个)	村社区名单(批次)				
高邮镇10	水关社区2	挡军社区4	康华社区5	北海社区6	新联社区7
	宝塔村7	水部楼社区8	南海社区8	琵琶社区9	文游社区9
开发区5	杨桥村4	十桥村7	文游台社区8	塔院村9	高沙园社区9
	—	—	—	—	—
车逻镇(城南新区)4	湾桥村1	南苑社区7	太丰村8	特平村9	—
	—	—	—	—	—
龙虬镇2	友谊村2	龙潭村9	—	—	—
	—	—	—	—	—
界首镇3	维兴村6	龙祥村8	老人桥村9	—	—
	—	—	—	—	—
临泽镇4	合心村4	董潭村5	陈甸村7	西安村8	—
	—	—	—	—	—
三垛镇8	龚张村2	大卢村4	三百六村5	武宁村6	林阳村7
	永中村7	三垛社区8	春生村9	—	—
周山镇1	万福村5	—	—	—	—
	—	—	—	—	—
甘垛镇3	甘中村7	中兴村7	渔海村9	—	—
	—	—	—	—	—
汤庄镇5	甸垛村4	北屏村5	跃进村7	潘季村8	曾钰村9
	—	—	—	—	—

续表

单位数量(个)	村社区名单(批次)				
卸甲镇6	一平村3	花阳村6	金港村6	周庄村7	南龙村7
	金家村8	—	—	—	—
送桥镇6	盘塘村3	送桥村4	神居山村6	李古村8	槽坊村8
	南茶村8	—	—	—	—
菱塘回族乡5	曙光社区3	王姚村5	清真村7	菱塘村7	龚家村9
	—	—	—	—	—
合计	13个社区、49个村,共计62个,占比例的27.0%				

注:村和社区名称后标注的数字为该单位受省命名表彰的批次。

七、干部队伍建设

思想政治教育及业务能力:思想教育是“润物无声”、潜移默化的过程,也是加强队伍建设的重要途径。因此,市司法局始终把思想政治教育工作放在首位,注重选择合适的教育形式,提升教育实效。

一是注重沟通交流。市司法局结合实际,组织开展谈话、谈心“两谈”活动,通过加强调研与沟通,全面搜集与分析队伍中存在的问题。同时利用季度司法所长工作例会的契机,由局领导带队,积极走进基层单位,与基层干警面对面的谈心,向当地政法委书记征询意见,了解队伍的运行状况和干警的所思所想等。在充分掌握队伍第一手资料的情况下,对干警提出的工作生活中的一些实际问题,及时与当地部门领导沟通,解决问题。

二是推行“一月一学习、一月一交流、一月一讨论”的讲学形式。每月有计划地组织中层干部为主讲人的讲学活动,讲坛主题不拘一格,可以是政治理论、政策法规、业务知识,也可以是经济、金融、个人学习体会等,旨在将传统的“一人念、多人听”的学习形式改变为“一人讲、众人议、相互学”的形式,严格做到“四有三落实”即有主题、有讨论、有笔记、有载体,人员落实、内容落实、时间落实。特别针对每年新录用的公务员量身制作培训菜单,抽出一个星期的时间,由职能科室的负责人和业务骨干轮流主讲相关业务知识。

三是抓好“新型”业务培训。针对相关业务法律法规的修订,积极应对,举办培训班、邀请专家讲课、派员参加上级部门组织的培训,邀请优秀基层司法所长“现身说法”,传授自己多年基层工作经验等形式。同时适当组织干部外出参观教育基地,学习先进地区的新鲜经验。

四是开展全员培训。局先后举办了信息工作培训、社区矫正培训、法律援助、人民调解培训,新考录的公务员全部进行上岗前培训。全员培训的开展,在全系统营造全员学习,相互切磋,共同进步的良好氛围,极大地调动了同志之间在业务上比学赶帮超的热情,促进了队伍素质的提高。

五是开展司法行政文化建设。认真贯彻党的十八大精神,把政法干警核心价值观作为构建社会主义核心价值观体系的重要内容,作为司法行政特色文化建设的核心内容。全系统组织开展核心价值观学习教育实践征文活动,开展践行核心价值观的调研活动。

先进典型：高邮有一批先进典型，以司法所长为主体，在高邮、扬州乃至全省都有影响。如高邮司法所所长陈士坡、开发区司法所所长倪荣军、卸甲司法所所长韩春泉等，他们的事迹很感人，被多家媒体报道，树立了司法行政人的良好形象。其中，高邮镇司法所所长陈士坡，扎根基层13年，在群众评议中，获得人大代表、镇机关中层干部、镇辖单位负责人和招商引资四个“百分百满意”。他先后获得“全国模范人民调解员”“省优秀人民调解员”等诸多荣誉，并立个人三等功2次。他获得扬州“最美司法行政人”称号，并作为扬州地区唯一代表在全省司法行政大会上作报告，省厅柳厅长对陈士坡工作成绩给予了充分肯定。经过公开票选，陈士坡今年还被评为“省优秀司法所长”，并立个人二等功。

党风廉政建设：出台了《法律援助五心服务标准》《矛盾纠纷排查四心服务法》《公证服务十不准》等制度，主动接受各方监督。严格要求广大干部职工，杜绝“不作为”“乱作为”“慢作为”现象，对违法违纪行为坚持一查到底，确保公正廉洁执法。

八、基层基础建设

关于信息化建设情况：各司法所为能适应新形势的需要，均及时配置了电脑，并于2011年起在矛盾调处、社区矫正、法律援助等方面，分别于省、扬州建立了内网，实现了统计信息上报和网上登录上报，市局也与各所做到了互联互通。

关于司法所体制变迁情况：自1980年司法行政机关恢复重建后，乡镇就实行司法助理员制，直至2003年改为司法所。全市计有23个乡镇(园区)，即有23个司法所，社行乡镇(园区)与司法局双重管理，以乡镇(园区)为主，其人、财、物均为乡镇(园区)。2013年高邮实施第二轮撤乡产镇，全市司法所减为13个司法所，并在当年年底由市收编直管，其人、财、物均收归司法局，在仍为司法局与乡镇(园区)双重管理的情况下改为以司法局为主。

关于编制变更情况：2003改为司法所之前，乡镇(园区)实行的是一乡(镇、园区)一人的司法助理员制，2000年市第一次撤乡并镇前人市有司法助理员33人，每个乡镇1人，2003年改为司法所后，司法所长基本上仍由原司法助理员担任，少量的充实了一些非行政编制人员，随着逐年年龄增大，部分年龄偏大的司法所所长逐步退休，再加之乡镇行政编制人员紧缺，部分司法所所长改由乡镇聘干担任，包括事业编制人员。2013年年底司法所收编后，根据上级有关文件要求，我市明确全市司法所人员编制为48人，实际收编为30人，2014年招录入5人，同年调出6人，目前司法所实有行政编制人员29人，2015年拟招录8人。随着司法行政基层基础工作逐步强化，司法所非行政编制人员将逐步淡出，最终将全部实行全员行政编制。

第四章 基层自治

第一节 城市社区、居民委员会

一、历史沿革

社区是现代社会的产物,是各种利益关系交织、各种社会矛盾汇聚的场所。通过加强社区服务和社区管理,可以有效地调整利益关系,缓解矛盾冲突,为居民群众提供和创造一个舒适的生活环境。

1. 古代及近代街道居民管理机构的有关情况及其变化

高邮在建县前,先后为吴、楚之地,秦置邮亭。汉始设县。东汉献帝建安十八年(213年)废县。晋初复设高邮县,直至南齐。南刘时划高邮县东北地区置临泽县。后魏曾在境内置平阿县。南梁时析高邮县置竹塘县、三归县。隋初并竹塘、三归、临泽三县为高邮县。唐、后晋仍为县。北宋初置军,又设县。南宋设县,其上相继又设州、军。元初置路,寻改府。元末张士诚据高邮称王,建国号大周。明、清设州。民国时设县。

明代城区分属于州、卫,隶州者析为6厢(忠信、仁义、镇淮、孝义、太平、新太平),厢下设铺,共30铺;隶卫者分为11坊(楚泽、彰孝、状元、永宁、西永宁、西武德、安宁、仁义、东南、义宁、新兴)。清代前期并卫入州,高邮城区分为24铺。24铺为:仁义一铺、忠信一铺、忠信二铺、忠信三铺、恭应南铺、恭应北铺、常丰一铺、镇淮一铺、镇淮四铺、孝里东铺、孝里西铺、孝义东铺、孝义西铺、永安东铺、永安西铺、新上一铺、新下一铺、太平四铺、太平五铺、太平八铺、景贤上铺、景贤下铺、保和一铺、南门一铺。铺设乡约、保正、更夫、小甲各一人,用以供杂役及救火防盗巡更警夜。道光以后,铺逐渐归并,至宣统年间,城区设18铺,其分布为城内6铺:仁一铺、忠一铺、忠二铺、忠三铺、恭南铺、恭北铺;南门外1铺:南一铺;北门外11铺:常丰铺、镇一铺、保和铺、镇四铺、景贤上下铺、新上下铺、太四铺、太五八铺、孝里东西铺、孝义东西铺、永安东西铺。1912年初,县城建成,市下仍为18铺。同年10月,高邮县调整市乡区域,区域扩大,南至中坝,北至大溪河首,东至新河迤北至马奔庄,西剖湖心三分之一。1918年,城乡均设闾邻组织,但有名无实。1931年,城乡均建立保甲组织。保甲组织于1949年1月瓦解。

2. 新中国成立后高邮行政建制沿革

1956年上半年,县城设19个居民委员会。1958年9月人民公社化时,县城设有南益、城中、禹王、珠湖4个大队,下设19个居民委员会。1968年下半年,县城设10个居民委员会,城郊设新华、太平、公园、高峰4个大队。1972年,城镇设东方红、拥军、东风3个街道办事处,辖10个居民委员会。1980年,城镇设4个街道办事处23个居民委员会以及4个城郊大队。南益街道办事处辖新华、琵琶、魁楼、西塔、小桥居民委员会;城中街道办事处辖古楼、水部楼、公园、水关、马棚、北海居民委员会；禹王街道办事处辖通湖、承志桥、三元、牛集、禹王、御马居民委员会；珠湖街道办事处辖文游、月塘、新巷、草巷、挡军、珠湖居民委员会。1983 年，珠湖街道办事处增设航运居民委员会。同年，城郊大队改村、增建新坝村、闸北村。1985 年，高邮镇共设 4 个街道办事处、24 个居民委员会、284 个居民小组；城郊蔬菜村 5 个、渔业村 1 个、53 个村民小组。1991 年，市各居民委员会在各级党政组织的领导和指导下，贯彻实施《中华人民共和国城市居民委员会组织法》，宣传党的路线、方针、政策和国家的法律、法规，教育广大居民群众依法履行应尽义务，普遍开展创建"模范居委会"、创"五好家庭"、创"文明单位""文明户"等活动，做好民间纠纷调解、青少年帮教、拥军优属、社会救济和社区服务等工作，把居民的意见、要求和建议及时反映到政府和有关部门，努力维护居民的合法权益。

1996 年，市民政局印发《模范居委会标准》，各居民委员会通过创建"模范居委会"活动，加强居委会的自身建设，修订完善居委会的各项规章制度，发挥居委会基层群众自治组织的自我教育，自我管理，自我服务作用。

1998 年 10 月，市民政局在组织第四届居委会换届选举工作的过程中，对有关乡镇申报的模范居委会，逐一进行检查验收，市委、市政府（邮发〔1998〕200 号）对在创建模范居委会工作中，成绩显著的北海、南海、西塔、牛集、月塘、菱塘、柳集、肖祠、东风、杨庙 10 个居委会进行表彰。市民政局向扬州市申报一级模范居委会 5 个，并受到表彰。

2002 年，新建立的各社区居民委员会根据《中华人民共和国城市居民委员会组织法》的规定，积极开展以民主选举、民主管理、民主决策、民主监督和自我教育、自我管理、自我服务为内容的社区居委会建设和社区居委会创模活动。各社区居民委员会重新修订和完善各项规章制度，进一步健全和完善居民委员会政务公开、民主议事以及听证会、协调会等制度，建立居民委员会政务公开监督小组，聘请社区行风监督员，保障居民对社区居民委员会政务的知情权、决策权、参与权、监督权，把社区建设成为管理有序、服务完善、环境优美、文明和谐的新型社区。2003～2005 年，全市有 13 个社区居民委员会受到省、扬州市表彰。

近年来，我市坚持以和谐社区建设为抓手，全面加强社区党组织、社区居委会、社区工作站和社区综治办建设，建立健全责任明确、分工合理、互补互动、衔接紧密的"四位一体"社区管理服务机制，琵琶社区 2009 年被命名为全国和谐示范社区，新联社区、月塘社区 2010 年被命名为江苏省和谐示范社区，高沙园社区 2011 年被命名为江苏省和谐示范社区，2010 年琵琶社区被表彰为扬州市首届"十佳社区"，2011 年南苑社区居委会主任李兰珍被表彰为扬州市"十佳社区工作者"。中心镇社区以及有条件的农村社区正在积极推广之中。至 2014 年年底，我市城区社区已经实现"一委一居一站一办"管理服务模式全覆盖。

二、居民委员会的功能状态

宪法第 111 条规定："城市和农村按居民居住地区设立的居民委员会或者村民委员会是基层群众性自治组织……居民委员会、村民委员会设人民调解、治安保卫、公共卫生等委员会，办理本居住地区的公共事务和公益事业，调解民间纠纷，协助维护社会治安，并且向人民政府反映群众的意见、要求和提出建议。"《中华人民共和国城市居民委员会组织法》第 2 条规定："居民委员会是居民自我管理、自我教育、自我服务的基层群众性自治组织。"高邮市政府一直重视居民委员会的管理工作，在居民委员会的日常工作中主要发挥"宣传法规、政策，维护居民的合法权益,开展多种形式的精神文明建设活动;办理本居住地区居民的公共事务和公益事业;调解民间纠纷;协助维护社会治安;协助人民政府或者它的派出机关做好与居民利益有关的公共卫生、计划生育、优抚救济、青少年教育工作;向人民政府或者它的派出机关反映居民的意见、要求和提出建议"等功能。

1. 体制机制日益健全

长期以来,高邮市委、市政府十分重视和谐社区建设,2010 年 2 月,高邮市专门成立城乡和谐社区建设指导委员会,健全和谐社区建设领导体制和工作机制。2010 年 3 月,高邮市出台《关于加快推进和谐社区建设工作的意见》。2010 年 7 月,市委组织部下发了《关于加强和改进社区党的建设的意见》,将社区建设作为考核社区党组织和驻区单位、共建单位党建工作的一项重要指标,作为驻区单位和共建单位的一项重要任务。2011 年,市民政局下发贯彻实施省委、省政府《关于加强新形势下城乡社区建设的意见》,明确了当前和今后一个时期社区建设的指导思想、目标任务和各项保障措施。5 月,高邮市制定出台《关于社会管理创新"推进城乡社区一委一居一站一办服务管理项目"的实施方案》,对建立新型社区服务管理体制提出了新的要求。

2. 服务功能不断强化

高邮市城区社区在实现社区工作站、社区综治办和网格化管理全覆盖的基础上,针对不同人群、不同层次需求,积极开展医疗、救助、养老、计生、就业等多种形式的服务,共建成一站式居民服务大厅 12 家、社区养老服务站 71 家、社区卫生服务室 14 家、社区卫生服务中心 4 家、残疾人康复中心 15 家。广泛动员社区各类人员参与社区志愿服务,成立志愿者服务队 35 支共 2500 人,每年受益人次达万人。社区社会组织登记和备案 34 个,广泛参与社区服务管理,成为承载社区自治和服务管理的重要力量。高邮市各社区从居民的实际需求出发,不断拓展服务领域、创新服务形式,形成了"一居一特""一居一品"的良好格局。高邮镇水部楼社区突出居家养老服务重点,以家庭为核心,以社区为依托,以生活照料为基本服务,以医疗保健、法律维护、文化活动、体育健身等为专项服务,探索出一条专业化居家养老的新模式。高邮镇琵琶社区针对社区留守儿童较多需要特殊关爱的特点,成立了社区留守儿童关爱小分队,小分队成员由爱心妈妈及镇、社区干部、学校教师及社区志愿者组成,每位成员定点负责 1~2 名留守儿童的关爱帮扶,每周一至周五对所有儿童开放社区图书室和活动室,寒暑假邀请社区大学生志愿者举办校外辅导班,免费为留守儿童补习功课。高邮镇月塘社区成立了"帮帮团"、琵琶社区成立了"互济会"、经济开发区高沙园社区成立了人口关爱基金会,以社区社会组织为平台,结合志愿者服务,积极开展对社区困难群体的关爱救助活动。

三、基层社会管理与公共服务

为更好地转变政府职能,深化基层群众自治,完善社区治理结构,推动基层社会管理创新,实现政府行政管理与基层群众自治的有效衔接和良性互动(以下简称"政社互动")。根据省政府办公厅《关于在全省推行"政社互动"推动社会管理创新意见的通知》(苏政办发〔2013〕181 号)以及扬州市相关要求,高邮市全面推行"政社互动"工作。2014 年 8 月,召开了全市推行"政社互动"工作会议,下发了《"政社互动"试点工作实施方案》和《市政府办公室关于在全市推行"政社互动"提高社区管理服务效能的实施意见》文件。明确了试点工作的范围,其中试点街道(乡镇)6 个,占比 46.2%;试点社区 18 个,占比 33.3%;试点村 57 个,占比 32.4%。会上,对“政社互动”工作的业务方面作了业务辅导,并对试点工作提出了具体的要求:一是要厘清“两份清单”,进一步明确权责边界;二是要签订委托协议,进一步理顺工作关系;三是要明确工作责任,进一步提高履职能力;四是要实行“双向评估”,进一步体现平等互动。

初步建立了以各级财政投入为主、辖区单位资助、社会捐助和自我“造血”相结合的多元化社区建设投入机制。一是配套设施不断健全。制定出台新建小区预留面积千分之一用于社区办公服务用房的政策,社区办公服务用房有了政策性保障,城区社区一半以上办公服务用房达到了 250 平方米,其中城区 9 家社区、菱塘回族乡曙光社区以及建成后的三垛社区达省定标准 400 平方米以上。二是社工工资水平逐步提高。从去年开始,市财政每年拨付城区每个社区经费由 5 万元增加到 7 万元,高邮镇、经济开发区、城南经济新区财政安排 4 万元,结对共建不少于 2 万元;各乡镇每年安排农村社区不低于 2 万元,社区工作人员工资水平得到初步保障。自 2014 年 8 月起,高邮镇社区工作人员工资待遇有了大幅度提高,主任、副主任、委员平均工资每月分别达 1800 元、1500 元、1200 元。城区社区工作人员养老和医疗保险得到基本解决,农村社区书记、主任全部参加养老保险。三是社会各界积极支持。城区社区积极开展结对共建、共驻共建活动,80 个机关部门、200 多个单位与社区结对帮扶,为社区发展提供财力和物力支持。

四、政务公开

为认真贯彻落实中央关于城市居民委员会组织建设工作的指导方针,围绕扩大基层民主,保证人民群众行使民主权利,让群众享有知情权、参与权、监督权,使社区居民管理工作逐步走上民主化、规范化和制度化的轨道,社区居民委员会实行居务公开制度。制度规定除财务公开时间以《财务公开制度》规定为准外,其他事项公布时间表一般为半年公开一次。社区居委会设立居务公布栏,对一些重要事项要求及时张榜或以其他形式公布,接受居民监督。公开事项包括财务计划、财务状况;干部、职工工资、福利情况;其他涉及群众利益的重大事项;居民最低生活保障情况;计划生育工作情况;社区居委干部工作目标完成情况;优抚、救灾、救济扶贫款物的发放应用;居民会议和居民代表会议以及其他应当公开的事项。居务公开中的重点是财务公开和集体资产管理的公开。因此,应做好财务公开工作,让居民了解“家情”,摸清“家底”,促使社区居委正确、合理理财,充分发挥现在资产和资源的经济效益。财务公开的主要内容包括经济活动情况;财务收入情况;各项支出情况;债权债务情况;专项收支情况;社区居委集体固定资产使用情况等。财务公开的事项公布后,社区居委会、居民理财小组和会计应安排专门时间接受查询,并负责做好核对、纠正、解释工作。同时,明确规定财务计划及其执行情况年初、年末各公布一次;财务收入及成本费用支出每月公布一次;各项资产、债权债务、公益事业开支、收益分配等每季公布一次。

为保障社区居委会发挥基层自治的作用,政府相关部门积极探索相关措施。一是规范了社区管理,高邮市民政局印发了《全市和谐社区建设指导标准》,并配合各乡镇指导社区修订完善了社区文明服务公约,制定了网格长岗位责任制和网格化管理工作考核奖惩规定,社区管理日益规范。二是发挥了政府与居民的联结作用。社区灵活运用居民代表会、协商议事会、听证会、民情恳谈会等方式,通过社区工作人员走街串户,居民小组长、楼栋长登门收集,建立社区“民情日记”等形式开辟民意绿色通道,了解社情民意,畅通居民诉求,及时解决居民普遍关心的热点、难点问题。三是配合做好行政事务。初步建立了社区工作准入制度，一定程度上缓解了社区行政性工作负担较重的问题。

五、典型调查

为展示和巩固高邮市推进依法治市的工作成果，进一步落实国家机关“谁执法谁普法”责任制，2015 年 12 月 14 日，高邮部分社区在政府门前的市民广场举办“推进依法治市　建设法治高邮”设立法治宣传咨询台，从四个方面开展普法教育：

第一，带头学法用法，做诚实守信公民。围绕中心工作，开展专题法治宣传教育活动，深入开展“法律六进”全面提高法治社会知晓率。

第二，法治改变生活，文化凝聚力量。打造街区法治文化亮点，提升法治文化广场影响，建设法治文化风光带，结合“四城同创”把法治题材融入艺术作品中，推广传播地方法治文化。

第三，弘扬社会主义法治精神，建设社会主义法治文化。加强普法讲师团、法治副校长，推动志愿者队伍规范化、专业化、多元化发展，广泛开展贴近群众的法治文艺活动。

第四，遵法学法守法用法，努力提高全民法律素养。以“五抓五带动”切实提高重点人群的针对性和实效性，开展普法“接力棒”活动，将活动范围扩大到所有基层站所、村、社区、学校。对流动人口、社区服刑人员、刑满释放人员开展法律宣传、政策解读等活动。

表 4－1　城市、社区居民委员会情况调查

	年份	机构数量（个）	辖区人口总数（人）	机构工作人员（人）	备注
1990～2014 年街道居民委员会基本信息及其变化情况	1990	33	67,502	243	—
	1991	30	68,404	240	—
	1992	30	68,404	240	—
	1993	30	68,404	240	—
	1994	30	68,404	240	—
	1995	33	70,450	247	—
	1996	33	70,450	247	—
	1997	33	70,450	247	—
	1998	49	71,635	318	—
	1999	49	71,635	318	—
	2000	49	71,635	318	—
	2001	49	71,635	318	—
	2002	52	72,401	426	—
	2003	52	72,401	426	—
	2004	52	72,401	426	—
	2005	52	73,310	400	—
	2006	52	73,310	400	—

续表

	年份	机构数量（个）	辖区人口总数(人)	机构工作人员(人)	备注
1990～2014年街道居民委员会基本信息及其变化情况	2007	52	73,310	400	—
	2008	52	73,310	400	—
	2009	52	87,450	395	—
	2010	52	87,450	395	—
	2011	52	87,450	395	—
	2012	52	87,450	395	—
	2013	54	89,522	322	—
	2014	54	89,522	322	—

第二节　村民委员会

一、历史沿革

新中国成立之后至改革开放期间的高邮基层行政区划，鉴于资料不全，暂不做研究。改革开放后，高邮基层行政区划经历了几次比较大的调整，现从1986年、1991年、2005年及2013年四次调整数据梳理汇总如下：

1986年，高邮县行政区划划分为5个区，4个镇，29个乡，6个县属场圃（所），4个街道办事处。有居民委员会33个，居民小组284个，村民委员会668个、村民小组5672个。

1991年，高邮县撤县设市，乡镇行政区划划分为5个区（区机关驻地同1986年），8个镇，24个乡，1个回族乡，6个场圃。有居民委员会33个、居民小组450个，村民委员会665个、村民小组5676个。

2005年，行政区划划分为19个镇，1个民族乡，1个经济开发区。有53个社区居民委员会、453个居民小组，282个村民委员会、2762个村民小组。

2013年，行政区划为2个街道办事处，10个镇，1个回族乡，52个居民委员会，175个村民委员会。面积1963平方公里（其中高邮湖480平方公里），人口81.98万人。

综上所述，(1)高邮行政区划中的区在2005年取消了，并在2013年设置了街道办事处，表明高邮城市化速度的加快；(2)经过2000年，村组合并调整之后，村民委员会和村民小组在组织机构调整中，数量上呈递减趋势，机构设置精简化。

二、村民委员会的功能状态

根据《中华人民共和国村民委员会组织法》有关规定，村民委员会一般设主任、副主任各1人，委员3～5人，规模较大的村增设1名副主任，均由村民直接选举产生。村民委员会每届任期3年，可以连选连任。村民委员会根据需要下设人民调解、治安保卫、公共卫生、社会福利等工作委员会，人口少的村民委员会不设专门委员会，由村民委员会成员分工负责上述委员会的工作。在村民委员会的指导下，按村民居住地区由若干户组成村民小组，小组长由村民小组会议推选,协助村民委员会工作。

村民委员会是村民自我管理、自我教育、自我服务的基层群众性自治组织,实行民主选举、民主决策、民主管理、民主监督,是中国在基层实行社会主义直接民主的组织形式。目前共有176个村委会,新当选村委会成员1121人,村委会主要发挥办理本村的公共事务和公益事业,调解民间纠纷,协助维护社会治安,向人民政府反映村民的意见、要求和提出建议等作用。

三、自治制度建设

在村民自治制度建设方面,积累了丰富的经验。

1991年,开始在基层群众自治组织中开展以"民主选举、民主决策、民主管理、民主监督"为主要内容的村民自治活动。2月,市委组织部、市民政局、市委农工部、市委宣传部抽调干部会同武安乡党委、政府在凤凰村开展村民自治示范活动试点,后扩大到车逻镇湾桥村、车逻村和八桥镇李庄村三个点。11月,市政府召开村民自治示范工作会议,介绍推广试点村经验,市民政局印发村民自治示范活动试点工作经验与制度建设、阵地建设典型材料,组织参会人员观摩试点村现场,为全市各乡镇开展村民自治示范活动树立榜样。会议印发《创建村民自治示范市、示范乡镇、示范村规划》,明确提出至1996年全市有85%的村达到村民自治示范村标准、85%的乡镇达到村民自治示范乡镇标准的目标,部署每个乡镇选择一个村先行试点,取得经验后全面推开,在全市各乡镇各村开展村民自治示范活动。

1992年10月,市民政局副局长赵金龙在全省村民自治示范活动太仓现场经验交流会上发言,汇报交流"有领导、有组织、有试点、有规划、有步骤、有成效地开展村民自治示范活动"的做法和经验。

1993年4月,在市委、市政府召开的第三届村委会换届选举工作会议上,一批新扩大试点的乡镇、村分别交流创建村民自治示范乡镇、示范村的经验,市人民政府表彰首批44个村民自治示范村,颁发奖匾,会议对村委会换届选举与村民自治示范活动一起进行部署。村民自治活动由点到面,在每个乡镇、每个村逐步推开。市委、市政府成立"村民自治示范活动领导小组",市民政局将编入部、省、市开展村民自治示范活动的有关文件及宣传提纲,村民委员会建设的有关文件、职责、制度,居委会建设有关文件三个部分内容,编成《村民自治示范活动指南》,村民自治示范是指树立的村民自治的样板、典型,是围绕村民自治示范开展的工作。其主要目的包括两方面:一是指村委会自身建设,按照《村委会组织法》要求,实现村民自治,二是进行自我统一印制《村民代表会议记录簿》《村民档案册》,村委会档案封面、目录纸和村委会职责、制度,下发到乡镇村,指导规范村民自治。

1997年,市委、市政府重视加强村委会建设,年初市民政局与市委组织部联合印发《关于加强村委会建设和创建村民自治示范村检查验收标准》,制发5个大项160个小项具体内容的《村民自治示范活动检查验收表册》,把开展基层民主自治活动同搞好农村的发展与稳定结合起来,进一步指导规范各乡镇、村的村民自治示范工作。4月下旬至5月上旬,市委组织部、市民政局、市人武部、市委农工部等单位抽调15人,组成5个小组,逐乡镇进行抽查验收,发现问题及时帮助解决。经抽查和验收,全市有515个村基本达到村民自治示范村要求。11月,市委组织部、市民政局将全市分成5个片,先后分片召开村民自治示范活动现场会,交流经验,进一步统一要求,推进各乡镇抓紧做好完善准备工作,迎接省和扬州市检查验收，争创省级村民自治模范市。

1998 年 1 月，市政府把创建村民自治模范市工作，列为加强群众自治组织和基层民主建设的重点工作，将"村民自治示范活动领导小组"更名为"农村基层民主建设工作指导小组"，市委、市人大常委会、市政府的分管领导和民政、农工、宣传、妇联、共青团、人武等部门负责人参与领导和指导。向扬州市书面申请省民政厅进行村民自治示范工作检查验收。2 月，省民政厅基层政权建设处的领导到高邮，对村民自治示范工作调查指导。4 月 20 日，市民政局与市委组织部联合印发《关于加大工作力度落实村民自治各项任务，迎接省村民自治模范市检查验收的通知》。市民政局总结沙堰镇、川青镇村民自治经验，整理汇编沙堰镇丹阳村民主理事、规范管理一套材料，印发各乡镇。5 月 10～20 日，市民政局机关全体干部深入基层，对全市各乡镇村民自治示范活动普遍进行一次督促检查，实行面对面指导。9 月 2 日，市委、市政府召开"村务公开、民主管理工作会议"，进一步总结经验，部署实行村务公开、健全民主管理制度，深化村民自治活动，提高全市乡镇、村村民自治示范整体水平。9 月23～26 日，江苏省民政厅和扬州市民政局对村民自治示范工作进行检查验收。10 月 2 日，省民政厅下发文件，正式批复同意为"江苏省村民自治模范市"，这在扬州市是第 2 家，全省第 20 家。11 月 10～12 日，扬州市民政局、扬州市委组织部、扬州市纪委等部门组成检查组，会同民政局、市委组织部、市委宣传部、市委农工部、团市委、市妇联等部门组成 11 个小组，对全市 33 个乡镇、132 个村的村民自治示范工作进行抽查验收，给予较高评价。1999 年 2 月 27 日，在全市第五届村委会换届选举工作会议上，市委、市政府表彰村民自治模范村 218 个，占村委会总数的 34%，表彰村民自治合格村 369 个，占总数的 58%。6 月，全市有 25 个乡镇被扬州市政府命名为"村民自治模范乡镇"，占全市乡镇的 76%。

村民自治模范乡镇当然要以信息公开化为内核，最为典型的是，2015 年 11 月末，龙虬镇在政府会议室召开新闻信息工作推进会。

11 月 25 日下午，龙虬镇在政府会议室召开新闻信息工作推进会，镇部门单位、村（社区）新闻信息员参加会议，镇党委宣传委员张爱萍主持会议。会上，张爱萍委员跟所有新闻信息员再次学习了龙虬镇关于做好 2015 年新闻信息工作的意见，强调宣传科将严格执行国办发〔2014〕57 号《国务院办公厅关于加强政府网站信息内容建设的意见》和高邮市委宣传部、市委办、政府办相关考核意见，认真做好新闻信息发布工作。她对龙虬镇所有新闻信息员所付出的劳动和取得的成绩表示了肯定和赞扬，看到了龙虬镇新闻信息从无到有，从少到多，从无人管到有人管，同时对龙虬镇当前新闻信息存在的不足现象给予了指正。最后，张爱萍委员对龙虬镇新闻信息下一步工作提出了几点意见：一是新闻报送时间要及时；二是新闻报送数量要达标；三是新闻报送格式要规范；四是新闻书写要求要准确；五是新闻员工作责任心需加强；六是宣传科需加强考核力度。

四、村务公开

从 1991 年开始，按照中央、省、扬州市有关文件精神，把农村村务公开作为村民自治的重要内容来落实。各村民委员会普遍建立村民代表会议制度，选举村民代表 20,711 人，各村委会每年召开村民代表会议 4 次以上，有关村务、涉及群众切身利益和公益事业的大事，由村民代表参与讨论，参与决策，提高基层组织决策的科学性和民主性。各村委会建立村委会任期目标和工作职责，主任、副主任与 4 个工作委员会工作职责，村委会成员工作考核、村务公开、村民会议、村民代表会议、村民小组议事、财务管理、档案管理等一套民主管理制度，由村干部和村民共同讨论制定，全部公布张榜上墙，《村规民约》印发到户，以制度管理，实行村民自我教育、自我管理，提高民主管理水平。各村委会建立以村务公开、财务公开为主要内容的民主监督机制，普遍设置“村务公开栏”“村民联系箱”、建立村民大会审议村委会工作报告，村民代表考评村委会任期目标、村级财务由村民代表和乡镇农经站每年审计、公布等制度、措施，畅通村民民主监督的渠道，密切党支部、村委会等基层组织与人民群众的联系，促进村干部作风的转变和工作水平的提高。村务公开包括政务公开、村务公开和财务公开三个方面。

1. 政务公开

政务公开内容包括村党组织、村委会组织网络、村务公开监督小组、民主理财小组成员名单；党委、政府涉及农民利益的有关政策、法规及有关事项；党委、政府有关解决“三农”问题的政策和措施；上级政府涉及村民有关的实事工作；农村社区服务中心办理涉农事项的相关流程；涉及农民社会保障的政策法规；农民宅基地审批和落实情况（按照《中华人民共和国土地管理法》有关规定，年度批准调整和新建宅基地、建房情况）；计划生育有关政策法规，再生育一个孩子的审批情况，其他需要公示的事项；征兵工作情况；其他需要公开的事项等。

2. 村务公开

村务公开的内容包括村委会的任期目标、年度计划及执行情况；村民代表会议的决定或决议；村庄建设规划、集体经济发展项目、公益事业（农村道路、桥梁铺建维修、改水、改厕工程）项目计划及执行情况；集体资源、资产及重大基建项目的发包、承包情况；集体资产租赁、转让、拍卖情况；农业水利建设、农机器具购置情况；公共卫生和社会福利发展规划和年度计划；“三清工作”（清洁河道、清洁村庄、清洁家园）、“三绿工程”（绿色基地、绿色通道、绿色家园）任务分配和完成情况；民主评议、考核和奖惩情况，村级集体经济组织财务审计结果；群众普遍要求公开的其他村级事务。

此外，2015 年年初，城南新区在浩芝村率先推广应用“村务通”信息平台，创新了基层村务公共服务渠道，促进了基层法制的信息化、公开化、规范化。截至 8 月 20 日，该区 11 个村和 2 个社区已全部实现“村务通”广泛应用。

“村务通”是新华社江苏分社和江苏移动联合推出的江苏省首个村务信息平台，主要包含“村事大喇叭、村事小剧场、村事大家说”三个主要栏目和“信息集市、彩信周刊、村委电话会议”三个辅助栏目，可提供包括村务动态、民主评议、农业信息、政策法规、办事指引、党建、特色农产品发售等多种服务。各单位可通过电脑端或手机端登录“村务通”平台，依照本地村务管理方式设置村民分组，将村务、农业生产等信息通过短信或语音播报的形式发送到村民的手机上。它不仅能让村民对村情、村务“触手可及”，还可以让村民通过互动平台为农村发展建言献策。

通过走访了解，各村对“村务通”这一信息平台都表示欢迎，有村干部说“以前主要靠村干部每家每户打电话通知，现在有了‘村务通’平台，村里发生的大小事情村民都能第一时间了解，每天还可以给村民发条天气预报，发一些季节养生常识，干群关系更融洽了。”

3. 财务公开

财务公开的内容包括集体经济组织直接经营的各项收入及支出情况；集体经济组织的

承包合同的上缴情况;村党组织、村委会各种学习培训、参观考察及招待费支出情况;村干部年终报酬分配明细;村债权、债务具体情况;个人欠款包括干部和群众向村集体经济组织借欠的资金数额及归还情况;土地、房屋设备租售收入情况;农房拆迁户赔偿明细;村股份合作经济的收益和股份分红情况;农村新型合作医疗收支情况;农村养老保险的实施和收交发放情况;低保户、低保边缘人群、困难人群、大病救助名单和补助金额;发放粮食直补、农资综合直补、农作物良种补贴等农业补贴明细;救灾救济发放明细;计划生育奖励、扶助发放明细;土地流转和机动地发包收益情况;土地征用补偿费标准和相关经费补偿情况;烈军属优待金发放明细;困难户补贴情况;村集体年度收支预、决算明细;上级部门划拨款数额及管理使用情况;需要公开、公示的其他事项等。

五、典型案例

乡村治理离不开村民委员会,而村民委员会的良性与健康运转离不开村干部的品质与付出。2014 年,扬州市委继续选派机关干部到全市经济薄弱村担任“第一书记”,夏继金被选派到湖西新区毛港村任“第一书记”。到村任职后,为全面了解村情民情,掌握第一手资料,夏继金骑着从村干部那借来的旧自行车,走遍了全村各村民小组,走访了部分农户家庭、党员和村组干部,与他们深入谈心,了解村情、吃透民情、掌握实情。通过深入的走访调研,夏继金认为,毛港村与先进村相比,最大的差距是思想解放程度的差距,最大的落后是思想观念的落后。村里要尽快摘掉经济薄弱村的帽子,村干部必须解放思想,走出去学习外地的成功经验,科学谋划村里的发展思路。

俗话说,“新官上任三把火”。进一步解放村干部们的思想,是夏继金上任后烧的第一把“火”。担任毛港村“第一书记”后不久,夏继金带领村干部到邗江经槐村、何桥村等先进村学习考察当地的高效农业。“一亩地种植花卉苗木,收益竟然有上万元,土地也能生黄金。”“地租给城里人种蔬菜,农民不用自己种田,同时还能收取可观的租金,原来农业还可以这样搞。”“很震撼,确实值得学习。”……这次到外地考察学习,给村干部们极大的震撼。“不看不知道,一看吓一跳,没想到毛港与先进村的差距这么大。”毛港村党总支书记李有栋感慨地说,此次学习考察活动对于我们村干部来说,是一次开阔视野之旅、解放思想之旅,更是一次深层次的“头脑风暴”,大家在考察中既看到了差距,也拓展了视野、解放了思想、明晰了发展思路。在毛港村任职期间,夏继金除了经常对村干部“洗脑”“换脑”外,还结合近年来扬州检察院查办发生在乡镇、村委的职务犯罪典型案件,多次为村干部上反腐倡廉课,警示大家要筑牢思想防线,不闯“警戒线”、不碰“高压线”,慎用手中权力,为人民掌好权、用好权。毛港村村委会主任万宏江说,听了夏书记的课后,触动很大、印象很深,在今后的工作中,一定要保持清醒头脑,切勿碰触法律高压线。

如果说解放村干部们的思想是夏继金烧的第一把“火”,那么找准村里的优势,帮助村里发展壮大集体经济则是他烧的第二把“火”。被帮扶的村大多生产生活条件较差,促发展的任务很重。如何壮大村级集体经济?夏继金排资源、找出路。在村里走访调研过程中,夏继金发现农村小学撤并整合后,村里有所小学长期闲置。“将闲置的学校盘活后出租,既能让闲置的学校发挥作用,同时也能增加村集体经济收入。”夏继金将他的这一想法与村干部们商量后,大家都非常支持。栽好梧桐树,如何引得凤凰来?夏继金和其他村干部寻关系、找路子、想办法,成功招引扬州百顺环境工程有限公司落户毛港村,村里为此每年增加 6000 元的收入。扬州睿哲新能源专业合作社是毛港村引进的从事秸秆深加工的企业,在项目推进过程中,企业遇到了用地问题。得知情况后,夏继金多次与相关部门联系,协调项目用地。项目于4月开始建设,当年8月底顺利投产。“项目能这么快竣工,夏书记倾注了心血,做了大量工作。项目投产后,既解决了秸秆出路问题、增加了农民收入,村集体每年也能增加8万元的收入,我们打心眼里感谢夏书记。”毛港村党总支书记李有栋告诉记者。为民兴办实事,是夏继金在村任职期间烧的第三把“火”。夏继金上任后不久的一个星期一,他和往常一样到村部上班,到了村部后,发现村部没人,便打电话给村里的负责同志,得知因田边道路不好走,村民在生产过程中互不让道产生摩擦,村干部正在田间处理矛盾。“夏书记赶到现场后,和村干部们一起做农户工作,帮助协调矛盾,同时向村民们承诺,尽快把道路修好。”李有栋说。

挂职期间,夏继金带领村干部们筹资金跑项目,积极争取有关部门支持,将村里两条超过2公里的破损严重的砂石路修成水泥路,解决了老百姓的出行问题。“原来村里的砂石路段坑坑洼洼的,特别是下雨天,出门连电动车都不好骑,裤子上还总是会沾上一些泥巴。现在修了水泥路,送孩子、赶集、走亲戚,都方便了,夏书记为我们村民办了一件大好事大实事啊!”在毛港村,当地村民在接受记者采访时抑制不住内心的喜悦。毛港村的河道以前由于长期没有进行清理,杂草丛生、河水发黑,不仅影响村民生活,也有损村容村貌,村民们都希望尽早整治河道。挂职期间,夏继金积极为村里河道治理的事情奔走,成功向上级争取了水利项目和资金。村里的河道经过深度整治后,面貌焕然一新。“以前河里全是杂草和垃圾,蚊子也多,现在河水这么清,环境也好,生活在这里我们很舒心。”说起河道整治给村里带来的变化,村民曹大爷一脸的笑容。毛港村地势像抛物线,中间高、两头低,特别是东边的地块,有农田1500多亩,涉及6个生产队的180多农户。由于地势低洼,往年一到汛期,这些农田往往就汪洋一片,农作物很“受伤”,农民们很“伤神”,村干部们很“头疼”。为改变这一状况,驻村期间,夏继金多次跑部门,争取到了闸站建设项目资金。毛港村节制闸排涝站项目4月实施,6月中旬投入使用。“这下好了,有了节制闸排涝站,就是下大雨也不怕农作物被淹了。”村里老党员曹国江高兴地说。节制闸排涝站建好后,东边地块的鱼塘也成了“香饽饽”,李有栋告诉记者,这个地块的鱼塘往年租金只有40元、50元一亩,还没人愿意承包,现在涨到了300元一亩,村民们都抢着承包。毛港村的主要道路是“四纵一横”,目前,村里只有部分路段安装了路灯,没安装路灯的路段一到晚上黑漆漆的,村民夜晚出行很不安全。驻村期间,夏继金到扬州有关部门主动争取,在他的积极奔走下,扬州市有关部门的工作人员到村里进行了考察,计划近期对没有路灯的路段安装路灯。届时,路灯将照亮整个村庄,也将温暖村民的心。作为一名检察干部,挂职期间,夏继金一直严格要求自己。刚到村里工作时,村里打算给他配辆电动车,方便他到村入户开展工作,被他婉言谢绝,平时到村民家里,他都骑着从村干部那借来的自行车。夏继金的老家离村里有十几里路,有时周末住在老家,星期一上班时村里打算派人开车去接他,他不让,而是自己骑着电动车到村里上班。几年来,村庄的不断翻新变化,是对夏继金最大的肯定。

表 4－2　1998～2014 年村民委员会情况调查

	年份	机构数量（个）	辖区人口总数（人）	机构工作人员（人）	经费保障（元）	备注
1998～2010 年村民委员会基本信息及其变化情况	1998	657	53,1340	3273	—	—
	1999	639	529,328	4810	—	—
	2000	639	529,328	—	—	—
	2001	282	684,782	—	—	—
	2002	282	684,782	—	—	—
	2003	282	684,782	1734	—	—
	2004	282	505,796	1637	—	—
	2005	282	505,796	1637	—	—
	2006	282	505,796	1637	—	—
	2007	280	514,482	1576	—	—
	2008	280	514,482	1576	—	—
	2009	280	514,482	1576	4810	—
	2011	278	55,872	14,329	1734	—
2011～2014 年村民委员会基本情况	2011	278	55,872	14,329	1734	—
	2012	278	55,872	14,329	—	—
	2013	176	616,026	1121	—	—
	2014	176	616,026	1121	—	—

第三节　行　业　协　会

一、历史沿革

1936 年 9 月 1 日，高邮县成立总工会。设常务理事 4 人，理事 10 人。该工会为资方和封建把头所控制，共有 9 个基层组织，810 名会员。1935 年年底自行解体。1937 年 2 月，国民党县党部为了控制工人，成立高邮县整理工会委员会。9 月 1 日，正式成立高邮县总工会，共计有 14 个行业工会，1687 名会员。1949 年 1 月瓦解。清末、民国至 50 年代初，高邮商业、手工业等行业设有同业公会，协调活动，平衡利益，为民间经济自治组织。同业公会的设置屡有变更。1919 年成立粮食公会、渔业公会。20 世纪 20～40 年代，设有中医（国医）公会。30 年代成立新闻记者公会，有会员 50 人。1937 年成立药业公会。1935 年成立国药公会。1937 年成立以及恢复的有照相、镶牙、茶叶、民国药、纸张文具、北货砂炒水果、百货、蛋、五金铜锡、猪肉、饼面、茶食、银楼、绸布、浴室、土烟、旅馆、茶酒馆、瓷器、油漆颜料色染、鱼行、嫁妆、糟酱、磨坊、机器、转运、神香、灰。

1949 年 3 月 1 日，组建城区工商业联合会筹委会。1950 年 1 月 1 日，召开城区工商代表会议,成立城区工商业联合会。1952年12月25日成立县工商业联合会筹委会。"文化大革命"初,县工商联停止活动。1949年以来,高邮县总工会在中共高邮县委领导下,组织广大职工积极开展了各项工作。努力提高职工的政治和文化素质。工会成立以来,围绕各个时期的中心任务,积极开展多种形式的思想政治教育和科学文化知识的学习。1951年,创建一所职工业余学校,开设普通班与中级班31个,在校职工1337人,积极推行速成识字法,扫除职工中的文盲与半文盲。1956年,注重加强职工业务、技术教育,为生产、社会服务。1960年,采取系统、单位办学以及联合办学的方法,对职工进行政治、文化、技术等教育。"文化大革命"期间停课。1979年9月恢复县职工业余学校,到1985年,计有3836人次高、初中单科结业或全科毕业,为电大、中专学校输送了400多名合格新生,为企事业单位培养了600多名技术人才。1950年,县工会创办工人俱乐部,"文化大革命"中被占用。1981年新建一座面积为7000平方米的工人文化宫,开展了丰富多彩的文化娱乐活动。1984年以后,文化宫办了职工子弟高考补习班。1979~1985年,县总工会与各基层工会举办各种培训班,参加学习的职工达3182人次。1985年,全县成立读书活动小组193个,1270名职工参加。同年,整顿或建立基层俱乐部48个、图书活动室146个。自县工会成立至1985年,共举办了四届职工运动会。组织职工积极投入社会主义经济建设。1949~1952年,工会积极组织职工恢复生产努力进行生产自救。1953年以后,国家进入有计划的经济建设时期,各级工会贯彻以生产为中心的工运方针,组织职工广泛开展厉行增产节约的劳动竞赛活动。1959~1965年,工会动员职工克服经济困难,积极完成生产任务。1979年以后,工会工作重点转移到为经济建设服务上来。1980年,在全县掀起了一个人人为实现现代化立功、争当先进的热潮。各企业工会围绕提高经济效益,搞活企业,组织职工开展多种形式的社会主义劳动竞赛和技术协作活动,发动职工提合理化建议。全县共提合理化建议3727条,采纳2715条,实施1653条,取得了显著的经济效益。1983~1985年,受全国和省市表彰的先进集体168个,先进工作者622人。积极宣传和参与经济体制改革。1979年以来,广大职工拥护改革,支持改革,努力为改革作贡献。工会与有关单位举办了经济体制改革问题答辩会、厂长(经理)演讲会等活动。1984年,许多企业相继推行厂长(经理)负责制;为完善企业的民主管理,使广大职工参与企业管理,一些企业建立了职工代表大会制度。据统计,到1985年,全县有84个单位建立了职工代表大会(职工大会)制度。维护和关心职工利益。各级工会组织关心职工物质文化生活,努力为职工说话办事。1950年,县工会创建了一所职工医疗所。80年代后开展了生活后勤"一条龙"竞赛活动,全县建食堂21个,托儿所52个,浴室22座,医务室37个,妇女冲洗室15个,互助储金会18个。有的基层工会还开展了扶贫、走访慰问退休职工、祝寿等活动。全县194个基层工会建立了职工之家,其中模范职工之家6个,先进职工之家19个,被省市命名的模范、先进职工之家5个。1989年10月,国务院发布了《社会团体登记管理条例》。该条例对恢复因10年动乱而中断的社会团体登记管理工作,促进社会团体的发展,起到了至关重要的作用。东台市从1991年年初开始登记管理工作,1991~1998年共登记社会团体61个,其中学术性社会团体31个,行业性社会团体10个,专业性社会团体8个,联合性社会团体12个。随着社会主义市场经济体制的建立,1989年发布的某些规定已不适应社会和经济发展的需要。20世纪90年代初期,民间组织绝大多数是与政府职能部门相对应的一些学会、研究会、联席会等单一的社团。1993年,党的十四届三中全会确定建立社会主义市场经济体制的决定,1997 年,党的十五大提出要培育和发展社会中介组织。党和政府明确要求把培育和发展行业协会问题作为整个体制改革的一个重要内容,使行业协会的作用真正得到发挥,并承担起政府转移出去的一些职能,这为行业协会的发展提供了有力的政策支持。随着经济社会的快速发展,民政局民间组织发展也呈现多元化的局面。1998 年 10 月 25 日新修订的《社会团体登记管理条例》(已失效)经国务院令第 250 号发布施行。从 1999 年到目前,共登记社会团体 269 个,其中行业协会 46 个。为了规范行业协会组织和行为,保障行业协会依法开展活动,促进行业协会健康发展,根据有关法律、行政法规,结合本省实际,2011 年 11 月 26 日江苏省第十一届人民代表大会常务委员会第 25 次会议制定通过了《江苏省行业协会条例》,自 2012 年 1 月 1 日起施行。从行业协会的设立、变更、终止、开展活动及其监督管理等方面进行了规范。

二、基层行业协会的数量、类型

社会组织是人类社会政治文明、物质文明和精神文明发展的产物,是公民民主权利和社会发展进步的客观反映,也是改革开放 30 多年带来的新变化和新成果。1978 年 12 月以前,我市仅有一个社团,到 2014 年年底,全市有各类社会组织 320 个。其中:社会团体 169 个,按类别分行业性 39 个,专业性 77 个,联合性 24 个,学术性 29 个。民办非企业单位 151 个,按类别分文化类 14 个,体育类 8 个,人社类 6 个,教育类 51 个,民政类 40 个,科技类 3 个,其他类 29 个。主要分布在 74 个部门和乡镇(街道),它们涉及全市城乡工业农业、科教文卫、行政管理、财税金融、城乡建设、房产物管、商贸流通、民族宗教、群众体育、社会公益、社区服务等上百种专业、行业和学科。社会组织成员 84,200 多人,其中党员 1700 多名,县(处)级和科(局)级干部 81 名,市人大代表 44 名、政协委员 56 名,各类专家、中高级技术人员、管理人员、各级劳模、先进工作者以及社会各界知名人士达 2600 多名。因此,做好社会组织管理工作是一项庞大的社会工程,关系到经济建设、社会进步和人民群众的物质文化生活。

从 1998 年国务院《民办非企业单位登记管理暂行条例》颁布后,市政府适时将社会组织管理领导小组更名为民间社会组织管理领导小组,并在组成单位上作了较大充实,高邮市每两年以政府名义召开一次民间组织管理工作会议,研究工作思路,总结管理经验,表彰先进典型。2001 年针对民办非企业单位的复查登记工作,高邮市专门成立了联席会议办公室,专题研究实施方案,确保了全市复查登记工作圆满完成。2002 年 4 月,高邮市被省民政厅表彰为复查登记工作先进单位。到 2014 年年底,全市有民办非企业单位 151 个,涉及教育、卫生、文化、体育、社保、民政等 7 个行业,从业人员 1928 人,注册资金 8156.6 万元。

三、基层行业协会的职能

行业协会通过组织本行业的企业,共同订立行规行约,规范同业竞争,促进行业信用建设和行业守信自律,防范和打击假冒伪劣、坑蒙拐骗等各种不正当行为,遏制和消除市场的无序和混乱。各类行业协会对于形成公平合法、竞争有序的市场环境起到了积极作用,如昆山市沐浴行业协会自成立以来,充分发挥协会的桥梁和纽带作用,团结业内人士,规范行业行为,反映会员呼声,维护会员合法权益,有效地促进了行业有序发展。行业协会的宗旨是为会员提供服务,维护行业、会员的合法权益,加强行业自律,规范市场秩序,增进会员的交流,协调行业与政府、社会之间的关系,促进行业的公平竞争和有序发展。行业协会以会费作为经费来源,政府财政安排很少。其决策机制包括:首先是会员大会,是行业协会的最高权力机构，会员数量较多的行业协会可由会员代表大会代行职能；其次理事会是会员大会的执行机构，由会员大会选举产生，在会员大会闭会期间领导行业协会开展日常工作；再次是根据需要可设常务理事会，由理事会选举产生，在理事会闭会期间代行部分职能；最后是理事会选举产生理事长、副理事长和秘书长，理事长（副理事长）又可称会长（副会长）等，秘书长在理事长领导下开展工作。会员（会员代表）大会、理事会、常务理事会的职责由协会章程规定。行业协会的会长（理事长）、副会长（副理事长）由理事会或者常务理事会提出人选，经会员大会或者会员代表大会选举产生。选举规则、任期和职权，由协会章程规定。行业协会设秘书长一人，副秘书长若干人。秘书长为专职，可以通过选举、聘任或者向社会公开招聘等方式产生。行业协会专职工作人员应当逐步实现社会化、职业化。

近年来，高邮市行业协会为实行行业自律、开展行业协调、维护行业合法权益，主要开展了以下几方面的工作：一是组织会员单位开展法律、法规教育和专业培训、技术交流，提升从业人员技能水平。通过每年定期召开的理事会、年会、报告会等形式，组织会员单位集中座谈、参观学习，增进各单位间的交流与合作。如高邮市服装行业协会围绕企业生产许可证的论证，产品标准化等方面的建设开展了大量卓有成效的工作，在行业内形成较强的凝聚力。二是加强本地企业与外地行业组织的联系与交流。有计划地组织会员赴国内外进行学习、交流，拓展发展思路，提升业内企业管理和技能水平。三是为业内企业提供行业发展信息。通过编发会刊、简报等形式，宣传党的政策，介绍业内企业的新技术和新经验，以此提升行业整体发展水平。

四、典型调查（以高邮市粮食行业协会为例）

成立于2012年10月的高邮市粮食行业协会，全市56家单位申请并加入该协会，协会的成立标志着全市粮食行业和企业实施自律性行业管理迈出了重要一步。高邮市粮食行业协会按照职能分开、人员分离、机构分设、财产分置的要求，做好市粮食行业协会与市粮食局行政机关脱钩工作，对高邮市粮食行业协会职能，会长、副会长，秘书长、副秘书长，办公地点等进行调整，实现了平稳过渡。特别是协会自成立以来，通过严格的管理、规范的运作，注重加强自身建设，纯洁队伍、打击违规，重质不重量、宁缺毋滥，全国有影响、市内有作为、工作有成效。

2015年5月，市粮食局、粮食行业协会围绕“坚持依法管粮治粮，规范市场收购秩序”的主题，联合举办法律法规培训班。全市120多家各类经营主体、个体工商户参加了培训。培训班邀请了市法制办潘国清主任就夏粮收购如何加强市场经营行为监管、维护市场价格稳定等方面进行了解读。一是积极配合，接受上级主管部门监督检查；二是加强行业自律，自觉维护市场秩序；三是开展诚信守法经营，在收购现场张贴收购价格及其质量标准。市粮食局纪委书记韩国路同志对全市各类经营主体提出了具体要求。一要认清形势，谨慎入市，自觉维护市场秩序，遵守国家相关法律法规；二要坚持收购质量标准，保障粮食质量安全，做到诚信守法经营；三要保护消费者的利益，不克扣群众，不短斤少两，不向老百姓打白条。培训班上，局监管检查科负责人通报了2015年许可证核查情况、当年夏粮收购市场监管方案，对当前粮食市场监管工作作了部署。市粮食行业协会负责人就“粮食经纪人”所拥有的权利和义务等方面进行了全方位地剖析。两家企业从执行粮食收购政策，坚持质量标准，不哄抬价格，守法经营、诚信经营等方面作了表态发言。

2015年10月,为培育和推进高邮大米加工企业做大做强,实现自我发展,加强技术改造,提高企业管理水平,实现粮食产业跨越式发展。市粮食行业协会组织市内大米加工规模企业到安徽省六安市学习借鉴该市大米加工企业产业化经营的成功经验,特别是规范化管理的先进理念。考察中,考察组实地察看了安徽永成机械技术有限公司和国精粮油食品有限公司。安徽永成机械技术有限公司始建于2000年,是一家专业从事计量包装、碾米与仓储机械制造的机电一体化企业,自创建以来,公司倡导“严谨、创新、高效、务实”的经营理念,秉承“诚信、共赢、和谐、永恒”的企业文化,经过近十年的艰苦奋斗,现有员工150多人,其中工程技术人员28人,总资产2800多万元,占地32,000多平方米,年生产能力10,000件(台套),产品远销全国及东南亚地区。国精粮油食品有限公司是一家民营企业,尊崇“踏实、拼搏、责任”的企业精神,以诚信、共赢、开创经营理念,创造良好的企业环境,以全新的管理模式,完善的技术,周到的服务,卓越的品质为生存根本,在品牌创建等方面取得了骄人业绩。2014年销售优质大米4万吨,实现销售收入2亿元,完成利税792万元。通过考察,大家一致认为,这次学习考察不虚此行,收获颇丰,受益匪浅,触动很大,真正开阔了视野,增长见识,看到了差距,学到了真经,增强了信心,表示回来后,要加大科技投入,加强企业规范化管理,改变企业形象,实现企业环境优美、生产安全、食品安全、效益良好的局面,助推企业健康发展,做大做强高邮大米品牌。

为弘扬中华传统美德,倡导助残行善新风,向弱势群体伸出关爱之手,2015年2月5日,市粮食行业协会积极响应高邮市政府和市民政等部门号召,参与社会组织慈善活动。向高邮市多益养老助残服务中心捐赠大米1000斤,面粉500斤。高邮市粮食行业协会自2012年成立以来,立足本职,积极发挥政府和企业之间桥梁纽带作用,倡导爱粮节粮、维护粮食流通市场秩序,全力助农增收,为推动高邮粮食行业健康可持续发展作出了积极的贡献。与此同时,协会也以崭新的面貌焕发了勃勃生机,得到了社会各界的一致好评。

表4-3　基层行业协会情况调查

年份	行业协会数量(个)	行业协会人员(人)	行业协会类型	行业协会名称	行业协会职能	备注
1999	4	14	行业性	建筑业协会,烹饪协会,电线电缆行业协会,龙虬镇罗氏沼虾协会	宣传行业法规,参与调研规划,培训行业人才,发展工程评比	—
2000	5	16	行业性	高邮市经纪人协会	指导经纪工作,开展业务培训,规范经营行为,开展文化交流	—
2001	8	26	行业性	建筑门窗协会,文化经营行业协会,鸭蛋行业协会	宣传行业法规,规范市场秩序,提供咨询服务,维护合法权益	—
2002	10	33	行业性	再生资源行业协会,城区客运三轮车经营者协会	加强行业管理,开展业务培训,传递市场信息,提供咨询服务	—

续表

年份	行业协会数量（个）	行业协会人员（人）	行业协会类型	行业协会名称	行业协会职能	备注
2003	14	46	行业性	宣传政策法规，开展市场调研，规范行业行为，提供咨询服务	房地产协会，煤炭流通行业协会，外商投资企业协会，旅游协会	—
2004	18	58	行业性	法规宣传，规范行为交流，信息维权服务	机动车维修驾培协会，广告协会，新型墙体材料协会，桂花鱼产销协会	—
2005	21	65	行业性	为养鸽户提供产前、产中、产后服务，开展技术辅导，推广应用新科技、新品种	养鸡协会，菱塘回族乡养鸽协会	—
2006	23	73	行业性	宣传行业法规，规范行业行为，举办业务培训，开展咨询服务	沐浴行业协会，灯具行业协会	—
2007	26	80	行业性	宣传行业法规，规范行业行为，举办业务培训，开展咨询服务	物业管理协会，三垛镇罗氏沼虾协会	—
2008	27	82	行业性	规范行业行为，开展行业自律，提供咨询服务	界首茶干协会	—
2009	28	86	行业性	开展行业管理，规范行业行为，提供咨询服务，促进相互交流	光电产业行业协会	—
2010	30	90	行业性	为养鸭户提供产前、产中、产后服务，开展技术辅导，推广应用新科技、新品种	菱塘回族乡鸭业协会，菱塘回族乡特种水产协会	—
2011	31	93	行业性	法规宣传，行业自律交流，信息维权服务	高邮市食品流通行业协会	—
2012	32	95	行业性	宣传政策法规，开展行业自律，交流行业信息，提供咨询服务	粮食行业协会	—
2013	35	104	行业性	制定行规行约，推介品牌产品，提供咨询服务，维护会员权益	药品流通行业协会，酒类行业协会，高邮湖大闸蟹行业协会	—
2014	39	139	行业性	行业管理，业务协作，咨询服务	服装行业协会，渣土行业协会	—

第四节 基层选举

一、村民委员会选举

1. 第一届村民委员会

1983年,高邮县按照中央、省、市有关文件精神,实行农村体制改革,恢复乡镇建制,在原人民公社的基础上建立乡镇人民政府,在原生产大队的基础上建立村民委员会,在原生产队基础上建立村民小组。为便于统计区别村民委员会的届次,高邮市将实施《中华人民共和国村民委员会组织法(试行)》(以下简称《村委会组织法》)之前的村民委员会称为高邮县第一届村民委员会(以下简称村委会)。

1986年,县共有33个乡镇,667个村,5674个村民小组。各村第一届村民委员会主任及组成人员,以乡镇人民政府行文任命的形式产生,村民小组组长由村民委员会指派产生。全县共有村民委员会主任667人,委员3450人,村民小组组长5674人。

2. 第二届村民委员会选举

1988年,高邮县开始贯彻实施《村委会组织法》(已被修改),11月至12月在车逻乡进行第二届村民委员会选举试点工作。

1990年7月,县政府召开贯彻实施村民委员会组织法专题会议,部署第二届村委会选举。会后村民委员会选举工作在各乡镇全面展开。县政府和各乡镇建立村民委员会选举工作领导小组,县领导小组下设办公室在县民政局,指导选举工作。各乡镇村民委员会选举工作历经宣传、学习、选民登记、民主选举、制度建设、培训村委会成员、扫尾、验收等阶段。村委会主任、副主任、委员候选人,由村党支部召开村委会成员、村民小组长等村组干部和党员会议,民主推荐提名,并报送乡镇党委、政府领导小组审核同意,通过召开村民大会,采用无记名投票方式、等额选举产生村民委员会主任、副主任、委员,村民小组组长由村民小组会议推荐产生。

1990年12月,全县33个乡镇653个村,有49.4万名村民参加村民委员会选举,占18周岁以上有选举权选民52.53万人的90.2%。除4个村委会需要再选外,共选举产生649个村民委员会。其中一次选举成功的有638个村,占98.4%,补选成功的11个村,占1.6%。依法选举产生村委会成员3241人,其中村委会主任645人,副主任583人,委员2056人。委员中妇女委员619人,占19.1%。村民委员会由3人组成的共54个村,由4人组成的共52个村,由5人组成的共442个村,由6人组成的共24个村,由7人组成的共66个村。村委员会设1名主任的168个村;设1名主任、1名副主任的387个村;设1名主任、2名副主任的84个村;设1名主任、3名副主任的6个村;未设主任设3名副主任的4个村。全县第二届村民委员会建立治保调解委员会649个,委员1686人;文教卫生委员会649个,委员1734人;社会福利委员会649个,委员1722人。选举结束后,各村民委员会建立"四个制度""四个职责""一个村规民约""一个任期目标"。乡镇政府对选举产生的村委会干部进行1~2天短期培训。

3. 第三届村民委员会换届选举

1993 年 2 月,市民政局在八桥镇进行第三届村民委员会换届选举试点。2 月 18 日,市政府召开村民委员会换届选举工作会议,村委会主任初步候选人由村级组织推荐和村民 10 人联名提名,经民主协商确定正式候选人;经召开村民大会,无记名投票选举产生村委会成员。截至 6 月 30 日,全市 33 个乡镇 658 个村,有 478,649 名村民参加选举,参选率达 92.6%,等额选举产生村民委员会主任 651 人,差额选举产生村民委员会副主任 551 名、村民委员会委员 2021 名。一次选举成功率 98.7%。

4. 第四届村民委员会换届选举

1996 年 3 月,市委、市政府下发《关于做好全市第四届村民委员会换届选举工作的意见》,市、乡镇成立村委会换届选举工作指导小组,各村成立村民委员会选举工作领导小组。市民政局在武安乡浩芝村先行试点。3 月 26 日,市委、市政府召开全市第四届村委会换届选举工作会议,进行全面动员部署,各乡镇、场分管党务工作的副书记、组织委员、民政助理参加和业务培训。市民政局编发《村委会换届选举工作简报》4 期,下发各乡镇指导选举工作。至 5 月 31 日,全市 33 个乡镇 657 个村民委员会全部依法换届选举,村民参选率达 98.9%。在部分村试行村委会主任差额选举,全市差额选举产生村委会主任 15 名,大部分村等额选举产生村委会主任 642 名、差额选举产生村委会副主任 566 名、委员 2065 名。全市一次选举成功的有 652 个村委会,占99.1%,补选成功的 5 个村,占 0.9%。市民政局首次向新一届村委会成员颁发由省民政厅统一印制的《村委会成员当选证书》。8 月 20～30 日,市委组织部、市民政局、市农业局在市农干校联合举办第四届村委会主任培训班,有 268 名新当选的村委会主任学习《村委会组织法》、村民自治活动规范和农作物栽培等课程。

5. 第五届村民委员会换届选举

1999 年 3 月,全市贯彻《村委会组织法》,首次在村民委员会选举中实行"两个直接",即村委会主任、副主任、委员候选人直接由村民提名产生,按得票多的确定为正式候选人,由村民无记名投票直接差额选举,产生第五届村委会成员。市民政局在川青镇开展换届选举试点,后在全市全面推开。全市 33 个乡镇 639 个村民委员会(含蚕种场八里松 1 个村民委员会),5544 个村民小组,有 505,500 名村民参加选举。

第五届村民委员会选举,坚持"依法、公开、平等、竞争、差额"的原则,一律实行由本村有选举权的村民直接等额提名初步候选人,直接差额投票选举产生第五届村委会成员。全市登记选民 529,328 人,参加直接提名的村民 442,210 人,村民参加提名率占 83.5%,直接提名村委会成员初步候选人:主任 8999 名、副主任 8021 名、委员26,854 名,共计提名村委会成员 43,874,是正式候选人 4810 名的 9.12 倍。经民主协商,确定正式候选人:主任 1251 名、副主任 813 名、委员 2746 名。依法实施选举的 639 个村,共设中心会场 639 个、设流动票箱 920 个,设秘密划票处 1334 个,参加直接投票选举的选民 505,500 人,占选民总数的 95.5%,其中:大会投票 296,217 人、委托投票 129,367 人,流动票箱投票 79,926 人。差额选举产生第五届村民委员会主任 633 名、副主任 479 名、委员 2116 名,其中:原村委会成员连任主任 340 名,占当选的 54%;副主任 238 名,占当选的 49%;委员 254 名,占当选的 12%。原村委会成员落选:主任 119 名,占当选的 19.7%;副主任 99 名,占当选的 20%;委员 412 名,占当选的 19%。非候选人当选主任 8 名,占当选的 1.3%;副主任 13 名,占当选的 2.7%;委员 26

名,占当选的1.2%。在全市第五届村民委员会成员中,中共党员1653名,占当选成员总数的51.7%。村委会主任兼任村党支部书记的28名,占当选主任的4.6%。当选的村委会主任文化结构:小学34名,占总数的5.4%;初中244名,占总数的38.5%;高中334名,占总数的52.7%;大专21名,占总数的3.4%。年龄结构:30岁以下的34名,占总数的5.3%;31~40岁的263名,占总数的41.6%;41~50岁的306名,占总数的48.4%;51岁以上的30名,占总数的4.7%。平均年龄40.7岁。

4月15~25日,市委党校、市委组织部、市农工部、市委宣传部、市民政局在市委党校,举办第五届村民委员会主任岗位培训班,分三期轮训新当选的600多名第五届村民委员会主任。市民政局副局长赵金龙讲授《村委会建设与村民自治活动》,市委组织部、市委农工部、市委宣传部、市委党校负责人分别授课。培训结束,由市委党校向村委会主任颁发《培训结业证书》。

6. 第六届村民委员会换届选举

2001年10月,市政府根据《村委会组织法》第11条关于村民委员会每届任期三年,届满应当及时举行换届选举的规定和江苏省人民政府《关于做好全省第六届村民委员会换届选举工作的意见》(苏政发〔2001〕93号)的精神,市委办公室、市政府办公室于10月11日印发《关于组织开展村民委员会换届选举工作意见》(邮办发〔2001〕67号),市政府决定成立全市村民委员会换届选举工作指导小组(邮政人〔2001〕45号),明确市指导小组驻各乡镇联络员。市民政局将局机关工作人员分工到各乡镇,一个乡镇一名联络员,一名副局长联系一个片的选举工作。9月,市民政局在临泽镇临西村进行村委会选举试点。10月15日,市委、市政府召开由各乡镇分管负责人、组织委员、民政助理、民政会计参加的全市第六届村民委员会换届选举工作会议,市民政局局长陈荣富作《做好全市村委会换届选举工作》的专题讲话,市委常委、常务副市长倪文才和市人大副主任居云保到会讲话,要求全面贯彻"两个直接",依法做好全市第六届村委会换届选举工作。

面对全市乡镇和村组撤并调整后的第一次村民委员会选举,有很多新情况,大部分村是由多个小村合并而成,范围大,选民多,各个村都建立《选民登记册》,选民登记做到不漏、不错、不重,有些村书写几套选民登记榜,每个自然村都公布一套,各村民选举委员会依法在选举日20日前张榜公布选民名单,全市20个乡镇和高邮经济开发区282个村民委员会(含蚕种场八里松1个村民委员会)、2769个村民小组,共有村民684,782人,参加选民登记的有503,559人,参加选举的选民有476,574人。

第六届村委会成员候选人,全部采取由村民直接等额提名初步候选人,以得票多少的顺序确定正式候选人。选举一次成功的277个村,有120个村直接召开村民大会,一人一票直接提名候选人;有157个村召开村民小组会议,推选村委会成员初步候选人。提名票当场当众进行唱计票。全市共提名村委会成员初步候选人21,703人,其中:主任提名4387人,副主任提名5417人,委员提名13,150人,被提名的候选人在选举日7天前张榜公布。根据确定的村委会成员职数和差额选举的规定,全市共确定村委会主任正式候选人419人,副主任正式候选人527人,委员正式候选人1401人,于选举日3天前正式张榜公布。12月26日,是全市第六届村委会换届选举日,全市各乡镇村323个村民选举大会会场,设立秘密写票处325个,设立流动投票站172个。部分村安排村委会主任正式候选人作竞选演讲。全市有

277 个村选举一次成功,共选出主任 263 人、副主任 327 人、委员 1144 人。新当选的 1734 名成员中,中共党员有 1210 人,高中以上文化 995 人,40 岁以下的 948 人。各村在选举结束后,及时召开村民小组会议,新推选村民小组长 2461 人,新推选村民代表 15,606 人,并公告于民。

第六届村民委员会产生后,全市各村及时召开全体成员会议,对村委会成员进行明确分工,村委会建立经济建设、文教卫生、治保调解、社会福利等工作委员会,分工兼职到人,研究拟定本村经济建设、社会事业发展三年规划、年度工作计划及落实措施;修改完善村民委员会的各项制度;修订村民自治章程及村规民约;修订村委会主任、副主任、委员及下属各委员会的职责;修订村民代表会议及村务公开制度。

7. 第七届村民委员会换届选举

2004 年 10 月,市政府印发《关于做好全市第七届村民委员会换届选举工作的意见》,市、乡镇成立村委会换届选举工作指导小组,各村成立选举工作领导小组。10 月 20 日,市委、市政府召开全市第七届村委会换届选举工作会议,全面动员部署,并对参会的市村委会换届选举工作指导小组全体成员、各乡镇分管负责人、组织委员、民政助理、民政会计、民政局下派各乡镇联络员进行业务培训。各乡镇村委会选举先后经历准备阶段、选民登记阶段、提名确定候选人阶段,投票选举阶段的工作。市选举办编发《选举动态与指导》简报 10 期。

12 月 15 日全市选举结束。20 个乡镇和高邮经济开发区的 282 个村委会(蚕种场八里松村未换届)进行换届选举,选举一次成功的有 279 个村,占总数的 99.6%。1 个村(龙虬镇白马村)推迟选举,1 个村(周山镇吴堡村)重选。全市登记选民 505,796 人,参选 489,193 人,参选率为 96.7%。全市有 350,282 名选民参加提名村委会成员初步候选人,占选民登记人数的 70%,共提名初步候选人 19,618 人,其中主任初步候选人提名 4202 人,副主任初步候选人提名 4475 人,委员初步候选人提名 10,941 人。经民主协商,共确定主任正式候选人 558 人(其中男性 551 人,女性 7 人,现任支书的 11 人,是上届主任的 177 人);确定副主任正式候选人 470 人(其中男性 444 人,女性 26 人);确定委员正式候选人 1366 人(其中男性 1041 人,女性 325 人)。经村民大会村民无记名投票,差额选举产生第七届村委会成员 1637 人,其中主任 273 人,副主任 289 人,委员 1075 人,其中:女性 317 人,中共党员 1189 人,村主任中有 10 人是村党支部书记兼任主任。

表 4-4 2004 年高邮市第七届村委会换届选举情况

乡镇名称	村委会数(个)	选民总数(人)	参选人数(人)	当选主任(人)	当选副主任(人)	当选委员(人)
高邮镇	19	26,833	26,118	18	16	53
龙虬镇	18	34,368	31,462	18	13	83
经济开发区	10	22,984	22,984	10	12	33
马棚镇	5	11,519	11,378	4	3	26
车逻镇	13	24,735	24,085	13	25	40
八桥镇	8	16,689	16,324	8	9	39

续表

乡镇名称	村委会数（个）	选民总数（人）	参选人数（人）	当选主任（人）	当选副主任（人）	当选委员（人）
汉留镇	12	20,653	19,265	11	—	72
汤庄镇	17	23,242	23,000	16	11	74
卸甲镇	26	52,736	52,736	26	—	120
三垛镇	26	37,354	35,687	26	37	103
甘垛镇	18	26,681	25,561	17	—	71
司徒镇	11	17,409	16,932	11	8	52
横泾镇	10	16,885	14,568	10	21	26
界首镇	13	23,994	23,275	12	23	45
周山镇	11	23,216	21,439	10	16	34
周巷镇	12	24,910	24,710	12	17	30
送桥镇	9	17,142	16,335	9	11	26
郭集镇	8	15,660	15,660	7	9	21
天山镇	7	14,128	13,895	7	14	20
菱塘乡	10	13,229	12,350	10	14	32
临泽镇	18	41,429	41,429	18	30	75
合　计	281	505,796	489,193	273	255	1075

二、居民委员会(社区居民委员会)选举

1. 第一届居民委员会

1986 年,全县有 33 个居民委员会,284 个居民小组。各居民委员会组成人员由乡镇政府以行文任命的形式产生,居民小组组长由居民委员会指派或居民推荐产生。为便于统计,区别居民委员会选举的届次,高邮市将贯彻实施《中华人民共和国城市居民委员会组织法》之前的居民委员会列为第一届,以后依次排序。

2. 第二届居民委员会换届选举

1991 年,全市实施《中华人民共和国城市居民委员会组织法》的规定,进行居民委员会民主选举。4 月,市民政局在高邮镇公园居民委员会进行选举工作试点,7 月召开全市居民委员会选举工作会议,部署全市居委会选举工作,至 12 月 31 日居民委员会选举结束。历经学习宣传、居民登记,推选居民代表、推荐确定候选人、投票选举、制度建设、培训居民委员会成员等阶段的工作。居民委员会主任、副主任、委员初步候选人由居民委员会召开居民委员会干部、居民小组长、居民代表会议,民主提名推荐产生,经乡镇选举工作领导小组审核同意后,召开居民代表大会,无记名投票,等额选举产生新一届居民委员会成员。全市在 30 个居民委员会、68,404 名居民中产生 1220 名居民代表参加投票选举,选举居民委员会主任 30

人,副主任45人,委员165人,居民小组组长289人。居委会建立治安调解委员会30个,计生文卫委员会30个,社会福利委员会30个。

1992年4月12~14日,市民政局举办全市居委会主任培训班,有48人参加培训,系统地学习《中华人民共和国城市居民委员会组织法》《居委会规范建设》等课程,市委常委、常务副市长李士清到会讲话,对居委会干部和居委会工作提出要求,培训班组织与会人员到无锡市参观学习居委会工作经验。

3. 第三届居民委员会换届选举

1995年,高邮市根据《中华人民共和国城市居民委员会组织法》关于居民委员会每届任期3年的规定,进行第三届居民委员会换届选举。6月,市民政局在高邮镇水部楼居委会进行居民委员会换届选举工作试点,9月在全市全面展开,12月结束。全市居民委员会选举,全市在33个居民委员会、70,450名居民中产生1326名居民代表参加投票选举,选举产生居民委员会主任33人,副主任49人,委员165人,居民小组组长328人。居委会建立治安调解委员会33个,计生文卫委员会33个,社会福利委员会33个。

4. 第四届居民委员会换届选举

1998年10~12月,高邮市根据《中华人民共和国城市居民委员会组织法》的规定,实施第四届居民委员会换届选举工作。10月,市民政局在高邮镇西塔居委会和菱塘回族乡菱塘居委会进行试点,形成《高邮市第四届居民委员会选举工作材料汇编》,提供全市各居民委员会在换届选举工作中参考借鉴。市委、市政府印发《关于做好全市第四届居民委员会选举工作的意见》(邮发〔1998〕49号),明确选举工作要求。10月28日,市政府召开全市第四届居民委员会选举工作会议,市民政局局长陈荣富作《精心组织,依法办事,切实做好全市第四届居委会选举工作》的讲话,高邮镇和菱塘回族乡负责人在会上交流试点工作经验,市委组织部副部长朱光到会讲话。各有关乡镇根据全市第四届居委会选举工作的部署和要求,组织49个居民委员会先后进行换届选举工作,12月底换届选举结束。全市在49个居民委员会、71,635名居民中产生1568名居民代表参加投票选举,选举产生居民委员会主任49人,副主任74人,委员195人,居民小组长318人。居委会建立治安调解委员会49个,计生文卫委员会49个,社会福利委员会49个。市民政局首次向新当选的居民委员会成员颁发《当选证书》。

5. 第五届社区居民委员会换届选举

2002年8月,高邮市进行居民委员会合并调整,建立社区居民委员会。经过合并调整,全市原有64个居民委员会,合并调整建立52个社区居民委员会;原有554个居民小组,合并调整为453个居民小组。新建立的各社区居民委员会根据《中华人民共和国城市居民委员会组织法》的规定,进行第五届社区居民委员会换届选举。市民政局在高邮镇水关社区居民委员会进行试点。9月27日,市委、市政府召开全市社区建设工作会议,统一部署建立社区居民委员会和社区居民委员会换届选举工作。各乡镇亦成立社区居委会选举委员会,组织领导社区居委会换届选举工作。各社区居委会组织人员对本社区居民、辖区内单位、个体工商户、私营业主进行调查登记,重新划分居民小组,推选居民小组长,宣传并公布代表条件、代表名额及分配方案、代表产生办法和社区居委会成员、协商议事委员会成员条件、职数及产生办法。经民主推荐提出社区居委会代表大会的代表候选人,由选举委员会进行代表资格审查，经过协商优选，确定社区居民代表大会正式代表。由选举委员会协商推荐提出社区居委会主任、副主任、委员建议名单和协商议事委员会主任、副主任、委员建议名单，分别征求居民代表意见。根据大多数居民代表意见确定社区居委会成员、协商议事委员会成员正式候选人名单。按法律程序进行公布，召开居民代表大会，采用无记名投票的形式，差额选举社区居委会成员和协商议事委员会成员。

社区居委会选举结束后，召开社区居委会成员、协商议事委员会成员会议，研究人员分工，各负其责；建立治安调解、公共卫生、社会福利三个工作委员会，社区居委会成员兼任工作委员会主任；研究制订三年工作规划和年度工作计划；并且做好选举材料立卷归档和上报有关统计报表工作。

全市20个乡镇和高邮经济开发区的52个社区居民委员会，有2340名居民代表参加选举，选举居民委员会主任52人，副主任108人，委员266人。社区居委会建立治安调解委员会52个，计生文卫委员会52个，社会福利委员会52个。各乡镇组织社区居委会干部进行学习培训。

6. 第六届社区居民委员会换届选举

2005年9月7日，市委、市政府根据《中华人民共和国城市居民委员会组织法》的规定，印发《关于认真做好第六届社区居民委员会换届选举工作的实施意见》（邮发〔2005〕52号）。11月，全市第六届社区居民委员会换届选举工作全面展开。

第六届社区居民委员会换届选举工作过程同第五届。11月28日为全市社区居民委员会换届选举日，各社区居委会按照规定召开社区居委会居民代表大会，进行社区居委会成员和协商议事委员会成员选举。至12月31日，全市20个乡镇和高邮经济开发区的52个社区居民委员会换届选举结束。有2558名居民代表参加选举，选举居民委员会主任52人，副主任125人，委员223人，居民小组长447人。社区居委会建立治安调解委员会52个，计生文卫委员会52个，社会福利委员会52个。新一届社区居委会进一步建立健全居民自治章程，居民公约，社区居委会三年工作目标等制度。

第五章　公民权益保障

第一节　法制教育(普法教育)

一、不同时期法制教育的重点对象与主要内容

(一)一五普法(1986～1990年)

1985年11月,中共中央、国务院转发了中宣部、司法部《关于向全体公民基本普及法律常识的五年规划》的通知。同年12月,全国人大常委会作出了《关于在公民中基本普及法律常识的决定》。由此展开了一场全民普法活动。这是在“文化大革命”后拨乱反正的特殊时期和计划经济体制下开展的全民活动,具有启蒙式的扫盲运动性质。

对象:工人、农(牧、渔)民、知识分子、干部、学生、军人、其他劳动者和城镇居民中一切有接受教育能力的公民。

内容:主要是“十法一条例”,即宪法、民族区域自治法、刑法、刑事诉讼法、民法通则、民事诉讼法(试行)、婚姻法、继承法、经济合同法、兵役法、治安管理处罚条例。

基本目标:通过普及法律常识教育,使全体公民增强法制观念,知法、守法,养成依法办事的习惯。

(二)二五普法(1991～1995年)

背景:这是在坚持改革开放、整顿市场经济秩序的情况下开展的全民普法活动。这次将普法规划改为法制宣传教育规划。

重点对象:县、团级以上各级领导干部,特别是党、政、军高级干部;执法人员,包括司法人员和行政执法人员;青少年,特别是大、中学校的在校生。

内容:以宣传宪法为核心、以专业法为重点,这标志着普法活动开始转向学用结合、依法治理的轨道。

基本目标:紧紧围绕党和国家的中心工作,深入学习宪法,有针对性地学习国家基本法律常识,有计划、有步骤、分层次、分部门地学习专业法律知识,促进各项事业的依法管理。

(三)三五普法(1996～2000年)

背景:正值中国加入世界贸易组织,1997年党的十五大报告首次提出了实行依法治国基本方略、建设社会主义法治国家。

重点对象:县、处级以上领导干部,司法人员,行政执法人员,企业经营管理人员,青少年。

内容:学习邓小平关于社会主义民主与法制建设的理论;继续开展宪法知识和公民工作、生活密切相关的基本法律知识以及与维护社会稳定有关的法律知识教育;着重抓好社会

主义市场经济法律知识的普及。

基本目标：通过在全体公民中继续深入进行以宪法、基本法律和社会主义市场经济法律知识为主要内容的宣传教育，进一步增强公民的法律意识和法制观念，不断提高各级干部依法办事、依法管理的水平和能力。

（四）四五普法（2001～2005年）

背景：全国人大对宪法进行了修改，并颁布了行政许可法、行政复议法，十六大报告提出要依法行政，打造法治政府。确立了"12·4"法制宣传日。

重点对象：各级领导干部、司法和行政执法人员、青少年、企业经营管理人员。

内容：继续学习邓小平同志关于社会主义民主与法制建设理论；宣传宪法和国家基本法律，学习宣传与公民工作、生活密切相关的基本法律知识以及与维护社会稳定有关的法律知识教育；宣传社会主义市场经济相关的法律法规，宣传保障和促进国家西部大开发、加入世界贸易组织、维护社会稳定等社会发展迫切要求的各项法律法规。

基本目标：通过"四五"普法规划的实施，努力实现由提高全民法律意识向提高全民法律素质的转变，实现由注重依靠行政手段管理向注重运用法律手段管理的转变，全方位推进各项事业的依法治理，为依法治国、建设社会主义法治国家奠定坚实的基础。

（五）五五普法（2006～2010年）

背景：党中央提出科学发展观和构建和谐社会的目标，倡导坚持社会主义法治理念。普法开始与人本文化、科学发展、和谐发展相对接。

重点对象：领导干部、公务员、青少年、企业经营管理人员和农民。

内容：通过开展"法律六进"活动和法治城市、法治县（市、区）创建活动，以及法治文化建设，全面提升法制宣传教育的文化品位和社会法治化管理水平。

基本目标：适应党和国家工作大局，适应整个社会和广大人民群众对法律知识的现实需求，通过深入扎实的法制宣传教育和法治实践，进一步提高全民法律意识和法律素质；进一步增强公务员社会主义法治理念，提高依法行政能力和水平；进一步增强各级政府和社会组织依法治理的自觉性，提高依法管理和服务社会的水平。

（六）六五普法（2011～2015年）

背景：中央关于国民经济和社会发展的第十二个五年规划建议指出，"全面落实依法治国基本方略，完善中国特色社会主义法律体系，维护法制权威，推进依法行政、公正廉洁执法，加强普法教育，形成人人学法守法的良好社会氛围，加快建设社会主义法治国家"。"六五"普法规划正是根据这一要求全面谋划，精心制定的。

重点对象：领导干部、公务员、青少年、企事业经营管理人员和农民，领导干部和青少年是重中之重。

内容：突出学习宣传宪法、深入学习宣传社会主义法治理念、中国特色社会主义法律体系和国家基本法律、深入学习宣传促进经济发展、保障和改善民生、社会管理的法律法规、加强反腐倡廉法制宣传教育、积极推进社会主义法治文化建设、继续深化"法律六进"主题活动、深入推进依法治理。

基本目标：通过深入扎实的法制宣传教育和法治实践，深入宣传宪法，广泛传播法律知识，进一步坚定法治建设的中国特色社会主义方向，提高全民法律意识和法律素质，提高全社会法治化管理水平，促进社会主义法治文化建设，推动形成自觉学法守法用法的社会环境。

二、普法教育责任主体及其分工情况调查

（一）政法委。总体负责法制宣传教育工作作为法治江苏合格县（区）创建目标责任制考核目标的总体实施情况。

（二）司法行政部门（司法局）。

1. 设立法制宣传教育领导小组，其专职人员人数为3人，其中科长1人，科员2人。

2. 协同市委宣传部制定普法规划和各年度工作实施意见情况。五年制定一次普法规划，每年出台年度工作要点。

3. 协调相关部门针对领导干部、公务员、青少年、企事业单位管理人员以及农民为重点的普法教育。

4. 由组织部牵头开展领导干部学法、由人社局牵头开展公务员学法、由教育局牵头开展青少年学法、由经信委牵头开展企事业单位管理人员学法、由农工办牵头开展农民学法、由公安局开展流动人口学法，每年定期组织考核。

5. 利用节假日开展《律师法》《公证法》《法律援助条例》的普法教育，重点做好对法律服务、法律援助、帮教安置、社区矫正等对象的渗透教育。

6. 把法治宣传作为社会矛盾调解的必备过程，在调解的过程中运用法治思维的方式和方法，同时起到了法治宣传的效果。

（三）公安局。具体负责《治安管理处罚法》《道路交通安全法》《消防法》《居民身份证法》和平安创建方面等法律法规的宣传。对流动人口开展法制宣传教育。公安执法实践中对案件当事人和广大公民有针对性地开展法制宣传教育。

（四）检察院。

1. 利用预防职务犯罪警示教育基地，组织开展警示教育活动情况。

2. 开展青少年维权工作，协同有关部门强化对青少年的法制宣传教育情况。

3. 将法制宣传教育列入检察活动的全过程，每年组织开展以案释法活动情况。

（五）法院。

1. 协同公安、检察、司法等部门负责刑法、刑事诉讼法、行政诉讼法的宣传普及工作。

2. 将法制宣传教育列入法院审判工作的全过程，每年组织开展以案释法活动情况。

（六）政府法制办。

1. 起草和审核政府法制宣传教育方面规范性文件和文稿情况。

2. 行政执法人员学法培训、考试、考核制度的建立和实施情况。

3.《行政处罚法》《行政复议法》《国家赔偿法》《政府信息公开条例》等行政法律法规的宣传和普及工作情况。

4. 根据普法规划协同普法主管部门对全县（区）法制宣传教育实施情况进行指导、督查和考核。

（七）民政局。1986～2015年，市（县）民政局每两年召开一次全市婚姻登记管理工作会议，总结宣传贯彻婚姻法规的经验，表彰先进，互审婚姻登记档案，培训婚姻登记员，指导婚姻登记工作，领发婚姻登记员证书。市民政局结合年终民政工作目标考核，每年进行一次执法检查,对结婚登记率、婚姻登记合格率、婚姻登记档案等进行检查考评,发现问题,及时纠正,推进全市婚姻登记的法制化、规范化。2001 年 7 月 18 日,市民政局举办学习修改后的《中华人民共和国婚姻法》(以下简称《婚姻法》)培训班,20 个乡镇和高邮经济开发区的民政助理、婚姻登记员参加学习培训,市民政局局长总结全市婚姻登记工作的经验,对贯彻实施修改后的《婚姻法》、依法办理婚姻登记提出要求。会议表彰 5 个婚姻登记先进单位、5 名婚姻登记先进个人。2003 年 9 月 23 日,市政府办公室印发《关于贯彻实施国务院〈婚姻登记条例〉的通知》(邮政办发〔2003〕96 号),要求各乡镇、各部门学习、宣传贯彻《婚姻登记条例》的规定。2003 年 9 月 25 日,市民政局举办学习国务院《婚姻登记条例》培训班,20 个乡镇和高邮经济开发区的民政助理、婚姻登记员参加学习培训,扬州市民政局社会事务处、扬州市广陵区民政局婚姻登记中心、市民政局社会事务科负责人作业务辅导,与会人员参加学习"一法一例"考试,市民政局向考试合格人员颁发"婚姻登记员资格证书"。

(八)教育局。先后组织"五老"报告团、法制副校长深入学校,利用家长学校开班、学生散学、家校通等途径,通过法制专题讲座、以案释法宣传、警示家教格言等青少年喜闻乐见的方式与载体,锲而不舍地向全市中小学生进行法制宣讲。每年 4 月定期开展廉洁文化进校园活动,11 月作为综治和平安建设"宣传月";全市各学校根据统一部署并抓住时间节点,充分利用班会、校会、升旗仪式、团(队)日等活动,开展了行为规范教育、法制教育,部分学校还结合学校德育组织了一些预防未成年犯罪的专项研究课题,引导学生树立法制观念,养成学法、知法、懂法、守法、用法的良好行为习惯,提高了广大师生的法制意识。邀教育关工委老领导举行了"见贤思齐,修养美德"主题教育报告会,并制成碟片下发到各学校,供中小学生与《开学第一课》《最美孝心少年颁奖典礼》《"玻璃男孩"吕桢亚》等电视(专题)片一同观看。同时,结合纪念建团日、建队日、"三爱一践行"等活动契机,组织未成年人积极参与了"十四岁青春成长仪式""十八岁成人仪式""学雷锋、树新风""红领巾一条街""争做美德少年"等形式多样、内容丰富的社会主义核心价值观教育活动,创新开展网上祭英烈、感动高邮、扬州新闻人物投票等主题活动,让学生在社会实践中增长才干、砥砺品格、强化社会责任感。市教育局与市宣传部联合实施了"萤火虫行动计划",在临泽镇临泽初中建立了北片心理咨询分中心,定期深入学校对有需求的学生开展自护教育,为学生成长、成人导航;各学校在认真开展法律常识普及和宣讲活动的同时,结合青少年学生的年龄特点和身心发展规律,定期开展了青少年安全自护教育活动演练,提高青少年防灾避险、应急自救能力和法律素质;2014 年 3 月,全市首届学校安全教育课件大赛成功举办,创新了安全教育的方式方法;2014 年 5 月,城区学校参与了市民应急手册首发式活动;2014 年 6 月,教育局结合市"安全生产月"活动,开展安全征文及安全漫画作品征集活动,在系统内营造了"关注安全、关爱生命"的浓厚安全文化氛围;在学生中还重点开展了"反邪教文化艺术作品"征集评选活动和禁毒教育活动。

三、普法教育宣传手段和形式调查

充分运用媒体发布、法治文艺演出、知识竞赛、图片展览、宣传手册发放、调查测评、有奖问答、公开信等群众喜闻乐见的形式,通过全方位、多视角、高密度的集中宣传报道,全面宣传法治建设的内容措施、进展和成效,力求把宣传触角延伸到每个机关、企事业单位、村居和家庭,着力提升法治高邮建设的群众知晓率和社会参与率,形成持续集中、高潮迭起的法治建设舆论氛围,推动法治建设各项工作顺利进行。

(一)发放资料。法律法规、普法教材、法制案例汇编、宣传单、宣传挂图、宣传对联、法制小说等文艺图书。

(二)面授教育。(1)专题法律培训班。(2)法制专题报告与讲座。

(三)咨询服务。(1)现场法律咨询活动。(2)流动法律咨询。(3)专门机构咨询服务:148 法律咨询热线、法律咨询服务中心。

(四)板报展览。板报、法制宣传栏、展览。

(五)标语口号。(1)全面推进依法治市　努力建设法治高邮。(2)争创法治示范市　建设美丽新高邮。(3)四城同创　法治护航。(4)打造法治县(市、区)　创建全国文明城。(5)建设法治新高邮　创建国家卫生城。(6)推进法治高邮建设　保障公民合法权益。(7)您的权益需要法律保护　法律权威需要您的维护。(8)学法辨是非　知法明荣辱　用法止纷争。(9)立身须以诚为本　治国必以法为基。(10)和谐高邮法治先行　率先发展法治助推。(11)人人都是法治主体　个个都有创建责任。(12)推进社会治理创新　深化法治高邮建设。(13)传播法治理念　弘扬法治文化。(14)围绕发展抓法治　抓好法治促发展。(15)加快法治建设步伐　助推社会治理创新。(16)弘扬法治精神　建设法治高邮。(17)积极参与法治高邮创建　争做学法守法用法模范。(18)推进法治高邮建设　保障经济转型升级。(19)坚持诚实守信　做到依法经营。(20)坚持依法行政　建设法治政府。(21)坚持执法为民　维护司法公正。(22)事事有法可依　人人知法守法　各方依法办事。(23)法治是稳定的前提　稳定是社会的根本。(24)维护司法公正　匡扶公平正义。(25)贯彻依法治国方略　推进法治高邮建设。(26)在法治轨道上推动高邮经济社会又好又快发展。(27)学法守法依法　利国利民利家。(28)同谱法治文明曲　共唱高邮和谐歌。(29)学法者智　用法者兴　守法者安。(30)守法走遍天下　违法寸步难行。(31)社会要和谐　法治须先行。(32)诚信在于心　法治在于行。(33)法治进万家　幸福你我他。(34)普法是兴国安邦的基础　守法是为人处事的根本。(35)坚持学法用法　做到依法办事。(36)有话好好说　有事依法办。(37)法治建设个个参与　和谐高邮人人受益。(38)同心同德共建法治社会　群策群力打造和谐高邮。(39)共建法治高邮　共享美好生活。(40)普法教育你我他　法治建设靠大家。

(六)媒体网络。新闻媒体宣传。高邮日报刊登法治高邮建设宣传内容。高邮电视台刊播法治高邮建设宣传标语。加强与市以上报纸、电台、电视台、网站等新闻和网络媒体的联系,推出法治高邮建设的经验做法及成效。

(七)知识考试。领导干部任前法律考试、公务员年度学法考试、各类培训法律法规测试。

(八)文艺演出。法制歌曲、法制电视剧、电影、舞台剧。

(九)有奖活动。有奖竞赛、有奖调查、有奖征文。

(十)其他法制教育形式。观看法治录像资料、为学生指定收看法治宣传电视节目等。

四、普法教育经费投入保障及使用情况调查

(一)从"一五"普法到"六五"普法,普法人均经费情况。"六五"农村人均 0.55 元,城区 0.25 元,逐年递增。

（二）普法专项经费投入情况。每年百分之十递增。

（三）法律援助经费投入情况。自1999年至2014年年底，法律援助经费累计达到63.6万元。

（四）政法委、司法行政部门、法制办、公检法等政府机构普法经费投入情况。司法行政部门专款专用，每年递增。

（五）普法教育经费使用情况。专款专用。

附：

高邮市依法治市领导小组办公室
关于印发《提升人民群众法治建设满意度双月宣传活动方案》的通知

邮法治办〔2015〕18号

各乡镇（街道）党委（党工委）、人民政府（办事处），市经济开发区、城南经济新区、湖西新区党工委、管委会，市委各部委办局，市各委办局（公司），各人民团体，驻邮各单位：

法治建设满意度是人民群众对法治建设各项工作成效的综合评判。为进一步提升法治建设满意度，迎接省法治县（市、区）创建工作考核，深入推进法治高邮建设，现制定了《提升人民群众法治建设满意度双月宣传活动方案》，印发给你们，请认真贯彻执行。

高邮市依法治市领导小组办公室

2015年11月4日

提升人民群众法治建设满意度
双月宣传活动方案

一、指导思想

全面贯彻落实党的十八大，十八届四中、五中全会精神，紧紧围绕法治高邮建设的目标任务，以增强全社会的法治意识为核心，以提升人民群众法治建设满意度为根本，深入开展法治宣传活动，不断提升全市法治建设的能力和水平，为争创全省法治示范县（市、区）奠定坚实的群众基础。

二、工作目标

整合全市宣传资源，对法治高邮建设开展多角度、多层次、全方位的宣传，充分展示党委依法执政、政府依法行政、司法机关公正司法、公民自觉守法、全社会依法办事的理念和形象，提升广大人民群众对法治高邮建设活动的知晓率、认同感和满意度，在全社会营造学法尊法守法用法的浓烈氛围。

三、宣传时间

2015年11月10日至2016年1月10日。

四、宣传重点

法治建设工作涉及面广、相融度高，要加大法治建设宣传力度，努力让广大市民、村民了解“什么是法治”“法治做了什么”“法治成效有哪些”，从而提高社会成员对法治建设的认知。具体包括：

1. 宣传中央和省、市关于法治建设的重大工作部署。

2. 宣传高邮市推进法治建设的新举措、新经验、新成效。

3. 宣传各乡镇（园区）、各部门开展法治建设的好经验、好做法及涌现出来的先进人物和先进事迹。

4. 宣传各乡镇（园区）、各部门树立法治理念，运用法治思维和法治方式服务经济发展、维护社会稳定的典型做法。

5. 宣传与人民群众生产生活密切相关的法律法规知识、治安防范小常识和警示案例，努力提高广大人民群众的自我维权意识和防范水平。

6. 法治高邮建设和法治县（市、区）创建活动标语宣传。

五、主要任务

充分运用媒体发布、法治文艺演出、知识竞赛、图片展览、宣传手册发放、调查测评、有奖问答、公开信等群众喜闻乐见的形式，通过全方位、多视角、高密度的集中宣传报道，全面宣传法治建设的内容措施、进展和成效，力求把宣传触角延伸到每个机关、企事业单位、村居和家庭，着力提升法治高邮建设的群众知晓率和社会参与率，形成持续集中、高潮迭起的法治建设舆论氛围，推动法治建设各项工作顺利进行。

1. 新闻媒体宣传。高邮日报刊登法治高邮建设宣传内容。高邮电视台刊播法治高邮建设宣传标语。加强与市以上报刊、电台、电视台、网站等新闻和网络媒体的联系，推出法治高邮建设的经验做法及成效。

2. 新型媒体宣传。各级党政机关和人民团体以及市法院、市检察院要利用门户网站、微信公众平台等开展法治高邮建设宣传活动，刊播法治宣传内容。公共通信企业（电信、移动、联通）向用户发送法治高邮建设宣传标语。

3. 法治阵地宣传。积极打造法治文化广场、长廊等品牌工程。各级党政机关、企事业单位、学校、村居要利用橱窗、墙报、户外广告栏和电子显示屏等阵地开展法治高邮建设宣传活动，潜移默化地教育和引导群众树立法治观念，弘扬法治精神。

4. 活动载体宣传。各乡镇（园区）、各部门要按计划积极参加各项法治建设活动，提高法治高邮建设的影响力。各乡镇（园区）要组织印制法治建设宣传资料，下发至各村（社区），发动村（居）民开展宣传，同时配合市委政法委做好法治建设社情民意问卷调查；市教育局要组织各中小学校利用家校通短信平台，向广大学生家长发送法治建设宣传标语；市司法局要做好宪法及法律知识竞赛活动的评选表彰宣传工作。

六、工作要求

1. 强化领导，精心组织。各乡镇（园区）、各部门要把提升人民群众法治建设满意度宣传工作列入重要议事日程，精心组织和安排好各项宣传活动，结合实际制定具体工作方案，指派专人负责，周密策划，有序推进，确保宣传教育的连续性和实效性。

2. 贴近群众，广泛发动。宣传内容要注重针对性，创新形式、创新载体，用群众喜闻乐见的形式，做到以事释理，寓教于乐。要层层宣传发动，使法治高邮建设的目的意义、任务措施等家喻户晓。

3. 加强指导，从严考核。各乡镇（园区）、各部门法治办要加强此项活动的组织协调、指导,确保宣传活动落实到位,在全市掀起推进法治高邮建设,争创全省法治建设示范市的高潮。市依法治市办将把本次宣传活动列入年度法治建设考核范畴,作为评先评优的重要依据。

提升人民群众法治建设满意度宣传标语

1. 全面推进依法治市　努力建设法治高邮

2. 争创法治示范市　建设美丽新高邮

3. 四城同创　法治护航

4. 打造法治县(市、区)　创建全国文明城

5. 建设法治新高邮　创建国家卫生城

6. 推进法治高邮建设　保障公民合法权益

7. 您的权益需要法律保护　法律权威需要您的维护

8. 学法辨是非　知法明荣辱　用法止纷争

9. 立身须以诚为本　治国必以法为基

10. 和谐高邮法治先行　率先发展法治助推

11. 人人都是法治主体　个个都有创建责任

12. 推进社会治理创新　深化法治高邮建设

13. 传播法治理念　弘扬法治文化

14. 围绕发展抓法治　抓好法治促发展

15. 加快法治建设步伐　助推社会治理创新

16. 弘扬法治精神　建设法治高邮

17. 积极参与法治高邮创建　争做学法守法用法模范

18. 推进法治高邮建设　保障经济转型升级

19. 坚持诚实守信　做到依法经营

20. 坚持依法行政　建设法治政府

21. 坚持执法为民　维护司法公正

22. 事事有法可依　人人知法守法　各方依法办事

23. 法治是稳定的前提　稳定是社会的根本

24. 维护司法公正　匡扶公平正义

25. 贯彻依法治国方略　推进法治高邮建设

26. 在法治轨道上推动高邮经济社会又好又快发展

27. 学法守法依法　利国利民利家

28. 同谱法治文明曲　共唱高邮和谐歌

29. 学法者智　用法者兴　守法者安

30. 守法走遍天下　违法寸步难行

31. 社会要和谐　法治须先行

32. 诚信在于心　法治在于行

33. 法治进万家　幸福你我他

34. 普法是兴国安邦的基础　守法是为人处事的根本

35. 坚持学法用法　做到依法办事
36. 有话好好说　有事依法办
37. 法治建设个个参与　和谐高邮人人受益
38. 同心同德共建法治社会　群策群力打造和谐高邮
39. 共建法治高邮　共享美好生活
40. 普法教育你我他　法治建设靠大家

扬州市法制宣传教育领导小组办公室
关于高邮市“六五”普法考核情况的通报

扬法宣办〔2015〕23号

高邮市委、市政府:

为认真贯彻落实市委谢正义书记在六届市委第129次常委会议上提出的“确保创成‘六五’普法全国先进城市”的要求,推动“六五”普法规划、决议的全面落实,7月中旬,市四套班子领导带队对全市“六五”普法工作进行了考核。经市考核组综合评议,并报市委、市政府分管领导同意,现将高邮市考核情况反馈给你们,请抓好整改落实。具体落实情况请于8月24日前报送市法宣办。(联系人:杭宇,联系电话:0514－87346102)

附件:

高邮市“六五”普法考核情况

扬州市法制宣传教育领导小组办公室

2015年8月10日

扬州市法制宣传教育领导小组办公室　2015年8月10日印发

高邮市“六五”普法考核情况

7月14日,扬州市人大常委会副主任带领考核组,全面检查考核了高邮市“六五”普法工作。考核组听取了市委、市政府的情况汇报,查阅普法台账,实地检查了高邮市卫计委、琵琶社区、送桥星慧照明公司、城南新区浩芝村、高邮中学、高邮市人民医院等单位的普法工作。从检查考核的情况来看,高邮市“六五”普法取得了一定的工作成效,但也存在法治宣传教育的实效性不够强,普法知晓率、满意度不高等问题。现将考核情况反馈如下:

一、“六五”普法工作正按序时推进

高邮市认真落实市“六五”普法规划和市人大决议,普法教育在法治建设中的基础性作用发挥较好。在普法机制方面,高邮市委、市政府把普法工作作为党委政府目标管理重点,制定当地“六五”普法规划,明确了经费保障标准以及各牵头部门的工作职责,进一步健全党委领导、人大监督、政府实施、政协支持的普法工作领导体制和司法行政牵头负责、各部门齐抓共管、全社会共同参与的工作机制,确保了“六五”普法工作顺利实施。在重点对象学法方面，高邮市以党委（组）中心组学法、周末课堂、领导干部任前法律考试等制度为抓手，着力培养领导干部法治思维；开展庭审、法律漫画、法治副校长、法治歌曲“四进校园”活动，保障青少年学法；坚持开展企业普法“百千万”工程，推行企业法律顾问、法治指导员做法；搭建“百姓学堂”“周末大舞台”、12348电话热线、法律服务中心“四大平台”，方便社区群众及流动人口学法；依托“普法三小”（普法小报、一卡通、法治漫画小册子）、“三个一”（一名法律顾问、一名大学生村官法律志愿者、一名法律明白人）等载体推进农民学法。在普法特色创新方面，通过图文、视频、景观石、文化墙、风光带等形式，展现高邮法治文化，普及法律知识。农家法治大院聘有法治文艺宣传队，“故事大王”刘彪担任普法排头兵，以歌曲、快板、戏曲、故事等群众喜闻乐见的形式进行普法宣传；高邮市普法网、微博、微信，利用时事热点话题和抢红包活动进行普法互动，提高受众面。协调使用电子显示屏72个，平均每年开展法治宣传12次以上。

二、需要整改完善的问题

一是要在全面落实“六五”普法规划、决议上下功夫。要加强以四套班子领导为首的领导干部学法用法工作，按要求带头参加学法考试等普法活动。宪法的普及率需进一步提升；重点对象普法教育推进力度不均衡，存在短板，企业经营管理人员、农民和流动人口的法治理念仍比较淡薄。“六五”普法知晓率和普及率有待进一步提高。

检查组对14个基层单位共发放问卷152份，有效回收151份，其中对于“六五”普法起止年份，有1人答错，1人不知道，实地检查单位的“六五”普法知晓率达到98.7%；对于宪法日是哪一天有207人回答准确，占比98.1%；在高邮市苏果超市等三个测试点进行了随机问卷调查，共发出问卷60份，回收60份，其中对“六五普法以来身边人的法律意识、守法意识是否增强”问题的回答，有55人回答“是”，占比91.7%。具体如图5-1所示：

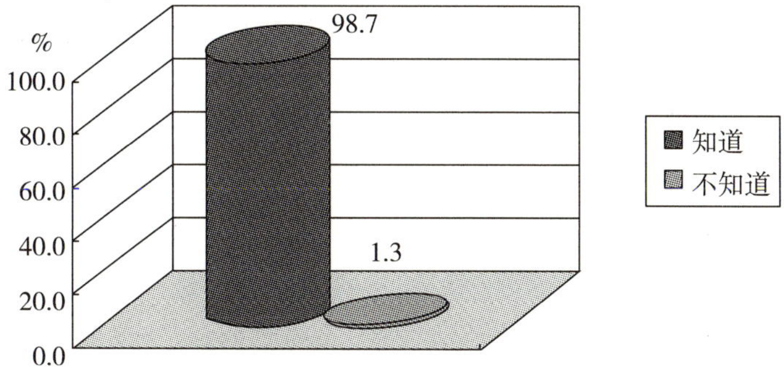

图5-1　“六五”普法知晓率

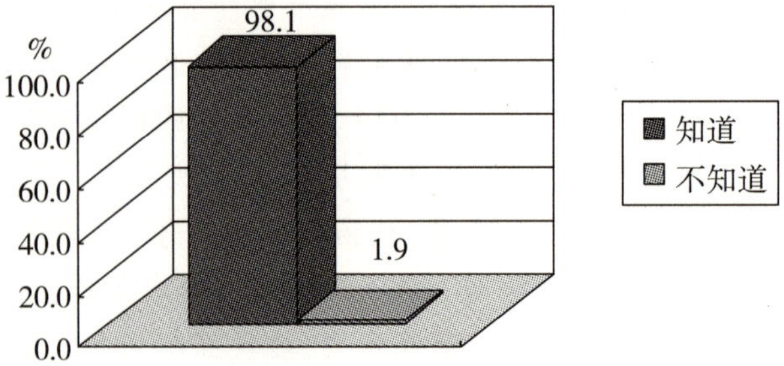

图 5－2　宪法知晓率

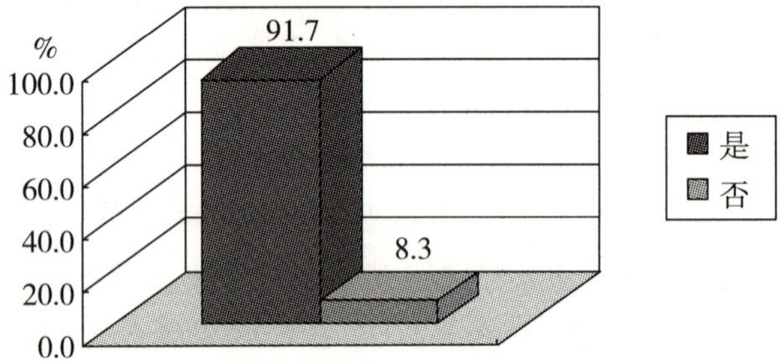

图 5－3　六五普法以来法律意识变化情况

二是要在亮点品牌培育上下功夫。普法教育存在“走过场”的现象，对特色品牌的培育、宣传力度不够，示范作用不明显；缺少有标志性、有规模、有影响的特色典型；普法教育的创新力度不够，停留在讲座、培训、考试等传统方式，对新媒体和特色平台开发利用不够。

三是要在“五个基本”推广上下功夫。大部分乡镇、机关、学校、企业没有根据全市要求建立“五个基本”模式，部分企业经管人员不清楚“五个基本”的具体内容，没有整理“五个基本”专门台账。部分检查点台账资料不齐全、归类整理不规范，存在没有目录、资料没有年份、学法笔记较简单、没有活动记录或图片等问题；村（社区）网格化预警内容较少，有些单位法律图书没有或数量不足。

三、下一步工作要求

1. 加快构建“五个基本”全覆盖体系。要按照省、市构建“五个基本”体系的目标任务、工作要求和实现路径，进一步加大推进力度。当前，高邮市要狠抓普法志愿者服务、“法律明白人”培育、普法达人评选、民主法治村（社区）升级、“法律六进”实践等“五大行动”；积极完善“需求收集研判、服务产品研发、普法产品供给”三项机制；进一步加强法治宣传教育中心的实战化功能；建立 3～5 支“叫得应、拉得出、打得响”的专业和业余普法队伍，力争为全市法治宣传教育工作水平的提升再作新贡献。

2. 注重强化有关部门的职能作用。目前高邮大普法的框架基本形成，但多个部门的工作任务必须要进一步明确，工作责任要进一步落实。作为牵头实施部门的司法行政机关，要更加积极履行普法主管部门的组织、指导、协调、监督职责。采取更为有效的方法手段向有关部门、单位及基层传递压力，延伸责任，特别是要落实“谁主管谁普法，谁执法谁普法”的原则，督促重点部门健全完善“法律六进”长效机制。各牵头部门要重视宣传自己的专业法，不仅要承担起各自的重点对象学法和本机关、本条线人员的学法用法工作，更要利用部门的优势资源和优势平台，大力普及常用法律知识，弘扬法治精神，确保形成法治宣传教育工作的强大合力。

3. 着力深化法治文化名城建设。“六五”普法以来，高邮市着力推进县级法治文化阵地建设和乡镇（街道）、村（社区）法治文化公共设施全覆盖，下一步要增强各类场馆的实战化功能，发挥其更大作用，以期取得较好的社会效果。同时，要注重运用互联网、新媒体等载体，推动法治宣传教育的理念、方式方法、机制和模式创新，力争在法治微电影、法治动漫、法治公益广告，以及微博微信客户端建设等领域实现突破。

4. 切实做好整改提升和典型培植工作。要高度重视普法工作，克服“检查已过，工作告一段落”的麻痹思想和“抽查不一定查到我”的侥幸心理，严格按照市普法办《“六五”普法考核工作手册》要求，迅速解决此次反馈中提出的问题。在做好查漏补缺、填平洼地、完成达标动作的同时，要围绕扬州市委、市政府“再新建一批法治文化阵地、再完善一批法治文化设施、再开展一系列法治文化活动、再研发一批法治文化产品、再打造一批法治公益宣传栏目”的要求，打造高邮市法治宣传教育工作品牌，为扬州市继续争创全国先进添砖加瓦。要紧扣得分点，抓好关键点，强化薄弱点，消除失分点。要确保不失分，力争得高分，积极争取附加分。

四、各现场点情况反馈

1. 高邮市卫计委：建议建立“五个基本”模式和“以案释法”工作制度；加强机关宣传橱窗、图书室等法治文化建设，充实法律书籍，添置电子触摸屏等设施；进一步完善领导干部学法笔记。

2. 高邮市城管局：建议坚持重大决策专家咨询论证制度，深化中层干部任前学法考试和新招录人员岗前学法考试制度。打造城管系统“六五”普法亮点典型。

3. 高邮中学：建议加强校园法治文化阵地建设，营造浓厚的法治氛围；规范“六五”普法台账，充实法治副校长工作记录。在利用学校“阳光心理苑访谈室”，帮助学生疏导不良情绪的同时，多普及法律常识。

4. 高邮市人民医院：建议增设法治图书室和法律书籍，完善对流动人口开展法治宣传教育相关记录和图片。

5. 菱塘镇清真村：建议建立完善村规民约和自治章程，按照“六五”普法考核要求和“五个基本”模式规范整理台账，结合清真村文化传统，加强特色法治宣传教育典型培育。

6. 菱塘镇光明电缆公司：建议加强企业经营管理人员和职工法制培训和法治教育，在企业网站、宣传栏上增设普法栏目，加强企业法治文化建设，营造良好法治宣传氛围。

7. 送桥镇：建议深入推广“有理大家评”活动，邀请法律明白人或政府相关人员在调解矛盾纠纷的同时普及相关法律知识，创新普法形式，增强互动体验。

8. 送桥镇星慧照明公司：建议建立“五个基本”模式，推进企业法治文化建设，加快职工法治学校建设，形成常态化学法制度。

9. 天山小学：建议充分利用学校“小拇指”法治漫画社团优势，创作系列普法漫画，并在全市开展法治漫画巡展活动，扩大法治宣传影响。

10. 城南新区浩芝村：建议注意收集和积累原始资料，进一步规范普法台账，形成特色品牌。

11. 开发区法治文化广场：建议在法治文化广场多增加一些接地气、群众易于接受和了解的法治元素或法治宣传教育内容。

12. 高邮市琵琶社区：建议建立完善"五个基本"模式和相关台账；充分发挥俞燕调解工作室作用，在受理群众来访咨询、调解处理矛盾纠纷时，宣传与老百姓生活密切相关的法律知识。

13. 高邮市法治宣传教育中心：建议丰富法治元素，充分运用声、光、电和图片、雕塑形式体现法治宣传教育相关内容和"五个基本"体系。

14. 车逻镇：建议及时更新乡镇网站中法制宣传栏目内容，及时更换修补乡镇法治文化一条街中浮雕墙、法制长廊乱涂乱画、设施损坏部分。

第二节　公民法律意识

一、公民法律知识掌握情况

（一）宪法知识掌握情况。大部分人比较了解。

（二）行政法知识掌握情况。大部分人不太了解。

（三）民商法知识掌握情况。大部分人比较了解。

（四）刑法知识掌握情况。大部分人比较了解。

（五）经济法知识掌握情况。大部分人比较了解。

（六）诉讼法知识掌握情况。大部分人不太了解。

二、对现行法律和法治环境的评价

（一）对法律重要性的认识。大部分人认为很重要。

（二）对法律有效性的评价。大部分人认为有效。

（三）对执法环境的评价。大部分人认为公正。

（四）对司法环境的评价。大部分人认为较好。

三、权利义务观念

（一）对公共财产和私有财产保护的态度。基本认同公共财产和私有财产神圣不可侵犯的观念。

（二）维护自身权利观念。基本认为必须合法维护自身合理权利。

（三）履行自身义务观念。基本认为要积极履行自己的义务。

第三节　公民权益保障情况

一、公民人身财产权益保障

（一）食品、药品、农产品的安全管理

1. 食品安全管理

餐饮服务食品安全与百姓生活密切相关，是重大的民生问题。高邮市卫生局具体负责食品安全问题，将其作为法治为民惠民工程的重点领域，组织、推进、落实了相关的法律与政策。1970 年 4 月，高邮县卫生防疫站成立，具体负责全县食品卫生监督管理工作。1991 年 4 月，高邮县撤县建市，县卫生防疫站随之更名为市卫生防疫站；是年，增设食品卫生科，科室人员 7 人。1982 年全国人大常委会审议通过了《食品卫生法（试行）》（已失效），为我国人民的食品卫生提供了法律依据。1995 年《食品卫生法》（已失效）公布实施，进一步确定了卫生行政部门卫生执法主体地位，明确规定了国家实行食品卫生监督制度。高邮市卫生防疫机构组织开展了多项宣传培训、专项整治、监督监测等活动，确保食品卫生，保障人民身体健康。据不完全统计，1991～2003 年累计出动卫生执法检查人员 3700 余人次，监督检查食品生产经营单位24，580余户次，立案查处违法行为 110 余件，责令停止生产经营 60 余户，销毁违法食品 19750 余公斤。2000 年 1 月，为贯彻落实《中共中央、国务院关于卫生改革与发展的决定》，原卫生部下发《关于卫生监督体制改革的意见》（以下简称《意见》），卫生监督体制改革正式全面推开，卫生监督执法行为和卫生技术服务行为逐渐分离明晰。根据《意见》，高邮市于 2004 年 1 月撤销市卫生防疫站和血吸虫病防治站，新组建市疾病预防控制中心和卫生监督所，食品卫生监督职能转由市卫生监督所负责。新组建的市卫生监督所为全民事业单位，人员编制 33 名，现有在职职工 32 名，现设 7 个科室，即办公室、稽查科、受理审核科（卫生窗口）和卫生监督一、二、三、四科，其中一个监督科室负责餐饮食品安全业务牵头工作。同时，实行城乡区域分块监管，形成“条块结合、以块为主”的综合执法模式。2009 年 6 月 1 日起，《食品安全法》正式施行，原《食品卫生法》同时废止。依据《食品安全法》“分段监管”的规定，食品安全监管体制面临新的调整。由于种种原因，高邮市未能调整到位，直到目前，卫生部门（卫生监督所）仍替药监部门代为负责餐饮服务环节的食品安全监管。但市卫生部门并未受到环节减少、职能代为等变化的影响。据不完全统计，2004～2014 年，市卫生部门累计出动卫生监督执法人员 58，000 余人次，监督检查食品生产经营单位 45，000 余户次，年监督频次 2 次以上/户；举办行业培训 30 余期，办理食品卫生许可证 10，300 余件、餐饮服务许可证 1540 余件，受理社会举报投诉 1220 余起，立案查处违法行为 1240 余起。全市有 1240 余家餐饮单位和学校食堂通过了量化分级管理评审，其中 A 级 52 家、B 级 338 家、C 级 851 家；创成“琵琶东路”示范街、“水榭华庭”示范区及 15 家示范单位。2012 年年底，积极贯彻原卫生部《关于做好卫生监督协管服务工作的指导意见》等文件精神，在各乡镇（中心）卫生院内设“卫生监督协管站”、在各村卫生室设立协管哨点，明确 52 名人员从事协管服务工作、194 名人员承担村级哨点任务，具体负责所辖区域内餐饮市场日常巡查、食品安全信息报告等职能，切实维护农村食品安全。据各乡镇卫生监督协管站上报，2013～2014

年,共计出动协管人员1170余人次,巡查餐饮服务单位2600余户次,发现违法线索数150余条。

表5-1 高邮市大众食品监抽合格率统计(2007~2014年)

种类 年份	大米	饮料	酱油	醋	蛋制品	肉制品	乳制品	糕点	酒	虾仁	植物油
2007	100%	60%	100%	100%	100%	93.30%	66.70%	100%	80%	100%	100%
2008	100%	60%	100%	100%	100%	73.30%	100%	62.50%	60%	100%	100%
2009	100%	80%	100%	100%	70%	100%	100%	100%	100%	100%	100%
2010	100%	100%	60%	100%	96.70%	100%	100%	100%	100%	100%	100%
2011	100%	100%	100%	100%	100%	100%	100%	100%	100%	93.30%	100%
2012	100%	100%	100%	100%	96.70%	100%	100%	100%	100%	100%	100%
2013	100%	100%	100%	100%	100%	100%	100%	100%	100%	100%	100%
2014	100%	100%	100%	100%	96.70%	100%	100%	87.50%	60%	86.70%	0%

表5-2 2005~2014年高邮市餐具消毒检测统计

年份	单位数（家）	样品数（件）	样品合格数（件）	样品合格率（%）	项次数（次）	项次合格数（次）	项次合格率（%）
2005	75	258	135	52.33	258	135	52.33
2006	33	233	158	67.81	233	158	67.81
2007	35	228	155	67.98	228	155	67.98
2008	30	186	137	73.66	186	137	73.66
2009	17	91	87	95.60	91	87	95.60
2010	29	206	181	87.86	206	181	87.86
2011	36	232	138	59.48	232	138	59.48
2012	31	198	163	82.32	198	163	82.32
2013	26	165	111	67.27	165	111	67.27
2014	37	222	161	72.52	222	161	72.52
合计	349	2019	1426	70.63	2019	1426	70.63

2. 药品安全管理

1997年高邮市实施乡村一体化管理,所有卫生站使用的药品均由所属的乡镇卫生院统一代购。2004 年 7 月,高邮市卫生局成立了高邮市卫生系统集中采购中心,通过公开招标的方式采购药品,卫生站所使用的药品由所属乡镇卫生院向局采购中心上报采购明细,由中标的供应商供货。作为全省第二批实施基本药物制度的地区,高邮市于 2011 年 4 月按照扬州市的统一部署,分两期实施基本药物制度,首批 12 家乡镇卫生院及其下属的卫生站(室)实施基本药物药品制度,卫生站(室)使用的药品实行网上采购,即由所属乡镇卫生院(社区卫生服务中心)在江苏省药品集中采购中心药品采购平台上采购并实行零差率销售,到当年 6 月,全市 5 个社区卫生服务中心、18 个卫生院及其下属的 189 个卫生站(室)均由省网平台采购基本药物并实行零差率销售,覆盖面 100%,保障了药品质量,减轻了患者负担。

表 5 – 3　高邮市 2002 ~ 2014 年药品抽样合格率

年份	合格率(%)	年份	合格率(%)
2002	92	2009	95.28
2003	91.4	2010	95.39
2004	93	2011	96.6
2005	93.8	2012	93.89
2006	94	2013	96.47
2007	96	2014	95.29
2008	97.5	—	—

填报单位:高邮市食品药品监督管理局。

3. 农产品安全管理

农产品残留物检验合格率:高邮市自 2009 年开展了农产品监督抽检检测工作,其中:2009 年生猪“瘦肉精”检测 200 样次,生鲜奶送检 40 样品,水产品质量抽检送检 100 样品,蔬菜农药残留检测 1145 样次,无公害农产品、绿色食品、有机食品送检 40 样次,抽检合格率 100%。2010 年蔬菜瓜果监督抽检 1222 样次,合格率 99.4%;“瘦肉精”监督抽检 200 样次,合格率 100%;生鲜奶送样检测 48 样次、合格率 100%。2011 年蔬菜瓜果监督抽检 1282 样次,合格率 99.8%;“瘦肉精”监督抽检 8234 样次,合格率 100%。由于高邮市还没有定量检测设备,所以开展了定量送样检测制度,累计生鲜奶送样检测 33 样次,合格率 100%;罗氏沼虾 12 样次,合格率 100%;其他水产品、大米、禽肉及蛋品抽样送检 45 样次,合格率 100%。2012 年蔬菜农药残留快速检测 7148 样次,合格率 99.8%;食用菌荧光增白剂检测 98 样次,合格率 100%;“瘦肉精”监督抽检 3474 样次,合格率 100%。22 个蔬菜、18 个生鲜乳和 25 个水产品等抽样送检定量检测合格率 100%。2013 年共检测蔬菜 1216 批次,合格率 98.8%;“瘦肉精”8792 批次,水产品快速检测 502 批次、定量检测 25 样次,合格率均 100%。2014 年共检测蔬菜 1467 批次,合格率 98.7%;“瘦肉精”4123 批次;水产品快速检测 505 批次、定量检测 25 样次,合格率均为 100%。

（二）安全生产监管

表 5-4　高邮市安全生产相对指标测算

相对指标名称	2011 年	2012 年	2013 年	2014 年
亿元 GDP（亿元）	225	275	283	360
各类事故死亡人数（人）	28	29	25	19
亿元 GDP 死亡率（人）	0.12	0.11	0.08	0.053
工矿商贸十万从业人员（人）	5.4	5.9	6.3	—
事故死亡人数（人）	0	1	3	—
工矿商贸十万从业人员死亡率（人）	0	0.17	0.47	—
本辖区内人口数（万人）	82	83	83	—
火灾死亡人数（人）	0	1	0	—
十万人口火灾死亡率（人）	0	0.12	0	—
本辖区机动车数（万辆）	12.20	13.33	14.8	—
道路交通死亡人数（人）	28	27	22	—
万车死亡率（人）	2.30	2.03	1.48	—
特种设备数（万台）	0.172	0.173	0.42	—
特种设备数死亡人数（人）	0	0	0	—
特种设备万台死亡率（人）	0	0	0	—

表 5-5　高邮市安全生产监管调查指标汇总

衡量指标名称	2010 年	2011 年	2012 年	2013 年	2014 年
生产安全事故起数（起）	119	71	120	117	109
事故伤亡人数（人）	51	28	29	25	22
事故直接经济损失（万元）	290.13	108.6	86.7	255	180

（三）社会治安综合治理

多年来，高邮市公安局及其他相关政府部门认真贯彻落实上级刑侦部门决策部署，以推进打击犯罪质效提升工程为主线，坚持严打犯罪方针不动摇，始终保持对严重暴力和涉黑涉恶犯罪的强劲攻势，着力打击整治“两盗一骗”等事关民生的侵财犯罪，积极创新完善打击犯罪新机制，切实强化基础工作和队伍建设，不断提高打击犯罪的能力水平，努力实现“更快地破大案、更多地破小案、更准地办好案、更好地控发案”的目标，为深入推进平安高邮、法治高邮建设提供更有力的支撑。重点抓以下几项工作：

1. 严厉打击严重刑事犯罪活动。坚持将严打严重暴力和涉黑涉恶犯罪作为保民平安的底线，严格落实相关工作机制和措施，确保严重刑事犯罪活动得到有效控制。一是全力以赴攻克恶性大案。2010 年以来,实现命案全破,八类案件破案率达 90% 以上。二是深入推进打黑除恶斗争,绝不让黑恶势力坐大成势,2010 年以来共摧毁恶势力团伙 10 个,打掉涉恶团伙 97 个,抓获犯罪嫌疑人 312 名。

2. 着力打击整治侵财犯罪。坚持民意引领和问题导向,将有效整治多发性侵财犯罪作为提升打击犯罪质效的主要着力点,在抓好大案攻坚的同时,把“两盗一骗”等民生案件列为主攻方向,综合采取打防管控措施,切实提高破案率、压降发案数,增强人民群众安全感和满意度。一是强化串并案侦查工作。利用“大平台”“320”等比较成熟的网络平台,串并案件,合并侦查,提高破案率。2010 年以来,逐步深入推进串并案工作,利用“大平台”成功串并案件 981 串,破获各类案件 2271 起。二是精心组织区域性方面性专项行动。近年来先后开展“打盗抢、保民安”。“打击两抢一盗”等一系列专项行动,梳理具体案件、人员、线索,更加精确和高效打击入室盗窃、盗窃电动车等突出犯罪。2010 年至 2014 年,共组织开展专项行动 10 次,打掉侵财犯罪团伙 157 个,抓获犯罪嫌疑人 446 人,破获各类侵财案件 459 起。

3. 不断夯实刑侦基础工作。随着信息时代的发展,刑侦破案手段越来越依赖来于信息资源,所以近年来,刑侦部门重点抓刑侦基础信息工作,目前刑侦基础信息采集工作包括 SIS 系统信息采集、标准化人员信息采集、大平台刑事案件数据录入、视频图像系统录入、现勘信息系统录入、跨区域办案平台录入六大类。其中,SIS 系统包括通讯信息采集和社会资源信息采集两大部分。刑侦部门利用日常职能工作,围绕与刑事犯罪有关的人、事、物等情况和线索,为侦查破案和预防犯罪积累、准备、创造条件,奠定基础,2010 年至 2014 年,共采集各类案件信息 17,157 条,人员信息 14,881 条,现场勘验信息 56,460 条,涉案视频信息 164 条。

4. 成立经济案件侦察大队。1998 年 10 月,高邮市公安局成立经济案件侦察大队,2002 年 5 月更名为经济犯罪侦查大队,副科级建制,内设综合股,驻税办公室和三个中队,主要负责侦办《刑法》分则第三章破坏社会主义市场经济秩序罪中第一节至第八节以及第 271 条、第 272 条规定的案件。1998 年以来,高邮市公安局经济犯罪侦查大队共立案 810 起,破案 606 起,抓获犯罪嫌疑人 1699 人,移诉 402 人。

5. 打击侵害道路交通安全犯罪。近年来,高邮市对严重侵害道路交通安全的刑事犯罪始终保持高压严打态势。尤其是 2011 年 5 月 1 日,醉驾入刑以来,交警大队每年办理交通肇事、危险驾驶案件近 300 起,通过持续与有效的打击,全市重大恶性交通事故逐年下降,保障了道路安全、有序、畅通。

6. 巡防工作迈出了新步伐。高邮市抓住城市巡防体制重组和巡特警更名的有效契机,创新勤务,强化职能,深化“监巡合一”巡防模式,建立和完善指挥与管理相统一、勤务与警情相衔接、联动与联防相协调、专业与义务相结合、任务与保障相适应的大巡防格局,有效提升了社会面见警率、管事率和动态控制、快速反应、整体锁控、精确打击能力。2014 年,共抓获各类违法犯罪嫌疑人 143 名,其中,刑事作案成员 94 名、刑事拘留 62 名、网上逃犯 16 名,摧毁各类团伙 23 个。成功破获盗窃电缆、轿车内财物、家禽、电动车和飞车抢夺等一批有影响的案件。

7. 合理使用刑事强制措施。刑事强制措施是国家为了保障侦查、起诉、审判活动的顺利进行,而授权刑事司法机关对犯罪嫌疑人、被告人采取的限制其一定程度人身自由的方法。很显然,为了保障刑事诉讼活动的顺利进行,刑事司法机关必须享有对犯罪嫌疑人、被告人采取强制措施的权利。但是,由于刑事强制措施关乎公民的人身自由权,所以它又是一柄

“双刃剑”,正确实施,就能准确、及时地完成惩罚犯罪的任务;而错误实施,则会侵犯公民的人身自由权。高邮市公安局常用的刑事强制措施有逮捕、刑事拘留、取保候审,较少用监视居住、拘传。2010 年至 2014 年,共逮捕 1718 人,刑事拘留 3151 人,取保候审 2692 人,监视居住 62 人,拘传 15 人。

表 5-6　高邮市公安工作基本情况(2012~2014 年)

项　目	单　位	2012 年	2013 年	2014 年
全年接出警	起	180,084	184,336	204,821
社会治安案件	起	2368	2926	3765
刑事案件发案数	起	3320	3375	2694
八类案件数	起	60	59	49
交通和火灾事故	起	9249 +93	12,750 +281	14,279 +228
技防乡镇、村(社区)	%	100	100	100
社会治安防控卡口检查站	个	5	5	5
在职民警数量	名	665	670	645
公安派出所	个	24	24	16
社区(村)民警	人	—	110	106
专职保安	人	—	122	146
化解矛盾纠纷	起	24,573	24,718	26,863

表 5-7　2014 年社会安全感满意度测评情况统计

派出所	一季度	二季度	三季度	四季度	合计	平均分	排名
三垛	120.9	122.67	147.6	145.95	537.12	134.28	1
送桥	172	108.78	120.08	127.7	528.56	132.14	2
菱塘	108.2	121.8	137.43	133.75	501.18	125.3	3
汤庄	125.63	113.5	117.88	141.53	498.54	124.64	4
卸甲	114.4	118.01	131.65	128.68	492.74	123.19	5
车逻	85.25	101.75	148.08	147	482.08	120.52	6
武安	97.4	100.4	143.75	132.18	473.73	118.43	7
蝶园	93.75	96.75	135.7	139.1	465.3	116.33	8
临泽	100	113.8	115.6	135.73	465.13	116.28	9
开发区	90.05	91.43	134.85	141.73	458.06	114.52	10
珠湖	106.09	79.73	120.78	146.68	453.28	113.32	11
龙虬	86.2	77	146	140.5	449.7	112.43	12
界首	103.6	103	119.93	119.48	446.01	111.5	13
甘垛	90.55	94.67	137.35	113.58	436.15	109.04	14
周山	93	88.33	101	149.83	432.16	108.04	15

表 5-8　2010～2014 年刑事命案、抢劫、抢夺案件、入室盗窃案件发破案率情况统计

年份	命案			抢劫			抢夺			入室盗窃案		
	发案	破案	破案率	发案	破案	破案率	发案	破案	破案率	发案	破案	破案率
2010 年	6	6	100%	20	16	80%	69	29	42%	1272	325	25.55%
2011 年	4	4	100%	11	8	72.73%	28	10	35.70%	1504	315	20.94%
2012 年	5	5	100%	6	6	100%	22	5	22.70%	1060	200	18.87%
2013 年	0	0	—	3	3	100%	15	9	60%	1127	331	29.37%
2014 年	4	4	100%	4	3	75%	7	4	57%	924	251	27.16%

(四)环境保护管理

1. 全年主要污染物化学需氧量、二氧化硫排放量变化情况。“十二五”以来，高邮市根据环保部总量控制提出的结构主导、工程支撑、监管保障的总体要求，几年来，共组织实施了 20 多个减排工程项目，完成了国家、省市下达的总量减排工作任务，其中 SO_2 已完成“十二五”减排目标。2010 年化学需氧量排放量为 12,157 吨，二氧化硫排放量为 2049 吨；截至 2014 年年底化学需氧量排放量为 11,202 吨，二氧化硫排放量为 1527 吨；2010～2014 年共削减化学需氧量 955 吨、二氧化硫 522 吨。

2. 环境质量总体情况。2009 年，全市小康社会环境质量综合指数达 86.7，达到并超过小康环保指标，公众对环境的满意率达 77.4%，未发生重大环境污染事故。数据显示：市区环境噪声、交通噪声继续保持良好，均达到功能区的标准，全市集中式饮用水源水质达标率为 99%，辖区内 9 条主要河流 14 个监测断面达标率达 66.7%，与去年同期相比上升 1.2 个百分点，市区空气质量良好以上天数占 96.2%，全市环境质量综合指数为 86.7，全市环境质量状况继续保持稳定。

2010 年，全市小康社会环境质量综合指数达 86.6，达到并超过小康环保指标，公众对环境的满意率达 76.2%，未发生重大环境污染事故。数据显示：市区环境噪声、交通噪声继续保持良好，均达到功能区的标准，全市集中式饮用水源水质达标率为 99%，辖区内 9 条主要河流 14 个监测断面达标率达 72.5%，同比上升 5.8 个百分点，市区空气质量良好以上天数占 98.9%，全市环境质量状况继续保持稳定。2011 年，高邮市环境质量继续保持良好。市区空气质量良好以上天数占 99.7%；2011 年，高邮市 9 条主要河流，14 个监测断面水质达标率为 71.4%，2011 年高邮市区区域环境噪声平均等效声级 51.4dB(A)。2012 年，经省环保厅认定，高邮市小康社会环境质量指数 93.9 分，位列扬州地区第二位，符合江苏省全面小康社会建设考核 80 分指标要求。其中，环境空气质量良好天数百分率 98%，集中式饮用水源地水质达标率 100%，水域功能区水质达标率 91.7%，城市功能区环境噪声达标率 96%，公众对城乡环境保护满意率 80.1%。2013 年，环境质量总体保持平稳，环境空气质量良好天数百分率92.5%，集中式饮用水源地水质达标率 100%，水域功能区水质达标率 64.3%，城市功能区环境噪声达标率 100%。2014 年，全市 17 个地表水监测断面达标率为 70.6%。环境空气质量指数(AQI)优良率 60.1%。城市区域环境噪声昼间平均等效声级为 49.0dB(A)。

3. 污水处理设施建设情况，自然村生活污水处理情况。截至 2013 年，高邮市共建成城镇污水处理厂 16 座，建设管网 148.009 公里，处理能力达到 80,500 吨/日；城镇生活污水实际处理量 1368.675 万吨，处理率达到 85%。所有污水处理厂进出水已安装自动监控设备，并与环保部门平台联网。

4. 生态乡镇建设情况。高邮市于 2010 年开始生态乡镇创建工作，2012 年所有乡镇均已创成国家级生态镇，2014 年均获得命名。

（五）公共安全应急体系和机制，防灾减灾能力情况

高邮市地处苏中，属高宝兴里下河水乡，地势低洼，河湖密布，西有高邮湖、大运河，北连洪泽湖，南接邵伯湖，为淮河入江水道，东距海边 120 千米。每年都有台风、热带风暴经过，经常发生龙卷风、冰雹、狂风暴雨等灾害性天气，局部地区有涝灾、旱灾、虫灾、火灾等。1999～2014 年，按照市委、市政府的部署，市民政局及时开展查灾、抗灾、救灾的各项工作，为战胜 1991 年、1998 年、2003 年洪涝灾害、2000 年龙卷风灾害、2001 年、2002 年、2003 年、2004 年风雹、2008 年风雹、2012 年地震、2013 年风雹，充分发挥民政部门的作用。突发重大自然灾害已经成为影响高邮市经济发展和社会稳定的重要因素，建立快速、敏捷、高效的救灾减灾应急工作机制十分重要。经过多年的探索和实践，高邮市的救灾应急工作已建立起由市政府负总责，有关部门分工合作、组织社会广泛参与的领导体制和工作机制。灾害发生后，民政、财政、地震、建设、农业、水利、气象、教育、卫生等涉灾部门都按照职责规定，分工负责，相互配合，确保救灾工作有条不紊地开展。2006 年，市政府制定了《高邮市救灾预案》（邮政办发〔2006〕99 号），对全市自然灾害的类别范围、救灾资金、物资的筹集和各级职能进行了明确划分。为及时有效地实施灾民紧急救助，确保救灾工作任务落实到位，2014 年制定了市民政局救灾应急预案。并依托“5·12”防灾减灾日活动和现有宣传活动场所，加大减灾宣传教育，提高公众防灾减灾能力和自救互救能力。

同时，全市建立起完备的村（社区）、乡镇、市三级自然灾害救助应急预案体系和灾害信息员队伍，启用了新的国家自然灾害灾情信息管理系统，实现了灾害应急救助领域上全覆盖、内容上高质量、管理上动态化，大大地提高了救灾工作的效率，保证灾害应急工作有章可循、对高邮市的救灾工作起到了关键作用。

表 5-9 高邮市 1999～2014 年主要灾情汇总

序号	年份	灾害发生时间	灾害发生区域	灾种	受灾人口（人）				农作物（公顷）	房屋（间）		直接经济损失（万元）
					受灾总人口	死亡失踪	受伤	转移		倒塌	损坏	
1	1999	8～9 月	全市	洪涝	—	—	—	—	5210	—	120	8772
2	2000	7 月 13 日	甘垛、三垛	风雹	—	15	1104	—	878	4861	2667	15,100
3	2001	7 月 5 日	送桥	风雹	—	—	13	—	13.33	20	120	—
4	2002	5 月 26 日 6 月 20 日	运东数乡镇	风雹	—	—	3	—	17,400	3	1545	3597
5	2003	5～7 月	多处	风雹	48	—	—	56,700	60,123	8109	4308	27,950

续表

序号	年份	灾害发生时间	灾害发生区域	灾种	受灾人口(人)				农作物(公顷)	房屋(间)		直接经济损失(万元)
					受灾总人口	死亡失踪	受伤	转移		倒塌	损坏	
6	2004	8月	周山	风雹	—	—	—	—	—	10	132	60
7	2005	—	—	—	53,700	—	8	1280	11,333	138	1100	5200
8	2006	—	—	—	—	—	—	—	—	—	—	—
9	2007	—	—	—	—	—	—	—	—	—	—	—
10	2008	7月30日	临泽、北片	风雹	6400	4	48	—	6700亩	112	411	2000
11	2009	—	—	—	—	—	—	—	—	—	—	—
12	2010	—	—	—	—	—	—	—	—	—	—	—
13	2011	—	—	—	—	—	—	—	—	—	—	—
14	2012	7月20日	临泽、北片等	地震	—	—	—	153	—	43户	2439户	—
15	2013	7月7日	三垛、卸甲等	风雹	—	—	—	—	—	36户	430户	—
16	2014	—	—	—	—	—	—	—	—	—	—	—

二、公民社会权益保障

（一）社会保障（基本保险、最低生活保障、农村养老、新农合、城镇廉租房、经适房、农民工社会保障等）

1. 城镇职工基本养老保险、基本医疗保险、失业保险、工伤保险、生育保险制度实施情况

（1）城镇职工基本养老保险

①企业职工养老保险

1986年10月，县政府根据国务院《国营企业实行劳动合同制暂行规定》（已失效），决定在县劳动局内设立高邮县社会劳动保险处，负责办理合同制工人和新办集体人员的社会养老保险业务以及全民集体企业退休人员养老保险金社会统筹工作。1987年7月，县政府印发《高邮县企业退、离休职工劳动保险基金统筹暂行办法》，规定从7月1日起，凡全民、县属集体所有制企业和省、扬州市驻高邮县企业，均需参加全县劳动保险基金社会统筹。统筹对象为上述企业的离退休（退职）职工。本着“以支定收，略有结余”的原则，按规定的统筹比例逐月提取。企业离、退休职工的离退休费用仍按原标准由原单位负责发放，所需资金先由企业垫付，然后与县社会劳动保险处按照全额结算、差额缴拨、按月上缴、按季下拨的办法结算。

1992年10月26日，市政府根据省政府《贯彻国务院关于企业职工养老保险制度改革的决定的通知》，制定《高邮市企业职工养老保险制度改革实施办法》，规定企业职工基本养老保险由国家、企业、个人三方共同负担。基本养老保险基金按照“以支定收、略有节余、留有

部分积累”的原则统一筹集。

1996年5月，市政府印发《高邮市实施〈江苏省城镇企业职工养老保险规定〉细则》。明确基本养老保险由政府负责组织和管理，根据社会生产力发展水平及各方面的承受能力确定企业职工的养老保险水平；制定基本养老保险“社会互济与自我保障相结合、公平与效率相结合、社会统筹与个人账户相结合”的原则；确定城镇各类企业和职工个人实行统一缴费比例。改革企业退休人员养老金的计发办法，从按标准工资打折率改为由社会性养老金和个人账户养老金两部分组成。

1998年，市政府根据国务院《关于建立统一的企业职工基本养老保险制度的决定》和省政府《关于修改〈江苏省城镇企业职工养老保险规定〉的决定》，从是年起，职工养老保险个人账户统一按职工个人缴费工资的11%建立，个人缴费部分全部记入，其余部分从企业缴费中划入，同时改革基本养老金计发办法。这些措施，使全市的基本养老保险制度和全国、全省企业职工养老保险制度相统一。

2005年，市政府按照国务院《关于完善企业职工基本养老保险制度的决定》的要求，进一步扩大养老保险覆盖范围，规范城镇个体工商户和灵活就业人员参加基本养老保险的缴费基数和缴费比例，按照国务院和省政府的统一规定，调整职工个人养老保险账户规模。

表5-10 1986~2005年高邮市企业职工基本养老保险费征收比例变动一览

<table>
<tr><th rowspan="2">起始时间</th><th colspan="6">征收比例</th></tr>
<tr><th>全民企业</th><th>集体企业
乡镇企业
私营企业</th><th>机关、事业单位劳动合同工</th><th>个人缴费比例</th><th>合计</th><th>个体工商户、灵活就业人员</th></tr>
<tr><td>1986年</td><td colspan="2">多比例退休费社会统筹</td><td rowspan="2">15元</td><td>合同工工资18%</td><td rowspan="6">—</td><td rowspan="8">—</td></tr>
<tr><td>1992年10月1日</td><td>17%</td><td>21%</td><td>2%(3元)</td></tr>
<tr><td>1993年</td><td>17%</td><td>21%</td><td rowspan="4">从1993年10月起参加机关事业单位养老保险</td><td>2%</td></tr>
<tr><td>1994年1月1日</td><td>19%</td><td>23%</td><td>2%</td></tr>
<tr><td>1994年10月1日</td><td>19%</td><td>23%</td><td>3%</td></tr>
<tr><td>1995年</td><td>19%</td><td>23%</td><td>3%</td></tr>
<tr><td>1996年5月</td><td colspan="3">21%</td><td>4%</td><td>25%</td></tr>
<tr><td>1997年</td><td colspan="3">21%</td><td>4%</td><td>25%</td></tr>
<tr><td>1998年1月1日</td><td colspan="3">20%</td><td>5%</td><td>25%</td><td>18%</td></tr>
<tr><td>1999年7月1日</td><td colspan="3">20%</td><td>6%</td><td>26%</td><td>19%</td></tr>
<tr><td>2000年</td><td colspan="3">20%</td><td>6%</td><td>26%</td><td>19%</td></tr>
<tr><td>2001年1月1日</td><td colspan="3">20%</td><td>7%</td><td>27%</td><td>20%</td></tr>
<tr><td>2002年7月1日</td><td colspan="3">20%</td><td>8%</td><td>28%</td><td>20%</td></tr>
</table>

续表

起始时间	征收比例					
	全民企业	集体企业 乡镇企业 私营企业	机关、事业单位劳动合同工	个人缴费比例	合计	个体工商户、灵活就业人员
2003年1月1日	20%			8%	28%	28%
2004年	20%			8%	28%	28%
2005年	20%			8%	28%	28%

注:2003年以后,全市企业职工养老保险缴费比例统一为工资总额的28%。

表5-11 1987~2014年高邮市(县)企业职工养老保险情况

年度	参保单位(家)	参保人数(人)	离退休人数(人)	基金收入(万元)	基金支出(万元)	领取遗属供养人数(人)
1987	226	31,617	5442	188	171	—
1988	284	31,396	5804	234	227	—
1989	274	33,776	6355	599	523	—
1990	279	32,601	6509	723	605	—
1991	291	39,911	6775	938	733	—
1992	303	41,254	7230	1242	1282	—
1993	263	43,928	7911	2208	1781	—
1994	276	45,128	8136	2968	3181	—
1995	306	47,271	8766	4324	3320	—
1996	316	47,630	9046	4365	3409	—
1997	400	48,124	9493	4852	4373	—
1998	394	48,003	10,102	5332	4911	—
1999	435	50,124	10,772	5950	4859	—
2000	465	49,272	11,491	6270	6298	—
2001	493	50,529	13,176	5676	6822	—
2002	493	53,840	13,687	6330	8410	—
2003	390	56,190	14,582	7609	9388	—
2004	563	59,353	15,594	9384	10,551	—
2005	643	61,527	16,769	12,853	12,498	794
2006	—	65,608	17,772	14,413	15,444	849

续表

年度	参保单位(家)	参保人数(人)	离退休人数(人)	基金收入(万元)	基金支出(万元)	领取遗属供养人数(人)
2007	—	70,914	19,058	19,731	18,143	935
2008	—	79,086	20,265	34,185	23,177	951
2009	—	88,236	21,487	37,844	27,535	1046
2010	—	98,667	22,870	42,225	32,665	1170
2011	—	105,987	25,222	51,827	39,208	1204
2012	—	116,974	28,188	86,053	49,447	1231
2013	—	121,568	30,522	68,531	59,819	1257
2014	—	129,623	33,689	72,808	71,768	1316

②养老金调整和社会化发放

1999年,随着经济的发展,市政府根据省和扬州市的规定,对企业退休人员的养老金每年都进行调整,按照不同对象和不同缴费年限,制定若干调整档次,使全市企业退休人员月平均养老金水平逐年有所上升。从是年起,高邮市对部分困难企业的离退休职工养老金试行委托邮政储蓄银行进行社会化发放。从2001年开始,全市企业离退休人员的养老金和供养直系亲属的生活费全部实行社会化发放,企业离退休人员和供养直系亲属每人发一个邮政储蓄银行存折,凭此存折每月就近到邮政局(所)领取养老金(生活费),社会化发放率达100%。

③机关事业单位职工社会养老保险

1993年7月,市人事局内设高邮市机关事业单位社会保险管理处,负责全市机关事业单位的社会养老保险工作。9月23日,市政府决定,从是年10月1日起,先在全市自收自支、差额补贴、定额补贴的事业单位全体工作人员、机关事业单位的劳动合同制职工和经人事部门批准使用的临时工中进行社会养老保险制度改革,将职工退休养老由国家统包改为国家、单位、个人三者结合,合理负担。是年11月,市政府印发《高邮市机关事业单位职工养老保险暂行办法》,截至年底,全市有138个单位的4506名在职职工参加保险,777名离退休人员按时足额领取离退休费。1995年3月,市政府印发《关于进一步深化全市机关事业单位社会保险制度改革的意见》,从是年1月起,将参保范围扩大到国家机关和全额拨款事业单位全体在编工作人员,每人每月按个人工资的1%缴纳养老保险费,市财政予以适当补贴,作为养老保险基金的积累,离退休人员的离退休费仍由市财政按月从原渠道支付。截至是年底,全市有384个单位11,980名在职职工参加养老保险,1501名离退休人员按时足额领到离退休金。在扬州市各县(市、区)中,高邮市为实施范围大、投入运行早和实行统一比率的第一家,多次在全省和扬州市相关工作会议上作介绍,《人事管理》《扬州政报》对此作报道。泰兴、江都、沭阳、仪征、睢宁、新沂、金湖等县(市)人事干部,先后到高邮学习取经。1996年9月,市人事局制定《高邮市机关事业单位长期使用的编外人员养老保险实施细则(试行)》,规定经人事部门批准、机关事业单位内领取用工许可证的编外人员,可以参加机关事业单位社会养老保险，单独建账，逐人建立个人账户，仍实行用人单位和编外人员个人共同缴纳养老保险费的办法。2002 年 1 月 14 日，市政府决定，从当月起停止征收全市国家机关和全额拨款事业单位个人养老保险费，当年参保人数下降 9909 人。1994～2014 年，参保人数一直维持在四、五千人左右。随着事业单位领取养老金人数的逐步增加和退休人员退休金调整，为维持养老保险金的收支平衡，从 2008 年起，参保缴费比例也从原工资总额的 23%，逐步提高到 30%～43%。2007～2014 年，机关事业单位参保在职职工人数在萎缩，领取养老金人员逐年有所增加，加之提高养老金标准，养老保险基金发生不平衡现象。

表 5－12　1994～2014 年高邮市机关事业单位养老保险情况

年份	参保在职人员（人）	领取养老金人员（人）	参保缴费比例（%）	基金收入（万元）	基金支出（万元）
1994	5017	1408	23	493	343
1995	11,980	1501	23	884	494
1996	13,330	1524	23	1030	729
1997	14,320	1544	23	1060	757
1998	15,010	1331	23	1423	791
1999	15,152	1221	23	1688	1240
2000	15,202	1215	23	1814	1400
2001	15,210	1241	23	1852	1760
2002	5301	1265	24	1745	1509
2003	5351	1308	24	2143	1765
2004	5386	1369	24	2810	2481
2005	5598	1548	25	2969	2768
2006	5656	1660	25	3333	3327
2007	5700	1806	26	3853	4049
2008	4613	1520	30～43	3095	3133
2009	4496	1659	30～43	4052	4158
2010	4351	1846	30～43	5065	5314
2011	4206	1996	30～43	4619	5398
2012	4154	2090	30～43	5897	6745
2013	4092	2239	30～43	7568	8751
2014	4231	2414	30～43	8053	9261

（2）城镇职工基本医疗保险

20 世纪 80 年代开始，高邮市（县）对城镇职工医疗保险制度先后进行三次试点改革。2001 年，实施城镇职工基本医疗保险，由于全市企事业单位经济发展水平不平衡，大批企业正值改制，有些困难企业和困难群体无经济能力参加基本医疗保险。2002 年 10 月～2005

年，市政府及市劳动和社会保障局等部门，针对不同参保对象的经济承受能力，先后制定困难单位、企业军转干部、改制企业退休人员、城镇灵活就业人员参加医疗保险的暂行办法，对基本医疗保险的政策逐步完善，不断扩大医疗保险的覆盖范围，初步建立起多层次的医疗保障体系。

1999 年 6 月，市政府根据国务院《关于建立城镇职工基本医疗保险制度的决定》，成立市城镇职工医疗保险制度改革领导小组，着手进行城镇职工基本医疗保险制度改革，形成以“个人账户看门诊、社会统筹保住院、大病医疗有保障”为原则的初步医疗保险改革方案，建立起医、患、保三方制约机制。12 月 13 日，市政府制定《高邮市城镇职工基本医疗保险暂行办法》《高邮市城镇职工基本医疗保险实施细则》和 6 个配套文件，对公费医疗、劳保医疗制度进行改革，形成基本医疗保险（社会统筹和个人账户相结合，参保人员按年龄分为 4 个档次，按缴费工资的一定比例，将医疗保险金划入参保人员 IC 卡个人账户上，用于门诊费用；同时享有住院治疗、大病救助的待遇）、住院医疗保险（参保人患病住院可按基本医疗保险规定的比例报销医药费，不建立个人账户）、大病医疗保险（参保人在患病住院时年住院费用在 2500 元以上部分，参照基本医疗保险待遇报销一定比例的医药费，不建立个人账户）三个不同层次的医疗保险制度，并制定大病医疗救助方案。经扬州市政府批准同意，市政府决定于 2001 年 1 月 1 日正式实施。

基本医疗保险费由各用人单位按时申报（含职工个人应缴纳的部分），由市地方税务局负责征收。

2002 年 10 月，市政府印发《高邮市困难单位参加住院医疗保险、大病医疗统筹实施意见》，规定困难单位应整体性参加医疗保险，可选择参加“住院医疗保险”或“大病医疗统筹”。

2003 年 4 月 21 日，市政府办公室印发《高邮市改制企业退休人员参加基本医疗保险的补充意见》，对企业改制时已经退休的人员采取三种方式：改制企业一次性为每名退休人员缴纳医疗保险费 8000 元及大病医疗救助基金 1920 元（或从本人养老金中每月扣 8 元，下同），享受城镇职工基本医疗保险待遇；改制企业一次性为每名退休人员缴纳医疗保险费 6000 元及大病医疗救助基金 1920 元，享受“住院医疗保险”待遇；改制企业一次性为每名退休人员缴纳 3000 元及大病医疗救助基金 1920 元，享受“大病医疗保险”待遇。

2004 年 3 月 16 日，市政府印发《高邮市城镇灵活就业人员参加医疗保险暂行办法》，将参保对象扩大到从事个体经营的人员、自由职业者、非全日制工作等灵活就业人员。9 月，还对全市企业中的省级劳动模范参加医疗保险问题作出规定。2005 ~ 2014 年，全市城镇职工医疗保险稳步发展，参保人数逐年增多，收支大体平衡，但从 2013 年起，出现支大于收的现象。

表 5-13　2001~2014 年高邮市城镇职工基本医疗保险情况

年份	参保人数（人）	参保缴费率（%）	征缴金额（万元）	报销人数（人）	支付金额（万元）
2001	30,096	90	639	714	309
2002	40,091	90	906	1209	676
2003	47,300	91	1539	1485	932
2004	52,380	93	1766	2541	1458
2005	59,501	95	2501	3846	2141
2006	64,511	95	2987	4704	2420
2007	71,901	95	5549	5602	2532
2008	81,869	95	18,413	7568	3892
2009	87,588	98	7329	11,028	5585
2010	95,442	98	9562	12,329	6781
2011	10,1758	98	11,819	15,101	9135
2012	10,9690	98	14,934	17,890	11,698
2013	11,3467	98	16,144	20,453	16,212
2014	11,8597	98	16,949	24,060	19,188

（3）城镇职工失业保险

1986 年 10 月，县政府根据国务院《国营企业职工待业保险暂行规定》的要求，从当月起，在全县 124 家国营企业的固定职工、劳动合同制职工、1976 年年底以前的城镇户口计划内临时工、全民企业非独立核算集体性质的职工、国家机关事业单位和社会团体的劳动合同制职工中，开始实行待业保险制度。1988 年 1 月，全县 264 家县属集体所有制企业纳入待业保险的参保范围，是年年末，待业保险参保人数达到 3.81 万人，待业保险已初具规模。1993 年 7 月，高邮镇镇属大集体企业职工 2520 人参加待业保险。1994 年，职工待业保险改称失业保险，待业职工改称失业职工。1995 年 3 月 16 日，市政府印发《关于进一步深化全市机关事业单位社会保险制度改革的意见》，决定从是年 1 月 1 日起在全市机关事业单位中全面推行失业保险制度，是省内首家，《新华日报》《江苏经济报》先后予以报道。

1997 年，全市市属企业转换经营机制，进行各种形式的改革，企业内部出现富余人员，职工下岗待业，进入市属企业再就业服务中心。1998 年开始，市政府为解决下岗职工的生活，采取财政预算安排三分之一、企业负担三分之一、社会筹集（主要从失业保险基金中调剂 619.57 万元）三分之一的“三三制”原则，筹集资金用于市属企业再就业服务中心，保障下岗职工的基本生活和代缴社会保险费，推动市属企业深化改革。1999 年，全市积极宣传贯彻国务院《失业保险条例》（国务院令第 258 号）和《社会保险费征缴暂行条例》（国务院令第 259 号），社会各界对失业保险的认识有所提高。是年，全市失业保险参保人数达 4.98 万人。

2000 年 7 月，市劳动部门核发“失业登记证”，失业人员按规定开始享受失业救济金。2001 年，全市城镇各类企业、用人单位都参加失业保险，参保人数达到 5.88 万人。由于全市各类企业实行改制，从是年开始，大批企业职工下岗、失业，失业保险的参保人数逐年下降，至2005年年底，参保职工仅剩3.65万人。2006年起至2014年止，参保人数有所回升，领取失业保险的人数有所回落，失业保险基金透支的现象得到根本改变。

表5－14 1986～2014年高邮市（县）失业保险情况

年份	参保人数（人）	基金收入（万元）	当年新增失业金领取人数（人）	年末失业金领取人数（人）	基金支出（万元）	基金当年结余（万元）	基金累计结余（万元）
1986	148,09	2.97	—	—	0.30	2.67	2.67
1987	17,507	13.86	1	—	0.97	12.89	15.56
1988	38,100	30.16	1	—	17.07	13.08	28.64
1989	40,200	32.38	13	13	10.72	21.66	50.30
1990	42,400	33.19	18	1	12.67	20.53	70.83
1991	43,956	45.71	8	3	16.48	29.23	100.06
1992	44,186	43.43	4	3	16.22	27.21	127.27
1993	46,706	87.70	18	7	39.57	48.13	175.39
1994	46,890	112.51	1111	1111	51.86	60.65	236.04
1995	46,965	152.59	1346	—	103.66	48.93	284.97
1996	47,099	165.47	780	120	150.75	14.72	299.69
1997	47,287	160.41	847	112	181.49	-21.08	278.61
1998	47,465	209.40	748	273	194.36	15.04	293.65
1999	49,813	489.51	273	—	328.53	160.98	454.63
2000	53,200	525.14	142	154	480.46	44.68	499.31
2001	58,800	749.77	4108	4020	686.82	62.96	562.27
2002	42,300	1081.35	9854	12,215	2175.22	-1093.87	-531.60
2003	43,000	1153.98	6484	11,427	2993.56	-1839.58	-2371.18
2004	36,200	1097.35	5148	8608	2438.92	-1341.57	-3712.75
2005	36,500	1142.07	1823	2964	1374.15	-232.08	-3944.83
2006	43,900	928.15	—	5968	686	—	—
2007	46,000	1094.18	—	3109	423	—	—
2008	48,000	1575.68	—	2301	589	—	—
2009	49,564	1778.34	—	1662	636	—	—
2010	59,986	1940.94	—	1352	396	—	—
2011	55,986	2388.17	—	1071	670	—	—
2012	56,500	2882.01	—	1557	1007	—	—
2013	59,300	3183.63	—	1706	756	—	—
2014	60,200	2405.19	—	1386	555	—	—

说明："基金收入"中含银行利息和上级拨款，2006年以后未含银行利息和上级拨款；1994～1995年，当年新增领取失业保险金的人数含帮助困难企业发放职工工资的人数，不是纯粹的新增失业金领取人数。1996～1998年也有类似情况。

(4)城镇职工工伤保险

1997年6月19日,高邮市政府制定《高邮市城镇企业职工工伤社会保险实施细则》,决定从7月1日起,在全市城镇居民和集体企业职工中实行工伤社会保险。2001年11月27日,市政府印发《高邮市贯彻〈江苏省城镇企业职工工伤保险规定〉实施意见》,参保范围扩大到城镇各类企业和部、省、扬州市属单位驻高邮市的企业及其职工。并规定从2002年1月1日起,将职工因工负伤或患职业病,所需挂号费、医疗费、住院期间伙食补助费提高到1000元以内,由职工所在企业报支,其他规定不变。

2003年4月,国务院颁布《工伤保险条例》(已被修改)。2004年1月1日,全市工伤保险的相关政策和操作程序按国务院《工伤保险条例》施行。2005年,全市按照省和扬州市的统一部署,进一步扩大工伤保险的覆盖范围,并对工伤保险的认定、工伤保险待遇作出调整。2006~2014年,企业和职工逐步提高对国务院《工伤保险条例》的认识,职工维权的意识增强,工伤保险报销的人数逐年有所增加,至2014年,全市已有1155人支付工伤保险,支付工伤保险基金2063万元。

表5-15　1997~2014年高邮市工伤保险参保及基金收支情况

年份	参保人数(人)	基金收入(万元)	基金支出(万元)	当期结余(万元)	报销人数(人)
1997	48,022	9	1	8	—
1998	48,022	12	1	11	—
1999	50,124	21	2	19	—
2000	49,272	11	3	8	—
2001	50,529	10	10	0	—
2002	28,463	52	3	49	—
2003	18,030	59	9	50	—
2004	18,030	82	23	59	—
2005	26,800	143	21	122	—
2006	36,901	227	96	—	83
2007	39,692	313	289	—	171
2008	53,703	588	334	—	279
2009	61,470	756	257	—	356
2010	70,021	893	456	—	509
2011	78,050	1393	1074	—	736
2012	83,050	1958	1469	—	946
2013	85,750	2224	1485	—	1053
2014	85,850	2534	2063	—	1155

(5)城镇职工生育保险

20世纪50~80年代中期,全县机关和企事业单位女职工的生育产假统一规定为56天。难产或双生增加假期14天,怀孕不满7个月流产时,给予30天以内的产假。产假期间工资由所在单位照发,女职工怀孕检查费和分娩的费用由用人单位负担,产假期满仍不能工作者,经医院证明,按疾病待遇的有关规定处理。1988年,县政府贯彻国务院颁布的《女职工劳动保护规定》,将女职工生育产假由原来的56天延长到90天,其中产前假15天。难产的,增加产假15天;多胞胎生育的,每多生育一个婴儿,增加产假15天。并规定凡适合妇女从事劳动的单位,不得拒绝招收女职工;不得在女职工怀孕期、产期、哺乳期降低其基本工资,或者解除劳动合同。

1996年5月31日,市政府制定《高邮市生育社会保险实施细则》,规定从7月1日起,全市城镇各类所有制企业,自收自支事业单位,部、省和扬州市属驻高邮市单位,城镇个体经济组织和与之形成劳动关系的劳动者都要参加生育社会保险。生育保险费用实行全市社会统筹。

2001年11月27日,市政府根据省政府颁布的《江苏省城镇企业职工生育保险规定》,制定《高邮市城镇企业职工生育保险实施办法》,对符合计划生育规定的女职工,在生育保险范围内,医疗费用的支付、生育津贴、一次性营养补助、参加生育保险的男职工其配偶未列入职工生育保险范围的待遇等都重新给予明确规定。2005年以后,随着国家对企业职工生育保险制度的逐步完善和待遇提高,参保人数逐步有所提高,基金收入和支出也同步有所增加,2014年,全市参加生育保险的职工达56,185人,报销生育保险费的职工达722人,收入保险金1517万元,支出保险金845万元。

表5-16 1996~2014年高邮市生育保险参保及基金收支情况

年份	参保人数(人)	基金收入(万元)	基金支出(万元)	报销人数(人)
1996	47,593	96	8	—
1997	48,022	213	59	—
1998	48,022	259	252	—
1999	50,124	314	190	—
2000	49,300	219	51	—
2001	50,529	94	146	—
2002	28,463	73	46	—
2003	18,030	91	31	—
2004	18,030	96	55	—
2005	23,100	105	40	—

续表

年份	参保人数(人)	基金收入(万元)	基金支出(万元)	报销人数(人)
2006	27,995	205	37	125
2007	30,010	346	52	136
2008	40,746	492	77	195
2009	45,698	567	110	214
2010	49,895	632	115	225
2011	52,610	883	149	280
2012	54,800	1117	331	505
2013	56,180	1197	494	556
2014	56,185	1571	845	722

2. 最低生活保障、农村五保户、重度残疾人等基本生活保障

(1)最低生活保障制度实施情况

城乡居民最低生活保障制度是社会保障体系的关键一环,是保障民生、发展民生的基础,是社会和谐稳定的最后一道“安全网”。建立城乡居民最低生活保障制度,既是实现社会公平、维护社会稳定的需要,也是政府对国民应尽的责任和义务。近年来,高邮市城乡居民最低生活保障工作,在市委、市政府的重视下,按照“制度健全、资金落实、管理有序、操作规范、群众满意”的工作目标和以民为本、为民解困的工作宗旨,城乡居民最低生活保障制度逐步健全完善,有效保障了全市城乡困难群众的基本生活,促进了高邮市经济社会和谐发展。

从1998年起,高邮市在实施对特定对象正常救济的同时,实施城市居民最低生活保障救助和农村居民最低生活保障救助。1997年10月22日,市政府印发《高邮市实施市区居民最低生活保障制度暂行办法》(邮政发〔1997〕191号),规定被纳入城市低保的对象:具有高邮市市区常住户口的居民,家庭月人均收入低于市政府公布的月度最低生活保障线的。1997年10月22日,市政府印发《高邮市实施农村居民最低生活保障制度暂行办法》(邮政发〔1997〕192号)规定被纳入农村低保的对象为:高邮市年人均收入低于最低生活保障线以下的农民,因残疾、年老体弱、家庭主要劳动力死亡和遭遇不可抗拒的天灾人祸而造成自身无生存能力、口粮田无法耕种且无其他经济来源的特困户。2004年2月21日,市政府印发《高邮市农村最低生活保障办法》(邮政发〔2004〕16号)。为顺应经济社会发展的新形势、新要求,进一步完善城乡居民最低生活保障制度,提高基层低保工作规范化管理水平,有必要从操作层面对现行城乡低保政策作进一步的梳理、细化和完善,《江苏省居民最低生活保障工作规程》(以下简称《规程》)应运而生。高邮市2012年年底,由市政府办转发了《规程》(邮政办发〔2012〕220号)。

表 5－17　1999～2014 年高邮市农村居民最低生活保障实施情况

年份	低保年标准(元)	全年发放金额(万元)	下拨统筹低保资金(万元)				实施低保		人均月补差(元)
			省财政	市财政	乡镇统筹	合计	户数(户)	人数(人)	
1999	360	63.00	0	18.90	44.10	63.00	1308	3510	14.96
2000	480	105.30	0	31.59	73.71	105.30	1308	3510	25.00
2001	480	105.30	0	31.59	73.71	105.30	1308	3510	25.00
2002	480	105.30	0	31.59	73.71	105.30	1308	3510	25.00
2003	600	193.12	0	57.94	135.18	193.12	3485	9656	16.67
2004	600	183.22	0	54.97	128.25	183.22	1904	4726	32.31
2005	720	449.20	314.44	67.38	67.38	449.20	3485	9656	38.77
2006	840	—	—	0.00	0.00	0.00	—	—	—
2007	840	760.59	—	646.50	114.09	760.59	6338	11,538	54.93
2008	1680	1253.98	742	323.88	188.10	1253.98	7782	12,867	81.21
2009	2040	1393.27	1173	11.28	208.99	1393.27	8760	12,785	90.81
2010	2520	1700.85	992	453.72	255.13	1700.85	9413	14,446	98.12
2011	2640	1819.71	1136	410.75	272.96	1819.71	9618	14,969	101.30
2012	3120	2181.21	1541	313.03	327.18	2181.21	8241	16,244	111.90
2013	3720	2623.68	1779	451.13	393.55	2623.68	7180	14,866	147.07
2014	4320	2681.99	1849	430.69	402.30	2681.99	5210	12,332	181.24

表 5－18　1999～2014 年高邮市城市居民最低生活保障实施情况

年份	低保年标准(元)	全年发放金额(万元)	下拨统筹低保资金(万元)				实施低保		人均月补差(元)
			省财政(万元)	市财政(万元)	乡镇统筹(万元)	合计(万元)	户数(户)	人数(人)	
1999	1872	42.30	—	12.69	29.61	42.30	269	623	56.58
2000	2160	87.12	—	26.14	60.98	87.12	382	788	92.13
2001	2160	69.57	—	20.87	48.70	69.57	637	1241	46.72
2002	2160	86.80	—	26.04	60.76	86.80	746	1838	39.35
2003	2160	195.56	—	—	195.56	195.56	732	1905	85.55
2004	2160	231.36	—	—	231.36	231.36	968	2393	80.57
2005	2400	314.76	—	—	314.76	314.76	1385	3070	85.44
2006	2640	253.28	—	215.29	37.99	253.28	955	2101	100.46
2007	2880	279.36	—	237.46	41.90	279.36	979	2139	108.84
2008	3240	379.74	107	215.78	56.96	379.74	1358	2536	124.78

续表

年份	低保年标准(元)	全年发放金额(万元)	下拨统筹低保资金(万元)				实施低保		人均月补差(元)
			省财政(万元)	市财政(万元)	乡镇统筹(万元)	合计(万元)	户数(户)	人数(人)	
2009	3600	521.31	168	275.11	78.20	521.31	1563	2759	157.46
2010	3840	538.28	184	273.54	80.74	538.28	1461	2780	161.36
2011	4080	547.01	135	329.96	82.05	547.01	1383	2705	168.52
2012	4800	496.51	131	291.03	74.48	496.51	1058	1998	207.08
2013	5400	477.49	209	196.87	71.62	477.49	979	1806	220.33
2014	6000	453.40	202	183.39	68.01	453.40	649	1339	282.17

(2)农村五保和城镇“三无”对象供养、流浪乞讨人员及孤残儿童救助情况

①农村五保供养情况

表5－19　农村五保供养情况

年份	人均年供养金总额(元)	年供养金总额(万元)	供养五保人员总数		乡镇村敬老院数(个)			供养方式(人)	
			户数(户)	人数(人)	总数(个)	乡镇敬老院(个)	村敬老院(个)	敬老院集中供养	村组分散供养
1999	1798	646.67	3426	3596	42	23	10	467	3129
2000	1744	683	3687	3916	26	17	9	467	3449
2001	1626	638.7	3691	3928	26	17	9	510	3418
2002	1617	682.24	4005	4219	22	18	9	360	3859
2003	1629	650.56	3879	4024	21	21	0	560	3464
2004	1792	704.04	3764	3928	21	21	—	585	3343
2005	1800	1086.68	5820	6037	21	21	—	1721	4316
2006	2000	—	—	—	21	21	—	—	—
2007	2000	—	—	—	21	21	—	—	—
2008	2400	—	—	—	21	21	—	—	—
2009	2800	—	—	—	21	21	—	—	—
2010	3500	—	—	—	21	21	—	—	—
2011	3900	—	—	—	21	21	—	—	—
2012	4700	—	—	—	21	21	—	—	—
2013	5400	1906.95	4164	4164	13	13	—	2563	1601
2014	6000	1938.39	4187	4187	13	13	—	2536	1651

②流浪乞讨人员救助情况

高邮市救助管理站的前身为高邮市烈军属招待所，兼收容遣送职能，从20世纪50年代起，高邮市烈军属招待所配合公安部门承担了流浪乞讨人员的收容遣送任务。由公安部门收容，开具收容遣送函交由遣送站遣送原籍，或转入下一站，再遣送回原籍。

2003年8月国务院颁布《城市生活无着的流浪乞讨人员救助管理办法》（国务院第381号令），同时废止1982年5月发布的《城市流浪乞讨人员收容遣送办法》，同年，民政部发布《城市生活无着的流浪乞讨人员救助管理办法实施细则》（民发〔2003〕24号），2004年，经高邮市机制编制委员会批准，高邮市烈军属招待所正式更名为高邮市救助管理站。高邮市救助管理站实行自愿受助和无偿救助的原则，保障城市生活无着流浪乞讨人员的基本权益，凡流入高邮的城市生活无着流浪乞讨人员自愿前来申请救助，或由公安、城管部门护送来站求助的人员，救助站均予接待，实行身份确认、登记上网、审核批准等程序，对符合条件的救助人员安排伙食、住宿，提供日常生活用品，帮助联系家人，提供返程车票，必要时护送回家，为特殊对象（精神病人、危重病人）提供医疗救助，对不符合条件的求助人员，给予必要的教育与疏导，并告知不予救助的理由。2014年，随着国务院《社会救助暂行办法》（国务院第649号）以及民政部《生活无着的流浪乞讨人员救助管理机构工作规程》（民发〔2014〕132号）的相继颁布，取消了“城市”范围的限制，并将“生活无着”作为判断救助对象的重要标准，把救助范围进一步扩大到乡镇，把救助对象扩大到自身无力解决食宿、无亲友投靠的“生活无着”的困难群众。救助管理工作越来越得到社会的重视，并面临着新的形势、新的挑战。

表5-20 1999~2014年历年救助人数统计

年份	救助人数（人）	男（人）	女（人）	未成年人（人）	精神病人（人）	重要事项
1999	144	98	6	4	13	—
2000	186	121	5	3	16	—
2001	207	108	9	4	21	—
2002	196	123	3	7	19	—
2003	541	336	5	25	49	—
2004	683	412	71	21	51	6月，经高邮市机制编制委员会批准，正式将高邮市烈军属招待所更名为高邮市救助管理站
2005	249	185	4	4	31	—
2006	218	158	0	9	23	—
2007	234	179	5	12	16	—
2008	186	162	4	7	8	—
2009	213	182	1	16	16	配备照相机
2010	162	126	6	8	14	配备摄像机

续表

年份	救助人数（人）	男（人）	女（人）	未成年人（人）	精神病人（人）	重要事项
2011	127	101	6	3	22	10 月，经高邮市机构编制委员会办公室批准，增挂“高邮市流浪未成年人救助保护中心”牌子
2012	177	136	1	9	32	—
2013	247	166	1	7	37	2 月，在全市民政系统中被评为“先进集体”；11 月，添置一辆救助专用车
2014	249	156	3	3	33	3 月，被评为全市民政系统先进单位

③重度残疾人基本生活保障方面

按照省民政厅等四部门《关于对无固定收入重残人员给予生活救助的通知》（苏民保〔2007〕12 号，苏财社〔2017〕127 号）文件要求，对具有本市常住户籍，本人无固定收入或收入较低、家庭不符合低保，持有市残疾人联合会核发的《中华人民共和国残疾人证》，且登记为一级、二级肢体残疾，一级、二级智力残疾，一级、二级精神残疾，一级、二级视力残疾的重度残疾人员给予生活救助。本人无固定收入的重残人员，参照高邮市城乡低保标准 100% 发放生活救助金；本人无固定收入、但低于城乡低保标准的重残人员，参照城乡低保标准，给予差额补助。已纳入城乡低保、农村五保供养和城市“三无”人员的残疾人，按照相关政策要求给予生活救助，不再享受重残生活救助。

表 5－21　高邮市城市重残人员保障实施总体情况

年份	低保年标准（元）	全年发放金额（万元）	下拨统筹低保资金（万元）			实施低保		人均月补差（元）
			市财政（万元）	乡镇统筹（万元）	合计（万元）	户数（户）	人数（人）	
2010	3840	74.69	52.28	22.41	74.69	204	204	305.11
2011	4080	111.28	77.90	33.38	111.28	353	353	262.70
2012	4800	163.81	114.67	49.14	163.81	389	389	350.92
2013	5400	209.72	125.83	83.89	209.72	431	431	405.49
2014	6000	120.62	84.43	36.19	120.62	460	460	218.51

表 5－22　高邮市农村重残人员保障实施情况

年份	低保年标准（元）	全年发放金额（万元）	下拨统筹低保资金（万元）			实施低保		人均月补差（元）
			市财政（万元）	乡镇统筹（万元）	合计（万元）	户数（户）	人数（人）	
2009	2040	73.24	51.27	21.97	73.24	363	363	168.14
2010	2520	191.21	133.85	57.36	191.21	766	766	208.02
2011	2640	308.81	216.17	92.64	308.81	1317	1317	195.40
2012	3120	775.17	542.62	232.55	775.17	2867	2867	225.31
2013	3720	1334.00	933.80	400.20	1334.00	4060	4060	273.81
2014	4320	791.52	554.06	237.46	791.52	4424	4424	149.10

表 5－23　重度残疾人护理补贴发放情况

年份	人数（人）	金额（万元）
2010	348	24.47
2011	404	28.2
2012	459	31.05
2013	1731	99.42
2014	1929	131.82

注：据《关于对生活不能自理残疾人发放护理补贴的通知》（邮残发〔2010〕16 号）。

表 5－24　重度残疾人重残补贴发放情况

年份	人数（人）	金额（万元）
2011	1185	43.524
2012	659	48.15
2013	348	24.516
2014	337	15.852

注：据《市政府办公室关于印发〈高邮市低保家庭中重度残疾人发放重残补贴金实施方案〉的通知》（邮政办发〔2011〕230 号）。

表 5－25　重度残疾人救助金发放情况

年份	类别	人数（人）	金额（万元）
2014	城镇	548	156.249
	农村	4951	1024.812

注：据《市政府关于印发〈高邮市重残人员生活救助实施方案（实行）〉的通知》（邮政办发〔2011〕54 号），从 2014 年 7 月 1 日起此项工作由市民政局转交市残联执行。

表 5－26　对一户多残、依老养残家庭发放生活救助情况

年份	户(人)数	金额(万元)
2014	141 户(239 人)	28.9944

注:据《关于对一户多残、依老养残实施生活救助的请示》(邮民发〔2011〕117 号),从 2014 年 7 月 1 日起此项工作由市民政局转交市残联执行。

表 5－27　0～6 岁残疾儿童参加抢救性康复训练人数

年份	人次
2008	77
2009	80
2010	68
2011	64
2012	136
2013	168
2014	190

3. 农村养老保障制度、被征地农民基本生活保障制度、新农合医疗制度实施情况

(1)农村社会养老保险

1992 年 8 月,市政府根据国务院《关于企业职工养老保险制度改革的决定》和民政部、省政府的部署,决定在全市开展农村社会养老保险工作,组建高邮市农村社会养老保险事业管理处,具体经办全市农村社会养老保险各项业务。市政府先后制定《高邮市农村社会养老保险暂行办法》《乡镇农村社会养老保险实施细则》,规定农村社会养老保险以个人缴费为主,集体补助为辅,国家予以政策扶持,属于储蓄积累式养老保险。投保年龄为 1～60 周岁,不分性别、职业均可参加。投保者可根据单位和个人的实际情况分别进行季缴、年缴或一次性趸缴。所有投保对象个人缴纳的保费和集体补助缴纳的保费,全部记在投保人的名下,属个人所有。投保人男年满 60 周岁、女年满 55 周岁后的第一个月起领取养老金,领取养老金的保证期为 10 年直至终生;享受待遇的标准主要取决于个人缴费的多少、缴费时间的长短和基金收益状况。1995 年,农村社会养老保险工作在全市 33 个乡镇全面展开,至 1997 年,全市农村社会养老保险工作发展较快。但由于其制度和政策不完善,养老金发放标准受制于银行利率的浮动,农民参保的积极性受挫,从 1998 年起,农村社会养老保险工作处于滑坡和停滞状态。2001～2005 年,由于城镇企业职工社会养老保险扩面到乡镇企业和乡镇的个体工商户,农村社会养老保险的业务规模有所缩减。2010 年,根据国务院、省和扬州市的统一部署,全市实行新型农村养老保险和城镇居民养老保险,至 2014 年,参保人数达到近 22 万人,基本覆盖全市城乡居民,领取城乡居民养老保险金的人数也达到15.07万人,征收养老保险费 6639.97 万元,支付养老保险金 17,853.49 万元。

表 5－28 1992～2005 年高邮市农村社会养老保险情况

年份	参保人数(人)		基金收入(万元)	基金支出(万元)	当期结余(万元)	累计结余(万元)	领取养老金人数(人)
	新增人数	累计人数					
1992	7501	7501	25	—	25	25	—
1993	8345	15,846	102	—	102	127	—
1994	9279	25,125	205	1	204	331	—
1995	13,095	38,220	1387	9	1378	1709	21
1996	12,537	50,757	1494	7	1487	3196	97
1997	11,580	62,337	1451	25	1426	4622	186
1998	7504	69,841	525	37	488	5110	287
1999	8085	77,926	485	49	436	5546	383
2000	7879	85,805	547	71	476	6022	534
2001	7105	92,910	481	161	320	6342	681
2002	6483	99,393	390	412	－22	6320	834
2003	3985	103,378	77	392	－315	6005	1089
2004	6069	109,447	145	249	－104	5901	1277
2005	4088	113,535	98	279	－181	5720	1498

表 5－29 2006～2014 年高邮市城乡居民社会养老保险基本情况

年份	参保人数(人)	参保缴费率(%)	征缴金额(万元)	支付人数(人)	支付金额(万元)	被征地农民	
						参保人数(人)	参保金额(万元)
2006	—	—	—	—	—	481	1302.51
2007	—	—	—	—	—	529	1591.05
2008	—	—	—	—	—	1391	3748.68
2009	—	—	—	—	—	1399	3746.92
2010	219,986	100	8168.76	111,203	5182.27	2909	7489.64
2011	248,817	100	5928.89	113,968	9474.68	2689	7381.11
2012	226,038	99.80	6502.00	130,322	12,707.75	2361	7567.48
2013	219,978	99.99	6470.05	139,011	14,884.61	3795	13,145.04
2014	219,972	100	6639.97	150,679	17,853.49	1273	5152.45

(2)被征地农民基本生活保障

20世纪80年代初期,全县征用农村集体所有制土地,由国家下达征用土地计划,征用单位除给被征用单位适当经济补偿外,还要安排被征地生产队(组)的农民进企业务工(名为土地征用工,80年代前期为固定工,80年代后期为劳动合同制工)作为征地补偿。90年代中期,全市多数企业改制、减员增效,安置农民进厂务工已不可能。如需征用农村集体所有制土地,则按土地价格,采取一次性全额经济补偿的办法,由被征地农民集体商量后分配,集体无任何积累,基本上是分光殆尽。

2005年7月,市政府印发《高邮市征地补偿安置和被征地农民基本生活保障实施细则》(市政府第5号令),规定从是年7月1日起,凡农村集体土地被征用为国有土地,农村集体经济组织中符合安置条件者,为基本生活保障对象。

被征地农民基本生活保障资金来源主要包括:80%的土地补偿费和全部安置补助费;政府在土地收益中按规定提取的费用;被征地农民基本生活保障资金的利息及其增值收入;已收取的撤组预收费及其他可用于被征地农民的基本生活保障资金。

保障资金发放对象分为四个年龄段,并实行不同的生活补助费和养老金发放标准:第一年龄段人员为16周岁以下,不纳入基本生活保障体系,一次性补助每人4000元生活费;第二年龄段人员为女性16周岁以上至45周岁,男性16周岁以上至50周岁,两年内每人每月领取生活补助费120元,到达养老年龄时按月领取养老金;第三年龄段人员为女性45周岁以上至55周岁,男性50周岁以上至60周岁,其间每人每月领取生活补助费100元,到达养老年龄时按月领取养老金;第四年龄段人员为女性55周岁以上,男性60周岁以上,从实行基本生活保障的当月起,每人每月领取养老金140元。上述生活补助费和养老金标准,将根据全市经济社会发展状况、物价指数变化和居民生活水平提高的实际,由市政府适时提出调整建议,报扬州市政府批准后执行。

2005年11月,市政府确定高邮市鸭业园区为试点单位。年底,该园区新城村参加基本生活保障共有20人,均由村集体经济组织推荐,名单公示,村民认定后办理相关待遇手续,人均基本生活保障水平113元。2006~2014年,市政府严格按照土地征用的有关规定,给失地农民以经济上的补偿和参加城乡居民养老保险,2014年,参保人数为1273人,参保金额为5152.45万元。

(3)新型农村合作医疗制度实施方面

第一阶段:以乡统筹、大病合作阶段(1987年至2002年)

制度构建。1987年,高邮市在原武宁乡和司徒乡进行“以乡统筹,大病合作”制度的首批试点。试点乡以家庭为单位,按每人每年1元的标准统筹“大病合作”经费。通过这种互助共济的方式,分散大病造成的风险,帮助解决农民因病致贫问题。由于这种医疗保健制度适应经济欠发达地区的实际,深受农民群众欢迎,从而在高邮市得到迅速推行,逐步完善。

资金筹集。在推行大病合作过程中,高邮市及时制定完善相关政策,积极探索筹资渠道,不断提高筹资标准,认真抓好资金使用管理,确保农民群众受益。

补助兑付。在加强管理监督,确保专款专用的前提下,每年各乡镇根据章程规定,按照“以收定支,量入为出”的原则,及时为参保农民报销结算医疗费用。

1987~2002年高邮市推行“大病合作”16年间,筹资标准从1元增加到2002年的8元,参保率持续稳定在90%以上,全市共有11.8万人次补偿受益,共报销补助医药费用2450余万元。

第二阶段:市级农村大病救助基金阶段(2002年)

2002年,针对大病合作筹资水平较低、抗风险能力偏弱的不足,市政府研究决定,在按照人均筹资8元,继续推行乡镇大病合作制度基础上,设立“市级农村大额医药费用救助基金”,并出台了《高邮市农村大额医药费用救助基金管理办法》,对患重病大病农民(参保者所在的乡镇大病合作参保率须达到农业人口的70%以上,或占农村常住人口的85%以上,乡镇大病合作筹资标准年人均收入不低于8元,年底及时报销兑现;患病农民年医疗费用达到10,000元以上),在乡镇报销的同时,实施市级救助。救助基金设立后,高邮市一方面克服困难,在财政十分窘迫的情况下,拿出25万元,另一方面积极争取省、扬州市财政的支持,年底共落实专项基金60万元,为顺利实施市级大病救助制度提供了资金保障。

2002年年底,高邮市对救助对象医疗费用进行收集统计和审核,全市有200名农民符合救助条件,其中10人可分别获得救助1万元。

2003年年初,市政府举行了基金救助发放现场会,对市级大病基金工作进行了总结,10名患病农民代表到会议现场领取了每人1万元的补助金。其余190名补助对象在随后的5天内全部兑付到位。

实践证明,这种做法不但弥补了高邮市原有大病合作制度抗风险能力不强的弱点,很大程度上缓解了农民大额医药费用负担,也进一步激发了乡镇实施大病合作和农民参与大病合作的热情,创新和发展了高邮市农村合作医疗制度。

第三阶段:新型农村合作医疗阶段(2003年以来)

2003年,高邮市认真贯彻落实中共中央、国务院《关于进一步加强农村卫生工作的决定》,积极筹建新型农村合作医疗试点,组织人员深入开展基线调查,为制定科学的试点方案打好基础。当年9月,被确定为全省试点。高邮市坚持“政府组织引导、农民自愿参加;多方筹措资金,保证收支平衡;实行全市统筹,突出大病重病;补助兑付及时,社会公开监督”的原则组织和实施。主要做法有以下几个方面:

第一,完善组织管理体系。试点伊始,高邮市政府就成立了市新型农村合作医疗管理委员会,负责新型农村合作医疗的组织、协调、管理和指导,并经市编委批复,成立了市新型农村合作医疗管理办公室,办公地点设在市卫生局,核定了6名工作人员编制,在卫生系统内部调剂解决。办公室下设审核科、财务科、信息科、结算科等4个科室,具体负责合作医疗业务管理和日常工作。各乡镇也相应成立了新型农村合作医疗管理组织和经办机构,工作人员在卫生院内部调剂。2004年,高邮市配合省卫生厅研发了全省首套新农合管理软件,并先后投入近500余万元建设卫生系统信息管理中心机房。2008年开始,全面实现新农合专网专线到乡、到村,市、乡合管办统一使用县级新农合管理软件,市、乡、村三级定点医疗机构与新农合管理中心实现数据实时连接,参合人员就诊补偿全面实行“即看即报制”。

第二,完善医疗服务体系。抓好定点服务机构管理,实行新型农村合作医疗定点服务机构准入和年度考核制度。市合管办拟定评审标准,及时开展评审验收和确认,经评审合格的医疗机构,与市合管办签订协议,发给定点服务机构铜牌,并向社会公布。参保对象可在全市定点服务机构自由就诊,促进医疗机构之间的公平竞争。健全定点服务机构各项管理制度,统一用药目录、专用处方和票据,规范医疗行为,统一实施农村药品代购制度,保证药品质量,降低服务成本,提高服务效率。2010 年,结合市、乡、村各定点服务机构前三年新农合门诊基金使用情况、门诊服务利用率、公共卫生服务考核情况等 7 个因素,按每人每年 30 元标准提取,设立门诊统筹基金。实行市、乡(村)两级分别统筹包干,按月考核拨付。2014 年,完善住院结算方式改革,实行基金使用“月度预警”制度。根据上年度各单位住院次均费用、住院率、人头人次比、药占比等核心指标运行情况,针对不同单位发展规模,分别下达指标控制标准,签订新农合工作目标考核管理协议。指标控制情况与新农合基金拨付挂钩,按月考核。低于控制指标的,按实际发生支付新农合垫付资金;超出控制指标所发生的新农合补偿,当月从垫付资金中予以暂扣,年底根据全年指标控制情况进行总决算。通过“一费一率一比”的考核管理模式,促使医疗机构主动控费,遏制了医疗费用的不合理增长。

2015 年,推行新农合住院按病情分级、病种付费改革,在全市一级定点医疗机构开展 10 个病种的试点,实行定额付费模式。以参合患者出院第一诊断为依据,实际发生住院费用低于或高于付费标准时,新农合基金和参合患者按规定的病种付费标准进行结算,费用超出部分由医疗机构承担,结余部分归医疗机构所有。

第三,完善资金筹集体系。每年年初,市农工办、物价局、财政局联合下发《关于涉农收费的通知》,明确筹资标准及时间要求,实行“乡镇政府统一组织,村组干部上门收缴,乡村医生配合协助”的筹资办法。市卫生部门充分利用村卫生室(站)的宣传阵地,发挥乡村医生的引导作用,使广大参合人员切身感受到新农合制度所带来的好处,广大农村居民参合缴费也由过去“要我参合”的被动局面转变为“我要参合”的主动局面。2009 年,高邮市选择在马棚和司徒镇开展“定时间、定地点、定标准”的“三定筹资”试点改革,由过去的村组干部“上门收缴”改为现行的规定时间、规定地点“主动送缴”的新筹资模式。参合率从试点初期的 86.5% 到目前的基本实现全覆盖。2011 年与农业银行签订合作协议,借助区域卫生信息平台建设,探索推行集“参合缴费、就诊刷卡、结算补偿、健康信息查询、金融服务”五大功能为一体的健康卡。2012 年,被确定为全国第二批居民健康卡试点县市地区,协助农业银行建立村级卫生服务站惠农服务点 188 个,统一安装“惠农通”转账电话,设立了助农取款服务点,并逐一上门开展业务辅导,现场指导使用“惠农通”工程机具。2013 年,2.3 万张完全符合国家标准规范的居民健康卡印制成功,并迅速在试点乡镇发放和使用。各乡镇负责在规定时间内将农民个人参合资金统一缴至市财政专户。同时,市财政部门将新农合县级配套资金纳入预算管理,及时予以安排,从根本上保证了新农合资金及时足额到位。在参合资金足额到账的基础上,及时申请中央、省、市级财政补助资金,确保各项资金足额、及时到位,补助兑付工作顺利实施。

第四,完善制度运行体系。制定相关文件,构建制度框架。在充分调研论证、反复征求意见的基础上,先后制定出台了《关于建立新型农村合作医疗制度的实施意见》《高邮市新型农村合作医疗管理办法》《高邮市新型农村合作医疗基金补偿兑付实施细则》和《关于进一步完善新型农村合作医疗结报工作的意见》等一系列政策文件,从制度建设、基金管理、方案设计、政策宣传以及定点服务机构监管等方面都作了明确具体的规定。一是确定筹资标准,农民以户为单位参加,缴纳个人参合资金,高邮、扬州市和省级财政予以配套。二是实行以市统筹,集中管理,设立市新型农村合作医疗基金财政专户,所筹基金全部纳入专户,实行收支两条线管理。三是合理分配基金,基金总额划分为医疗补助资金、风险储备基金。四是以大病补助为主,参保农民住院医疗费用累计超过起付线部分即可参与补助,以缓解农民大额医疗费用负担问题。坚持"总量控制、保障适度、收支平衡"的原则,规定每人每年补助限额。五是实行分段补助,超出起报点以上医疗费用越大,补助比例越高。六是结合高邮市实际,明确优惠措施。

为强化新农合的风险保护机制,有效缓解重特大疾病患者的医药费用负担,2011 年,市合管委印发《高邮市 2012 年度新型农村合作医疗重特大疾病保障基金补助办法》,率先建立重特大疾病保障机制。按人均 10 元标准筹集落实 620 万元,对儿童先天性心脏病、白血病等 11 种重特大疾病,在新农合和医疗救助的基础上,再次予以补助,使其累加后的实际补偿比最低达 70%,最高达 90%。2012 年,考虑基金承受能力,选择部分治疗技术成熟、愈后较好的急性心肌梗塞、脑梗死、血友病、甲亢、唇腭裂 5 种重特大疾病,共计 16 种纳入重特大疾病保障范围,进一步增强新农合重大疾病保障水平。2012 年 4 月 17 日,央视《焦点访谈》栏目以"新医改,新保障"为题对高邮市新农合大病保障制度进行了专题访谈;11 月 21 日,央视新闻频道《新闻直播间》栏目以"朱海峰:大病保障点燃生活希望"为题,再次深入报道了高邮市重特大疾病保障基金的成效。

2013 年,根据扬州市政府统一部署,自当年 7 月 1 日起,按参合人口人均 7.5 元的标准统一为参合群众购买大病保险,经扬州市政府统一招标确定人保财险公司承办高邮市 2013 年度大病保险工作。对新农合基础补偿后个人负担的合规医疗费用给予再保障,大病保险起付线为 1.2 万元,补偿比例不低于 50%。2014 年,大病保险保费标准为 20 元/人/年,起付线为 1.5 万元,最高理赔额为 20 万元。

探索建立意外伤害医疗保险合作机制。2013 年,根据卫生部、财政部、保监会、国务院医改办联合下发的《关于商业保险机构参与新型农村合作医疗经办服务的指导意见》精神,通过向商业保险机构购买意外伤害保险的方式,招标确定中国人民财产保险股份有限公司高邮支公司(人保财险公司)承办 2013 年度新农合意外伤害医疗保险调查核实以及理赔服务。按照每参合人口 14 元的标准,统一向人保财险投保意外伤害保险。同时还专门制定了《高邮市新农合意外伤害患者住院医药费用补偿办法(试行)》,明确规定:无第三方责任的住院医药费用,可报范围内费用参照正常疾病住院补偿标准,市外、县级、乡级分别按 20%、30%、40% 的标准进行补偿,有效保障了意外伤害患者的利益不受侵害。

第五,完善基金兑付体系。近年来,结合筹资水平的变化和广大农村居民对医疗保障水平逐步提升的迫切需求,按照上级文件精神,高邮市不断调整完善补偿方案,补偿政策从试点初期的"不分门诊和住院,按费用总额补偿"的办法,即 2003 年的 800 元起付线、2 万元封顶线,到 2005 年的 700 元起付线、3 万元封顶线,2006 ~ 2007 年的 400 元起付、4 万元封顶线,2008 年的"以住院为主,兼顾门诊"逐步完善发展到现行的"实行门诊统筹与住院统筹相结合"的补偿新模式。一是合理制定门诊补偿方案。门诊费用不设起付线,乡、村门诊补偿比例分别为 35%、40%,日补偿限额分别为 25 元、20 元,年补偿限额分别为 200 元。二是实行门诊慢病差别化补偿政策。对高血压Ⅲ期、慢性肝炎、肝硬化失代偿期等 10 类特殊病种,在市内定点医疗机构就诊所发生的门诊费用,设立 500 元起付线,政策范围内补偿比例为 40%,年限额放宽至 5000 元,对系统性红斑狼疮、再生障碍性贫血、尿毒症、重性精神病和癌症术后放化疗的患者,门诊费用按同级医院住院补偿政策进行结算。三是提高住院补偿比例。在可报范围内,一级定点医疗机构住院补偿比例提高至85%,二级定点医疗机构补偿比例为65%~75%,市外公立医疗机构补偿比例调整为1万元以内补偿40%,1万~3万元的部分补偿50%,3万元以上部分补偿比例为60%。四是提高补偿封顶线。补偿封顶线由最初的人均2万元提高至18万元。进一步增强保障能力,让患大病、重病的参合人员能够得到更大程度受益。

据统计,自2003年以来,高邮市已办理基金补偿1200多万人次,累计支付补偿金10.9亿元,基金年均使用率达90%以上,住院平均实际补偿比由2003年的20.21%上升至目前55.13%,切实缓解农民"因病致贫、因病返贫"的问题。

第六,完善监督约束体系。建立约束机制,实行全方位监督。成立由市监察、审计等部门和部分人大代表、政协委员,以及参保对象代表组成的市新型农村合作医疗监督委员会,实施专门监督管理;完善制度监督,建立集体审批、定期报告、年度审计等制度,规范基金管理和使用;建立健全内部管理制度。内部管理制度主要体现为以下六个方面:一是严格执行市外转诊制度。未办理转诊登记手续的,其补偿标准降低10个百分点。二是严格执行回访调查制度。三是严格执行逐级审核制度,市外就诊和因疑似工伤、车祸等费用,须经村级初审、镇级复审、市级审批等程序进行确认。四是严格执行补偿公示制度。要求各乡镇于每月月初将参合人员上个月份的费用补偿信息在所在乡镇卫生院、村卫生站进行张榜公示,接受群众和社会监督。五是严格执行督查通报制度。每半年对超范围用药和诊疗的费用比例以及次均费用、实际补偿比等核心指标进行全市排名并通报,费用比例超出规定10%的由定点服务机构和经治医生共同承担。六是严格执行责任追究制度。一旦发生违法违规行为,将依据《江苏省新型农村合作医疗条例》追究有关人员责任。此外,市合管办还向各定点服务机构收取了"双控保证金",签订了协议书,年终进行考核拨付。建立社会稽查制度,拓宽外部监管渠道。2011年,在各乡镇聘请人大代表、政协委员、相关部门负责人、村组干部和参合农民代表作为新农合监督员,组建108名监督员构成的新农合稽查队伍,发放聘用证书和稽查证件,持证对全市所有新农合定点医疗机构、市(乡)新农合经办机构及与相关职能部门或单位进行监管,重点对基金筹集、管理和使用等方面进行外部监督,2012年制定下发《高邮市新型农村合作医疗稽查员管理办法》,明确权利和义务,主动接受群众和社会监督,不断改进和完善高邮市新型农村合作医疗工作。

4. 城镇廉租住房、经济适用住房保障制度实施情况

近年来,高邮市委、市政府高度重视住房保障体系建设工作,坚持以人为本理念,把完善住房保障体系,让城市中低收入住房困难家庭买得到、买得起经济适用住房,租得到廉租房、公租房作为惠民、便民举措,不断加快住房保障体系建设,初步建立了以廉租住房、公共租赁住房、经济适用住房为主的住房保障制度和供应体系。基本情况如下:

(1)住房保障制度建立情况

2008年8月市政府印发了《高邮市解决市区低收入家庭住房困难实施意见》(邮政发〔2008〕112号),2011年4月市政府印发了《市政府关于大力发展公共租赁住房的实施意见》(邮政发〔2011〕48号),两份意见就如何加快解决市区中低收入家庭住房困难,建立廉租住房、经济适用住房和公共租赁住房制度提出了指导性意见。

①建立廉租住房保障制度

2008年12月根据《高邮市解决市区低收入家庭住房困难实施意见》，市政府办公室印发了《高邮市廉租住房保障实施细则》（邮政办发〔2008〕163号），该细则对廉租住房保障的保障对象、保障标准、保障方式等各方面作出了详细的规定，该细则的出台标志着高邮市廉租住房保障制度正式建立。

②建立经济适用住房保障制度

2008年12月根据《高邮市解决市区低收入家庭住房困难实施意见》，市政府办公室印发了《高邮市经济适用住房管理实施细则》（邮政办发〔2008〕163号），该细则对经济适用住房保障的建设管理、价格管理、保障标准、准入和退出管理等各方面作出了详细的规定，该细则的出台标志着高邮市经济适用住房保障制度正式建立。

③建立公共租赁住房保障制度

根据《市政府关于大力发展公共租赁住房的实施意见》，2011年11月市住房保障和房产管理局印发了《高邮市市区中等偏下收入困难家庭公共租赁住房保障实施细则》（邮住房〔2011〕62号），2013年3月市住房保障和房产管理局印发了《高邮市新就业人员和外来务工人员公共租赁住房保障实施细则》（邮住房〔2013〕12号），两份细则的出台标志着高邮市公共租赁住房保障制度正式建立。

④建立共有产权经济适用住房制度

为建立住房保障和市场经济相结合的新机制，科学合理地解决经济适用住房上市交易增值收益分配的问题，实现政府投入保值增值的良性循环。2013年根据省住建厅、财政厅、民政厅的统一部署，高邮市开展了共有产权式经济适用住房制度创新试点工作。

高邮市共有产权经济适用住房的基本思路是将经济适用住房政府的暗补转为政府的投资，将划分到每套住房的土地出让金和经济适用住房减免的税费，作为政府的投资，按比例作为政府与购房人共有一套住房的产权份额。

2013年10月8日在经过征求各方意见后，《高邮市共有产权经济适用住房管理试行办法》正式出台。试行办法中对共有产权经济适用住房的概念及其建设、申购条件、保障程序、保障面积、个人和政府的出资额、政府出资方式、产权比例、权属登记、上市交易等方面都作出了明确的规定，至此共有产权经济适用住房保障制度在高邮市正式确立，高邮市惠民花园小区也成为共有产权经济适用住房试点小区。下一步，我们将继续围绕共有产权经济适用住房制度创新，切实做好项目实施阶段的工作，使各项制度、政策落实执行到位。

⑤建立保障房分配管理制度

2013年市委、市政府出台了《“三直接”若干环节操作规范》，其中的保障房安置分配环节对高邮市保障房从申请到分配的整个流程进行了规范。

三级审核情况。高邮市的保障房申请采取三级审核制度。第一级为社区初审：保障房申请人填写好住房保障申请表，并按照要求准备申请材料后向居住地所在社区提交申请，社区工作人员对申请人资格及申请材料进行初审。第二级为各相关部门对申请人家庭经济状况信息比对：市房管、民政、人社、公安、工商、公积金等部门按照各自分工对受理的申请人及家庭成员的住房、收入、社保缴纳、车辆登记、工商登记、住房公积金交纳等情况进行信息比对和调查核实，并由我局住房保障科汇总复核。第三级为市房管局终审：市房管局对经公示无异议或异议不成立的申请人作出批准决定。

两级公示情况。高邮市的保障房申请采取两级公示制度。第一级为社区公示:申请人居住地社区将初审符合条件的申请家庭基本情况在辖区内进行公示,公示期限为7日。第二级为市房管局公示:经过调查核实符合条件的申请家庭,由市房产管理局予以集中在中国·高邮网站、高邮日报以及房管局政务网上再次进行公示。申请经济适用房的公示期为7日,申请廉租房、公租房的公示期为10日。

摇号定序、抽签选房情况。根据《"三直接"若干环节操作规范》的规定,市房管局研究制定出台了保障房摇号定序、抽签选房分配实施细则,从而使高邮市的保障房分配工作更具规范性和可操作性。从《"三直接"若干环节操作规范》出台到目前为止,市房管局共举行了经济适用住房、廉租房和公租房"摇号定序、抽签选房"仪式5次,对获得保障资格的289户城市中低收入住房困难家庭进行了集中分配。整个"摇号定序、抽签选房"过程,市纪委、监察局、市党代表、市人大代表、市政协委员、社区代表、行风监督员以及高邮日报、电视台等媒体进行了全程监督,确保了全过程的公开、公平、公正。

⑥建立住房保障申请家庭经济状况审核联动机制

2013年我局和民政局一起建立了住房保障申请家庭经济状况审核联动机制和审核平台系统,主要是为了利用信息化手段审核住房保障申请对象的家庭人均月收入、财产性收入和资产状况,从而确保保障房能够公平、公正地起到保障作用,为此我们制定了《高邮市居民家庭经济状况核对工作实施细则》(邮政办发〔2013〕167号)。通过文件形式,细化所涉及各部门的部门责任,做到合理分工,各司其职。民政部门负责收入认定和经济状况汇总工作;经信委负责经济状况收入核对平台建设;住房保障部门负责房产登记、房产交易等情况;交通部门负责提供客运、货运服务信息;人社部门负责申请家庭社保缴纳等情况;公安部门负责提供申请家庭机动车辆拥有情况;住房公积金中心负责提供家庭成员住房公积金缴纳、使用情况;工商部门负责提供家庭成员从事经营活动情况;税务部门负责提供家庭成员纳税情况。通过申请、审核、流转、比对、核实等一整套特定流程和有关政策,实现对申请家庭收入状况的核对。

(2)住房保障制度完善情况

①廉租房、公租房、经济适用住房保障标准动态调整

根据住房保障工作动态调整的要求,每年高邮市都会根据经济社会发展和城镇居民人均可支配收入增长情况,对各类保障房的保障对象进行扩面,对准入条件进行动态调整。廉租住房保障对象已从城市低保无房家庭扩大到现在的城市低收入住房困难家庭,经济适用住房保障对象已从城市低收入住房困难家庭扩大到现在的城市中等偏下收入住房困难家庭,公租房的保障对象也不断扩大,目前已覆盖到城市中等偏下收入无房家庭、新就业人员和外来务工人员。随着住房保障覆盖面不断扩大的同时,我们还逐年提高了住房保障家庭收入标准、住房困难标准和保障标准。廉租房家庭人均月收入标准从300元提高至800元,经济适用住房家庭人均月收入标准从700元提高至1600元,公租房家庭人均月收入标准从900元提高至1500元,住房困难标准和保障标准从人均15平方米提高至人均17平方米。

②廉租住房、公共租赁住房并轨运行

为科学整合和统筹使用住房保障资源,改进和规范租赁型保障性住房的建设和管理,进

一步完善住房保障制度，加快健全科学合理、规范有序的准入退出机制，根据本市实际，制定出台了《高邮市公共租赁住房保障实施细则》（邮住房〔2014〕30号）。该细则为原公租房和廉租房并轨后的新细则，所称公共租赁住房是原公租房和廉租住房并轨后的统称，是指限定建设标准和租金水平，用于保障城市中等偏下收入住房困难家庭、新就业人员、外来务工人员和引进的专业技术人才四类对象的保障性住房。细则对保障范围及保障对象、保障方式、房源筹集、准入条件、申请和审核程序、公租房实物配租及租金管理、公租房租赁补贴、公租房使用管理和退出机制、租售并举、法律责任等作出了具体规定。从2014年9月1日起高邮市的公租房和廉租房已全部并轨运行，统一房源筹集，统一租金水平，统一分配管理，并按“租补分离”方式实施租金管理，分档分级补贴。

并轨运行后的公租房、廉租房主要具有以下几方面特点：一是统一房源筹集。公租房、廉租房房源全部统一筹集，筹集方式包括：新建、改建、收购、租赁等。二是统一租金水平。公租房、廉租房的租金全部按照市场租金收取和补贴发放相分离的方式实施租金管理。三是实行分档分级补贴。保障家庭按市场租金价格交纳租金后，我局根据保障家庭的收入情况及困难程度，按照城市低保、低收入、中等偏下收入家庭（含新就业人员和引进的人才）三个档次，按月分别给予租金补贴。四是统一分配管理。公租房、廉租房的申请将实行统一受理和联动审核，并按规定进行“三审两公示”，房源的分配全部按照“摇号定序，抽签选房”的方式进行。

（3）住房保障制度实施情况

自2008年初步建立住房保障制度以来，高邮市通过廉租住房累计保障668户城市低收入住房困难家庭；通过公共租赁住房累计保障2877户城市中等偏下收入住房困难家庭、新就业人员和外来务工人员；通过经济适用住房累计保障4160户城市中等偏下收入住房困难家庭。

5. 农民工社会保障情况

20世纪80年代，高邮的农民工主要在建筑业和部分企业中，工资按月发放。90年代以后，随着外出打工的农民增多，加上政府推动农村劳动力转移，外出务工的农民工越来越多，但此时他们的社会保险仍未得到足够的重视，有的随所在单位参加社会保险，有的自己参保，大多数人认为参加社会保险没有用，与其把钱缴保险，不如带现钱回家存银行，参加社会保险的意识不强。到21世纪以后，经市政府发文强调农民工要参加社会保险，加上市社保部门多次到农民工聚集地和企业进行宣传，农民工的参保意识有所加强，特别是省政府在社会保险政策上放宽，2010年以后，所有在外务工的农民工，或是参加城镇企业职工基本养老保险，或是参加城乡居民社会养老保险，有些农民工还随企业参加了医疗保险、工伤保险、生育保险和失业保险。未参加医疗保险的，则参加所在乡镇的新型农村合作医疗。

（二）就业服务和劳动管理

1. 城乡就业困难人员就业援助管理情况

20世纪70年代末80年代初，全县曾出现过第一次城镇青年待业高峰，县委、县政府广开就业门路，截至1988年年底，全县共安置城镇待业青年1.29万人，较好地解决“文化大革命”后大批回城知识青年和历年积压的其他待业人员的就业问题，使城镇登记待业率从1979年的5.7%下降到1.3%。1989年，由于“文化大革命”期间出生的人员都已陆续进入就业年龄，各类"农转非"（农业户口转为非农业户口）人员猛增，国家在经济领域治理整顿，县属企业劳动力需求减少，致使待业率又回升到3.9%。1990年年初，全县待业青年人数高达5016人，出现"文化大革命"以来的第二次城镇青年待业高峰，就业形势较为严峻。县委、县政府决定，清退计划外用工，以政府文件形式给各单位下达就业安置任务，提出"谁家的孩子谁抱走"的包干安置办法，凡待业青年有直、旁系亲属在企业的，该企业就要负责其就业安置。由于多种措施并举，多层次、多渠道地广开就业门路，1989～1990年共安置待业青年4804人。

1991～1996年，全市城镇待业青年每年都在4000人左右，加上企业内部富余人员增多，就业安置的压力非常大。市政府把城镇待业青年就业安置作为政府工作的重要内容来抓，市长、分管副市长和市劳动部门的负责人每年都到企业做工作，动员企业吸纳更多的城镇待业青年；与外县市联系，扩大劳务输出；针对"有事无人干、有人无事干"的结构性待业状况，进行调整，促进就业。1995年，市政府采取"八个一批"的安置办法：清退农民工腾出岗位安置一批，已在企业临时待业一年以上的就地转一批，有接收能力或新上项目企业面向社会招工一批，鼓励待业青年到乡镇企业就业一批，劳动就业服务企业容纳一批，鼓励青年自谋职业、到个体私营企业就业一批，设在高邮市的省和扬州市属企业接收安置一批，社会特困户子女指令性安置一批。通过多方努力，1991～1996年，全市共安置城镇待业青年和其他人员就业1.29万人，平均每年新增就业2150人，年末失业率控制在3%以内。1997年以后，由于企业用工已全部实行市场化运作，城镇待业青年（此后改称失业青年或失业人员）改为政府政策引导，全部进入劳动力市场，由失业青年和用人单位双向选择、自主择业。1997～2005年，全市年均约有1100名城镇失业青年通过劳动力市场自主择业，累计就业1.01万人。2007年以后，政府对特殊困难的就业人群采取就业援助的办法，通过政府购岗安置就业、提供小额担保贷款扶持创业、向有关企业推荐就业等渠道，解决特殊困难人群的就业问题。

（1）下岗职工再就业

1995年，全市亏损企业、停产半停产企业出现下岗职工，市劳动部门举办12期转岗培训班，为下岗（失业）职工重新就业创造条件；对破产或濒临破产企业，发放5600人次特困企业职工救济金64万元、229人次的退休金14.01万元；同时分流安置下岗（失业）职工重新就业750人；利用失业保险基金中的生产自救费，以贴息贷款的形式，使3个市属亏损企业的生产经营正常运行。

1996～1997年，全市下岗职工达5063人，市政府成立由4位副市长参加的再就业工作领导小组，通过拓宽就业渠道，促进第三产业发展，鼓励下岗（失业）人员自谋职业等多种措施，全市共分流安置下岗（失业）职工2566人，再就业率48.3%。

1998年，全市企业改制进一步深入，下岗职工增至7524人，占全市在岗职工总数的15%。面对新的就业再就业形势，市政府先后4次召开下岗职工基本生活保障和再就业工作会议，确保生活保障与再就业齐头并进；宣传韩文秀、朱棠荣、王正梅等再就业典型，破除一岗定终身的"铁饭碗"观念，提出"下岗失业不失志，不找市长找市场"，自谋职业，实现自身价值；加大劳动力市场运转力度，下岗职工重新获得就业259人；建立市再就业中心，78家企业成立再就业服务站，行使托管、保障、转岗、再就业职责，全市签订托管协议的下岗职工

2686人,领取“就业登记证”和每月126元的生活费;市劳动局在扬州市率先规范下岗行为,提出“不建立再就业服务站不准下岗,职工不签下岗协议不发给‘就业登记证’(下岗证),无下岗证不发给基本生活费”;积极发展社区服务业,城区接送学生的大篷车、服务旅客的三轮车、以及新办的小商店、小工厂如雨后春笋,下岗职工走上自谋职业之路1427人。高邮布厂利用部分厂房创办北海农贸市场;地处闹市的高邮镇华威新型装饰材料厂,采取“退二进三”(退出第二产业,兴办第三产业)的办法,兴办服务业;粮食系统对下岗职工立足于内部分流,多头多路安排1500人再就业。同时,市级机关各部门结对帮扶困难户,形成全社会关注下岗职工再就业的强烈氛围。是年,全市实现再就业3777人。其中系统内分流安置2009人,劳动力市场调剂258人,领取营业执照800人,到私营企业就业710人,再就业率达50.2%。全市再就业工作被扬州市政府表彰为1998年度下岗职工基本生活保障和再就业工作先进集体。

1999~2001年,全市新增下岗职工8000余人,市委、市政府对全市43个再就业服务中心(站)进行检查验收,加强对下岗职工的服务、保障、安置工作,同时为下岗职工代缴养老保险、失业保险。通过分流安置、组织生产自救、鼓励自谋职业、到私营企业就业、劳务输出、劳动力市场双向选择等渠道,共安置下岗(失业)职工实现再就业4853人。

2001年6月,高邮市在扬州市率先实现下岗人员生活保障与失业保险待遇的并轨。全市新下岗职工不再进入再就业服务中心,与原企业依法解除劳动关系,享受失业保险待遇;原在再就业服务中心的下岗职工,协议期满仍未就业的,也与原企业解除劳动关系,享受失业保险待遇。

2002年,全市失业人数剧增,由2001年年底的4400多人上升到1.22万人。市政府通过企业内部岗位挖潜、动员改制为私营和有一定规模的企业吸纳安置下岗失业人员,多渠道开发就业岗位5531个。通过举办74次下岗、失业人员再就业交流洽谈会,共安置下岗、失业人员1805人。

2003年,市委、市政府根据中央、省、扬州市有关再就业会议精神,印发《关于进一步做好下岗失业人员再就业工作的意见》;先后转发市劳动和社会保障局与相关部门《关于政府购买就业岗位的实施意见》等9个系列文件,通过招商引资、企业内部岗位挖潜、鼓励下岗失业职工自谋职业、开发公益性岗位等措施,新增就业岗位1.35万个,城镇净增就业人员2525人,下岗失业人员再就业1508人;政府购买就业岗位300个,重点帮助“4050”(女40周岁以上,男50周岁以上)、“双失双下”(夫妻双方同时失业、下岗)等困难群体再就业;全年发放“再就业优惠证”6151份;为自谋职业、自主择业的下岗失业人员1097人减免证照规费107.92万元、减免税收31.8万元;为符合发放小额担保贷款条件的11人,发放小额贷款9.5万元;对符合养老保险补贴的失业职工493人,发放补贴30.76万元。同时,在《高邮日报》开辟《强者之路》专栏,宣传10位再就业创业典型。

2004~2005年,全市通过招商引资,发展民营经济等多种渠道开发就业岗位,累计采集就业岗位2.19万个,举办大型和专项劳动力洽谈会16次,引导下岗失业职工转变就业观念,推荐下岗失业职工实现再就业4200人,其中“4050”人员再就业546人。此外,还给尚未再就业的下岗失业职工发放“再就业优惠证”7111份。

从2005年6月起,为支持下岗失业人员走自主创业之路,市金融机构调整下岗失业人员小额担保贷款政策。对下岗失业人员申请小额贷款从事家庭手工业、修理修配、图书借阅、小卖部、小饭店、搬家、养老服务等微利项目的，由市财政给予全额贴息；对下岗失业人员合伙经营和组织起来就业的，每人贷款限额 2 万～5 万元；对劳动密集型小企业，每招用一名下岗失业人员可限额贷款 2 万元，贷款期限不超过两年，支持这些企业发展。全年有下岗失业人员 22 人获得小额担保贷款 66 万元。

（2）再就业培训

1995 年，全市亏损企业、停产半停产企业出现待岗富余人员，市劳动部门给缴纳失业保险费 6 个月以上的失业职工 750 人，举办 12 期转岗技能培训班，为其重新就业创造条件。1996～1997 年，全市企业下岗失业职工逐年增多，市劳动部门先后开设机械、经营、服装、服务等专业的 19 个转岗训练班，对下岗失业人员 722 人进行就业指导。1998～2005 年，全市企业职工下岗失业处于高峰期，市劳动部门和企业主管部门积极组织下岗失业人员进行计算机、缝纫、电子装配、保健按摩、家政服务、保洁保安等技能培训，平均每年培训 3450 人次，累计培训 2.76 万人次。2006～2014 年就业再就业培训共计培训人员 30,542 人。从 2000 年起，每年都举办创业者培训班，鼓励失业人员自主创业，至 2005 年，全市累计培训 1257 人。2006 年开始后逐年加大对创业者的培训力度，特别是从 2011 年开始，基本上每月都举办一期下岗失业人员创业培训班，2014 年共培训 8284 人。

（3）农村劳动力技能培训

1995 年，市政府根据江苏省和扬州市的统一要求，开始对农村劳动力进行劳动技能和自身素质方面的培训。是年，市劳动部门培训农村劳动力 423 人。1996～1998 年，对农村剩余劳动力就业培训人数逐年增多，三年共培训 3174 人。

1999 年，市劳动局下发《关于对农村剩余劳动力实施就业培训的意见》，确定东墩乡、司徒乡等乡镇为农村剩余劳动力开发就业培训试点乡镇，要求每个乡镇培训 60 人，培训内容为职业指导、职业技能、创业能力等，并制订有关专业工种的培训大纲和培训计划。同时，发挥劳动部门培训和教育部门办学的力量，与当地乡镇农技站等单位合作，采取集中面授、刊授、自学和利用广播电视远程授课等多种形式开展培训。培训期满，组织学员进行职业技能和专业知识考试、考核，合格者颁发省劳动厅统一制发的就业培训结业证书，通过职业技能鉴定合格的，发给相应的职业资格证书。10 月，菱塘回族乡、沙堰镇、界首镇、武安乡被省劳动厅确定为全省“百镇（乡）百万”农村劳动力开发就业培训试点乡镇。是年，全市共培训农村劳动力 2254 人。

2000 年，全市按照全省“百镇（乡）百万”农村劳动力开发就业培训试点的要求，全面开展农村劳动力开发就业培训工作。2001 年，市政府明确高邮镇、界首镇、司徒镇、汉留镇、菱塘回族乡为农村劳动力开发就业试点乡镇。市劳动局和市教育委员会联合对全市农村剩余劳动力 5.42 万人（其中女性 3.23 万人）进行调查，摸清他们的文化素质、技能状况和就业需求等情况，并建立台账。市劳动局、市多管局、市农林局、市水产局、市教育委员会五部门协调配合，采取多种形式举办各类技能培训。2000～2002 年，全市共培训农村剩余劳动力2.59 万人，并逐渐形成“服装、缝纫”“箱包、鞋业”“灯具、焊接”“建筑、装潢”四大专业品牌培训。2002 年 3 月，市劳动和社会保障局就业训练中心获省劳动和社会保障厅授予的“全省首期‘百镇（乡）百万’农村劳动力开发就业培训工作先进单位”称号。

2003～2005年，市政府农村工作办公室、市劳动和社会保障局围绕全省第二期“百镇百万”农村劳动力开发就业培训计划的要求，组织全市26个农村劳动力开发就业培训基地和各乡镇成人中心校，根据各乡镇经济发展和劳务输出特点开展专业培训，先后举办服装缝纫、电子操作、建筑装潢、餐旅服务、瓦工、木工、制鞋、水产养殖、农业新科技、电焊、家政服务等专业培训班，并根据当地农村劳动力资源状况和产业结构调整、劳动力市场需求，采取自主培训和与企业联合培训的形式，组织开展有针对性的培训，仅服装专业就开班257个，培训人数达1.80万人。2005年，培训科目已由种植、养殖、加工向数控机床、钳焊接等技术培训转变。对培训单位实施“以奖代补”的措施，凡受训者学会一项技能、取得一本证书、签订一份劳动合同的，奖励培训单位50元。受训者培训结束经考核合格的，由市劳动和社会保障局颁发就业培训结业证书，并推荐到苏南和相关单位就业。2003～2005年，全市共培训农村劳动力4.7万人次。从2011年开始，实行农村劳动力获证奖补政策，以《职业资格证书》或《专项职业能力证书》作为主要依据，鼓励农民自主参加免费职业技能培训和技能鉴定。取得《专项职业能力证书》的，奖补标准为300元/人；取得初级《职业资格证书》的，奖补标准为600元/人；取得中级《职业资格证书》的，奖补标准为1000元/人；取得高级《职业资格证书》的，奖补标准为1200元/人；通过培训促进农民充分就业，稳定就业，体面就业和持续增收。2006～2014年共培训农村劳动力90,811人。

表5-30　2007～2014年高邮市城乡困难人员就业援助管理情况

年份	困难就业援助人数（人）	困难补助			推荐就业		政府购岗	创业扶持
		人数（人）	金额（万元）	人数补助率（%）	人数（人）	安置率（%）	人数（人）	人数（人）
2007	942	134	14.11	14.23	725	76.96	—	83
2008	1163	121	11.02	10.40	936	80.48	—	106
2009	1273	118	11.10	9.27	1025	80.52	—	130
2010	2546	117	27.29	4.6	2213	86.92	—	216
2011	3277	127	12.10	3.88	2993	91.33	22	135
2012	1490	129	12.25	8.66	1219	81.81	9	133
2013	2661	133	12.65	5	2356	88.54	13	159
2014	1419	137	12.47	9.65	1127	79.42	20	135

注：扶持创业人数，为当年向自主创业就业困难人员提供小额担保贷款支持人数。

2.劳动合同制度和工资集体协商制度

1986～1995年，全市（县）按照计划经济时期的劳动关系管理要求，职工流动、劳动者工资报酬待遇等方面都严格按计划办事。1995年，《中华人民共和国劳动法》（已被修改）实施以后，全市用人单位与劳动者之间的劳动关系以劳动合同的形式加以明确，劳动部门原有的管理模式和管理内容也相应改变。

（1）劳动合同制度建立

1982年，高邮县开始试行招收数十名全民合同制职工。其实，没有统一、规范的劳动合同文本,也未能逐人签订劳动合同,故称为“小全民”。1983年,县劳动服务公司组建待业青年就业网点,经县计划委员会批准,进入网点就业的人员一律为集体合同制职工,为县属大集体性质,而劳动合同仍未签订。是年,劳动合同制度在全县进一步推行。

1986~1987年,退休职工子女顶替人员、照顾安排的各类人员、“征地带劳”人员(1987年6月以后)、以及企业亦工亦农工转计划内的人员都实行劳动合同制度。但国家统配的大中专毕业生、军队转业干部、退伍兵仍实行固定工制度。1987年上半年,全县劳动合同制职工6338人(其中全民企业1802人),均已按江苏省劳动局统一拟定的劳动合同书签订劳动合同。1988年以后,新招收的职工都属于劳动合同制职工。1992年,高邮市对全民企业混岗的集体固定工实行劳动合同制,国家所有统一分配的人员亦实行劳动合同制。

1995年8月,市政府根据《江苏省实施劳动合同制度办法(试行)》(省政府第55号令),本着“先改制,后配套”的原则,在全市企业全面实行全员劳动合同制。至年底,除少数几家停产、半停产或濒临破产以及少数职工流动性大的企业外,全市基本上完成全员劳动合同制的签订工作。

1996年,市劳动部门取消原固定工调配制度,实行劳动合同制和职业介绍制;劳动合同制工人流动实行备案制度;对国家政策性统配人员分到企业实行备案、劳动合同双资信制度。

1997~2001年,全市由于企业改制,大批企业职工下岗失业,劳动力供大于求,用人单位招收人员都实行临时雇佣的形式,即使有些企业正式用工,也是由企业经营者与劳动者口头协议多,书面协议和规范化的劳动合同少,劳动者的合法权益有时得不到有效保护。

2002年,针对全市劳动关系上出现的新情况和“有用工没合同,有合同不平等”的现象,市委、市政府根据省和扬州市劳动和社会保障部门的统一部署,于8月26日成立市劳动关系宣传执法大检查领导小组,召开全市全面建立劳动合同制度动员大会,理顺劳动关系,规范企业用工行为和职工就业行为,推动全市劳动合同制度的全面建立。同时,从市级机关各部门抽调68人组成17个宣传执法组,对778个市属、个体私营企业、机关事业单位进行拉网式检查,共签订劳动合同5.34万份,其中补签劳动合同0.54万份、续签劳动合同4.80万份。至年底,市属全民、集体企业劳动合同签订率99%,个体私营企业劳动合同签订率82%,乡镇企业劳动合同签订率81%。9月,扬州市劳动和社会保障局在高邮市召开“劳动合同管理年”现场会,推广高邮市的做法。

2003年,全市以职工权益“维权年”活动为主线,市劳动和社会保障局会同市总工会、共青团高邮市委、市妇联等单位和各乡镇组成24个劳动维权执法检查小组,检查312个企业6.1万名职工劳动合同签订情况,补签劳动合同1.2万份,支付拖欠工资26.5万元,为职工1048人补办社会保险缴费手续。

2004~2005年,全市按照《江苏省劳动合同条例》,继续推进劳动关系调整和企业工资分配制度改革。发挥市劳动和社会保障局(代表政府)、市总工会(代表企业职工)、市经济贸易局和市企业联合会/市企业家协会(代表企业经营者)协调劳动关系三方机制作用,巩固企业劳动合同签订率,推行企业工资集体协商制度,劳动合同签订率达90.8%,集体合同签订率达81.4%。2007~2014年,按照《中华人民共和国劳动法》《中华人民共和国劳动合同法》,进一步规范企业和劳动者之间的关系,用人必须签合同,依照劳动合同处理两者之间的关系。

(2)劳动合同鉴证

从1990年起,市(县)劳动争议仲裁办公室对劳动合同制工人实行劳动合同鉴证,至1993年,共鉴证劳动合同2.93万份,建立301家企业1.04万名劳动合同制工人台账。1994年,全市认真贯彻劳动部《劳动合同鉴证实施办法》,全年共鉴证劳动合同8889份,合同鉴证率达90%。

1995年,全市企业实行全员劳动合同制,共鉴证劳动合同2.47万份。1996~1999年,共鉴证劳动合同3.35万份,合同鉴证率达90%以上;审查批准集体合同28份。2000年,全市共鉴证签订、续订劳动合同3126份,审查解除劳动合同649份,鉴证变更劳动合同91份,审查批准集体劳动合同2份,纠正无效合同16份。2001年,鉴证的6861份企业劳动合同中,全民企业785份、集体企业5060份、乡镇办企业643份、私营企业332份、个体工商户41份;纠正无效合同38份;审查集体合同4份。

2002年,全市企业改制进入高潮,市劳动争议仲裁办公室共为改制企业因经济裁员办理解除劳动合同手续1.43万人,免费为企业提供合同文本4万份,签订劳动合同3.92万份(1.96万人),还深入企业掌握改制动态,帮助企业修改和完善改制方案,力争把劳动争议消灭在萌芽状态。2003~2005年,全市共鉴证劳动合同2.64万份,纠正无效合同340份,及时为改制企业经济裁员办理解除劳动合同手续3000多份。

(3)工资指导线制度

1995年,高邮市试行企业职工工资增长指导线制度,1997年正式启动,是年,全市企业职工人均月增加工资70元。

1999年7月1日,全市企业执行新的《江苏省企业技能工资标准》,按工资指导线、综合补贴的标准,全市企业职工增资、套改4.32万人,年增加工资总额1512万元。依照"按政策调,按效益发"的原则,全部兑现调资额的企业职工仅有0.86万人,部分兑现的有1.5万人,未能得到兑现的有1.9万人,全市实际年增工资总额为831万元。未能兑现的工资全部列为职工档案工资,便于职工在流动时,供接收单位为其定薪时参考。

2000年,为防止按工资指导线增加的工资不兑现,市政府鼓励困难企业开列"工资预备专户",提留工资存入账户备用于调资,但难以实行。

2001年,企业分配自主权进一步增强,企业职工增加或减少工资,不再由政府行政主管部门决定,政府仅提出工资增长的指导性意见和最低工资标准。已改制为民营企业、合资企业、股份合作制企业的职工工资,不再执行国家规定的标准,而由企业经营者按有关文件、政策确定。除国有垂直系统的企业外,少数尚未改制的企业和正在改制过程中的企业,名义上仍执行原标准工资,但实际上按原工资标准打折或另订标准。而企业经营者的工资则实行年薪制,一路攀升。为防止收入分配上的畸形发展,市政府对企业经营者的收入采用《企业经营者年薪登记手册》予以监督。还在市高华集团、市高康集团和市珠光集团三个企业集团试行"以岗定薪",向一线职工倾斜;在市高强电子公司和市自来水公司试行工资集体协商,监督内部分配。

2002~2005年,市政府根据江苏省和扬州市政府的决定,按照上年经济发展情况,每年都公布在岗职工货币平均工资增长基准线。同时,强调企业可自主确定分配方案,但不得违背政府调控原则。

2003～2005年，市政府在公布执行工资指导线、最低工资标准、最低小时工资标准后，重点开展工资支付整治，严查拖欠职工工资的现象，实施欠薪预警、报告制度。同时，发挥市劳动和社会保障局（代表政府）、市总工会（代表企业职工）、市经贸局和市企业联合会/市企业家协会（代表企业经营者）三方协调机制作用，积极推进工资集体协商，促进企业职工工资增长。

表5－31　2002～2014年高邮市工资指导线执行情况

年份	基准线（%）	上线（%）	下线（%）	执行时间
2002	9～14	16～20	3～4	当年度
2003	9～14	16～20	3～4	当年度
2004	7～12	16～20	3～4	当年度
2005	7～13	16～20	4～5	当年度
2006	9～14	16～20	3～4	当年度
2007	8～14	16～20	3～4	当年度
2008	10	18	5	当年度
2009	—	—	—	—
2010	12	18	5	当年度
2011	14	未设上线	6	当年度
2012	—	—	—	—
2013	14	未设上线	6	当年度
2014	12	未设上线	4	7月1日

（4）最低工资标准

1995年，根据江苏省政府的统一要求，市政府公布全市最低工资标准。2005年，为保证职工的最低工资收入，强调职工的加班加点工资，中班、夜班、高温、低温、井下、有毒有害等特殊工作环境、条件下的津贴，法律、法规和国家规定的劳动者福利待遇等不包括在最低工资标准口径内，由用人单位另行支付。劳动者月工资是在剔除上述项目和缴纳个人最低住房公积金后所得，低于最低工资标准的部分，由用人单位给予补足。

表5－32　1995～2015年高邮市最低工资标准

年份	最低工资标准（元）	最低小时工资标准（元）	执行时间
1995	175	—	2月27日省劳动局公布
1996	200	—	7月1日
1997	210	—	7月1日
1998	—	—	全省未调整
1999	250	—	7月1日
2000	290	—	11月1日
2001	300	2.6	7月1日

续表

年份	最低工资标准(元)	最低小时工资标准(元)	执行时间
2002	320	2.7	7月1日
2003	390	3.3	7月1日
2004	440	3.7	7月1日
2005	480	4.1	11月1日
2006	520	4.4	2月1日
2007	590	5.0	10月1日
2008	—	—	—
2009	—	—	—
2010	670	5.4	2月1日
2011	800	6.5	2月1日
2012	950	8.3	6月1日
2013	1100	9.5	7月1日
2014	1280	11.0	1月1日
2015	1460	12.5	11月1日

注:2014年改为二类区标准。

表5－33　2007～2014年高邮市劳动合同和工资集体协商制度实施情况

年份	规模以上企业劳动合同签订率(%)	已建工会企业集体合同签订率(%)	50人以下企业行业性区域性工资集体合同覆盖率(%)	50人以上企业工资集体协商建制率(%)	工资集体合同履约率(%)	企业集体合同上报审查率(%)	劳动合同备案人数(人)
2007	85	80	55	65	85	—	—
2008	91	88	56	69	86	100	39,436
2009	96	90	62	70	87	100	46,712
2010	98	90.20	70	72	88	100	49,350
2011	99.10	91.20	82	76	89	100	53,436
2012	99.30	92.30	85	80	90	100	54,521
2013	99.90	99	89	94	97	100	56,812
2014	99.96	100	90	95	98	100	60,024

(三)促进教育事业

1.九年义务教育实施情况

近年来,高邮市教育工作坚持以科学发展观总揽全局,主动聚力“更加规范、更高质量、更具特色”,积极打造“精致校园、特色校园、幸福校园”,各项工作目标进展顺利,全系统继续保持了蓬勃向上的发展状态。

第一,教育投入持续提升。严格执行省定小学700元/生/年、初中1000元/生/年公用经费新标准,全年安排3764.11万元;同时,明确新增公用经费重点向农村学校、寄宿制学校、小规模学校和留守儿童较多的中小学倾斜。财政性教育经费拨款预计达9.7亿元,同比上年增长6.03%。

第二,办学条件不断改善。坚持"撤、并、改、建"相结合的原则,大力实施办学条件改善工程,积极优化城乡中小学布局。全年实施新建、改造项目9项,总建筑面积40,080平方米。实验小学东校区及附属幼儿园、城北实验小学艺术楼、周山镇初中学生宿舍等8项迁建、改造工程已基本竣工,竣工面积30,080平方米,获省奖补资金878万元。撤销甸垛中学并入第二中学,将原甸垛高中校园调整给甸垛初中、甸垛初中校园调整给甸垛小学,改善了甸垛中小学办学条件。全年新增3片塑胶运动场地,至此先后有39所中小学实现了运动场地塑胶化。《人民日报》《中国教育报》先后报道了高邮市改善农村小学办学条件的成效。

第三,教育装备逐步升级。深入实施"数字化校园"提升工程和"城乡学校网上结对"工作。截至目前,创成扬州市"数字化校园"71所,扬州市"数字化校园"示范校2所,4个单位被表彰为扬州市"数字化校园"工作先进集体,6名教师被表彰为扬州市"数字化校园"工作先进个人。全年新增计算机576台,Pad平板电脑110台,触控一体机教学系统41套,智能课堂录播系统5套,图书3.6万册,以及相关配套实验仪器、实训设备等,投入资金近900万元。

第四,管理水平同步提增。着力加大实践创新力度,全面提升服务保障水平。年初,在扬州市率先实现了中小学(幼儿园)督学责任区挂牌督导;认真组织全市中小学校(幼儿园)新一轮素质教育督导,全年督导评估学校24所。大力推行校长、年级主任等蹲点班级、联系学科机制。9月,印发了《关于开展局机关干部进校园活动的通知》,明确局领导班子成员、中层正职干部每周到一所学校蹲点半天听两节课,每周查看一次学校晚自习,每月底通报检查情况。自9月以来,局领导班子成员及相关科室同志走进中小学校130余所次,听评课260多节,查看晚自习110余所次。召开了全市第九次中小学校(园)精致管理现场会,城乡学校逐步向规范化、科学化、特色化方向发展。

第五,优质均衡发展基础教育。4月,创建全国义务教育发展基本均衡县,通过教育部评估验收。在去年创成10所省义务教育现代化学校的基础上,2005年又有9所小学、8所初中创成省义务教育现代化学校。卸甲初中、秦邮实验小学、荷花塘特校分别获批省级薄弱初中质量提升项目、特色文化建设项目、特殊教育建设项目,争取省立项资金110万元。市政协十二届十次常委会、市人大十四届第21次主任会议先后现场考察了9所义务段学校,专题听取和审议了市政府关于义务教育优质均衡发展工作的情况汇报。

存在的主要问题:教育资源需要进一步优化,教育公平需要进一步推进,队伍建设需要进一步加强,教育质量需要进一步提高。

2.适龄公民受教育权保障情况

近年来高邮市小学入学率、巩固率100%,残疾儿童入学率97.7%,确保进城务工人员随迁子女100%入学。组织全市教师挂钩联系、走访慰问贫困生、学困生、残疾学生、单亲学生以及留守儿童等特殊学生群体。全年发放助学金1717.89万元,发放免费教科书和作业本价值合计941.4万元,为102名家庭经济困难大学生办理了生源地助学贷款65.55万元,形成了从幼儿园到高中的全覆盖助学体系。

为了确保流动人口子女平等接受教育的权利，2006 年市教育局出台了《高邮市外来投资者（务工农民）子女入学实施意见（暂行）》的通知（邮教发〔2006〕100 号），要求按照"免试就近入学"原则，无条件接收学区内有暂住证明的外来客商与进城务工就业农民工子女入学，不收取借读费和其他形式的赞助费，不将外来人员子女单独编班。外来务工人员子女义务教育入学率 100%。

按"免试划区，就近入学"的原则，出台当年各学段招生工作意见，保障外来务工人员子女享受平等教育权，严肃招生纪律，规范招生行为，确保了社会和谐稳定。

加大特殊教育学校建设力度，不断改善办学条件。上年年底，荷花塘特校顺利创成省特殊教育现代化示范校。继续扶持特殊教育学校发展，做好残疾儿童招生和随班就读工作。建立健全贫困家庭学生台账，严格按照政策要求做好救助工作。指导学校与社区、镇、村联手，建立健全留守儿童关爱网络，着力形成家庭监护、村居管护、学校帮护、社会呵护、法律维护的关爱体系。深入推进"集中家访"和"结对帮扶"等活动，鼓励教师挂钩联系和走访慰问贫困生、学困生、残疾学生以及留守儿童等特殊学生，帮助他们解决学习、生活困难，确保全市不发生学生因贫失学和辍学的现象。

3. 教育乱收费规范情况

高邮市教育局与高邮市财政局、物价局，每学期均联合发布中小学收费通知，明确收费项目与收费数额。

附：

高邮市物价局　高邮市财政局　高邮市教育局
关于 2014 年秋学期中小学收费有关事项的通知

邮价字〔2014〕48 号
邮财行〔2014〕295 号
邮教发〔2014〕98 号

各乡镇（开发区、街道）教育中心校，各中小学校：

根据国家、省中小学收费有关规定和扬州市物价局、扬州市财政局、扬州市教育局《关于 2014 年秋学期中小学收费工作的通知》（扬教发〔2014〕70 号）精神，经研究，现就 2014 年秋学期中小学收费相关事项通知如下：

一、城乡义务教育阶段学生（包括在公办学校及经县级以上教育行政部门批准的民办学校就读的学生）全部免收学杂费、免费提供教科书、免费提供作业本。民办学校义务教育阶段学生学费按物价部门核定的民办学校收费标准减去公办学校相应的小学、初中学杂费免收部分收取，即小学减收 350 元、初中减收 500 元；民办学校义务教育阶段学生代办费中必须扣除政府免费提供教科书、作业本费用。义务教育阶段学校不得收取体检费和借读费。义务教育阶段公办学校寄宿生免收住宿费。

二、公办普通高中按评估确认的星级收费，学校已收取择校生择校费后不得再收取学费，所收学费、择校费要及时、足额解缴财政专户，不得截留。普通高中教材费（含磁带）、作业本费、社会实践活动费按核定的标准执行。普通高中必须在市教育局根据省定目录确定的教材目录范围内选用教材。高一、高二年级可收取校服费（农村中学不作要求）。高一年级可收取军训服装费，军训服装采取租借的办法，按实际租金收取，每生收费不得超过30元/套。普通高中不得收取补课费、体检费。具体收费标准见附件1。

三、公办中等职业教育一、二、三年级学生免收学费。职业高中、综合高中和中等专业学校不得收取体检费，学生体检费用在学校公用经费中支出，职业高中、综合高中、中等专业学校课本费、作业本费由学校报当地物价部门备案同意后按实收取。免收学费具体收费标准见附件2。

四、学校代收费必须遵循“据实收取、不得盈利”的原则。校服费按扬价费〔2011〕48号文件规定执行。校服应遵循学生自愿购买的原则，必须公开招标采购，具体收费标准按实际招标采购价格执行，但秋（秋）装费每套最高不得超过125元，夏装费每套最高不得超过70元。学校服务性收费应遵循“学生自愿和非营利”原则，其中住宿费仍按原标准执行，伙食费按扬价费（2012）1号文件规定执行。严禁将代收费和服务性收费用于学校其他支出。

五、各地要继续做好家庭经济困难学生资助工作，确保每一个学生不因家庭经济困难失学。各学校要继续加强收费管理，认真做好开学收费公示工作，严禁自立项目收费，严禁超标准收费。

附件：高邮市2014年秋学期高中及中专学校收费标准

2014年秋学期中等职业学校及中专学校免收学费标准（略）

高邮市物价局　高邮市财政局　高邮市教育局

二〇一四年八月二十二日

表5－34　高邮市2014年秋学期高中及中专学校收费标准

<table>
<tr><th>类别</th><th>年级</th><th colspan="6">学　费</th><th colspan="3">代收费　服务性收费</th></tr>
<tr><td rowspan="4">普通高中</td><td></td><td colspan="2">一星及以下（元）</td><td colspan="2">二星（元）</td><td colspan="2">三星及以上（元）</td><td>代收费（含教材、磁带、作业本费）（元）</td><td>住宿费（元）</td><td>社会实践活动费（元）</td></tr>
<tr><td>一</td><td colspan="2" rowspan="3">480</td><td colspan="2" rowspan="3">640</td><td colspan="2" rowspan="3">840</td><td>450</td><td rowspan="3">110</td><td rowspan="3">19</td></tr>
<tr><td>二</td><td>450</td></tr>
<tr><td>三</td><td>115</td></tr>
<tr><td rowspan="3">职业高中</td><td>一</td><td rowspan="3">文科类</td><td rowspan="3">—</td><td rowspan="3">理科类</td><td rowspan="3">—</td><td rowspan="3">艺术类</td><td rowspan="3">—</td><td>—</td><td rowspan="3">120</td><td rowspan="3">19</td></tr>
<tr><td>二</td><td>—</td></tr>
<tr><td>三</td><td>—</td></tr>
</table>

续表

<table>
<tr><th>类别</th><th>年级</th><th colspan="6">学　　费</th><th colspan="3">代收费　服务性收费(元)</th></tr>
<tr><td rowspan="3">综合高中</td><td>一</td><td colspan="6">—</td><td>—</td><td rowspan="3">200</td><td rowspan="3">19</td></tr>
<tr><td>二</td><td colspan="6">—</td><td>—</td></tr>
<tr><td>三</td><td colspan="6">—</td><td>—</td></tr>
<tr><td rowspan="3">中专</td><td>一</td><td rowspan="3">文政法财经类</td><td rowspan="3">—</td><td rowspan="3">理工农医类</td><td rowspan="3">—</td><td rowspan="3">艺术类</td><td rowspan="3">—</td><td>—</td><td rowspan="3">200</td><td rowspan="3">19</td></tr>
<tr><td>二</td><td>—</td></tr>
<tr><td>三</td><td>—</td></tr>
</table>

注:1. 公寓式宿舍住宿费按物价部门批复标准收取;

2. 职业高中、综合高中、中等专业学校代收费(课本费、作业本费)由学校报当地物价部门备案同意后按实收取。

(四)公共文化服务和管理

1. 送文化下乡活动开展情况

2008 年:全年送图书下乡 9500 多册,价值 19 万元;送戏下乡 80 场;送电影到村、到社区 3800 多场。

2009 年:全年送图书下乡 19 万元(赠书额),送戏下乡 80 多场,送电影到村、到社区 3800 场。高邮市扬剧团、正太扬剧团、扬子江扬剧团全年下乡入户演出 1100 多场。至年底,有 12 个乡镇建成数字化电影乡镇。

2010 年:全年送书下乡 20 万元,送电影下乡 3300 多场,送戏下乡 80 场。

2011 年:送文化下乡活动开展情况:全年共组织送电影进农村放映 3396 场,进校园放映 150 多场,送戏剧 80 场,送图书 20 万元。

2012 年:全年共送书下乡 20 万元(15,200 册),送戏下乡 80 场,送电影下乡 3672 场。

2013 年:全年送电影到农村 3396 场,送戏剧到农村 80 场,送图书到乡镇 15,240 册,20 万元。

2014 年:全年为全市 13 个乡镇送书 10,000 余册,价值近 23 万元,内容涉及农村实用技术、法律知识、医药保健、文学等多个领域;送电影下乡 4636 场,包括普及农业养殖、养生保健等各种知识的科教片和情节内容积极向上的故事片,全年观众人数 69.54 万人次;送戏下乡 81 场,观众人数 1.62 万人次。总体上说,“三送”工作内容丰富,贴近农村实际,极大地丰富了广大农民群众的精神文化生活。

2. 公共文化体育设施建设、利用、服务和管理情况

2008 年:有序推进“百、万、千”农家书香工程。全年新建农家书屋 72 家,至年底,全市共有“农家书屋”100 家。2008 年,市文化馆成功创建成国家一级馆(文化部文社图〔2008〕16 号文公布)。市图书馆图书年总流通量 8 万册,接待读者近 7 万人次,在水部楼社区内设立图书分借点。

2009 年:市图书馆新建共享工程县级支中心标准化机房、多功能报告厅等。新设立高沙园社区分借点。全年图书流通 10 万人次,年外借图书 10 万册次。年底通过全国第四次县

以上公共图书馆的评估定级工作。市文化馆进一步完善活动阵地功能，多方筹措资金，建成对公众开放的舞蹈房、健身房、文体活动室等公益性场所。市博物馆利用寒暑假、节假日，组织青少年参观文物景点和“爱国主义教育基地”，对劳动模范、现役军人、军嫂、残疾人、70岁以上的老人和学生团体免费开放文物景点。年底，市博物馆启动新馆建设计划，并进行选址、规划、论证等前期工作。2009年，有序推进“百、千、万”农家书香工程，当年新建农家书屋174个，至此，全市所有行政村均已建成农家书屋，实现农村文化阵地全覆盖。

2010年：市图书馆完成16个基本性和4个增强型文化信息资源共享工程基层点的建设工作，并与文化共享工程县级支中心实现网络连接，形成完善的县、乡二级文化信息资源共享服务网络，被确定为国家一级图书馆，全年图书借阅13万人次。市文化馆指导城区社区、乡镇开展群众文艺活动，送文艺到农村、进社区、入企业30场。市博物馆发挥盂城驿、文游台等爱国主义教育基地的作用，全年共免费接待未成年人集体参观2.1万人次，免费接待70岁以上老年人、劳动模范、现役军人、优抚对象、低保家庭成员等参观人员6000多人次。市电影公司完成豪华电影放映小厅建设。市扬剧团完成“事转企”改革，成立“高邮市扬剧团有限责任公司”，全年下乡入户演出300多场。实施“农家书屋提升工程”，每个农家书屋的图书从1000册增加到1500册，对报刊、电子出版物配置和书屋的日常开放、管理以及开展各种形式的读书活动，提出更高的要求。

2011年：自1月1日起，市图书馆实行免费开放和“一卡通”借阅服务，免费开放项目为：图书借阅、期刊阅览、地方文献参考咨询、公益性讲座、展览、优秀影视片展播等公共基本文化服务项目。同时，新增盲人阅览电脑1台、盲人有声读物50GB、有声光盘30盘。全年接待读者11.6万人次，书刊流通10.7万册次，采购图书5355册。市文化馆围绕法治宣传、安全教育等主题，举办周末大舞台专场文艺演出20多场。继续实行免费开放政策，年接待群众达1万人次。市博物馆发挥盂城驿、文游台等爱国主义教育基地的作用，全年免费接待参观学习的青少年3万余人次。在全市农村乡镇开展村文化广场建设活动，至年底共建成村文化广场103个。利用中央财政奖励资金为市内79家农家书屋分别购买图书37,288册、音像制品948盘，利用省财政政策为全市127家农家书屋更新图书37,465册。市电影公司在北海嘉臣购物广场新建3个豪华电影放映小厅，添置巴可数字放映设备，全年放映电影879场次，观众达1.23万人次。

2012年：文化馆、图书馆、乡镇文化站、文化信息共享工程基层服务点、农家书屋等公共文化设施全部免费开放。高邮全市所有行政村都建成了农村文化广场，实现农村文化广场全覆盖。建立了130个农家书屋数字化阅读示范点，为农家书屋配送125台电脑和5个直播星，为每个数字农家书屋安装了摄像头和数字资源，为全市90家农家书屋更新图书21,960册，更新音像制品900套，为40家农家书屋购买扫描枪和图书录入软件，为今后农家书屋全面建成数字化打下基础。通过图书招标采购，为农家书屋更新了31.5万元的图书。

2013年：市文化馆继续实行场馆免费对外开放，每天开放时间不低于8小时，年接待群众近1万人次。高邮市图书馆及其分馆、流通点全年共接待读者15.4万人次，书刊流通10.8万册次，采购图书6343册。通过第五次全国公共图书馆评估定级，连续两年被表彰为国家“一级图书馆”。加强馆际合作和资源共建共享，市图书馆先后加入扬州地区、江苏省和全国图书馆的“联合参考咨询”“馆际互借”“联合编目”三大业务服务系统。开展各类读者活动,围绕高邮市第七届读书节、2013年度图书馆服务宣传周、“七彩的夏日”等活动主题,开展“你选书、我买单”特校专场、“年度阅读之星”评选、读者主题悦读沙龙、百部好书宣传、“小小图书管理员”志愿服务活动、暑期佳片欣赏等活动。开展“秦邮文化讲坛”系列讲座活动,邀请知名专家、学者、地方名人开展《集邮与邮集》《做一个讲文明、有道德的人》《国士无双秦少游》等讲座。成立武警中队图书流动站,为武警官兵们提供免费送书、各种信息咨询等服务。义务举办“夕阳红”老年读者电脑培训班。市博物馆继续做好“5.18”国际博物馆日系列宣传活动,对全市居民免费开放一天。充分发挥盂城驿、文游台等“爱国主义教育基地”的作用,全年免费接待青少年参观学习3万余人次。加强对区划调整后文体设施的整合工作。2013年,市文广新局为全市90家农家书屋更新图书13,480册,19万元;更新音像制品860套,60,000多元。

2014年:市图书馆在城区先后成立了消防分馆、特校分馆、御码分馆三个分馆和敬老院图书流动站,与乡镇逐步实现电子图书共享制,实现图书统一采购、统一编目、统一配送,定期更新、充实分馆和流动站图书资源,城乡图书大流通格局逐步形成。市博物馆做好“5.18”国际博物馆日系列宣传活动,对本市居民进行免费开放参观一天。充分发挥盂城驿、文游台等“爱国主义教育基地”的作用,全年免费接待青少年参观学习3万余人次。实施“农家书屋提升工程”,高邮市目前共有农家书屋179家,为了客观真实掌握高邮市农家书屋建管用情况,对全市农家书屋数量、本级财政投入情况、管理员和协管员信息、出版物数量、计算机台数、书刊借阅量、书屋结对共建单位、读书活动开展情况等进行核查,建立了翔实的农家书屋数据资料库。新建49家数字农家书屋,年底高邮市将实现数字农家书屋全覆盖。继续完善社区文化室、乡镇文化站、村文化室的设施设备,不断满足人民群众多样化、个性化的需要。文化信息共享工程支中心和乡镇基层点建设全面完成,所有乡镇文化站完成省级文化站达标建设。加强图书分馆和图书流动站建设。

3. 有线电视“村村通”实施情况

2006年,全市实现有线电视“村村通”。2010年,全市有线电视总用户18.47万户,门槛入户率88.7%。2011年,全市有线电视总用户19.2万户,门槛入户率92%,创建成为“江苏省有线电视先进县(市)”。2012年,转换有线数字电视用户18万户,创建成为“江苏省有线电视示范县(市)”。2013年,有线数字电视总用户19.64万户,门槛入户率97%,创建成为第十五个“江苏省有线数字电视城乡一体化县(市)”。2014年,全市数字电视总用户20.85万户,门槛入户率98%,创建成为“江苏省户户通有线电视县(市)”。

(五)特殊群体权益保障

1. 未成年人保护

(1)公安层面

1994年,市公安局为城区15所中小学校各免费订阅2份《江苏交通安全报》,请各校教师对学生进行交通法规安全常识教育,增强学生们的交通安全意识。1996年,市公安交警大队还与高邮市中学共建文明路——府前街,成立市第一个警、校共建教育基地。1996~2000年,在新学期开学之际,市公安局组织民警到全市60所中小学校上交通安全课和法制教育课,受教育师生达15万人次。2001年,市公安局交巡警大队多方筹资14万余元,对车流量大、人车混合通行的文游南路,设置2千米隔离护栏和2块大型警示标志,确保位于此处的高邮中学、市职教中心、市工业中等专业学校、高邮镇新华小学等4所学校师生交通安全。2002年，市公安局为预防和减少青少年违法犯罪，保护未成年人合法权益，组织基层派出所（队）与辖区38所学校开展结对共建“安全文明单位”活动。2005年，市公安局会同市教育局组织全市学生观看《流泪花季》《爱心托起“篮球女孩”》两个专题片和安全挂图；与市实验小学共建“少年警校”；会同有关学校对周边道路和接送学生车辆进行检查，在交通流量大的路口增派警力，确保学生上学、放学期间交通安全。

（2）教育层面

发展幼儿早期教育，形成学前教育特困生帮扶长效机制

高邮市现有成型园48所，全市学前儿童总数13,310人，全市学前3年幼儿入园率达98.36%。学前教育运行质态总体良好。近几年，高邮市幼教创建工作取得了突破性进展，截至目前，全市共创成省优质园37所，占77%。省农村合格幼儿园25所，省和谐校园1所，扬州市优质园11所，扬州市和谐校园3所，2009年年底高邮市被评为省幼儿教育工作先进市。去年12月，高邮市顺利通过省学前教育改革发展示范区的创建验收，幼儿在公办或普惠性民办幼儿园入学比例达90%以上，省优质园占成型园比例达70%以上。

在落实市妇儿委新一轮8件实事工作中，针对特困家庭儿童学前教育问题，市教育局做了大量细致的工作。2009年下半年各乡镇建立了儿童早期教育服务中心，2011年下半年对贫困家庭适龄儿童进入幼儿园给予资助，有533位学前儿童特困家庭接受资助26.65万元。为了形成资助特困家庭幼儿的长效机制，教育局还要求各乡镇、学校每年认真排查特困家庭儿童情况，形成帮扶台账，保障资助金每学期足额发放到位。从2012年到2014年上半年，学前教育特困帮扶人数累计达3926人次，帮扶金额达330.55万元。

（3）联动多方帮扶力量，积极营造关爱留守儿童的工作氛围

截至2014年8月，高邮市在校留守儿童共有9137人，其中幼儿园896人，小学5024人，初中3217人。市教育局结合自身职能，协调各方力量关注留守儿童。一是积极创建校外教育辅导站。截至2013年年底，全市共建成各类辅导站（点）270个，其中乡镇中心辅导站18个，村（社区）辅导站186个，家庭辅导点66个，参与辅导人员达1648人，辅导人员由“五老”、在职教师、退休教师、大学生村官等组成。二是努力打造平安校园。每年都与综治、公安、文化、工商、卫生等部门联手，整治校园周边环境，查处、取缔危害青少年健康成长的违法经营场所。组织192名“五老”人员担任网吧义务监督员。开展中小学道路交通安全教育，规范接送学生车辆管理。定期对全市中小学、幼儿园内部安全隐患进行排查。严肃查处侵害中小学生、留守儿童人身财产安全的典型案件。此外，还通过开展多形式的法制安全教育，增强留守儿童防范和应急能力。

加强制度层面的建设：

第一，建立关爱工作长效机制

建立组织，明确责任。各乡镇建立了关爱工作领导小组，各校建立了关爱工作小组，明确一名副校长分管，落实关爱工作责任，以多种形式帮助他们排忧解难；组织关工委、团委、学校对全镇中、小学生进行排查、登记，掌握留守儿童数量、分布、父母去向、学习情况、寄居情况等第一手资料。

制定方案，活动推进。文明办、教育局、妇联、关工委联合制定的《关于切实做好留守儿

童关爱工作的意见》，确定部门职责，明确关爱内容，落实关爱措施。2012 年 5 月，市文明办、市教育局共同牵手成立了高邮市未成年人成长指导中心，2013 年 2 月 27 日举行了全市关爱未成年人心理健康“萤火虫行动”启动仪式，吸纳了 79 位心理健康服务志愿者，为有需要的未成年人送去了春天般的温暖；各乡镇教育中心校立足乡村少年宫制定工作方案，每学期定期开展形式多样的关爱活动。

第二，搭建关爱工作活动平台

实施留守儿童教师帮扶计划。每学期，学校都对学习能力相对较弱的留守儿童进行分类、分组，明确一名教师结对帮扶，要求每周与帮扶学生谈话 1 次。由帮扶老师牵头，为其确定一名学习帮手，老师对帮扶效果进行定期检查，建立留守儿童学习进步档案。

开展留守儿童心理咨询活动。学校建立了心理咨询室，及时对留守儿童进行心理健康教育。将青春期教育列入课程计划，开展“悄悄话对我说”等活动，让留守儿童把在青春期遇到的生理、心理困惑向老师诉说，解决他们成长中的烦恼，学会自我保护。

规范留守儿童寄宿管理模式。高邮市大多数学校实施了留守儿童寄宿制，制定了寄宿制学校管理办法。乡镇中心校基本做到每层宿舍都安排 1 名生活辅导老师，照顾留守儿童生活，每天安排学科教师辅导留守儿童完成作业。突出在安全上优先监管：一是加强对学校食堂、小卖部的安全卫生监管督查，从源头上杜绝不合格食品、菜类进入校园；二是请镇派出所民警同志到学校宣讲交通安全知识和简单的自我保护技巧。

组织留守儿童生活技能训练。各学校通过开展“洗衣服、叠被子、钉纽扣、洗餐具”等生活趣味较浓的技能训练和比赛，促进留守儿童生活自理能力不断提高，培养了他们对创造美好生活的浓厚兴趣和热情。

举行留守儿童亲情交流活动。部分学校安装了亲情热线电话，有条件的学校还开设了亲情互动视频聊天室。组织开展“亲子同乐夏令营”“代理家长与留守儿童过六一”“爱心妈妈与留守儿童活动日”“给远方父母一封信”等亲情互动活动，弥补了留守儿童亲情失落、生活失助的缺憾。每一个“社会妈妈”“代理家长”都记得结对留守儿童的生日，在他们的生日都能送上一个美好祝福或一件小礼物，多数都能每周或隔周陪留守儿童吃顿饭、洗次澡、逛趟街，许多老师在留守儿童过生日时，还组织班上的同学开生日派对，让孩子充分享受亲情、友情。生活老师和“代理家长”定期帮助留守儿童整理内勤，布置宿舍。许多在外务工的家长看到子女生活的新家，听着孩子描述的快乐生活，都激动地说：“这下我们在外放心了，比把孩子放在爷爷奶奶那里还放心。”

第三，推进关爱工作联动共育

在家庭，不断提高家庭教育水平。针对留守儿童正常与祖辈一起生活的现状，我们要求留守儿童多的学校，成立留守儿童家长学校，不定期组织爷爷、奶奶参加家教培训，提醒老年人正确关爱、教育孩子；利用春节前后打工父母回家，发放家教宣传资料，让留守儿童父母知道在外如何履行教子责任。全市各级各类家长学校在广大家长中开展了以“争做合格家长，培养合格人才”为主题的形式多样的科学家教知识传播活动。以讨论、征文、访谈活动为主要形式，组织家长谈“今天我们怎样当父母”，组织孩子谈“我喜爱的爸爸妈妈”等。在家长学校授课内容上，增加了针对留守儿童代理家长和监护人的家教课程。近两年，我们还与有关部门联合开展了“成功家教案例征集”“科学家教论文评选”“我和社会妈妈一起过暑假”

“百户教子有方家庭评选”等系列活动。

在社会，协调各方关注留守儿童。一是落实代理家长帮扶。成立了以党员干部、爱心妈妈、“五老人员”、爱心人士为主体的四支“代理家长”队伍。二是实施定期联系制度。代理家长与留守儿童签订帮扶协议，做到每周与帮扶对象及其监护人联系1次，每月与学校老师联系2次，督促孩子与在外家长联系3次。许多乡镇学校还经常组织向贫困家庭留守儿童献爱心，每年的捐款总额都在30万元以上。三是努力打造平安校园。每年，许多乡镇学校都与综治、公安、文化、工商、卫生等部门联手，整治校园周边环境，查处、取缔危害青少年健康成长的违法经营场所。组织五老人员担任网吧义务监督员。开展中小学道路交通安全教育，规范接送学生车辆管理。定期对全市中小学、幼儿园内部安全隐患进行排查。严肃查处侵害中小学生、留守儿童人身财产安全的典型案件。此外，还通过开展多形式的法制安全教育，增强留守儿童防范和应急能力。

附：

高邮市教育局关于开展“向阳花开 · 留守儿童关爱行动”的实施方案

一、指导思想

坚持以邓小平理论和“三个代表”重要思想为指导，全面落实科学发展观，深入贯彻《中共中央国务院关于进一步加强和改进未成年人思想道德建设若干意见》《关于培育和践行社会主义核心价值观的意见》精神，结合全市留守儿童实际，以“向阳花开 · 留守儿童关爱行动”为主题，以服务农村留守儿童为重点，以师生“1+1”“五老”帮扶为形式，着力解决留守儿童在亲情关爱、家庭教育、心理健康、社会保护等方面的实际困难，为未成年人的健康成长、社会主义新农村的建设及和谐社会的构建提供保障。

二、工作对象

全市农村中小学留守儿童。

三、工作目标

关爱行动以帮助留守儿童健康成长为宗旨，以动员组织教育工作者（“五老”志愿者）关爱留守儿童为重点，以弥补留守儿童感情缺失、提高道德素养为内容，本着“动真情、想实招、办实事、求实效”的原则，大力开展“向阳花开 · 留守儿童关爱行动”，努力构建学校、家庭、社会三位一体的留守儿童工作网络，力求达到帮助一名儿童，稳定一个家庭，安定一方社会，培养一代新人的目的。

四、工作内容及措施

主要内容：

发挥学校教师、“五老”志愿者主导作用，创造留守儿童成长的优异条件，对留守儿童实施“1+1”关爱行动，要做到基本信息、性格特点、兴趣爱好、健康状况、父母及监护人联系方式“五清楚”，对留守儿童做到安全上优先教育和监管、学习上优先帮助和辅导、生活上优先关心和照顾、活动上优先参与和指导“四优先”，与留守儿童本人、远在他乡的儿童父母、在家照看儿童的第二监护人保持“三沟通”，实行班主任和“代管家长”协同管理的“双管理”制度,建立留守儿童"一对一"帮扶机制,促进留守儿童身心健康发展,为农村外出务工人员解决后顾之忧。

工作措施:

(一)全面掌握全市留守儿童"第一手"资料

1. 做好留守儿童基本情况调研。开展面向全市农村中小学留守儿童专题调研,填写《调查登记表》,准确掌握留守儿童教育基本情况,确保"五清楚",即清楚留守儿童的基本信息、清楚留守儿童的性格特点、清楚留守儿童的兴趣爱好、清楚留守儿童的健康状况、清楚留守儿童父母及监护人联系方式等。

2. 建立留守儿童关爱行动工作台账。在广泛调研的基础上,建立完善留守儿童教育工作档案,做到全覆盖、底子清、情况明。加强留守儿童档案管理,强化监督检查,掌握整体情况,做到班主任和教师有联系信息表,学校有动态情况表,教育局有信息汇总表。

(二)建立健全留守儿童关爱帮扶机制

1. 建立完善留守儿童教育"四优先"制度。一要做到安全上优先教育和监管。优先对留守儿童进行安全教育和法制教育,帮助他们树立安全防范意识,帮助他们掌握在突发事件发生时安全自救和逃生能力,以及在遭遇暴力侵害时的处置方法,确保留守儿童的生命安全。二要做到学习上优先帮助和辅导。从学习方面对留守儿童逐一进行分类、分组,落实到每一位科任教师。科任教师要具体分析学生的学业情况,订立学习帮助计划,明确帮助的时间、内容和方案。要积极动员班内的同学进行结对帮扶,促进学业进步。三要做到生活上优先关心和照顾。实施农村留守少年儿童食宿条件改善工程,全面完成农村初中食宿条件改善建设任务,启动农村小学食宿改善工程。积极动员各种力量共同关心留守儿童的衣食住行,全方位的关心他们的身心健康发展。四要做到活动上优先参与和指导。针对学生的身心发展需要,依据留守儿童的个性特征,有针对性地开展校园活动,丰富学生的校园生活,让他们感受活动的愉悦,培养他们的自理能力,开拓他们的视野。

2. 建立完善与留守儿童父母、第二监护人和本人的"三沟通"机制。进一步密切与留守儿童父母的沟通,密切与留守儿童代理家长的沟通,密切与留守儿童本人的沟通。班主任和任课教师要每周与联系的留守少年儿童谈一次心,掌握他们的思想动态,引导他们树立远大的理想;每月指导其给父母写一封爱心书信或通一次亲情电话,增强他们与父母的情感交流;每学期向其父母通报一次学习表现和行为习惯,形成家教合力;每年陪同其过一次有意义的节日,让他们感受浓浓的温情与关爱。学校要发挥家长学校作用,定期组织面向留守儿童家长、第二监护人的家教讲座,提高教育子女的方法与技巧。

3. 建立完善留守儿童"1+1"帮扶机制。建立健全代管家长制度,组织教职员工担负起校内监管与教育职责,要求代管家长每月进行一次温馨家访,加强代管家长与家长、第二监护人的密切联系,提升代管家长的管理水平。农村每名教师至少帮扶一名本校就读的留守学生,城区教师及教育局机关工作人员每人至少帮扶一名城区学校特困学生,并定期填写《师生"1+1"爱心帮扶活动记录卡》。同时,动员多方力量共同做好留守儿童教育帮扶工作,建立优秀学生与留守儿童结伴成长制度,动员"五老"志愿者与留守儿童家庭结对帮扶。条件成熟的学校,可邀请热心公益的人士担任校外义务辅导员,了解学生校外表现,做好教育引导工作。

（三）积极推广建立留守儿童关爱阵地

1. 搭建校园体验活动平台。出台《关于加强全市中小学校园文化建设的意见》，指导要求学校建设以社会主义核心价值观为引领，体现社会主义特点、时代特征和学校特色的环境文化、学校制度与校园活动，精心设计彰显学校特色和办学理念的育人墙、育德廊、励志牌以及德育社团。在全市中小学生中深入开展做幸福学生主题实践活动，让留守儿童体验做好孩子、好学生、好伙伴、好公民的幸福；继续实施“书香文游”活动，用书香奠基留守儿童生命底色；重点利用重大节庆日、民族传统节日等时机，开展“八礼四仪”教育，每学期对留守儿童平台建设工作突出的学校进行表彰，评选 8 ~ 10 个“文明礼仪”示范校。

2. 建立校外实践活动阵地。充分发挥高邮市青少年活动中心、马棚度假村等爱国主义教育基地和诗词教育示范校、21 家乡镇学校乡村少年宫等场所在培育和践行社会主义核心价值观中的重要阵地作用，为广大农村留守儿童、进城务工人员子女健康成长提供一个良好环境和物质保障。积极推进各类爱国主义教育基地和有关文化设施向全市中小学生免费开放，引导青少年走出家庭、学校，走向社会。依托与市宣传部联合实施“萤火虫行动计划”契机，在全市东西南北四个片建立心理咨询分中心，为关爱对象及时提供心理辅导。

五、工作要求

1. 提高认识，加强领导。各乡镇、学校要从促进社会主义新农村建设和切实维护社会和谐稳定的全局高度，充分认识做好“向阳花开 · 留守儿童关爱行动”工作的重要意义，增强责任感和使命感，把留守儿童关爱行动摆上重要位置，列入议事日程，加强领导、统筹安排，明确方案，科学部署，层层落实。

2. 明确职责，精心组织。各教育中心校要在关爱行动中做好牵头协调、汇总反馈、督促检查、动态管理等工作，要建立健全留守儿童信息库，指导留守儿童家长配合结对活动，组织教师志愿者参与结对活动。学校要按照工作部署和职责，认真谋划、迅速行动，密切配合，各尽其责，要制定工作进度，作出具体安排，形成分工合作、运转有序的工作机制，确保目标要求落实到位。

3. 大力宣传，营造氛围。各学校要充分发挥报刊、广播、电视、互联网等大众传媒优势，利用多种宣传渠道，组织开展留守儿童工作的社会宣传。要大力宣传开展“向阳花开 · 留守儿童关爱行动”的积极意义，宣传各乡镇各学校的好经验、好做法，宣传结对关爱的先进典型和优秀事迹，使全社会都来关注留守儿童，使外出的家长更懂得自己的责任，使在家的孩子能得到更多的亲情、关爱和保护，努力营造有利于留守儿童健康成长的良好社会氛围。

4. 抓好结合，注重实效。各学校在开展“向阳花开 · 留守儿童关爱行动”中，要注重与本乡镇本学校的品牌活动相结合，在整体联动中深化和提升关爱活动。要与学校心理健康活动相结合，引入亲情电话、心理辅导等工作手段和载体，将教育、关怀和服务紧密结合起来。要与学校德育工作相结合，开展丰富多彩的文体活动，愉悦学生身心，营造健康成长氛围。要与校外教育相结合，依托社区、家长学校、家庭教育指导中心等阵地，广泛开展有留守儿童家长、爱心家庭代理家长共同参与的亲子互动活动。

高邮市教育局

二〇一四年八月二十日

2. 残疾人权益保障

为保障残疾人的各项权益，高邮市政府采取了一系列措施，出台了一系列规定予以保障。

第一，高邮市政府办公室关于印发《高邮市贫困精神残疾人免费基本用药实施办法（暂行）》的通知（邮政办发〔2014〕141 号）。为健全本市残疾人社会保障机制，全面落实贫困精神残疾人免费服用二代药物政策，进一步改善贫困精神残疾人的医疗、生存状况，切实减轻残疾人家庭负担，维护社会稳定，促进社会和谐，高邮市政府于 2014 年 9 月 19 日制定出台《高邮市贫困精神残疾人免费基本用药实施办法（暂行）》，明确了工作目标、基本原则、基本用药对象条件、救助标准及资金管理、工作程序、职责分工。

第二，高邮市政府办公室关于印发《高邮市儿童残疾预防行动计划实施方案》的通知（邮政办发〔2013〕141 号）。为贯彻落实《江苏省残疾预防行动计划（2010～2020 年）》，进一步降低高邮市出生缺陷发生率，提高出生人口素质，市政府于 2013 年 8 月 23 日制定出台《高邮市儿童残疾预防行动计划实施方案》。建立政府领导、部门配合、乡镇（园区）联合行动和社会广泛参与的工作体制，明确了此项工作的主要目标、工作原则、主要任务、保障措施。

第三，高邮市政府办公室关于印发《高邮市公共文化体育服务场所、旅游景点免费向残疾人开放的暂行办法》的通知（邮政办发〔2012〕119 号）。为健全残疾人服务体系，推进公共服务均等化，让残疾人共享社会物质文化发展成果，高邮市政府于 2012 年 7 月 10 日制定出台《高邮市公共文化体育服务场所、旅游景点免费向残疾人开放的暂行办法》，规定高邮市公共文化体育服务场所、旅游景点免费对高邮市残疾人开放。

第四，高邮市政府办公室关于印发《高邮市关于将部分康复项目纳入基本医疗保障范围的试行办法》的通知（邮政办发〔2012〕105 号）。为更好保障参保（合）人员的基本康复需求，提高基本医疗保障水平，高邮市政府于 2012 年 6 月 8 日制定出台《高邮市关于将部分康复项目纳入基本医疗保障范围的试行办法》，规定了适用对象和康复项目、康复治疗机构、康复治疗流程、支付标准与费用结算、组织落实的相关细则。

第五，高邮市政府办公室关于印发《高邮市低保家庭中重度残疾人发放重残补贴金实施方案》的通知（邮政办发〔2011〕230 号）。为进一步做好高邮市重度残疾人生活保障工作，积极推行重残补贴金制度，改善重度残疾人生活状况，高邮市政府于 2011 年 9 月 13 日制定出台《高邮市低保家庭中的重度残疾人重残补贴金实施方案》，对低保家庭中的重度残疾人实施特别救助，规定了补贴对象、补贴标准、审核审批程序、工作要求、资金保障、执行时间。

第六，高邮市政府办公室关于印发《高邮市重残人员生活救助实施方案（试行）》的通知（邮政办发〔2011〕154 号）。为进一步做好高邮市重残人员生活救助工作，完善重残生活救助措施，保障重残人员基本权益，高邮市政府于 2011 年 6 月 13 日制定出台《高邮市重残人员生活救助实施方案（试行）》，对全市无固定收入的重残人员实施救助，规定了救助对象及标准、残疾评定、收入核定、申请审核审批程序、资金的筹集和发放、部门职责（从 2014 年 7 月 1 日起此项工作由市民政局转交市残联执行）。

第七，高邮市政府关于印发《高邮市按比例安排残疾人就业办法》的通知（邮政发

〔1998〕194 号)。为保障残疾人的劳动权利,根据《中华人民共和国劳动法》《中华人民共和国残疾人保障法》(已被修改)及省、市相关文件精神,高邮市政府于 1998 年 11 月 15 日制定出台《高邮市按比例安排残疾人就业办法》,对按比例安排就业对象应符合的条件、相关部门工作职责、安排就业程序、用人单位义务等作出了明确规定。

3. 妇女权益保障

为了更好地做好妇女工作,发挥妇女组织的作用,高邮市教育局妇委会通过提名选举,增加了一名副主任,一名委员,充实了机关妇委会。局党委和局领导重视和支持妇委会工作,把妇女工作列入重要议事日程,在人员配备、组织建设、活动经费等方面给予了有力保障。近年来,妇委会坚持致力于推进巾帼建功创优工作,不断提升巾帼文明岗创建品质。至今已创成“扬州市巾帼文明岗”20 家,巾帼志愿者 200 人。去年被评为江苏省妇女儿童工作先进集体。教育局妇委会将单亲贫困母亲帮扶纳入为妇女儿童办实事、解难事的实事项目,从子女上学方面为贫困母亲提供支持和帮助,让她们真正感受到关爱与温情。教育局组织对全市在校生中的孤儿、残疾儿童、留守儿童情况进行了全面调查统计,并协助社区、村组、学校建立健全档案,全程跟踪他们的学习和生活,对其帮助、帮扶、帮教做到心中有数,实施措施有针对性,切实开展单亲贫困母亲帮扶工作。

4. 老年人的社会权益保障

1999 年,是联合国确定的国际老年人年。当年 5 月,市政府行文印发《关于进一步做好老年人社会优待和服务工作的通知》(已被修改),也是贯彻落实于 1996 年 10 月 1 日起施行的《中华人民共和国老年人权益保障法》中相关老年优待条文的规定。2003 年 9 月,为本市常住户口年满 60 周岁的老年人发放“老年人优待证”及“敬老优待证”。2004 年 3 月,为百岁及以上老人每人每月发放长寿补贴 100 元。每年的“重阳节”期间,开展“敬老日”活动,活动内容包括:走访慰问送温暖活动、老年文体活动、老年座谈、参观、免费体检、敬老孝星、“敬老文明号”等评比表彰等活动。2009 年,实施“尊老金”制度,为 90 周岁以上老人发放长寿补贴,2011 年扩大到 80 周岁以上老人,发放标准逐步提高,80 ~ 89 岁、90 ~ 99 岁、100 岁及以上标准分别为 50、200、300 元每人每月。2009 年 8 月,起动居家养老服务试点工作,至 2012 年实现城区 17 个社区全覆盖,为 500 名失能、半失能的困难、高龄老人开展了政府购买居家养老服务。到 2014 年年底,全市共建成居家养老服务中心(站)195 个,农村老年关爱之家 5 家,社区日间照料中心 10 家。2010 年,扶持建成了养老服务信息平台;2013 年,开展了应急呼叫服务,为 200 名空巢、独居等困难老人配备了应急呼叫老人机。2014 年,建立了 2 家居家养老配餐中心,为有需求的老人开展配餐送餐服务。居家养老服务体系已初步形成,有效保障了老年人权益。

三、公民经济生活权益保障方面

(一)消费者权益保护

1. 霸王条款、制假售假等违法行为发生情况

2014 年高邮工商局维护市场经济秩序,保护消费者合法权益。通过座谈会、设立宣传咨询台、发放宣传单、发布手机短信、行政指导等多种形式加大对霸王条款专项检查的目的、意义的宣传,引起社会各界的广泛重视,并公开投诉举报电话,畅通信息渠道,广泛接受社会各界投诉举报。在城区显示屏上播放专项行动宣传资料。力求通过多形式宣传提高广大市民

对专项行动的知晓度。

表 5－35　各类侵害消费者权益违法行为发生情况统计　单位:件

年份	各类案件总数	产品质量案件	食品案件	无照经营案件	违法广告案件	合同案件	商标侵权案	不正当竞争案	其他类案件
2012	393	71	78	90	30	22	65	11	26
2013	226	21	42	25	27	23	40	18	30
2014	227	36	65	11	18	3	32	19	43

2. 消费者举报投诉办结率

2011 年申(投)诉共 492 件,办结 492 件;举报 115 件,办结 115 件;咨询 192 件,办结 192 件。2012 年申(投)诉共 565 件,办结 565 件;举报 205 件,办结 205 件;咨询 764 件,办结 764 件。2013 年(投)诉共 325 件,办结 325 件;举报 63 件,办结 63 件;咨询 34 件,办结 34 件。2014 年(投)诉共 258 件,办结 258 件;举报 55 件,办结 55 件;咨询 0 件。消费者举报投诉办结率为 100%。

(二)价格调控和监管

1. 价格监测预警与低收入困难群众、家庭经济困难价格补贴制度实施情况

(1)价格监测预警情况

2007 年,加强市场价格监测,构建完善价格监测网络。2007 年在全市选择 5 个乡镇作为价格监测点,将监测工作不断向基层延伸;充分发挥价格监测的预测预警作用。全市有价格监测点 45 个,涵盖了所有乡镇,监测品种有三大类 40 个品种。在每月定期监测分析的基础上,强化猪肉、粮油等主副食品价格监测工作,扩大监测网点、增加监测品种、提高监测频率。2007 年共报送价格监测表 32 期,监测分析材料 20 篇。

2008 年,扎实开展价格监测工作。及时调整价格监测网络,对监测点报价人员及临时价格干预企业联系人员进行业务培训。构建乡镇价格监测网络,对价格异动、敏感的民生问题,重点开展监测分析,为领导决策提供依据。6 月,因蛋鸡生产环节亏损严重,专题进行了成本及监测分析,材料先后被省《成本调查》和《扬州市价格监测》选用刊载。特别是 2008 年受"三鹿奶粉"事件影响,高邮市奶品市场供给和价格出现波动,市物价局积极采取有效措施,及时开展奶粉及相关产品市场价格行为进行监测,严密监测本地区奶粉及相关产品的市场价格变动及货源供应情况,确保本市生产销售的奶粉及相关产品价格相对稳定。2008 年共计出具生活、生产资料价格监测表 21 期,向上报送《高邮价格监测》分析材料共 17 期。

利用价格信息资源服务于本地特色农业。2008 年,市物价局利用价格信息资源服务于特色农业。为规范罗氏沼虾市场价格管理,我局提出了"小组协调、同行议价,监测服务,信息指导,明码标价"的管理方式,与农林局协作,与各媒体配合,每天利用《高邮信息》、有线电视字幕向社会公布当日标准品成交中准价和成交量,利用手机网络向虾农发送当日市场成交价以及次日罗氏沼虾成交指导价信息,通过提出市场指导价格意见,促进罗氏沼虾的市

场交易价格基本稳定。

服务工农业生产发展。选择向全市 36 家列统企业作为企业负担监测点,发放了《企业缴费登记卡》,选择市部分重点企业、乡镇列统企业,开展企业负担调查,为减轻企业负担提供价费支持。开展了农业合作经济组织惠农政策落实情况调查,重点了解合作组织水价、电价的执行情况,各项费用减免及补贴到位情况,认真听取合作组织对价费政策扶持的要求和建议,为价格部门如何服务农业合作经济组织找准工作点。

2009 年,密切关注市场价格动态,强化粮油、生猪、成品油等与群众生活密切相关品种的及时监测,对可能引起市场价格波动的倾向性、苗头性问题开展专项调查、成本分析、预警预报,为领导决策提供依据。充分利用价格监测资源,通过媒体定期公布与群众生产生活关联度大的价格信息,努力消除价格信息不对称情况,为农民增收、为群众合理消费服务。共出具重要生产、生活资料价格监测表 21 期,在媒体《物价之窗》栏目刊载居民部分生活资料价格信息 19 期。

2010 年,扎实开展成本调查工作。重新编印农户日常记载手册,积极开展专项调查服务政府决策。3 月,根据本市重点特色产业—罗氏沼虾养殖业出现虾苗短缺、苗价大涨,饲料价格、土地租金全面上升的情况,我局迅速赶赴养殖重点乡镇,及时将详情向党委政府汇报,为高邮市迅速调整养殖结构、避免盲目扩大养殖规模提供翔实的参考信息。10 月,再次对罗虾养殖成本收益情况进行抽样调查,为政府提供第一手资料,市领导对该项调查给予了高度肯定。密切关注市场价格动态。通过信息、网站等多种形式,定期公布与群众生产生活关联度大的价格信息,充分利用价格监测资源,合理引导社会预期。10 月,投入 1 万多元,在高邮市蝶园广场、瑞和、欧洲城、加洲豪庭小区等人口密集、覆盖面较广的公共场所建成民生价格公示栏,认真实施“货比三家”民生价格信息公示工程。2010 年,共出具重要生产、生活资料价格监测表 24 期,粮油、罗氏沼虾专项价格监测表 50 期,在媒体《物价之窗》栏目刊载居民部分生活资料价格信息 8 期,撰写监测分析材料 15 篇,被省局监测专栏录用 7 篇。面对价格波动频繁、群众反响强烈的现实,积极做好正面宣传,合理引导群众预期是价格部门的重要职责。认真做好日常监测工作。进一步强化粮油、蔬菜、生猪、成品油等重点品种监测工作,提高监测频率,为上级部门提供第一手资料。2010 年以来,共处理 75 个品种监测数据约 4000 多个,出具重要生产、生活资料价格监测表 24 期,粮油、罗氏沼虾交易价格等专项价格监测汇总表 50 余期,撰写监测分析材料 18 篇,省局监测专栏录用 8 篇。

2011 年,推进民生商品价格公示。在全市共建立各类价格监测点 28 个,每月月中、月底汇总价格采集信息,及时比较、分析、上报。投资 2 万多元分别在蝶园广场、瑞和阳光城、欧洲城、加洲豪庭小区、玉带园、新华园、公园社区、城北医院等场所建成民生价格公示栏,15 天出新一期,涉及 7 大类近 40 个品种,并随消费季节适时调整。在城区 8 个农贸市场统一制作主副食品价格公示牌,实现了明码标价常态化管理。为广大居民便捷消费、比价消费提供信息资源。

2012 年,密切关注市场价格动态。建立价格监测点 31 个,每月月中、月底汇总价格采集信息,及时比较、分析、上报。重点监测的品种主要有 13 个(米、面、食用油、蛋、奶、肉、药品、普通商品房、冰箱、彩电、水泥、钢材、液化气)。2012 年以来,已出具重要生产、生活资料价格监测表45期,农业生产资料监测表17期,工业品价格监测表16期,集贸市场蔬菜价格监测表145期。同时,充分利用监测数据,加强对粮食、食用油、肉、鸡蛋、蔬菜、化肥、农药以及成品油、建材等价格走势的分析预测,撰写监测分析材料10篇,提高分析预测的科学性、准确性和时效性。推进民生商品价格公示。为帮助居民理性消费、便捷消费、比价消费,依托价格监测平台,建立了民生价格信息公开制度,引导消费者“货比三家”,设立的8个公示点,基本覆盖城区市民。迅速启动震后应急预案。在高邮市发生地震后第一时间作出各项工作部署,组织四个检查小组,分别前往震中周巷、周山、界首、临泽等乡镇以及城区各大超市开展价格巡查,坚决扼制乱涨价,串通涨价,哄抬物价等不法行为的发生。完成兴牧猪场、高志蛋品、四季飘香平价店、罗氏沼虾等生产经营成本调查;明确水产品监测点3个(龙虬2个、司徒1个),及时为政府领导及部门提供决策信息和调控依据。全市罗氏沼虾进入销售旺季,派专人进驻苏中市场,监管交易秩序,每日公布交易价格信息,深受虾农好评。

2013年,正式启动“价格晒场”。经过精心组织和准备,7月1日,市物价局在《高邮日报》上开辟《物价之窗》专栏,及时公布城市居民生活必需品市场价格行情,该栏目共涉及粮油类、肉禽蛋类、水产品类、副食品类、大宗蔬菜类及水电气类6大类60个品种,每半月出一期,为居民提供价格信息。建立和完善了价格监测点31个,每月月中、月底汇总价格采集信息,及时比较、分析、上报。全年共完成市集贸蔬菜、主副食品价格监测78期、主要副食品零售价格监测42期、生猪收购价格监测29期、鸡蛋价格监测29期、粳稻(小麦)收购价、出厂价格监测20期以及民生价格公示41期,同时充分利用监测数据,强化了对粮食、食用油、肉、鸡蛋、蔬菜、化肥、农药及成品油、建材等价格走势的分析预测。

(2)困难人群价格补贴制度实施情况

为确保中央“社会政策要托底”的要求切实落到实处,高邮市按照国家发展改革委等五部门《关于完善社会救助和保障标准与物价上涨挂钩联动机制的通知》(发改价格〔2014〕182号)文件的要求,当居民消费价格同比涨幅超过3%(含3%)时,高邮市将及时启动联动机制。联动机制的适用对象主要包括享受国家抚恤补助的优抚对象、城乡低保对象、农村五保对象、城市“三无”对象、孤儿以及领取失业保险金期间的失业人员。规定当月度同比价格涨幅在3%(含3%)~5%时,享受国家抚恤补助的优抚对象、城市低保对象、城市“三无”对象、孤儿以及领取失业保险金期间失业人员的补贴标准为当地当月城市低保标准的1/12,农村低保对象、农村五保对象的补贴标准为当地当月农村低保标准的1/12。月度同比价格涨幅在5%(含5%)以上时,价格补贴标准增加50%。价格补贴实行按月计算、按月发放。

根据高邮市委、市政府邮发〔2007〕1号文件的精神,每月向每户城区低保家庭发放25元“实物券”,为城区低保对象发放水贴80元/年。

表 5－36　物价补贴制度实施情况

年份	标准(元)		全年发放金额(万元)	一季度			二季度			三季度			四季度		
	城市	农村		户数(户)	人数(人)	物价补贴(万元)	户数(户)	人数(人)	物价补贴(万元)	户数(户)	人数(人)	物价补贴(万元)	户数(户)	人数(人)	物价补贴(万元)
2010	80	52.5	57.59	—	—	—	—	2594	19.49	—	2512	18.83	—	2600	19.27
2011	80	52.5	89.77	1374	2602	19.28	1378	2610	19.35	4108	7752	27.23	4099	7716	23.91
2012	—	—	240.88	43,622	71,727	145.66	28,725	47,040	95.22	—	—	—	—	—	—
2013	—	—	136.93	—	—	—	—	—	—	16,451	33,529	91.47	8165	15,851	45.46

2. 重要商品、公用事业、公益性服务价格听证情况

2009 年，高邮市物价局召开高邮镇、卸甲镇区域供水价格听证会。3 月 9 日下午，市物价局在高邮镇举行高邮镇、卸甲镇区域供水价格听证会。市人大、市政协、新农办等有关负责人和人大代表、政协委员、乡镇自来水公司主要负责人以及部分村民代表等 20 名人员参加了听证会。听证会上，物价局相关人员介绍了区域供水工程投入及进展情况，并详细分析了港邮公司配供水成本、区域供水农村售水企业成本，汇报了区域供水配供及售水价格初步拟订方案，与会听证代表就水价调整方案的科学性、合理性和可行性进行了多方面的探讨和分析，纷纷发表了各自的意见和看法，认为物价局初步拟定的区域供水建议价格居用户水价 2.40 元/吨、工商户水价 2.70 元/吨，均兼顾到了农民承受力和水厂生存两方利益。会上，与会听证代表就其供水质量、水源保护、降低漏失率、提高回收率、水厂自身管理、资金回收率等方面提出了意见和建议。市物价局负责人表示，将充分考虑听证代表的意见，收集并整理出与会代表的意见和建议，制定出合理的区域供水价格方案，报请市政府常务会议批准后择机实施。

2009 年 6 月 2 日下午高邮市物价局召开调整天然气价格听证会。6 月 2 日下午，高邮市物价局召开了调整压缩管道天然气价格听证会，市人大代表、政协委员、政府办、社区代表、个体户、相关单位(部门)、企业代表及媒体代表等共计 25 名代表参加了听证会。与会代表对此次气价分别调整 0.3 元和 0.4 元表示可以承受。此次压缩管道天然气价格调整考虑到企业运作成本，兼顾消费者的切身利益，市物价局在对新奥公司单位成本进行价格认证的基础上，提出了民用气价格由 3.0 元调至 3.3 元/立方米，工商业用气价格由 3.8 元调至 4.2 元/立方米的调整幅度。会上，各位代表对市物价局的《成本监审报告》等相关报告的必要性和可行性进行了论证，充分阐述了各自的意见、观点。多数听证会代表认为，压缩管道天然气价格随着油价上涨做出相应调整是可以理解的，但调整的幅度不能太大，要充分考虑用户的承受能力和周边县市的价格情况，也要考虑到企业的生存和发展。此外，与会代表对物价局此次压缩管道天然气拟调价方案兼顾到了城市低保户的利益，每年给市区使用新奥燃气的低保户发放 80 元的气价补贴，或补贴约 80 元的天然气券的做法给予了充分肯定。而对新奥公司，代表建议其扩大用户，加强经营管理，提高服务质量，努力降低成本。会后，物价局将结合当天的价格听证会建议和意见，形成听证报告，报市政府常务会议研究决定。

2009年,高邮市召开市区自来水价格调整听证会。7月3日下午,高邮市物价局组织召开市区自来水价格调整听证会,会议听取市人大代表、政协委员、单位(部门)、消协、工商企业、社区等方面代表对自来水价格调整的意见和建议,大家对此次自来水价格调整均表示理解和赞同。高邮市目前城区居民生活用水到户水价为2.27元/吨,其中,基本水价1.03元/吨,代收政府各项政策规费1.24元/吨(含污水处理费1元/吨,水资源费0.15元/吨,水利工程水费0.04元/吨,城市公用附加费0.05元/吨)。会上,物价局提供了居民生活用水每吨净增0.28元和0.23元两种调价方案,同时,调价方案兼顾到城市低保户的利益,拟对市区1000多户自来水低保户年供水补贴从60元增加到80元的方案。代表们经过认真的讨论和交流,在统一大家充分阐述各自的意见、观点的基础上,普遍认同第一套方案,即居民生活用水到户价2.55元/吨(净增0.28元),工商业用水到户价3.1元/吨(净增0.23元),特种用水到户价3.65元/吨(净增0.28元)。代表们还就加大地下水使用监管力度、加强供水企业自身宣传、加强管网维护、增强服务意识、扩大区域供水等提出了很好的意见和建议。会后,物价局将结合当天的价格听证会建议和意见,形成听证报告,报市政府常务会议研究决定。

2011年7月12日,高邮市物价局举行出租车客运价格听证会:从8月1日起,高邮市出租车计价标准将作调整:起步价外基本运价由原来的1.6元每公里(含空驶费)调整为1.6元每公里(不含空驶费),返程空驶费按50%规定执行;起步价由5元2公里调至6元2.5公里,同时取消1元燃油附加费;当93号汽油价格上涨至8元每公升时,再征收1元燃油附加费。为使此次出租车运价调整做到"有理有据",市物价部门多次赴周边县市调研,并会同交通部门联合召开出租车公司负责人、部分驾驶员代表参加的座谈会,倾听他们的建议和意见,同时还根据有关规定召开了价格调整听证会,听取广大消费者的意见。听证会上,市物价局拟定了两套价格调整方案,供代表们讨论选择,在广泛征求意见后,兼顾原油价格上涨因素以及参考周边地区出租车运价水平,最终确定调价方案,并报市政府第三十八次常务会审议通过。

3. 价格投诉处理情况

2004年,受理各类价格举报55件,100%完成受理任务。

2005年,价格举报中心共受理各种价格举报71件,与上年54件相比上升31%,价格举报案件的办结率与去年相同均为100%,通过价格举报,被查出的违纪金额60余万元,实现经济制裁12.3万元,其中退还消费者6.3万元,没收违法所得5.8万元,罚款1000元。

2006年,规范了价格举报中心的职能,检查分局明确了一名副局长兼举报中心主任,使职责明确,职务明确。我们严格举报工作的规章和要求,把价格举报工作作为一项硬目标,全年共受理来信来访90件,各类咨询电话360余次,为消费者追回合法所得120余万元。

2007年,共受理各类价格咨询和投诉782件,其中接受咨询640件、受理投诉142件。在受理的价格投诉中,受理群众来信6件,来访13件(次),来电11件,转办件5件,网上投诉107件。其中涉及房地产价格和物业服务收费50件,占35.2%;教育收费25件占,17.6%;液化气16件占,11.3%;交通运输价格15件,占10.6%;自来水价格8件,占5.6%;有线电视收视费7件,占4.9%。逐一查处并答复当事人。

2008年,受理价格举报18件,立案查处14件。查出价格违法金额500余万元,上缴国库100余万元,退还用户20余万元,咨询、投诉回复率均为100%。

2009 年，共接受价格咨询、投诉 96 件，正式受理价格投诉 12 件，帮助投诉者追回所得 3 万余元，咨询、投诉回复率均为 100%。

2010 年，共接受价格咨询、投诉 266 件，正式受理价格投诉 9 件，咨询、投诉回复率均为 100%。

2011 年价格举报中心共接受各类价格咨询、投诉 570 件，其中：咨询 559 件（含寄语市长）、查处投诉 11 件，退还举报人（消费者）3000 余元，回复率、办结率均为 100%，未发生因价格问题引起的社会不稳定事件。

2012 年价格举报中心共接受价格咨询、投诉 465 件（其中咨询 450 件），投诉正式立案 15 件，经济制裁金额 2.65 万元，回复率、办结率都是 100%，另受理网上举报咨询（寄语市长等）105 件，回复率、办结率都是 100%，未发生因价格问题引起的社会不稳定事件。

2013 年受理价格投诉、价格咨询 268 件，立案 10 件，退还相关权益人 6.25 万元，回复率和群众满意率均为 100%。

四、公民知情权、参与权、表达权和监督权保障

（一）行政投诉处理和信访

近年来，高邮市纪委监察局对行政投诉处理率达到 100%（2010 ~ 2014 年均为 100%）。处理完结后，及时将处理结果向投诉人反馈。信访事项办结率 100%（2010 ~ 2014 年均为 100%）。对通过各种方式向市纪委、监察局反映的信访事项，归口由信访室负责登记处理，按程序报批办理。一般信访事项办结限期为一个月，复杂类限期为三个月，对于署实名信访事项，调查结束后还需将调查结果向信访人进行反馈。

表 5－37　2002 ~ 2014 年劳动保障监察行政投诉处理情况

年份	投诉案件总数（件）	受理案件（件）	涉及人数（人）	行政处罚				限期整改结案				行政指导结案			
				件数（件）	涉及人数（人）	处罚金额（万元）	处罚率（%）	件数（件）	涉及人数（人）	涉及金额（万元）	整改率（%）	件数（件）	涉及人数（人）	涉及金额（万元）	调解率（%）
2002	106	106	1350	—	—	—	—	29	460	95	27	77	890	270	73
2003	125	125	1460	1	1	0.3	0.8	42	630	135	33.6	81	830	227	65.6
2004	162	162	1810	—	—	—	—	46	520	104	28.3	116	1490	535	71.7
2005	183	183	1680	—	—	—	—	49	780	225	26.7	134	900	330	73.3
2006	174	174	1920	1	1	1	0.6	51	825	246	29.3	123	1095	287	70.1
2007	216	216	2230	—	—	—	—	42	1010	350	19.4	174	1220	310	80.6
2008	225	225	2470	—	—	—	—	106	1537	386	47.1	119	933	403	52.9

续表

年份	投诉案件总数（件）	受理案件（件）	涉及人数（人）	行政处罚				限期整改结案				行政指导结案			
				件数（件）	涉及人数（人）	处罚金额（万元）	处罚率（%）	件数（件）	涉及人数（人）	涉及金额（万元）	整改率（%）	件数（件）	涉及人数（人）	涉及金额（万元）	调解率（%）
2009	240	240	2620	—	—	—	—	165	1745	406	68.7	75	875	340	31.3
2010	286	286	2840	—	—	—	—	166	1756	430	58	120	1084	366	42
2011	303	303	2960	—	—	—	—	177	1880	463	58.4	126	1080	442	41.6
2012	344	344	3020	—	—	—	—	186	2046	516	54	158	974	417	46
2013	296	296	3500	—	—	—	—	108	2300	860	36.4	188	1200	430	63.6
2014	315	315	3350	—	—	—	—	60	1120	470	19	255	2230	745	81

2011 年，高邮市人力资源和社会保障局始设信访科，通过接待来信来访和网络来访，使有关劳动保障的问题得到及时处理。

表 5－38　2011～2014 年高邮市人社局信访事项办理情况

年份	信访件数（件）	涉及人数（人）	已办理情况			未办理情况		
			限期办理件数（件）	涉及人数（人）	办结率（%）	逾期办理件数（件）	涉及人数（人）	未办结率（%）
2011	169	228	169	228	100	无	无	0
2012	165	215	165	215	100	无	无	0
2013	156	201	156	201	100	无	无	0
2014	171	221	171	221	100	无	无	0

（二）保障和规范村民自治

1. 村民自治

1991 年，高邮市开始在基层群众自治组织中开展以“民主选举、民主决策、民主管理、民主监督”为主要内容的村民自治活动。2 月，市委组织部、市民政局、市委农工部、市委宣传部抽调干部会同武安乡党委、政府在凤凰村开展村民自治示范活动试点，后扩大到车逻镇湾桥村、车逻村和八桥镇李庄村三个点。11 月，市政府召开村民自治示范工作会议，介绍推广试点村经验，市民政局印发村民自治示范活动试点工作经验与制度建设、阵地建设典型材料，组织参会人员观摩试点村现场，为全市各乡镇开展村民自治示范活动树立榜样。会议印发《高邮市创建村民自治示范市、示范乡镇、示范村规划》，明确提出至 1996 年全市有 85% 的村达到村民自治示范村标准、85% 的乡镇达到村民自治示范乡镇标准的目标，部署每个乡镇选择一个村先行试点，取得经验后全面推开，在全市各乡镇各村开展村民自治示范活动。

1992 年 10 月，市民政局副局长在全省村民自治示范活动太仓现场经验交流会上发言，汇报交流高邮市“有领导，有组织，有试点，有规划，有步骤，有成效地开展村民自治示范活动”的做法和经验。

1993年4月，在市委、市政府召开的第三届村委会换届选举工作会议上，一批新扩大试点的乡镇、村分别交流创建村民自治示范乡镇、示范村的经验，市人民政府表彰首批44个村民自治示范村，颁发奖匾，会议对村委会换届选举与村民自治示范活动一起进行部署。村民自治活动由点到面，在每个乡镇、每个村逐步推开。市委、市政府成立“村民自治示范活动领导小组”，市民政局将编入部、省、市开展村民自治示范活动的有关文件及宣传提纲，村民委员会建设的有关文件、职责、制度，居委会建设有关文件等三个部分内容，编印成《村民自治示范活动指南》共10.5万字。统一印制高邮市《村民代表会议记录簿》《村民档案册》、村委会档案封面、目录纸和村委会职责、制度，下发到乡镇村，指导规范村民自治示范活动。

1997年，高邮市委、市政府重视加强村委会建设，年初市民政局与市委组织部联合印发《关于加强村委会建设和创建村民自治示范村检查验收标准》，制发5个大项160个小项具体内容的《村民自治示范活动检查验收表册》，把开展基层民主自治活动同搞好农村的发展与稳定结合起来，进一步指导规范各乡镇、村村民自治示范工作。4月下旬~5月上旬，市委组织部、市民政局、市人武部、市委农工部等单位抽调15人，组成5个小组，逐乡镇进行抽查验收，发现问题及时帮助解决。经抽查和验收，全市有515个村基本达到村民自治示范村要求。11月，市委组织部、市民政局将全市分成5个片，先后分片召开村民自治示范活动现场会，交流经验，进一步统一要求，推进各乡镇抓紧做好完善准备工作，迎接省和扬州市检查验收，争创省级村民自治模范市。

1998年1月，高邮市把创建村民自治模范市工作，列为加强群众自治组织和基层民主建设的重点工作，将“高邮市村民自治示范活动领导小组”更名为“高邮市农村基层民主建设工作指导小组”，市委、市人大常委会、市政府的分管领导和民政、农工、宣传、妇联、共青团、人武等部门负责人参与领导和指导。高邮市向扬州市书面申请省民政厅进行村民自治示范工作检查验收。2月，省民政厅基层政权建设处的领导到高邮，对高邮市村民自治示范工作调查指导。4月20日，市民政局与市委组织部联合印发《关于加大工作力度落实村民自治各项任务，迎接省村民自治模范市检查验收的通知》。市民政局总结沙堰镇、川青镇村民自治经验，整理汇编沙堰镇丹阳村民主理事、规范管理一套材料，印发各乡镇。5月10~20日，市民政局机关全体干部深入基层，对全市各乡镇村民自治示范活动普遍进行一次督促检查，实行面对面指导。9月2日，市委、市政府召开“村务公开、民主管理工作会议”，进一步总结经验，部署实行村务公开、健全民主管理制度，深化村民自治活动，提高全市乡镇、村村民自治示范整体水平。9月23~26日，江苏省民政厅和扬州市民政局对高邮市村民自治示范工作进行检查验收。10月2日，省民政厅下发文件，正式批复同意高邮市为“江苏省村民自治模范市”，这在扬州市是第2家，全省第20家。11月10~12日，扬州市民政局、扬州市委组织部、扬州市纪委等部门组成检查组，会同高邮市民政局、市委组织部、市委宣传部、市委农工部、团市委、市妇联等部门组成11个小组，对全市33个乡镇、132个村的村民自治示范工作进行抽查验收，给予较高评价。1999年2月27日，在全市第五届村委会换届选举工作会议上，市委、市政府表彰村民自治模范村218个，占村委会总数的34%，表彰村民自治合格村369个，占总数的58%。6月，全市有25个乡镇被扬州市政府命名为“村民自治模范乡镇”，占全市乡镇的76%。

2. 村务公开

从1991年开始，高邮市按照中央、省、扬州市有关文件精神，把农村村务公开作为村民自治的重要内容来落实。各村民委员会普遍建立村民代表会议制度，选举村民代表20,711人，各村委会每年召开村民代表会议4次以上，有关村务、涉及群众切身利益和公益事业的大事，由村民代表参与讨论，参与决策，提高基层组织决策的科学性和民主性。各村委会建立村委会任期目标和工作职责，主任、副主任与4个工作委员会工作职责，村委会成员工作考核、村务公开、村民会议、村民代表会议、村民小组议事、财务管理、档案管理等一套民主管理制度，由村干部和村民共同讨论制定，全部公布张榜上墙，《村规民约》印发到户，以制度管理，实行村民自我教育、自我管理，提高民主管理水平。各村委会建立以村务公开、财务公开为主要内容的民主监督机制，通过普遍设置"村务公开栏""村民联系箱"，建立村民大会审议村委会工作报告、村民代表考评村委会任期目标、村级财务由村民代表和乡镇农经站每年审计、公布等制度、措施，畅通村民民主监督的渠道，密切党支部、村委会等基层组织与人民群众的联系，促进村干部作风的转变和工作水平的提高。

1997年8月，市委办公室、市政府办公室印发《高邮市关于开展农村村级财务公开活动的实施意见》，在川青镇召开村务公开现场会，在全市各乡镇普遍推开。至1999年上半年，全市各乡镇、村、组完成自1995年以来财务账目清查，基本无问题的村占96%，清查出挪用公款18.28万元，退还16.09万元，贪污公款9.66万元，13名村组干部受到处理，收回两项往来款8.3万元。村组建立由村民代表参加的民主理财小组，形成半年清查一次村组财务账目，每季度向村民公布一次财务收支情况的制度，村民对财务的民主监督逐步规范。

在实行财务公开的同时，市委组织部、市委农工部、市民政局分别到村组对干部队伍建设、土地二轮承包、村务公开等农村政策性问题进行调查研究，市委常委扩大会议专题听取调查汇报并进行研究。1998年7月，市委办公室、市政府办公室印发《高邮市村务公开的意见》(邮办发〔1998〕103号)，明确实行村务公开和民主管理制度的重要意义、指导思想和组织领导；进一步规范村务公开的内容、程序、形式和时间；进一步提出完善基层民主管理制度的要求。9月2日，市委、市政府召开全市村务公开、民主管理工作会议，三个乡镇交流经验，观摩两个村的现场，总结点上工作经验，进一步部署工作，明确要求。市民政局编印《农村村务公开民主管理工作文件汇编》，发至村组，进行宣传教育，并抽调28名机关干部到乡镇指导。33个乡镇普遍制发实行村务公开和民主管理制度的规范性文件，638个村委会设立村务公开栏729处，部分村民小组设置"民心墙"，1998年度各村平均村务公开4次以上，1999年每季度出村务公开栏一次。设立村民联系箱621处，召开村民代表会议1812次，全市村务公开、民主管理实现100%。

2000年5月，市乡镇、村组行政区划调整后，基层出现"合村不合心""并村不并账"、村务公开不及时、村民自治一度弱化的状况。市民政局会同市委农工部到乡镇村调查，针对出现的新情况、新问题，培植民主管理典型，以点带面，深化村民自治，落实村务公开，推进民主管理活动。2000年11月在龙虬镇白马村，2001年在高邮镇新华村、大桥村，车逻镇车逻村、湾桥村，先后召开村务公开民主管理经验交流现场会，推进村民自治示范活动向深层次发展。

2001年4月，市民政局先后印发《关于涉农收费公示制度》和《关于在税费配套改革中精简村委会成员，必须严格按照〈村委会组织法〉实施的通知》。2003年5月14日，市民政局印发《关于进一步推进基层依法治理,扩大民主政治建设的意见》。2004 年 9 月 6 日,市委、市政府建立“高邮市村务公开民主管理工作协调小组”,由市委副书记、常务副市长、市人大常委会副主任、市政协副主席担任正、副组长,11 个相关部门主要负责人为成员。2004 年 9 月 22 日,市委、市政府印发《关于做好村务公开和民主管理工作的意见》,指导基层村务公开、民主管理活动正常有效地开展。

表 5－39　1998～2014 年高邮市村民委员会情况调查

	年份	机构数量(人)	辖区人口总数(人)	机构工作人员(人)
1998～2014 年村民委员会基本信息及其变化情况	1998	657	531,340	3273
	1999	639	529,328	4810
	2000	639	529,328	4810
	2001	282	684,782	1734
	2002	282	684,782	1734
	2003	282	684,782	1734
	2004	282	505,796	1637
	2005	282	505,796	1637
	2006	282	505,796	1637
	2007	280	514,482	1576
	2008	280	514,482	1576
	2009	280	514,482	1576
	2010	278	55,872	14,329
	2011	278	55,872	14,329
	2012	278	55,872	14,329
	2013	176	616,026	1121
	2014	176	616,026	1121

五、公民救济权益保障

(一)利益协调机制(不动产权属争议、劳动争议案件以及医疗事故赔偿纠纷、交通事故赔偿案件的行政调处率)

1. 不动产权属争议调处情况

不动产权属登记是不动产管理机关应申请人的申请作出的行政行为,它明确了登记申请人对登记确认的内容所产生的权利,并可以在权利被他人侵犯时,以登记的行政行为与之相对抗,任何机关、团体及其他个人非经法定程序不得以任何理由撤销该行为。但申请人提交的申请材料主要是有效的民事行为的相关材料,因此,不动产权属登记行为中权属争议情况经常出现。在实践中经常遇到的与不动产权属登记行政行为有关的权属争议主要包括:不动产买卖合同纠纷、抵押合同纠纷、继承纠纷、析产、侵权、离婚财产分割纠纷、赠与纠纷、互换纠纷、房屋租赁、房屋动迁安置补偿等。对涉及不动产权属登记纠纷的诉讼，由于现行法律和司法解释有明确规定，实践中处理绝大部分通过民事诉讼解决，对简单双方又自愿协商处理的都是通过行政调处解决。其调处率达98%以上。

2. 劳动争议案件调处情况

(1)劳动争议仲裁

1986年11月10日，高邮县根据国务院《国营企业实行劳动合同制暂行规定》(已失效)、《国营企业招用工人暂行规定》(已失效)、《国营企业辞退违纪职工暂行规定》(已失效)、《国营企业职工待业保险暂行规定》("四项暂行规定")，成立县劳动争议仲裁委员会，设办公室于县劳动局内(以下简称劳动争议仲裁办)，行使劳动争议仲裁行政职能。1987~1990年，全县县属企业建立调解委员会共169个。

1991~1998年，全市先后举办由各企业主管系统、乡镇劳动所或农经中心的工会干部、劳资人员、调解员参加的劳动争议调解业务培训班23期，学习相关政策、法律、法规，培训基层劳动争议调解员2964人次，形成全市基层劳动争议调解网络。截至1998年，全市组建成有职工代表、用人单位代表和工会代表组成的基层劳动争议调解委员会共170个，组建率达100%。1999年，市劳动争议仲裁委员会还在张轩乡、菱塘回族乡、八桥镇等9个乡镇建立劳动争议仲裁办事处，使乡镇企业发生的劳动争议案件能就近迅速得到处理。

1998~2005年，全市市属企业改制，由全民、集体所有制改为民营、合资或股份合作制企业，原有各基层企业劳动争议调解组织随着企业改制而解散，而新登记注册的各类企业工会组织尚未建立，因而未能及时恢复基层劳动争议调解委员会。

(2)劳动争议案件调解与裁决

1986~1987年，全县企业职工的维权意识还比较淡薄，没有发生劳动争议案件。本着"以调解为主，不激化矛盾、减少行政复议案件"的原则，市劳动争议仲裁委员会做到能在庭外调解的就不必到庭内调解，能在庭内调解的争取不作裁决，一定要裁决的，做到用好用准法律法规，减少"先仲裁再法院判决"案件的发生。

1988年，县劳动争议仲裁委员会首次庭内裁决1起劳动争议案件，未立案调解处理两起职工对企业除名不服的申诉案件。1989~1990年，基层调解委员会发挥调解职能，成功调解县面粉厂在优化劳动组合中落聘职工与企业之间所发生的3起劳动争议案件。

从1995年开始，全市劳动争议案件呈逐年上升趋势，特别是2000~2001年，因企业改制，许多用人单位和劳动者之间的利益矛盾暴露出来，企业职工投诉企业经营者侵权的案件大幅度上升，全市共立案受理劳动争议案件82起，仲裁裁决53起，庭内调解结案23起，撤诉结案7起，未经立案调解处理劳动争议案件1302起。在2001年立案受理的66起劳动争议案件中，全民企业14起，集体企业28起，外资企业1起，股份制企业8起，有限公司2起，私营企业6起，个体工商户2起，集体争议5起。从申诉主体划分，用人单位申诉的4起，劳动者申诉的62起，这些案件涉及劳动者当事人189人。从劳动争议案件的类型上分，劳动报酬争议26起，保险福利争议8起，工伤争议19起，职业培训争议1起，解除劳动合同争议9起，终止劳动合同争议3起。处理方式：仲裁裁决40起，立案调解10起，撤诉结案7起，个人胜诉46起，用人单位胜诉2起，双方部分胜诉9起。涉及经济标的258万元。

2002年以后，劳动者自我维权意识不断增强，全市劳动争议仲裁案件不断增加，集体劳动争议案件时有发生。仅2002年,集体劳动争议案件就有16起。2003年,全市立案受理和未立案受理的劳动争议案件达945起,其中立案和未立案的劳动争议案件,通过调解解决的达738起,依法裁决的立案案件196件。4月,司徒镇友源制衣有限公司92名职工集体申诉要求补发拖欠的1～3个月工资,市劳动争议仲裁委员会在调查核实的基础上,迅速赴司徒镇就地开庭审理,依法公正裁决友源制衣有限公司补发92名职工工资11.18万元,赢得该公司职工和当地政府的赞许。高邮金江商贸有限公司拖欠104名职工工资18万元的集体劳动争议案,由于得到及时依法裁决,使这一起劳动争议妥善化解。是年,市劳动争议仲裁委员会被江苏省劳动和社会保障厅、江苏省劳动争议仲裁委员会联合表彰为先进单位。

2004年,市劳动争议仲裁委员会针对劳动争议纠纷较多且复杂的现状,按照"受理一起,结案一起"的工作思路,加大劳动争议仲裁工作的制度建设,先后出台《劳动争议调解办法》和《劳动争议仲裁实施意见》,规定办案程序,使办案过程公开、合法。2005年,全市立案受理劳动争议案件599起,结案541起,其中仲裁调解27起、仲裁裁决514起,结案率99.6%。2006～2014年共受理劳动争议案4918起,其中仲裁调解5174起、仲裁裁决672起,结案率98%。

表5-40　1986～2004年高邮市(县)劳动争议案件处理情况

年份	立案受理(起)				未立案受理(起)		
	合　计	庭内裁决	庭内调解	庭间撤诉	合　计	调解解决	撤　诉
1986	—	—	—	—	—	—	—
1987	—	—	—	—	—	—	—
1988	1	1	—	—	2	2	—
1989	—	—	—	—	6	6	—
1990	1	1	—	—	2	2	—
1991	—	—	—	—	5	3	2
1992	3	2	1	—	4	4	—
1993	5	5	—	—	—	—	—
1994	1	1	—	—	7	7	—
1995	30	2	28	—	4	4	—
1996	3	3	—	—	31	31	—
1997	5	2	3	—	48	48	—
1998	10	1	7	2	61	58	3
1999	9	9	—	—	11	11	—
2000	16	13	3	—	426	426	—
2001	66	40	20	6	876	876	—
2002	38	10	28	—	23	23	—
2003	220	196	18	6	720	720	—
2004	36	12	24	—	—	—	—

表 5-41 2005~2014 年高邮市劳动争议案件调处情况

年份	受理案件（件）	涉及人数（人）	行政裁决			行政调处		
			件数（件）	裁决率（%）	涉及人数（人）	件数（件）	调处率（%）	涉及人数（人）
2005	928	928	130	14	130	798	86	798
2006	1126	1126	135	12	135	991	88	991
2007	1313	1313	138	10.5	138	1175	89.5	1175
2008	798	798	99	12.4	99	699	87.6	699
2009	417	417	46	11	46	371	89	371
2010	402	402	40	10	40	362	90	362
2011	115	115	13	11	13	102	89	102
2012	237	237	31	13	31	206	87	206
2013	332	332	28	8.4	28	304	91.6	304
2014	178	178	12	7	12	166	93	166

表 5-42 2002~2005 年高邮市劳动争议案件立案受理分类情况

年份	立案受理	工伤赔偿		工资、劳动报酬		解除劳动合同		经济补偿金		履行协议		退休养老金		工亡和医疗费	
		起	占（%）	起	占（%）	起	占（%）	起	占（%）	起	占（%）	起	占（%）	起	占（%）
2002	38	30	80.0	7	18.0	1	2.0	—	—	—	—	—	—	—	—
2003	227	26	11.6	198	87.2	—	—	1	0.4	1	0.4	1	0.4	—	—
2004	36	17	47.3	1	2.8	3	8.3	3	8.3	—	—	12	33.3	—	—
2005	599	20	3.3	567	94.7	—	—	3	0.5	7	1.2	—	—	2	0.3

典型案例

1990 年，县供销社以“贪污医药费、损坏公物、多次闹事”为由，开除 1 名全民固定工。县劳动争议仲裁委员会受理此职工投诉。经 3 个月调查取证，县仲裁委员会开庭，双方答辩互不相让，且不接受调解建议。经县劳动争议仲裁委员会裁决：县供销社认定被开除职工所犯的错误，有部分与事实不符，支持申诉方的申诉，要求县供销社撤销开除处分。此案由全体仲裁员庭决，依法维护职工合法权益，在全市影响很大。

1994 年，高邮镇某企业维修车间主任蒋某提交辞职申请后，未经厂方批准即离去，厂方曾责令其回厂而未回。不久，厂方做出决定，将蒋某和其在本厂工作的妻子张某一起除名。张某诉至市劳动争议仲裁办公室。厂方认为，蒋某受企业培养，其妻张某亦属照顾安排到企业工作，蒋某“忘恩负义”，自己外出发财，致使企业蒙受损失，故其夫妇二人都要被开除。市劳动争议仲裁办公室认为，这是一种“株连”行为，“忘恩负义”与人才交流的规定是“法”与

"理"的矛盾,厂方应依法恢复张某的工作。经调解,厂方最终撤销对张某的开除决定。

1997年,市某全民所有制企业固定工改为全员合同制后,该企业行政科科长刘某提出辞职并"跳槽"到某房产公司工作。该企业认为刘在任行政科科长期间利用职务之便与某房屋公司建立私人关系,有损害企业利益的嫌疑,于是扣留其档案不让跳槽。市劳动争议仲裁办公室受理此案后,即予调查、调解,指出:刘某"跳槽"是其合法权益,如有因此泄露企业商业秘密等行为造成企业损失的,可诉至司法部门。企业不能以怀疑代替事实,做出违反法律法规的行为,扣留刘某档案的做法是不当的。经调解,该企业同意将刘某的档案转至新单位。

3. 医疗事故赔偿纠纷

针对医患双方自行协商的成功率很低,患者在诉求得不到满足的情况下便采取极端行为,影响正常社会秩序等突出问题,在高邮市人民医院、中医院等重点医院成立医患沟通中心,以各医院医政处为主体,聘请法律工作者、医务专家、驻医院治安办公室民警组成,定人定岗定职责。对发生的"医闹"事件,按照"接待迅速、科学解答、依法调解、查处违法"的原则,由医务专家、法律工作者、派出所民警分工协作、共同调处,做到法、理、情结合,低成本、高效率地化解处置。对发生打、砸医院的"医闹"事件,公安机关积极配合卫生、医院、司法等部门在做好宣传引导、规劝教育工作的同时,坚持依法处置,依法打击,以案释法,有效遏制了"医闹"事件的发生,以挤压倒逼方式,有效促成第三方介入的医疗纠纷调解模式。2013年开始运作以来,刑事拘留医闹成员2人、治安处罚14人,成功调处医患纠纷30余起。

4. 交通事故赔偿案件的行政调处

自2010年6月组建高邮市道路交通事故处理综合服务中心以来,该中心坚持以关注民生、服务群众、惠及百姓为导向,通过在实践中不断发展、不断完善,以调解为手段,以服务为平台,以维稳为目的,构建了调处四并举(行政调解、人民调解、司法调解、法律宣传)、服务三跟进(巡回法庭、保险理赔、社会救助)的"4 +3"调处模式,运用法治思维和法治方式化解矛盾、服务发展、维护稳定,让百姓共享公平正义成果,共创平安和谐社会成效明显:一是调处职能明显增强,近5年来该中心受理的交通事故纠纷调处率为100%、调处成功率在98%以上、调处赔偿额7000余元、一案一结赔偿兑现率为100%,公正化调处、民本化维权,实现了零上访、零问责投诉的"二零"目标;二是社会效能明显增强,调处工作放大了社会效应,小中心取得大民心,小平安促进大和谐。成功做法成为全市创新和加强社会管理亮点,在受到中央维稳办和省、市各级领导充分肯定的同时,被上级部门推介、各级媒体报道20余次。2014年,该中心一班人以深化党的群众路线教育实践活动,解决群众具体问题,切实履行交警职责,努力服务群众"最后一公里"为宗旨,以贴心调解"一站式"服务群众"一公里"为工作主线,牢记使命,依法以理秉公调处,全面推行道路交通事故处理工作"一站式""大调解"服务机制,走交通事故处理社会化之路。全年中心共调解成功1209起(其中现场快速处理662起、简易程序519起、一般程序11起、重大事故程序17起),其中引导诉讼16起,赔偿金额达1042余万元,救助交通事故当事人66人,垫付资金209.71万元,化解群体集访事件20余起,群众的满意度99%以上,调处中心收到当事人和企事业单位赠送的锦旗5面,有效地防止了社会矛盾的激化。2014年12月,收到扬州市司法局发给的优秀人民调解组织荣誉证书。

（二）行政复议生效决定、行政诉讼生效判决和裁定执行率

1993 年收行政案件 1 件，当事人自动履行，收行政非诉案件 1 件，强制执行 1 件。

1994 年收行政非诉案件 1 件，不予执行 7 件，当事人自动履行 4 件，强制执行 10 件。1995 年收行政非诉案件 78 件，不予执行 4 件，当事人自动履行 35 件，强制执行 39 件。

1996 年收行政非诉案件 72 件，不予执行 4 件，当事人自动履行 40 件，和解 1 件，强制执行 22 件。

1997 年收行政非诉案件 51 件，不予执行 4 件，当事人自动履行 35 件，和解 1 件，强制执行 9 件。

2005 年，共受理行政诉讼案件 25 件，审结 24 件，结案率为 96%，继续保持扬州市法院系统收结案数的首位。全年共受理非诉行政案件 88 件，审查执结率达 100%。

2006 年，共受理行政执行案件 70 件，执结 68 件，执结率 97.1%。其中，妥善执结了 16 件影响较大的拆迁纠纷。

2007 年，共受理非诉行政执行案件 58 件，审查执结率达 100%。

2008 年至 2011 年，共受理行政诉讼案件 86 件，审结 82 件，受理非诉行政执行案件 136 件，执结 136 件，执结率为 100%。

2012 年，共受理行政诉讼案件 21 件，审结 21 件，受理非诉行政执行案件 29 件，执结 29 件。

2013 年，共受理行政诉讼案件 13 件，审结 9 件，审查非诉行政案件 30 件，审结 30 件。

（三）行政赔偿、补偿情况（土地征收、房屋拆迁补偿等）

1. 历史沿革

1992 年，高邮市人民政府根据国务院颁布的《城市房屋拆迁管理条例》精神，制定了《高邮市城市房屋拆迁管理暂行办法》（以下简称《暂行办法》），其主要规定：拆迁人对被拆除房屋的所有人，按《暂行办法》给予合理补偿，补偿采用作价补偿、产权调换、作价补偿与产权调换相结合的形式。第一，实行产权调换的住宅和非住宅房屋，采用按照重置价格结合成新与建筑安装工程造价相互结算差价，超过部分按照商品房价格结算，偿还的建筑面积小于被拆除房屋建筑面积的部分，按照重置价格结合成新结算。第二，拆除私有出租的住宅房屋，实行产权调换，原租赁关系继续保持。第三，拆迁直管公房，被拆迁人要求取得房产权的，经房产部门批准按优惠价格购买取得产权，按私有住宅进行补偿安置。第四，拆迁直管公房、单位房、私有住宅房屋，在城区房源条件允许时，按原拆除房屋使用面积安置，原则上不予增加安置面积。

1995 年，高邮市人民政府出台了《高邮市旧城改造房屋拆迁实施细则》，其补偿安置办法与 1992 年出台的《暂行办法》大致相同，采用重置价格结合“成新价”与新建安置房“调节价”（在“成新价”基础上加 100 元每平方米）相互结算差价，同时增加因靠户型照顾使用面积 5 平方米，按 500 元每平方米计算，超过部分按商品房价格承担。拆除直管公房就地安置的，租赁关系仍然保持，房屋贴补款由产权人、房屋使用人、使用人家庭成员所在单位按 3∶3∶4 的比例贴补款，过渡搬家费用按户计算，设置了四个标准。1996 年，高邮市人民政府出台了《高邮市城市规划区集体土地房屋拆迁管理暂行办法》，对集体土地上的房屋拆迁补偿作了具体规定。（1）对经批准在农村建房或购房的城市居民，拆迁安置宅基地用地标准按城市居

民的有关规定执行。(2)对集体土地上的村民户采用划给宅地自建安置房,其房屋按照重置价格结合成新给予补偿,同时贴补新建房屋差价,按评估总额的30%～50%计算,自建房误工费按1000元每户计算,搬家过渡费用仍然按户计算。

1999年,高邮市人民政府出台了《高邮市城市房屋拆迁管理实施办法》,其补偿安置办法与1992年出台的《暂行办法》大致相同,采用重置价格结合成新与建筑安装工程造价相互结算差价,同时增加因靠户型照顾建筑面积7平方米(同一类区)和10平方米(异地安置),其价格按照住宅房屋的成本价格由被拆迁人贴补,超过部分按商品房价格承担。此次出台的文件对高邮市地域等级进行了划分,设置了一类区、二类区、三类区三个等级,被拆迁人跨区域安置,拆迁政策给予相应的建筑面积补贴。

2001年,高邮市人民政府出台了《高邮市城市房屋拆迁货币安置实施细则》,确定了货币补偿安置的适用范围,其补偿主要由被拆迁房屋重置价格结合成新价和区位补偿款两部分组成。此文件出台前后各类房屋拆迁基本以货币安置为主要补偿安置方式。

2002年,高邮市人民政府出台了《高邮市城市规划区房屋拆迁实施细则》,其补偿安置方式仍然为产权调换和货币安置两种方式。文件规定了国有土地和征用土地两个方面的补偿安置标准,国有土地补偿安置的构成主要是区位指导价、重置价格两部分相加乘合法建筑面积对被拆迁人进行补偿和安置,产权调换原则上安置统建楼房,也有少量实行异地安置。对集体土地按照人均合法面积进行补偿安置。

2008年,高邮市人民政府出台了《高邮市城市规划区征地房屋拆迁补偿安置实施办法》,补偿安置方式仍然为产权调换和货币安置两种方式,对被拆迁人的补偿由房地产价格评估机构按照房地产市场评估价格确定,安置原则上采用就地安置为主的方式。

2011年,高邮市人民政府出台了《高邮市国有土地上房屋征收与补偿暂行办法》,规定了对被征收人必须提供货币补偿和产权调换两种补偿安置方式,按照类似房地产市场价格对被征收人进行补偿,安置方式以原地安置为主、就近安置为辅。近一两年来,一些房屋征收(拆迁)工程也采用团购商品房的方式安置被征收(拆迁)人。

2. 征收(拆迁)行政争议化解情况

根据1992年高邮市人民政府出台的《暂行办法》及后续相关文件中有关条款的规定,征收(拆迁)当中的行政争议由高邮市建委(建设局)负责进行调解,调解无效的由市建委(建设局)进行裁决,被征收(拆迁)人无正当理由拒绝拆迁的,由市人民政府责成有关部门强制拆迁,或由市建委(建设局)申请人民法院强制拆迁,绝大部分征收(拆迁)中的行政争议和矛盾纠纷通过调解和协商而化解。1992年至1998年共实施了1户行政强拆,1999年至2008年共对9户被征收(拆迁)户实施了行政强拆和司法强拆。2011年根据国务院《国有土地上房屋征收与补偿条例》和高邮市《暂行办法》的规定,征收(拆迁)行政化解的主要手段是进行协商、调解,直至市人民政府下达补偿决定书,仍不能化解的,由市人民政府申请人民法院强制执行。

3. 征收(拆迁)重点领域决策听证制度实施情况

从1992年至2010年,高邮市房屋征收拆迁等重点领域决策、听证制度实施情况主要包含以下几个方面:

第一,核发房屋拆迁许可证前听证制度。根据国务院《城市房屋拆迁管理条例》(失效)

《江苏省城市房屋拆迁管理条例》、《扬州市城市房屋拆迁管理办法》及《高邮市城市房屋拆迁管理暂行办法》相关条款规定，高邮市所有拆迁项目核发房屋拆迁许可证前须进行听证，通过听证对项目的合法性、拆迁程序进行公开听证，凡不符合法规、文件所规定的拆迁项目，一律不得核发房屋拆迁许可证。

第二，行政裁决前集体讨论制度。高邮市房屋拆迁作出行政裁决前，由房屋拆迁行政主管部门对行政裁决案件进行集体讨论，形成集体讨论意见。

第三，房屋拆迁行政裁决风险告知制度。根据国务院《城市房屋拆迁管理条例》、建设部《城市房屋拆迁行政裁决工作规程》及有关规定，在作出行政裁决前，我们对行政裁决常见的风险采用书面告知制度，帮助拆迁当事人规避风险，减少不必要的损失。

第四，实行行政强制拆迁前听证制度。市政府实施行政强拆前，须就房屋拆迁许可的程序、房屋评估和补偿、安置等进行听证，同时邀请各方代表参加旁听，形成听证意见书。

从2011年国务院出台《国有土地上房屋征收与补偿条例》以来，征收拆迁等重点领域的决策听证制度实施情况主要包含以下几个方面：

第一，下达征收决定前听证制度。根据国务院《国有土地上房屋征收与补偿条例》及高邮市《国有土地上房屋征收听证暂行办法》，高邮市所有的房屋征收（拆迁）项目在作出征收决定和发布拆迁公告前都实行公开听证制度，主要就征收（拆迁）的合法性、补偿安置方式、安置地点、安置价格等进行听证，根据被征收（拆迁）人的建议和意见，由市人民政府形成听证意见书，并根据听证的情况修改房屋征收补偿安置方案。

第二，实行房屋征收（拆迁）风险评估制度。根据国务院《国有土地上房屋征收与补偿条例》及高邮市《国有土地上房屋征收社会稳定风险评估暂行办法》，高邮市所有的房屋征收（拆迁）项目在作出征收决定和发布拆迁公告前实行社会稳定风险评估制度，就房屋征收（拆迁）项目存在的不稳定因素和风险点进行评估，形成房屋征收（拆迁）风险评估报告，由相关部门和各方代表进行评估，形成综合评估报告，为政府作出征收决定和发布拆迁公告提供决策依据。

第三，重大问题集体研究制度。在高邮市房屋征收（拆迁）过程中遇有重大（特殊）问题，按照从严把关、以人为本的原则，逐级进行申报，按照一层一级的权限会商后，一律由房屋征收（拆迁）工作指挥部领导小组集体研究决定。

4. 房屋拆迁行政补偿机制实施情况

从1992年高邮市出台《高邮市城市房屋拆迁管理暂行办法》到2011年出台的高邮市《国有土地上房屋征收与补偿暂行办法》，都规定了对被征收（拆迁）人进行补偿和安置，大致可分为四个阶段：

第一，1992年至2001年，房屋拆迁行政补偿采用重置价格结合成新与安置房的建筑安装造价进行结算。同时，给付被拆迁人搬家费、过渡费及水电等各项费用。

第二，2002年至2006年，房屋拆迁行政补偿采用重置价格结合成新+区位指导价对被拆迁人进行补偿安置。同时，给付被拆迁人搬家费、过渡费、提前签约奖励及水电等各项费用。

第三，2007年至2010年，房屋拆迁行政补偿根据被征收房屋的区位、用途、建筑面积等因素，以房地产市场评估价格确定。同时，给付被拆迁人搬家费、过渡费、提前签约奖励及水电等各项费用。

第四,2011 年至今,国有土地上房屋征收对被征收人的补偿,由房地产价格评估机构按照类似房地产市场价格进行评估,城市规划区集体土地补偿基本参照国有土地上房屋征收补偿安置的标准和方式。同时,给付被拆迁人搬家费、过渡费、提前签约奖励及水电等各项费用。

5. 土地违法查处情况。

近十年来,高邮市纪委监察局共查处违反土地政策责任人 35 人(2005 年 4 人,2006 年 2 人,2007 年 6 人,2008 年 4 人,2009 年 2 人,2010 年 2 人,2011 年 4 人,2012 年 3 人,2013 年 3 人,2014 年 5 人),对国土部门移交的土地违法案件,严查案件中失职渎职公职人员,并给予相应的党政纪处分。

(四)法律援助情况

表 5－43　法律援助工作情况(1979～2014 年)

项目	单位	1979～1998	1999	2000	2001	2002	2003	2004	2005	2006	2007	2008	2009	2010	2011	2012	2013	2014
一、法律援助机构	(个)	0	1	1	1	1	1	1	1	1	1	1	1	1	1	1	1	1
二、工作人员	(人)	0	1	1	1	1	1	1	2	2	2	2	2	3	3	4	3	3
其中:法律专业	(人)	0	0	0	0	0	0	0	0	0	0	0	1	1	1	1	1	1
三、受理案件	(件)	0	5	27	69	64	73	71	82	97	129	218	379	498	659	737	829	1610

续表

项目	单位	1979～1998	1999	2000	2001	2002	2003	2004	2005	2006	2007	2008	2009	2010	2011	2012	2013	2014
其中：民事法律援助	(件)	0	5	24	62	60	73	68	77	90	113	197	356	476	632	716	776	1587
刑事法律援助	(件)	0	1	3	7	4	0	3	5	7	16	21	23	22	27	21	53	23
行政法律援助	(件)	0	0	0	0	0	0	0	0	0	0	0	0	0	0	0	0	0
咨询法律援助	(件)	0	23	35	30	47	96	72	74	83	176	264	685	825	1247	1376	2312	2259
四、法律援助案件	(件)	0	5	27	69	64	73	71	82	97	129	218	379	498	659	737	829	1610

续表

项目	单位	1979~1998	1999	2000	2001	2002	2003	2004	2005	2006	2007	2008	2009	2010	2011	2012	2013	2014
五、受援人	（人）	0	5	27	69	64	73	71	82	97	129	218	379	498	659	737	829	1610
其中：残疾人	（人）	0	0	0	0	0	2	4	3	2	3	7	9	7	13	15	17	19
老年人	（人）	0	1	2	3	6	3	8	7	7	4	9	17	19	26	31	23	27
未成年人	（人）	0	1	0	5	4	0	3	5	7	15	19	21	20	18	17	47	19
农民工	（人）	0	1	3	7	19	28	32	31	30	127	131	217	276	437	503	674	1309
妇女	（人）	0	0	2	17	22	24	17	27	31	36	64	76	91	149	453	554	936
一般贫困者	（人）	0	3	4	52	56	68	54	54	56	72	113	168	213	243	117	126	154
六、法律援助经费	（万元）	0	0.8	0.8	1	1	1	1	2	2	2	3	5	6	7	9	11	11

续表

项目	单位	1979～1998	1999	2000	2001	2002	2003	2004	2005	2006	2007	2008	2009	2010	2011	2012	2013	2014
其中：财政拨款	(万元)	0	0	0	1	1	1	1	2	2	2	3	5	6	7	9	11	11

第六章　县域重大法治案件和法治事件

第一节　县域法治案件

一、公安部挂牌“1·22”虚开增值税专用发票案

1. 案件类型

虚开增值税专用发票案。

2. 发生时间

2011 年 11 月至 2013 年 1 月。

3. 案件事实

2013 年 1 月 22 日,高邮市公安局根据高邮市国税局移送的线索,对扬州康源物资贸易有限公司(以下简称康源公司)涉嫌虚开增值税专用发票立案侦查,经 7 个多月的潜心经营、奋力攻坚,于 9 月 12 日成功发起全国性集群战役,彻底摧毁由深圳金江国际货运代理有限公司(下称金江公司)主控、在全国有重大影响的涉税犯罪网络,先后抓获犯罪嫌疑人 50 名,其中逮捕 10 名,取保候审 15 名,立逃 6 名,查获发票等会计凭证、印章、银行卡等大量犯罪证据,冻结涉案账户资金 2400 万元,扣押汽车 7 部。

2013 年 1 月 21 日,高邮市公安局接到高邮市国税局移送线索:2012 年 10 月至 12 月,康源公司开具增值税专用发票数量异常,税务人员上门检查,发现该公司无人上班。高邮警方随即予以受理并核查其开票信息资料,发现其作为进项抵扣的海关完税凭证系伪造,涉嫌虚开增值税专用发票犯罪,遂立案侦查。通过进一步研判分析,发现这是一起涉及全国十多个省份、由多个犯罪团伙组织实施的从“虚开”到“骗税”的串案,后被公安部挂牌督办。

2013 年 3 月 20 日,高邮市公安局在部、省组织协调和深圳警方的配合下,对主控平台——深圳金江公司实施“斩首行动”,一举抓获包括主要犯罪嫌疑人周某、甘某等在内的团伙成员 12 名,查获发票等会计凭证、印章、银行卡等大量犯罪证据,冻结涉案账户资金 2400 万元。9 月 12 日,公安部合同国家税务总局在该局举办“8·27”全国打击骗税犯罪集群战役启动仪式,“1·22”虚开增值税专用发票案在全国 17 个省份成功收网,一举抓获犯罪嫌疑人 13 名。至此,这个虚开增值税专用发票用于骗取出口退税的犯罪网络被彻底摧毁。

2011 年 11 月至 2013 年 1 月,以犯罪嫌疑人周某、许某某、柯某为首的多个犯罪团伙,通过成立康源公司等 61 家空壳开票公司,以伪造的海关完税凭证作为进项抵扣,向湖南大成科技有限公司等 40 家公司虚开增值税专用发票价税合计 17 亿元,其中以湖南大成科技有限公司为主的受票企业“洗票”后向金江公司虚开增值税专用发票价税合计 8 亿余元。经侦查发现,金江公司勾结报关行、地下钱庄,骗取出口退税 1.56 亿元。

“1·22”虚开增值税专用发票案被公安部、国家税务总局评为“2013年打击整治发票违法犯罪专项行动十大精品案例”，被公安部经侦局评为精品集群战役金奖，同时还入选“2013平安扬州·警方十件大事”。

4. 案件审理

2014年12月15日，扬州市中级人民法院对此案作出判决，主犯周某犯虚开增值税专用发票罪，判处有期徒刑十五年，并处罚金五十万元，柯某犯虚开增值税专用发票罪，判处有期徒刑十五年，严某犯虚开增值税专用发票罪和出售非法制造的发票罪，判处有期徒刑十四年六个月，并处罚金五十五万元，其他八名被告人也被判处有期徒刑并处罚金，2家被告单位被判处罚金。

5. 社会影响

(1)危害正常税收秩序

部分试点运输企业面对抵扣税款的巨大诱惑，支付很小点数的开票费后，买票企业便可以取得各种发票在税前扣除，以达到偷逃税收的目的，侵蚀国家税基，直接造成国家税收的大量流失。

(2)阻碍税制改革推进

伴随着“营改增”试点的进程，可以越来越清晰地看到，一场深刻而意义重大的财税改革已然呼之欲出。试点企业虚开增值税专用发票导致政府部门不能对“营改增”试点情况做出准确判断，无法及时准确发现存在的问题，并制定行之有效的解决方案，影响了“营改增”在全国范围内的推广。

(3)影响经济和谐发展

在“税源经济”背景下，非法代开、虚开货物运输业增值税专用发票无疑是增加税源的“捷径”。虚假的繁荣不是地方经济发展的真实体现，造成的误导将影响政府对整个国家经济发展的正确决策，势必影响到经济社会健康发展。

(4)严重扰乱社会治安

非法代开和虚开货物运输业增值税专用发票案件往往与其他制假、售假案件交织在一起，与地下经济及其他非法活动密切相关，成为导致社会治安环境恶化、影响社会稳定的重要因素。

(5)为滋生腐败提供便利

非法代开、虚开货物运输业增值税专用发票还为贪污贿赂、洗钱诈骗、侵吞国家资财等其他经济犯罪提供了条件。犯罪分子利用虚开发票入账报销，侵吞国有、集体资产贪污腐败或私设小金库，损害国家利益。

6. 对县域法治进程的影响

近年来，随着出口产品退税率的多次提高，骗取出口退税违法犯罪的发案呈现上升趋势。利益驱动是骗税犯罪的直接诱因，在高额利益的诱惑下，不法分子铤而走险，走上了骗税之路。同时，我国出口货物税收管理机制上也存在一些漏洞，这给了不法分子可乘之机。此外，监管缺位也是造成骗税产生的直接外部原因。出口退税涉及海关、外汇管理、税务等部门，各部门之间监管衔接不到位，很容易造成骗税问题发生。下一步，促使公安机关将继续加大打击整治力度，不断规范和完善税收管理秩序，进一步挤压犯罪空间，保护国家税收安全。

二、万某贩卖毒品案

2014年6月23日下午，刘某与万某电话联系，并谈好以人民币5000元帮朋友购买“一套”(25克)毒品冰毒，约定到高邮市区交货，第二天17时许，刘某与其“朋友”王某在高邮开发区与犯罪嫌疑人万某见面，见面后犯罪嫌疑人万某称其已将毒品藏匿于附近某处，要求刘某先付货款，王某提出第一次交易必须要先看到货，后犯罪嫌疑人万某表示同意并带刘某、王某去其藏匿毒品冰毒的地点(高邮市经济开发区外环路与屏淮路交叉口北侧)，民警立即在现场将犯罪嫌疑人万某抓获，并缴获“冰毒”一袋(净重24.90克)、“麻古”片剂3粒(净重0.29克)。

2014年6月24日，犯罪嫌疑人万某被高邮市公安局抓获，2014年6月25日因涉嫌贩卖毒品罪被我局刑事拘留，2014年7月8日被逮捕，2014年8月29日被移送起诉至高邮市检察院，2015年1月，犯罪嫌疑人万某被高邮市人民法院判处有期徒刑12年，但其对自己的犯罪事实不予承认，遂上诉至扬州市中级人民法院，2015年2月2日，扬州市中级人民法院公开审理此案，高邮市公安局侦查人员王某甲、王某乙应人民法院通知出庭作证，经过控辩双方当庭质证，驳回上诉维持原判。

2013年1月1日起施行的新《刑事诉讼法》第57条第2款规定：“现有证据材料不能证明证据收集的合法性的，人民检察院可以提请人民法院通知有关侦查人员或者其他人员出庭说明情况；人民法院可以通知有关侦查人员或者其他人员出庭说明情况。有关侦查人员或者其他人员也可以要求出庭说明情况。经人民法院通知，有关人员应当出庭。”随着我国民主法治进程的加快，警察出庭作证制度已逐渐成为一种常态的司法活动。

此次扬州市中级人民法院对万某贩卖毒品上诉案件进行开庭审理，要求高邮市公安局侦查人员出庭作证，也是开了高邮市警察出庭作证的先河，具有重要意义，有助于提高民警规范执法的意识，一是依法进行现场勘查、收集现场证据。二是牢固树立证据观念、增强证据意识。三是重视现场证据提取，科学保全证据。

三、2014年手机网络卖淫案

1. 案件类型

卖淫嫖娼。

2. 发生时间

2014年6~7月。

3. 案件经过

2014年6月29日，高邮市公安局龙虬派出所民警在工作中发现一网名为“争青”的男子在陌陌群中炫耀其在高邮城区一家宾馆内进行了嫖娼。看似简单的“炫耀”背后是否有其他涉案情况？民警们以此为突破口，通过工作将该男子张某抓获。张某交代其是从微信上“附近的人”看到一则招嫖广告，后与广告所留下的昵称“MM求爱爱”的QQ及电话进行联系，按照对方指示，在市区某宾馆房间内与卖淫女见面，以400元的嫖资与卖淫女发生性关系，完成性交易。由于该案涉及网络招嫖，高邮市公安局决定成立专案组展开立案侦查。经过主动出击，积极查证，成功破获了高邮市首例通过手机网络组织的系列卖淫嫖娼案，抓获组织卖淫主要犯罪成员5人，查获卖淫女及嫖娼成员50余人。查明该组织团伙在2014年

6~7月,共组织4名卖淫女在高邮卖淫达400余次,非法获利10余万元。

4. 对县域法治进程的影响

一是注重警种联动,合成作战。合成作战在侦查破案中起着重要作用。本案中,高邮市公安局组织治安、网安、技侦、法制及所属派出所等警力,组成专案组开展侦查。治安大队负责部门协调指挥、案件跟踪、专案汇总研判,指导落实侦查措施;网安部门通过技术手段,开展网上侦控、网络数据勘查,获取嫌疑人的相关动态信息;派出所负责发挥内线侦查优势,展开线索排摸,证据固定收集,摸清团伙成员的组织架构及后续审查工作。法制部门负责案件审核把关及相关业务指导。通过多部门的联动协作,形成了相互支撑、整体作战的工作格局,实现了打处效能的最大化。

二是注重深度经营,扩大战果。本案中,派出所民警以高度的职业敏感性,对发现的网民在陌陌群中炫耀嫖娼这一平常行为极为重视,紧抓不放,及时进行梳理分析,通过对嫖客询问发现重大犯罪案情线索,并将隐藏在幕后的组织者作为最主要的打击对象,深度经营,注重挖掘,通过单人单起普通卖淫嫖娼个案,不断经营成多人多起的有组织案件,有效提升了主动发现、主动打击的能力。

三是注重综合研判,精确收网。本案中的嫌疑人实施违法犯罪都是在虚拟的网络中进行的,怎样从茫茫人海中锁定相关的违法犯罪人员并抓捕到案是案件能否成功的关键。专案民警充分依托网络阵地,在初期侦查阶段,围绕QQ聊天记录、手机话单、银行交易记录等电子证据为主线,抽丝剥茧,寻根溯源,从而勾画出整个团伙的轮廓及运作模式,为后续侦查工作指明了方向。统一收网后,专案组分条线进行查证,一条线以招嫖电话、QQ记录为抓手,调取宾馆开房记录、录像等,结合卖淫妇女的供述,锁定嫖客,为组织卖淫犯罪嫌疑人的定罪批捕打下坚实基础;另一条线紧紧围绕犯罪嫌疑人之间通信、分赃途径开展工作,先后分析研判了50余个的涉案手机话单、银行交易账单,从海量电子数据中梳理出犯罪团伙中的上下线关系及真实身份,在网安、技侦部门的配合下,精确制导,锁定了嫌疑人的落脚点和藏身之处,成功摧毁该网络招嫖团伙。

四是加强阵地管控。从查获的情况来看,该案犯罪分子以宾馆旅馆为场所,实施卖淫嫖娼活动。对此,公安机关要切实加强宾馆旅馆等行业场所治安管控,落实业主治安管理责任,严格执行住宿登记管理制度、会客登记制度、财物保管制度、疑人疑物报告制度等,挤压卖淫嫖娼违法活动的空间,堵塞治安管理漏洞。同时要积极组织开展旅馆业主和前台人员培训,提高对卖淫嫖娼等违法可疑人员的识别发现能力。

五是加强网络监控。随着互联网的迅猛发展,网络社会日益复杂,网监部门要建立完善与网络运营商之间的协作配合、监管机制,从源头上杜绝色情网站的建立、非法手机应用的开发下载,并加强对网络色情信息的过滤,从源头上进行封堵,绝不让其形成蔓延之势。同时,加大网络巡查力度,主动贴靠涉黄聊天用户,积极发现各类卖淫、招嫖线索,力争在充分掌握犯罪证据及嫌疑人活动轨迹后,落地取证抓捕,端窝断源。

六是加强教育宣传。要充分利用电视报刊、微博微信、小区居民QQ群等多种信息平台,广泛发布相关防范信息,积极倡导健康文明的生活方式,呼吁群众洁身自好,自觉抵制网络卖淫、招嫖等违法行为,及时举报有关线索,依靠群众力量打响对网络招嫖违法犯罪的人民战争。

四、因欠薪引发职工集访的法律援助案例

2015年3月，高邮市华兴石油装备有限公司部分职工到经济开发区管理委员会反映该公司拖欠职工工资的情况。开发区领导立即指派开发区社会保障科和法律服务所密切关注该企业的经营动向。同年5月7日由该企业职工汪某、万某、姜某、胡某为代表的共296人又集体上访反映该公司的固定资产被转移了部分，且公司已歇业，公司法定代表人避而不见，拖欠了几个月的工资一直没兑现，现所有的职工全部罢工，公司里一片混乱。高邮市经济开发区司法所将情况向高邮市法律援助中心汇报，法律援助中心接受汇报后，立即找到对开发区情况较为熟悉的正大法律服务所法律工作者周德智和聂广坦两位同志，并指派他们先期介入该案。周德智、聂广坦两同志接受指派后，充分了解了详细情况，于次日向高邮市人民法院申请诉前财产保全，并在当天协助高邮市人民法院的同志对高邮华兴石油装备有限公司生产厂内所有厂房及机械设备予以了查封，首先给工人吃了一颗“定心丸”，同时组织职工代表轮流值班对厂区的机械设备进行看管。为保证职工能够拿到工资，同时也要确保高邮华兴石油装备有限公司的合法权益不受侵害，主动与该公司会计、职工代表及该公司的股东核对所有职工人数及职工的工资数额情况。经过大量细致的工作把职工的工资等详细数字确定后，向高邮市劳动人事争议仲裁委员会申请仲裁，终于稳定了工人们的情绪。另外代理人从会计处了解到该公司业务员知悉公司应收款的具体情况，便向业务员了解情况，但是初次接触，出师不利（因为业务员都是按提成作为其个人的收入）。代理人邀请高邮市经济开发区的领导，联合开发区派出所的民警一起与业务员见面，进行沟通，晓之以理，动之以情，最终掌握了该公司应收款的详细情况及相关合同、供货单等资料。在得到第一手资料后，高邮市正大法律服务所两名代理人放下手中的所有工作，全力服务于该案件。因高邮华兴石油装备有限公司的业务单位大多都是国营单位，代理人向其发出对账函都能得到回复，这样一来就明确了应收款的具体数额，代理人先在函件中陈述了高邮华兴石油装备有限公司的现状，后又主动到相关业务单位找到其负责人，以确保社会的稳定，防止职工出现集访事件，保护职工合法利益为由进行沟通，该相关业务单位支付了部分货款，及时支付了职工的部分工资。后高邮华兴石油装备有限公司的债权人向高邮市人民法院申请高邮华兴石油装备有限公司破产，法院成立了破产清算小组，余款须等破产清算完成后发放。

该群体性案件，涉及人员多，工资数额大，社会影响大，公司债权债务关系复杂，处理稍有不慎便容易引发集访、群访，甚至造成社会的不稳定。承办人在不到一个月的时间内，做了大量的统计和协调工作，引导职工通过法律途径合法维权，稳定了工人的情绪。

五、严某诉宝应县房产管理局要求履行撤销抵押登记法定职责案①

1. 判决书字号：江苏省高邮市人民法院（2015）邮行初字第00155号判决书。

2. 案由：要求履行撤销抵押登记法定职责案。

3. 诉讼双方

原告：严某。

委托代理人刘喜东，江苏宝宇律师事务所律师。

被告：宝应县房产管理局。

---

①　案例编报人：高邮市人民法院　朱远军。

法定代表人王某,宝应县房产管理局局长。

委托代理人单某,宝应县房产管理局副局长。

委托代理人周鸿斌,江苏宝宜律师事务所律师。

第三人:江苏宝应农村商业银行股份有限公司。

法定代表人张某,江苏宝应农村商业银行股份有限公司董事长。

委托代理人朱晓涛,江苏宝宇律师事务所律师。

第三人:宝应县氏欣工艺礼品有限公司。

法定代表人郭某,宝应县氏欣工艺礼品有限公司负责人。

4. 审级:一审。

5. 审判机关和审判组织

审判机关:江苏省高邮市人民法院。

合议庭组成人员:审判长:朱远军;人民陪审员:李红、黄玲。

6. 审结时间:2016 年 1 月 15 日

被告于 2002 年 9 月 4 日对原告坐落于宝应县小官庄镇工业园区内的房屋进行了登记(宝房权证小官字第 103183 号、宝房权证小官字第 103184 号)。2013 年 11 月 11 日,被告对第三人宝应县氏欣工艺礼品有限公司就与原告上述房屋同一地块的房屋进行了登记(宝房权证小官字第 2013823282 号)。

原告严某诉称原告于 2002 年 9 月 4 日取得位于宝应县小官庄镇工业园区内房屋所有权证(宝房权证小官字第 103183 号、宝房权证小官字第 103184 号),第三人宝应县氏欣工艺礼品有限公司采取隐瞒事实取得了登记为小官庄镇工业园区内现为宝应县小官庄镇圣诞路南侧房产证(宝房权证小官字第 2013823282 号),并将该房屋抵押给了第三人江苏宝应农村商业银行股份有限公司,同时在被告处办理了宝房他证小官庄字第 2014000489 号他项权利证书。为此,原告多次与被告交涉,被告一直拒绝。原告与 2014 年 6 月起诉宝应县人民政府,要求撤销第三人宝应县氏欣工艺礼品有限公司的宝房权证小官字第 2013823282 号《房屋所有权证》,宝应县人民政府已对该房产证予以撤销。现诉至法院,要求判决被告撤销给第三人江苏宝应农村商业银行股份有限公司颁发的位于小官庄镇圣诞路南侧等 5 户的他项权证(宝房他证小官庄字第 2014000489 号),并由被告承担本案诉讼费用。

被告宝应县房产管理局辩称:2002 年 5 月,原告以其个人名义向被告申请房屋登记,并声称土地使用权证正在办理之中,被告为其进行了房屋登记。2002 年 9 月,原告办理的房屋登记的所在地块由原告开办的宝应县万荣工艺礼品厂(第三人宝应县氏欣工艺礼品有限公司前身)获得了土地使用权。由于 2002 年为原告办理的房屋登记手续不全,且土地使用权人和房屋使用权人不一致,属不当登记,被告对其撤销登记的处理正在进行之中。2012 年 10 月,宝应县万荣工艺礼品厂向宝应县国土资源局申请将其登记房屋所在地块收回并挂牌上市。2013 年,宝应县氏欣工艺礼品有限公司通过“招拍挂”取得了该地块的土地使用权证,并提供了规划许可证等其他必需的登记资料,被告为其办理了房屋登记。但由于该地块上原就存有房屋,宝应县万荣工艺礼品厂向宝应县国土资源局申请将其登记房屋所在地块收回且由宝应县氏欣工艺礼品有限公司获得土地使用权后,根据土地使用权和房屋权属必须一致的原则,原告应与宝应县氏欣工艺礼品有限公司处理房屋产权问题,现两者对产权存有争议。2015 年 5 月 20 日，宝应县人民政府认为宝应县氏欣工艺礼品有限公司在办理上述房屋登记时隐瞒事实，且产权存有争议，撤销了其房屋登记。2014 年 1 月，宝应县氏欣工艺礼品有限公司因向第三人江苏宝应农村商业银行股份有限公司抵押贷款，在被告处办理了抵押登记。虽然所抵押的房产因登记程序而撤销产权登记，但并未否定其民事实体权利，加之抵押人抵押意思表示真实且签字合法，抵押登记程序完整有效，他项权利证书登记事项与不动产登记簿记载一致。所以，整个抵押登记行为并不存在瑕疵。最高人民法院《关于审理房屋登记案件若干问题的规定》第 8 条规定："当事人以作为房屋登记行为基础的买卖、共有、赠与、抵押、婚姻、继承等民事法律关系无效或者应当撤销为由，对房屋登记行为提起行政诉讼的，人民法院应当告知当事人先行解决民事争议，民事争议处理期间不计算在行政诉讼起诉期限内；已经受理的，裁定中止诉讼。"综上，宝应县氏欣工艺礼品有限公司的房屋抵押登记行为合法有效应予维持。原告不具备行政诉讼的前提条件，请求驳回原告的起诉。

第三人江苏宝应农村商业银行股份有限公司述称：第一，我公司与宝应县氏欣工艺礼品有限公司办理的抵押他项权证合法有据，我公司善意取得抵押权受到法律保护。2014 年 1 月 20 日，宝应县氏欣工艺礼品有限公司向我公司申请银行贷款 180 万元，我公司与之订立了《流动资金循环借款合同》，同日订立了《最高额抵押合同》，并于同日凭借宝应县氏欣工艺礼品有限公司名下的房屋所有权证和国有土地使用权证办理了房屋及土地抵押他项权证，整个过程和所有书面材料均合法有效。2015 年 5 月 20 日，宝应县政府撤销抵押房屋的房屋所有权证，我公司认为，所有权证的撤销对撤销前设定的抵押权不应产生撤销后果。依据《物权法》第 106 条第 3 款规定："当事人善意取得其他物权的，参照前两款规定。"宝应县氏欣工艺礼品有限公司持有房屋所有权证和土地证，我公司有理由相信二证的公信力，而且双方订立了借款合同和抵押合同，办理了抵押登记，我公司依照合同约定发放了借款给氏欣工艺礼品有限公司。所以，我方认为，我公司取得的抵押权属于善意取得，房产证的撤销对抵押权的法律效力不产生影响。第二，房产权属有争议，原告应当先行民事确权之诉。宝应县政府撤销宝应县氏欣工艺礼品有限公司名下的宝房权证小官庄字第 2013823282 号房产证，其理由是氏欣公司隐瞒了该地块上的房产已申请过房屋登记，且产权有争议。对于宝应县氏欣工艺礼品有限公司名下的房产证是否违法办理，乃至原告名下的房产证是否违法办理，我公司认为都需要进行审查，而且，原告持有的房产证和宝应县氏欣工艺礼品有限公司的房产证在面积及组成上有差异，宝应县氏欣工艺礼品有限公司对该宗土地上的房屋进行过重建、新建、改建，原告对该土地没有国有土地使用权证，就应当先行确权之诉。撤销现证不一定意味着原证就自然恢复其法律效力，现争议的房产需要确权之诉进一步审查判断。另外原告认为该房产归其所有，而宝应县氏欣工艺礼品有限公司在该房产里生产经营多年，长期占用使用该房产，原告一直没有主张过自己的权利，然而等到宝应县氏欣工艺礼品有限公司法定代表人因逃避债务失联，却出来主张权利，我方有理由怀疑其中必有恶意串通之嫌。第三，与本案有直接利害关系的，不止我一方公司，宝应县氏欣工艺礼品有限公司及其法定代表人郭某与本案同样有法律上的利害关系。宝应县氏欣工艺礼品有限公司成立于 2003 年，郭某与原告系夫妻关系，是否夫妻共同财产，也需要追加第三人进行审查。请法院依职权追加宝应县氏欣工艺礼品有限公司及郭某为第三人，更便于查明事实真相。综上所述，建议原告先提起民事确权之诉。请求法院依法判决驳回原告的诉讼请求。

第三人宝应县氏欣工艺礼品有限公司未答辩。

高邮市人民法院经公开审理查明：被告于2002年9月4日对原告坐落于宝应县小官庄镇工业园区内的房屋进行了登记（宝房权证小官字第103183号、宝房权证小官字第103184号）。2013年11月11日，被告对第三人宝应县氏欣工艺礼品有限公司就与原告上述房屋同一地块的房屋进行了登记（宝房权证小官字第2013823282号）。因第三人宝应县氏欣工艺礼品有限公司向第三人江苏宝应农村商业银行股份有限公司抵押贷款，用宝房权证小官字第2013823282号房屋所有权证在被告处办理了抵押登记。第三人江苏宝应农村商业银行股份有限公司于2014年1月21日取得了宝房他证小官庄字第2014000489号他项权利证书。2015年5月20日，宝应县人民政府认为第三人宝应县氏欣工艺礼品有限公司在申请办理小官庄镇圣诞路南侧房屋登记时，隐瞒了该地块上的房产已申请过房屋登记，且有产权争议的事实，根据《房屋登记办法》第81条之规定，对第三人宝应县氏欣工艺礼品有限公司的宝房权证小官字第2013823282号《房屋所有权证》予以公告作废。

上述事实有下列证据证明：

1. 国有土地使用权证两份，证明宝应县万荣工艺礼品厂是涉案房产土地使用者，其于2002年分别获得宝应国用2002字第0265号、宝应国用2002字第0698号国有土地使用权证；

2. 宝应县人民政府于2015年5月20日作出的宝政发〔2015〕69号文件，证明宝应县人民政府撤销了第三人宝应县氏欣工艺礼品有限公司所领取的宝房权证小官字第2013823282号《房屋所有权证》；

3. 宝房权证小官字第103183号、宝房权证小官字第103184号房屋产权证复印件，证明原告对该房屋享有产权；

4. 位于小官庄镇圣诞路南侧等5户的他项权证复印件（宝房他证小官庄字第2014000489号），证明该证的填发单位系被告下属机构的宝应县房屋权属登记中心；

5. 原告于2002年5月向被告提交的两份房屋所有权登记申请书、房屋平面图、建设许可证、原告身份证复印件及身份证明；

6. 被告于2002年9月向原告作出的房屋权属登记审核表；

7. 宝应县小官庄镇国土资源所于2002年8月26日出具的证明；

证据5~7证明原告曾向被告申报房屋产权证，被告向原告颁发了宝房权证小官字第103183号、宝房权证小官字第103184号房屋产权证；

8. 宝应县万荣工艺礼品厂于2012年10月8日向国土资源局申请的《关于请求收回国有土地使用权的报告》，证明宝应国用2002字第0265号面积2184平方米、宝应国用2002字第0698号面积630平方米的国有土地使用权曾属于宝应县万荣工艺礼品厂；

9. 第三人宝应县氏欣工艺礼品有限公司于2013年11月8日向被告申办房屋所有权证的房屋权属登记审批表；

10. 被告于2013年11月8日对第三人宝应县氏欣工艺礼品有限公司作出的询问笔录、房屋登记实地查看表；

11. 第三人宝应县氏欣工艺礼品有限公司向被告提交的建设工程规划许可证（建字第3210232013Z0083号）、宝国用2013字第1090008号（面积2768平方米）及宝国用2013字第

1090015 号(面积 433.2 平方米)国有土地使用权证;

12. 第三人宝应县氏欣工艺礼品有限公司组织机构代码证及该公司法定代表人郭某的身份证复印件;

13. 宝应县发改委宝发改备字(2013)99 号文件;

14. 宝应县人民政府于 2013 年 10 月 17 日作出的专题会议纪要;

15. 第三人宝应县氏欣工艺礼品有限公司公司章程;

16. 江苏省建筑工程质量检测中心有限公司作出的(2013)省建检中字第 1ZJ0881 号检测鉴定报告;

17. 宝应县建筑工程管理局于 2013 年 11 月 7 日制作的建筑工程施工许可证;

证据 9 ~ 17 证明第三人宝应县氏欣工艺礼品有限公司在向被告领取房产证时提供了法律规定的形式要件,被告于 2013 年 11 月 11 日对其进行了房屋权属登记(宝房权证小官字第 2013823282 号);

18. 第三人宝应县氏欣工艺礼品有限公司以及第三人江苏宝应农村商业银行股份有限公司于 2014 年 1 月向被告申请办理房屋抵押权设立登记时提供的房屋抵押权设立登记申请书、房权证小官字第 2013823282 号《房屋所有权证》《流动资金循环借款合同》《最高额抵押合同》、宝国用 2013 字第 1090008 号(面积 2768 平方米)及宝国用 2013 字第 1090015 号(面积 433.2 平方米)国有土地使用权证;

19. 被告于 2014 年 1 月向第三人宝应县氏欣工艺礼品有限公司进行他项权利登记时作出的房屋权属登记审核表。

证据 18 ~ 19 证明被告在第三人宝应县氏欣工艺礼品有限公司提供的材料齐备的情况下,为其办理了抵押权登记(宝房他证小官庄字第 2014000489 号)。

高邮市人民法院经审理认为:被告作为宝应县的房产管理部门,具有依法办理房屋抵押登记的法定职权。《中华人民共和国物权法》第 106 条第 1 款规定:"无处分权人将不动产或者动产转让给受让人的,所有权人有权追回;除法律另有规定外,符合下列情形的,受让人取得该不动产或者动产的所有权:(一)受让人受让该不动产或者动产时是善意的;(二)以合理的价格转让;(三)转让的不动产或者动产依照法律规定应当登记的已经登记,不需要登记的已经交付给受让人。"第 2 款规定:"受让人依照前款规定取得不动产或者动产的所有权的,原所有权人有权向无处分权人请求赔偿损失。"第 3 款规定:"当事人善意取得其他物权的,参照前两款规定。"根据该法第 3 款之规定,作为其他物权的抵押权的取得适用善意取得。在本案中,第三人江苏宝应农村商业银行股份有限公司因向第三人宝应县氏欣工艺礼品有限公司交付贷款而从第三人宝应县氏欣工艺礼品有限公司取得小官庄镇圣诞路南侧房屋抵押权的情形符合《中华人民共和国物权法》第 106 条第 1 款所确立的原则,故被告根据第三人江苏宝应农村商业银行股份有限公司善意取得小官庄镇圣诞路南侧房屋抵押权而办理的抵押登记应当受到法律保护。

高邮市人民法院根据《中华人民共和国行政诉讼法》第 69 条之规定判决如下:

驳回原告严某要求被告宝应县房产管理局撤销给第三人江苏宝应农村商业银行股份有限公司颁发的位于小官庄镇圣诞路南侧等 5 户的他项权证(宝房他证小官庄字第 2014000489 号)的诉讼请求。

案件受理费50元,由原告严某承担。

案例解说:

1. 房屋抵押权善意取得的理论基础:善意取得又称为即时取得,无权处分人将其财物(动产或者不动产)转让给第三人,如受让人在取得该财物时系出于善意,则受让人取得该物的所有权,原权利人丧失所有权。房屋登记行为具有公定力和公信力。申请人通过隐瞒真实情况申请房屋登记,取得的房屋所有权证具有房屋权利外观,如果善意第三人基于信赖关系向该申请人,即无权处分人支付了合理的对价后,取得了房屋的所有权或其他物权,不能因无权处分人的房屋所有权证被撤销而使得善意第三人取得的房屋权利归于无效。

2. 房屋抵押权善意取得事实构成要素:首先,无权处分人无权处分房屋。无权处分是一般善意取得构成的基本前提,也是房屋抵押权善意取得构成的基本前提。本案中,宝应县氏欣工艺礼品有限公司在申请办理小官庄镇圣诞路南侧房屋登记时,隐瞒了该地块上的房产已申请过房屋登记,且有产权争议的事实,取得房屋所有权证后又以该房屋为抵押向银行贷款,构成善意取得制度中的无权处分。其次,处分人是房屋登记簿上记载的权利人。无权处分人经过登记后取得的房屋所有权证具有权利外观,在公示公信原则下,受让人有理由相信无处分权人为房屋的所有权人,这也是房屋抵押权善意取得的必备要素。本案中,宝应县氏欣工艺礼品有限公司通过隐瞒真实情况申请房屋登记,取得了房屋所有权证,房屋登记簿上记载的权利人即为宝应县氏欣工艺礼品有限公司。再次,第三人善意且已支付合理对价。这是第三人善意取得抵押权的核心要件。所谓善意,是指第三人在抵押权设立之时不知处分人无处分权,并且对不知不存在重大过失。本案中,江苏宝应农村商业银行股份有限公司根据宝应县氏欣工艺礼品有限公司提供的房屋所有权证,足以导致其误信宝应县氏欣工艺礼品有限公司为房屋处分权人,故银行并不存在重大过失。另外,江苏宝应农村商业银行股份有限公司已向宝应县氏欣工艺礼品有限公司支付贷款人民币180万元,符合该项要素。最后,房屋抵押已经登记。第三人的善意取得,还应以获得房屋抵押登记为标志。房屋抵押登记是第三人善意取得房屋抵押权的法律强制性规定。本案中,房屋已办理抵押登记,亦符合该项要素。

3. 房屋抵押权善意取得适用的法律依据:《物权法》第106条第1款规定:"无处分权人将不动产或者动产转让给受让人的,所有权人有权追回;除法律另有规定外,符合下列情形的,受让人取得该不动产或者动产的所有权:(一)受让人受让该不动产或者动产时是善意的;(二)以合理的价格转让;(三)转让的不动产或者动产依照法律规定应当登记的已经登记,不需要登记的已经交付给受让人。"第2款规定:"受让人依照前款规定取得不动产或者动产的所有权的,原所有权人有权向无处分权人请求赔偿损失。"第3款规定:"当事人善意取得其他物权的,参照前两款规定。"根据该法第3款之规定,作为其他物权的抵押权的取得适用善意取得,这正是他物权包括抵押权善意取得的法律依据。另外,与《物权法》第106条的规定相呼应,《房屋登记办法》第81条规定:"司法机关、行政机关、仲裁委员会发生法律效力的文件证明当事人隐瞒真实情况、提交虚假材料等非法手段获取房屋登记的,房屋登记机构可以撤销原房屋登记,收回房屋权属证书、登记证明或者公告作废,但房屋权利为他人善意取得的除外。"该条对房屋登记的撤销明确规定了阻却事由。抵押权系设立在所有权之外的受法律保护的其他物权之一。抵押权因被担保债权的成立而成立,亦因被担保债权的消灭而消灭。根据《物权法》第106条的规定,当事人善意取得其他物权的,与善意取得的所有权具有同样的法律后果。本案中,江苏宝应农村商业银行股份有限公司与宝应县氏欣工艺礼品有限公司的担保债权并不因所有权证被撤销而消灭,故江苏宝应农村商业银行股份有限公司所取得的抵押权亦未消灭。因第三人苏宝应农村商业银行股份有限公司系善意取得房屋抵押权,故应受法律保护,且该善意取得构成对房屋登记机构撤销抵押登记的法定阻却事由,因此,法院判决驳回原告要求被告撤销给第三人江苏宝应农村商业银行股份有限公司颁发抵押权证的诉讼请求。双方当事人均表示服从判决,一审判决已经生效。

六、张某诉姚某、吉某民间借贷案①

【裁判摘要】债权人与债务人存在多笔借款,但每笔借款保证人均不同,债务人单方承诺保证人就其保证的款项优先向债权人偿还,保证人在债务人向债权人还款时亦备注所还款项的指向是由其担保的债务,但因债务人给付不足以清偿其对债权人所负的数笔相同种类的全部债务,且债权人不同意债务人优先归还该笔债务时,应当按照债务到期的先后顺序抵充,不能认定保证人担保的该笔借款已经归还。

原告张某,女,1983年7月12日出生,居民身份证号码××××××××××××××××××,汉族,江苏省高邮市人,住高邮市通湖路东方广场水榭华庭×幢×××室。

被告姚某,男,1963年7月27日出生,居民身份证号码××××××××××××××××××,汉族,江苏省高邮市人,住高邮市琵琶东路瑞和阳光城紫藤苑×幢×××室。

被告吉某,男,1954年2月17日出生,居民身份证号码××××××××××××××××××,汉族,江苏省高邮市人,住高邮市周山镇双河村新桥组××号。

原告张某因与被告姚某、吉某民间借贷纠纷一案,向高邮市人民法院提起诉讼。

原告诉称,被告姚某从2013年起向原告张某多次借款,2014年4月8日,被告姚某向原告张某借款15万元,由被告吉某提供担保,三方约定年息为本金的百分之二十四,借期一年。到期后经催要两被告均未还款,现要求被告姚某立即归还借款15万元并按约归还利息,被告吉某履行担保义务。

被告姚某辩称,本人多次向原告张某借款也多次还款,亦曾经答应被告吉某将其提供担保的这笔15万元先还掉,但还款时原告张某没有同意,故与其结账时优先抵充其他优先到期债务。

被告吉某辩称,被告姚某向原告张某借款15万元是事实,但本人提供担保时未约定利息。被告姚某已于2014年11月18日、12月17日向原告张某还款24万元,并由会计备注该款冲抵本人担保的15万元,故本案讼争借款15万元已经归还,本人不再承担保证责任。

高邮市人民法院审理查明:被告姚某是江苏宇坤光电科技有限公司(以下简称宇坤光电)的法定代表人,被告吉某至2014年年底前系该公司副总兼厂长。2013年起,被告姚某多次向原告张某借款,2014年4月8日,被告姚某向原告张某借款15万元,被告吉某为该借款提供担保,当日立借据一份。立借据后,原告张某与被告姚某在该借据右上角补充载明"年息为本金的百分之二十四"。2014年11月,被告吉某与被告姚某商量,要求被告姚某向原告张某还款时优先归还由其担保的15万元,被告姚某表示同意。2014年11月18日,被告

① 案例报送单位:高邮市人民法院 合议庭成员:张长云、刘玲、史福宏 报送人:刘玲。

姚某要求当时的宇坤光电会计以姚某名义向张某还款12万元,并告知该款抵充被告吉某所担保的15万元本金,该会计汇款后在被告吉某的指示下将该笔汇款记入宇坤光电账本中并在电子转账凭证中手写注明:"此款冲抵吉某担保15万元本金,姚总和吉厂长通话同意才汇此款"。还款后,被告姚某与原告张某联系,原告张某表示因被告姚某多次向其借款,有优先到期的借款,吉某担保的15万元借款尚未到期,故不同意该还款为此借款。同年12月17日,被告姚某要求其儿媳于某以自己的名义再次向原告张某还款12万元,亦告知该款抵充被告吉某所担保的15万元本金,于某电子转账时在附言中注明"此款抵吉某担保十五万元"并于汇款后记入宇坤光电账本中。被告吉某在以上两次汇款后均将汇款凭证拍照发给原告张某,但被告吉某当庭自认原告张某均未同意所还款项为讼争借款。2015年1月17日,原告张某与被告姚某结账,双方约定被告姚某所还24万元的债务指向是2014年1月12日被告姚某所借,由案外人圣某担保的12万元、2014年1月18日被告姚某所借,由案外人陈某担保的11万元以及2014年1月26日被告姚某所借5万元中的1万元,双方经结账,被告姚某仍欠原告张某55万元未还。当日双方形成由被告姚某签名的情况说明一份。本案讼争借款到期后原告张某向被告姚某多次催要未果,故于2015年8月24日诉至本院,要求被告姚某归还借款,被告吉某承担担保责任。

以上事实有原被告当庭陈述以及原告提供的2014年4月8日借条一份;被告姚某分别于2014年1月12日、18日、26日所立的借条复印件三份;2015年1月17日原告张某与被告姚某结账时被告姚某所写的说明一份;被告吉某提供的向被告张某汇款两次合计24万元转账凭证两份;宇坤光电账本两页、到庭证人证言等为证。

庭审中,被告姚某陈述虽然曾经答应优先偿还由吉某担保的15万元,但原告张某没有同意,在与原告张某结账时自己也忘了对被告吉某的承诺,故先抵充其他优先到期的债务。因各方当事人分歧较大,致本案调解不成。

高邮市人民法院审理认为:本案中原告与被告姚某之间的借款合同、与被告吉某之间的担保合同均是双方真实意思表示,且不违背相关法律规定,应受法律保护,原被告双方应按合同的约定享有权利、承担义务。本案原、被告对保证方式没有约定,根据《担保法》第19条的规定,应当按照连带责任保证承担保证责任。连带责任保证的保证人与债权人未约定保证期间的,债权人有权自主债务履行期届满之日起六个月内要求保证人承担保证责任。本案中,被告吉某于2014年4月8日提供担保时,原告张某与被告姚某约定的还款时间为一年,原告张某于2015年8月24日向本院起诉,未超过法律规定的六个月内的规定,故被告吉某应当承担保证责任。

被告吉某认为讼争15万元借款被告姚某已经归还,本院认为:(1)被告吉某当庭自认原告张某一直未同意被告姚某所还24万元的债务指向是由其担保的15万元,被告吉某拍照发给原告张某等行为均为被告吉某单方意思表示。(2)被告姚某虽承诺被告吉某,但自始至终并未获得原告张某的同意。(3)被告姚某多次向原告张某借款,在被告姚某给付不足以清偿其对原告张某所负的数笔相同种类的全部债务时,应当按照债务到期的先后顺序抵充,同时原告张某与被告姚某结账时,双方亦确认被告姚某所还24万元的债务指向,并形成情况说明一份。综上三点证明:被告姚某承诺被告吉某后并未履行承诺,原告张某与被告吉某亦未对优先偿还讼争借款形成合意,原告张某与被告姚某最终就所还24万元形成其他一致意见。故对被告吉某认为其担保的15万元已经归还的抗辩意见不予采纳。

被告吉某认为其提供担保时原告张某与被告姚某未约定利息，借据中关于利息的约定是原告张某和被告姚某在立据后加注的。被告姚某对此表示认可，原告张某认为虽然借条中“年息为本金的百分之二十四”是后加的，但是被告吉某一直明知双方借款有利息的约定。因原告张某对其主张未提供证据证实，故对被告吉某该抗辩意见予以采纳。原告张某与被告姚某所约定的利息经审查未超出法律规定的保护范围，本院予以确认。

综上，为维护当事人的合法权益，根据《中华人民共和国合同法》第206条，《中华人民共和国担保法》第18条、第26条，最高人民法院关于适用《中华人民共和国合同法》若干问题的解释（二）第20条，《中华人民共和国民事诉讼法》第64条、第144条之规定，判决如下：

1. 被告姚某于本判决生效后十日内一次性归还原告张某本金15万元及利息（自2014年4月8日起至实际给付之日止，按年息24%计算）。

2. 被告吉某对被告姚某所负前款义务中的15万元本金承担连带保证责任。

3. 驳回原告张某的其他诉讼请求。

七、扬州市东瑞纺织服装有限公司诉扬州市东恒服饰有限公司等被告追偿权纠纷案[①]

1. 判决书字号：江苏省高邮市人民法院（2015）邮民初字第00784号判决书。

2. 案由：追偿权纠纷。

3. 诉讼双方

原告：扬州市东瑞纺织服装有限公司（以下简称东瑞纺织公司）。

委托代理人蒋某，江苏中望律师事务所律师。

被告：扬州市东恒服饰有限公司（以下简称东恒服饰公司）。

被告：高邮市盛利工贸有限公司（以下简称盛利工贸公司）。

被告：圣某。

被告：张某。

4. 审级：一审。

5. 审判机关和审判组织

审判机关：江苏省高邮市人民法院。

合议庭组成人员：赵某　黄某　孙某。

6. 审结时间：2016年1月22日

原告诉称：被告东恒服饰公司、圣某、张某因资金紧张，于2014年9月26日向高邮市永胜农村小额贷款有限公司（以下简称永胜贷款公司）借款150万元，并由原告与盛利工贸公司共同担保，2015年2月下旬，被告东恒服饰公司突然停产且被告圣某、张某也失踪，永胜贷款公司依据借款和担保合同的约定向高邮法院申请诉前保全，主张提前还款，后原告考虑到自己的正常经营于2015年4月8日向永胜贷款公司代偿了150万元的本金及35,528元的利息。现依据法律规定向债务人和其他担保人追偿，诉请法院判令被告归还原告代偿款项人民币1,535,528元，支付自2015年4月9日起至付款之日止月息为1.5%的利息，庭审中原告进一步明确诉讼请求为要求被告东恒服饰公司、圣某、张某承担全额的偿还责任，要求

---

① 案例编报人：高邮市人民法院　赵广才。

被告盛利工贸公司对原告的诉讼请求承担四分之一的责任。

被告东恒服饰公司、盛利工贸公司、圣某、张某未答辩及举证。

高邮市人民法院经公开审理查明：2014 年 9 月 26 日，被告东恒服饰公司与案外人永胜贷款公司签订《借款合同》一份，约定由永胜贷款公司向被告东恒服饰公司出借流动资金人民币 150 万元，借款期限为 2014 年 9 月 26 日至 2015 年 9 月 25 日，借款利率执行月利率为 15‰直至借款到期日。同日，被告圣某、张某向永胜贷款公司出具《承诺书》一份，承诺“对上述借款内容已全部知悉，并愿意以家庭财产（包括个人所有、夫妻共有、家庭共有）对该笔贷款承担无限连带清偿责任”。被告圣某在“借款人”处签名并捺手印，被告张某在“借款人配偶”处签名并捺手印。同日，原告东瑞纺织公司，吴某甲、周某夫妇，吴某乙、费某夫妇，共同与永胜贷款公司签订《保证合同》一份，约定为该笔贷款承担连带责任保证，保证担保的范围包括主债权本金、利息、罚息、复利、手续费、违约金、损害赔偿金，以及包括但不限于诉讼（仲裁费）、鉴定费、律师代理费、差旅费等债权人实现债权的一切费用。永胜贷款公司在债权人一栏中盖章，东瑞纺织公司在保证人（1）一栏中盖章，吴某甲、周某在保证人（2）一栏中签字并捺手印，吴某乙、费某在保证人（3）一栏中签字并捺手印。同日，被告盛利工贸公司与永胜贷款公司签订《保证合同》一份，约定为该笔贷款承担连带责任保证，保证担保的范围包括主债权本金、利息、罚息、复利、手续费、违约金、损害赔偿金，以及包括但不限于诉讼（仲裁费）、鉴定费、律师代理费、差旅费等债权人实现债权的一切费用。被告盛利工贸公司在保证人（1）一栏中盖章。同年 9 月 28 日，永胜贷款公司向被告东恒服饰公司提供贷款 150 万元。

另查明，被告圣某是被告东恒服饰公司的法定代表人，被告张某系被告盛利工贸公司（自然人独资）的法定代表人，被告圣某与被告张某系夫妻关系；案外人周某与案外人吴某甲系夫妻关系；案外人吴某乙系原告东瑞纺织公司（自然人独资）的法定代表人，其与案外人费某系夫妻关系；

再查明，2015 年 2 月 25 日，永胜贷款公司因上述借款向本院申请对债务人及担保人的债务进行诉前保全，2015 年 4 月 8 日，原告东瑞纺织公司代为偿还了本金 150 万元及利息 35,528.13 元。

庭审中，原告称为还该笔借款，其于 2015 年 4 月 8 日向高邮市万民制衣厂借款人民币 150 万元，利息为月息 1.5%，故诉请法院判令各被告应按月息 1.5% 支付自 2015 年 4 月 9 日至付款之日止的利息。

上述事实有下列证据证明：

1. 被告东恒服饰公司签订的《借款合同》，被告圣某、张某出具的《承诺书》、借款借据等证据，证明被告东恒服饰公司、圣某、张某借款的事实；

2.《保证合同》二份，证明原告、被告盛利工贸公司及案外人为上述借款提供担保的事实；

3. 营业执照、结婚证等证据，证实案涉公司的法人身份以及案件相关人员关系的事实；

4. 还款凭据，证实原告代为偿还本金及利息的事实；

5. 原告与高邮市万民制衣厂签订的《协议书》一份，证实原告为代偿款项借款的事实。

高邮市人民法院经审理认为：

原告东瑞纺织公司为被告东恒服饰公司向永胜贷款公司借款提供担保，在承担保证责任后,有权向债务人追偿,向债务人不能追偿的部分,由各连带保证人按其内部约定的比例分担,没有约定的,平均分担。原告东瑞纺织公司向债务人、连带共同保证人同时主张权利,不违反法律规定,应当予以支持。

原告东瑞纺织公司为被告东恒服饰公司代偿了借款本金 150 万及利息 35,528 元,有权向被告东恒服饰公司追偿。同时,根据被告圣某、张某出具给永胜贷款公司的承诺书,二被告愿意以家庭财产(包括个人所有、夫妻共有、家庭共有)对该笔贷款承担无限连带清偿责任,被告圣某在"借款人"处签名并捺手印,被告张某在"借款人配偶"处签名并捺手印,其行为表明二被告加入到该笔债务当中,是该笔贷款的共同借款人,故二被告应与被告东恒服饰公司一起,对原告东瑞纺织公司代为偿还的本金及利息合计 1,535,528 元承担归还责任。另外,根据保证人与永胜贷款公司签订的《保证合同》,其保证的范围包括主债权的本金、利息、罚息等,故各保证人对上述款项也应承担给付义务。

关于被告盛利工贸公司承担的清偿责任的份额,原告认为,吴某甲、周某夫妇,吴某乙、费某夫妇在保证合同中的序号排列,表明其应作为一个整体承担保证责任,故承担连带责任保证的主体应为四位,连带责任保证人之间对保证份额没有约定的,应当平均分担,故被告盛利工贸公司应承担的份额应为 1/4。本院认为,虽然保证合同中是以 1、2、3 序号分列的保证人,但吴某甲、周某夫妇,吴某乙、费某夫妇均在保证合同上作为保证人签字、捺印,均应对案涉贷款承担连带责任保证,不宜以家庭单位作为一个主体看待,因此本案承担连带责任保证的主体应为原告东瑞纺织公司、吴某甲、周某、吴某乙、费某以及被告盛利工贸公司,据此,被告盛利工贸公司应承担 1/6 的清偿责任。

关于原告主张的自 2015 年 4 月 9 日起至付款之日止的利息,本院认为,原告代被告东恒服饰公司偿还 150 万贷款后,就取得了原债权人的地位,被告东恒服饰公司在与永胜贷款公司签订的借款合同中约定了借款期限内执行月利率 15‰,逾期还款承担罚息,现原告以原合同约定的利率向各被告主张权利,依法有据,本院依法予以支持。

经本院审判委员会讨论决定,依照《中华人民共和国民事诉讼法》第 64 条、第 144 条,《中华人民共和国担保法》第 12 条、第 18 条,《最高人民法院关于适用〈中华人民共和国担保法〉若干问题的解释》(以下简称《担保法解释》)第 20 条之规定,判决如下:

1. 被告扬州市东恒服饰有限公司、圣某、张某给付原告扬州市东瑞纺织服装有限公司代偿本金及利息合计 1,535,528 元,同时承担以 150 万元为计算基数,自 2015 年 4 月 9 日起至实际清偿之日止按照月利率 1.5% 计算的利息。

2. 被告高邮市盛利工贸有限公司对本判决第一款所涉金额的 1/6 承担清偿责任,并在其履行保证责任的范围内有权向被告扬州市东恒服饰有限公司、被告圣某、被告张某追偿。

3. 驳回原告其他诉讼请求。

案件受理费 18,620 元,保全费 5000 元,由被告扬州市东恒服饰有限公司、被告圣某、张某承担。

案例解说:

1. 保证人向债务人行使追偿权时可否同时要求其他担保人清偿其应当承担的份额?《担保法解释》第 20 条第 2 款的规定,很容易让人以为原告向债务人的追偿权应当在先,即先向债务人追偿,于追偿不能的范围内再向其他保证人进行追偿,因此不能在同一诉讼中同时针对债务人及保证人行使追偿权。但从立法目的角度分析,保证人在代偿借款后,取得了向债务人以及保证人追偿的权利,故从减轻当事人诉累角度,原告在同一诉讼中既对债务人就全部债务行使追偿权,同时也可以要求其他保证人清偿其应当承担的份额,但判决书中应注明,其他保证人按照份额承担保证责任后,在其履行保证责任的范围内有权向债务人进行追偿。

2. 被告圣某、张某是案涉贷款的债务人还是保证人?在二被告出具给永胜贷款公司的承诺书中明确二人对贷款承担无限连带清偿责任,所谓无限连带清偿责任,是指数名债务人承担共同清偿债务的法律责任,即数人负同一债务,明示对于债权人各负全部给付之责任。因此二被告的行为从性质上讲系债务加入,应当与原借款人一同承担偿还义务。

3. 夫妻共同对外提供保证,保证责任份额如何确定?夫或妻一方对外提供保证责任的,并不会作为夫妻共同债务,因此,夫妻共同对外提供保证,均在保证合同中签字的,应将二人均作为保证人对待,其都有承担保证责任的义务,在各保证人均承担连带责任保证的情况下,其均应与其他保证人一起承担相应的保证责任份额,其夫妻共同财产以及其个人财产都可作为清偿债务的对象。

八、扬州惠众服饰有限公司诉江苏长江钢业重工有限公司建设工程施工合同案①

1. 判决书字号

一审判决书:高邮市人民法院(2012)邮民初字第 0941 号判决书。

二审判决书:扬州市中级人民法院(2015)扬民终字第 00039 号判决书。

2. 案由:建设工程施工合同案。

3. 诉讼双方

原告(反诉被告、被上诉人):扬州惠众服饰有限公司。

法定代表人:洪某,扬州惠众服饰有限公司董事长。

委托代理人:金元龙,江苏日出律师事务所律师。

委托代理人:倪文胜,江苏兴典律师事务所律师。

被告(反诉原告、上诉人):江苏长江钢业重工有限公司。

法定代表人:严某,江苏长江钢业重工有限公司董事长。

委托代理人:李林,江苏法之泽律师事务所律师。

委托代理人:李聚隆,江苏长江钢业重工有限公司法律顾问。

4. 审级:二审。

5. 审判机关和审判组织

一审法院:高邮市人民法院。

合议庭组成人员:审判长:徐智渊,代理审判员:王健,人民陪审员:陈桂林。

二审法院:扬州市中级人民法院。

合议庭组成人员:审判长:宦广堂,审判员:黄宝生,代理审判员:李春艳。

6. 审结时间:

一审审结时间:2014 年 8 月 15 日。

---

① 案例编报人:高邮市人民法院 徐智渊、华娟。

二审审结时间:2015 年 7 月 21 日。

原告(反诉被告)诉称:原、被告于 2010 年 4 月 12 日签订《建设工程施工合同》及《补充协议》,由被告为原告承建厂房钢结构屋盖工程,因被告为原告承建的钢结构屋盖工程存在质量问题,且被告施工结束后未提供发票、竣工图及工程档案。诉请法院:(1)判决被告对其施工的原告新厂房存在的质量问题进行修复到合同约定的合格标准;(2)判决被告开具已收工程款的发票、交付原告竣工图及工程档案资料两份;(3)承担违约金 6.1 万元;(4)承担本案诉讼费用。审理中原告根据鉴定意见,变更诉讼请求第一项为,判决被告对其施工的原告新厂房在一定期限内进行修复至合同约定标准,如不修复,则赔偿原告修复费用 337,429 元。

被告(反诉原告)答辩及反诉称:当初订立合同只是为了履行财务走账的需要,并不是完整法律意义上的合同;工程实施后,原告只要求完工使用即为合格,并无特别要求,后因向其索要工程款,才提出屋顶不平整,要求修理;工程交付原告使用后原告提出有质量问题,我们认为只是影响了建筑的观感,并不影响其功能使用,原告提出质量问题是采用恶人先告状的手法,即使这样我公司仍然三番五次上门进行整改,仍不能得到原告满意,请求驳回原告的全部诉讼请求。审理中被告提出反诉请求,以反诉人已经依照合同约定交付了符合《建设工程施工质量验收统一标准》GB 50300—2001 标准的工程,依法应按约定收取工程款为由,反诉要求判令被反诉人(原告)给付工程款 9.4 万元并支付 6.1 万元违约金,承担全部诉讼费用。

高邮市人民法院经公开审理查明:2010 年 4 月 12 日,原、被告签订《建设工程施工合同》和《补充协议》各一份。合同约定,由被告长江公司承建原告惠众公司单位内厂房(建筑面积为 2092m^2)的钢结构屋盖工程,合同价款为人民币 61 万元。付款方式为合同签订后付合同价格的 40%,钢结构主钢架开始进场付合同价格的 20%,主钢架安装结束付合同价格的 20%,竣工结束后付合同价格的 10%,余款 10% 作为质量保证金一年内付清。在合同专用条款第 32 条竣工验收中承包人提供竣工图的约定:工程竣工后十五天内提供竣工图及工程档案资料两套。原、被告于当日订立的《补充协议》中又约定,乙方(指被告长江公司,下同)施工时间为 30 天,工程总造价 61 万元是开票价;乙方承诺对甲方(指原告惠众公司,下同)钢构屋面实行终身保修,其中无偿保修五年。乙方承诺整个屋面上瓦用 0.6mm,下瓦用 0.4mm(宝钢板),彩钢瓦总厚度不少于 7.5cm,容重不少于 12g,钢梁、钢柱、支架、拉条等厚度、宽度尺寸按图纸规定制造和施工,并无偿提供两边山墙预埋铁,梁进行焊接或拉接好;甲乙双方如违约,违约方赔偿全部损失并按合同总造价 10% 给予罚款赔偿对方。合同签订后,被告长江公司开始组织施工,施工期间至结束后原告惠众公司已累计给付被告长江公司工程款 51.6 万元。施工结束后,原告惠众公司发现被告长江公司承建的钢结构屋盖工程项目存在质量问题,遂向被告长江公司提出交涉,2011 年 8 月 15 日,被告长江公司向原告惠众公司作出书面《钢结构屋面钢梁调整方案》,方案中的主要内容为,被告长江公司承接了惠众服饰钢结构屋盖项目,在实施整个项目过程中由于管理不到位导致加工和发货时出现了失误,从而影响了现场安装工作的开展;综合考虑决定对屋盖进行调整校正,以减少业主的损失。由于第五根钢梁下绕太大,考虑将钢梁吊至地面,对联接板重新进行角度对接,对接好后再将钢梁吊上屋面;施工校正时间控制在两天半完成。此后被告长江公司并未按调整方案为原告惠众公司进行屋盖调整校正。双方为此发生争执，经自行协商未果，原告惠众公司于2012年6月诉至本院。

本案诉讼期间，经原告惠众公司申请及本院委托，南京东南建设工程安全鉴定有限公司于2013年5月7日对本案工程作出第SF201305023号《扬州惠众服饰有限公司厂房钢结构屋盖工程质量及修复方案司法鉴定报告》，鉴定报告中工程质量问题评价结果如下：(1)《屋面工程质量验收规范》第7.3.8条："金属板材屋面的檐口线、泛水段应顺直，无起伏现象"。涉案厂房屋面的檐口和屋脊均有起伏现象，西面檐口最大高差为41mm，东面檐口最大高差为45mm，屋脊最大高差为171mm。上述质量问题不符合规范要求。(2)根据双方补充协议约定，屋面上瓦用0.6mm。涉案厂房屋面面板厚度在0.511～0.514mm，平均厚度为0.514mm，不符合合同约定。(3)根据双方补充协议约定，彩钢瓦总厚度不少于7.5cm。涉案厂房屋面彩钢板总厚度分别是70mm、72mm、69mm，不符合合同约定。(4)根据设计要求，屋面面板为0.5mm角驰760型压型板，即为咬合型屋面板。涉案厂房屋面面板不是角驰760型压型板，不符合合同约定。(5)涉案厂房西面檐口下方有透光现象，檐沟侧边与彩钢板之间有较大缝隙，不符合屋面构造设计要求。鉴定结论为：(1)涉案厂房屋面檐口和屋脊均有起伏现象，西面檐口最大高差为41mm，东面檐口最大高差为45mm，屋脊最大高差为171mm。上述质量问题不符合《屋面工程质量验收规范》第7.3.8条要求。(2)涉案厂房屋面面板厚度不符合合同约定。(3)涉案厂房屋面彩钢板总厚度不符合合同约定。(4)涉案厂房屋面面板为搭接型压型板，不是角驰760型压接板，不符合合同约定。(5)涉案厂房西面檐口下方有透光现象，檐沟侧边与彩钢板之间有较大缝隙，不符合屋面构造设计要求。修复处理建议为：根据《建设工程施工质量验收统一标准》(GB 50300—2001)第5.0.6条的规定，本次鉴定对于部分虽然不符合设计、合同要求的质量问题，但不影响安全使用的项目(部位)，将不提出修复方案，该类质量问题该如何赔偿请法庭裁定。经分析，鉴定结论中第1条至第4条的质量问题，不影响房屋的安全使用，本次鉴定将不提出修复方案。第5条质量问题，影响房屋的使用，应进行修复。修复方案为：修复范围，涉案厂房西面檐口。修复方法，沿天沟侧板与彩钢板之间的缝隙，用1∶3水泥砂浆全部填塞密实。

上述事实有下列证据证明：

1.2010年4月12日原、被告签订的《建设工程施工合同》及同日签订的《补充协议》各一份，证明合同合法有效以及在合同中已对材料规格、质量标准、违约责任等进行了明确约定的事实。

2.编号为邮国用(2009)第07422号的《国有土地使用权证》、编号为20100079的《建筑工程施工许可证》、编号为邮建村工字〔11117〕号的《建设工程规划许可证》的复印件(庭审中提供了原件供质证)各一份，证明工程已取得合法建设手续的事实。

3.2011年8月15日被告长江公司(加盖江苏长江钢业重工有限公司天基项目部的印章)的钢结构屋面钢梁调整方案一份，同年9月27日，原告惠众公司的《致江苏长江钢业重工有限公司的函》一份，同年11月13日，由江苏日出律师事务所发给被告长江公司的律师函及特快专递网上查询单各一份，证明原告已为工程质量问题与被告进行了交涉，且被告长江公司是认可工程质量存在问题并承诺进行整改的事实。

4.经原告惠众公司申请及本院委托，南京东南建设工程安全鉴定有限公司于2013年5

月7日对本案工程作出第 SF201305023 号《扬州惠众服饰有限公司厂房钢结构屋盖工程质量及修复方案司法鉴定报告》,证明工程存在不符合设计、合同要求的质量问题的事实。

5. 案件承办人与南京东南建设工程安全鉴定有限公司的徐某工程师所作谈话笔录,在该谈话笔录中,徐某的主要意见是,在鉴定报告列出的质量问题评价结果中,第 2、3 条属于材料的负偏差,肯定是达不到合同约定标准的。第 4 条与合同约定的材料不同,合同约定是应当用 0.5mm 角驰 760 型压型板,也就是咬合型面板,而实际使用的是普通波型彩钢板,这两种材料是两种不同的板型,合同约定的咬合型屋面板在密封防水性能方面要更好些,证明被告所用工程材料与合同约定不符的事实。

6. 案件承办人与江苏天宏华信工程投资咨询管理有限公司姚某工程师所作谈话笔录,在该谈话笔录中,姚某的主要意见是,经测算,鉴定结论(指南京东南建设工程安全鉴定有限公司对本案工程作出的第 SF201305023 号司法鉴定报告,下同)中第 2 条的材料差价为 8368 元,第 3 条材料差价为 7322 元,第 4 条材料差价为 10,460 元,另外鉴定结论第 1、5 条施工所需费用为 92,375.18 元;以及案件承办人与江苏中正工程项目管理有限公司吴某造价师所作谈话笔录,在该谈话笔录中,吴某的主要意见是,经测算,鉴定结论中第 2 条的材料差价为 8368 元,第 3 条材料差价为 7322 元,第 4 条由于施工单位不是按照实际要求使用的材料,等于用了另外一种不同的材料,按照合同约定的 0.5mm 角驰 760 型压型板,目前的市场价为 55.3 元/m^2,施工单位实际使用的普通波型彩钢板,按目前 760 型普通波型彩钢板市场价为 45 元/m^2,这两种材料的差价为 10.3 元/m^2,厂房建筑面积是 2092m^2,实际使用板材面积要考虑屋面的坡度因素,总面积应当远远大于 2092m^2,这个材料差算下来应该为 2 万多元。鉴定结论第 1、5 项修复费用测算下来应是 89,869.91 元,证明工程质量的损失金额约为 19 万元的事实。

高邮市人民法院经审理认为:2010 年 4 月 12 日,原、被告签订的《建设工程施工合同》和《补充协议》系当事人的真实意志表示,合同约定的内容不违反国家法律规定,故本案《建设工程施工合同》和《补充协议》有效,双方当事人应当按照合同约定履行自己的义务。

合同订立后,被告长江公司履行了约定的工程建设义务,虽然双方当事人未对本案工程办理交接及验收,但根据原告审理中所提交的证据证明,工程结束后双方当事人已为工程质量问题进行了交涉,被告长江公司是认可工程质量存在问题并承诺进行整改的。由于被告长江公司未按承诺对工程质量问题进行整改,且诉讼中经鉴定机构对照本案当事人订立的合同、补充协议等证据,经现场检验后作出的鉴定意见确定,本案工程存在不符合设计、合同要求的质量问题,鉴定意见对存在的问题已经逐项列出,对鉴定意见原、被告双方均无异议。被告长江公司在审理中辩称提出本案工程只是影响了建筑的观感,并不影响其功能使用的主张,对此本院认为,本案原告惠众公司与被告长江公司订立《建设工程施工合同》和《补充协议》的目的,是要求被告长江公司依照合同约定和法律规定,按设计要求履行厂房钢结构屋盖工程的建设施工义务,但本案被告长江公司所完成的工程经鉴定存在质量问题,显然与原告惠众公司订立合同的目的是不相符的,故对被告长江公司的辩称主张本院不予采信;据此本院确定原告惠众公司提出的工程存在质量问题的主张成立,对此被告长江公司应承担违约责任,故对原告惠众公司提出要求被告长江公司承担违约金,以及要求被告长江公司履行合同附随义务,开具已收工程款的发票、交付竣工图及工程档案的诉讼请求本院予以支持。对于原告惠众公司审理中提出变更要求被告长江公司对其施工的原告新厂房在一定期限内进行修复至合同约定标准，如不修复，则赔偿原告修复费用 337,429 元的诉讼请求，对此本院认为，根据《中华人民共和国合同法》第 107 条规定，当事人一方不履行合同义务或者履行合同义务不符合约定的，应当承担继续履行、采取补救措施或者赔偿损失等违约责任。本案审理中因被告长江公司以工程质量不存在问题无须修复为由，拒绝承担相关质量问题的修复处理义务，本院确定由原告惠众公司自行处理工程质量相关问题，但被告长江公司应向原告惠众公司承担赔偿损失等违约责任。根据双方当事人的违约责任约定，参照有关工程造价的咨询意见，本院酌情确定被告长江公司应向原告惠众公司支付违约及损失赔偿金计 190,000 元。

关于被告长江公司反诉要求判令被反诉人惠众公司给付工程款 9.4 万元，并支付 6.1 万元违约金的请求，本院认为，因本案工程质量相关问题由原告惠众公司自行处理，故对被告长江公司主张的剩余工程款 9.4 万元，可在向原告惠众公司支付的违约金和赔偿损失款中抵扣，又因本案合同的违约方是被告长江公司，故对被告长江公司要求原告惠众公司支付 6.1 万元违约金的反诉请求，本院不予支持。

高邮市人民法院根据依照《中华人民共和国合同法》第六十条第一款、第一百零七条、第一百一十四条第一款，《中华人民共和国建筑法》第八十条之规定，作出如下判决：

1. 被告（反诉原告）江苏长江钢业重工有限公司应予本判决生效后十五日内，向原告（反诉被告）扬州惠众服饰有限公司支付违约及损失赔偿金计 96,000 元（已扣除扬州惠众服饰有限公司未给付的工程款 9.4 万元），同时应向原告（反诉被告）扬州惠众服饰有限公司开具已收工程款的发票、交付竣工图及工程档案资料两套；

2. 驳回原告（反诉被告）扬州惠众服饰有限公司的其他诉讼请求；

3. 驳回被告（反诉原告）江苏长江钢业重工有限公司的反诉请求。

本诉案件受理费 7300 元，保全费 1800 元，合计 9100 元，由惠众公司负担 3200 元，长江公司负担 5900 元；反诉案件受理费 1700 元，由长江公司负担；鉴定费 20,000 元，由长江公司负担。

一审被告长江公司上诉称：（1）一审法院隐瞒重要证据，是完全错误的行为。①一审认定长江公司未按约使用图纸中约定的“角驰 760 型”压型板，存在违约。但一审中惠众公司始终未将该图纸作为证据使用，未向法庭提供图纸更没有质证，故一审作出上述认定没有依据。②长江公司没有单方修改图纸的行为。原设计要求为单层角驰 760 型压型板，惠众公司在施工中变更了设计，改为双层压型复合板构造。该工程系三无工程，在施工过程中边设计边施工，因此在补充协议中特别注明“图纸应以现场尺寸为准”。对于改变后的设计图，惠众公司至今未交给长江公司，长江公司无法出具竣工图。③一审法院认定部分材料不符合合同约定，也是错误的。工程的材料全部符合设计要求，屋面面板为 0.5mm，现有材料均在 0.5mm 以上。长江公司使用的钢材向惠众公司提供了质保书，制作前也得到惠众公司的确认。整个施工过程中，惠众公司也未对钢材提出任何异议。（2）长江公司不应承担材料差价及修复费用。①损害赔偿的前提条件是要有损害的事实与后果，本案无损害事实与后果，一审判决赔偿存在错误。鉴定报告认为对于部分虽然不符合设计、合同要求的质量问题，但不影响安全使用的项目，不提出修复方案，因此，屋盖工程质量已达到验收标准为合格产品。

②原设计要求为单层角驰760型压型板，后由惠众公司变更为双层压型复合板构造，现设计比原设计增加了一层板材，增加了工作量及材料。长江公司没有违约行为，惠众公司存在违约应支付6.1万元违约金。③经南京东南建设工程有限公司鉴定，对于部分虽然不符合设计、合同要求的质量问题，但不影响安全使用的项目，不提出修复方案。因此，屋盖的工程质量已经达到验收标准，为合格产品，本工程无须修复，惠众公司要求赔偿没有依据。(3)工程已改变了设计，惠众公司至今未将原图纸变更并交给长江公司，因此，长江公司不具备出具竣工图的条件。(4)长江公司要求惠众公司支付所欠9.4万元，待其付清全款后，长江公司为其开具发票。综上，请求二审法院查明事实，依法驳回惠众公司的上诉请求。

一审原告惠众公司辩称：(1)长江公司在上诉状中对于事实部分的陈述与客观事实不符。①本案所涉钢结构屋盖工程系惠众公司委托高邮市建筑设计院进行图纸设计，并在对外招标时将图纸提供给投标人，长江公司也是基于图纸进行投标的，从双方签订的合同中也可以印证上述事实。②原审在通知双方当事人选择鉴定机构时，已就图纸进行了质证，因长江公司没有到庭，放弃了质证的权利应承担不利后果。屋盖使用角驰760压型板，施工图纸中对此确有约定，长江公司认为惠众公司在施工中变更为双层压型复合板没有依据。③惠众公司没有单方修改图纸的行为。长江公司在中标时应当知道设计图纸要求使用角驰760压型板，惠众公司在施工中也没有下达变更指令，双方也未就板材变更达成过协议，长江公司认为惠众公司已变更设计，其应承担举证责任。鉴定报告已明确指出长江公司没有使用合同约定的角驰760压型板，而使用搭接型压型板，其价格也低于角驰760压型板。④长江公司称惠众公司未提供与工程相关的规划许可证、建设工程许可证与事实不符。建设工程施工许可证于2010年6月8日取得，建设工程规划许可证是2011年9月取得。这两个证件的申请办理时间均在合同签订前。(2)长江公司认为原审认定工程质量不符合合同约定是错误的。合同中对工程验收进行了约定，鉴定报告对屋盖五个方面不符合合同约定进行了说明。惠众公司在工程施工结束时就提出工程质量存在问题并要求修复，并不是长江公司在索要工程款时提出的。从长江公司出具的《钢结构屋面钢梁调整方案》对其施工质量存在问题也予以认可。合同约定工程价款61万元，惠众公司已支付51.6万元超过合同约定的付款比例，长江公司认可施工中存在质量问题且其同意修复，但没有修复，因此，工程不能认定竣工结束。惠众公司已按合同履行了义务，不存在违约。长江公司在原审中明确表示不按照合同进行修复，原审法院依据鉴定结论及咨询意见作出判决正确。综上，请求二审法院查明事实，依法维持原判。

扬州市中级人民法院经审理查明：原审查明的事实属实，本院予以确认。

扬州市中级人民法院经审理认为：二审中，双方争议的焦点：(1)双方之间的合同是否有效；(2)惠众公司提供的设计图纸能否作为司法鉴定的依据，其程序是否合法；(3)长江公司在施工中是否存在违约行为，如存在违约行为如何承担违约责任。

关于争议焦点一，扬州市中级人民法院认为，惠众公司与长江公司之间签订的《建设工程施工合同》有效。理由：惠众公司与长江公司之间签订的合同意思表示真实，内容并不违反法律规定，合同有效。惠众公司在原审中提供了土地使用权证、建设工程规划许可证、建筑工程施工许可证，能够证明其取得合法建设手续，故长江公司认为该工程为三无工程没有依据，不能得到支持。

关于争议焦点二，扬州市中级人民法院认为，惠众公司提供的设计图纸能够作为司法鉴定的依据，其鉴定程序合法。理由：首先，该工程系惠众公司通过招标确定承包人，长江公司在招投标过程中，根据惠众公司提供的工程图纸及工程量清单等材料进行工程报价，而工程图纸明确要求屋面使用角驰760型压型板，因此，长江公司订立合同时就已知道屋面使用角驰760型压型板。其次，根据合同及补充协议的约定，工程图纸系合同的组成部分，长江公司负责工程图纸范围内钢结构厂房的制作、安装，按照工程图纸要求，屋面为保温夹芯钢板保温屋面，做法为：0.5mm角驰760型压型板（面板）……故长江公司应当按照合同约定履行义务。长江公司主张惠众公司将角驰760型压型板变更为搭接型压型板，未提供其他证据予以证明，其提出补充协议中可以印证上述主张。就补充协议内容而言，系对工程使用的角驰760压型板上、下瓦厚度、彩钢瓦总厚度以及容重进行的约定，并非是对角驰760型压型板的变更，补充协议中"图纸应以现场尺寸为准"也不能解释为将角驰760压型板变更为搭接型压型板。因此，长江公司主张惠众公司将角驰760型压型板变更为搭接型压型板没有依据，不能得到支持。最后，原审根据惠众公司的申请启动鉴定程序后，惠众公司提供了施设工程施工合同、工程图纸等证据用于司法鉴定，长江公司在收到原审《选择鉴定机构通知书》以后，未按原审通知的日期到庭对惠众公司提供用于司法鉴定的证据进行质证及参加选择鉴定机构，应视为对质证及选择司法鉴定机构权利的放弃，故原审将惠众公司提供的证据用于司法鉴定程序合法，其鉴定结论可以作为本案事实认定的依据。

关于争议焦点三，扬州市中级人民法院认为，长江公司未按合同约定进行施工存在违约行为，应当承担违约责任。理由：长江公司在施工中应当按照合同约定履行义务。根据鉴定报告能够确认长江公司施工中使用的屋面面板厚度、彩钢板总厚度以及屋面面板为搭接型压型板均不符合合同约定，并且，屋面檐口和屋脊均有起伏的质量问题，厂房西面檐口下方有透光现象，檐沟侧边与彩钢板之间有较大缝隙，不符合屋面构造设计要求。涉案房屋西面檐口下方有透光现象，檐沟侧边与彩钢板之间有较大缝隙，不符合屋面构造设计要求，应当进行整改修复。从长江公司2011年8月15日出具的《钢结构屋面钢梁调整方案》中，也能看出其在施工中由于管理不到位导致加工和发货出现失误。综上，应当能够认定长江公司未按合同约定进行施工，且对工程出现的质量问题未履行修复义务，其行为已构成违约。

《中华人民共和国合同法》第107条规定："当事人一方不履行合同义务或者履行合同义务不符合约定的，应当承担继续履行、采取补救措施或者赔偿损失等违约责任。"依此规定，惠众公司要求长江公司对屋面工程存在质量问题进行修复到合同约定的标准，应当得到支持。由于长江公司以工程质量不存在问题无须进行修复为由，拒绝承担工程质量问题的修复义务。原审确定惠众公司自行处理工程质量相关问题，并由长江公司向惠众公司承担赔偿损失的违约责任符合法律规定。原审根据长江公司的违约行为及对修复范围内工程造价的咨询意见，酌定长江公司向惠众公司支付违约及赔偿损失计19万元并无不当，本院应予确认。

至于，长江公司提出因工程设计变更，惠众公司没有将变更后的工程图纸交付给长江公司，故长江公司无法出具竣工图的上诉主张，缺乏事实依据，不能得到支持。

综上所述，扬州市中级人民法院认为上诉人长江公司的上诉理由缺乏事实与法律依据，依法不能得到支持。原审判决认定事实清楚，适用法律正确，依法应予维持。

扬州市中级人民法院依照《中华人民共和国民事诉讼法》第 170 条第 1 款第 1 项之规定，作出如下判决：

驳回上诉，维持原判。

二审案件受理费 7300 元，由上诉人长江公司负担。

案例解说：

本案是一起因被告承建的工程存在质量问题引发的原、被告间的建设工程合同纠纷案件，就工程是否存在质量问题以及损失赔偿金额，原、被告间争议较大。

1. 就工程是否存在质量问题？在一审审理期间，原告向一审法院申请对涉案厂房钢结构屋盖工程质量进行司法鉴定，经一审法院同意并委托鉴定，南京东南建设工程安全鉴定有限公司于 2013 年 5 月 7 日对本案工程作出第 SF201305023 号《扬州惠众服饰有限公司厂房钢结构屋盖工程质量及修复方案司法鉴定报告》，在鉴定报告中逐项列出了工程存在的不符合设计、合同要求的相关质量问题。一审法院认为，原、被告之间订立《建设工程施工合同》和《补充协议》的目的，是要求被告依照合同约定和法律规定，按设计要求履行厂房钢结构屋盖工程的建设施工义务，但本案被告所完成的工程经鉴定存在质量问题，显然与原告订立合同的目的是不相符的，据此依法确定原告提出的工程存在质量问题的主张成立，被告应承担违约责任。

一审宣判后，被告不服提起上诉，就原告方提供的设计图纸能否作为司法鉴定的依据，以及鉴定程序是否合法，原、被告双方争议较大，对此二审法院审理后认为，一审法院根据原告方的申请启动鉴定程序后，原告提供了施设工程施工合同、工程图纸等证据用于司法鉴定，被告在收到一审法院《选择鉴定机构通知书》以后，未按一审法院通知的日期到庭对原告提供用于司法鉴定的证据进行质证及参加选择鉴定机构，应视为对质证及选择司法鉴定机构权利的放弃，故一审法院将原告方提供的证据用于司法鉴定程序合法，其鉴定结论可以作为本案事实认定的依据。

可以看出，一、二审法院在该案的审理中，较好地兼顾了民事诉讼程序的公正与效率原则。在原告方提供了施设工程施工合同、工程图纸等证据申请启动司法鉴定程序后，一审法院及时通知被告在规定的日期到庭对原告提供用于司法鉴定的证据进行质证及参加选择鉴定机构，这充分保障了被告平等地参与司法鉴定程序的权利。但被告方却未在规定的日期到庭质证及选择司法鉴定机构，是被告自行放弃了己方对质证及选择司法鉴定机构的权利，故一审法院及时将原告方提供的证据依法委托鉴定机构用于司法鉴定并无不当，在保障程序公正的同时又较好地兼顾了程序的效率原则，故该司法鉴定程序合法，其鉴定结论可以作为认定案件事实的依据。

2. 就工程的损失赔偿金额问题，原、被告间争议也较大，并且对工程质量损害赔偿金额的认定较为专业，原、被告此前并无具体约定，在法律、法规中对这一问题也没有量化的标准，那么如何确定该损失赔偿金额才能较好地平衡原、被告之间的利益呢？

对此，一审法院法官较好地运用了《民事诉讼法》中的专家证人制度。在案件审理期间，法官依职权分别向江苏天宏华信工程投资咨询管理有限公司工程师姚某及江苏中正工程项目管理有限公司造价师吴某进行了咨询，经过咨询，工程师姚某的主要意见是，经测算，鉴定结论（指南京东南建设工程安全鉴定有限公司对本案工程作出的第 SF201305023 号司法鉴定报告，下同）中第2条的材料差价为8368元，第3条材料差价为7322元，第4条材料差价为10,460元，另外鉴定结论第1、5条施工所需费用为92,375.18元；造价师吴某的主要意见是，经测算，鉴定结论中第2条的材料差价为8368元，第3条材料差价为7322元，第4条由于施工单位不是按照实际要求使用的材料，等于用了另外一种不同的材料，按照合同约定的0.5mm角驰760型压型板，目前的市场价为55.3元/m^2，施工单位实际使用的普通波型彩钢板，按目前760型普通波型彩钢板市场价为45元/m^2，这两种材料的差价为10.3元/m^2，厂房建筑面积是2092m^2，实际使用板材面积要考虑屋面的坡度因素，总面积应当远远大于2092m^2，这个材料差价算下来应该为2万多元。鉴定结论第1、5项修复费用测算下来应是89,869.91元。据此，一审法院根据双方当事人的违约责任约定，参照有关工程造价的咨询意见，本院酌情确定被告长江公司应向原告惠众公司支付违约及损失赔偿金计190,000元。

在我国现实的司法实践中，关于实际损失范围及赔偿责任数额，都是由当事人自行主张，法官根据当事人提供的相关证据进行认定。但法官的专业知识毕竟有限，诸如在医疗、建筑这些专业领域不具有相应的专业知识和判断能力，在认定上存在困难，在这种情况下如果仅仅依照一方当事人的主张和提供的证据进行判决，难以保证法院最终的判决是合理、公正的，另一方当事人的意见也往往比较大。在本案中，法官充分发挥了专家咨询意见的作用，请两位专家对工程损害赔偿金额提出专业性、权威性的咨询意见，取得了较好的法律和社会效果。

九、高邮市××农资连锁有限公司××分公司申请行政复议案件

申请人：高邮市××农资连锁有限公司××分公司

被申请人：扬州市高邮工商局

高邮市××农资连锁有限公司××分公司不服扬州市高邮工商局作出的邮工商案〔2013〕00494号行政处罚决定书，于2013年6月18日向市人民政府申请行政复议，请求撤销上述具体行政行为。

申请人称：（1）扬州市高邮工商局作出的行政处罚决定证据不足，事实不清，定性错误。该局执法人员现场检查肥料时，在当事人的陪同下只打开两袋“黄金地”复合肥并取出合格证两份，合格证上未标注生产日期。而该局下达行政处罚决定书时却以5吨进行定性，事实上5吨有100袋，执法人员并未对其余的进行检查，就以两袋而定性了整批货物，可见该局执法人员认定事实不清，定性存在问题。（2）对该案实施的行政处罚不当。《产品质量法》第54条规定，产品标识不符合本法第27条规定的，责令改正；有包装的产品标识不符合本法第27条第4项、第5项规定，情节严重责令停止生产、销售并处罚违法生产、销售产品货值金额百分之三十以下的罚款；有违法所得的，并处没收违法所得。而该局下达处罚决定书时并未对该案情节是否属严重情节进行认定，就以情节严重进行处罚，属行政处罚不当。（3）该局在行政执法过程中不依法行政，乱作为。该局城北分局抽检该产品两次，经淮安市质量检验所检测均为合格产品。但该分局却要求我公司支付抽样检测费和汽油费，再遭我公司拒绝后作出了该行政处罚决定书，该行政执法行为属于严重乱作为。

被申请人称：（1）我局对该案的认定事实清楚，证据确凿，定性准确。2013年5月3日，我局接到群众举报，反映高邮市××农资连锁有限公司××××分公司所销售的标注为“江苏黄金地肥业有限公司”生产的“黄金地”复合肥存在问题，我局执法人员到现场抽取样品，在其合格证上未发现标注有生产日期,该销售点负责人在现场也未提出任何异议。根据该批复合肥料为当事人一次性购进,可以认定为同一批次,并且没有标注生产日期,即当事人购进的该批次的复合肥料为5吨。(2)对该案实施的行政处罚适当。根据《中华人民共和国产品质量法》第54条的规定,"产品标识不符合本法第二十七条的规定,责令改正;有包装的产品标识不符合本法第二十七条第(四)项、第(五)项规定,情节严重的,责令停止生产、销售,并处违法生产、销售产品货值金额百分之三十以下的罚款;有违法所得的,并处没收违法所得"。对照上述法律法规,结合当事人的违法事实,我局作出了如下处罚决定:(1)责令立即改正;(2)罚款6900元,没收违法所得2000元。(3)针对申请人所提的要求申请人支付抽样检测费和汽油费一事,我单位从未与其谈及检测费和汽油费等相关事宜,不存在乱执法、乱作为和报复的相关行为。

根据《行政复议法实施条例》第50条第1款"有下列情形之一的,行政复议机关可以按照自愿、合法的原则进行调解:(一)公民、法人、或其他组织对行政机关行使法律、法规规定的自由裁量权作出的具体行政行为不服申请行政复议的"。高邮市政府法制机构对本案经过认真细致的审查,对该案进行了听证,让申请人和被申请人双方进行质证并进行了调解后,申请人于2013年7月1日向市政府提交了撤回复议申请。申请人撤回复议申请后,市政府复议机关迅速启动执法监督程序,履行监督职能,7月19日,高邮市工商局撤销了邮工商案字(2013)第0494号《行政处罚决定书》,并对该行政执法人员作出了相应的处罚。

本案虽以申请人自行撤回结案,但是在案件审查中还是有几个问题值得探讨的。一是行政执法人员在执法过程中的行为规范。该案件在执法过程中,行政执法人员对违法当事人的违法行为的教育指导不够,只是一味地以行政处罚来代替指导,没有能够真正达到执法效果的最优化。在案件处理过程中与当事人的沟通交流不够,没有主动与当事人进行沟通交流,以至于当事人有很多的不理解,导致执法效果不佳,最终导致当事人申请行政复议。二是使用自由裁量权是否恰当。《中华人民共和国产品质量法》第54条规定,"产品标识不符合本法第二十七条的规定,责令改正;有包装的产品标识不符合本法第二十七条第(四)项、第(五)项的规定,情节严重的,责令停止生产、销售,并处违法生产、销售产品货值金额百分之三十以下的罚款;有违法所得的,并处没收违法所得"。这是执法部门作出行政处罚的法律依据,但行政执法人员在实际调查过程中是否进行了实质性的调查,是否把违法行为所产生的后果进行了论证,如果没有产生严重的后果,该行政处罚的自由裁量属于偏重。这些都是行政执法机关应该予以重视的问题。

在行政复议程序进行过程中,申请人出于某种原因提出撤回复议申请,但案件有证据显示,被申请的具体行政行为确实存在违法或不当的情形,复议机关是否"同意"撤回申请?撤回之后如何落实监督措施是我们面临的一个现实问题。对此,市政府法制办认真履职,根据《省政府办公厅印发关于贯彻实施〈中华人民共和国行政复议法〉的若干意见的通知》《江苏省行政执法监督办法》审慎处理,适时进行了行政复议与行政执法监督的功能转换对接,体现了复议法的立法本义,达到了良好的实践效果,促进了依法行政。

第二节　县域法治事件

一、高邮“8·3”重大交通事故处置

2012年8月3日14时38分，高邮市八桥镇镇区发生一起重大交通事故，致3死2伤（以下简称“8·3”事故）。领导高度重视，多部门协同运作，妥善处置，有效维护了社会治安大局稳定。

1.“8·3”事故的主要特点

“8·3”事故不同于一般的道路交通事故，有其特殊性和复杂性。

一是事发地点情况复杂。事故发生在高邮市八桥镇中心繁华路段，人流量大。事故发生后，短短数分钟内，现场聚集数百名群众围观，不但给现场处置工作增加了困难，而且极易引发事故以外的不稳定因素。

二是受害人身份特殊。事故死伤人员均为八桥镇人，亲朋好友均在事发地点附近，事故发生后，死伤人员亲属纷纷赶到现场，造成交通拥堵，增加了救援和现场控制的难度。

三是事故成因敏感。该起事故虽然是单方面事故，肇事车驾驶人负全部责任。但事发后有群众认为摊点占道经营，无序摆放是事故原因，对集镇管理提出质疑，意欲借机扩大事态。

四是事故理赔困难。肇事车是借用的车辆，肇事驾驶员家庭困难，没有经济赔偿能力，仅有部分保险赔偿金可用，善后处置工作十分困难。

2.“8·3”事故处置的基本做法

一是快速反应，掌握工作主动。高邮市局接到事故报警后，辖区派出所民警4分钟内赶至事发地，配合120急救人员将死伤人员全部送至医院。该局主要负责人迅速率队赶赴现场，成立现场指挥部，调集周边警力，突出事发地点、中心现场和集镇外围三个重点，开展现场勘查、秩序维护、外围车辆控制等工作，第一时间将肇事车、驾驶人控制并带离现场，组织开展现场人流、车流疏导，半小时就恢复了正常秩序，牢牢掌控现场处置的主动权。

二是分工明确，务求稳妥处置。事故发生后，市局、高邮市委、市政府主要领导均对事故处理提出明确要求。市局副局长丁小明连夜赴高邮靠前指导善后处置工作。按照“分工负责、紧张有序、确保稳定”要求，由公安交巡警部门牵头成立事故调查组，走访现场群众、调阅视频监控资料、对肇事驾驶人抽血化验、尿样检验；由镇政府牵头的善后工作组，实行“一户一工作组”，村组干部上门协助料理后事、做好安抚工作、掌握思想动态；由派出所、镇村干部牵头的社会面稳控组，向死者亲属、群众宣传事故调查、处理程序、理赔标准等，对群众进行正面引导，防止别有用心之人借机造谣滋事。

三是以人为本，理性化解疏导。坚持以人为本、依法处置，通过掌握死者亲属的心理，解决其合理诉求等，积极做好化解疏导工作。8月5日晚，部分死者亲属扬言去高邮市政府集访，高邮市局主动与死者亲属代表对话，缓和家属情绪，避免集访事件发生。死者赵某某亲属提出赵某某的养老保险刚刚缴纳，能否转给其妻子，公安机关现场联系社保局，特事特办，赵某某家人感谢不已，与肇事方达成赔偿协议。同时，根据摸排掌握的3名死者家庭情况，

实行先易后难、逐个化解,妥善处置了该起事故。

四是公开信息,做好舆论引导。事故发生后,公安机关第一时间发布了新闻通稿,客观通报事故情况和调查情况,让新闻媒体、群众和网民及时了解事实,防止事故被渲染放大、以讹传讹,有效压缩炒作空间,防止形成舆论焦点。

3. 处置"8·3"事故的深层次思考

如何妥善处置各类事故引发的群体性事件是对基层公安机关能力和水平的综合检验。通过对该起事故处置经验的总结,我们认为只有在"法、理、情"有机统一的框架内处置群体性事件,才能达到控制影响、平息事态、化解矛盾,促进社会公平、稳定、和谐的目的。

一要坚持党委政府领导,形成整体联动的工作格局。处置群体性事件,必须坚持在党委、政府统一领导下,建立公安机关牵头,各职能部门参与、整体联动的工作机制,才能从根本上提高化解矛盾纠纷的效率和成功率。公安机关要明确自身定位,既要提前介入,主动作为,又要防止大包大揽,单打独斗,造成矛盾转移。

二要深化社会稳定风险评估,加强源头管理。在当前社会矛盾多发、频发的情况下,要大力完善社会稳定风险评估机制,全面梳理影响社会稳定的因素,明确重点,有针对性地制定风险防范控制措施,提高预警研判能力,实现风险分析预测在先,苗头发现防范在先,问题处置化解在先,努力将矛盾纠纷化解在萌芽状态,牢牢抓住工作主动权。

三要强化基层组织建设,以群众工作统领维稳工作。做好群众工作,赢得群众理解和支持,是确保群体性事件能够有效处置的重要保证。因此,要进一步强化乡镇(街道)、社区、村组等基层组织建设,充分发挥基层组织联系群众、发动群众、引导群众等方面的重要作用,筑牢基层维稳的第一道防线。

四要主动应对媒体,牢牢把握网络话语主动权。在处置各类突发性事件和群体性事件中,要抢占舆论制高点,既要敢于应对媒体更要善于应对媒体,第一时间公开信息、澄清事实,最大限度挤压负面信息的生存空间。要在提升公安机关"虚拟社会"控制能力上下功夫,不断健全完善网络舆情监测机制和网评员队伍,切实掌握网络话语权,正面引导舆论,维护一方社会稳定。

二、高邮"5·31"特大交通事故处置

2013年5月31日10时8分,高邮市发生一起致7人死亡,2人受伤的特大道路交通事故。事故受到省、市领导的高度重视,省公安厅交巡警总队总队长李文武、副总队长陈玉峰,扬州市副市长孔令俊、张宝娟,政协副主席、公安局局长王少鹏,市政府副秘书长王玉军,高邮市委书记韩方、市长方桂林,扬州市公安局调研员丁小明、交巡警支队支队长倪文连、副支队长黄长青等领导先后赶赴现场指导事故处置工作。至6月5日,事故善后处置工作全部结束,当事人(家属)全部签订赔偿协议,未发生影响社会稳定的事件。

1. 领导重视、多部门联动

事故发生后第一时间,省、市领导先后到事故现场指导工作,公安、消防、安监、交通、卫生、民政等部门人员迅速开展抢救伤者,勘查现场,为后期善后处置工作赢得信任感和认同感。

(1)市领导直接负责指导。事故发生后,高邮市立即成立由市委、市政府主要领导为组长、分管市领导及相关部门参加的事故处理领导小组,迅速开展医疗救治、事故调查、善后处理、后勤保障等处置工作。副市长、公安局局长高长明进驻司徒镇政府，市公安局分管局领导、交巡警大队大队长亲自与受害方亲属进行面对面的沟通。

(2)乡镇领导全程参与。司徒镇政府多次召开党委会，以及领导小组会议，分析情况，研究落实工作措施。书记、镇长亲临一线，全过程参与，形成整体合力。在事故善后处理工作中，司徒镇书记、镇长直接参与善后处置工作，下设七个工作小组，每组由乡镇领导和村干部等3人组成，同时与7名死者亲属开展协商工作。

(3)机关部门配合协同。政府、公安、民政、保险各司其职，积极协同开展善后处置工作。公安派出所社区民警深入村组摸清受害方的社会关系及其基本情况；治安民警及时掌握受害方亲属的思想状况及动态，特别是挑头人员的过激行为的证据固定，及时予以警戒教育，分化瓦解，控制事态；交巡警事故处理人员与事故方沟通，讲清事故情况及相关规定，及时公布事实真相；路面执勤交巡警及时组织交通分流，减少影响。

2. 重点突破、人性化调解

事故发生后，高邮立即展开善后调解工作，安抚群众，从5月31日开始至6月5日，通过6天5夜，与7名死者家属一一达成协议。

(1)寻找突破口。从死者亲属关键人(策划人、带头堵路闹事人)找到赔偿调解的突破口，并邀请在事业单位工作的亲属帮助开展疏导工作。

(2)人性化调解。工作组深入受害方家中上门开展工作，对照事故赔偿标准计算到位，充分听取事故受害方亲属的意见。

(3)实时监控。所有参加这次善后处理的工作人员坚守岗位，加班带晚，做好深入细致的说服解释工作，讲清利害关系，让受害方感觉到党委、政府是帮助受害方解决问题的。

(4)安抚维稳。司徒镇、村派员上门慰问，并对受害家庭的农业生产(虾塘、收割菜籽)予以帮助，稳定受害方亲属的情绪。

(5)法律支撑。公安交巡警大队事故处理人员将事故处理程序、赔偿标准等相关法律规定以及事故调查处理情况适时公布，初步明确事故责任。

(6)现场赔付。将先期赔偿款带到司徒镇现场办公，方便受害方亲属。

三、江苏林杉风服饰发展有限公司职工集访处置

2014年12月15日，江苏林杉风服饰发展有限公司(以下简称林杉风公司)150余名职工到市政府集访，反映该公司无故拖欠职工工资。经过多方面共同努力，12月18日，事件已基本得到平息。这起大规模群体集访事件，产生了恶劣的社会影响。

1. 事件经过

林杉风公司是我市高邮镇一家老牌自建厂房服装企业，因公司货款未及时收回，造成资金周转困难，拖欠职工10月工资迟迟未发。12月初，职工多次要求公司支付，但该企业法人代表陈某以多种理由拖延迟迟未发，造成了职工恐慌。12月15日下午，80余名职工到市信访局集访。高邮镇政府和市人社局劳动保障监察大队有关人员立即赶赴现场，将职工劝回，并与法人代表陈某进行了谈话。当天下午，该公司出示书面通知告知职工，公司将于17日支付10月工资，并请职工正常上班。16日上午，150余名职工再次到市信访局上访，要求政府出面解决，结清所有剩余工资并解除劳动合同。劳动保障监察大队再次赶赴现场，对案件进行受理并展开调查，现场解答相关法律问题，引导职工依法维护合法权益，并与市信访局、高邮镇政府做好职工的安抚和劝返工作，同时，下达了劳动保障监察限期改正指令书，责令该公司12月17日前发放10月工人工资。下午，200余名职工围堵市政府大门，高长明副市长亲临现场与8名职工代表对话，听取职工诉求。当天17时，该公司发放了10月工资83万余元并告知职工，职工离开了市信访局。17日上午，法人代表陈某召开职工大会，公开向职工道歉并承诺，11月工资将于12月底发放，并将按月支付工资，复工的员工按照满勤标准计算工资，离职的员工按照实际出勤结算工资。部分职工对此承诺不满意，随即煽动其他职工再次到市政府上访。下午，职工又提出补齐与周边服装企业最高工资的差距，按照160元一天结算工资的不合理要求，双方未能达成一致意见，职工再次围堵市政府大门。公安部门再三劝阻无果后果断出击，现场带走两名违法上访职工，职工情绪才得以控制。市人社局分管局长与劳动保障监察大队负责同志也在现场对职工进行劝说引导。晚上6时许，职工陆续离开市信访局。12月18日上午，高邮镇政府、市劳动保障监察大队、市服装协会相关人员再次到该公司和职工反复协商沟通，最终达成协议。目前大部分职工已上班，有40多名职工不愿意继续上班，该公司承诺将按发放工资时间节点支付他们上班期间的工资，至此事态已基本平息。

2. 原因分析

一是工资监管不得力。从往年经验教训看，出现问题的企业往往是租赁的中小企业。2014年，各乡镇（园区）加大了对服装租赁企业工资保证金缴存力度，监管力度也大一些，但往往又忽视了对自有厂房老牌企业的排查监管，因此，出现了林杉风公司拖欠职工工资未及时发现的问题。

二是工资支付不及时。不少乡镇（园区）服装企业职工工资没有执行次月15日前支付上月工资规定，而是在次月25日左右支付上月工资，如果企业经营出现问题，很有可能拖欠职工两个月以上工资。有的企业是为留住职工，怕职工跳槽，故意拖欠工资；有的则是资金周转困难，又不主动与职工沟通。林杉风公司在出现集访后两天，公司法人代表陈某仍拒绝与职工对话。

三是经济下行压力服装企业面临困境。由于交货期、加工费等各种因素的制约，企业资金回笼周期拉长。据了解核实，林杉风公司目前尚有100多万元货款未及时收回。由于我市服装企业仍未实行按件计酬、多劳多得制度，企业经营、市场行情的盲目预期，进一步加大了企业的生存风险和压力。

四是职工上访心态不正常。一旦职工和企业发生劳资纠纷，职工为了维护自身合法权益，信访不信法，甚至做出违法的事。其心理原因往往是：（1）利益心理作怪，认为事情不闹大就不会引起重视，自己就会吃亏；（2）从众心理作怪，别人去了，我也要去；（3）法不责众心理作怪，想通过堵路、封门等不合法手段给政府施压，要老板屈服吐钱、政府无奈垫钱。

3. 对县域法治进程的影响

一是预警要准确。各乡镇（园区）要进一步强化属地管理和监管责任，依托“两网化”建设平台，通过发挥企业工资协查员等作用，定期对辖区企业进行检查，与职工面对面了解工资发放情况，做到发现早、预警准；对重点隐患企业，按照工资支付“三色”预警要求，及早落实跟踪监管措施。

二是渠道要畅通。进一步畅通举报投诉渠道，宣讲劳动保障法律法规，提高职工依法维护自身权益的能力;让职工参与监管企业,及早发现企业劳资问题。一旦出现劳资纠纷、集访事件,第一时间得到信息、控制势态、快速处置。

三是处置要得力。各乡镇(园区)、各有关部门要抓紧建立拖欠工资应急处置预案,健全应急联动处置机制,一旦出现欠薪上访事件,快速稳妥处置,防止事态蔓延扩大。在明确企业欠薪责任主体、严控企业法人代表或实际经营人转移财产、逃匿的同时,由企业属地管理的乡镇(园区)在缴存的工资保证金中协调资金或通过欠薪应急周转金先解决问题,防止事态扩大,事后向欠薪责任主体企业依法予以追偿。

四、法治护航区划调整——高邮市推行区划调整政策风险和法治综合论证

推进城镇化和城乡发展一体化是党中央作出的战略部署。高邮市顺应新形势新时期经济和社会发展要求,运用法治思维和法治方式,严格推行区划调整政策风险和法治综合论证,成功实施了新一轮乡镇区划调整。

1. 背景起因

随着经济社会的快速发展,高邮市镇级主体过多、发展布局散乱、资源配置不优,对该市当前及长远发展带来的影响和制约越来越明显。主要体现在:主城区行政区划现状与城市规划总体布局不相适应,乡镇社会管理服务水平与经济社会发展要求不相适应,乡镇布局与加快推进城镇化的战略部署不相适应。该市乡镇数量偏多、规模偏小,资源、人口等要素难以优化配置,不能发挥应有的效应与支撑作用,迫切需要实施区划调整。

2. 具体做法

(1)依法制定区划调整方案。该市成立行政区划调整筹备工作组,由市委专职副书记任组长,市委组织部部长任副组长,市委办、政府办、民政局、组织部、纪委、司法局等单位负责人为成员。在充分考虑地缘关系、民风民俗、镇域特色等因素的基础上,确立了“整体合并、产业集聚、布局合理、以人为本、积极稳妥”的调整原则,坚持强强联合或以强带弱,对地域相连、历史相沿、经济相融、人文相近的镇实行建制合并。在加大基层走访的同时,通过学习取经和大量的调查研究,制定多种方案,在较大范围内征求意见,最终依法制定出一份社会普遍认可、群众总体满意、可行性最强的方案,报上级部门审批。该市依法出台区划调整方案,为区划调整的成功实施提供了法治化前提。

(2)依法评估区划调整方案。该市市委、市政府及时组建社会稳定风险评估工作领导小组和专家小组,依法对乡镇行政区划调整工作进行社会稳定风险评估,力求做到区划调整方案实施“零风险”“零违规”。本着把问题想细、把对策想全、把措施想实的要求,该市汲取2000年区划调整的经验和教训,对调整方案有可能引发的各类稳定风险进行了全面、细致、认真的政策风险和法治综合论证。针对区划调整社会是否接受的风险,区划调整机构、人员、待遇等方面的风险,区划调整资产管理的风险,被撤并镇基础设施、公共服务、社会管理等弱化的风险等,该市分别开展了风险评价,并制定了相应的防范化解风险措施,形成了社会稳定风险评估报告。如在评估撤销八桥镇、卸甲镇,设立新的卸甲镇这一调整方案时,排除调整方案的合理性遭质疑,镇名称、政府驻地选择干部群众不接受等风险内容。经过评估,得出该方案科学合理,镇名称、政府驻地选择符合中心镇布局总体要求,符合干部群众的心理预期,风险较小。根据风险评估报告显示,该市区划调整工作社会稳定风险程度较低,具备实施条件。该市开展全面完善的社会风险评估,为区划调整的成功实施提供了法治化支撑。

(3)依法实施区划调整方案。省政府于2013年8月15日下发《省政府关于调整高邮市部分行政区划的批复》(苏政复〔2013〕80号),批复同意《关于高邮市调整部分乡镇行政区划的请示》(扬府发〔2013〕114号)。在调整方案得到上级部门批准后,该市立即着手组织实施。成立由市委书记、市长任组长的行政区划调整工作领导小组,组建"一室六组七个指导组",并明确各自职责。按照"确保稳定、顺利交接、平稳过渡、促进发展"的要求,依法有序地推进实施。重点解决并及时化解区划调整过程中发现和出现的各类矛盾问题与稳定风险,对区划调整导致有关合同不能履行的矛盾进行逐条块排查梳理,征询政府法律顾问,完善合同百余份,部分合同予以妥善终止;协调各乡镇,多方筹措资金及时兑付因公共设施、公益事业等投入而形成的到期债务;对可能出现的越级上访,明确涉及调整乡镇各负其责,包案包事包人,做到既有效地化解矛盾,又严格依法办事。该市严格按照区划调整方案依法推进区划调整,提供了区划调整成功实施的法治化样板。

3. 实际成效

高邮市历时数月,平稳顺利地将20个乡镇调整为现在的11个乡镇、2个街道,其中开发区、菱塘光电科技园分别与马棚街道、送桥镇实行"区街(镇)合一"管理体制。通过区划调整,完善了城镇布局,加快城乡统筹;优化了资源配置,促进经济发展;理顺了管理,推动社会和谐;降低了行政成本,提高行政效能。区划调整以后,该市经济社会发展稳中向好,主要经济指标增幅高于全省平均水平,多项指标位居扬州前列。城市化水平进一步提高,2013年年末城市化水平达47.8%,比上年提高0.7个百分点。2013年9月以来,该市未发生一起因区划调整而导致的上访、越级上访,社会大局安定和谐。

4. 实践意义

高邮市在实施区划调整工作中,推行政策风险和法治综合论证,这是对运用法治思维和法治方式深化改革、推动发展、化解矛盾、维护稳定能力的一次重大考验。该市的实践证明,在面对关系经济社会发展、重大民生问题时,必须运用法治思维,进行广泛的调研和风险评估,通过依法决策、依法实施,才能推动经济发展,维护社会稳定。

点评:高邮市运用法治思维和法治方式,平稳顺利地完成区划调整,不仅解决了制约经济发展的布局问题,推进城镇化、城乡一体化进程,也为领导干部运用法治思维决策破解改革、发展与稳定的难题提供了新思路、新方法。该市在实施区划调整过程中,推行政策风险和法治综合论证,既进一步增强了该项工作开展的合法有效性,又依法更好地解决和满足了群众的期待与要求,达到了政治效应、社会效应和法治效应等多方共赢的效果。

五、率先推进案管中心(室)建设,不断提升法治公安和执法规范化建设水平

近年来,高邮市公安局针对受立案和执法办案中存在的突出问题,因地制宜,积极探索,把案管中心(室)规范化建设作为强化执法源头管理、执法过程监督、执法质量提升的重要抓手,取得了执法问题明显减少、执法质量明显提高、打处绩效明显提升的良好成效,有力促进了法治公安和执法规范化建设水平的不断提高。

1. 适应形势发展,增强案管中心(室)建设工作的主动性

为强化执法工作的源头管控,有效解决受立案工作和执法办案中存在的突出问题,高邮市公安局从2014年下半年开始,大刀阔斧改革原有执法管理模式,强力启动基层所队法制

室建设，选取执法量大、执法问题多的珠湖派出所先行试点，在此基础上，结合《扬州市公安局基层所队法制室工作暂行办法》的要求，于2014年年底在全局全面推开。2015年上半年，按照省厅、扬州市局的部署要求，在原有法制室建设的基础上，及时优化调整，统一规范案管室建设。2015年下半年，公安部下发"两项改革"实施意见后，高邮市公安局党委高度重视，召开党委会学习传达公安部"两项改革"意见，充分领会"两项改革"实质要求，把推进"两项改革"工作作为推进公安业务和队伍建设工作的有机结合点，专门听取法制部门关于全局总体执法工作情况和推进"两项改革"措施设想的情况汇报，成立了执法管理委员会，明确法制部门主要负责人列席党委会，参与研究执法问题，报告执法事项；在机构建制上，向市委、市政府争取政策支持，解决案管中心机构编制，落实法制大队机构升格为副科级建制单位，增设法制大队内设机构，在法制大队加挂高邮市局案件管理中心牌子，提升了法制部门在监督、指导和为领导决策服务上的权威性和话语权。在此基础上，决定主动请缨，率先试点建设局案件管理中心。试点建设期间，副市长、局长高长明多次专题听取建设情况汇报，亲自参与调研谋划、亲自协调解决问题、亲自参与部署落实。同时组织人员先后赴浙江、山东、山西等地及本省有关公安机关学习先进经验，借鉴成功做法。省厅吴跃章副厅长、法制总队谭永生等总队领导、扬州市局宫文飞局长、张晓泓副局长及法制支队有关领导多次来邮进行实地视察指导，保证了案管中心（室）建设的科学推进。目前，局案管中心和派出所案管室已按照规范化、常态化的要求投入运转。

2. 规范运行机制，解决案管中心（室）建设工作的可操作性

一是统一人员配备。高邮市公安局优选2名通过国家司法考试民警和2名大专学历的文员到局案管中心工作。各基层所队案管室按照"1+1+N"的模式配备案管人员，由所队教导员担任案管室负责人，实行办案与监督的分离；设立专职法制员，负责对接报警情、在办案件、办案场所、涉案财物、卷宗材料的实时监督管理；根据所队规模、警情案件数量配备2～4名专职管理员，协助法制员做好台账登记、数据统计、视频刻录、财物管理等工作。

二是统一设施建设。为确保案管中心（室）能够正常运行，除专设办公用房外，为市局办案中心添置了办公设施，为全部基层所队案管室统一制作了标识标牌、统一配备了案件卷宗保管柜、统一安装了办案区音视频巡查等科技装备，为案管中心（室）的正常运行提供有力的基础保障。

三是统一制度规范。在充分调研、认真谋划的基础上，高邮市公安局先后制定出台《关于建立案管中心（室）加强受案立案管理工作的实施意见》《案管中心工作规范》《受案立案工作规范》《案件卷宗管理规定》《基层所队法制（案管）室工作规范》《执法质量考评办法》等制度，明确和细化了案管中心（室）工作内容、工作标准、工作流程和工作要求，使执法办案有章可循，执法管理有据可查。

四是统一运行机制。根据拟定的工作规范，各派出所案管室围绕执法办案中的五要素开展"接处警检查、办案场所巡查、涉案财物核查、案件卷宗审查"的每日"四查"工作，并按照"日检查、周讲评、月考核、年运用"的运行机制，坚持规范操作、坚持常态运转，及时发现、及时整改执法问题，把牢执法源头。局案管中心围绕六大项二十个小项的工作职责，采取网上巡查、电话回访、实地检查、调卷考评等方式，坚持每日检查登记、每周统计通报、每月考核考评，及时发现、通报基层所队存在的执法问题和对派出所案管室工作的运行质态实行检查

监督,同时在公安网站设立案管中心主页,将执法工作状态、执法问题整改等情况及时上网发布,跟踪督促整改,倒逼执法民警养成良好执法习惯,实现了执法管理由粗放式向精细化转变。

3. 注重实战实用,确保案管中心(室)建设工作的实效性

案管中心(室)经过近一年来的规范运行,高邮市公安局的执法办案效能得到了显著提升。

一是执法问题明显减少。案管中心(室)自运行以来,共发现各类执法不规范问题800余个,其中绝大部分问题在初始阶段得到有效整改,预防了事过境迁、先天不足的执法隐患后遗症,目前每日检查出的执法问题逐渐减少。在当前公安行政复议诉讼普遍大幅度上升的情况下,2015年高邮市公安局行政复议、行政诉讼、涉法信访总量不升反降,较上年分别下降60%、78%和3.25%。

二是执法质量明显提高。执法质态发生根本转变,摆脱执法质量考评长期末位徘徊状态,2014年、2015年高邮市公安局执法质量连续两年进入扬州优秀行列,被扬州市公安局命名为"执法示范县级公安机关"。

三是打处绩效明显提升。通过案管中心(室)规范运作,过程把关道道保护屏障,一气呵成快查快诉,让民警从怕处警、怕办案、怕被追究的阴影中走出来,增强了执法的自信。2015年高邮市公安局公诉人数、侵财类公诉数、侵财判3年公诉数和刑事案件破案率较2014年分别上升了31.5%、17%、118%、3.9%。2016年一季度,全局公诉人数较去年同期又上升101.6%,实现了执法质量与打处绩效的双赢。

四是执法满意度逐年提升。高邮市公安局连续五年被市委、市政府评为作风建设先进单位,并获得突出贡献奖,连续两年被市政府表彰为依法行政先进单位,巡特警、交警、车管、出入境、户政等服务窗口全部进入执法服务红旗单位行列,社会治安、队伍建设和窗口服务三项满意度测评均位居扬州市前列。

高邮市公安局案管中心(室)的运行管理监督机制得到公安部、省厅和扬州市局及高邮市委市政府领导的关注和充分肯定,也为群众办了实事,获得群众感谢锦旗3面,先后有山东、辽宁、福建、陕西等地及省内多家市、县(区)公安机关30余批次200余人次到高邮市公安局进行考察交流学习。高邮市公安局案管中心(室)建设工作刚刚起步,下一步将进一步提高案管中心(室)工作标准、提升运行质态、发挥监督管控效能,积极推进"两项改革"落地生根、开花结果,全力打造高邮公安执法品牌,全面推动法治公安和执法规范化建设再上新台阶,为"强、富、美、高"新高邮建设提供有力的法治保障。

第七章　专题性法治问题

第一节　高邮市开展法治评议活动的实践与思考

2010年7月，高邮市被江苏省委、省政府表彰为"全省法治县(市、区)创建工作先进单位。"该市何以在短短的几年时间内，法治创建工作取得如此突飞猛进的骄人业绩？一个很重要的原因在于，该市勇于创新，敢于突破，积极探索深入推进区域法治建设争优创先的新举措新路径。其中，法治评议就是在吸收借鉴人大对行政和司法部门的工作评议，以及纪检部门对基层执法单位的行风评议的基础上，进一步丰富、提高和深化评议工作的法治意蕴、社会效应与政治内涵，而推出的一项创新之举。

一、法治评议工作概述

法治评议以服务经济社会发展大局、夯实法治县(市、区)基层基础、改善和保障民生为宗旨，以严格依法行政、推进公正司法为主线，以解决损害群众利益和影响发展环境问题为重点，针对各类单位(部门、乡镇、企业等)的重点任务、核心工作或主体事项，由专门成立的法治评议团从法治角度和社会层面进行过程考量、成效评鉴与问题研议。评议内容包括执法行为、服务质量、群众满意程度、制度创新等。2009年以来，该市组织市法治评议团，先后评议了市人民法院案件执行、市公安局交通安全管理、市城管局城市管理、市交通运输局运输管理、市食品药品监督管理局药品监督稽查、市劳动和社会保障局劳动保障监察等项工作，取得了良好的工作成效，进一步凸显和强化了法治创建工作的法律效果、社会效果和政治效果。

二、法治评议的基本要求

1.评议团成员的选定。法治评议由人来主导和操作，要取得效果，必须选好人，用好人，这是开展评议工作首要和第一位的因素。在评议团成员的选任上，主要把握以下几个方面。一是有良好的工作作风和职业操守。如来自信访局的一位同志工作一向兢兢业业、勤勤恳恳，加入评议团后，仍然始终如一地保持和延续着积极的工作状态。二是有较强的社会责任感和公益心。曾获得高邮市十佳市民荣誉称号的一位退休老教师非常热衷公益事业，在获悉被有关方面推荐为法治评议员后，专门写信给有关市领导，就法治评议工作提出自己的建议和意见。三是有较高的沟通能力和交流水平。要掌握实情、了解民意，沟通和交流十分重要，因此在选择人选时，尤其注重考查其是否善于与人沟通，是否喜欢与人交流。四是有一定的法治素养和法律素质。法治评议员都有着较强的法治意识，同时为适应工作需要，平时都很注重法律法规知识的学习，以不断提高自身的法治素养和法律素质。五是有广泛的社会代表性和群众基础。法治评议团成员来自社会各界、各行各业，有包括人大代表、政协委员在内的机关工作者、新闻从业人员、企业经营管理人员、律师、教师、退休老干部、社区居民等各方面代表人士。这些代表都是经过社会推荐、群众推选出来的，有着广泛的群众基础。

2. 评议对象的确定。一是社会反应较大、群众意见较多的单位。如对城区的乱搭乱建和市容脏、乱、差等问题与现象，城管部门也定期不定期地予以整治，但总是治标不治本，效果一直不甚理想，市民对此感到很不满意。应民所呼为民所求，市法治评议团开展了对城管局城市管理工作的法治评议。二是涉及贯彻落实上级重大部署要求的单位。如全国开展集中清理执行积案活动，要求围绕"执行难"问题，打一场攻坚战，以切实保障人民群众的合法权益，切实维护社会主义法制的权威。因时制宜因势利导，市法治评议团开展了对法院执行工作的法治评议。三是与社会民生关系密切的单位。如被称为民生之本的劳动就业和相关权益保障问题，关乎每一位劳动者的生存和发展。情系群众利惠百姓，市法治评议团开展了对人力资源和社会保障局劳动保障监察工作的法治评议。四是服务经济发展大局方面。如交通运输业是国民经济的先行和基础产业，直接服务于经济社会发展大局。为促进交通运输业的健康快速发展，必须构筑一个和谐的畅通的交通运输环境。立足高点着眼大局，市法治评议团分别开展了对公安局交通安全管理工作和交通运输局道路交通管理的法治评议。五是有关单位主动要求评议的。如药监局作为江苏省依法行政示范点、法治扬州建设示范单位，为了不断实现工作的新突破新成效，主动提出要求接受挑刺式评议。互促共进相辅相成，市法治评议团开展了对药监局药品监督稽查工作的法治评议。

3. 评议程序的设定。为了确保评议的民主公开、客观公正，在操作上采取了以下几方面的步骤。一是媒介征询。通过报纸、电子信箱、专线电话等渠道，广泛征询社会各界对被评议单位法治工作的意见和建议。二是听取汇报。法治评议团全体成员集中听取被评议单位法治工作情况报告，同时还就自身和社会各界所关心关注的热点、难点问题与被评议单位负责人进行面对面的交流。三是组织座谈。分别召开由法治评议团成员、被评议单位一线执法人员、被评议单位管理和服务对象、机关干部和社区居民参加的座谈会，听取情况反映。四是走访了解。法治评议员深入部门、乡镇、社区、学校、企业等，走访社会各界人士，广泛了解相关情况。五是问卷调查。制订相应的被评议单位执法工作问卷调查实施方案，设计群众关心关注的有关问题，开展执法工作问卷调查活动，向社会各界发放调查问卷，问卷对象包括各乡镇、各部门主要领导，部分人大代表、政协委员，社区居民及离退休干部职工等。六是情况汇总。召开了市法治评议团全体会议，汇总来自各方面的情况，研究讨论反馈意见。七是进行反馈。及时将评议结果反馈给被评议单位，并提出整改建议。八是督促整改。被评议单位要针对存在的问题制定整改措施，限期改变面貌。中心组织市法治评议团成员开展问题整改督查活动，并对整改进度、效果进行评估。九是结果运用。各单位评议结果将作为年终考核奖惩的重要依据。

三、法治评议的特点特色

1. 以市法治工作主管部门为主导，多个部门协同配合。为确保法治评议工作的有序开展和顺利推进，该市成立了法治评议工作领导小组，成员单位包括市纪委、市委政法委、市人大内司委、市政府法制办、市政协社会法制委、市有关媒体和市法治办。其中，市法治办负责牵头组织协调工作，并兼从全局和整体的角度检视被评议单位的法治工作状况，其他成员单位分别从不同层面加强对评议工作的指导和引导。具体而言，市纪委从行风评议和廉洁执法层面考量行风社会满意和工作人员廉洁程度,市委政法委从公正司法层面考量司法部门司法公正程度,市人大内司委从法律监督和执法检查层面考量法律正确实施情况,市政府法制办从依法行政层面考量行政机关规范执法程度,市政协社会法制委从民主监督层面考量吸纳民意和整改落实情况,市有关媒体从舆论宣传层面考量社会舆情反映。以上各部门的有力配合和协作推动,有效地保证了整个评议工作的公正性和权威性。

2. 以市法治评议团为主体,社会各界共同参与。整个评议工作中的重点环节,都由市法治评议团成员唱主角,从而充分发挥了大家的积极性和主动性。情况报告环节,评议员当面提出相关问题要求对方现场给予答复或解释。座谈环节,评议员与各方人士悉心交谈,一起分析问题症结,共同探讨解决途径。走访了解环节,评议员深入社区、企业、乡村、学校等充分听取社情民意。问卷调查环节,评议员走上街头散发问卷。反馈意见形成环节,评议员集中进行讨论和审核。意见反馈环节,评议员就整改工作提出希望和要求。整改落实环节,评议员亲自开展跟踪督查工作。结果运用环节,评议员的意见和建议作为考核奖惩的主要参考。社会各界共同参与则体现在以下几个方面:通过网络、电话、书信等方式,向评议团反映情况;通过座谈会,提出自己关心关注的问题;通过调查问卷,提出自己的建议和意见;通过评议员的走访了解,交流自己的观点和看法;通过以上各种渠道及其他途径,表达自己的愿望和要求。以上一系列动作,有效地保证了整个评议工作的公开性和民主性。

3. 以执法工作为主轴,其他方面一同兼顾。法治评议主要针对执法工作展开,一方面,交流总结执法工作中形成的一些好的做法和成功经验并研究推广;另一方面,发现指出执法工作中存在的一些过错行为、不良作为和违法问题并督查整改。但并不仅仅局限于此,在实际评议过程中,还兼顾了其他方面。如影响执法工作的外部因素,包括因法律法规的不健全、不完善甚至出现盲区而带来的执法困惑,因管理相对人法治意识淡薄而带来的执法阻碍,因部门之间不配合而带来的执法无果等。另外,如执法单位的整体形象和执法者自身的思想道德素质、政治法律素质状况等也被列入评议范围。这样做的好处很多,除了可以推动执法人员提升自身综合素质之外,也促使他们进一步思考如何处理外部因素导致的工作被动,如化解执法困惑方面是否可以进行一些实践探索,提出一些法律建议,消解执法阻碍方面可不可以在加强全民法制宣传教育寻求更加有效的举措,破解执法无果方面能不能在加强部门协调配合齐抓共管上创建一种良好的互动机制。以上既突出内在因素又兼顾外部因素的做法,有效地保证了整个评议工作的公平性和全面性。

四、法治评议的效果体现

总体而言,法治评议的创新实践有机地实现法律效果、社会效果和政治效果的和谐统一。

1. 法治的专业性得到强化。通过评议,被评议单位更加注重加强自身的执法能力和执法规范化建设,不断提升执法质量和效率,法治的专业性得到强化。公安局交通安全管理工作在接受评议后,按照评议团提出的"坚持严格执法、注重源头执法、推行引导执法、加强协同执法、强化支撑执法和提升规范执法"六项建议,积极落实整改,取得了明显成效。对照评议前后,群众对交通安全管理执法工作的各类投诉(包括无理和无效投诉)从每月平均20多起降到5起左右。城管局切实改进执法工作中存在的自身创新能动不足、与管理和服务对象对等互动欠缺、责任驱动薄弱和力量联动松散等问题与不足,效果也很显著。一段时期后，评议团组织社会跟踪调查，得出其群众满意度达93.8%，较之整改前的84.6%上升近10个百分点。由此看出，被评议单位执法的专业性规范性得到了明显增强。可以说，法治评议工作有力助推了被评议单位提高法治成效和加快法治进程，曾经接受评议的法院、城管局被评为法治先进单位。同时法治评议也有很强的导向性和触动性，较好地引导和促进了其他未评议和待评议对象切实加强自身法治建设。

2. 法治的参与度得到强化。随着法治评议工作的持续开展，群众参与的主动性和积极性不断增强，进而推动了社会各界更广泛更深入地参与区域法治建设。可以作一个数字对比，通过各种媒介征询收集到的相关工作建议和意见从评议法院执行工作时的20多件，上升到评议城管局城市管理工作时的100多件；调查问卷从最初的回收率不到70%提升到评议交通运输局道路交通运输管理工作时的90%以上。这些数据充分说明，群众参与的热情不断高涨。同时出现一个可喜的变化是，人民群众在参与法治评议的过程中，也进一步增强了对法治建设和法治县（市、区）创建活动意义的理解和认识。统计部门对法治创建工作开展的社会调查结果显示，法治建设的公众知晓率、社会满意度有较大的提高，其中很重要的一个因素就是得益于法治评议工作带来的积极的社会效果和良好的社会影响。

3. 法治的实效性得到增强。每一次评议活动的开展，都能取得相应的法治实效，或为服务发展创造良好法治环境，或为改善民生提供法治保障，或为解决法治问题出台法治举措，努力让群众看到并享受法治建设的成果。围绕全市经济建设中心，市公安局出台了《关于加强服务发展、服务经济、服务企业工作的意见》，推出系列服务措施，努力为全市经济平稳较快发展创造和谐稳定的道路交通治安环境。市人民法院坚持以科学发展观为指导，围绕“保增长、保民生、保稳定”，充分发挥执行工作能动性，切实维护市场经济秩序、当事人合法权益和社会和谐稳定。在2009年开展的集中清理执行积案活动中，执行绩效列扬州之首。城管局针对群众反映的问题，按照评议团提出的建议，专门制定整治方案，不断加强对城区主次干道、重要节点、重点部位等场所以及后街背巷的占道经营、店外出摊、流动摊点、马路菜场等方面的集中综合整治，取得了积极成效，得到群众的肯定。特别地，法治评议工作推动被评议单位不断取得法治实效，惠及发展，惠及民生，有效地提升了党和政府的形象和法治的社会公信力，无疑也体现了良好的政治效果。

五、完善法治评议工作的有关思考

事实证明，高邮市开展的法治评议工作是一项成功的实践，作用明显，成效突出。但还存在一些不足和需要完善的地方。要让这项工作永葆生机和活力，发挥更大的作用，取得更大的成效，必须在以下几方面作进一步努力。

1. 加强法治评议工作长效机制建设。评议工作不是一评了之，一议完事，要定期不定期地开展回头看。对于少数被评议单位整改落实不力，部分评议员跟踪督查不够等问题，要在机制建设上进一步加以完善，以确保评议工作的长效化。应相应建立健全整改汇报、跟踪督查、社会通报、集中交流、档案管理等相关制度，要求被评议单位要及时汇报整改落实情况，法治评议团成员要经常性地进行评议后的跟踪督查，法治评议组织机构要适时向社会通报评议各阶段的工作进展情况，组织被评议单位和评议员共同开展评议心得交流活动，并为评议全过程实施档案化管理。

2. 加强法治评议员的选聘工作。该市选聘评议员所确定的几条标准应当说还是非常可行的。存在的问题是评议员人数太少,不能满足大量评议工作的需要,也难以适应评议工作专业性的要求。一方面,由于评议员大都为兼职,有时候开展评议时往往不能到场,导致评议力量不足;另一方面,由于评议工作涉及各行各业,不少评议员并不了解相关行业,导致评议力度不够。因此,有必要建立评议员人才库,征选更多的符合要求的人员加入其中,以强化评议力量和评议力度,提高评议效果。

3. 加强对法治评议工作的宣传。凡是了解和参与过法治评议活动的人们,普遍对这项工作持肯定和支持态度。但这样一种好的创新做法还不为许多人所知晓,也不为一部分人所理解,对内对外的影响仍显非常有限。由此,切实加强宣传,不断提高其影响力,已成为当务之急。要利用各种有效途径,广泛深入地宣传法治评议工作目的、意义。要通过各种有效载体,全面充分地展示法治评议工作风采、成果。要全方位地开展宣传,既要宣传评议活动中发现的正面榜样,给予激励和鼓舞;也要宣传评议活动中出现的负面典型,给予鞭策和警示。

第二节　高邮市企业法治指导员工作情况调查

为扎实推进"六五"普法工作,及时化解各类矛盾纠纷,切实维护职工合法权益,促进企业诚信守法经营,从2011年年初开始,高邮市在车逻镇先行试点并取得经验的基础上,向全市22个乡镇(园区)中353家企业派驻316名法治指导员。一年多来的工作实践表明,这一创新举措的推出,既为企业发展创优了法治环境,又为法治进步夯实了经济基础,初步形成经济建设与法治建设相得益彰、良性互动、融会贯通的生动局面,基层法治建设水平又有了新的提升。

一、目标定位:增强企业做大做强、又好又快发展的法治软实力,这是法治指导员深入开展法治指导工作的价值追求

高邮市针对乡镇(园区)企业普遍存在依法维权意识差、矛盾纠纷调处不及时、竞争不规范,制约企业发展壮大以及和谐劳动关系巩固的现实问题,在广泛调研的基础上,推出向企业派驻法治指导员的创新举措。目的就是要求他们融法律法规于日常生产生活之中,从增强企业法人、员工法治意识入手,促进企业依法经营,及时化解各类矛盾纠纷,提高企业法治化水平,增强企业参与竞争的法治软实力,积极营造企业发展的良好内部法治氛围和外部法治环境。

派驻企业的法治指导员,他们一头连着政府、一头连着企业,架起政府与企业沟通的桥梁,将法律法规和制度政策送到企业,将企业的想法意见和需求意愿传给政府;一边系着企业管理者、一边系着企业职工,作为企业管理者与职工群众联系的纽带,促使企业更加关心职工,职工为企业发展多做贡献。其价值集中体现在,以法治促进企业内部关系的和谐发展、企业外围关系的协调发展,最终推动企业自身的科学发展。

二、人员选聘:法治素质高,沟通协调能力强,这是法治指导员高效开展法治指导工作的内在要求

为使选聘人员能较好地适应工作需要、实现工作目标,高邮市各乡镇(园区)注重把一些

法治素质较高、沟通协调能力较强的人员，优先选聘充实到法治指导员队伍中。

一是法治（执法）工作者。这部分人员作为派驻主体，其中包括乡镇政法委、综治办、法治办、司法所、派出所、基层法庭工作人员，以及国土所、劳保所、企管站等部门工作人员。二是党政领导干部。目前，该市各乡镇（园区）都实行党政领导干部挂钩联系企业制度，为了便于工作有效的衔接，他们将这当中的一些法治意识强，又有一定时间保证的挂联干部明确为派驻该企业法治指导员。三是法治志愿者。一些退休法律工作者和有一定法律素养的退休干部职工，以及热衷于推动法治建设的社会各界人士，作为志愿者等。四是企业内部热心人士。企业内部法律事务部的工作人员、法律素质良好的工会干部，通过培训，成为所在企业法治指导员。

三、职责功能：开展法制宣教、维护各方权益、调处矛盾纠纷、促进守法经营，这是法治指导员扎实开展法治指导工作的基本任务

高邮市明确向企业派驻法治指导员的职责功能定位是：为企业提供法律服务、法治指导。基本任务是，开展法制宣传教育，运用法治思维和法治方式助推企业发展、维护各方权益、化解各类矛盾。

开展法制宣传教育。由于农村劳动力的转移，大部分青壮年进厂务工，农村普法工作人员、时间难以落实，是困扰基层普法工作的一大难题。高邮市推出向企业派驻法治指导员，着重围绕“六五”普法内容以及企业发展相关法律法规和事关职工权益保障的民生法律法规，运用多种行之有效的方式开展法制宣传教育，着力提升企业干部职工的法律素质和法治意识。如编办企业法治宣传长廊、编印涉企法律法规解读手册、编写系列通俗易记、简明易懂的法治宣传广告语，以及在与干部职工沟通交流时宣传法律常识，在干部职工大会上宣讲法律知识。形式多样，通俗易懂，为群众所喜闻乐见，普法的时间、内容、人员都得到了较好的落实。

维护各方合法权益。企业“维权难”、职工“难维权”的现象，一定程度上制约了企业发展，也影响了社会的和谐稳定。为此，高邮市向企业派驻法治指导员的初衷之一，就是依法维护各方权益。就企业而言，权益维护是多方面的，既有企业对外整体权益的维护，又有企业法人与职工等各方权益的维护。扬州光明电缆有限公司法治指导员参与南京永华船业有限公司拖欠货款52万元纠纷一案的异地法院诉讼，并打赢了官司，促使对方履行给付义务。曾获全国少数民族优秀厂长（经理）光荣称号的董事长兼总经理杨福贵盛赞法治指导员工作作用大、效果好，是企业维权的法治向导。就职工而言，则注重引导他们依法维权，把握好情理与法理的统一。车逻弘乐旅游用品有限公司职工杨某在工作中不慎跌伤，公司法治指导员主动介入帮助处理，在较短的时间内促成双方达成赔偿协议，并从人文关怀的角度考虑，为该职工多争取了近10万元，有效有力地维护了职工的合法权益。

依法化解各类矛盾纠纷。高邮市针对部分企业法人法治意识不强，职工文化偏低，互相之间极易发生矛盾纠纷的特点，要求派驻企业的法治指导员突出矛盾纠纷的排查化解，每月至少两次以上到车间（班组）排查矛盾、调处纠纷。对于企业与职工及其亲属之间产生的矛盾，法治指导员本着构建和谐劳动关系的原则，坚持秉公处理、依法调解，做到让各方理解和接受。扬州佰仕德礼品有限公司一名职工，在非工作时间、非上下班途中遭遇车祸不幸身亡，死者亲属采取到公司静坐、堵公司大门等手段要求按工伤给予赔偿，公司法治指导员会同职能部门共同介入，经过近10天的调处，终于使事态得到平息。

促进企业守法经营。近几年，高邮市也曾出现过几家不诚信守法经营的企业，严重影响市场经济秩序和社会和谐稳定，也给企业自身带来灾难性后果，教训深刻，让人警醒。高邮市在推出向企业派驻法治指导员时，十分注重以促进企业诚信守法经营为重任、以维护市场经济秩序为己任，大力推动法治融入企业生产经营管理活动中，推进企业标准化生产、规范化管理和依法诚信经营，力促企业走上法治化发展道路。由于受欧洲主权债务危机和美国“双反”政策的影响，该市天山镇光伏产业受到严重冲击，大多数光伏企业处于停产状态，因此引发的经济纠纷、合同纠纷、劳动争议不断。一些企业主深感无望，或准备外出讨债，或产生轻生念头，派驻企业的法治指导员们，主动提供法律建议，开展心理辅导，给予细心服务，使广大企业主明白：守法才有办法、诚信才能自信。该镇一光伏企业在法治指导员的细心指导下，重拾自信，重振精神，切实加强企业的标准化建设和规范化管理，目前正在与一家域外投资人商谈合资事宜。

四、机制建设：培训互动、协作联动、保障助动和激励促动，这是法治指导员长效开展法治指导工作的制度支撑

为使向企业派驻法治指导员不断取得成效并能持久开展下去，高邮市十分注重机制建设，通过建立法治指导员培训互动机制、协作联动机制、保障助动机制、激励促动机制等，确保企业在生产经营中获得更多的法治推动力。

培训互动机制。着眼于更好地服务企业科学发展，努力为企业提供更为优质快捷高效的法治指导，该市以素质和能力提升为根本，每半年对法治指导员分批集中实施一次法治理论知识和法治业务培训，同时开展工作座谈，互动交流，相互启发，共同提高。通过《高邮政法》工作简报定期不定期编发法治经济最新发展动态和法治指导工作经验做法。

协作联动机制。考虑到涉企事项及问题的多样性和复杂性，该市要求法治指导员之间加强协作，合力推动相关棘手问题的有效解决；各相关部门之间增强联动，与法治指导员共同努力，实现有关复杂事项的积极完成。同时，明确问题所在和事项所涉企业的法治指导员为牵头人，派出单位为牵头单位，以利于协作有力、联动有序。

保障助动机制。该市要求派出单位要积极支持派出人员开展工作，在工作时间、工作经费等方面给予良好保障，使他们无后顾之忧。并且在年终评先评优中实行一定程度倾斜，使他们有前进动力。

激励促动机制。为进一步激发法治指导员开展工作的主动性、积极性和创造性，使他们以担当这一角色为荣誉、以参与这一工作为志趣，高邮市建立和推出了一系列激励导向与促动措施，如评选十佳法治指导员、十佳维权案例、十份法制宣传示范教案、十件矛盾调处典型事例，并在此基础上，评选出二十个法治指导员工作先进单位（派出单位和派驻企业各十个），整个评选工作由市依法治市办公室主导、各乡镇（园区）配合。

高邮市向非公企业派驻法治指导员，顺应了法治经济发展要求和城镇化发展趋势，是深入推进行业法治建设的有益尝试和积极探索，必将有力加快企业法治化进程，乃至推动区域法治建设事业又好又快发展。从这一创新实践中，我们可以得到以下启示：工作创新——推动事业不断取得新发展。创新是发展与进步的动力和灵魂。没有创新，事业就不会取得突破，没有突破，事业就不会获得新的更大的发展。法治指导员工作突破在创新，推动企业科学发展的法治优势不断凸显。社会参与——推动事业不断取得新进步。包括企业干部职工在内的人民群众是实践的主体，我们从事的任何一项事业，必须得到他们的理解、支持、配合。法治指导员正是由于充分调动其参与的主动性和积极性，同时又从中汲取法治创新的智慧和力量，使推动企业科学发展的法治力量不断增强。惠及发展——推动事业不断取得新成效。法治建设要让人民群众得实惠，享受发展带来的成果。法治指导员坚持把解决好企业最关心、最直接、最现实的利益问题，把发展好、维护好、实现好企业职工的根本利益作为推进工作的切入点，使推动企业科学发展的法治价值不断体现。

第三节　关于高邮市法治建设中心的调查与思考

中共江苏省委常委、政法委书记林祥国对江苏省高邮市创建法治建设中心给予较高评价：高邮市的做法是法治建设运行机制的创新。如何又好又快地推进区域法治建设？自全国普法办出台《关于开展法治城市、法治县（市区）创建活动的意见》以来，全国各地都在积极探索深入推进区域法治建设的新路径。江苏省高邮市乘2008年7月8日江苏省委、省政府召开全省深入推进法治江苏建设大会之东风，扬起深入推进县域法治建设的风帆，在充分调研论证的基础上，提出了创建江苏省首家县（市）级法治建设中心的设想。2009年2月，作为化虚为实推进县域法治建设的创新实践，高邮市法治建设中心正式挂牌投入运行。

该中心设法治投诉咨询、法治调解、法治讲座、法治阅览、法治展示、法治学习、法治谈心、法治评议、法治网站、法治听证问政十个功能场所。自运行以来，取得了良好的工作效果和社会效应。

——社会各界参与法治建设的途径和方式得到进一步拓展，群众法治需求不断满足。中心为普通百姓参与和投入法治建设提供了良好的机会和场所，也为及时有效解决人民群众的各类投诉和涉及民生的利益问题提供了便捷的途径和渠道。

——职能部门开展法治建设的积极性和主动性得到进一步调动，各方法治力量有效整合。中心为各职能部门与社会开展法治工作互动架设了通畅的桥梁，进一步加强了职能部门与人民群众的沟通与联系；向公众展示自身法治成果搭建了广阔的舞台，进一步调动了职能部门做好法治工作的主动性和积极性。

——全社会的法治理念和法治精神得到进一步传播，社会法治氛围浓厚。中心发挥着传播法治理念、弘扬法治文化的作用和效应。如投诉咨询：及时向来访、来信或来电群众提供所反映问题的法律解答；法治听证问政：职能部门和听证代表共同解读相关法律法规政策并加深理解的有效形式；法治讲堂：面向社会大众开展法治宣传教育。

——执法队伍建设和公共权力得到进一步规范，部门法治水平较快提升。中心以“服务发展、服务企业、服务群众”为主题，以解决影响群众利益和发展环境的问题为重点，切实加强公众监督和社会评议，推动了执法单位执法水平和服务质量的不断提升。

进一步探究高邮市法治建设中心取得的突破和成效，我们不难发现，高邮市在深入推进法治高邮建设的实践中，始终坚持以科学发展观为指导，认真贯彻党的十七大精神，创造性地开展工作，积极探索具有时代特色和本地特点的有效做法，明确目标定位，凸显特点特色，发挥服务功能,强化机制建设,加强组织管理,走出了一条深入推进县域法治建设事业又好又快发展的新路子。

一、目标定位:化虚为实,增创科学发展的法治新优势,这是高邮市法治建设中心致力于深入推进县域法治建设的价值追求

高邮市创设县级法治建设中心,着重在“实”和“新”字上做文章、下功夫,将法治建设化虚为实,着力推动工作创新和突破,努力增创县域经济社会科学发展的法治新优势。

总体思路。让法治真正走进公民生活,让公民看到法治、参与法治、享受法治。中心按照“集聚各方资源、构建服务平台、打造亲民特色”的创建理念,接待和解决群众法治投诉咨询,维护和实现各方法治利益,增强和提升全民法治理念与法治素质,推动和促进法治“县(市、区)”创建工作,加快法治高邮建设进程。

具体目标。打造为民服务的窗口。通过接受咨询、投诉,解决群众疑惑,掌握社情民意,畅通监督渠道,让群众对涉及法治问题有说话倾诉的地方。开辟宣传教育的阵地。通过提供法治书刊查阅、举办法律讲座、展示法治成果,为重点人员进行有针对性的教育等,让群众接受法治文化的熏陶。构筑推进工作的平台。通过组织执法评议、听证问政活动等,促使行政执法部门和司法部门改进工作,实现有关方面决策的民主化、法治化,推动全市法治工作的开展。

二、特点特色:与时俱进,弘扬“开放、大气、创新、务实”的人文精神,这是高邮市法治建设中心致力于深入推进县域法治建设的精神引领

中心的创设顺应和体现了时代发展的要求,呼应和传承着地方人文精神,因而具有鲜明的时代特点和地方特色。

开放求活力。中心是高邮全市人民开展法治建设的共同平台,是服务发展、服务企业、服务群众的重要窗口,有着开放的必然性。她既要求全市广大干部群众都要积极参与进来,成为推进法治建设的责任人、志愿者,又欢迎其他地区法治工作者前来交流法治建设经验,研讨法治发展理论,以实现相互促进、共同提高。中心通过不断融入群众智慧和有效借鉴外地经验,始终保持法治高邮建设事业充满生机和活力。

大气求魅力。中心肩负着全面统筹和整体推进高邮全市法治建设的重任,必须大张旗鼓地强势推进,大刀阔斧地深入开展,有着大气的必要性。中心通过组织开展一系列的具有全局性意义、引起社会普遍关注与响应的法治创建活动,努力使法治高邮建设事业赢得群众广泛的支持和更大的时代魅力。

创新求动力。中心本身就是一个创新的产物,是该市深入推进法治高邮建设的积极探索和全新实践,有着后续创新的必定性。这将有力地昭示和引导着中心今后开展的各项工作都要敢于创新,用超常思路、前瞻思维迎接新的挑战、解决新的问题,使高邮市法治建设不断产生新动力。

务实求功力。法治建设最终是要取得实实在在的成效,要得到人民群众的认可和满意。中心正是在适应这一要求的基础上创设的,有着务实的必须性。中心通过化虚为实、化隐为显、化无形为有形、化抽象为生动的法治实践,更好地发挥法治功能,实现法治价值,展示法治功力,让人民群众真切感受、真正享受到法治建设的深刻变化和丰硕成果。

三、服务功能：围绕大局，服务发展、服务基层、服务群众，这是高邮市法治建设中心致力于深入推进县域法治建设的宗旨要义

推进法治建设，就是要为推动科学发展、维护社会和谐、促进民生改善创造良好的法治环境。中心作为法治服务的开放平台、对外窗口和扩展载体，集民情反映、投诉咨询、听证问政、执法评议、宣传教育等多项功能于一体，致力于运用法治力量为发展服务，为基层服务，为群众服务。

投诉咨询——受理公民、法人和其他组织对行政执法和司法的投诉，依法进行调查和处理。每月安排一名行政执法机关工作人员和一名司法机关工作人员共同参与接待群众投诉咨询。该市开发区花王村周某来中心投诉反映，计生部门在查处其儿媳违反计生法律法规未婚先孕一事上，不文明执法，影响了其正常生活，要求市有关部门出面协调。中心在充分调查了解有关情况后，召集相关方共同参与协调。一方面，要求周某教育其儿子儿媳依法接受处罚；另一方面，明确计生部门对自身的不文明执法行为向周家赔礼道歉，并赔偿周家被损坏的财物。周某对此表示满意。

法治讲座——开办法治讲堂，宣传法治知识，开展经验交流。每月 10 日，安排一个部门结合自身工作实际在法治讲堂宣讲与人民群众生产生活密切相关的法律法规和政策。另外，根据部门宣传工作需要，可随时组织开展相应的法治讲座。各部门宣讲法律法规，通常都注重与听课者的互动。如在消费者权益保护法讲座上，有不少听课者提出了如何依法维权的问题，主讲人都一一以案说法作出解答。为增强法治讲座的传导效应，中心加强了普法骨干的培训工作。如以“人民调解”为主题的法治讲座，就专门邀请城区各社区主任，热心公益事业的老干部、老党员、老教师等参加，再由他们向所在社区、周围群众开展宣讲，从而扩大法治宣传教育的覆盖面。

法治听证问政——组织对相关重大决策事项和社会关心关注的重大问题的听证评估，开展问政活动。如城区一老小区改造，市政府在规划实施前，由法治中心牵头，综治办、规划局、城管局等部门召开居民代表听证会。会上，居民代表共提出 35 条意见和建议，涉及道路排水、文体设施、技防安装、门前绿化等。市政府采纳居民建议，增加小区内道路照明和安全防范设施，既能确保小区安全，又节省了改造费用。

法治评议——对执法机关及其工作人员的执法情况进行评议和监督。中心根据该市《依法治市领导小组年度法治评议工作意见》，通过动员部署、媒介征询、听取汇报、举办座谈、走访了解、问卷调查、情况分析等方式对社会关注的执法热点单位组织开展法治评议活动。如对市人民法院执行工作进行法治评议，形成了《关于评议市人民法院执行工作情况的反馈意见》，其中指出了法院执行工作中存在的四个方面问题和不足，提出了改善工作提高成效的七项建议。

四、机制建设：规范运行，进一步建立健全各项工作机制，这是高邮市法治建设中心致力于深入推进县域法治建设的制度保障

中心注重平台机制建设，并着力推动各项工作机制良好运行和有效实施，努力提高组织协调能力和指导督查水平，保证法治建设快速、顺利、全面、联动、深入、创新、有效、健康的推进。

力量整合机制。在全面发挥市依法治市领导小组和法治建设中心成员单位法治职能作用的基础上，对全市各方面的法治建设力量进行整合，加以凝聚，努力形成强大合力。

工作协调机制。加强协调协作，加强互动交流，及时协商解决和协作完成法治建设中的一些突出问题和重要任务。

整体推动机制。强化中心是全市人民推进法治建设的重要载体这一思想认识，树立法治建设全市一盘棋的工作理念，全方位地展开，形成百舸争流、万木争春的发展态势。

典型引领机制。大力培植法治创建过程中的典型和先进，总结和推广其成功经验，形成明显的示范引导效应。

氛围营造机制。拓展多种法治信息扩散途径和法治文化传播渠道，积极开展内容丰富、生动活泼、干群广泛参与的法制宣传和法治教育活动，大力弘扬法治文化和法治精神，达到对内对外提升形象的社会效果，营造浓郁的法治建设氛围。

调查研究机制。通过深入基层、深入实践、问计于民、集思广益的法治调研和定期的专家、群众法治工作座谈会，破解法治建设中的一些难题，并在建立健全法治建设长效工作机制方面作有益探索，为全市法治建设提供具有前瞻性和创造性的工作新思路和新举措。

责任实现机制。按照权责对应原则，建立责任实现机制，严格明确工作责任，将中心的各项任务指标分解细化并落实到具体单位、部位和岗位，并加大督查督办力度。

综合指导机制。充分利用评议考核、监督检查、业务培训、工作交流、会议传达等多种工作手段，切实加强对整个面上的工作指导。

五、组织管理：党政领导，依法治市办公室牵头，多部门参与，这是高邮市法治建设中心致力于深入推进全市法治建设的组织保证

中心在高邮市委、市政府以及高邮市依法治市领导小组领导下开展工作。中心以依法治市领导小组成员单位为主体，其他市级机关和单位以及各乡镇、园区参加。市依法治市办公室负责中心的组织协调、督查指导和跟踪督办等相关工作。

中心对各功能场所的工作分别明确了牵头和参与单位。其中，法治投诉咨询室、法治谈心室、法治调解室工作由政法委牵头，纪委、政府法制办和政法各部门参与；法治评议室工作由依法治市办公室牵头，政法委、法治评议团成员参与；法治听证问政中心工作由政府法制办牵头，各相关乡镇政府、各行政部门参与；法治讲堂和法治阅览室工作由司法局牵头，各行政、司法部门参与；法治学习室工作由集中处理信访突出问题及涉访群体性事件联席会议办公室牵头，公安局、信访局和有关乡镇、部门参与。法治网站和法治展厅工作由依法治市办牵头，各乡镇、各部门参与。

高邮市法治建设中心的创建，是贯彻上级法治创建工作部署的重要举措，是深入推进县域法治建设的有益尝试，必将推动高邮全市法治建设事业又好又快的发展，不断增创该市经济社会科学发展的法治新优势，为建设全面小康社会创造更加公正、高效、权威的法治环境。从这一创新实践中，我们可以得到以下启示。

1. 工作创新是事业不断取得新发展的不竭动力。创新是一个民族和社会进步的灵魂，是国家和地区兴旺发达的不竭动力。没有创新，事业就不会取得突破，没有突破，事业就不会获得新的更大的发展。因此，要建立创新机制，强化创新意识，鼓励创新，推动创新，切实引导好、保护好、发挥好各方面开展法治工作创新的积极性和主动性。

2. 群众参与是事业不断取得新进步的基础动力。人民群众是实践的主体，是推动社会发展和历史进步的基础动力。我们从事的任何一项事业,必须得到社会各界和人民群众的理解、支持和配合,并充分调动其参与的主动性和积极性。通过群众的参与,我们可以从基层和群众中吸取法治创新的智慧和力量,同时,又激发基层和群众更加积极和深入地参与到法治实践中来。

3. 惠及百姓是事业不断取得新成效的目标动力。让人民群众得实惠,享受发展带来的成果,是各项事业持续得到更新成效的目标动力。坚持把解决好百姓最关心、最直接、最现实的利益问题,把发展好、维护好、实现好百姓的根本利益,把不断满足百姓的新需求、新期待作为推进法治工作的切入点,作为践行"立党为公、执政为民"的重要举措,让法治成果和效益惠及广大百姓。

4. 党的领导是事业不断取得新胜利的核心动力。法治建设事业是党领导下的事业,要始终坚持党对法治工作的主导权,切实加强和改进党对法治建设工作的领导,充分发挥党委总揽全局、协调各方的领导核心作用,不断提高党委领导推进区域法治建设的能力。

第四节　高邮市车逻镇推进乡镇法治建设调查报告

高邮市车逻镇在推进法治乡镇建设进程中,围绕一个龙头、三大建设、六项工作,扎实有效推动法治乡镇建设再上新的台阶,展示了可观的法治风貌和可喜的法治成效,为实现镇域经济社会持续快速健康协调发展创造了良好的法治环境。

一、一个龙头:运用法治思维和法治方式统筹镇域经济社会科学发展——铸造法治乡镇建设主心骨

1. 推动党政领导班子成员运用法治思维作出决策。该镇注重在领导干部的发展思维中注入法治思维,决策考量中融入法治考量,政绩观念中嵌入法治观念,努力实现全镇经济社会发展的重大决策、重要决定的法治化、规范化、科学化。如在制定和实施车逻镇集镇总体规划中,该镇除了请规划设计专家进行规划设计外,还特别让相关的法律专家全程参与开展法律论证提供法律建议,从而保证了规划制定和实施的合法性和可行性。对于制定的各类文件、出台的各项规定,该镇在下发前均请政府聘请的法律顾问或政府法制员从法律层面进行审核把关,以使其不悖于法律法规的规定和要求。多年来,该镇未发生一起因决策失误或文件制定错误而产生的有影响的不良法治事件。

2. 推动公共服务部门工作人员运用法治方式开展工作。该镇不断加强对公职人员的法治教育培训,切实增强他们的法治意识和法治水平,使他们更加积极主动地运用法治方式开展工作,服务三农。曾经一段时期在某些领域一度以找关系、托人情方式走后门办事的现象较为盛行,而今代之而起的是依法、按章的开前门办事方式。过去在鱼塘发包、工程招标等方面,时有"暗箱操作"、私下交易,现在则是依法公开发包、透明招标。有两村民同时办理自建房许可,一陈姓村民很快就办理下来,而另一王姓村民尽管有亲戚在镇里任职,但该亲戚并未打招呼,而是要求其按相关规定办理,在其完善相关手续后,工作人员依法按章为其办理完毕。

二、三大建设:队伍建设、阵地建设、机制建设——构造法治乡镇建设的导航仪

1. 队伍建设是主导。队伍是开展工作的决定力量,建好队伍,导引法治建设高效化。该镇着力抓好法治工作者队伍、法治志愿者队伍、法治指导员队伍、群众法治文化队伍四支队伍建设,为深入推进法治乡镇建设提供了强大的保障。到目前为止,该镇各村(社区)、镇级机关各部门均配备了从事法治建设工作的专兼职工作人员,招募120余名社会各界人士充实到法治志愿者行列,选派34名热心法治工作的党员干部担任41家企业法治指导员,吸纳镇诗词协会、扬剧小分队、红白理事会、腰鼓队、电影放映队等参与法治文化宣传和文艺演出活动。同时,有针对性地对以上四支队伍开展专业化培训,以增强他们的法治素质。

2. 阵地建设为辅导。阵地是开展工作的特色载体,建好阵地,导引法治建设实效化。该镇重点打造法治服务和法治文化两个阵地,为扎实推进法治乡镇建设提供有力的平台支撑。在法治服务方面,以建设群众满意的法治工作站为依托,聚集构建和谐社会正能量。该镇法治工作站通过加强镇、村(社区)基层民主政治建设、组织开展法治宣传教育、预防和化解社会矛盾纠纷、搞好基层法律服务、做好社会管理工作和实施法治惠民工程等措施,最大限度地满足人民群众的法治需求。在法治文化方面,以创设直观形象的法治文化阵地为平台,探寻乡镇法治宣教新路径。该镇结合镇区规划改造,投入30多万元,整合资源,科学规划,将法治宣传的点、线、面有机结合起来,打造融法治雕塑墙、法治石刻园、廉政文化主题小苑、法治文化广场、百米法治长廊以及部门单位宣传橱窗等为一体的“法治文化一条街”,形成了集文化性、知识性、教育性为一体,具有一定的观瞻性和较强视觉效果的法治展示平台,全面宣传法治建设的重要价值和意义以及物权法、婚姻法等与人们生产生活密切相关的法律法规,营造了“出门有法、抬头见法、办事循法”的视觉氛围,进一步扩大了法治建设的社会影响力。

3. 机制建设作向导。机制是开展工作的重要保障,建好机制,导引法治建设长效化。该镇在实际工作中突出机制建设,并着力推动各项工作机制良好运行和有效实施,努力提高组织协调能力和指导督查水平,保证法治建设全面深入高效推进。力量整合机制。在全面发挥镇依法治镇领导小组成员单位法治职能作用的基础上,对全镇范围内的法治建设力量和上级对口支援力量进行整合,加以凝聚,努力形成强大合力。工作协调机制。加强协调协作,加强互动交流,及时协商解决和协作完成法治建设中的一些突出问题和重要任务。典型引领机制。大力培植法治创建过程中的典型和先进,总结和推广其成功经验,形成良好的示范引导效应。调查研究机制。通过深入基层、深入实践、问计于民、集思广益的法治调研和定期的专家、群众法治工作座谈会,破解法治建设中的一些难题,为创建全省和扬州市法治建设先进乡镇开辟新思路、寻求新举措。责任实现机制。按照权责对应原则,将法治乡镇建设的各项任务指标分解细化并落实到各村(社区)、机关、企事业单位,严格明确工作责任,并加大督查督办力度。督查指导机制。充分利用评议考核、监督检查、业务培训、工作交流、会议传达等多种工作手段,切实加强对整个面上的工作督查与指导。

三、六项工作:普法宣传、法治服务、源头治理、矛盾调解、系列创建和阳光工程——打造法治乡镇建设全景图

1. 普法宣传入民心。该镇运用多种形式,积极开展普法宣传活动,让法律常识入心入脑。组织普法宣讲团,深入到全镇各村(社区)和重点企业开展巡回学法宣教;组织“法律六进”,推动各类重点人员学法;组织法治文艺小分队,将普法宣传融入雅俗共赏的文艺演出活动中；组织法治广场法制宣传活动，让人民群众在浓厚的法治文化氛围中接受法律知识的熏陶，等等。

2. 法治服务惠民生。该镇以惠及民生为切入点，大力开展法治服务，让广大人民群众得法治权益、享发展成果。法治指导员进工厂车间、入职工宿舍，化解矛盾纠纷，维护职工合法权益，促进企业诚信守法经营；法治志愿者走街头巷尾、到田间地头，帮助村（居）解决日常生产生活中出现的各类法律难题和法治疑惑；法律工作者访弱势群体、问困难群众，为他们提供及时的法律援助。例如，该镇润发超市经营者负债出走，相关方面及时为职工提供法律援助，使员工工资足额兑付到位。

3. 源头治理解民忧。针对一些重大项目的上马和实施，可能会引发周边群众对生活环境受到影响和自身利益受到损害的担忧，该镇防患于未然，积极推进源头治理，扎实开展社会稳定风险评估，从源头上预防和减少不稳定因素。如近年来，该镇相继实施的珠光路贯通、S237 东移、扬州 500 千伏西输变架、卸甲镇环保项目车逻区域拆迁等项目，由于注重源头治理，严格依法办事，没有发生一起违法拆迁行为和集访闹访事件。

4. 矛盾调解化民纠。基于调解也是执法的理念，该镇认真贯彻落实《人民调解法》，完善各部门、各企事业单位调解组织网络，建立"首席调解员"制度和社会矛盾纠纷网格化排查预警机制，健全公调、诉调、访调、劳调、交调等五大工作对接机制，真正形成大调解工作体系。坚持每月开展一次矛盾纠纷排查和每季一次社会矛盾纠纷分析，依法调解各类矛盾，及时化解各类民纠，近年来调解率和调解成功率均达 100%，全镇无一例因调解不当而产生越级上访和"民转刑"案件，较好地保持了社会的和谐稳定。

5. 系列创建聚民力。该镇以法治乡镇创建为主体，细化创建单元，拓展创建载体，凝聚群众力量，广泛开展法治部门、法治医院、法治学校、民主法治村（社区）、诚信守法企业、规范执法示范单位、依法行政示范点、法治文化建设示范点等系列法治创建活动，同时着力提升和谐、文明、平安等基层系列创建活动的法治化水平，为法治乡镇建设打下坚实的基层基础。其中，该镇的"民主法治示范村（社区）"创建成绩斐然，由于得到人民群众的广泛支持和深入参与，8 个村（社区）全部进入扬州市级行列，2 个村进入省级行列，2013 年再创成 1 个省级"民主法治示范村"。

6. 阳光工程顺民意。该镇坚持以权力制衡为核心，以过程控制为手段，在镇级机关和各村（社区）全面开展阳光工程，努力营造风清气正、快捷高效的阳光政务环境。阳光问政。组织对相关重大决策事项和社会关心关注的重大问题的听证评估，公开事项，公示情况，接受社会各界问政建言。阳光问责。按照上级要求，推行"集体审议、阳光问责"，同时结合实际，开展面对面的评议和背对背的测评。阳光问效。建立工作绩效考核体系，通过开展半年工作考核、年度工作考核以及年底社会满意度调查，对全镇各部门、村（社区）的工作绩效分别确定等级。结合三述考评，对领导班子及其成员的法治建设绩效进行考核，并与单位和个人的综合评奖挂钩。很好地营造了风清气正、快捷高效的政务环境。

第五节　运用法治思维和法治方式化解回汉矛盾①

菱塘回族乡是我省唯一的少数民族乡。该乡先后两次荣获全国民族团结进步模范集体等称号。近年来,该乡注重运用法治思维和法治方式化解回汉矛盾,促进民族团结,为经济社会发展创造一个稳定的社会环境和良好的法治环境。

一、法治化解矛盾,实现民族和谐

以"民族工作无小事、民族矛盾是大事"为准则,该乡依法及时妥善化解回汉群众间的矛盾纠纷,有力地维护了民族和谐与区域稳定。一是推行即时化法治教育机制。考虑到回汉群众风俗信仰等方面的差异,该乡在日常开展民族法治宣传教育的基础上,对不懂或不尊重对方民族习惯等行为,即时进行法治教育、法治训诫,促其转化。二是建立制度化法治处置预案。该乡制定了《民族矛盾纠纷处置工作预案》《群体性事件处置工作预案》等。有一个闹离婚的汉民将回族人忌讳的物件挂在回民岳父家大门上,引起全乡回民的极大愤怒。该乡迅速启动工作预案,组织相关部门及时平息了事态。三是开展常态化法治创建活动。该乡以创建法治乡镇为目标,深入开展法治村(社区、机关、企业、学校)等系列创建活动,努力在全乡营造依法办事、依法化解矛盾的良好风气,推动民族地区长期保持和谐稳定。

二、法治维护权益,促进民族团结

坚持民族平等的原则,该乡切实依法维护广大回民合法权益,加强民族团结融合。一是维护少数民族宗教信仰自由。该乡建成华东地区最大的集镇新清真寺,修复改造古清真寺,并每年帮助组织和举办穆斯林开斋节、圣纪节和古尔邦节等活动,为回民同胞开展合法宗教活动创造便利条件。二是维护回汉通婚和人口健康发展的权利。长期以来,回民坚持不与汉人通婚,既影响了人口素质,又违反了婚姻法。该乡联合伊斯兰教协会和阿訇一起推动落实《婚姻法》等法律规定。现在回汉通婚已很平常,既改善了人口素质,又促进了民族情感的相通相融。三是推动民族权益政策法律的贯彻落实。该乡积极宣传并贯彻落实《江苏省少数民族权益保障条例》等,使民族各项权益得到进一步发展、实现和维护,促进了民族的大团结、大融合。

三、法治保障民生,增进民族福祉

秉持法治惠民理念,该乡扎实推进法治民生建设,切实增进民族福祉。一是专业化解决法治民生问题。针对群众关心、社会关注的热点民生问题,该乡分别制定解决方案。如生活污水处理问题,该乡在扬州市各乡镇中率先建成生活污水生态处理工程。二是项目化办理法治民生实事。该乡每年都确定一批法治惠民实事,进行项目化办理。如"扩大社会保障"实事项目,该乡专门成立办理小组,制定办理方案,落实办理机制,推进实事办理,取得了明显成效。三是特色化推进法治民生工程。该乡依法保障和改善民族民生,并最大程度地体现民族特性和风情。如发展民族特色教育,提高民族素质方面,该乡先后投入1500多万元,推动民族中小学在传承和发扬回族风情特色的基础上,分别创成国标省级重点职业中学、省

---

① 高邮市依法治市办　高邮市菱塘回族乡。

示范初中和省实验小学。

四、法治服务发展，推进民族幸福

遵循法治为发展服务的宗旨，该乡不断深化民族法治建设，奋力建设一个回汉“共同团结奋斗、共同繁荣发展”的幸福新菱塘。一是营造服务发展的良好法治环境。该乡推出“党委十项工作机制”和干部队伍管理五项机制，进一步增强了依法执政、依法行政和依法办事能力；建成少数民族服务中心，更好地服务回汉群众。二是创造服务发展的积极制度环境。该乡建立创业扶助、发展奖励等富民强乡相关制度，积极引导非公经济健康有序发展。三是打造服务发展的宽松政策法律环境。落实《江苏省清真食品监督保护条例》，推动了清真食品大发展。参加全国少数民族特色村寨保护与发展试点申报，推动回民占89%的清真村最终入选。用好用足发展民族经济的政策法规，大力扶持少数民族企业做强做大。如回族企业家杨福贵受到土地“瓶颈”制约无法扩大生产规模，该乡依法协调解决，推动了企业的发展壮大。

第六节　高邮市建立六大专业调解组织依法开展调解工作

自2010年7月开始，高邮市紧紧围绕改革发展稳定大局，扎实推动人民调解工作创新发展，强势推进交通事故、劳资纠纷、医疗纠纷、征地拆迁、环境纠纷、涉农纠纷等六大专业调处中心实体化建设、法治化运行，及时高效地化解了大量矛盾纠纷，创造了更加良好的社会环境和法治环境。

一、背景

近年来，高邮市经济社会快速发展，各行各业都呈现出良好发展态势，但一些行业性和专业性较强的矛盾纠纷也随之而来，集中表现在道路交通、劳资、医患、征地拆迁、环境保护和涉农等行业和领域，影响了经济发展和社会稳定。通过调研、考察和实践，形成如下共识：要有效处置和根本解决以上各类行业性、专业性矛盾纠纷，必须动员社会力量参与，依靠社会治理创新，推进各类专业调解组织实体化建设和法治化运行，依法公正化解。

二、实施过程

在推进专业调解组织建设中，注重各种建设要素的有机融合。融合发展大局。制定出台了加强专业性人民调解组织建设的实施意见，在组织架构、运行方式、队伍建设、保障机制等方面提出了融合要求。社会管理服务中心和法治工作服务中心，把环境纠纷、征地拆迁、涉农纠纷、劳资纠纷四个专业调解组织集中入驻。整合有效资源。针对原有调解组织存在的调解人员不专业等问题，整合专门力量，配齐配强公安、法院、律师等方面专职人员。聚合相关功能。在充分发挥专业调解组织作用方面，矛盾联防。各专业调处中心结合行业特点建立排查研判预警、事后信息反馈等制度，强化源头治理，引导形成依法按章办事的社会氛围，努力将矛盾纠纷解决在萌芽、控制在基层。注重证据联查。各中心从成立之初就着手构建证据的联合查侦机制，选聘相关专业权威人士组成事故鉴定、快速理赔测算、现场调查取证等技术保障小组并及时做好证据的收集、保全工作，为此后调解工作的开展提供第一手依据。注重疑案联办。为尽量缩短案件处置时间,提高调解效率,各专业调处中心均结合行业特点构建了有行业特色的疑案联办机制。市交通事故处理服务中心对疑难复杂、有影响的重大交通事故,由人民调解员先期介入,帮助做好调解安抚;公安部门则加快办案,提高交通事故结案率。

三、实践成效

高邮市建立六大专业调解组织,及时有效的化解了各类社会矛盾纠纷,其成效和价值主要体现在:一是调解法治化规范化。各专业调处中心全力规范运行机制,严格遵守纠纷受理、权利义务告知、组织调解、协议书制作和回访等调解程序,确保各类矛盾纠纷严格依据法律、法规、规章、政策和社会公德进行调解,进一步提升了调解的法治公信力。二是服务信息化专业化。各专业调处中心依托新建的高邮市社会管理信息平台,推进矛盾纠纷网上受理、登记、调处和答复等,让群众足不出户就可享受到高效便捷的法治服务。三是运行实体化效能化。各专业调处中心围绕全市发展大局,将综治、法治、维稳等多种手段融合到调处工作中,为服务发展、保障民生提供更加优质的社会环境和法治环境。

四、点评

高邮市运用法治思维和法治方式,建立专业化法治化调解组织,开展专业性和法治性有机结合的各类社会矛盾纠纷调解工作,既能快速高效地解决问题,又能合法公正地化解矛盾。

附件一:

高邮市道路交通调解委员会工作报告

一、概况

2010 年 7 月,开始成立高邮市人民调解委员会驻交巡警大队人民调解工作室。2014 年更名为高邮市道路交通事故损害赔偿人民调解委员会(以下简称道交委),分别从公安、司法退休人员中聘请 4 名专职调解员从事调解工作。2014 年 7 月,市公安局投入 200 多万元对市道路交通调处服务中心进行整修,其中设有办公室、调解室、谈心室、保险理赔中心、巡回法庭等,面积达 200 多平方米,购置了办公桌椅、电脑、电子监控等设备,并为中心所有工作人员统一配备了服装和徽章,公示各项制度上墙。同时,在汉留、周巷、三垛、天山四个中队设立调解室,聘请一名专兼职调解员从事调解工作。

二、机制运行

坚持"四个一"工作法(一张笑脸、一张凳子、一杯热茶、一句温馨的话),不断完善工作机制。一是规范运作机制。不断建立健全道交委运作制度,细化明确交通事故处理在调查、调解、诉讼、理赔各流程之间的内部交接、流转程序,制作设计流程图,向社会公开。建立健全各类基础台账,促进工作规范。二是对接协调机制。建立与市综治办、法院、司法局、各保险公司及医院等部门的联席会议机制,定期交流会商,加强沟通协调,进一步改进工作方式,最大限度地提高事故处理的科学性、公正性和规范性。三是合力会办机制。对疑难复杂、有影响的重大交通事故,由人民调解员先期介入,帮助做好调解以及交通事故死亡、伤残者的家属安抚工作;交巡警部门加快交通事故办案节奏,缩短案件办理时间,做到快侦快破,提高交通事故结案率。四是征求回访机制。听取群众和事故处理当事人对道路交通事故处理的意见、建议和诉求,征求当事人及受害者亲属对事故处理现状满意度的评析,提高工作实效。

三、发展创新

道交委不断寻求和探索有效的交通事故处理机制,主动解决民忧,提升服务能力。2011年年底,在原有道路交通事故处理调解模式的基础上,决定建立具有“4 +3”功能(人民事故行政调解、人民调解、司法调解、巡回法庭 + 保险理赔、安全宣传)的专门性的事故处理模式,真正做到道路交通事故最大限度的调解,最小限度的诉讼,特殊情况下,还可以通过对交通事故救助基金救助、政府民政救济等渠道解决群众诉求。2015 年下半年又有新的调整,引入了人财保险公司驻办,每月有百余起调解理赔直接交由保险公司处理,事故调解数明显减少。

四、成效

2013 年以来工作开展情况:共受理纠纷 2500 余件,调解终结 2403 件,成功率达 96% 以上,调解赔偿数额近 4000 万元,调解协议履行率 100%,交通事故救助近 200 件,垫付资金 500 余万元,使伤者生命得到了及时抢救,化解了社会矛盾,未发生一起调处不当引发的群体性上访、械斗或民转刑案件,实现了法律和社会效果双赢。

案例一:2013 年 6 月 7 日 14 时许,肖某某驾驶市环卫所苏 KJ3766 号垃圾车,在屏淮路与海潮路交叉口处,与陈某某驾驶的电动车发生碰撞,导致乘坐人陈某某(男,17 岁学生)死亡。死者家属亲友采取上路堵路、上门拉车等过激行为,中心立即派人提前进入接待、调处工作。该事故调解处理难点:死者系扬州汽车技师学院学生,父母早年离婚,死者父母各要 100 万元,共计 200 万元。面对这样的交通事故案例,该如何调解?中心一班人在连续工作情况下,死者家属稳定情绪,能坐下来听取各方意见,经过一个星期的工作,死者家属工作被做通,结果以 80 万元达成调解协议,双方握手言和。

案例二:2013 年 10 月 10 日 16 时许,在海潮路东门停车场,杨某驾驶的苏 YK868 轿车在停车时碰到步行的李某某、赵某某两位 80 岁以上的老人,致两人受轻伤。伤者的女婿徐某系政府机关干部,事故处理代理人,在调解时,不讲任何规范的赔偿项目及计算数额,只要求除医疗费外,现补偿 1.5 万元,否则不谈。首席调解员胡宏开不厌其烦,多次接待,双方分别沟通,讲明利害关系,强调创造和谐社会乃每个干部的义务和责任。结果杨某赔偿 6000 元与其达成协议,调解时间长达一个星期。

案例三:2013 年 7 月 17 日 5 时 30 分许,张某某驾驶苏 KKN696 号正三轮摩托车与同方向沈某某驾驶的自行车发生碰撞,致沈某某受伤,张某某负全部责任,医疗费 8000 元左右,整个赔偿在 11,000 元。遇到第一个问题:因张某某的正三轮摩托车私自更换发动机,有交强险,但保险公司拒赔;第二个问题:张某某系下岗职工,无正当职业,家中经济困难拿不出 11,000元;第三个问题:虽经多次调解做工作,伤者坚持要得到应有的赔偿,坚持不让步。道交委启用多方支持协助做工作的方案,请双方住地居委会、亲友一起做工作,最后,伤者让步 6000 元达成协议,双方握手言和。

案例四:8 月 30 日 5 时许,马棚镇郭某某驾驶电动三路车与嵇某某驾驶的电动自行车发生碰撞,致两人受伤、车辆财物损坏的事故,电动自行车乘员宋某(女,72 岁,无责任)左胫骨骨折,手术治疗用去医疗费 2.5 万元,还需二次手术费 6000 元与其他费用。调解时按规定计算48,000余元。事故责任人家境困难,难以支付受害人的赔偿费用。经过多次调解协调、三方分别谈话做思想工作,历经一个多月的协商,终究达成21,000元的协议。郭某某先付现金1万元,打欠条6000元,嵇某某打欠条5000元,此事故三方握手言和。

附件二:

高邮市医疗纠纷人民调解委员会工作报告

一、高邮市医疗纠纷人民调解委员会成立的过程

2014年以来,高邮市从破解医患纠纷调处这一社会治理难题入手,本着"既要维稳更要维权"的理念,由分管副市长高长明率队,专程前往天津等先进地区,跟班学习医疗纠纷配套法规、队伍构成、操作流程、建档立卷、制度建设等第三方调解机制经验做法。市政府先后3次召开政府常务会议,围绕办公地点选定、人员组织配备、处置工作规范等进行专题讨论,反复征求意见,高标准推进医调委建设工作。于2014年4月份正式成立高邮市医疗纠纷人民调解委员,建立起具有"四性"特征的医疗纠纷"高邮解法"。高邮市以市人民政府邮政规〔2014〕1号制定出台了《高邮市医疗纠纷调处暂行办法》,作为医疗纠纷第三方调解机制的纲领性文件。在组织架构上与卫生行政部门脱钩,在市民政局作为民间团体登记注册,业务上接受市司法局指导,确保以第三方独立地位出现。医调委充当医患双方的"中间人",独立开展调查工作,确保调解过程公开和调解结果公正。医调委所有运作经费全部纳入财政保障,调解工作不收取任何费用,以"公益"性质出现,利于引导患方通过申请调解解决纠纷。

二、工作人员构成

根据医疗纠纷的特殊性和专业性,从公安、司法、法院、卫生系统各抽调了1名具有丰富调解工作经验和处置医疗纠纷工作经验的退休(或二线)专业人员,搭建了一支结构合理、有较强业务能力的调解员队伍。同时还建立了多名医学专家、司法鉴定人、律师、保险公司和人民调解员组成医疗纠纷专家咨询委员会,对重大复杂疑难纠纷"把脉问诊",合力解决。所有调解员的名单和简历向社会公示,患者和医院可根据名册选择调解员,也可申请某调解员回避,既避免少数患方借故生事,又使"老实不闹"的患者能依法维权。

三、调解工作流程

医调委按照"无偿、专业、公正、高效"的原则,加强协调联动,规范调处手段,真正做到既维权也维稳,让老百姓在关键时刻能感受到正义有人撑,矛盾有人调,心结有人解,困难有人帮。明确了对符合受理条件的调解申请,在3日内予以受理,并在1个月内调结,但本着"宜解不宜结、宜快不宜缓"的原则,尽可能将医疗纠纷在24小时内引导到医调委处理,并积极转变调处方式,把坐堂接报受理变成现场介入处理,采取边现场了解纠纷情况、边宣传法律疏导,边受理立案、边现场组织调解,千方百计稳定患方过激情绪,保障医疗秩序不受干扰。注重程序的规范性,树立组织公信。明确规定医调委按照接待咨询、受理告知、初步调解、调查核实、认定责任、协调赔偿、达成和解、调解终结等工作流程,特别是牢牢把握三个环节:事实调查环节,认真倾听医患双方陈述纠纷事实,深入调查核实情况查明事实;责任认定环节,根据医疗纠纷发生时间和具体情况的不同准确定性,明确责任;依法赔偿环节,依据双方责任、人身损害程度、依法应赔偿项目和赔偿标准进行测算,确定赔偿数额,确保在调解过程中

始终给予医患双方当事人充分的知情权、表达权、参与权、监督权，促进调解赔偿工作的“和平”进行。

对不愿意进行医疗调解，也不想走司法途径解决问题，而采取打砸医院、攻击医护人员、摆设灵堂花圈等违法过激行为的，公安机关予以严厉打击。对扛旗挑头、带头闹事的违法人员依法进行法律惩处，坚决遏制“大闹大解决、小闹小解决”的歪风，引导患方依法维权，在法律框架内解决问题。

2004 年成立至 2016 年 7 月，共调解医疗纠纷 79 件，涉及经济赔偿近 360 万元。

案例一：

2014 年 11 月，一名 34 岁的女性患者在某医院进行子宫下段憩室切除术，术程顺利。术后第二天患者诉头部不适后出现四肢抽搐、神志不清，医生会诊后考虑为癫痫发作可能，给予药物治疗病情有所缓解，家属要求转上级医院诊治，当天下午 6 时多由市医疗急救 120 车出诊送至上级医院，到达上级医院时患者病情危重，急诊抢救无效死亡。患方坚持认为医方对病情诊断有失误，急救车上处置不当耽误了患者的病情导致恶化死亡。医方认为对患者的诊疗过程符合规范，无过错，其死亡与医疗机构无关。对于该医疗事故的争议，医患双方选择了尸检和医疗事故鉴定。根据扬州医学会出具的医疗事故技术鉴定书中的结论，医疗机构的医疗行为负有次要责任，医调委依照《中华人民共和国侵权责任法》《中华人民共和国调解法》《医疗事故处理条例》《医疗事故分级标准（试行）》等法律法规的规定进行测算，本着尊重事实，依法合情合理、公平公正地处理此纠纷，最终医疗机构给予死者家属经济赔偿 31 万元。

案例二：

一、纠纷概况：

产妇陈某某，女，36 岁。2014 年 3 月 9 日上午入住本市某医院待产（剖腹产），入院时常规检查胎儿胎音正常，晚八时后，产妇感腹痛数次，其家属先后四次去值班室向值班护士反映情况。值班护士检查后认为情况正常，但对产妇数次腹痛的情况并未即时向值班医生汇报。10 日晨 4 时 30 分左右，产妇腹痛加剧，家属又去呼喊值班护士。经护士检查，胎音80～100，查宫口开一指。护士把产妇情况电话告知值班医生，值班医师指示护士先给予吸氧，至 5 时 20 分左右，值班医生方来病房检查，此时已听不到胎音，即安排去 B 超室做彩超，发现胎儿胎音已消失，胎死腹中。产妇家属遂情绪失控，在医院摆放花圈，欲设灵堂，产妇的母亲用扩音喇叭四处喊叫，要为孙儿讨回公道，并要跳楼与孙儿“同去”。紧急情况下，医调委调解人员提前介入，一边做稳定产妇及其家属、亲属的思想疏导工作，一边着手对纠纷的事实进行调查，并在双方自愿的基础上组织医患双方进行调解，在调解过程中引导医患双方依据“谁主张，谁举证”的原则，查明事实，准确定性，分清责任，依法理赔。

二、纠纷焦点

1. 患方认为胎儿死亡是医方延误剖腹不作为所致，应承担全部赔偿责任。

2. 医方认为，胎儿死亡属医疗意外，医护人员未完全尽到医护职责，愿承担部分责任。

三、纠纷调解

（一）责任分析

1. 高龄孕妇剖腹产应引起医院高度重视，医方对孕妇可能发生的不良后果（腹痛加剧）

未履行注意义务；

2. 医方未积极主动巡房，履行护理的观察义务，预见义务，并未把孕妇的腹痛，见红等情况向医生报告，有过错责任；

3. 在监听胎音变化直到消失过程中，未及时采取剖腹产，导致宫内长时间缺氧，极可能导致胎死的风险未能预见；

4. 产妇家属曾向医方提出准备在第二日下午进行剖腹手术，导致医方误认为第二日才行手术，传递一个错误的信息，亦负有相应责任。

（二）法律依据

本纠纷经二次调解，依据《中华人民共和国侵权责任法》第 2 条、第 3 条、第 15 条第 6 项、第 22 条、第 54 条、第 57 条的规定，医务人员在诊疗活动中未尽到与当时的医疗水平相应的诊疗义务，对患者造成侵权行为，医方存在过错，承担主要责任，赔偿患方医疗、精神损害抚慰金等费用 80,000 元，医患双方签订了调解协议书，并互表歉意，握手言好。

四、案例点评

高龄产妇入院待产，本应引起医院高度重视，作为医疗单位应坚持以人为本的道德观念和认真负责的职业道德，医方应把医疗技术和医疗管理、医疗服务的行为规范有机结合起来，完善医疗服务，有效地避免不良事故的发生。

本纠纷在调解过程中，对胎儿死亡，应否承担死亡赔偿金，胎儿是否是自然人的属性这一特殊法律问题，双方争论很大。调解人员根据多年的工作实践和有关法律法规，组织双方学习，理解，使患方放弃要求承担胎儿死亡赔偿金的不合法要求，形成依法调解的共识，解决了过去长期存在于医患纠纷中，胎死母腹中应否要求自然人死亡赔偿金的这一难题，增强了医患双方的法律意识。

后　记

根据江苏省依法治省领导小组办公室和省区域法治发展协同创新中心《关于开展县域法治国情调查工作的通知》的要求，扬州大学法学院于2014年8月8日上午召开了县域法治国情调查工作动员布置会。时任扬州大学党委书记、江苏高校区域法治发展协同创新中心理事长夏锦文教授主持会议研究、部署县域法治国情调研方案。会议成立了由夏锦文书记任组长的扬州大学法学院县域法治国情调查工作组，下设县域法治国情高邮调查组，由钱玉林教授任组长，组员包括张清教授、陈玉山副教授、李云波副教授、包振宇副教授、郭骁（研究生）、解云龙（研究生）、张成果（研究生）、谢雨程（研究生）、陈鸽（本科生）、臧怿（本科生）。

2014年8月13日，由钱玉林教授带队的高邮调查组由扬州出发至高邮。8月14日，高邮市政法委开协调会座谈研讨法治调查工作的具体安排。高邮市委书记、副市长、公、检、法、司、党史办、档案局等各相关部门负责人参加。8月15日，调查组分两路分别至高邮市法院与档案局进行调研，并获得一批第一手资料。夏锦文教授于8月16日亲赴高邮看望调研人员，并在一线指导调查工作。之后调查组又先后多次赴高邮开展专题调研工作。在实地调研过程中，调查组向调研单位及各相关部门发放了调查问卷和数据采集表，并对各单位和部分的填报人员进行了问卷及数据采集的培训和指导。

在这次调研中，高邮市政法委徐健书记、高邮市依法治市办公室孙志朝主任、高邮市人民法院研究室夏敏主任等各位领导和工作人员对调研工作高度重视，精心组织安排，各部门和工作人员积极配合，在此次调研中付出了艰辛的努力，承担了繁重的资料收集和整理工作，在此对他们的辛勤付出表示衷心感谢！

编者

2016年10月

图书在版编目(CIP)数据

中国县域法治国情调查报告·江苏高邮卷/夏锦文主编. --北京:法律出版社,2017
ISBN 978-7-5197-1113-9

Ⅰ.①中… Ⅱ.①夏… Ⅲ.①县-法治-调查报告-中国②法治-调查报告-高邮 Ⅳ.①D927

中国版本图书馆 CIP 数据核字(2017)第 180522 号

中国县域法治国情调查报告·江苏高邮卷
ZHONGGUO XIANYU FAZHI GUOQING DIAOCHA BAOGAO · JIANGSU GAOYOUJUAN

夏锦文 主编

策划编辑 王 扬
装帧设计 乔智炜

出版 法律出版社
总发行 中国法律图书有限公司
经销 新华书店
印刷 固安华明印业有限公司
责任校对 王晓萍
责任印制 张建伟

编辑统筹 独立项目策划部
开本 787 毫米×1092 毫米 1/16
印张 34.5
字数 690 千
版本 2017 年 9 月第 1 版
印次 2017 年 9 月第 1 次印刷

法律出版社/北京市丰台区莲花池西里 7 号(100073)
网址/www.lawpress.com.cn
投稿邮箱/info@lawpress.com.cn
举报维权邮箱/jbwq@lawpress.com.cn
销售热线/010-63939792
咨询电话/010-63939796

中国法律图书有限公司/北京市丰台区莲花池西里 7 号(100073)
全国各地中法图分、子公司销售电话:
统一销售客服/400-660-6393
第一法律书店/010-63939781/9782
西安分公司/029-85330678
重庆分公司/023-67453036
上海分公司/021-62071639/1636
深圳分公司/0755-83072995

书号:ISBN 978-7-5197-1113-9
定价:118.00 元
(如有缺页或倒装,中国法律图书有限公司负责退换)